智慧新松 创领未来
Smart SIASUN Lead Future
咨询规划
方案设计
生产制造
工程实施
售后服务
SIASUN
新松机器人自动化股份有限公司
SIASUN ROBOT & AUTOMATION CO., LTD.
中国沈阳浑南区全运路33号
NO.33 Quanyun Road, Hunnan District, Shenyang, P.R.China
Tel: 400-800-8666 E-mail: market@siasun.com
新松服务号
新松订阅

河南矿山
HENANMINE

河南省矿山起重机有限公司是专业的起重机及物料搬运产品制造商和服务供应商，集研发、设计、制造、安装、服务于一体，通过为客户提供整体解决方案和全生命周期服务，致力于起重机产业**创新驱动、智能制造**的发展方向。

公司成立二十年来，一直倡导**改革创新、智能制造、绿色环保、优质高效**的发展理念，坚持对技术、产品及服务不断改革，推动产业向自动化、智能化升级转型，为客户提供全方位服务。

总部

智能产业园

4700人
员工人数

162万m²
占地面积

10万余台套
产销量

74亿元
销售收入

2.23亿元
缴纳税金

428家
驻外机构

河南矿山
HENANMINE

技术实力
Technical strength

河南矿山是中国重型机械工业协会副理事长单位、全国起重机械标准化技术委员会委员单位、国际标准化组织起重机技术委员会（ISO/TC96）国内技术对口专家工作组副组长。

公司立足于起重机械领域的自主研发，建有国家认定企业技术中心、省级工业设计中心等研发平台。通过与科研院所、高等院校、国内外知名企业等开展战略合作，不断提升企业的创新能力，实现技术持续创新。

主持参与制修订各级标准	国家专利数	科技成果及奖项
50余项	**500余项**	**50余项**

参与制修订行业标准

承办标委会会议

承办国际起重装备博览交易会

承办中日韩亚洲起重机安全论坛

智能产品

Product

宝钢湛江项目系列起重机

兰铁物流轨道式集装箱门式起重机

山东"蒜通天下"智能仓储起重机

鑫华半导体洁净防爆全自动型起重机

江苏申港新型双梁桥式起重机

韶关钢铁无人化抓斗起重机

山东钢铁智能钢板堆垛机

徐工集团300余台套起重机

远景能源双小车新型双主梁门式起重机

官方微信号

邮箱
hnksky@126.com

地址
河南省长垣市长恼工业区矿山路与纬三路交汇处

河南矿山 HENANMINE

智能设备
Equipment

公司拥有智能装备管理平台，智能化生产线及工作站近300条（套），能独立完成起重机生产所需的所有工序，保证了产品质量的一致性。2018年数控精加工车间被评为河南省"智能车间"。**2019年河南矿山被评为河南省"智能工厂"。**

提高产品质量　降低劳动强度　提高工作效率　靠设备稳定质量

单梁主梁内缝机器人焊接流水线

双梁主梁内缝机器人焊接流水线

双梁裁筋板机器人流水线

单梁筋板组装焊接流水线

单梁端梁机器人焊接流水线

CD葫芦减速机齿轮自动化生产单元

官方抖音号

全国免费服务热线
400-0373-818/919

销售电话
0373-8735 555/777/999

传真
0373-8735 695/333

北自科技
交付美好
出口3

昆船智能技术股份有限公司（简称昆船智能）是中国船舶集团旗下昆明船舶设备集团有限公司的控股子公司。公司总部位于中国（云南）自由贸易试验区昆明片区，下设云南昆船烟草设备有限公司、云南昆船电子设备有限公司、云南昆船智能装备有限公司三家全资子公司，在国内设有华北、华东、华南和成都四个分公司。

昆船智能是先进制造业和现代服务业深度融合的新型企业，在国内自动化物流系统行业具有良好的口碑，服务于烟草、酒业、医药、快递电商、军事军工、汽车、家电、3C等行业，凭借强大的装备研发、生产制造、项目集成及实施、运维服务能力，成功实施数千个智能物流和智能产线项目，拥有国内外上千家客户。

行业领先的

系统规划商　系统集成商

产品供应商　运营服务商

CSSC 昆船智能技术股份有限公司
KSEC INTELLIGENT TECHNOLOGY CO., LTD.

售后服务热线 400-836-6621

中国 昆明 | 北京 | 苏州 | 广州 | 成都

云南省昆明市人民中路6号昆船大厦
KSEC Building, No.6 Middle Renmin Road, Kunming, Yunnan

0871-6317 7777　136 7874 2528

www.ksecit.com

天睿咨询简介

■上海天睿物流咨询有限公司成立于2001年，是面向制造企业供应链与物流规划、智能工厂物流构建、物流信息化规划、物流人才培养的国内领先咨询公司。公司以“物道自然，睿济天下”为经营理念，致力于成为“企业供应链咨询与教育的引领者和实践者”。

■公司秉承“提交咨询方案是项目的开始”的服务理念，强调项目的有效落地和系统能力提升，依托于上百个智能工厂规划、供应链变革、物流规划等项目，形成了一套以物流为主线的智能工厂规划方法论，打造了一支见识广博、经验丰富、能打硬仗的供应链物流咨询专业团队。

天睿咨询知识公众号

四大核心业务

四大业务

- 供应链变革与管理优化
- 智能工厂物流规划与运营管理提升
- 现有工厂升级改造与物流管理提升
- 制造企业信息化管理顶层规划与逻辑梳理

服务企业

美的集团 midea；日出东方太阳能股份有限公司；芬尼电器；四川长虹电器股份有限公司；罗莱生活科技股份有限公司；华勤技术股份有限公司；视源股份；无锡小天鹅股份有限公司；TCL集团股份有限公司；蒙牛集团；浙江库卡家居股份有限公司；青岛征和工业有限公司；中国中车股份有限公司；格兰仕集团 galanz；华荣集团有限公司；西安康明斯发动机有限公司；德国采埃孚(ZF)集团；北京三元食品股份有限公司；贝因美集团 BEINGMATE；日立环球存储科技有限公司；宁波市惠康电器有限公司；上海法雷奥；东风汽车股份有限公司；佛山市百能新材料有限公司；中联重工科技发展股份有限公司；常州市凯迪电器股份有限公司；老百姓大药房；中钞油墨有限公司；重庆海德世拉索系统有限公司；重庆矢崎仪表有限公司；三泉海雄股份有限公司；普茨迈斯特有限公司；无锡透平叶片有限公司；德赛西威；三一集团有限公司；一汽-大众汽车有限公司

出版书籍

- 专业咨询团队20年实践经验深度凝练
- 深度阐述智能工厂物流规划、运营与转型升级
- 以相关行业和企业解决方案为背景，结合作者团队在智能工厂规划与运营领域的丰富案例与经验

- 本书以八大行业和企业解决方案为背景，结合作者在智能供应链领域的实践经验和供应链模式创新、技术创新、人才培养等编写而成
- 填补智能供应链领域空白
- 11个优秀企业供应链案例

中国物料搬运装备产业发展研究报告
（2020—2021）

China Materials Handling Equipment Industry Development Report
（2020—2021）

主　编　陆大明

副主编　周奇才　罗丹青　张喜军　孟文俊　陈涤新
　　　　张　洁　邱伏生

参　编（按姓氏笔画排序）
　　　　王雨杨　王细平　史云庆　刘国良　孙晓霞　阴　璇
　　　　纪　凯　杨　博　杨光辉　杨伟杰　邹　丽　汪　萍
　　　　宋海萍　陈素珍　周利东　孟令广　赵　炯　赵晓霞
　　　　姜延柏　秦亚楠　袁　媛　高　山　陶狮春　黄双云
　　　　彭　锋　熊肖磊　滕旭辉　魏瑜萱

机　械　工　业　出　版　社

本书是一本定期出版发行的行业发展研究报告，分篇章全面总结了我国 2020—2021 年物料搬运装备产业的发展情况。

报告共七篇，分为概论，起重机械、连续搬运机械、物流仓储机械、工业车辆四个专业篇，以及供应链、工厂物流系统数字化设计两个共性技术篇，对物料搬运装备产业进行了规模分析、发展环境分析、市场分析和技术分析等，对物料搬运装备产业的相关企业进行了竞争力分析和盈利能力分析，介绍了两年以来产业发展的新技术、新产品。附录汇集了与产业相关的国际联盟、行业展会、专业期刊、开设相关专业的高校等资料。

报告数据的主要来源有政府主管部门官网、专业学会、行业协会、编写组问卷调研和企业实地访谈等。报告利用各类数据和资料，通过技术分析和研究，真实反映了我国物料搬运装备产业的发展现状与趋势。

报告内容全面、翔实，便于读者全面了解我国物料搬运装备产业的全貌，提供的第一手数据和资料可供我国物料搬运装备产业的各类从业人员、政府部门相关管理人员等参考。

图书在版编目（CIP）数据

中国物料搬运装备产业发展研究报告. 2020-2021/陆大明主编. —北京：机械工业出版社，2022.12

ISBN 978-7-111-72113-0

Ⅰ.①中… Ⅱ.①陆… Ⅲ.①运输机械-机械工业-产业发展-研究报告-中国-2020-2021 Ⅳ.①F426.4

中国版本图书馆 CIP 数据核字（2022）第 221922 号

机械工业出版社（北京市百万庄大街 22 号 邮政编码 100037）

策划编辑：周国萍　　　　责任编辑：周国萍　刘本明

责任校对：肖　琳　梁　静　封面设计：马精明

责任印制：张　博

北京建宏印刷有限公司印刷

2023 年 2 月第 1 版第 1 次印刷

184mm×260mm · 25 印张 · 6 插页 · 527 千字

标准书号：ISBN 978-7-111-72113-0

定价：198.00 元

电话服务	网络服务
客服电话：010-88361066	机　工　官　网：www.cmpbook.com
010-88379833	机　工　官　博：weibo.com/cmp1952
010-68326294	金　书　网：www.golden-book.com
封底无防伪标均为盗版	机工教育服务网：www.cmpedu.com

前言

物料搬运是利用人力或搬运机械，按要求将物料从一个位置移动到另一个位置，为实现特定目的而进行的有效作业的总称。物料搬运包括起重、装卸、运输、堆码、仓储、分拣等各类作业，同时还需要对物料进行识别、跟踪、计量和管理等。物料搬运存在于生产、流通和生活等各个领域，物料搬运产业是我国国民经济发展的重要组成部分。

由于工业生产自动化程度的提高和生产规模的扩大，以及生产过程中物料搬运费用对赢利的影响巨大，企业在生产中越来越多地采用大型、高效、自动化和智能化的物料搬运装备，我国物料搬运装备产业因此迅速发展，产业的市场份额不断增加。我国物料搬运装备企业，为国民经济各行业、重大建设工程及国防建设等提供各种现代化的物料搬运装备，基本形成了全面的产品范围、较好的技术体系和庞大的企业群体，成为机械工业中一个重要的行业。它服务于国民经济各行各业，为第二与第三产业提供了数量巨大、品种繁多的产品，能独立或合作为国家重点工程提供大型物料搬运成套设备及系统，并有一定规模的出口。

《中国物料搬运装备产业发展研究报告》（以下简称《报告》）是由中国机械工程学会发起，中国机械工程学会物流工程分会联合中国工程科技知识中心、中国工程机械工业协会工业车辆分会、中国重型机械工业协会物流与仓储机械分会、同济大学、汉诺威米兰展览（上海）有限公司等组成编写组，定期编辑出版发行的行业发展研究报告。目的是通过对物料搬运装备产业的市场需求分析、对物料搬运装备产业标杆企业的样本统计以及对主流企业战略动向的分析来反映物料搬运装备产业未来竞争格局的变化趋势。

本版《报告》全面总结了2020—2021年物料搬运装备产业的发展情况，反映了起重机械、连续搬运机械、物流仓储机械、工业车辆及供应链等的发展与技术的新特点、新问题和新趋势，研究了行业整体发展态势、企业案例和行业数据等。通过研究和分析我国物料搬运装备相关产业的政策与环境，立足于行业内龙头企业的第一手调研数据，准确把握我国物料搬运装备产业的最新动态和发展规律，对整体认识和把控行业现状及发展趋势具有重要价值，为政府、企业和学术界研究、了解中国物料搬运装备市场的发展提供参考，也为国际交流提供全面的资料。

《报告》共分为七篇，分别为概论、起重机械、连续搬运机械、物流仓储机械、工业车辆、供应链及工厂物流系统数字化设计。

概论主要总结和分析了中国物料搬运装备产业发展的现状、行业环境和市场规模，以及产业发展趋势预判等，便于读者全面了解我国物料搬运装备市场发展的脉络和行业发展趋势等。

另外六篇首先针对各自领域的行业发展特点、热点、难点等进行分析，然后对各行业的市场、技术、政策环境等进行研究分析，最后选取各个行业具有代表性的企业和新产品进行重点调研和案例介绍，使读者对物料搬运装备各行业有一个更深入的了解和把握。

《报告》突出“市场导向、技术引领、服务国家、数据说话”的特色，内容全面、翔实，共33章。

由于本书篇目众多，编写疏漏和不妥之处在所难免，敬请同仁批评指正。

目录

第 3 篇　连续搬运机械

第 4 篇　物流仓储机械

第5篇 工业车辆

第6篇 供应链

第7篇　工厂物流系统数字化设计

第1篇　概　论

本篇摘要：

本篇从产业环境、产业基础、产业市场、产业组织等方面对物料搬运装备产业进行概述。产业环境部分主要包括当前宏观背景、政策背景以及物料搬运装备的产业地位；对产业可持续发展基础的分析主要包括国内外产业概况、产学研概况、标准化概况以及技术发展变化；产业市场部分主要包括产业市场的概况、主要经济指标及变化；产业组织主要包括相关的学会、协会、专业期刊、国际联盟与交流合作以及产业会展。此外，本篇对亚洲国际物流技术与运输系统展览会进行了简单介绍。

第1章 产业环境

1.1 宏观背景

1.1.1 全球经济格局

从 2010 年开始，美国、中国、日本就形成了稳定的世界前三大经济体的格局。到 2021 年，处在第一大经济体地位的美国，GDP 总量达 22.94 万亿美元，年 GDP 增长 6%，增速创 1984 年以来最高水平。

中国作为全球第二大经济体，在过去两年的疫情应对方面控制得当，即使全国各地有不少零星疫情也能高效遏制，继续复工复产，维持经济发展稳中向好。数据显示，2021 年我国经济增长 8.1%，继续领先美国。GDP 超过 114 万亿元人民币，折合美元约 17.73 万亿。我国经济增长的因素主要有赖于国际贸易与经济发展政策。首先，2021 年的货物进出口总额超过 39 万亿元，贸易顺差达 4.37 万亿元，仍然是全球最大的贸易国。再者，在“深化供给侧结构性改革”“双循环”发展格局等经济政策的加持下，我国有着良好的经济发展环境，即使其中仍有困难。同时，大力发展高新技术产业，加速向高新技术强国转型，成为推动经济发展的重要因素。

日本是全球第三大经济体，2021 年 GDP 约为 5.1 万亿美元，相比 2020 年增长率仅有 2.4%。

欧盟是全球最大的经济联合体，长期经济增速低迷，在英国退出以后，GDP 体量有所下滑。2021 年，全球经济的主题是“复苏”，欧盟也实现了经济的正增长，其 27 个成员国的 GDP 总量在 17.08 万亿美元上下，GDP 同比增长 5.3%。

2021 年全球主要经济体指标如图 1-1 所示。

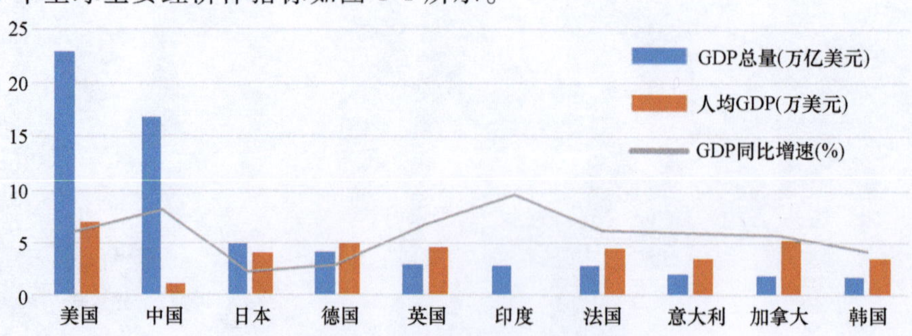

图 1-1 2021 年全球主要经济体指标

接下来聚焦我国的国际贸易。2022 年 1 月 14 日，海关总署公布了 2021 年全年的外贸进出口数据，以人民币计价，2021 年全年进出口贸易总额是 39.1 万亿元，同比增长了 21.4%，而且出口和进口比较均衡，都增长了 20%以上；如果以美元计价，2021 年全年进出口贸易总额就超过了 6 万亿美元，同比增长了 30%，而且是在一年之内先后跨越了 5 万亿美元和 6 万亿美元两个门槛。仅仅是 2021 年新增的 1.4 万亿美元的贸易额，就相当于 2005 年中国全年的外贸进出口总额。

疫情之下，世界对于中国制造的依赖度增加了。2021 年，中国前三大贸易伙伴依次是东盟、欧盟和美国，中国与它们之间的贸易额也都增长了 20%左右，中国对拉丁美洲的出口更是增长了 40%，这个幅度相当惊人。与此同时，中国也已经连续 13 年作为世界第一大出口国，“世界工厂”的称呼在国际上得到了进一步的强化和凸显。

中国经济和世界经济的联系呈现越来越紧密的趋势。作为全球最大的贸易国，中国的贸易伙伴遍布全球、多点开花，市场多元化战略成效显著。在 2021 年，中国与美国之间的贸易额增长了 20%，中国与澳大利亚的贸易额增长了 35%。可以肯定，未来中国与世界各国的贸易往来会进一步加大，对交通物流运输的需求也会进一步提升。

在经济全球化背景下，中国对外贸易业务规模不断扩大，对外贸易额呈现逐年递增的趋势。而在国际贸易的过程中，货物的运输必须依靠国际物流才能完成。国际贸易与物流行业相互作用、相互依存，在促进国际经济发展中发挥着不可或缺的重要作用。因此，人们已经形成共识，广泛发展物流仓储行业，开展国际物流合作，可以有效推动世界经济繁荣。在此基础上，物料搬运装备作为物流仓储行业的关键设备，其发展前景也值得期待。

1.1.2 中国经济现状

2020 年是极不平凡的一年，面对严峻复杂的国内外环境，特别是新冠肺炎疫情（简称疫情）的严重冲击，经济社会发展主要目标任务已经完成，并且完成情况好于预期。国内生产总值达到 101.6 万亿元，经济总量突破 100 万亿元大关，比上年增长 2.3%，成为全球唯一实现正增长的主要经济体。

到 2021 年，全球疫情形势依然严峻，我国局部地区疫情反复。在这种情况下，中国经济依然逆势增长了 8.1%，国内生产总值达到 114 万亿元，继续成为世界经济复苏的中流砥柱。

从 2021 年地区经济数据来看，疫情冲击严重的湖北如今全速复苏经济，全年 GDP 增速达到 12.9%，居全国第一。可以看出，虽然在 2020 年受到疫情的严重冲击，但是湖北的工业基础好、科教实力强、交通运输业发达，再加上国家政策的扶持，未来几年湖北经济都会持续高速增长。中国的第一制造大省——江苏，经济也增长了 8.6%，在四大经济强省中增速第一。江苏是长江经济带的龙头省份、工业强省，在经济规模庞大的背景下，增速依然排名全国前五，依靠的不仅是雄厚的基础，还有其积极响应国家政策，投入创新资金，使高新技术如纳米新材料、电子信息技术、物联网、高端纺织等领域处于国际高端水平。作为我国经济总量第一的大省——广东 2021 年表现同样亮眼，

GDP 达到 12.4 万亿元，占全国 GDP 的 10.84%，这得益于产业政策的支持。同时，广东的经济组成成分中，国际贸易扮演了重要角色，进出口总额已破 8 万亿元，是名副其实的外贸大省。

其中，中国全年物流业总收入 11.9 万亿元，同比增长 15.1%，虽在中国经济中占比不高，却是重要的一环。从年内物流业趋势上说，各季度物流业总收入均保持 15%以上的增速，两年年均增速在 8.5%以上，市场规模稳步扩大。与两年间国内经济放在一起看，经济贸易的发展和物流行业是相辅相成的。物流行业实现快速发展，市场活力也进一步增强。现如今，物流行业各领域龙头企业加快兼并重组和上市步伐，央企物流“国家队”重组整合拉开序幕，中国物流集团也正式成立。回顾看来，为适应疫情带来的新形势以及市场物流需求的变化，物流业和相应物流政策在两年间不断调整与创新，经受住了国际严峻环境和国内疫情反复的多重检验，提高了整体物流服务能力，改善了物流基础设施环境。物流行业的发展为国内贸易和国际贸易的顺利进行，畅通“双循环”搭好了桥梁。

2021 年是“十四五”规划的开局之年，党中央、国务院高度重视构建现代物流体系，物流产业地位稳中有升。交通运输部、国家发展改革委、商务部、农业农村部等多部委针对我国物流产业的发展规划、体系构建、组织管理、服务标准等多个方面密集出台了一系列政策，为我国物流产业健康发展提供了坚实的政策保障。

党中央、国务院印发《国家综合立体交通网规划纲要》，提出到 2035 年要建成“全球 123 快货物流圈”，国内 1 天送达、周边国家 2 天送达、全球主要城市 3 天送达。国务院印发《2030 年前碳达峰行动方案》，交通运输绿色低碳行动纳入“碳达峰十大行动”。《“十四五”现代流通体系建设规划》对现代流通体系建设进行了战略性布局、系统性谋划，提出一系列可操作、可落地的重点任务，为进一步扩大流通规模，提高流通效率，推动流通领域创新，激发流通企业活力提供了有力支撑。《“十四五”冷链物流发展规划》提出到 2025 年布局建设 100 个左右国家骨干冷链物流基地，同时针对冷链物流“最先一公里”和“最后一公里”等行业难题提出了科学可行的指导方案，规划提出打造“三级节点、两大系统、一体化网络”的冷链物流运行体系。国家发展改革委发布“十四五”首批国家物流枢纽建设名单，国家物流枢纽增至 70 家，支持重大物流基础设施互联成网，形成枢纽经济新增长极。国务院办公厅印发《推进多式联运发展优化调整运输结构工作方案（2021—2025 年）》，提出到 2025 年，多式联运发展水平明显提升，基本形成大宗货物及集装箱中长距离运输以铁路和水路为主的发展格局，全国铁路和水路货运量比 2020 年分别增长 10%和 12%左右，集装箱铁水联运量年均增长 15%以上，运输结构调整进入新阶段。

同时，构建以国内大循环为主体、国内国际双循环相互促进的新发展格局的政策，为“十四五”中国物流业指明了方向，将推动建立更加顺畅的物流与供应链体系。可以预见，以国家物流枢纽为中心的国内大循环基础设施建设，将成为“十四五”发展重点。与之相应的“一带一路”大通道建设也将持续加速，加之“物流先行”的共识，物流产业将在质量和效率上大幅提升。

1.1.3 疫情防控

针对后续疫情防控各种可以预见的挑战，我国制造业实施变革势在必行。

1. 注重 HSE（健康、安全、环境）的管理

如果由于企业中员工之间的密切接触而导致交叉感染，对于企业将可能成为灭顶之灾。因此制造企业应大大加强员工的健康、安全与环境的管理，强化灾难预警机制，制定相应防范与应急措施。

2. 生产自动化与柔性化

疫情之下，部分依赖于人工作业的制造企业生产活动受到了极大的影响，加上目前劳动力成本逐年增长，因此从长远角度看，企业应尽可能实现工厂自动化和柔性化生产，生产活动的部分环节实现无人化，应对劳动力波动的影响。

3. 设备的远程监控与智能维护

设备的远程监控与智能维护是实现生产无人化的重要保证之一。企业通过远程监控系统对生产环节进行完全掌控，实时了解生产系统运行状态。同时，对设备的运行状态数据进行收集、分析，当设备发生故障时能够快速识别，并提供解决方案。此外，生产过程中的统计数据也可以用于分析和解决生产中的瓶颈问题，帮助实现更快、更高质量的生产。

4. 推动企业数字化转型

由于爆发性增长的海量服务难以响应，几个中国主流互联网公司的在线协作平台都曾出现过一些问题。这也体现出企业对数字化技术的现实需求。因此，制造企业会对远程协作的任务管理、项目管理、工作流管理等软件提出迫切的需求。数字化技术的深层次应用，可以帮助企业提高员工的协作效率，提高生产与运营的透明度，帮助企业更高效地应对市场需求的波动。

5. 注重供应链管理

在抗击疫情的过程中，由于部分原材料的短缺，曾出现各种紧急用品如医用口罩、防护服等防护产品生产跟不上需求的情况，这要求相关企业着力提升物流供应链的智能化、灵活化，提升抗风险能力。对整个产业链而言，运用工业互联网平台和大数据技术，对设备和物资的供应链进行优化调度，将使效率大大提高。

1.2 “十四五”规划

在《中华人民共和国国民经济和社会发展第十四个五年规划和 2035 年远景目标纲要》（简称“‘十四五’规划”）中确立了国家发展的战略导向为“三个新”：立足全面建设社会主义现代化国家新征程的新发展阶段；贯彻创新、协调、绿色、开放、共享的以国内大循环为主体、国内国际双循环相互促进的新发展理念；构建新发展格局。在“十四五”规划中，“物流”一词出现了 20 次，“供应链”出现了 13 次，“产业链”出现了 22 次，“产业链供应链”出现了 9 次，充分体现了物料搬运装备产业发展水平在规

划中受到的高度重视。

相比“十三五”规划，“十四五”规划对物料搬运装备产业继承了绿色发展、创新驱动、质量为先的基本要求，并着重指明了物流网络、物流系统、冷链物流、农村物流、智慧物流等物料搬运装备产业的重点发展方向。“十四五”规划中还明确指出了要提高物流服务的组织化水平，全面降本增效。

1. 产业的绿色发展

“十四五”时期经济社会发展主要目标中要求，生产方式绿色转型成效显著，能源资源配置更加合理、利用效率大幅提高。对物料搬运装备产业而言，需要深入实施智能制造和绿色制造工程，推动产业绿色化，培育先进制造业集群，推动物料搬运装备产业创新发展。

2. 数字化与智能化

“十四五”规划提及，加快推动数字产业化，培育壮大人工智能、大数据、云计算等新兴数字产业，构建基于5G的应用场景和产业生态，在智能交通、智慧物流、智慧能源等重点领域开展试点示范。对于物料搬运装备的传统应用领域，如钢铁、建材等产业，也要求产业布局优化和结构调整，深入实施增强制造业核心竞争力和技术改造专项，鼓励企业应用先进适用技术、加强设备更新和新产品规模化应用，对物料搬运装备产品本身有了新的要求。

3. 重点发展方向

根据“十四五”规划，我国将建设现代物流体系，加快发展冷链物流，统筹物流枢纽设施、骨干线路、区域分拨中心和末端配送节点建设，完善国家物流枢纽、骨干冷链物流基地设施条件，健全县乡村三级物流配送体系，发展高铁快运等铁路快捷货运产品，加强国际航空货运能力建设，提升国际海运竞争力。此外，“十四五”规划还要求，构建资源循环利用体系，推行生产企业“逆向回收”等模式，建立健全线上线下融合、流向可控的资源回收体系，拓展生产者责任延伸制度覆盖范围。因此，现代化物流体系、冷链物流、农村物流、多式联运、逆向物流等将是物料搬运装备产业的重点发展方向。

“十四五”规划中尤其强调了物料搬运产业在构建以国内大循环为主体、国内国际双循环相互促进的新发展格局中的关键作用。在国内大循环中，要求加快国内物流供应链的服务系统重构，其要求包括：推动大数据、云计算等高新技术的应用，加快关键物流节点设施和骨干物流网络建设，提高物流基础设施水平，降低物流运行成本，以及精准对接区域发展战略；在双循环物流系统建设中规划对物料搬运装备产业提出了密切我国物流与外向型产业的供应链服务关系、发挥沿海港口的陆海衔接功能、无缝对接国内大循环物流网络系统、合理布局和打造航空货运枢纽、抓住新零售培育发展机遇、加快物流供应链金融服务创新等一系列要求。

2021作为“十四五”的开局之年，地方政府也在这一年响应国家战略方针陆续出台了一系列相关规划政策与政策解读。据不完全统计，各省级行政区2021年在物流行业相关政策、规划的发布数量相比2020年几乎翻倍。2021年地方政策集中在建设现代物流体系，以补短板、促发展为整体方向。其中，京津冀地区着重打造全国性物流枢纽，并大力发展航空物流等航空核心产业；江浙沪地区等高经济水平省份重点提高物流供应链支撑体系，完善智慧物流、冷链物流的基础设施建设以及优化物流空间布局。图 1-2 展示了 2021 年中国部分省级行政区物流相关政策数量（港、澳、台数据暂缺）。

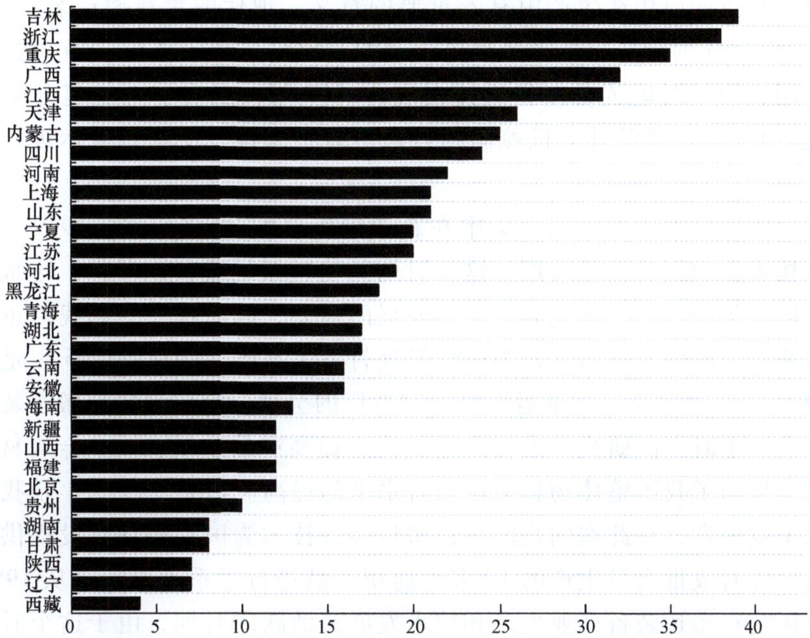

图 1-2　2021 年中国部分省级行政区物流相关政策数量

总体而言，随着“十四五”我国经济社会发展进入新阶段，按照新理念、新格局的要求，在实施“十四五”规划中，现代物料搬运产业必须更好地服务构建新发展格局和加快高标准市场体系建设，把握正确的发展方向，实现现代物流体系建设新的突破。

1.3　产业地位

物流是制造业、商贸业与农业发展的重要支撑，是联结生产与消费、国际与国内市场的重要载体。物流在提高社会经济运行效率、促进产业结构调整、支撑和带动区域经济增长、提升企业和国家竞争力、服务民生和增强人民幸福感等诸多方面发挥着重大作用。

1. 物流业规模

物流业涉及领域广、吸纳就业人数多，专业领域和细分市场热点涌动。中国出口集装箱运价综合指数迈入 3,300 点大关，快递业务量首次突破 1,000 亿件，冷链物流市场需求预计将突破 2.7 亿 t。物流企业主体和就业人员初具规模，截至目前，全国 A 级物流企业近 8,000 家，物流企业和个体工商户等市场主体超过 600 万家，就业人数超过 5,000 万人。物流业经济体量在国家总产值中占比较大，已成为很多国家和地区国民经济和社会发展的重要支柱性产业。2021 年全年物流业总收入 11.9 万亿元，占当年国内生产总值的 10.4%，同比增长 15.1%。从年内走势看，各季度物流业总收入均保持 15% 以上增速，两年年均增速在 8.5%以上，市场规模稳步扩大。2020 年以来社会物流总额增速持续高于 GDP 增速，物流需求系数持续提升。

2. 物料搬运装备的发展与贡献

物料搬运装备的应用在生产中有着重要的意义。现代的物料搬运装备开始于 19 世纪。19 世纪 30 年代前后，出现了蒸汽机驱动的起重机械和输送机；19 世纪末期，由于内燃机的应用，物料搬运装备获得迅速发展；1917 年，出现了既能起升又能搬运的叉车；20 世纪 70 年代出现的计算机控制物料搬运装备系统，使物料搬运进入高度自动化作业阶段。

我国物料搬运技术的发展主要集中在新中国成立的 70 多年来。1949—1957 年是现代物料搬运技术在中国的创建时期，这一时期的物料搬运装备以单件、小批量、利用国外技术为主以满足国民经济恢复和进一步发展的需要，同时这一时期我国也培养了第一批物料搬运装备方面的专业人才，为后续发展打下了基础。1958—1965 年是第一个发展时期。1959 年第一次召开了起重运输机械制造厂的会议，是中国物料搬运装备产业正式形成的标志。这个时期的研究重点为改进结构、提高产品质量、减少金属材料消耗、减轻机器重量，推动了我国整体物料搬运装备水平的提高。1966—1979 年是我国物料搬运装备的第二个发展期，在此期间我国物料搬运装备技术为国家经济建设提供了一批高水平的新产品，并对成批大量生产的 10 多种通用产品进行了系列更新。从 1980 年改革开放至今是我国物料搬运装备产业生产和技术发展最活跃的时期，由于这个时期多种经济成分并存的时代背景，各类物料搬运装备制造厂不断增加，各种搬运机械产量逐年上升，并出现了一系列有国际水平的成套设备。加之 CAD、CAM 技术以及先进的电气技术的应用，我国物料搬运装备产品创新能力极大加强，并且在第三产业中获得了大量的应用。

物料搬运装备在产业链的各个环节都扮演着至关重要的角色。物流系统的优劣代表着物料流通的通畅程度，是产业链的动脉。大坝的修筑、建筑的吊装一次次挑战着起重机的作业极限；各种采石采矿作业设备需要连续搬运设备的精巧配合；电子商务背景下客户在全国任何位置下单都能在一周之内收到的快递，少不了智能仓储系统的数字化、智能化协调管理；进出口贸易领域智能港口的应用使货物吞吐量达到前所未有的高度。可以说，整个产业链从上游的原料开采到最终的产品交付，没有先进的物料搬运装备为之赋能，产业发展很难取得今天的成就。

3. 物料搬运装备产业的战略地位

物料搬运装备产业为国民经济各行业、重大建设工程以及国防安全提供各种现代化的搬运设备。目前，中国物料搬运装备产业已具有一定的规模和水平，基本形成了全面的产品范围、较好的技术体系和庞大的企业群体，成为机械工业中一个独立的行业，服务于国民经济各行各业，包括为第二与第三产业提供了数量巨大、品种繁多的产品，能独立或与国外合作为国家重点工程提供大型物料搬运成套设备及系统，并有一定规模的出口。

在“十四五”规划中，国家对现代物流体系建设方向提出了新的要求。“十四五”规划提出的在物流体系建设上的集中要求体现在物流网络、物流系统、冷链物流、农村物流、智慧物流等多个方面。另外，“十四五”规划要求在国家层面加快构建“通道+枢纽+网络”的现代物流运行体系、建立安全可靠的现代供应链物流体系、发展集约高效的现代物流服务体系、培育发展创新赋能的现代物流经济等。这就需要物料搬运装备生产企业适应时代要求，应对国家战略发展需要，为国家提供一系列质量过硬、性能优异、安全可靠的自主知识产权产品，为国民经济发展提供基础动力。

第2章 产业基础

2.1 国内外产业概况

2.1.1 国外概况

美国物流专家理查德·缪瑟（Richard Muther）在20世纪七八十年代就提出了物料系统搬运分析（System Handing Analysis，SHA）方法，将物料搬运分为内部衔接、总体搬运方案、详细搬运方案以及实施四个阶段，通过理论分析极大地推进了物料搬运技术进步。从20世纪80年代以来，结合机械、电子、计算机等领域成果，建设了一大批高效的配送中心、自动化搬运系统等，物料搬运装备相关企业在全世界也有较强竞争力，例如起重机龙头企业特雷克斯公司和马尼托瓦克公司、工业车辆龙头企业科朗公司，以及物流仓储机械龙头企业霍尼韦尔等。

欧洲是引进物料搬运概念较早的地区之一，而且也是较早将现代技术用于物料搬运的先锋。目前主要欧盟国家的“第三方物流”市场的总体规模越来越大，在运输、仓储、物流信息管理等环节利用专业化物流服务和外部资源的企业比例也越来越高。越来越多的欧洲企业将资源和能力集中在掌握关键技术、核心业务和市场控制能力方面。德国的凯傲集团、永恒力公司、勃利海尔公司、德马泰克公司、胜斐迩公司、林德公司、库卡公司、德马格公司等，奥地利的科纳普公司，瑞士的瑞仕格公司，芬兰的科尼起重机公司等均在物料搬运装备产业有着举足轻重的地位。

日本是最早提出和发展物流园区（又称物流团地）的国家。日本物料搬运装备产业发展的现状主要表现在以信息技术为核心，以信息化、自动化、智能化、集成化、机械化、自动化和计算机化为手段，形成了一批社会化、组织化程度高的物料搬运装备企业，例如日本大福株式会社（以下简称“大福公司”）、丰田产业车辆集团、日本三菱叉车公司等均为产业领先地位的企业。

2.1.2 国内概况

20世纪50年代，因受苏联的影响，物料搬运装备在我国被称为起重运输机械。80年代后，随着我国改革开放的深入，国内产业界积极采用国际标准及发达国家先进技术标准并逐渐与国际接轨，国内业界也开始采用“物料搬运装备”名称。

我国物料搬运装备产业从20世纪五六十年代开始建立并逐步发展壮大，已经形成了各种门类的产品范围和庞大的企业群体，服务于国民经济各行各业。随着制造企业生产规模扩大和自动化程度的提高，物料搬运装备的应用越来越广，作用越来越大，并不断有新技术、新产品诞生，时至今日仍然保持着蓬勃的生命力、创造力。在2019年版《国民经济行业分类》国家标准中，物料搬运装备制造被归入通用设备制造业，产业代码为C343。

2020年新冠肺炎疫情对我国宏观经济和物料搬运装备产业运行造成重大冲击，党中央、国务院审时度势开展疫情防控，多措并举恢复生产生活，2021年产业运行沿着稳步复苏轨迹行进，主要总量指标高于疫情之前水平。从整体上看，产业已经并正在致力从规模扩张转向产业结构的调整、服务的完善以及质量的提高，从关注产品本身的成本、质量竞争力转向整体供应链的竞争力。

目前，处于“十三五”收官、“十四五”起步的关键时期，综合两年的情况来看，物料搬运装备的产业环境仍在不断改善，新的市场主体不断涌现，产业发展稳中有进，保持增长。2021年3月12日，《中华人民共和国国民经济和社会发展第十四个五年规划和2035年远景目标纲要》正式发布。其中提到，要建设现代物流体系，加快发展冷链物流，统筹物流枢纽设施、骨干线路、区域分拨中心和末端配送节点建设，完善国家物流枢纽、骨干冷链物流基地设施条件，健全县乡村三级物流配送体系，发展高铁快运等铁路快捷货运产品，加强国际航空货运能力建设，提升国际海运竞争力，优化国际物流通道，加快形成内外联通、安全高效的物流网络。

2021年11月30日，工信部正式发布《“十四五”信息化和工业化深度融合发展规划》，其中指出，信息化和工业化深度融合是中国特色新型工业化道路的集中体现，是新发展阶段制造业数字化、网络化、智能化发展的必由之路。推动两化深度融合，加快新一代信息技术在制造业的深度融合，打造数据驱动、软件定义、平台支撑、智能主导的现代化产业体系，同时也为物流运输装备产业指明了在数字经济时代的发展方向。

2.2 产学研概况

2.2.1 企业概况

当下，我国物料搬运装备产业正处于一个复杂多变的环境下，在地缘政治、市场变化等因素的影响下，产业内部竞争和外部压力都在逐渐增大，进入一个以主动的资源整合为纽带的耐寒提升时代。

2020—2021年物料搬运市场总体环境仍在不断改善，随着我国国内生产总值不断增长，物料搬运装备产业发展稳中向好，保持增长，2021年新增减税降费项以及北京证券交易所的成立，也为相关企业打开了直接融资的新途径。国内采取积极扩大内需战略，大力推动供给侧结构性改革，促使物料搬运装备产业进行结构调整和转型升级。国际局势迅速变化，行业经营成本上涨，世界经济艰难复苏，全球生产供给循环不畅，物料搬运装备产业链上下游企业或将面临较大压力，同时在疫情冲击下，各企业发展问题也凸显出来，但整个行业长期向好的基本发展方向没有变，韧性好、潜力足、空间大的基本特征没有变。如何解决自身问题并面对经济形势的不确定、行业需求结构的改变，各企业都在积极地提出新对策、新思路。

近年来，物料搬运装备行业相关企业越来越紧贴市场化发展，强化企业的主体地位；不断向着专业化、产业化发展，强化树立现代经营意识，优化企业品牌战略措施，提升品牌竞争力；不断向着集团化、规模化发展，规范行业管理，有序市场竞争。

目前，全球工业数字化转型加速，得益于人工智能、5G 以及边缘计算等一系列前沿技术的现实应用，未来工业正迈向大规模柔性生产、全流程透明生产、分布式生产、智能自动生产。从产品设计、制造到运输、服务，全球产业链将被重塑，也为中国制造业的突破发展提供了牵引动力，为装备制造业带来了巨大的市场，在这一历史性机遇面前，传统装备制造行业企业的智慧和勇气都将面临巨大的考验。

随着新一代信息技术在制造业的深度融合，物料搬运装备产业产品科技化、高质量化是必然的发展方向，经过几十年的沉淀之后不少相关企业已经进入自身的技术成熟期，“智慧物流”成为近两年来的热门话题。2020—2021 年，各企业积极投身技术提升、技术创新，推动成果转化生产力，重点关注领域包括数字化供应链、绿色物流、逆向物流、高铁物流、冷链物流、多式联运、远程设备作业、智能分拣、智能搬运机器人、密集存储、无人驾驶等；热点创新技术包括智能物流大数据技术、智能化无人配送车、基于区块链的物流供应链、基于物联网的物料搬运装备信息平台、基于 5G 的设备通信技术、智能物流云计算技术、自动混合码垛技术、高铁货运自动化装卸技术、物料包装标准化技术等。

2.2.2　科研机构概况

作为支撑国民经济发展的基础性、战略性、先导性产业之一，物料搬运装备产业的作用不言而喻，国家层面较为重视物料搬运装备产业的发展，配备自动化设备、模拟软件等完备软硬件的实验室已经成为科研机构的标配。

我国现已形成了国家级、省部级重点实验室相统筹，高校、科研院所与企业共建、自建实验室相互支持的发展格局，从而有力保障和支撑我国物料装备产业的健康、稳定发展。

如北京起重运输机械设计研究院（简称“北起院”），最初于 1958 年作为机械工业部直属的国家起重运输机械行业技术研究所成立，后发展成为集科研开发、工程承包、设备成套、设计制造、检验检测、监理服务为一体的国有科技型企业。北起院依靠自身基础组建了北京市自动化物流装备工程技术研究中心、机械工业物料搬运工程技术研究中心、起重机械轻量化技术重点实验室和北京市设计创新中心等研发平台，在自动化物流装备、物料搬运技术、起重机械等领域不断开展关键技术研究，提升自主创新能力，加快科技成果转化，培养专业人才。同时，北起院作为我国物料搬运装备产业的龙头研究所，承担国际标准化组织起重机技术委员会（ISO/TC96）主席、起重机技术委员会试验方法分技术委员会（ISO/TC96/SC4）主席和工业车辆技术委员会可持续性技术委员会（ISO/TC110/SC5）主席工作。北起院拥有北起装备涞水制造基地和北方智能装备研发制造基地两个生产制造基地，设有国家起重运输机械质量检验检测中心、国家客运架空索道安全监督检验中心、国家安全生产北京矿用起重运输设备检测检验中心等三个国家级检验中心，主办《起重运输机械》行业核心学术期刊。全国起重机械、连续搬运机械、物流仓储设备、工业车辆及全国起重机械标委会的桥式和门式起重机分技术委员会、停车设备分技术委员会六个标准化技术委员会秘书处，中国索道协会、中国机械工程学会物流工程分会、中国工程机械工业协会工业车辆分会、中国重型机械工业协会物流与仓储机械分会、中国重型机械工业协会桥式起重机专业委员会五个国家行业协会、学会秘书处设在北起院，为我国物料搬运装备产业的技术进步发挥着重要作用。

2.2.3 学校概况

随着物料搬运装备产业的快速发展，社会和企业对物料搬运装备人才的需求与日俱增，物料搬运装备制造企业、科研机构以及高校对物料搬运装备人才的培养越来越重视。加强对物料搬运装备人才培养的研究，是我国物料搬运装备产业发展的需要，也是企业自身发展的需要，有着重要的意义。

根据教育部公开资料，截至 2021 年年底，开设物流工程、管理、装备等相关专业的高校 500 多所，专业方向分别有起重运输机械、工程机械、工业车辆、物流管理、物流工程、物流信息及供应链等。2021 年，智能运输工程作为工学交通运输类的下属类，被列入普通高等学校本科专业目录。

大力推动物料搬运装备的产学研结合，鼓励科研院所将研究与教学结合起来，把研究成果用于企业，培养科研人员、高等学校教师和企业的高层管理人员较强的研究能力，使其能够驾驭物料搬运装备产业日常业务的经营和决策，具备解决现代物料搬运装备产业发展中的重大理论及实际问题的能力。同时从高校出发，调研熟悉并掌握企业及科研院所对于物料搬运装备产业人才的需求，培养多层次的物料搬运装备产业人才。企业和科研院所除了要不断输入新的素质较高的人员，还要重视在职人员的职业教育，加强物料搬运装备产业从业人员的培训，提高整个相关人员的素质。

为适应我国经济发展和工程师制度的改革，逐步实现专业技术人才在社会和业内的认可，以及技术资格国际双边、多边互认的需求，在政府宏观指导下，经中国科协批准，由中国机械工程学会开展的物流工程师资格认证是工程师技术资格认证系列中的专业工程师资格认证。物流工程师资格认证是通过资格考试、业绩考核和同行评议相结合的方法对专业技术人才进行评价，对于已具备物流工程师水平的人员给予技术水平认定，颁发资格认证证书。通过认证的人员名单将在物流工程分会网站上公布。

近年来，工程教育专业认证工作持续推进，该认证是由中国工程教育专业认证协会和教育部高等教育教学评估中心针对高等教育机构开设的工程类专业教育实施的专门性认证，旨在为相关工程技术人才进入工业界从业提供预备教育质量保证。2021 年，西南石油大学机械工程等 422 个专业完成了中国工程教育专业认证协会组织开展的学校自评、自评审核、专家组现场考察、结论审议等程序，通过了工程教育认证。截至 2021 年底，全国共有 288 所普通高等学校 1,977 个专业通过了工程教育认证，涉及机械、仪器等 24 个工科专业类，其中机械类有 307 个学校专业已通过认证，将为物料搬运装备产业输送更多高质量高水平的人才。

由中国机械工程学会主办的中国大学生机械工程创新创意大赛（以下简称“大赛”）自2017年起已成功举办了5届，是面向全国高校机械类、材料类、工业工程类等相关专业大学生开展的一项公益性竞赛活动。通过多年的积淀成长，大赛体系不断完善、竞赛内容不断丰富、参赛规模不断扩大，已发展成为国内影响广泛的机械工程领域学科专业赛事，并在2019年、2020年、2021年连续三年纳入“全国普通高校学科竞赛排行榜”，成为教育部认可的大学生学科竞赛项目，是高校学生竞赛与教师教学成果展示的平台和载体。2021年，中国大学生机械工程创新创意大赛第六届物流技术（起重机）创意大赛在武汉理工大学成功举行，该年创意大赛主题为“智能堆码起重机器人”，由中国机械工程学会物流工程分会和武汉理工大学交通与物流工程学院共同承办。经过选拔，最终有52所高校的166件作品进入全国总决赛，参赛学生总人数近2,000人，是本专业竞赛举办以来参赛高校和作品数量最多及参赛人数最多的一次。

2.3 标准化概况

专业标准建设是物料搬运装备产业发展的重要技术基础。目前国家设有全国起重机械标准化技术委员会（SAC/TC227）、桥式和门式起重机分技术委员会（SAT/TC227/SC3）、停车设备分技术委员会（SAC/TC227/SC5）、全国工业车辆标准化技术委员会（SAC/TC332）、全国连续搬运机械标准化技术委员会（SAC/TC331）、全国物流仓储设备标准化技术委员会（SAC/TC499）等六个全国标委会。

国际标准化组织设有起重机技术委员会（ISO/TC96）、连续搬运机械技术委员会（ISO/TC101）、工业车辆技术委员会（ISO/TC110），以及钢制圆环链、吊链、部件及附件技术委员会（ISO/TC111）等四个国际标准化组织，为我国的物料搬运装备产业发展起到了积极的推进作用。全国物流仓储设备标准化技术委员会（SAC/TC499）、停车设备分技术委员会（SAC/TC227/SC5）暂无对应的国际标准化组织。表2-1为物料搬运装备产业全国标委会与对应国际标准化组织。

表2-1 物料搬运装备产业全国标委会与对应国际标准化组织

全国标委会	对应国际标准化组织
全国起重机械标准化技术委员会(SAC/TC227) 桥式和门式起重机分技术委员会(SAT/TC227/SC3)	钢制圆环链、吊链、部件及附件技术委员会(ISO/TC111) 起重机技术委员会(ISO/TC96)
全国连续搬运机械标准化技术委员会(SAC/TC331)	连续搬运机械技术委员会(ISO/TC101)
全国工业车辆标准化技术委员会(SAC/TC332)	工业车辆技术委员会(ISO/TC110)
全国物流仓储设备标准化技术委员会(SAC/TC499) 停车设备分技术委员会(SAC/TC227/SC5)	暂无对应

2.3.1 标准体系的构建

标准是经济活动和社会发展的技术支撑，是国家基础性制度的重要方面。标准化在推进国家治理体系和治理能力现代化方面发挥着基础性、引领性作用。新时代推动高质量发展、全面建设社会主义现代化国家，迫切需要进一步加强标准化工作。

新时代的标准化发展，应以习近平新时代中国特色社会主义思想为指导，深入贯彻党的十九大和十九届二中、三中、四中、五中全会精神，按照统筹推进“五位一体”总体布局和协调推进“四个全面”战略布局要求，坚持以人民为中心的发展思想，立足新发展阶段、贯彻新发展理念、构建新发展格局，优化标准化治理结构，增强标准化治理效能，提升标准国际化水平，加快构建推动高质量发展的标准体系，助力高技术创新，促进高水平开放，引领高质量发展，为全面建成社会主义现代化强国、实现中华民族伟大复兴的中国梦提供有力支撑。

物料搬运装备标准化工作在支撑物料搬运装备产业发展、便利经贸往来、促进科技进步、配合特种设备监督管理、保障人身和财产安全等方面发挥着基础性、引领性和战略性的重要作用。物料搬运装备标准的制订、修订的原则就是提高行业整体技术水平、促进物料搬运装备高质量发展、规范市场经济秩序、减少物料搬运装备安全事故。

我国物料搬运装备标准化工作思路伴随着行业的发展起步于 20 世纪 60 年代，标准体系历经起步阶段、发展阶段、优化完善阶段。经过几代人的努力，物料搬运装备主要产品的标准制修订工作稳步推进，标准体系涵盖物料搬运装备设计、制造、检验检测、使用、维护与保养、安全评价和报废的全生命周期，标准供给侧体系结构日趋完善，为提升我国产品质量、技术水平和安全性能，推动技术进步，促进产业发展，便利国际贸易，配合特种监管，减少安全事故的发生等发挥了巨大作用，并强力提升了我国在对口国际标准化组织的影响力和话语权。

2.3.2 标准体系的发展目标

习近平总书记在致第 39 届国际标准化组织大会的贺信中指出：标准是人类文明进步的成果；标准已成为世界“通用语言”；世界需要标准协同发展，标准促进世界互联互通；中国将积极实施标准化战略，以标准助力创新发展、协调发展、绿色发展、开放发展、共享发展。

2021 年 10 月，中共中央、国务院印发了《国家标准化发展纲要》（以下简称《纲要》），并发出通知，要求各地区各部门结合实际认真贯彻落实，《纲要》的印发，是以习近平同志为核心的党中央立足国情、放眼全球、面向未来做出的重大决策，在我国标准化事业发展史上具有重大里程碑意义。

《纲要》提出，到 2025 年，我国标准化发展将实现“四个转变”，即标准供给由政府主导向政府与市场并重转变、标准运用由产业与贸易为主向经济社会全域转变、标准化工作由国内驱动向国内国际相互促进转变、标准化发展由数量规模型向质量效益型转变。要完成“四个目标”包括全域标准化深度发展，标准化水平大幅提升，标准化开放程度显著增强，标准化发展基础更加牢固，从而实现标准化更加有效推动国家综合竞争力提升，促进经济社会高质量发展，在构建新发展格局中发挥更大作用。

《纲要》提出，到 2035 年，要实现结构优化、先进合理、国际兼容的标准体系更加健全；具有中国特色的标准化管理体制更加完善；市场驱动、政府引导、企业为主、社会参与、开放融合的标准化工作格局全面形成。

《纲要》部署的七大任务分别是：推动标准化与科技创新互动发展，提升产业标准化水平，完善绿色发展标准化保障，加快城乡建设和社会建设标准化进程，提升标准化对外开放水平，推动标准化改革创新，夯实标准化发展基础。

2021 年 3 月 12 日，《中华人民共和国国民经济和社会发展第十四个五年规划和 2035 年远景目标纲要》正式发布。其中提到，要建设现代物流体系，加快发展冷链物流；更是多次提到，应加快标准升级迭代和国际标准转化应用；促进不同地区和行业标准、规则、政策协调统一；加快强制性国家标准制修订；完善并健全各行业标准体系。

“十四五”开启了我国社会主义现代化建设新征程，《国家标准化发展纲要》设定的发展目标紧扣国家“十四五”规划和 2035 年远景目标纲要，从多维度设定了我国标准化发展 2025 年和 2035 年的目标任务，必将促进中国标准化工作的开展，必将推动我国的标准化工作在构建新发展格局中发挥更大作用，必将推动中国的高质量发展和现代化工作的开展，支撑国际标准化，在共建可持续发展未来方面发挥积极作用。

2021 年 12 月 12 日，国务院办公厅印发了《“十四五”冷链物流发展规划》，规划中提出，应强化冷链物流支撑体系，完善并健全冷链物流标准体系，强化国内国际标准对接，研究建立冷链物流标准制修订工作机制，加强部门协调和政企沟通，2022 年底前完成现行冷链物流国家标准、行业标准、地方标准集中梳理工作，提出废止或制修订建议，结合标准梳理工作，在冷链物流设施、装备、载器具、标识、流程、管理与服务等领域，补充完善一批企业和行业急需的标准，形成全链条有机衔接的冷链物流标准体系。12 月 14 日，为贯彻落实《国家标准化发展纲要》，指导国家标准的制定与实施，国家标准委、中央网信办、科技部等 10 部门联合印发《“十四五”推动高质量发展的国家标准体系建设规划》，提出了坚持创新引领、坚持需求导向、坚持体系衔接、坚持开放融合、坚持质量效益的“五个坚持”的基本原则，提出了到 2025 年，推动高质量发展的国家标准体系基本建成，国家标准供给和保障能力明显提升，国家标准体系的系统性、协调性、开放性和适用性显著增强，标准化质量效益不断显现的总体目标。

近年来，物料搬运装备产业标准化领域在行业各单位推动下、众多从业人员的积极参与下，实现了由中国牵头制修订起重机和工业车辆国际标准的重大突破，显著增强了中国在上述装备制造领域的国际影响力和话语权。

2020 年 10 月 8 日，国际标准 ISO 4306-4：2020《起重机　术语　第 4 部分：臂架起重机》正式发布。该国际标准是首项由中国牵头制定的起重机械国际标准，实现了中国主导制定起重机械国际标准零的突破。2021 年，我国牵头的 5 项起重机和工业车辆国际标准得到批准发布，并新承担了 4 项起重机国际标准的牵头工作。截至目前，我国牵头的起重机和工业车辆国际标准已达到 14 项。

2021 年，物料搬运装备产业专家代表中国出席了 ISO/TC96 及下属分技术委员会、ISO/TC110 及下属分技术委员会的各次系列会议、工作组会议等共计 20 余次国际标准会议，越来越深度和广泛地参与了物料搬运装备国际标准化工作。在各次会议过程中，中国代表积极发表中国观点、发出中国声音，努力推动将中国技术、中国方案和中国实践融入国际标准，为国际标准化事业的发展，全力贡献了中国力量、发挥了中国作用。国内部分，2021 年物料搬运装备专业领域共组织开展了 132 项国家标准、行业标准、团体标准的制修订工作，并有 28 项新的国家标准、行业标准和团体标准得到批准发布。

2020 年国家标准化管理委员会对 110 个技术委员会 2017—2019 年的三年运行管理情况进行了考核评估。在本次考核评估中，全国起重机械标准化技术委员会等 11 个技术委员会的考核评估结果为一级。

2.3.3 现有国家和行业标准

1. 起重机械

截至 2021 年 12 月底，我国起重机械行业发布的现行有效标准 311 项，其中国家标准 206 项，机械行业标准 105 项，2020—2021 年更新或新发布 34 项国家/行业标准。

2. 连续搬运机械

截至 2021 年 12 月底，我国连续搬运机械行业共有现行有效标准 82 项，其中国家标准 14 项，机械行业标准 68 项，2020—2021 年更新或新发布 8 项国家/行业标准。

3. 物流仓储机械

截至 2021 年 12 月底，我国物流仓储机械行业共有现行有效标准 26 项，其中国家标准 10 项，机械行业标准 16 项，2020—2021 年更新或新发布 9 项国家/行业标准。

4. 工业车辆

截至 2021 年 12 月底，我国工业车辆行业共有现行有效标准 87 项，其中国家标准 59 项，机械行业标准 28 项，2020—2021 年更新或新发布 21 项国家/行业标准。

以上 4 个行业 2020—2021 年更新或新发布标准数量见表 2-2。

表 2-2 2020—2021 年更新或新发布标准数量

行业	国家标准/项	行业标准/项
起重机械	25	9
连续搬运机械	3	5
物流仓储机械	2	7
工业车辆	13	8

2.3.4 技术标准的发展方向

1. 开展智能制造和绿色制造标准体系研究

由于数字化、信息化、智能化产品在物料搬运装备上的应用越来越广泛，智能化、节能型物料搬运装备逐渐成为市场的追捧热点，并将成为未来智能工厂、自动化码头、智能停车服务中的物料搬运主力军。为引领物料搬运装备智能化和绿色化发展，服务行业科技进步，促进产业结构转型升级，针对智能物流装备、智能机械式停车设备等物料搬运装备开展智能制造和绿色制造关键技术标准体系研究，是完善物料搬运装备标准供给侧体系结构的重要工作内容。

2. 加强物料搬运装备安全评价和报废标准体系研究

据国家市场监督管理总局统计数据显示，物料搬运装备安全事故多数是发生在使用环节。开展在用物料搬运装备的安全评价和报废标准体系研究，为及时排除物料搬运装备使用的潜在安全危险提供可靠的技术依据，对加强在用物料搬运装备的使用安全，减少物料搬运装备安全事故，具有重要现实意义。2018 年，全国起重机械标准化技术委员会已颁布国家标准《铸造起重机报废条件》，该国家标准填补了世界起重机械报废标准的空白，为建立健全物料搬运装备报废标准体系奠定了基础。

3. 构建国家标准、行业标准、团体标准协同发展的新型标准体系

为了充分发挥市场在资源配置中的主体作用，增加标准有效供给，2015 年国务院印发的《深化标准化工作改革方案》中将“培育发展团体标准”作为一项重要的改革措施。新《中华人民共和国标准化法》第十八条规定“国家鼓励学会、协会、商会、联合会、产业技术联盟等社会团体协调相关市场主体共同制定满足市场和创新需要的团体标准，由本团体成员约定采用或者按照本团体的规定供社会自愿采用”，赋予了团体标准的法律地位。团体标准是国家标准化工作改革的宠儿，也是市场经济时代发展的需要，制定快速响应创新和市场，填补现有国家标准、行业标准和地方标准空白的团体标准，构建国家标准、行业标准、团体标准协同发展的新型标准体系，必将是物料搬运装备标准化工作的重点发展方向。

4. 强化标准实施和宣传，助力起重装备高质量发展

标准只有得到实施才能发挥效应，才能使标准的修订工作更具科学性、先进性和适用性。起重机械属于特种设备，标准作为特种设备安全技术规范的重要支撑，为提高起重机械产品质量和本质安全性、减少起重机械安全事故发挥了很大的作用。进一步完善标准宣贯的工作机制，加强与地方标准化工作部门以及特种设备检验检测机构的沟通合作，将会更加广泛地传播标准化理念，更加有力地推动标准的贯彻实施，助力物料搬运装备的高质量发展。同时，建立标准实施信息反馈和评估机制，及时掌握标准的实施效益和存在问题，并将反馈信息和评估结果作为标准修订依据，以使标准更具适用性和有效性。

5. 争取承担更多国际标准的制定工作

随着经济全球化继续深入发展，标准在国际贸易中的应用越来越频繁，已成为国际经济和科技竞争的重要手段。经过十几年的努力，中国在国际物料搬运装备标准化工作中取得了喜人的成绩，获取到国际标准化工作话语权，并逐步开始主导制定国际标准。然而，在现行有效的对口国际标准中，尚未有中国主导制定的，这对于作为物料搬运装备制造大国的中国来说是远远不够的。因此，需要开展国内外标准体系和标准技术内容的对比分析研究，掌握国际标准体系中的缺失，洞悉国际标准技术内容的结构框架和需要规定的技术指标，提高国际标准提案立项的成功率；同时鼓励企业参与国际标准化活动，积极提出国际标准提案，争取为国际物料搬运装备标准化工作的开展贡献更多中国智慧和力量。

2.4 产品技术发展方向

2.4.1 产品设计技术

1. 产品设计模块化

产品设计模块化是指将物料搬运装备上功能基本相同的构件、部件和零件制成有多种用途、有相同连接要素和可实现互换的标准模块，通过不同模块的相互组合，形成不同类型和规格的设备。模块化设计使得设备易于进行改造和升级，即设计新型物料搬运装备或需要应对不同工况时，只需选用不同模块重新进行组合即可实现。对单件小批量生产的方式可以改换成相当批量规模的组合模块生产，适应用户需求“个性化解决方案”的供货。对小型、轻量、非繁重作业的各种物料搬运装备，减小尺寸、简化结构、降低造价和使用维护费用。

合理的模块化设计，能提高企业生产线通用化程度、降低生产成本、缩短供货周期，适应市场激烈竞争的需求。在设计阶段模块化，也可以明确各设计部门职能，使设计人员可以专注于所负责的模块，配合专人沟通协调，提高设计效率。

2. 轻量化与节能化

现代企业不仅是从事经济活动的基本单位，更是从事生态活动的基本单位。“绿色产品”开发，将产品、用户和环境结合起来，对产品的质量、功能、成本和环境进行并行设计，可提高产品的功能性、可靠性、可维修性、环境友好性等，并可减少材料使用、降低产品成本、减少能源消耗、显著改善企业的社会公共形象。

为了响应国家节能减排政策的号召，建设资源节约型、环境友好型社会的国策，贯彻绿色的发展观，物料搬运装备应该实现轻型化、节能化，通过优化物料搬运装备的生产工艺结构布置以及附加配置来实现生产过程的节能减排，通过改善设备动力系统的能量利用率或采用新能源驱动以实现使用过程中的节能减排。

3. 人机工程学

外观造型与表面涂装都属于人机工程学的范畴，这些因素涉及设备操作安全、作业效率提高、产品直观质量与程度等，是用户可直接感受到的第一印象与质量标准，将有效地促进品牌推广、市场营销。

4. 通用产品小型化

与大型物料搬运装备应用在专门领域不同，在通用场合使用的搬运装备，具有批量大、用途广的特点。为此，考虑综合效益，应该尽可能使这类装备设计趋于小型化，如降低外形大小、简化结构、减小自重等，以适应各种应用场合，搭配更多的柔性化生产链。在降低使用环境条件的同时，优化人机关系，可以降低该类设备的使用门槛，有助于该行业的设备拥有更广阔的市场空间，在各种领域发挥作用。

2.4.2 产品性能优化

1. 大型化

物料搬运装备大型化是适应不同情况下任务的必然要求，例如：最大的桥式起重机起重量可达 22,000t；最大的门式起重机起重量可达 22,000t；最大的浮式起重机起重量达 12,000t；履带式起重机最大起重量可达 4,000t；采用双小车、双 40ft（1ft = 0.3048m）箱的 80t 集装箱起重机；生产率达 8,000~10,000t/h 的斗轮堆取料机；自动化立体仓库巷道堆垛机最大的运行速度达 400m/min；最大的带式输送机宽达 3.2m，输送能力为 37,500t/h，单机最大的输送距离超过 30km 等。

2. 专用化

专用化是本行业产品技术发展的显著趋势。由于工业生产方式和用户需求的多样性，物料搬运装备的市场不断扩大，设备类型也不断增加。具备特有的功能满足特殊的需要，发挥出最佳的效用，就是专用化的表现。这在大型物料搬运需求的场合尤为明显，例如冶金、核电、造纸、垃圾处理专用起重机，防爆、防腐、绝缘起重机和铁路、船舶、集装箱专用起重机的功能不断增加，性能不断提高，物流活动的适应性、系统性、一致性比以往更强。

3. 高效化

高效化是伴随着专用化发展趋势的另一种表现。由于工业生产规模不断扩大，产品生产过程中物料搬运费用占比日益增加，促使高效率搬运设备的需求量增长。为配合生产效率，行业内物料搬运装备需要提供更强的搬运能力（具备大起重量、高工作速度），扩展更多灵活的功能，因而会呈现出高效化的趋势。

4. 复杂化

冻土、高原、沙漠等气候环境具有不同的特点，用于常规环境的运输机械在此类环境使用时，会导致效率降低或无法工作，设计专门的运输机械以适用于此类特定环境，将有效加速国家对此类环境的开发、利用。

2.4.3 产品控制与管理技术

1. 信息化、自动化与智能化

物料搬运装备，是机电液一体化技术、自动控制技术、计算机技术以及网络信息技术等的综合产物，实现设备的信息化、自动化、智能化是当今科技的主流。为提高产品的市场竞争力，响应国家的发展观念，迈向工业 4.0 阶段，物料搬运装备实现智能化是避不开的话题。随着物联网、大数据以及 5G 等技术的发展，物料搬运装备在智能化方面的表现愈加亮眼，吊具防摇技术、自定位技术、避障技术、群控技术、远程监测与智能维护、无人化智能物流系统，逐渐应用在物流搬运领域，使搬运各环节协调进行，减少人力造成的不确定因素，物流作业效率得到极大提高。

柔性/半柔性制造生产线上的各种自动物料搬运装卸设备，自动化立体仓库库前区中的各种自动物料搬运装卸设备，可精确测位、按照程序起重作业并可自监测、自诊断维护的桥式起重机等都已得到应用。发展趋势是进一步将各种物料搬运系统进行动态模拟仿真，寻求二者相关参数的最佳匹配组合，并将这类自动、智能的设备纳入系统的多级计算机信息控制与管理网络中，更充分发挥其高技术信息化的效能。近年来发展应用的重要成果有：港口散料和集装箱装卸系统、工厂生产搬运装卸自动化系统、自动化立体仓库系统、商业物质配送集散系统、交通运输部门和邮电部门的货物自动分拣与搬运系统等。

自动化技术与计算机技术高度融合，自动化物流搬运装备技术研究主要有四大方向：一是物联网、区块链、大数据、云计算、5G、数字孪生、边缘计算等新一代信息技术在物流装备中的应用；二是穿梭车、堆垛机、移动机器人、智能仓等装备的集成应用；三是运用了新一代信息技术的自动化物流运输装备（如无人车、无人机、智能卡车等）在物流场景（如企业、园区、港口）中的应用；四是自动化物流装备与智能制造的融合应用。

2. 系统集成化和柔性化

在物料搬运装备单机自动化的基础上，通过计算机把各种物料搬运装备组成一个物料搬运集成系统，通过中央控制室的控制，与生产设备有机结合，与生产系统协调配合。这类设备自动化程度高，具有信息处理功能，可将传感器检测出来的各种信息实施存储、运算、逻辑判断、变换等处理加工，进而向执行机构发出控制指令。这类物料搬运装备还具有较好的信息输入输出接口，实现信息完整、准确、可靠地在整个物料搬运集成系统中的传输。起重机通过系统集成，能形成不同机种的最佳匹配和组合，取长补短，发挥最佳效用。以后将重点发展的有工厂生产搬运自动化系统、系统配送集散系统、集装箱装卸搬运系统、货物自动分拣与搬运系统等。

3. 物流协同与智能供应链

关于自动化物流装备的研究已不再局限于装备本体的软、硬件技术，而是发展到了机器协作、一体化平台的层面，把物流装备纳入工业 4.0、智慧城市等领域进行整体考虑和规划，交叉学科、交叉领域的研究越来越多。

随着工业 4.0 的变革，自动化物流装备已不局限于物流行业，而是越来越多地融入智慧供应链体系，在智慧化平台、数字化运营、自动化作业等智慧供应链的各个层面发挥作用。与此同时，自动化物流装备和技术已开始由产品提供向技术服务转型，助力企业供应链全要素的互联互通和高效协同，以实现企业供应链与物流的全面升级，促进国家统一大市场形成。

第3章

产业市场

3.1 产业市场概况

物质流通是社会生产活动必需的重要环节。在国民经济的各行各业中，只要存在着产品的生产、分配、流通和消费，就离不开物料搬运装备。

“十三五”是我国贯彻国民经济可持续发展战略、推动循环经济发展、走新型工业化道路、奠定建设资源节约型和环境友好型社会基础的重要时期。高度重视社会与企业物流作用，大力发展现代物流业，对于推动和提升产业的发展、提高经济运行质量和效益、增强综合国力和企业竞争力，具有十分重要的意义。面向国民经济各行各业，包括第二与第三产业提供所需大量装备的物料搬运装备制造业，是有效的载体手段。国民经济的快速、稳定发展，基础产业的信息化和工业化推进，为物料搬运装备制造产业提供了最好的发展机遇。

随着国家重视提高经济运行质量和对经济运行质量调控措施日渐到位，物料搬运装备产业在国民经济各行各业中发挥的作用将日渐突出。

国内物料搬运装备市场的基本竞争格局是：高端市场主要由跨国企业占据，国内重点大型企业也在一些特定领域获得了一些市场；中端市场的参与者包括国内的大型企业及少数制造工艺优良、管理水平较高的中小企业；众多的规模小、技术薄弱、管理不善的企业缺乏产品创新，产品质量不高、附加值低，经济效益较差，处于产业低端市场，竞争激烈。

3.2 产业市场主要经济指标

3.2.1 总体市场规模

2019—2021 年物料搬运装备产业总体市场规模见表 3-1。据相关专业协会统计，2020 年实现营业收入 6,588.69 亿元，同比增长 7.41%，实现利润总额 472.64 亿元，同比增长 25.01%，流动资产总额为 5,748.64 亿元，同比增长 16.42%；2021 年实现营业收入 7,781.75 亿元，同比增长 18.11%，实现利润总额 482.5 亿元，同比增长 2.09%，流动资产总额为 6,531.45 亿元，同比增长 13.62%。

表 3-1 2019—2021 年物料搬运装备产业总体市场规模

指标	2019 年	2020 年	2021 年
营业收入/亿元	6,134.27	6,588.69	7,781.75
营业成本/亿元	5,054.25	5,379.16	6,494.04
利润总额/亿元	378.07	472.64	482.5
流动资产总额/亿元	4,937.85	5,748.64	6,531.45

注：按照国民经济行业分类标准，传统的起重运输机械统称为物料搬运机械，可以分为 8 个类别：轻小型起重设备，起重机，生产专用车辆，连续搬运设备，电梯、自动扶梯及升降机，机械式停车设备，客运索道，其他物料搬运设备。在本《报告》中主要包括轻小型起重设备、起重机、生产专用车辆、连续搬运设备、其他物料搬运设备 5 个类别。

2019—2021 年物料搬运装备产业规模以上企业数量见表 3-2。其中 2020—2021 年期间，物料搬运装备产业规模以上企业总体增加 394 户，其中轻小型起重设备制造企业 18 户，起重机制造企业 35 户，生产专用车辆制造企业 38 户，连续搬运设备制造企业 119 户，其他物料搬运设备制造企业 54 户。

表 3-2 2019—2021 年物料搬运装备产业规模以上企业数量

年份	轻小型起重设备	起重机	生产专用车辆	连续搬运设备	其他物料搬运设备
2019 年	204	532	157	328	104
2020 年	211	546	168	387	126
2021 年	222	567	195	447	158

3.2.2 主要营业收入与利润

图 3-1 所示为 2019 年以来物料搬运装备产业增加值与营业收入增速情况。由于疫情等因素影响，2020 年物料搬运装备产业发展受到较大冲击，全年实现营业收入 6,588.69 亿元，同比增长 4.87%。全年增速前 8 个月在下降区间，进入 8 月份转正，至 12 月的增速为 4.87%。2021 年开年，产业表现出强劲的恢复势头，物料搬运装备产业实现营业收入 7,428 亿元，同比增长 16.3%。产业增加值整体变化趋势与营业收入增速一致，2021 年物料搬运装备制造增加值同比增长 6%。

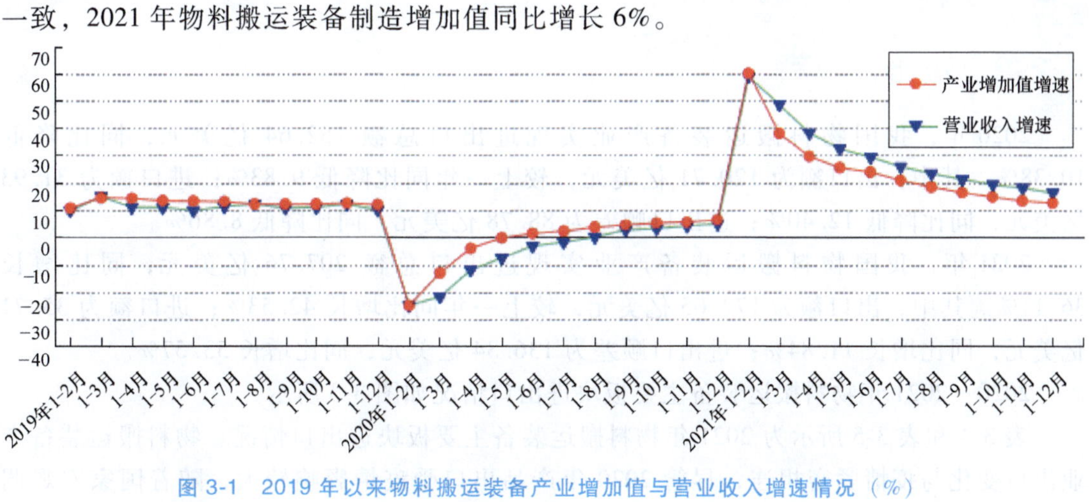

图 3-1 2019 年以来物料搬运装备产业增加值与营业收入增速情况（%）

表 3-3 所示为 2019—2021 年物料搬运装备各板块营收情况。2020 年，主要业务板块多有较好表现，其中：四个板块增长，一个板块下降，实现增长的板块是：其他物料搬运装备 26.10%、生产专用车辆 18.07%、起重机 14.89%、连续搬运设备 3.22%，轻小型起重设备板块为负增长。2021 年整体表现更佳，五个板块均实现增长，其他物料搬运设备 63.76%、连续搬运设备 30.95%、生产专用车辆 25.31%、起重机 11.44%、轻小型起重设备 10.88%。图 3-2 所示为各板块营收在五个板块总和中占比情况，整体构成比例变化较小，营收占比前三的板块依次是：起重机、生产专用车辆、连续搬运设备。

表 3-3 2019—2021 年物料搬运装备各板块营业收入（亿元）

类别	2019 年	2020 年	2021 年
轻小型起重设备	252.36	209.32	232.09
起重机	1,548.32	1,778.86	1,982.34
生产专用车辆	526.91	622.11	779.57
连续搬运设备	415.45	428.84	561.56
其他物料搬运设备	184.50	232.65	380.99

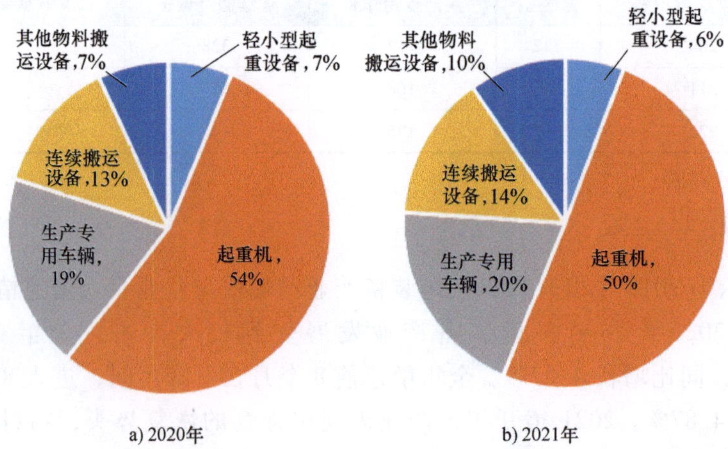

图 3-2 2020—2021 年物料搬运装备各板块营收占比

3.2.3 进出口数额

2020 年，我国物料搬运装备产业实现进出口总额 152.64 亿美元，同比降低 10.38%。其中，出口额为 120.71 亿美元，较上一年同比降低 9.83%；进口额为 31.93 亿美元，同比降低 12.40%；进出口顺差为 88.78 亿美元，同比降低 8.86%。

2021 年，我国物料搬运装备产业实现进出口总额 207.76 亿美元，同比增长 36.11%。其中，出口额为 172.05 亿美元，较上一年同比增长 42.53%；进口额为 35.71 亿美元，同比增长 11.84%；进出口顺差为 136.34 亿美元，同比增长 53.57%。

2020—2021 年物料搬运装备主要板块进出口情况如图 3-3 所示。

表 3-4 和表 3-5 所示为 2021 年物料搬运装备主要板块进出口情况。物料搬运装备产业出口变化与疫情紧密相连，尽管 2020 年产品出口受疫情影响较大，随着国家宏观调

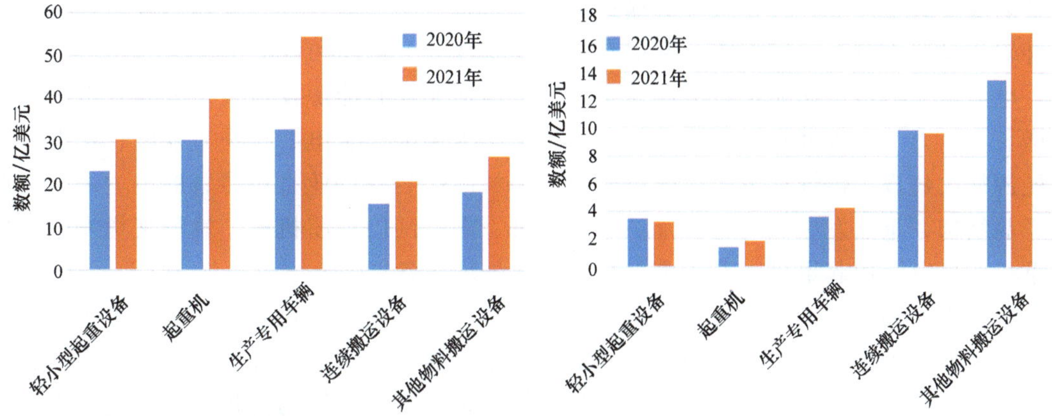

a) 出口部分　　　　b) 进口部分

图 3-3　2020—2021 年物料搬运装备主要板块进出口数额

控，出口状况逐渐改善，2021 年五个板块的出口额都出现了显著增长。

表 3-4　2021 年物料搬运装备主要板块进出口数额（亿美元）

货物名称	出口额	同比增长	进口额	同比增长
轻小型起重设备	30.33	31.41%	3.2	-9.09%
起重机	39.94	31.04%	1.83	27.08%
生产专用车辆	54.6	65.05%	4.25	16.44%
连续搬运设备	20.71	32.76%	9.58	-2.74%
其他物料搬运设备	26.47	43.31%	16.85	25.09%
物料搬运装备合计	172.05	42.53%	35.71	11.84%

表 3-5　2021 年物料搬运装备产业产品进出口总额与顺差（亿美元）

货物名称	进出口总额	同比增长	进出口顺差	同比增长
轻小型起重设备	33.53	26.05%	27.13	38.70%
起重机	41.77	30.86%	38.11	31.23%
生产专用车辆	58.85	60.22%	50.35	71.08%
连续搬运设备	30.29	19.02%	11.13	93.57%
其他物料搬运设备	43.32	35.63%	9.62	92.40%
物料搬运装备合计	207.76	26.05%	136.34	53.57%

3.3　产业市场变化

3.3.1　传统应用领域

煤炭工业进入深度调整阶段。国家有关煤炭产业政策提高了煤矿企业最低规模标准，并推进兼并重组。从长远来看，煤炭产能过剩趋势明显。随着煤炭行业的转型，对普通物料搬运装备的需求将放缓。但是，随着骨干企业的技术升级，对竖井提升设备、斜井防爆带式输送机、移置式带式输送机、装车机、露天矿连续开采输送设备、洗选厂各种输送设备仍具有一定需求，并提高设备安全性、可靠性和自动化程度。

电力工业逐步优化非化石能源比重，逐步增加非化石能源发电量，火电发电量出现负增长。电力工业也处在转型调整阶段，风电、太阳能、水电、生物质发电、核电等清洁能源加大建设，传统火电进行改造升级。物料搬运装备产业将按照新的电力需求，调整产品结构，重点发展风电施工维护用起重机、水电闸门启闭机械、垃圾焚烧发电专用起重机、核电专用起重机以及核废料自动搬运处理设备。

冶金工业和建材工业加速淘汰落后工艺和装备。钢铁、有色金属、水泥等主要高耗能行业正着力解决产能过剩，加速淘汰落后工艺、装备和产品，加大结构调整力度，重点发展节能降耗、减少环境污染的新工艺和新装备。在产业结构优化和技改过程中，对物料搬运装备提出新的需求，如自动化冶金起重机、厂内物料搬运装卸设备、料场堆取料与混匀设备、金属露天矿连续/半连续开采输送等高端设备和系统将成为需求重点。

3.3.2 新兴领域

物流业发展如火如荼。物流业是融合运输、仓储、信息等产业的综合性服务业，是支撑国民经济发展的基础性、战略性产业。国务院印发《物流业发展中长期规划（2014—2020年）》（以下简称《规划》），部署加快现代物流业发展，建立和完善现代物流服务体系，提升物流业发展水平，为全面建成小康社会提供物流服务保障。《规划》明确，要以着力降低物流成本、提升物流企业规模化集约化水平、加强物流基础设施网络建设为发展重点，大力提升物流社会化、专业化水平，进一步加强物流信息化建设，推进物流技术装备现代化，加强物流标准化建设，推进区域物流协调发展，积极推动国际物流发展，大力发展绿色物流，并提出了多式联运、物流园区、农产品物流、制造业物流与供应链管理等重点工程。物料搬运装备产业将提供物流业发展所需的各种装备，如物流配送中心成套装备、仓储及自动化搬运成套设备、冷链物流装备以及厂内物流成套装备等。

“十四五”规划指出，要强化流通体系支撑作用，建设现代的物流体系，加快发展冷链物流，统筹物流枢纽设施，骨干线路、区域分拨中心和末端配送节点建设，完善国家物流枢纽、骨干冷链物流基地设施条件，健全县乡村三级物流配送体系，发展高铁快运等铁路快捷货运产品，加强国际航空货运能力建设，提升国际海运竞争力。

港口运输成为国际贸易的重要通道。港口是国民经济发展的基础，是社会物流各环节正常协调运转的前提条件。我国港口基础设施建设规模将进一步扩大，面向国际贸易的集装箱港口建设和面向工业原材料，如煤炭、铁矿石、水泥、粮食等散货港口建设都将保持增长。特别是“一带一路”倡议以及“东盟自贸区”的推进，港口建设将保持平稳增长。物料搬运装备产业将提供自动化集装箱码头成套设备、散料码头装卸运输成套设备等。

智能制造正在带动智能物流的发展。制造强国战略指出，智能制造已成为我国现代先进制造业新的发展方向。全球各国都开始意识到先进技术对制造业的重要作用。近几年我国制造业走向智能制造步伐加快，数字化车间、智能工厂、智能制造产业园区如雨后春笋般接连涌现，智能制造发展持续向好。为满足智能制造系统的需要，传统的制造业物流系统将升级为智能物流系统，进一步强化供应链管理的作用，将物料搬运及物流技术推升到智能时代。

近年来，我国肉类、水果、蔬菜、水产品、乳品、速冻食品以及疫苗、生物制剂、药品等冷链产品市场需求快速增长，营商环境持续改善，推动冷链物流较快发展，但仍面临不少突出瓶颈和痛点难点卡点问题，难以有效满足市场需求。我国进入新发展阶段，人民群众对高品质消费品和市场主体对高质量物流服务的需求快速增长，新冠肺炎疫情防控常态化对冷链物流提出新的更高要求，冷链物流发展面临新的机遇和挑战，同时要求冷链物流相关物料搬运装备以及相关技术需要进一步更新。

3.3.3 产业市场分析

与之前有所不同的是，2020 年和 2021 年世界经济发展始终在新冠肺炎疫情的阴霾下，世界经济复苏以及国内经济发展受到了一定的冲击。疫情影响下各级政府按照党中央、国务院重要战略部署，统筹新冠肺炎疫情防控和经济社会发展工作，深化供给侧结构性改革，加大宏观政策应对力度，加速构建双循环新发展格局。

2020 年，我国全面建成小康社会，“十三五”规划圆满收官，我国 GDP 迈上了百万亿元的新台阶。中国成为在疫情影响下全球唯一实现正增长的主要经济体。

2021 年，我国经济发展和疫情防控保持全球领先地位，主要指标实现预期目标。第一产业增加值 83,086 亿元，较上年增长 7.1%；第二产业增加值 450,904 亿元，较上年增长 8.2%；第三产业增加值 609,680 亿元，较上年增长 8.2%。第一、二、三产业在 GDP 中占比保持相对稳定（见图 3-4）。

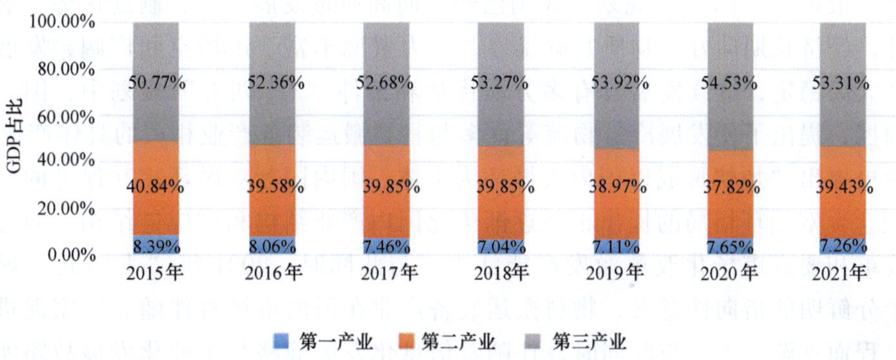

图 3-4 中国产业 GDP 构成情况

由于这两年国际疫情的持续蔓延，世界经济都有所影响，产业链和供应链的循环受到一定的阻碍，国际贸易投资相较于往年出现萎缩。

物料搬运装备产业出口变化与疫情紧密相连，疫情初期物料搬运装备产业出口增速迅速下降，随着国家宏观调控，出口状况逐渐改善，物料搬运装备产业出口增速明显回升，且在 2021 年全年维持一个较高的增速。

根据“十三五”规划期间物料搬运装备产业的市场营收不难发现，我国物料搬运装备产业总体规模不断扩张，由于世界经济复苏缓慢加上新冠肺炎疫情对世界经济的冲击，我国物流搬运装备产业的营收增速在缓慢下降。预计未来的物料搬运装备产业规模将保持缓慢稳定的增长态势，增速随着新冠肺炎疫情的发展将会缓慢变化。

图 3-5 为 2019—2021 年物料搬运装备产业出口增速情况。

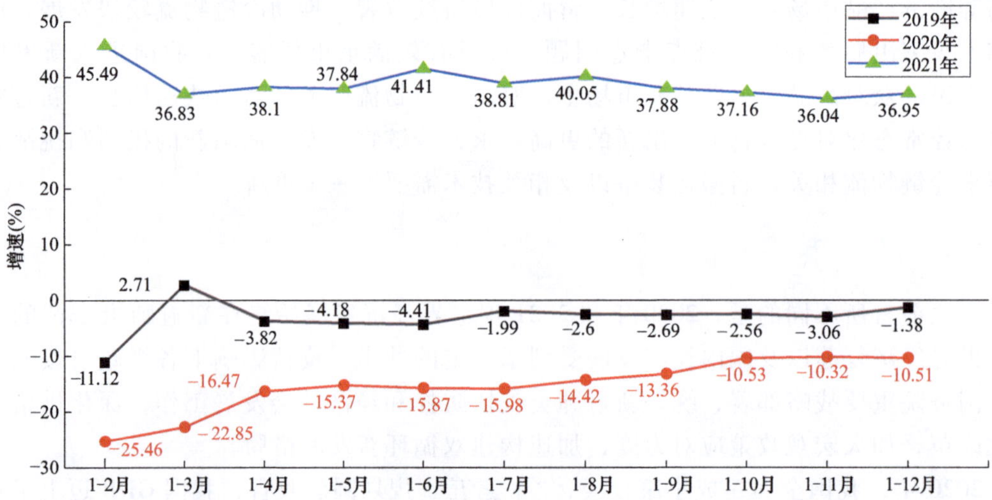

图 3-5　2019—2021 年物料搬运装备产业出口增速情况

“十三五”期间，世界经济缓慢复苏，中国经济全面进入“新常态”。物料搬运装备产业坚持创新驱动发展战略，从传统的“简单产品+制造”向“高端产品+服务”转变，加大提升产品技术附加值，产业保持稳定增长态势。

同时，根据“十四五”规划，我国已经转向高质量发展阶段，制度优势显著，治理效能提升，经济长期向好，物质基础雄厚，人力资源丰富，市场空间广阔，发展韧性强劲，社会大局稳定，继续发展具有多方面优势和条件。“十四五”规划中，国家做了许多宏观调控，提出了要发展冷链物流等许多与物料搬运装备产业相关的具体产业。

党中央提出“加快形成以国内大循环为主体、国内国际双循环相互促进的新发展格局”的理念。双循环格局的提出正在逐渐优化国内产业结构和供应链结构，通过供给侧结构性改革和要素市场化改革激发产能活力。与此同时，2021 年“十四五”规划的提出具有十分鲜明的指向性意义，物料搬运装备产业在国内市场将伴随着国家促进双循环格局的进程而逐渐变大。与此同时，伴随着信息化发展战略与工业化发展战略实施，物料搬运装备产业将进一步跟紧时代步伐，越来越向智能化和无人化方向发展，产业结构将进一步得到优化，产业发展水平将进一步得到提升。

国际市场方面，由于地缘政治和逆全球化等不可控因素的影响，物料搬运装备产业进出口方面会受到一定的干扰，尤其是新冠肺炎疫情的到来让所有行业始料未及。然而全球化浪潮虽然道路曲折，但是势不可挡，在未来一段时间内，物料搬运装备产业进出口将随着疫情的缓解而逐渐回升至较高水平。

第4章

产业组织

4.1 中国机械工程学会

中国机械工程学会是由以机械工程师为主体的机械科学技术工作者和在机械工程及相关领域从事科研、设计、制造、教学和管理等工作的单位、团体自愿结成并依法登记的全国性、学术性、非营利性社会组织，是中国科学技术协会的组成部分。

学会前身是1912年成立的中华工程师会和中华工学会，1936年更名为中国机械工程学会。学会的会徽如图4-1所示。

中国机械工程学会的宗旨是：遵守宪法法规、维护道德风尚；崇尚实事求是、弘扬“双百”方针；立足科技创新、促进技术进步；坚持民主办会、推动学科发展；强调以人为本、谋求社会福祉。

图4-1 中国机械工程学会

中国机械工程学会的工作指导原则是：坚持服务大局的基本指导思想；坚持全面协调可持续的科学发展观；坚持“学术交流为本，会员服务为任，科经结合为纲，互利共赢为策，构筑精品为要，科学管理为基”的基本经验和做法；推进“开放型、枢纽型、平台型”组织建设；切实履行“为科技工作者服务，为创新驱动发展服务，为提高全民科学素质服务，为党和政府科学决策服务”的职责。

学会秘书处是学会常设办事机构，设立了9个工作委员会（中国机械工程学会学术工作委员会、中国机械工程学会组织工作委员会、中国机械工程学会编辑出版工作委员会、中国机械工程学会教育培训工作委员会、中国机械工程学会科技咨询工作委员会、中国机械工程学会科技发展工作委员会、中国机械工程学会海内外青年工作委员会、中国机械工程学会会员会籍工作委员会、中国机械工程学会国际交流工作委员会）和1个办事机构，中国机械工程学会的组成还包括31个省、自治区、直辖市物理学会及31个分会、专业委员会。中国机械工程学会拥有18万名会员，其中有3,000余名高级会员、500余名通信会员、4,000余个单位会员。

业务范围包括：组织各种形式的中国国内外学术交流、科技信息传播以及科技成果和产品展览展示活动；接受政府委托或根据产业需要，开展机械工程科技与产业发展研究及决策咨询服务，组织评价机械工业重大科学技术成就，发布中国机械工业科学技术重大进展；承担政府、相关机构、企业委托交办的科学技术重大项目或课题的论证、评估、咨询和成果评价工作；接受有关部门委托，承担专业技术职称评审工作，组织开展工程教育专业认证和专业技术资格认证工作；编辑出版科技文献、期刊、书籍、论文集和技术文件；兴办继续教育，组织技术培训活动，培养和举荐人才；开展科学技术普及、推广和咨询活动，组织和开展技术标准的研制工作；开展国际科技交流活动，组织对外技术咨询和中介活动，促进对外经济技术合作；按照相关规定，表彰、奖励重大科技成果和取得重要科技成就的会员、科技工作者以及在学会工作中做出突出成绩的学会工作人员；维护会员的合法权益，向党和政府反映会员的建议和呼声；举办符合学会宗旨、有利于机械工程科学技术发展和产业进步的公共服务活动。

中国机械工程学会年会每年举办一次，是集成各类专题活动的大型综合性会议。年会包括主旨报告大会、专题学术会议、科技进展发布、论坛、讲座、展示、颁奖等多项活动。中国机械工程学会组织编写了100余种大型工具书、科技图书和相关教材；出版的学术刊物有60余种；直属主管期刊有6种：《机械工程学报》《中国机械工程》《材料热处理学报》《中国表面工程》《焊接学报》《塑性工程学报》。中国机械工程学会已代表中国加入了11个国际组织，与26个国家的45个学术团体和专业组织签订了双边合作协议，并与60余个国家和地区的千余个科研、教学、设计、制造、咨询、中介以及社会公益机构建立了良好的工作关系。

4.1.1 中国机械工程学会物流工程分会

中国机械工程学会物流工程分会（原物料搬运分会）成立于1980年10月，是中国机械工程学会直属的专业学术组织，是全国从事物流工程和物料搬运专业科研、设计、生产、教学以及使用部门的科技工作者的学术性群众团体。目前拥有团体会员400多个，秘书处设在北京起重运输机械设计研究院有限公司。

本会的宗旨是：遵守宪法法规、坚持民主办会；崇尚实事求是、弘扬“双百”方针；立足科技创新、促进技术进步；团结广大科技工作者，为提高学术水平、繁荣和发展我国物流工程和物料搬运科学技术事业、加速实现我国社会主义现代化做出贡献。

本会的工作指导原则是：学术交流为本，会员服务为任，科经结合为纲，互利共赢为策，构筑精品为要，科学管理为基。

物流工程分会的主要任务是：开展国内外学术交流，促进物流工程和物料搬运技术及装备的开发与应用；组织国内外物流技术、物流管理、物流设施、物料搬运新产品、新工艺信息发布与交流；接受政府部门和企事业单位的委托，提供技术论证、技术咨询和技术服务；编辑出版科技书刊，组织技术培训；组织团体和技术规范的制修订工作；开展国际科技交流，发展同国外相关专业科技团体和科技工作者的学术交往；物流工程师、见习物流工程师技术资格认证等。

本会成立于1980年10月。学会每年举办各种专题学术会议、新技术推广会议和信息发布会议，根据需要举办技术培训班；编辑出版了多种物流专业学术书籍。每四年召开一次大型学术年会，进行论文交流，并出版年会论文集。

目前，学会的团体会员共有 400 多个。这些团体会员分布在全国各地，是物流工程和物料搬运装备产业的主力军，有物流工程系统集成商和物料搬运装备生产厂商、最终用户、研究院所和高等院校以及从事物流业的企业。

物流工程分会设有物流仓储、连续输送、管道物料输送、起重机械、起重机结构、供应链、电气自动化、工业搬运车辆等八个专业领域，负责本领域的学术工作，并与国内 18 个省、直辖市的地方物流工程（物料搬运）分会或专业委员会保持密切的业务联系。

4.1.2 中国大学生起重机创意大赛

中国大学生起重机创意大赛是由教育部高等学校机械类专业教学指导委员会、中国机械工程学会主办，由西南交通大学、同济大学、大连理工大学、武汉理工大学、太原科技大学五所高校作为主要发起单位，面向全国在校研究生、本科生、专科生开展的科技创新活动。考虑到国家对高质量物流工程专业人才的迫切需求，以及工程教育认证及新工科理念的不断深入，创新创意教育已经成为“创新型国家”人才培养的主流，在中国机械工程学会的领导和指导下，“中国大学生起重机创意大赛”并入了由中国机械工程学会联合教育部高等学校机械类专业教学指导委员会、教育部高等学校材料类专业教学指导委员会共同主办的“中国大学生机械工程创新创意大赛”，成为其系列专业大赛之一，名称也改为“中国大学生机械工程创新创意大赛——××杯第×届起重机创意大赛”，已入选由中国高等教育学会发布的“全国普通高校学科竞赛排行榜”竞赛项目。其宗旨是通过大赛增强大学生的科技创新意识，鼓励大学生积极投身科技创新与工程实践活动，提高大学生针对实际需求进行物料搬运装备（起重机）设计和工艺制作的动手能力，拓宽大学生的科技创新视野，提升大学生对物料搬运装备（起重机）在国民经济各领域的应用意识。

首届中国大学生起重机创意大赛总决赛于 2016 年 12 月 23—25 日在武汉理工大学举办，大赛以“最快最轻起重机”为主题。第二届比赛于 2017 年 10 月在西南交通大学举办。第三届比赛于 2018 年 8 月 24—26 日在太原科技大学举行。第四届比赛于 2019 年 8 月 23—25 日在大连理工大学举办，比赛主题为“精准搬运起重机”。第五届比赛于 2020 年 8 月 23—25 日在同济大学举办，大赛主题逐渐体现出智能、绿色、节能、轻量、高效等要求。受新冠肺炎疫情影响，从本届比赛开始，通过线上线下相结合的形式举行。第六届比赛于 2021 年 10 月 29—31 日在武汉理工大学成功举行，且作品必须有智能识别功能。第七届决赛于 2022 年 8 月下旬在西南交通大学举行，比赛全程为全自动运行，不能使用人为遥控操作。

通过大赛增强大学生的科技创新意识，提高大学生针对实际需求进行起重机设计和工艺制作的动手能力，扩宽大学生的科学视野，提升大学生对起重机在国民经济各领域的应用意识，锻炼和提高大学生适应社会需求和发展的素质。大赛为大学生们提供了创新创意的舞台，也为行业提供了发现人才和先进科学技术的平台。

4.2 行业协会

按照产品类别，物料搬运装备领域拥有多家行业分会，多数行业分会隶属于中国重型机械工业协会。中国重型机械工业协会是全国从事冶金机械、矿山机械、起重运输机械（物料搬运装备）、重型锻压机械、大型铸锻件等重型机械生产、科研、设计、成套、教育等企业和单位自愿组成的全国性社会团体。

4.2.1 中国重型机械工业协会物流与仓储机械分会

中国重型机械工业协会物流与仓储机械分会是中国重型机械工业协会的下属分支机构，是由从事仓储系统（设备）、分拣系统（设备）、工厂内物流系统（设备）等行业系统集成、规划设计、制造、咨询、经销以及研究、教学、管理的企业、研究院所、大专院校和用户组成的全国性行业社会团体。秘书处设在北京起重运输机械设计研究院有限公司。

4.2.2 中国重型机械工业协会桥式起重机专业委员会

中国重型机械工业协会桥式起重机专业委员会是中国重型机械工业协会的下属分支机构，是由全国从事桥（门）式起重机行业的整机制造企业、配套件制造企业以及科研、检测、维修、使用单位和大专院校等200多家单位组成的全国性社会团体。秘书处设在北京起重运输机械设计研究院有限公司。

4.2.3 中国重型机械工业协会起重葫芦分会

中国重型机械工业协会起重葫芦分会是中国重型机械工业协会的下属分支机构，是从事起重葫芦行业生产、科研、配套等单位组成的全国性行业组织，现有会员单位120多家，产品涉及钢丝绳电动葫芦、环链电动葫芦、微型电动葫芦、手拉葫芦、手扳葫芦、气动葫芦等。秘书处设在中国重型机械工业协会秘书处。

4.2.4 中国重型机械工业协会带式输送机分会

中国重型机械工业协会带式输送机分会是中国重型机械工业协会的下属分支机构，由全国专业从事带式输送机研究设计、生产制造企业、大专院校、工程设计院及配套企业组成。

4.2.5 中国重型机械工业协会输送机给料机分会

中国重型机械工业协会输送机给料机分会是中国重型机械工业协会的下属分支机构，目前拥有会员单位50余家，产品涉及链式输送机、螺旋输送机、埋刮板输送机、振动给料机、板式给料机、圆盘给料机、斗式提升机等。秘书处设在芜湖起重运输机器有限公司。

4.2.6 中国重型机械工业协会散料装卸机械与搬运车辆分会

中国重型机械工业协会散料装卸机械与搬运车辆分会是中国重型机械工业协会的下属分支机构，是全国从事斗轮堆取料机、混料机、排土机、翻车机、装卸船（车）机、工矿机车、电动平车、冶金车辆等机械设备的制造企业、科研院所和有关高等院校及主要配套企业等的行业组织，属于全国性社会团体。秘书处设在大连华锐重工集团股份有限公司。

4.2.7 中国工程机械工业协会工业车辆分会

中国工程机械工业协会工业车辆分会是中国工程机械工业协会的下属分支机构，是由全国从事工业车辆制造、配套营销企业，以及科研、检测、维修、流通使用单位和大专院校等 170 多个单位组成的全国性社会团体，秘书处设在北京起重运输机械设计研究院有限公司。自 1989 年成立以来，工业车辆分会主要承担了行业管理工作，包括行业信息统计和行业基本情况的调查，编制行业发展规划；提供各种经济信息和行业市场发展动向；组织技术交流，协办展览和出版多种专题刊物，开展国际交流等，为推进行业的技术进步与发展做出了积极的贡献。2008 年受美国、欧盟和日本协会邀请，工业车辆分会代表中国加入世界工业车辆联盟，是联盟主要成员。

4.3 专业期刊

物料搬运装备产业方面的科技发展已进入新的历史时期，科技直接转化为生产力的周期越来越短，科技劳动的专业化分工又逐渐深化，所以对科技信息交流的要求越来越高，越来越迫切。在科技信息交流中，科技期刊的作用越来越重要，它具有如下特点：①周期短、出版快：与书籍、专刊、报告集等相比，科技期刊可以把个人的研究成果更迅速、更广泛地予以报道，很快变成社会的知识。②既可发表成熟的理论和方法，又可发表未成熟的新见解、不成系统的新发现，代表最新的思潮与动态。③可以展开连续的争鸣、讨论，开拓研究者的思路，使问题的探讨更深入、更明朗。④定期和连续性：可以使某些课题的研究更集中更连续，汇聚科技专家的群体力量，有时会产生“科技接力赛”的效果。

物料搬运装备通常涉及起重机械、运输机械、装卸机械、工业搬运车辆、仓储机械、环保机械、停车机械、水利机械及电子称量等各种物料和件货搬运设备等，物料搬运装备产业期刊以介绍国内外物料搬运装备和各种搬运系统成套设备的科研成果、新产品、新技术、新工艺、使用维修经验、发展趋势、市场信息等为主。

目前物料搬运装备产业领域期刊有中文期刊 30 家、外文期刊 20 余家，详见附录 C，它们为行业的技术进步和科技发展起到了相当积极的促进作用。

4.4 国际联盟与交流合作

成立物料搬运装备产业国际联盟的目的是加强、推动物料搬运领域世界范围的合作，从而提升我国物料搬运装备产业的水平。物料搬运装备产业国际联盟所覆盖的产品类别包括输送机、起重机或起重设备、升降设备、仓储设备、高空作业平台、货架和托盘、工业车辆等方面。国际联盟会在物料搬运装备范围内开展市场（生产与对外贸易）数据交换、最新技术交流、最新国家/地区性（安全、环境、能源等领域）规格要求及标准协商。国际化组织应具有国际性、权威性和广泛的代表性。

以全球工程机械产业大会、中日韩起重机安全论坛、世界物料搬运联盟、世界工业车辆联盟、中美物料搬运技术交流、中日物流技术交流会等为代表的国际联盟和交流合作为增强国际合作、提高我国物料搬运装备水平、促进我国相关产业发展做出了巨大贡献。

4.5 产业会展

产业会展是将某一地区的技术或优良品种以实物或图片的形式定期、公开地展出。物料搬运装备产业会展主要任务是展示最新物料搬运装备，交流最新发展方向与技术，通过实体展出吸引客户选购。

部分有代表性的物料搬运产业会展详见附录 B。

第5章

亚洲国际物流技术与运输系统展览会

全球疫情在过去的两年间此起彼伏，席卷各地，而中国的制造业特别是物流技术及装备业异军突起。相关数据显示，2020 年我国智能物流市场规模已达 5,200 亿元，预计到 2025 年市场规模将超万亿元。疫情虽然带来太多的困境与阻碍，却也形成了新趋势。

这些新趋势除了在相关主管部门或各行业机构都有数据汇总及统计，亦可在一些核心行业展会平台上发现许多信息。展览会经过在国内市场数十年的演变，已经是我们传统意义里的最新技术产品和品牌的重要且有效的集中宣传展示渠道和平台，同时一些行业的头部展览因日常业务或拓展所需亦起到了国内外行业协会及组织、媒体、参展企业、观众（采购商）乃至相关政府部门的信息交流中心和枢纽的作用。产业真实发展情况及趋势由参展企业的展出规模、数量、展品品类等以及同期会议论坛发布内容有机呈现。另外，参观企业（即采购单位）也是观察一个行业状况好坏的风向标和晴雨表，如采购商所属行业大致的采购周期、采购意向、采购预期、采购喜好等都能通过展会现场采配活动或展前沟通交流获知。

作为亚洲地区最为重要的物流技术及装备展，亚洲国际物流技术与运输系统展览会（CeMAT ASIA）成了物流技术与装备行业在中国这片土壤日新月异、蓬勃发展的最好见证者与核心参与者。因此，将近年来的展会情况（参展企业及参观企业）进行汇总、梳理和分析，会有很多新发现和新启发。

CeMAT ASIA 首届展会举办于 2000 年，之后以每年一届的频率连续举办至今。可以说，CeMAT ASIA 的发展历程、规模变化情况、展商照片的变化情况和观众方面的变化，从一个侧面客观地反映了中国乃至整个亚洲物料搬运装备产业的变化与发展情况（见图 5-1）。

在 21 世纪的前十年，整个展会的展览规模、展商数量、观众人数基本处于平稳的状态，中国的物料搬运装备市场也处于稳定期。从 2010 年开始至今的这十年，是中国物料搬运装备产业腾飞的十年，而 CeMAT ASIA 近十年展览规模的飞速增长也佐证了这一点。

除了规模的变化，十年来 CeMAT ASIA 的展品类别也发生了显著的变化。2010 年以前，展出产品以单一的传统机械制造品类为主，比如叉车、手动搬运设备、起重机、脚轮、传统货架等产品是当时展览会的主力，彼时展会现场鲜有系统集成商、机器人或高

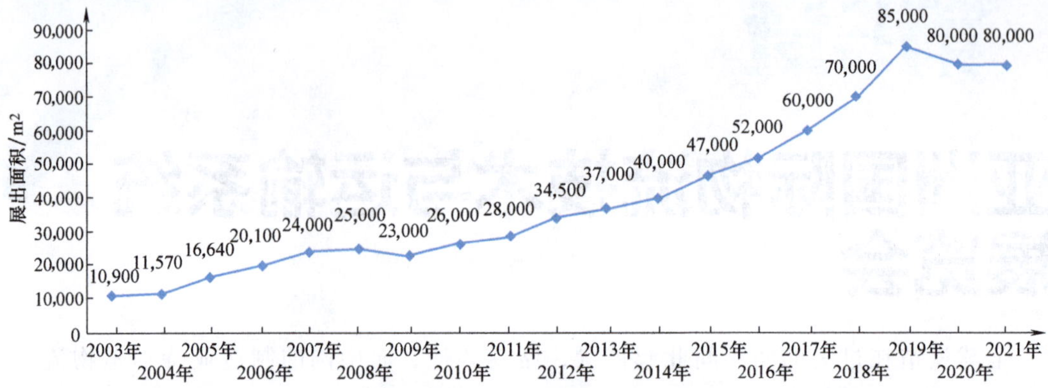

图 5-1 CeMAT ASIA 历年展出面积变化情况

端智能化技术产品亮相。而 2010 年以后，尤其是自 2012 年起，随着电商经济开始兴起，市场对于自动化、智能化物料搬运设备的关注度逐年增长，物流系统集成商、AGV 搬运机器人等代表智慧物流的新兴产品开始成为展会上最大的热点，该品类的展商数量与规模占比也迅速提升。2011 年，系统集成商与 AGV 企业占所有展商企业数的比例仅为 4.5%，而到了 2021 年，这一比例已经近 50%。

同样自 2010 年以来，随着物流产业的热度提升，CeMAT ASIA 的观众数量也迎来了明显的攀升，从 2018 年开始，CeMAT ASIA 已经发展成长为一个 10 万级观众规模、辐射整个亚洲市场的大型展会。而观众所属行业的变化也顺应了市场风向的变化，2010 年以前，观众中来自机械制造业（如机械加工业、食品制造业、工矿制造业等）的占绝大多数（45%~56%），2010 年后来自电商及相关零售产业的观众数量开始逐年提升。与此同时，近年来随着新能源产业的大力发展，来自汽车、新能源等相关行业的观众不断地出现在现场的采购人群里。

CeMAT ASIA 历年观众人数变化情况可见图 5-2。

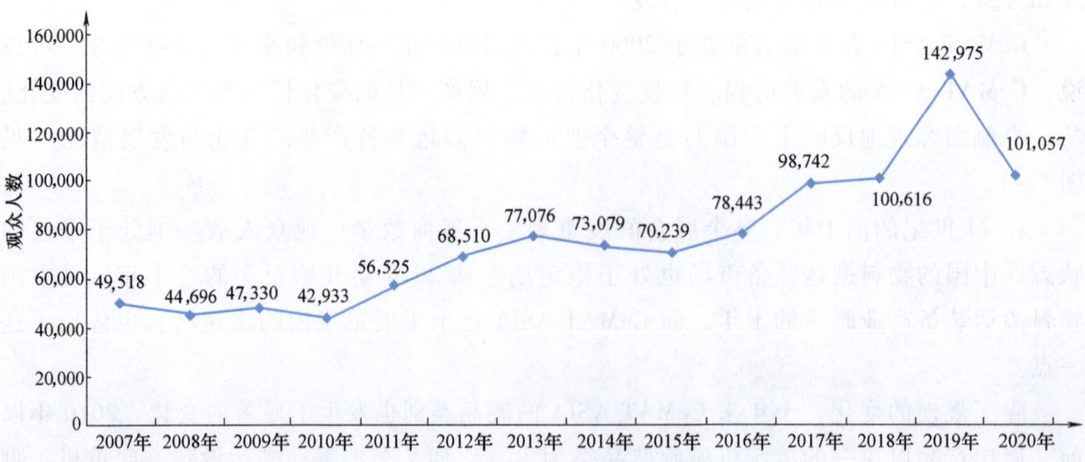

图 5-2 CeMAT ASIA 历年观众人数变化情况

5.1 物流装备技术迭代加速，智能化数字化趋势突显

众所周知，智能制造对于国家制造业发展具有非常重要的意义，制造强国将是我国未来发展的基石。麦肯锡预测 2055 年自动化将取代全球约一半的有薪工作。与此同时，国内各家头部企业都积极热情地加入了智能工厂、数字工厂和无人工厂的建设大军中：阿里巴巴的“犀牛工厂”；小米的“黑灯工厂”投资达 6 亿元，年产 100 万台高端手机；格力 5G 无人工厂已开始试运行，全球 70 个生产基地，在工业互联网架构下，实现无线的云端连接；格兰仕数字化智能工厂的一条生产线，平均 6s 就可以下线一台微波炉、8s 就可以生产一台冰箱。

2021 年 12 月 8 日在工信部支持和同意下，国家智能制造专家委员会正式成立，意味着制造业数字化转型、智能化升级将有战略性的决策参谋机构，同时，专家委员会将智能制造装备、工业数字孪生、工业人工智能等作为重点方向。

智能化和数字化已然成为现阶段各制造业企业立足之本，这在目前众多的参展企业展示的技术和产品中可综合全面地呈现（见图 5-3）。智能分拣、货到人拣选、数字化转型、人工智能、5G 通信应用、四无化（无人机、无人仓、无人（驾驶）车、无人港）等关键词不再仅仅是文字和模型，更多的已经真实地出现在展览会现场以及实际运用场景中（见图 5-4）。

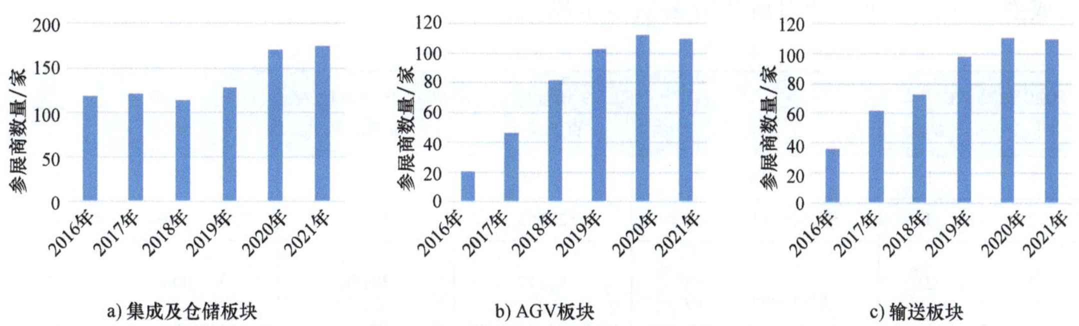

图 5-3 CeMAT ASIA 往届各板块增量柱状图

在政策层面，2021 年以来，国家陆续颁布了“十四五”规划、《商贸物流高质量发展专项行动计划（2021—2025 年）》、《“十四五”现代流通体系建设规划》等系列文件。文件中加快推进中国智慧物流、智能物流发展不仅是重点内容，也是重大工程。

放眼全球，在疫情肆虐的情况下物流技术行业也实现了逆袭。表 5-1 是美国物料搬运协会（MHI）发布的其统计的 2020 年度世界物流系统集成商排名。

从排名和数据来看，全球电商需求激增促使对物流集成规划的采购激增，来自食品、零售和快消品行业的贡献居多。排名前 20 位的企业总收入达 259 亿美元，高于前一年榜单上的 232 亿美元，增幅达 11.7%。位列榜首的几家企业，增幅较上一年度都有可观的提升，这些应归功于北美和欧洲电子商务客户激增的新订单。新冠大流行加速了重塑供应链的趋势，电子商务的持续增长，再加上当前的劳动力状况和自动化技术的持

图 5-4　自动化、智能化物料搬运设备

续成熟，促使整个行业对解决方案的需求剧增。

表 5-1　2020 年度世界物流系统集成商排名

2020 年排名	2019 年排名	公司	2019 年全球收入/百万美元	2020 年全球收入/百万美元	2019—2020 年变化	三年变化
1	1	大福(Daifuku)	4,016	4,540	13.00%	9%
2	3	德马泰克(Dematic)	2,662	3,226	21.20%	37%
3	2	胜斐迩(Schaefer Group)	3,217	3,120	-3.00%	-3%
4	6	范德兰德(Vanderiande)	1,700	2,100	23.50%	37%
5	4	霍尼韦尔智能(Honeywell Intelligrated)	1,800	2,018	12.10%	19%
6	4	村田制作(Murata Machinery)	1,800	1,490	-17.20%	11%
7	7	柯耐普(Knapp)	1,370	1,450	5.80%	38%
8	8	伯曼(Beumer Group)	1,100	1,400	27.30%	40%
9	9	MHS	1,000	1,050	5.00%	22%
10	11	特格威(TGW Logistics Group)	850	1,000	17.60%	22%

（续）

2020 年排名	2019 年排名	公司	2019 年全球收入/百万美元	2020 年全球收入/百万美元	2019—2020 年变化	三年变化
11	—	西门子物流（Siemens Logistics）	—	1,000	—	—
12	12	威特龙（WITRON Integrated Logistics）	673	855	27.00%	34%
13	10	瑞仕格（Swisslog）	673	646	-4.00%	-5%
14	13	卡迪斯（Kardex）	532	466	-12.40%	-3%
15	14	巴斯蒂安解决方案（Bastian Solutions）	353	405	14.70%	28%
16	15	Elettric80	272	354	30.10%	30%
17	16	System Logistics SpA	261	262	0.40%	16%
18	17	DMW&H	214	214	0.00%	0%
19	19	维世多物流系统（Viastore Systems）	157	192	22.30%	-3%
20	—	胜沃（SAVOYE）	—	185	—	—
合计			22,650	25,973	14.67%	

5.2 观众所属行业呈多样化

参展企业展示的技术及展品呈现的智能化趋势逐年提升，这背后的因素除了参展企业主动贴近行业发展方向外，还有其背后的应用端产业采购需求。我们将近两年来参观展会的采购行业信息与数据进行了梳理与分析，可见图 5-5。

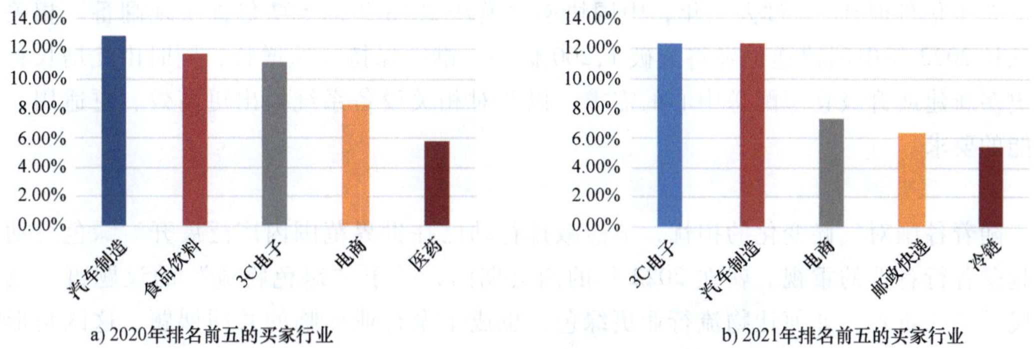

图 5-5 排名前五的买家行业

毫无疑问，汽车制造业仍然是工业制造业生物链中最为重要的一环及需求方，这一点不仅体现在相关官方数据中，同时也体现在展会日常活动、会议论坛参与度和活跃度。而 3C 电子及电商业的需求增长则在日常对于供应商推荐的询问以及现场参观团数量和参观总人数上可见一斑。

此外，我们也能感受到在这些数据和信息背后蕴藏的无限商业潜力与机会。

1. 疫情之下的生鲜冷链大农业冷链市场

据海外 Brainy Insights 行业调研数据显示，2021 年全球冷链物流收入大约是 3,217.8

亿美元，预计到2028年将达到8,429.1亿美元，消费者对易腐食品的需求激增，全球冷链物流市场正出现非常可观的增长。2020年我国的冷链物流市场规模超过3,800亿元，冷库库容近1.8亿m^3，冷藏车保有量约28.7万辆，分别是“十二五”期末的2.4倍、2倍和2.6倍左右。

在疫情环境下与民生保障、医疗保障息息相关的冷冻食品冷链、肉类冷链、医药冷链特别是疫苗冷链、果品蔬菜及农产品冷链等细分领域都做出了举足轻重的贡献。其中生鲜市场就拥有5万亿元的巨大市场潜能。

随着《“十四五”冷链物流发展规划》的颁布以及快速的城市化进程和可支配收入激增，人们的生活方式发生了极大改变，推动冷链基础设施智慧化升级。鼓励企业加快传统冷库等设施智慧化改造升级，推广自动立体货架、智能分拣、物流机器人、温度监控等设备应用，打造自动化无人冷链仓、扩大生鲜前置仓也是未来的发展趋势。

2. 电商快递业持续升温

在疫情的大背景下，电商快递物流业不仅在国际市场上异军突起，亦是中国智能物流领域最大的需求热点。作为展会主办单位，在日常与电商快递业人士沟通交流中也深切感受到其中涌动着的巨大商机。

2021年的“双十一”仍是各大电商平台逐鹿的好时机，其中仅天猫总交易额就达5,403亿元，京东则超3,491亿元。虽然经济的寒冬仍在笼罩，但民众的购买力还是相当了得，特别是在线交易成交量并未受目前下行环境影响，反而略有增长。特别值得大家关注的是美妆电商业以及各地MRO平台的崛起。

此外，在2021年12月8日上午9点03分，随着国家邮政局数据监测大屏滚动的数字突破1,000亿，中国快递2021年度第1,000亿个包裹诞生，这标志着中国快递业已进入了“千亿件时代”。过去三年，中国快递规模从2018年的507亿件实现翻番。相关专家预计2022年中国快递包裹将突破1,200亿件，继续保持高速增长，同时由此增长将带动更多新建或升级仓库配送中心的需求，以及对相关设备系统提出更高效、更适用、更智能的要求。

3. 环保节能与可持续将成为未来制造新主旋律之一

随着各国对气候变化的担忧，节能减排行动已在世界范围内广泛展开。绿色行动越来越受各行各业的重视。就在2022年的两会期间，关于“绿色物流”的议题再次成为全民关注的重点，如何让物流行业更绿色，也成了全行业面临的共同课题，这既是形势所迫，也是物流活动对节能减排重要性的体现。于是绿色减碳、节能减排、新能源、环保也成了大多数工业制造业企业产品研发及升级迭代的新要求与标准，这也成了行业先进性的最佳体现。

在众多的绿色清洁能源中，风能、太阳能可能都没有如今的氢能耀眼。由国家发展改革委、国家能源局联合印发的《氢能产业发展中长期规划（2021—2035年）》，明确了氢能发展目标和具体任务，“十四五”时期初步建立以工业副产氢和可再生能源制氢就近利用为主的氢能供应体系。长三角、珠三角、环渤海三大区域氢能产业初具规模，苏州、佛山、武汉、成都等地汇集多家氢能企业及研发机构，全产业链发展态势良好。

与此同时，在展会现场大家也能领略到越来越多的氢燃料的应用成果，如氢燃料汽车、氢能叉车、氢燃料卡车等。

5.3 参展产品走向国际

1. 跨境电商

依托我国供应链基础良好、疫情下实体经济率先复苏的优势，以及我国在政策方面推动跨境电商发展的相关政策相继出台，过去五年间我国的跨境电商规模增长近 10 倍，2020 年跨境电商进出口额为 1.69 万亿元，同比增长 31.1%，出口 1.12 万亿元，同比增长 40.1%。布局海外仓并未受疫情的影响，截至 2021 年 7 月数据显示已有海外仓 1,900 个、1,350 万 m^2。

疫情暴发加速了许多供应链重塑的趋势，特别是线上采购促进了电商行业的持续增长。欧洲及东南亚电商平台发展迅猛，Facebook 的社交电商、Tiktok 的直播电商都保持了高速增长。但暴涨的电商交易量背后，却是低效率的物流系统，尤其是仓储系统存在明显的短板。中国每天就需处理几亿的包裹，这种经验、管理模式、技术能力都非常适合输出和帮助海外的物流公司。

LogisticsIQ 报告显示，2019—2025 年全球仓储自动化市场规模年复合增长率将达到 11.7%，2025 年全球仓储自动化市场将达 270 亿美元。仓储自动化在提升物流效率的同时，还是一片巨大的市场，尤其是一些自动化程度还不高的东南亚国家。因此，更多的拥有先进且可靠经验的中国企业也在不断积极地推出出海计划。

2. 中国 AGV 企业

AGV（Automated Guided Vehicle，无人导引车）初入中国市场时，有较长一段时间只出现在高附加值行业或用于工厂展示。而近年来随着电商行业需求激增，产业智能化升级，今天 AGV 已成为各行各业生产线和配送中心最不可或缺的物流环节之一，这一情况是在短短的十年内发生的。“增长”和“快速增长”成为这个行业的主旋律，AGV 自身产品不断迭代，从之前笨重的大型一代搬运 AGV，到中期大行其道的类 Kiva 机器人产品，再到如今的 AMR（Autonomous Mobile Robot，自主移动机器人）、料箱式 AGV，其应用场景越来越多样化且实用性也更强。而且，AGV 在中国迸发出了全新的活力和更多新领域的适用案例（如 PCB 业、图书业、餐饮业、方舱物资派送及消杀等）。

相关数据显示，2021 年中国市场 AGV 整体销售量 7.2 万台，较上一年增长 75.6%，市场销售额达到 126 亿元，其中海外销售额有 25 亿元。疫情后随着欧美市场特别是欧洲市场重视电商仓库的建设与布局，来自电商行业的需求和订单激增。正因为想抓住这一难得的机会，中国 AGV 企业纷纷克服重重困难和障碍，抓紧布局海外市场，增设海外分公司或寻找更多经销代理渠道。因此，海外大型展会现场都有不少中国企业的身影以及最新研制的技术与产品。而海外广大的新市场将为中国优秀技术设备商输出经验提供更多机会和大放异彩的舞台。

第2篇 起重机械

本篇摘要：

本篇从行业市场发展、技术创新、企业竞争等角度，对起重机械行业2020—2021年的发展状况进行分析。概述部分主要包括起重机械行业发展过程、行业定位与现状、行业特点、应用领域；行业市场部分从我国市场需求、起重机械行业链、进出口市场三方面进行分析；行业技术部分对当前起重机械行业的核心技术和新技术应用案例进行了分析；企业竞争部分从营业收入、营业成本、科研等角度对上市企业进行分析；本篇还对起重机械行业从宏观市场、技术创新、环境影响三个方面进行了前景展望。

第6章

概述

起重机械行业是为国民经济各部门的建设提供装备的行业，既为国民经济各行业、重大工程建设及国防安全提供各种现代化的物料搬运设备，也与我国中长期发展目标相吻合，是为发展现代物流、建设国际制造强国提供关键设备的行业。

自有人类文明以来，起重便成了人类活动的重要组成部分，距今已有五千多年的发展历史。我国在商朝就出现了由杠杆、配重和取物装置组成的简易起重机，称为桔槔，用于汲水。古埃及建造金字塔时就采用了能吊运几十吨重石块的杠杆装置。亚述人在公元前1500年已开始使用简单的绳索滑轮装置了。公元前1世纪罗马建筑师兼工程师维特鲁威在他的著作《建筑学》里发表了起重机的第一张草图。意大利艺术家和发明家达·芬奇于1480年前后设计出第一台可旋转的起重机。德国德马格公司于1840年开始生产起重机，并于1873年生产出蒸汽驱动的起重量为25t的桥式起重机。1911年德马格公司生产出了世界上第一台钢丝绳电动葫芦。起重机械技术的发展历程可见图6-1。

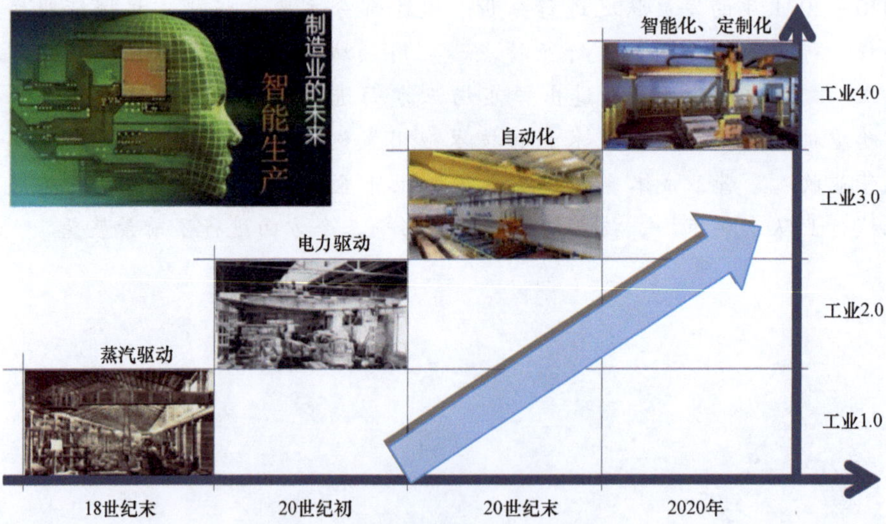

图6-1 起重机械技术发展历程

起重机械的制造已经有200多年的历史，主要生产国为经济发达国家，如美国、德国、日本等，其主要销售市场也都集中在北美、欧洲和亚洲。随着中国制造业的迅猛发展及科技实力的增强，我国迎来了起重机械的高速发展时期。

起重机械作为应用广泛的机械设备，涵盖制造业多个方面。按照机械的结构划分，起重机械可划分为轻小型起重设备、起重机、升降机、工作平台、机械式停车设备等五类。其中，轻小型起重设备较为便携，适用于工作强度要求不高的场合。升降机是一种行程垂直的起重机械，其升降路线较固定。起重机是指在一定范围内垂直提升并水平搬运物料的多动作起重机械。工作平台和机械式停车设备是指起重小车沿着由吊挂单轨组成的复合线路运行的起重机械。起重机械按结构分类如图 6-2 所示。

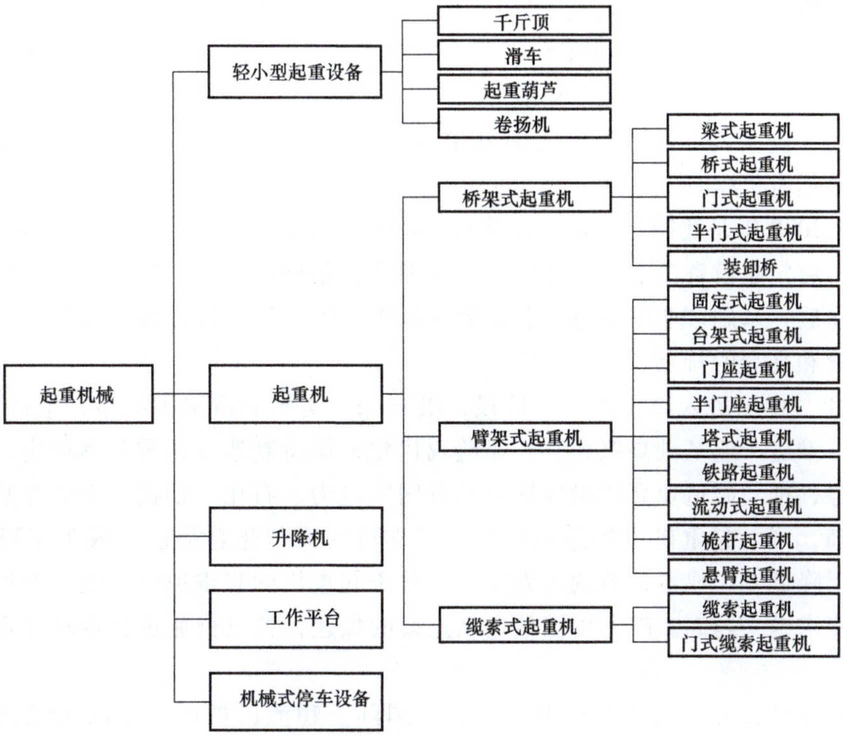

图 6-2 起重机械分类（按结构划分）

本篇的主要讨论范围为轻小型起重设备与起重机。

6.1 行业概况

我国的起重机械行业是随着新中国的建立才奠基发展起来的，经过七十多年，特别是近二十年的飞跃发展，已具有一定的规模和水平，基本形成了全面的产品范围、较好的技术体系和庞大的企业群体，成为机械工业中一个独立的行业，服务于国民经济各行各业，包括为第二与第三产业提供了大量和多种多样的产品，能独立或与国外合作为国家重点工程提供所需的大型起重机械成套设备及系统，并有一定量的出口。

随着生产规模的扩大和自动化程度的提高，起重机械在现代化生产过程中应用越来越广，作用越来越大。港口码头、铁路装卸、钢铁冶炼、机械制造、建筑施工、军工仓储等要使用大量的起重机械。

近年来国外一些专家指出，起重机械工程技术是现代化工业中最薄弱、最迫切需要解决的领域之一，但也是最具潜力、最有发展前途的领域之一。正是由于起重机械使用的广泛性、基础性和重要性，许多工业发达国家把起重技术作为发展重点之一。而国际市场需求量的不断增长更促进了这一领域的发展。我国国民经济的发展也离不开起重机械，各行各业的发展，都需要采用大量多品种、高质量、高可靠性的起重机械。

目前正在实施的制造强国战略，要实现制造业升级，强化工业基础能力，提高工艺水平和产品质量，推进智能制造、绿色制造。制造强国战略重点发展的十大领域包括：新一代信息技术、高档数控机床和机器人、航空航天装备、海洋工程装备及高技术船舶、先进轨道交通装备、节能与新能源汽车、电力装备、新材料、生物医药及高性能医疗器械、农业机械装备等。其中大部分领域在生产过程中都要用到与之相配套的数字化、智能化起重机械。

2016—2020 年是我国贯彻国民经济可持续发展战略、推动循环经济发展、走新型工业化道路、奠定建设资源节约型和环境友好型社会基础的重要时期。随着国民经济的快速、稳定发展，基础产业的信息化和工业化推进，国民经济各行各业对起重机械的需求将具有大量和高端的特点。

2021 年，中国进入“十四五”阶段，继续深入实施制造强国战略，坚持自主可控、安全高效，推进产业基础高级化、产业链现代化，保持制造业比重基本稳定，增强制造业竞争优势，推动制造业高质量发展。随着国家电力、石化、钢铁、交通等基础设施建设进入高潮，国内起重机市场急速扩张，起重机的大型化趋势已经成为不可逆转的事实。而为了降低生产成本，节约人力物力，对于起重机的起重速度、能耗的控制和起重机性能的要求越来越高。随着中国核电站建设的加速，核电行业也会带动起重机行业的发展。

现代物流已成为中国新兴产业之一。在国际上物流已被认为是国民经济发展的动脉，被视为继原材料、劳动力之外的第三利润源泉。在中国，加快现代物流的发展，对不断增强企业竞争力、优化资源配置、提高经济运行质量、推动国民经济持续良性的发展具有十分重要的意义。作为新的经济增长点的现代物流业的发展必将成为中国在 21 世纪实现国民经济发展的基础产业。而在物流产业中，起重机械是最重要的物流设施与技术装备之一，将在运输、配送、装卸、包装和仓储等各个环节发挥重要作用。

6.2 行业定位及现状

我国起重机械行业正以前所未有的速度进入国际竞争市场，同时面临着前所未有的机遇与挑战。起重机械行业的迅猛发展，提升了我国起重机械的制造水平，也提升了起重机械产品的技术含量，整个行业无论是从技术上还是从市场上，都经历着日新月异的改变。

6.2.1 行业定位

“十四五”规划提出坚持把发展经济着力点放在实体经济上，加快推进制造强国、质量强国建设，促进先进制造业和现代服务业深度融合，强化基础设施支撑引领作用，构建实体经济、科技创新、现代金融、人力资源协同发展的现代产业体系。坚持自主可控、安全高效，推进产业基础高级化、产业链现代化，保持制造业比重基本稳定，增强制造业竞争优势，推动制造业高质量发展。

由于国家对起重机械安全可靠性和节能降耗要求的不断提高，轻量化、低能耗、高性能的起重机械市场需求大幅扩大。深入实施智能制造和绿色制造工程，发展服务型制造新模式，推动制造业高端化智能化绿色化。培育先进制造业集群，推动航空航天、船舶与海洋工程装备、机器人、先进轨道交通装备、先进电力装备、工程机械等产业创新发展。改造提升传统产业，推动原材料产业布局优化和结构调整，扩大轻工、纺织等优质产品供给，加快化工、造纸等重点行业企业改造升级，完善绿色制造体系。

聚焦增强全产业链优势，提高现代物流、采购分销、生产控制、运营管理、售后服务等发展水平。推动现代服务业与先进制造业、现代农业深度融合，深化业务关联、链条延伸、技术渗透，支持智能制造系统解决方案、流程再造等新型专业化服务机构发展。培育具有国际竞争力的服务企业。

注重起重机械行业安全性。加强起重机械行业装备安全评价和报废标准体系研究。通过优质设计，生产质量好、安全可靠的起重机械行业装备以及对原有的老式设备进行技术改造，以提高安全性能。随着计算机、电子技术、人工智能和机器人等技术的引入，出现了许多优秀的安全装置和诊断系统。还要做好强化设备管理、人员配置管理，做好维护保养和检测检修，及时排除起重机械行业装备使用的潜在安全危险。

6.2.2 行业现状

2014 年 4 月 17 日，国家发展和改革委员会召开全国“十三五”规划编制工作电视电话会议，宣布启动编制国民经济和社会发展第十三个五年规划。起重机械行业“十二五”取得了可喜的成绩，规划达成情况乐观，经济运行状况良好，市场竞争有序。“十三五”起重机械行业将继续深化体制改革，健全行业体系，改善行业管理。

2021 年 3 月 11 日，十三届全国人大四次会议表决通过了关于国民经济和社会发展第十四个五年规划和 2035 年远景目标纲要的决议。推动高质量发展，必须立足新发展阶段、贯彻新发展理念、构建新发展格局，必须坚持深化供给侧结构性改革，以创新驱动、高质量供给引领和创造新需求，提升供给体系的韧性和对国内需求的适配性。

随着经济持续快速发展，我国起重机械行业发展取得了长足进步，并已成为全球最大的起重机械市场。中国已成为世界上起重机械产品类别、产品品种最齐全的国家之一；完成了一轮产品的升级换代。岸边集装箱起重机、大型造船门式起重机、大型铸造起重机、上回转自升式塔式起重机已成为国际领先水平的代表；汽车起重机、全地面起重机、履带起重机等达到国际先进水平。信息化建设投入进一步加大，逐步推进数字化管理和智能化制造。围绕精细化、数字化、智能化方向，企业产品研发设计手段先进，成果丰硕，智能化产品应用取得新的突破，产品的可靠性和环境适应性等明显改善。大部分规模以上企业搭建了以 ERP 为核心的企业资源规划系统，形成了采购、计划、制造、财务、销售、仓储一体化管控平台。

2021 年 1—11 月，重型机械行业整体运行平稳，营业收入增速继续回落但仍保持在较高水平。原材料价格上涨等因素导致营业成本大幅增加的影响显现，行业利润总额增速由正转负。应收账款、存货增加，给行业整体运行带来一定压力。但随着“十四五”规划重大项目陆续开工建设，相关基建方面的投资也会逐步改善，逐渐减弱全球疫情防控、外部环境不确定性不稳定性因素的影响。

6.3 行业特点

6.3.1 市场

1. 市场分化、竞争激烈

在当今起重机械行业中，尽管我国已经成为全球最大的起重机械市场和最大的小吨位起重机产品出口国，但是在超大吨位的起重机机型中，我国产品竞争力仍然不足，发动机、液压件及电控系统仍是行业发展的阻碍。有关超大吨位的技术突破更多寄望于技术实力雄厚的国内大型企业，因为大吨位的产品是技术导向，中小型企业恐缺乏技术沉淀与资金支持。

2. 承压前行，逐步回稳向好

2020 年，随着疫情在全球范围内的扩散，供给不足将沿着产业链上下游传导，加快我国乃至全球供应链的变化与重组。当前机械工业面临市场需求不足、产成品库存上升、账款回收困难、投资持续下降、外贸复苏动力不足、汇率波动导致外贸企业财务费用上涨等问题。

针对以上问题，根据工信部的要求，重工协会开展行业复工复产情况调研，针对企业反映的问题向主管部门反映，争取政策和支持，密切关注全球市场变化，每个月为企业提供最新的市场资讯和销售数据，针对进口零部件延迟交货和停工停产，进行预警和推荐国产替代。正因为整个行业积极、有效地应对，除了保证国内市场高速增长外，出口也实现了近年来少见的高增长。

在 2020 年疫情全球肆虐、全球经济下行的大背景下，中国起重机的出口量不降反升，高达 1.1 万台，达到历史出口量顶峰。另外，随着“十四五”规划的印发，可以预见我国在“十四五”期间将加大现代化基础设施体系建设，布局建设信息基础设施、融合基础设施、创新基础设施等新型基础设施。其中包括若干高速铁路、国家公路网及世界级港口群和机械场群的建设，这又为起重机械行业提供了巨大的市场潜力。

3. 起重机械制造业逐步从生产型制造转向服务型制造

中国制造业的形态正在慢慢转型，逐步从生产型制造转向服务型制造。顾客购买的起重机械并非单纯的实质性产品，而是包括依托产品的服务和产品的整体解决方案等各类服务。起重机械的智能化、大数据系统、物联网远程监控技术为起重机械从制造业向服务业发展提供了便利条件。

通过生产性服务系统来促进产品的销售，以逐步建立涵盖商品、技术与服务的完整产业链。现代信息化技术的高速发展使这种产业服务可以实现实时式服务。通过企业建立的起重机械远程监控系统，用户可对起重设备的数据通过诊断单元收集、处理，甚至可以将数据处理翻译成报告，在线经由技术人员指导，准确迅速地解决起重机械存在的各种问题，从而实现真正的实时服务。

6.3.2 技术

1. 数字化、智能化、网络化转型加快

在产业政策的引导下，机械工业数字化、智能化、网络化转型升级步伐加快，重点打造的5G智慧工厂，实现从产品设计、生产制造到营销服务一体化的集成管控与决策体系，采用国际领先的制造装备，融合先进工艺技术和精益生产思想，致力于实现智能化、柔性化生产。将机械技术和电子技术相结合，将先进的微电子技术、电力电子技术、光缆技术、液压技术、模糊控制技术应用到机械的驱动和控制系统，实现自动化和智能化，以适应多批次少批量的柔性生产模式。

自动化技术与计算机技术高度融合，物联网、区块链、大数据、云计算、5G、数字孪生、边缘计算等新一代信息技术逐渐应用。智慧工地管理系统利用智能机器人、可穿戴设备等智能设备同工人、传统机械实施现场生产，通过智能摄像头、人脸识别、RFID、二维码、无人机等收集工程现场数据，依靠移动通信、互联网与基础平台实现信息流的实时交互，实现工程现场的安全、质量、进度、成本、劳务等方面的智慧管理与智慧决策。

在工业互联网建设方面，积极推进“三现四表”管理及数据深度应用，开展数据采集、5G网络、能源管理、增效管理、成本节约、故障预测等方向研发。同时，大力推进工业软件开发与运用，加强工业软件自主研发能力，在研发、计划、商务、制造、物流等方面自主开发多款软件，推进智能制造、智慧运营、智慧供应链、研发数字化。还积极推动数据管理和应用，建设数据中台，建立统一数据湖和数据仓库，构建完整数据资产；组建专业的大数据团队，持续进行数据挖掘和产品应用。

2. 标准化进程加快

2020年10月8日，国际标准ISO 4306-4：2020《起重机　术语　第4部分：臂架起重机》正式发布。该国际标准是首项由中国牵头制定的起重机械国际标准，实现了中国主导制定起重机械国际标准零的突破。目前，我国牵头制定的起重机国际标准已发布5项，正在制定的有6项。

2021年3月12日，《中华人民共和国国民经济和社会发展第十四个五年规划和2035年远景目标纲要》正式发布。其中提到，要建设现代物流体系，加快发展冷链物流；更是多次提到应加快标准升级迭代和国际标准转化应用；促进不同地区和行业标准、规则、政策协调统一；加快强制性国家标准制修订；完善并健全各行业标准体系。

2021年10月，中共中央、国务院印发了《国家标准化发展纲要》提出到2035年，要实现结构优化、先进合理、国际兼容的标准体系更加健全；具有中国特色的标准化管理体制更加完善；市场驱动、政府引导、企业为主、社会参与、开放融合的标准化工作

格局全面形成。

3. 绿色化、节能化发展

在新世纪之前，我国起重机的设计大多为保证安全性，对起重机的安全系数进行富余设计，以至于制造出的起重机自重与体积都比较庞大，从而导致原材料的浪费和起重机制造成本加大。随着新技术的发展，怎样使起重机看起来精巧美观、运行平稳、噪声低、自重轻等成为起重机制造行业追求的目标。

目前，如何把起重机设计得质量轻、运行稳定，同时又安全可靠，是我国当前起重机行业面临的另一个主要挑战。为了响应国家节能减排、碳达峰、碳中和政策的号召，未来的发展趋势是通过优化装备的生产工艺、结构布置及附加配置来实现生产过程的节能减排。为了满足部分工程对排放、噪声的严苛要求，也推出了纯电动汽车起重机。

上海振华重工（集团）股份有限公司、中联重科股份有限公司、三一重工股份有限公司、徐州工程机械集团有限公司、同济大学、西南交通大学、太原科技大学、南开大学等均在起重机械的智能化、绿色化方面取得了较大进步与成果。

6.4 主要应用领域

目前，各类起重机广泛应用于各行各业，如交通运输业、建筑业、采矿业、机械制造业等。本节将介绍部分新品或在役起重机在各行业的应用状况。

6.4.1 交通运输业

交通运输业是指使用运输工具将货物或者旅客送达目的地，使其空间位置得到转移的业务活动，包括陆路运输服务、水路运输服务、航空运输服务和管道运输服务。

图 6-3 为三一第三代纯电正面吊，图 6-4 为 XCS4531K 正面吊。三一的纯电动正面吊采用单电动机直驱，结合自主研发的制动/能量回收系统，能耗更低、效率更高、驾驶更舒适，综合续航能力较相同电容量产品高 10% 以上。XCS4531K 正面吊融合电控阻尼、全息影像、智能制动等多项先进技术，打造产品安全性好、智能化程度高、操作舒适、节能环保的全新机型，减少客户资源浪费，更加环保。

图 6-3 三一第三代纯电正面吊

图 6-4 XCS4531K 正面吊

近年来，随着共建“一带一路”的推进，我国对外进出口贸易额也在增长。2021年，中国与“一带一路”沿线国家货物贸易进出口总额达到11.6万亿元，增长23.6%，高于同期外贸增速2.2%，占外贸总值的29.7%。

交通运输业应用的起重机械基本上覆盖了大部分起重机、升降机，部分轻小型起重设备和工作平台。图6-5为青岛港的门式起重机，图6-6为西安铁路局的铁路起重机，图6-7为三峡大坝升船机。

图6-5 青岛港的门式起重机

图6-6 西安铁路局的铁路起重机

图6-7 三峡大坝升船机

6.4.2 建筑业

建筑业指国民经济中从事建筑安装工程的勘察、设计、施工以及对原有建筑物进行维修活动的物质生产部门。建筑业是国民经济的重要物质生产部门，与整个国家经济的发展、人民生活的改善有着密切的关系。

中国正处于从低收入国家向中等收入国家发展的过渡阶段，建筑业的增长速度很快，对国民经济增长的贡献也很大。图6-8所示为用于建筑业的塔式起重机，图6-9所示为用于建筑业的物料提升机。

图6-8 用于建筑业的塔式起重机

图6-9 物料提升机

自2010年以来，建筑业增加值占国内生产总值的比例始终保持在6.6%以上。2020年达到了近十年最高点7.16%，在2015年、2016年连续两年下降后连续多年回升，建筑业作为国民经济支柱产业的地位稳固。近年来，随着我国建筑业企业生产和经营规模的不断扩大，建筑业总产值持续增长。

建筑工地所用的起重机械常见的有塔式起重机、物料提升机、施工升降机、轻小型起重设备等。起重机械作为建筑业不可缺少的机械设备，对我国建筑业的发展贡献了力量。

6.4.3 采矿业

近些年来，国内外地下采矿技术发展很快，很多采矿新技术、新工艺、新材料和新设备在地下矿山得到了应用。国内一些矿山和一批先进的采矿工艺技术和装备，已步入世界先进水平的行列。国内外地下金属矿山采矿工艺技术和设备的发展，主要表现在采用各种采矿方法的比重和回采工艺、技术装备有了很大的变化，均沿着高效率、高回采率和机械化的方向发展，采场生产能力和劳动生产率有了较大的提高，损失、贫化指标大幅度降低。图 6-10 为用于矿山开采的缆索式起重机，图 6-11 为用于矿山开采起重机上的石料抓斗。

图 6-10 用于矿山开采的缆索式起重机

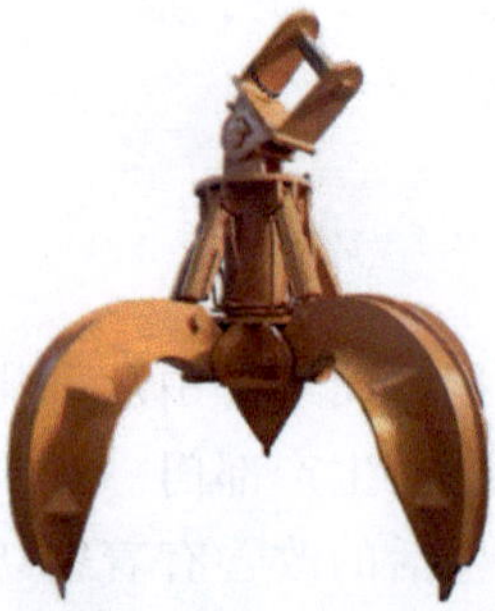

图 6-11 用于矿山开采起重机上的石料抓斗

采矿业常用的起重机械包括桥式起重机、门式起重机、桅杆式起重机、缆索式起重机、轻小型起重设备等。

6.4.4 钢铁工业

钢铁工业是指生产生铁、钢、钢材、工业纯铁和铁合金的工业，是世界所有工业化国家的基础工业之一。经济学家通常把钢产量或人均钢产量作为衡量各国经济实力的一项重要指标。中国是钢铁生产的大国，2021 年钢材产量为 13.4 亿 t，继续保持世界第一。图 6-12 为用于钢铁工业的冶金起重机。

钢铁工业的起重机械主要是铸造起重机、桥式起重机等，铸造起重机比普通起重机有更好的耐高温性能和更高的安全系数。图 6-13 为用于钢铁工业的夹钳起重机，图 6-14 为九江焦化的智能焦罐起重机。

6.4.5 核工业

核工业是核能开发、利用的综合性新兴工业部门，在国民经济中具有重要作用：将核能转变为电能、热能和机械动力，可获得安全、清洁、热值高的能源。图 6-15 为用于吊装福建宁德核电站一号机组核岛穹顶的履带起重机。

图 6-12 用于钢铁工业的冶金起重机

图 6-13 用于钢铁工业的夹钳起重机

图 6-14 九江焦化的智能焦罐起重机

图 6-15 用于吊装福建宁德核电站一号机组核岛穹顶的履带起重机

2022 年 1 月 25 日，国家能源局发布 2021 年全国电力工业统计数据。2021 年，我国全国核电装机容量为 5,326 万 kW，同比增长 6.8%。核工业中应用的起重机械有轻小型起重设备、桥式起重机、流动式起重机等。

6.4.6 电力工业

电力工业是将煤炭、石油、天然气、核燃料、水能、海洋能、风能、太阳能、生物质能等一次能源经发电设施转换成电能，再通过输电、变电与配电系统供给用户作为能源的工业部门。图 6-16 为用于海上风电安装的 800t 全回转浮式起重机。图 6-17 为徐工中车新能源装备生产项目正面吊 XCS70S。

2021 年，全国电力供需情况总体较为宽松。2021 年，中国全社会用电量 83,128 亿 kW·h，同比增长 10.3%，全国发电装机容量 237,692 亿 kW，同比增长 7.9%。

电力工业主要应用的起重机械包括塔式起重机、桥式起重机、流动式起重机、门式起重机、轻小型起重设备、启闭机等。图 6-18 为水电站用桥式起重机，图 6-19 为水电站用双向门式启闭机。

图 6-16 用于海上风电安装的 800t 全回转浮式起重机

图 6-17 徐工中车新能源装备生产项目正面吊 XCS70S

图 6-18 水电站用桥式起重机

图 6-19 水电站用双向门式启闭机

6.4.7 物流业

物流业是为保证社会生产和社会生活的供给，由运输业、仓储业、通信业等多种行业整合的结果。回顾历史可以看到，物流业的每一次重大进步都离不开上述各行业的变革。随着铁路网、高速公路网、水运网、管道运输网、航空网、通信网、计算机网等不断涌现，物流速度越来越快，越来越精准。

用于物流业的起重机械有升降平台、梁式起重机、臂架式起重机、工作平台、机械式停车平台等。图 6-20 为自动化仓库中的堆垛机，图 6-21 为用于提升货物的升降平台。

图 6-20 自动化仓库中的堆垛机

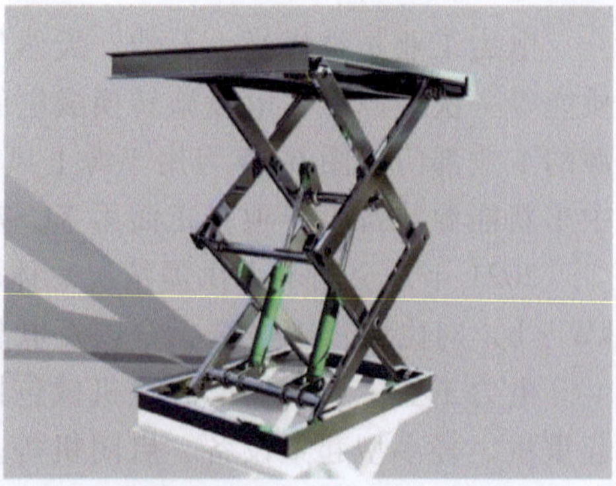

图 6-21 用于提升货物的升降平台

6.4.8 造船业

图 6-22 菲律宾造船厂用振华重工门式起重机

造船业，是为水上交通、海洋开发和国防建设等行业提供技术装备的现代综合性产业，也是劳动、资金、技术密集型产业，对机电、钢铁、化工、航运、海洋资源勘采等上、下游产业发展具有较强带动作用，对促进劳动力就业、发展出口贸易和保障海防安全意义重大。

用于造船业的起重机械包括桥式起重机、门式起重机、固定式起重机、流动式起重机、升降机等。图 6-22 为菲律宾造船厂用振华重工门式起重机。

6.4.9 化工业

化工业又称化学加工工业，泛指生产过程中化学方法占主要地位的过程工业。化学工业是从 19 世纪初开始形成，并发展较快的一个工业部门。

化工业是属于知识和资金密集型的行业。化学工业是多品种的基础工业，为了适应化工生产的多种需要，化工设备的种类很多，设备的操作条件也比较复杂。

用于化工业的起重机械包括轻小型起重设备、梁式起重机、桥式起重机、流动式起重机等、工作平台等。图 6-23 为用于化工业的流动式起重机，图 6-24 为化工用防爆门式起重机。

图 6-23 用于化工业的流动式起重机

图 6-24 化工用防爆门式起重机

6.4.10 机械制造业

机械制造业指从事各种动力机械、起重运输机械、农业机械、冶金矿山机械、化工机械、纺织机械、机床、工具、仪器、仪表及其他机械设备等生产的行业。机械制造业为整个国民经济提供技术装备，其发展水平是国家工业化程度的主要标志之一，是国家重要的支柱产业。

用于机械制造业的起重机械包括轻小型起重设备、梁式起重机、桥式起重机、门式起重机、工作平台、升降机等。图 6-25 所示为冶金行业的无人化智能桥式起重机。

图 6-25　冶金行业的无人化智能桥式起重机

第7章

起重机械行业市场分析

7.1 中国市场需求

7.1.1 市场需求特点

中国起重机械市场在经历了四年的持续下滑后，从 2017 年开始了大幅度的反弹，2018 年、2019 年则继续保持快速增长。2020 年初新冠肺炎疫情暴发，行业市场受到较大冲击，2021 年开年，行业表现出强劲的恢复势头。

起重机械行业为国内基建、房地产、仓储物流、冶金、煤炭、航空、船舶、港口集装箱等产业或部门提供多种多样的起重机械产品以及大型成套设备。随着这些下游产业的蓬勃发展，国内起重机械行业的市场需求也稳中有增，近几年市场需求波动率也明显下降。除此之外，由于下游生产企业对于设备更新需求占比显著提高，所以客户对设备使用寿命也提出了更高要求。近两年来，中国起重机械市场的快速增长主要还是受到基础设施建设规模扩张、大型矿山生产需求回暖等因素的推动，同时环保法规升级和监察力度加强也促使旧机更新速度加快。但是，在调整经济结构和防控金融风险政策的影响下，当前投资增速已经回落到较低的水平，期望国内需求在经历了一轮高速增长后继续保持持续高速增长是不现实的。

7.1.2 市场总体数据

1. 轻小型起重设备

表 7-1 所示为 2019—2021 年轻小型起重设备行业规模主要指标。据相关专业协会统计，2020 年，轻小型起重设备制造有规模以上企业 211 户，比上年增加 7 户，营业收入 209. 32 亿元，同比下降 17. 06%；利润总额 9. 58 亿元，同比下降 17. 62%；亏损面 13. 27%。2021 年，轻小型起重设备制造有规模以上企业 222 户，比上年增加 11 户。营业收入 232. 09 亿元，同比增长 10. 88%；利润总额 12. 40 亿元，同比增长 29. 44%；亏损面 13. 51%。

表 7-1　2019—2021 年轻小型起重设备行业规模主要指标

指标	2019 年	2020 年	2021 年
规模以上企业数量/户	204	211	222
营业收入/亿元	252. 36	209. 32	232. 09
利润总额/亿元	11. 18	9. 58	12. 40
亏损面(%)	15. 69	13. 27	13. 51

2020 年，营业成本为 173.07 亿元，同比下降 17.62%；销售费用为 6.37 亿元，同比下降 14.32%；管理费用为 12.48 亿元，同比下降 17.89%；财务费用为 2.34 亿元，同比增长 18.78%。2021 年，营业成本为 193.52 亿元，同比增长 11.82%；销售费用为 6.25 亿元，同比下降 1.88%；管理费用为 12.22 亿元，同比下降 2.08%；财务费用为 1.69 亿元，同比增长 27.78%（见表 7-2）。

表 7-2　2019—2021 年轻小型起重设备行业主要成本与费用

指标	2019 年	2020 年	2021 年
营业成本/亿元	210.09	173.07	193.52
销售费用/亿元	7.44	6.37	6.25
管理费用/亿元	15.20	12.48	12.22
财务费用/亿元	1.97	2.34	1.69

2020—2021 年，主要综合效益指标有增有减，其中，资产负债率有所上升，流动资产周转率显著降低，成本费用利润率显著增长（见表 7-3）。

表 7-3　2019—2021 年轻小型起重设备行业综合效益指标

指标	2019 年	2020 年	2021 年
资产负债率(%)	50.94	52.34	52.56
流动资产周转率/次	1.92	1.61	1.65
成本费用利润率(%)	4.76	4.96	5.2
每百元营业收入成本/元	83.25	82.68	83.38

2. 起重机

表 7-4 所示为 2019—2021 年起重机行业规模主要指标。据相关专业协会统计，2020 年，起重机制造有规模以上企业 546 户，比上年增加 14 户；营业收入 1,778.86 亿元，同比增长 14.89%；利润总额 98.47 亿元，同比增长 43.88%；亏损面 14.84%。2021 年，起重机制造有规模以上企业 567 户，比上年增加 21 户；营业收入 1,982.34 亿元，同比增长 11.44%；利润总额 103.66 亿元，同比增长 5.27%；亏损面 14.81%。

表 7-4　2019—2021 年起重机行业规模主要指标

指标	2019 年	2020 年	2021 年
规模以上企业数量/户	532	546	567
营业收入/亿元	1,548.32	1,778.86	1,982.34
利润总额/亿元	68.44	98.47	103.66
亏损面(%)	15.98	14.84	14.81

2020 年，营业成本为 1,481.99 亿元，同比增长 13.49%；销售费用为 52.62 亿元，同比增长 19.48%；管理费用为 64.02 亿元，同比下降 0.11%；财务费用为 22.80 亿元，同比下降 20.17%。2021 年，营业成本为 1,690.98 亿元，同比增长 14.10%；销售费用为 54.08 亿元，同比增长 2.77%；管理费用为 62.99 亿元，同比下降 1.61%；财务费用为 17.93 亿元，同比下降 21.36%（见表 7-5）。

表 7-5 2019—2021 年起重机行业主要成本与费用

指标	2019 年	2020 年	2021 年
营业成本/亿元	1,305.82	1,481.99	1,690.98
销售费用/亿元	44.04	52.62	54.08
管理费用/亿元	64.09	64.02	62.99
财务费用/亿元	28.56	22.80	17.93

2020—2021 年，主要综合效益指标有增有减，其中，资产负债率有所降低，流动资产周转率显著降低，成本费用利润率显著降低，每百元营业收入成本有所上升（见表 7-6）。

表 7-6 2019—2021 年起重机行业综合效益指标

指标	2019 年	2020 年	2021 年
资产负债率(%)	62.54	67.29	64.84
流动资产周转率/次	1.22	1.14	1.09
成本费用利润率(%)	4.74	6.08	5.68
每百元营业收入成本/元	84.34	83.31	85

7.1.3 市场发展趋势

起重机械产品的原材料以钢铁为主，2021 年钢材、有色金属等大宗商品价格大幅增加，致使行业企业采购成本上涨，远高于同期营业收入和利润总额的增速。

当前国内疫情仍呈多点散发态势，多地发生物流中断和封控停产，对企业正常经营生产不断产生影响。原材料价格不稳定、关键核心零部件采购周期长等因素，对企业生产经营决策造成一定影响。国际政治经济环境复杂多变，国际资本市场波动、国际商贸物流不畅、地区保护主义、发达国家的遏制等因素，对我国进出口贸易造成一定影响，2022 年行业进出口贸易形势仍存在不确定性。

7.2 起重机械产业链

7.2.1 市场总体供给结构

截至 2022 年 1 月，在全国特种设备公示信息查询平台上公示的起重机械制造许可企业有 1,900 余家。其中，根据专业机构统计，起重机械（包含轻小型起重设备、起重机）制造规模以上企业有 789 家。

2010—2019 年，宏观经济环境收紧，但供给能力增长了近两倍，主流企业一方面要应对各种竞争压力，同时还要抓住地区结构性变化，在战略布局上实现第二次国际化腾飞，在产品和技术布局上快速抢占超大吨位制高点，中国企业再次展现后发优势，同时一轮以提升用户使用价值为主题的新一代技术革命正在兴起。

2020—2021 年，受新冠肺炎疫情的影响，全球经济受到沉重打击。我国有效控制疫情，经济运行逐步恢复常态，中国是全球唯一实现正增长的主要经济体。其中从生产端来看，2021 年我国工业经济保持稳定复苏态势，全国规模以上工业增加值同比增长

9.6%，快于 GDP 增速 1.5%。中国企业在压力下不断增强创新能力，2021 年，我国诞生了全球最大 4,500t 履带式起重机、新一代智能挖掘机、S 系列混凝土成套装备等多款新品，突破了一大批关键技术，诞生了一个个“世界之最”。

7.2.2 上游产业影响分析

起重机械行业是一个巨大的产业链，主要上游产业的发展对起重机械行业的影响不容小觑。

1. 材料

钢铁作为大型起重机械设备的主要材料，钢铁的供给、钢铁行业的发展都会直接影响到起重机械设备的生产。钢铁行情近年来市场总体平稳，2018 年我国钢材产量约达 110,551.6 万 t，增长 8.5%；2019 年 1—5 月份全国钢材产量达 48,036.4 万 t，同比增长 11.2%，全年钢材累计产量达到 120,477.4 万 t。2020 年全年中国钢材累计产量达到 132,489.2 万 t，累计增长 7.7%；钢材累计日产 361.99 万 t，同比增长 7.43%。2021 年中国钢材累计产量达到了 133,666.8 万 t，累计增长 0.6%；累计日产 366.21 万 t，同比增长 0.88%。钢铁行业的发展也在刺激着起重行业稳步迈进。与此同时，特种钢材的研究和发展对于起重机械行业的提升起到了一定的作用，其优异的耐腐蚀、耐高温、抗氧化等一系列特性对起重机特殊场合的应用起到了不可替代的作用。

2. 基础零部件

起重机机械功能的实现离不开电动机、液压件等基础零部件。我国中小型电动机基本系列产品产量占的比例偏大，高技术含量、高附加值产品品种少、产量小。而小型电动机无法满足大型的起重机械设备，因此电动机行业市场需求较大。液压件主要包括液压缸、液压阀、液压泵以及一些密封件。起重机械液压元件的比例在整个液压行业举足轻重。我国液压产业起步较晚，与国外企业在液压元件技术积累与制造经验方面存在一定差距，客观上造成了国内中高端液压元件长期以来依赖川崎重工、博世力士乐、派克汉尼汾等国际液压巨头进口的局面。我国目前工程机械液压件存在的问题主要有两个：一是一般的普通液压件产能大量过剩，各种低价位低水平的产品竞争十分激烈；二是高档的变量液压元件与高技术水平的液压阀十分短缺，只能依赖进口。因此，需要进一步发展液压阀和液压元件技术，才能促进起重机械行业的发展。

3. 电气控制方面

起重机产品正在不断向大型化、高效化方向发展。随着国家对基础设施建设的投入不断增大，关系民生、工业、国防等各个行业的工程建设进度不断加快。起重机作为主要起吊机械，在稳定性、可靠性、高效化等方面对电气控制系统提出了更高的要求。电气控制系统正在向智能化、集成化、系列化、模块化方向发展。目前国内设备厂商使用的例如 PLC、控制器、变频器等产品大部分还是依赖国外知名品牌。

4. 设计软件、远程调试软件

目前在设计控制系统时，为了实现特定的监视和控制功能，一般会增加满足功能需求的多个独立系统，各个系统之间通过通信或网络构成一个整体的系统。控制系统厂家普遍规模较小，在软件开发方面缺乏统一的标准，难以形成规划的体系，以至于所编写的智能监控软件的通用性和可靠性都相对较差，给用户使用带来诸多不便之处。

7.2.3 下游用户影响分析

对于煤炭行业，起重机械制造业将提供所需的竖井提升设备、各种类型的起重设备以及相关运输机械等。因此，煤炭行业的发展与起重行业息息相关。在新常态经济下，煤炭行业发展挑战与机遇并存。从整体来看，与以前相比当前煤炭行业经济创造速度放缓，整体进入新常态经济的平稳阶段。受到新能源、金融危机的影响，煤炭消费呈现出整体下降的趋势。因此随着煤炭行业的下滑，起重机械行业在煤炭行业的应用也应进行转型，要从数量到质量进行转变，着重于起重机械设备的性能提升，提高煤炭的开采处理效率，才能保证产业链的稳定。

近年来，我国电力行业加快清洁能源发电发展，加大电力结构优化调整力度，持续推进电力市场优化改革，大力推动电力科技创新，狠抓资源节约与环境保护，积极应对气候变化，为国家经济社会发展、能源转型升级做出了重要贡献。各种电站专用桥式/门式起重机、各种物料输送设备、水电站用闸门启闭机械、升船机、核电站废料处理专用起重机等将有较大需求。

对于石化工业，起重机械制造业将提供所需的自动灌装和包装码垛设备、仓储专用设备、厂内和车间内物料搬运装卸设备等。因此，在石化工业中，起重机械设备具有巨大的需求市场。

对于冶金工业及原材料工业，各种冶金起重机、厂内和车间内物料搬运装卸设备、料场堆取料与混匀料设备、金属露天矿连续/半连续开采输送设备等将有较大需求。

对于造船工业，大跨度、高起升的造船门式起重机、大吨位门座起重机和大跨度桥式起重机等，将有较大需求。

以上行业的快速发展，均离不开起重设备，也确保了起重机械行业的快速发展。

7.3 进出口市场

本节数据来源于中国海关统计数据在线查询平台，具体商品名录见表7-7，其中8425编码下为轻小型起重设备，8426编码下为起重机。

表 7-7 起重机械产品海关编码名录

四位编码	描述	六位编码	描述
8425	滑车及提升机，但倒卸式提升机除外；卷扬机及绞盘；千斤顶	842511	电动的滑车及提升机
		842519	非电动的滑车及提升机
		842531	电动的卷扬机及绞盘
		842539	非电动卷扬机及绞盘
		842541	车库中使用的固定千斤顶系统
		842542	其他液压千斤顶及液压提升机
		842549	其他千斤顶及提升机

（续）

四位编码	描述	六位编码	描述
8426	船用桅杆式起重机；起重机，包括缆式起重机；移动式吊运架、跨运车及装有起重机的工作车	842611	固定支架的高架移动式起重机
		842612	胶轮移动式吊运架及跨运车
		842619	其他桥架类起重机和移动式吊运架及跨运车
		842620	塔式起重机
		842630	门座式起重机及座式旋臂起重机
		842641	带胶轮的其他自推进起重机械
		842649	不带胶轮的其他自推进起重机械
		842691	供装于公路车辆的其他起重机
		842699	其他起重机械

7.3.1 轻小型起重设备

从整体上来看，我国轻小型起重设备出口数额远高于进口额。2020 年进口额为 3.52 亿美元，出口额为 23.08 亿美元；2021 年进口额为 3.20 亿美元，出口额为 30.33 亿美元。

2019—2021 年轻小型起重设备分国别（地区）进口情况如图 7-1 所示，我国进口产品以德国、日本、意大利等发达国家的产品为主。

2019—2021 年轻小型起重设备分类别进口情况如图 7-2 所示，主要进口产品为电动的卷扬机及绞盘、非电动卷扬机及绞盘、电动的滑车及提升机。

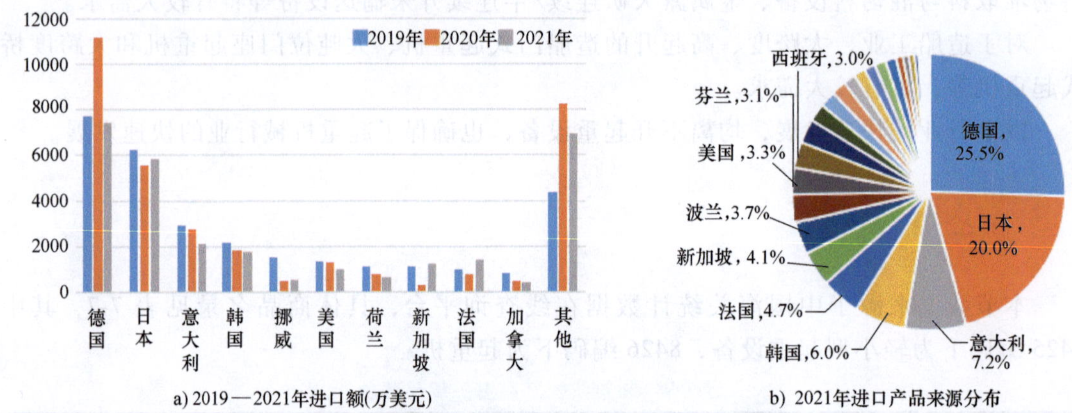

图 7-1 轻小型起重设备分国别（地区）进口情况

2019—2021 年轻小型起重设备分国别（地区）出口情况如图 7-3 所示，出口至美国的产品较多，其他出口市场广而散地分布于各个国家，2020—2021 年对美国的出口显著增加。

2019—2021 年轻小型起重设备分类别出口情况如图 7-4 所示，主要进口产品为其他液压千斤顶及液压提升机、电动的卷扬机及绞盘。

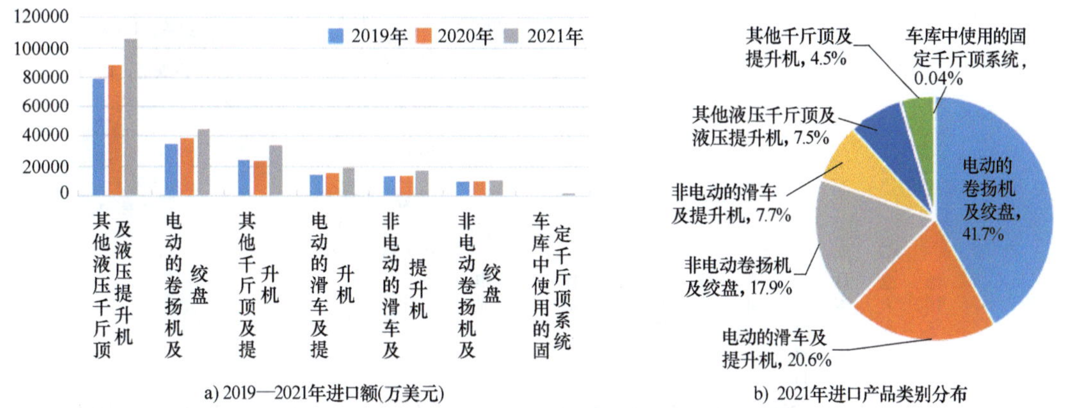

图 7-2　轻小型起重设备分类别进口情况

图 7-3　轻小型起重设备分国别（地区）出口情况

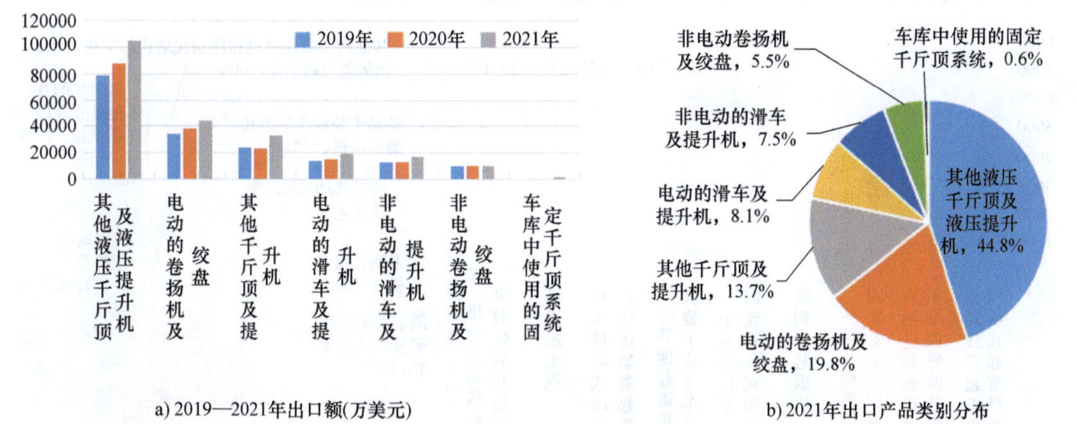

图 7-4　轻小型起重设备分类别出口情况

7.3.2　起重机

从整体上来看，我国起重机出口数额远高于进口额。2020 年进口额为 1.44 亿美元，

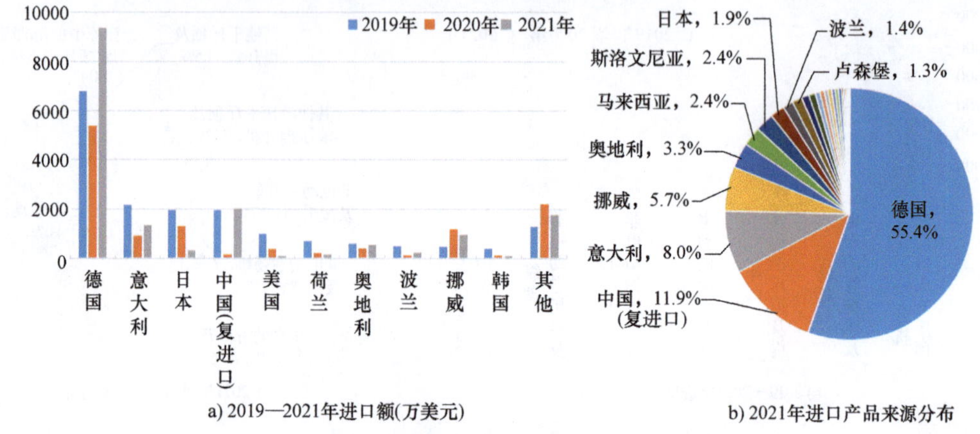

图 7-5　2019—2021 年起重机分国别（地区）进口情况

出口额为 30.48 亿美元；2021 年进口额为 1.83 亿美元，出口额为 39.94 亿美元。

2019—2021 年起重机分国别（地区）进口情况如图 7-5 所示，除部分中国产品存在复进口情况外，其他以德国等发达国家的产品为主。

2019—2021 年起重机分类别进口情况如图 7-6 所示，主要进口产品为门座式起重机及座式旋臂起重机、不带胶轮的其他自推进起重机械等。受疫情影响，2020 年大部分产品进口额有不同程度的降低，2021 年部分产品进口额有所回升。

2019—2021 年起重机分国别（地区）出口情况如图 7-7 所示，出口市场广而散地分布于各个国家和地区。2020—2021 年期间，出口份额占比较大的国家与地区从印度尼西亚、美国、阿联酋等变为了越南、新加坡、美国、印度等。

2019—2021 年起重机分类别出口情况如图 7-8 所示，主要进口产品为其他桥架类起重机和移动式吊运架及跨运车、不带胶轮的其他自推进起重机械等。

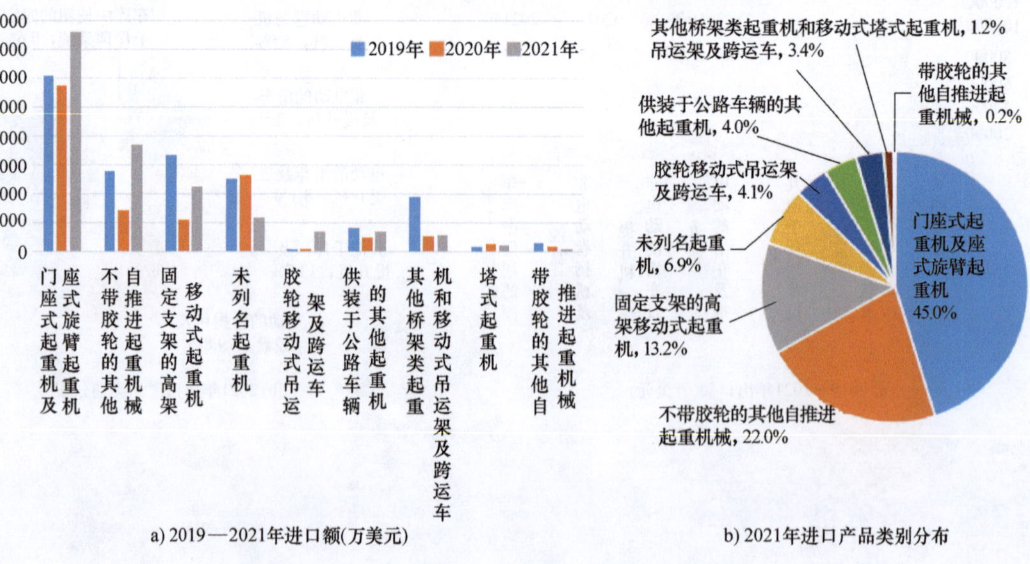

图 7-6　2019—2021 年起重机分类别进口情况

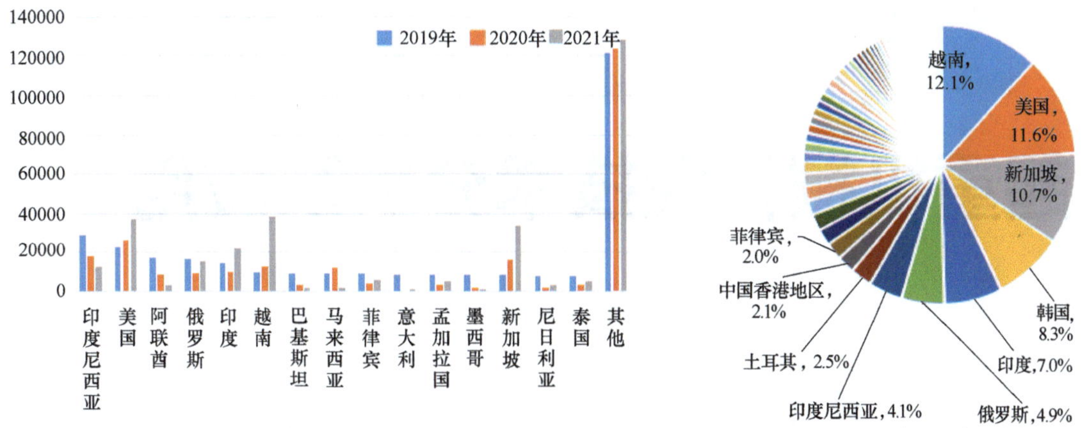

a) 2019—2021年出口额(万美元)　　b) 2021年出口市场分布

图 7-7　2019—2021 年起重机分国别（地区）出口情况

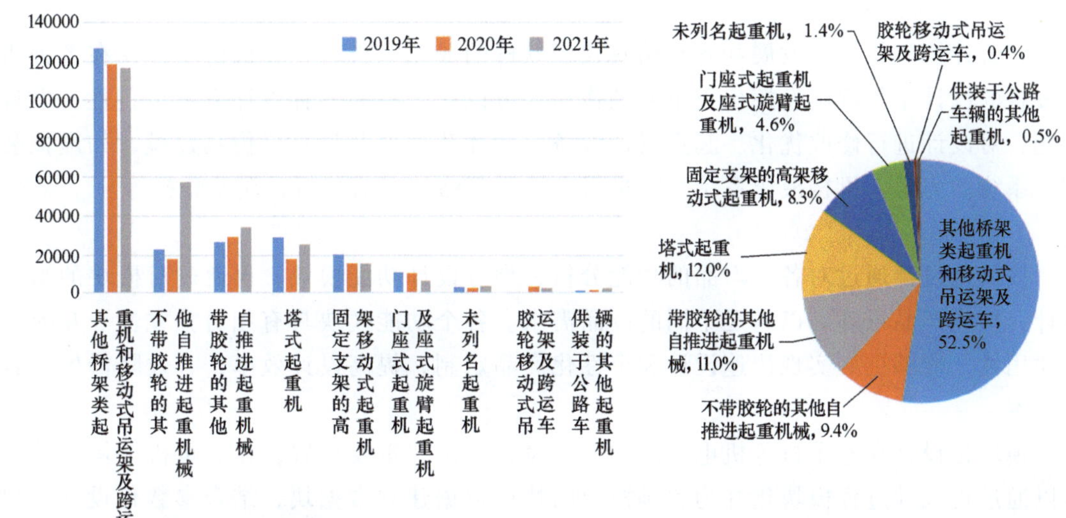

a)2019—2021年出口额(万美元)　　b)2021年出口产品类别分布

图 7-8　2019—2021 年起重机分类别出口情况

第8章

起重机械行业技术分析及应用

8.1 行业发展核心技术

8.1.1 起重机械先进设计技术

1. 计算机仿真建模

随着计算机技术的发展和各种仿真建模软件的成熟完善，计算机仿真建模在各种机械设备的设计中都逐渐发挥出更重要的作用，可以初步检验各种设计方案可行性，发现问题，对设计进行修改优化。起重机械设备设计环节都涉及计算机仿真建模，如虚拟装配、系统动力学、机构液压系统、能量管理控制策略、载荷分析、误差分析等。

2. 模块化设计

模块化设计通过对各个产品的功能分析，划分设计功能模块，再通过对模块的组合设计，构成产品系列，以满足不同的产品需求。各个功能模块具有相对独立性、互换性和通用性，能够更好实现快速设计和个性化产品定制，提高设计效率，有效降低生产管理成本。

模块化设计在起重机等机电产品的快速设计中占有重要位置，在起重机结构设计中可以通过将设计过程模块化并为关键模块的特征数据建立数据块，结合参数化设计，建立零部件模型库，通过草图装配、参数驱动等方法自动完成设计并完成对整机结构的结构性能分析。图 8-1 为一种起重机模块划分方法。

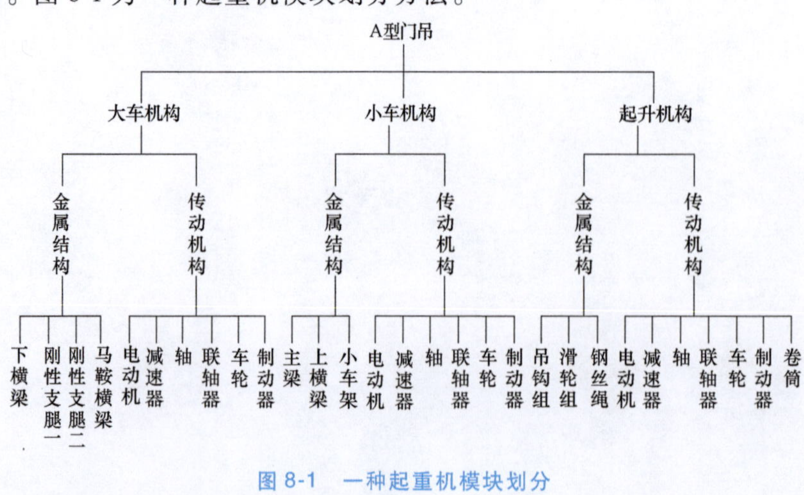

图 8-1 一种起重机模块划分

对于起重机的电气设计也可以通过选型、图样设计和信号接口的划分来实现设计模块化，设计过程中通过功能等划分电气子模块，进一步通过组合完成设计，提高设计灵活性。图 8-2 为电气设计模块化示意图。

3. 全生命周期设计

全生命周期设计，就是面向产品全生命周期全过程的设计，要考虑从产品的社会需求分析、产品概念的形成、知识及技术资源的调研、成本价格分析、机械设计、制造、装配、使用寿命、安全保障与维护，直至产品报废与回收、再生利用的全过程，全面优化产品的功能性能、生产效率、品质质量、经济性、环保性和能源资源利用率等目标函数，求得其最佳平衡点。全生命周期设计是现代设计理论发展的产物，也将是机械产品设计发展的必然方向。全生命周期设计是一个综合的、多学科交叉集合的设计方法，在设计之时就考虑到产品功能、经济性、安全性、可持续发展性等多方面问题。

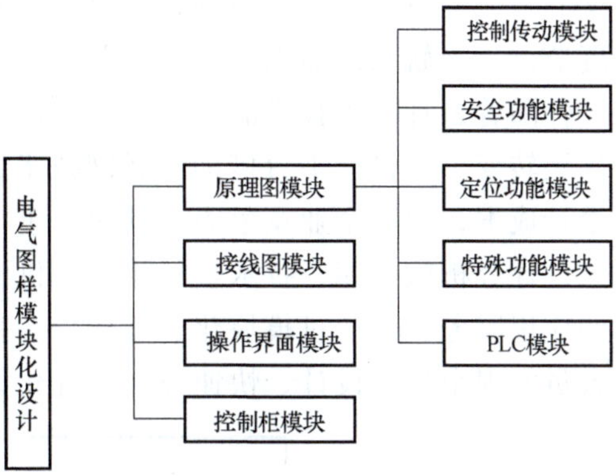

图 8-2 电气设计模块化

全生命周期设计包含多个环节。材料选择需考虑材料产品性能、环保性能、性价比等，也要与结构设计相结合来综合考虑。设计阶段利用计算机辅助方法进行设计和仿真建模分析来提高设计效率，避免设计缺陷；并采用模块化设计方法，努力促使产品模块化、标准化，以缩短设计生产周期，增加产品多样性和可维护性。同时，在设计时对于产品的安全使用寿命进行分析预测，如针对结构的疲劳寿命、电子元件的电接触疲劳以及材料的耐蚀性分析等。除了寿命分析和预测方法外，材料的选择和材料客观性能指标的试验测定、对制造和加工工艺质量的评估、载荷谱和环境谱的编制等也至关重要。此外，全生命周期设计还包括经济寿命设计、安全可检测性设计、绿色化设计、事故安全设计等。图 8-3 为面向产品全生命周期的机械产品设计系统。

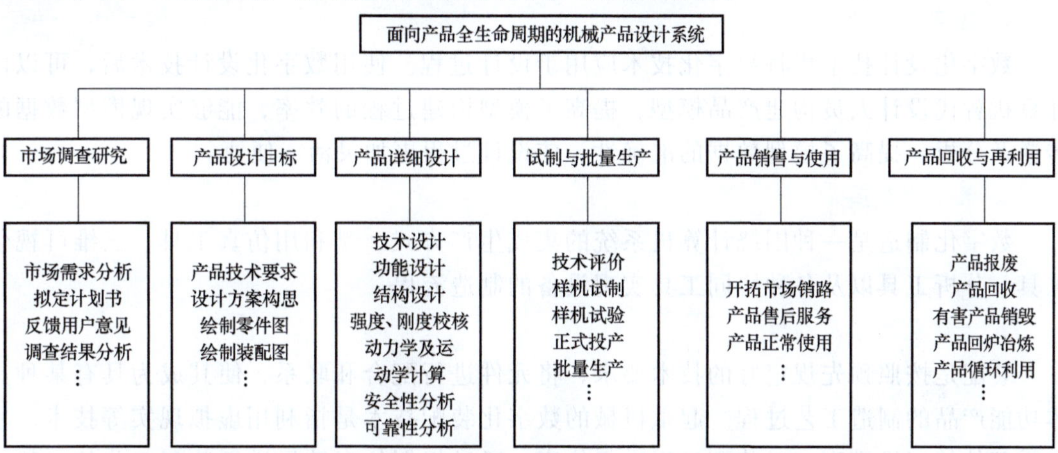

图 8-3 面向产品全生命周期的机械产品设计系统

全生命周期设计逐渐成为起重机技术发展的一大方向，有利于提升起重机产品核心竞争力。其采用优化设计、可靠性设计及动态仿真设计等现代设计方法，使得设计更加科学高效，分析更加可靠精确，通过建立基于大数据的监测系统可以进行起重机的主梁挠度监测、导轨状态监测、操作规范监测等云设计。

伴随着云计算等技术的发展，结合制造强国战略，传统制造业逐渐向“云制造”模式发展转变。云设计平台借助互联网技术，整合资源，可以实现在线快速定制设计，降低设计成本，提高企业竞争力。针对起重机的云设计平台也在不断发展中，通过零部件库、设计分析软件库、技术资料库以及供应商产品库的资源整合，可为用户提供多种类型的应用服务，并通过模块化、参数化、智能化方法建立的起重机快速设计平台帮助设计人员实现个性化设计、快速设计和优化设计。图 8-4 为一种桥式起重机云设计平台。

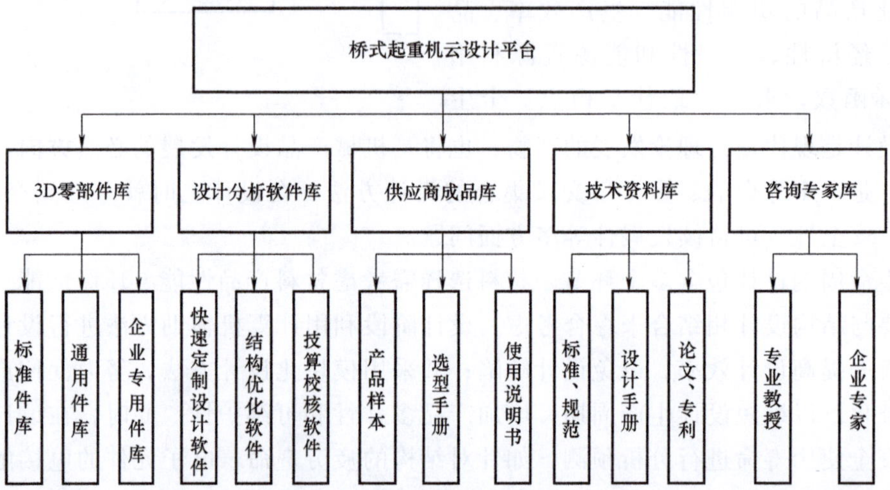

图 8-4 一种桥式起重机云设计平台

8.1.2 起重机械数字化技术

1. 数字化设计

数字化设计技术指将数字化技术应用于设计过程。使用数字化设计技术后，可以由计算机替代设计人员构建产品模型，提高了模型构建过程的效率，能够实现模型数据的传递及分析，提高了模型数据的准确性，使设计过程更加灵活、便捷。

2. 数字化制造

数字化制造是一种围绕计算机系统的集成生产方式，是利用仿真工具、三维可视化工具、分析工具以及各种协同工具实现设备的制造流程。

3. 数字化装配及交付

装配是按照预先规定好的技术要求，将元件进行配合和联系，使其成为具有某种具体功能产品的制造工艺过程。起重机械的数字化装配技术是指利用用虚拟现实等技术，基于零部件的三维模型，对装配过程进行仿真，通过规划仿真结果进行装配工艺信息的详细编辑并得出工艺文件，以指导实际装配操作。

数字化交付是通过数字化交付平台，将相关的设计资料、采购、施工及试车的数据，以标准的数据格式提交的交付方式。

4. 数字化运维及监管

数字化运维实际上就是通过数字化技术来进行运营和维护，在一定程度上替代了部分人工，提高了运维的效率。

数字化监管是指运用现代化信息技术对传统监管方式进行提升，其主要特点是监管手段电子化、网络化、智能化等。数字化监管能够有效降低监管过程的成本，大幅度提升监管的效果。

8.1.3 起重机械智能控制技术

通过起重装备的数字化，可以更好地实现起重装备的智能化，从而提升起重装备运行的效率和安全性。相比于传统的起重机，运用了智能化控制技术的智能起重机可以提高作业效率、减轻劳动强度、改善操作环境并且提高安全性能，有着广泛的研究和应用价值。当前智能起重机主要具有自动控制、精确定位、远程监控和操作、智能识别目标等功能，在集装箱堆场、核废料存储车间以及自动化生产车间均有所应用。

1. 智能检测

智能检测是指在起重机运行过程中对运行机构和吊取货物的运行状态进行检测，为智能控制系统和管理系统提供反馈数据。

对于位置检测，限位开关和接近开关主要用于极限位置检测，防止起重机运行机构发生碰撞，旋转编码器、条码检测、光栅孔检测等可以对运行的大小车进行较为精确的位置检测。图 8-5 为德国劳易测条形码检测，图 8-6 为德国倍加福光栅孔检测。

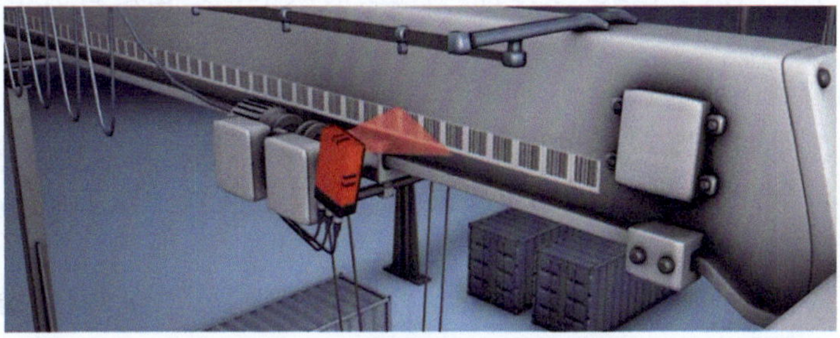

图 8-5 德国劳易测条形码检测

图 8-6 德国倍加福光栅孔检测

随着计算机视觉和深度学习的发展，图像识别也逐渐运用到起重机中，可根据图像信息分析吊具下吊装货物的位置、距离等信息。

2. 定位技术

起重机的自动化、智能化控制依赖于精确的定位。在简单的工作环境和控制要求下，使用传统传感器如激光测距传感器、编码器等可以实现各机构定位，以实现位置和速度的检测与控制。

在复杂的工作环境中，由于起重机运行环境是动态变化的，在实现起重机无人化智能控制及起重机运行的安全保护功能时，需要实时构建起重机运行环境空间的三维模型，在三维建图的基础上确定自身的位置，确定起重机相对障碍物的位置，最终达到路径规划和避障的目的。目前一般使用激光雷达、视觉传感器等，基于 SLAM 技术实现建图与定位。激光雷达传感指基于激光雷达获取周边环境二维或三维距离信息，通过距离分析识别技术对行驶环境进行感知，在机器人和自动驾驶领域应用广泛。激光雷达是一种主动式测量系统，按扫描方式有机械式旋转雷达、微机电系统激光雷达、光学相控阵雷达，其抗有源干扰能力强、体积小、质量轻、便于安装，但也有一定缺点，易受被测物表面、天气影响，同时具有较高的成本。

3. 吊具防摇技术

起重机的智能化、自动化控制对吊具位置的控制精确度具有较高要求，因此吊具防摇技术的研究和应用对于实现起重机运行的智能化、自动化控制具有重要意义。吊具防摇可以通过机械装置、机电配合、电气控制多种方式实现。电子式防摇符合智能化和自动化的特点，其采用一系列控制算法如 PID 控制、模糊控制、粒子群算法等，结合加装在起重机上的传感器返回的吊具摆角、大小车运行速度等反馈数据，控制吊具在起重机运行过程中在较小范围摆动，最终达到精确控制的效果，这也是目前吊具防摇技术的主要发展方向。

4. 任务调度技术

起重装备的任务调度既包括单个装备的生产任务调度，也包括多装备协同工作调度，属于起重装备全自动管理系统的重要环节，需要与其余子系统如控制系统、识别系统、定位系统等配合运行。

在单个装备的生产任务调度中，全自动控制系统根据优先级执行分配的生产任务。在起重机未执行生产任务时，控制软件按各任务的优先级高低顺序查询该任务是否需要执行，同优先级任务按时间先入先出。

多设备调度既包括起重机与起重机之间的协同调度，如在集装箱码头的场桥协同调度，也包括起重机与其他搬运设备、泊车设备的配合调度。对于大规模设备协同工作可采用智能集群控制，利用现代先进的计算机网络与通信技术、传感器技术、电子技术，针对多台同类型起重机实施联合联网远程协同监控。起重机集群监控系统主要由调度指挥中心、远程计算机网络监控系统及作业现场计算机网络监控系统组成，实现起重机作业量和资源利用率最大化。

5. 路径规划技术

路径规划技术是结合传感数据，完成机器从起始点到终点的合理路线规划，对于实现移动机器设备的智能化至关重要，不仅提升移动效率，更有利于实现机器无碰撞运行。近年来，在移动机器人领域得到广泛研究和应用的路径规划技术也逐步开始应用到起重机行业当中。图 8-7 为一种无人化车间桥式起重机智能运行控制基础系统。

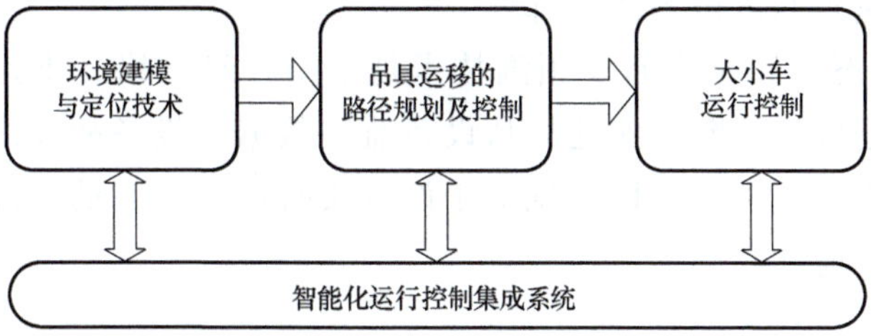

图 8-7 一种无人化车间桥式起重机智能运行控制基础系统

路径规划技术主要包含两方面：一是以激光传感器、编码器、超声波传感器为主的传感检测技术；二是路径规划算法，如遗传算法、蚁群算法等。

8.1.4 起重机械智能维护技术

起重装备智能维护技术包括对起重装备的运行状态监测、寿命预测、故障诊断、远程维护等。

1. 状态监测

状态监测是指对规定的监测对象进行间断或连续的（周期）监测，掌握设备运行所处的状态，判定设备是处正常状态还是异常状态的一种方法。可监测的设备动态参数有压力、流量、温度、振动、油液与噪声等。状态检测的目的在于掌握设备发生故障之前的异常征兆与劣化信息，对设备运行状态进行评估，判定其处于正常或非正常状态，以便事前采取针对性措施，控制和防止故障的发生。

2. 寿命预测

在设备维修决策过程中，如果能够比较准确地对设备故障停机时间做出预测，在后续制定维修计划过程中可以充分整合已有的企业资源，保证生产的正常进行，减少因故障停机时间过长造成的损失。采用寿命预测方法对设备机械故障停机时间进行数学建模，对设备机械故障停机时间做预测，为生产准备、设备维修提供必要的信息支持。常用的建模方法有二次曲线拟合、时间序列分析建模、GM 灰色预测模型等。

3. 故障诊断

故障诊断是根据状态检测所获得的信息，对设备可能要发生的故障进行预报、分析和判断，确定故障的性质、类别、程度、原因和部位，并预测设备状态今后的变化趋势，提出控制故障继续发展和消除故障的调整、维修的对策措施，为设备维修提供正确的技术支持。由某一故障引起的设备状态的变化称为故障的征兆。故障诊断的过程就是从已知征兆判定设备上存在故障的类型及其所在部位的过程。因此，故障诊断的方法实质上是一种状态识别方法。常用的故障诊断方法有振动诊断法、噪声诊断法、油液诊断法、无损检测法、温度检测法、应力应变法等，按照诊断策略可以分为以下三种：

1）基于规则的交互式诊断是结合设备关键部件故障机理的研究，引入故障树分析法，建立相应的故障分析树，直观反映故障与其成因之间的逻辑关系。

2）基于数据挖掘与人工智能的故障诊断与预测技术采用数据挖掘技术对其进行分类和聚类分析，并建立设备状态监测数据和设备故障之间的映射关系，以应对设备常规故障诊断问题，快速判断出设备故障部件。

3）基于运行状态的智能诊断及预测技术是采用神经网络、支持向量机、隐马尔可夫、模糊逻辑等先进故障诊断方法建立从设备监测数据到设备故障之间的映射函数，并将其应用于设备在线监测系统，以实现基于设备实时运行状态的故障诊断，提高设备故障诊断的及时性和快速性。

4. 远程维护

设备维护是设备维修与保养的结合，是为防止设备性能劣化或降低设备失效的概率，按事先规定的计划或相应技术条件的规定进行的技术管理措施。

8.1.5 自动化吊具技术

传统吊具多需要人工辅助吊抓。实现智能化、无人化起重机，可以建立集装箱这种标准化包装体系，但实际起重机运行工况各不相同，所吊抓货物类型也纷繁复杂，这就需要通用性较强的自动化吊具技术。吊钩钩腔小、活动自由度大、无动力源，难以实现全自动摘挂钩，多物一抓要解决被吊物不规则摆放的吊具自动调整和自适应技术，传统吊具大多数功能单一，对被抓取物有特殊要求，通用性差。柔性生产流水线上被吊物的形状、重量、重心位置都是不规则变化的，要自动感知被吊物的外形、重量、特性、重心位置和最佳抓取点。要在加速度大、空间小、冲击振动大的工况下实现安全可靠吊运。自动抓取要在合适的位置、采取恰当的夹紧力，又不损伤被吊物。自动抓取过程中要进行精确定位、多参数检测、安全保护、过程监控，同时适应各种复杂环境。自动化吊具技术包含以下几点：

1）自摘挂技术，包括自动适应、自动调整、自动摘挂和多物一抓。

2）自感应技术，包括工况识别、参数检测、推理决策和柔性装夹。

3）智能化技术，包括物体感知、智能决策、安全监控和协同作业。

其中自动摘挂钩技术涉及微机械技术、无电驱技术、自锁定技术、多吊点技术、自调整技术等。自动感知与识别包括动态物体位置检测、三维物体形状检测、物体表面物性检测、复杂物体重心检测、最佳夹紧位置选择、最佳夹持力值选择。

8.1.6 起重机械无人化技术

起重机械无人化技术是指随着自主控制和人工智能技术的大量运用，赋予机械设备具备一定程度的自主化行动能力，从而产生能够自主完成一定任务的机械设备技术，起重机械无人化正在成为世界主要国家今后一个时期无人化技术的发展趋势和重点。

来自同济大学机械与能源工程学院的团队进行了一项关于无人化桥式起重机控制关键技术的研究，主要涉及了三维建图技术、主动视觉技术等在起重机行业的应用。无人化起重机的主要运行机构有大车、小车及提升机构。要完成桥式起重机主要作业，就需要起重机能自动识别自身的位置，自行选择并优化运行路线，自动并准确到达起始位置，自主运行到卸载位置。而以上功能的前提是实现对起重机控制系统底层即路径运行层的精准控制，使其按照预定规律自动运行，同时能够对运行机构的位置、速度进行及时检测，即实现运行机构的自动控制。采用无人起重机可以节约人力资源，扩大起重机的适用范围。

1. 三维建图技术

桥式起重机实现智能化无人运行需要具备对运行环境进行三维建图的能力，以实现避障的效果。在机器人技术中，建立用于导航避障的三维稠密地图所用的设备通常有双目相机、结构光相机、激光雷达等。结构光相机的缺点是测量距离近，激光雷达的缺点是分辨率较低，而双目相机对光照条件要求高。

双目相机可以获得视差图，进行立体匹配后进一步得到深度图，从而实现三维感知和三维建图。在光照条件较差的情况下，使用双目相机得到的三维地图精度较差，甚至不能进行建图工作。在以往的工作中，出现了由于被重建物体表面粗糙度较低，反射了一部分环境光到图像中的情况，进行立体匹配时因耀斑在左目图像和右目图像中的位置不同产生了误匹配，进而降低了重建产生的三维地图的精度。偏振滤镜可以有效削弱反光耀斑，进而减少误匹配情况。同时，还需要对建模进行点云滤波，进一步减少误匹配的情况。计算机视觉的最终体现是三维视觉，而三维视觉的表达方式则是点云，点云处理在整个三维视觉领域占有非常重要的地位。点云滤波是一种三维点云的处理方式，包括直通滤波器、体素滤波器、统计滤波器、条件滤波器、半径滤波器等五种常用的滤波方法。

在三维建图过程中，可以使用八叉树地图。八叉树是一种构建环境地图的方法，其基本思想是：递归地把空间分成八个方块，这些方块在内存中以八叉树的形式组织起来，而每个树的节点对应于空间中的一个方块。使用八叉树地图可以在对精度影响不大的条件下，大大减小运算量，提升运算的速度。

2. 主动视觉技术

主动视觉是指视觉系统可以根据已有的分析结果和视觉的当前要求，决定摄像机的运动，并且从合适的视角获取相应的图像。主动视觉理论强调视觉系统对人眼的主动适应性的模拟，即模拟人的“头—眼”功能，使视觉系统能够自主地选择和跟踪注视的目标物体。主动视觉在许多领域有着重要的应用。

在桥式起重机在运动过程中，为了获得更好的避障效果，最大限度地利用三维建图，需要根据运行的速度、所处的高度、所具有的视场角这三个条件来实时地改变双目相机的角度，这就是主动视觉技术在起重机械行业中的应用。当桥式起重机的大车或小车运动时，为了保证三维建图的范围、精度与速度，大车的运动速度越快、所处高度越低、所具有的视场角越小，就需要越大程度地改变双目相机的角度，使其能够获得偏向运动方向的图像信息，进行建模。而对于与运动方向相反的环境的图像信息，则对于避障等实际应用过程的帮助较小，因此可以适当地忽略。

3. 人工智能技术

人工智能从诞生以来，理论和技术日益成熟，应用领域也不断扩大，传统的计算机操作思维将受到颠覆性冲击。在未来的工业发展中，人工智能将改变现行的操作方式，传统的机械操作模式将会被指令化操作所取代。同时，在不久的将来，随着人工智能机械的广泛应用，人类的工业体系将朝着无人化生产的方向发展。

起重机的人工智能技术，就是把一些人工智能技术应用于起重机上，使得起重机能够自动完成起重任务，具有自动控制的操作及移动功能、可编程，并且具有人机交互功能和自诊断功能。能够自动识别周围的环境，模拟人的操作，并且能够自动起吊运送物料。

与通用起重机相比，智能起重机具有人工智能，在代替人的体力劳动基础上，代替或辅助人的脑力劳动。即通过将传感器与智能决策软件与起重机集成，实现感知、分析、推理、决策和控制功能，实现人、机、物的交互、融合，代替人工进行感知、决策和执行，使起重机能适应工作环境的变化。其工作流程与通用起重机相同，但增加的智能控制功能能够代替人的视觉、听觉、嗅觉、触觉等，代替操作员判断做出对应的动作，完成在起重机工作过程中的识别、感知、操作和管理等。

要想实现真正的智能化、无人化起重机，必须重视起重机械各种安全隐患的监测及发生故障和安全事件后的应急处理工作。起重机的安全问题主要包括设备本身的安全问题、运行环境的安全问题、作业对象的安全问题和数据远程传输过程的网络安全问题等。起重机械的数据在传输过程中，可能遭到中间人恶意攻击，从而被他人窃取数据、拦截数据、伪造数据，甚至接管起重机控制权限，有可能造成重大影响和损失。

8.1.7 起重机械远程监控技术

起重机械属于特殊设备，器械的老化和磨损对运行的安全性影响极大。随着生产规模的逐渐增大，和起重机数量的增多，越来越多的企业希望从一个整体的视角去观察和比较所有起重机的运行状态。这时运用物联网技术与起重机的安全监控技术相结合建立的安全监控网络，可以实现起重机的远程监控。通过上位机软件对网络中所有起重机的数据进行处理，在监控较多的起重机时，可方便操作者进行统一管理，提高起重机维护的效率。

工业互联网平台是以云计算、大数据技术为核心，结合传感器技术、嵌入式技术、数据库技术、互联网技术的一套服务于数据采集、远程状态监控、数据分析的信息化数据服务平台。在起重机械行业中，工业互联网平台可以通过传感器等设备对起重机械的信息进行收集、处理和分发，进而实现数据采集、数据挖掘、远程监控、故障诊断等功能。

在两化融合背景下，同济大学与上海同铁机电科技有限公司共同研发了一个以数据为核心、以服务为导向的工业信息平台。工业互联网平台能够提供工程装备远程监控系统、智能装备控制系统设计等服务。该工业互联网平台致力于工业物联网和工业大数据产品的研发和市场应用，有助于企业远程设备智能维护，能够提供优质的工业大数据应用解决方案。同时，该工业互联网平台能够为智能工厂、起重机械等行业应用提供专业、定制的设备远程维护、工业大数据应用平台等服务，助力企业开启工业化、信息化的未来。

8.2 新技术应用案例

8.2.1 起重机械协同装配方案

图 8-8 所示为运用 5G+AR（增强现实）技术进行跨国远程装配。通过这套 5G+AR 的远程协作装配解决方案，位于中国的工程师可以将现场环境视频和第一视角画面通过 5G 网络实时推送给位于国外的工程师，国外工程师依托 AR 的实时标注、冻屏标注、音视频通信、桌面共享等技术，远程配合现场工程师进行装配工作。5G+AR 技术让不同国家的工程师如亲临现场一样紧密协作，可实现高效高质装配。

8.2.2 起重机械远程智能维护技术应用

图 8-8 桥式起重机远程控制系统

同济大学、上海地铁盾构设备工程有限公司、华电重工股份有限公司合作完成了“起重运输与工程机械远程智能维护技术研究与应用”项目，该项目获得 2019 年中国机械工业科学技术奖。

起重与工程机械的智能远程维护技术，其内涵是了解和掌握设备在使用过程中的状态，判断其整体或局部是否正常，及早发现故障及其原因，并能预测故障发展趋势以及实施健康管理等相关技术的集成。同济大学在有关领域开展研究历时 15 年左右，在诊断方法和理论方面，不断吸收人工智能、信息技术和大数据等方面的成果，用于提升它的精度和可靠性；在监测手段方面注重自主研发，实现在线监测、数字化、智能化等目标；在应用方面，突出集成化维护平台、分布式和网络型系统等特点。该项目主要技术创新内容如下：

1. 构建了起重与工程机械远程智能维护系统通用技术框架

项目针对起重与工程机械特点，结合 CBM（Condition-BasedMaintenance，基于状态的维护）开放系统体系结构标准 OSA-CBM，同时参考智能变送器接口 IEEE 1451 系列标准和所有测试环境的人工智能交换与服务 IEEE 1232 等系列标准，创新性地提出远程智能维护系统通用技术框架。系统采用分层模块化设计，在保证相邻层接口不变的前提下，各层功能和逻辑相互独立，有效地避免了各子系统的相互干扰。

2. 研发了多源异构数据采集与远程通信智能组件（黑匣子）

针对起重与工程机械数据采集与远程传输需求，自主开发软硬件一体化智能采集与通信组件（黑匣子）。在数据采集方面，实现了多源、多协议和稳定可靠等多项功能；

在异地通信方面，满足多场景、安全和高速的远程通信要求。

3. 建立了智能维护系统，实现诊断、预测和健康管理同平台

针对起重与工程机械智能维护的特点，提出了四个转变，即学术思维的转变、研究对象的转变、分析手段的转变和诊断目标的转变。根据应用对象和采集数据情况的不同，项目研究并完成了基于机器学习、深度学习和统计分析的系列故障诊断和剩余寿命预测算法和应用模型，在此基础上，开发了维保决策模型，实现设备维护智能优化。

8.2.3 智能型无人化全自动桥式起重机

上海起重机械厂有限公司与同济大学合作完成了智能型无人化全自动桥式起重机系统研究及样机开发。该项目开发了一种集成现代智能化技术，能够自动实现运行机构的自动运动以完成起重作业，具有路径规划、自动定位、智能防摇、自诊断和可编程功能的“起重机器人”。它将不再需要专业的操作人员，只需一名操作人员在监控室有效监控数台设备甚至整个车间的所有设备的正常作业，可大幅改善工作环境，降低人力需求并提高工作效率。图 8-9 为智能型无人化全自动桥式起重机系统整体架构示意图。

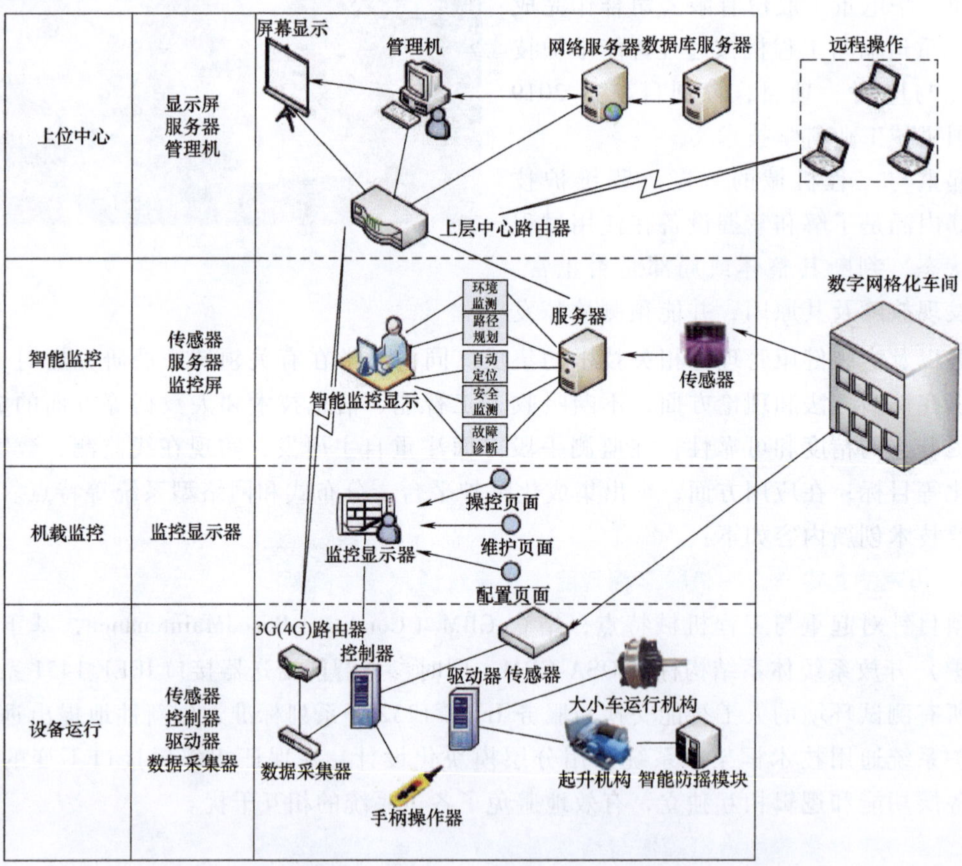

图 8-9 智能型无人化全自动桥式起重机系统整体架构示意图

8.2.4 超大型塔式起重机

2021年10月25日，全球最大的上回转塔式起重机W12000-450在中联重科常德塔机智能工厂成功首发下线。W12000-450塔式起重机将服务于集高速公路、城际铁路、一级公路“三位一体”的常泰长江大桥公铁两用斜拉桥建设，将解决超大跨度、超大超高桥梁安装吊装面大、就位精度难、高空吊装难度大、江面施工风速强等一系列施工难题，并可大幅缩短施工周期，节约施工成本。

该上回转塔式起重机融合了各项创新科研成果，集中了上百项发明专利，这是我国乃至全球大型塔式起重机技术创新的重大突破，也是我国装备制造业自主创新的重大成果。该产品重达4,000t，额定起重力矩达12,000t · m。W12000-450塔式起重机运用了分体式平头单臂架技术、杆系单销榫头特大标准节技术等多项技术。

8.2.5 热轧板坯库无人化桥式起重机

天桥起重的热轧板坯库无人化桥式起重机（见图8-10），可实现自动化连铸下线入库、异常质量处理、轧制上料、直送上料、物料倒垛、物料倒库、退库、汽运出库等，满足板坯的直装、下线、入库、出库及上料轧制等管理需求。

图8-10 热轧板坯库无人化桥式起重机

1. 单层双夹控制

独特的夹具结构形式，可一次单层夹取两块板坯，作业效率成倍提升，同时能有效杜绝板坯掉落（见图8-11）。

2. 自动识别板坯型号

机器视觉采用耐温防护设计，经受800℃以上高温考验，可精准识别来料板坯的坯号和尺寸，准确率高达99.5%，测量精度可达±10mm（见图8-12）。

3. 虚拟库房管理

板坯入库时，虚拟库房管理系统自动分配目标库位进行存放，收到加热入炉计划后，可指挥起重机自动吊取相应板坯，至入炉辊道上完成上料任务，进出倒垛高效快捷（见图8-13）。

4. 全景实况3D动画

无人化桥式起重机自动搬运作业时，中控屏可同步进行3D动画展示库房垛位和起

图 8-11　单层双夹控制

图 8-12　自动识别板坯型号

图 8-13　虚拟库房管理

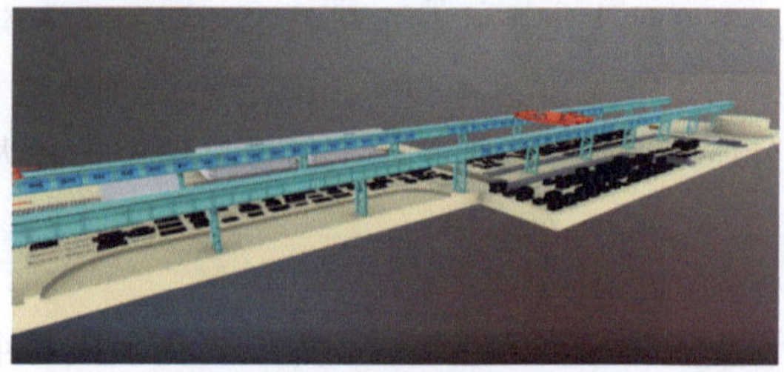

图 8-14　全景实况 3D 动画

重机作业信息等（见图 8-14）。

5. 高效智能防摇

天桥嘉成自主研发的智能防摇系统，吊具摇摆幅度<0. 5°，定位精度可达±5mm。

6. 全程无人作业

可连续 24 小时全自动运行，现场作业人员减少 75%，生产效率提升 50%，作业人员脱离现场高温恶劣环境，有效避免安全事故和职业病危害，安全健康得到根本保障。热轧板坯库无人化桥式起重机系统的投入使用，使得整个轧钢工艺自动化作业率达到 100%。

8. 2. 6　智能化铸造起重机

由太原重工股份有限公司和太原科技大学完成的“铸造起重机全生命周期关键技术和标准研究与应用”项目，针对“高工作级别，高作业温度，高安全要求，恶工作环境，无报废依据”的铸造起重机设计、制造、运维、评估及报废的技术难题，通过产学研合作，形成了计算方法、设计软件、相关标准和知识产权等科技成果，突破了铸造起重机全生命周期关键技术与标准研究的技术瓶颈。该项目主要技术创新内容如下：

1）基于许用应力/极限状态双理论，发明了起重机金属结构轻量化设计方法，开发了起重机设计软件，实现了金属结构校验优化、机构部件自动选型，提高了计算效率和设计质量，形成了系统设计标准，规范了设计依据和设计流程。

2）基于起重机制造特点和本质安全，提出了起重机结构件、零部件、焊缝的技术工艺及检验要求，形成了系统制造检验标准，规范了质量控制和制造流程。

3）基于物联网智能化技术，开发了起重机安全监控运维管理系统，通过自我感知、自主分析、自我决策、自动执行等系统功能，实现了预知性维修、预防性更换、评估性报废的监控管理。

4）基于系统失效模式分析，提出了铸造起重机整机报废条件、量化指标、报废评价方法、报废后处置；建立了应力谱获取模型，发明了大型起重机降载当量试验方法，提出了剩余寿命评估时间和有/无裂纹的剩余寿命评估方法；揭示了轮轨冲击耦合关系，发明了结构特征寿命评估方法，确定了轮轨冲击对疲劳剩余寿命影响度，形成了世界首部起重机报废标准。

第9章

起重机械企业市场竞争分析

9.1 上市企业营业收入分析

2019—2021 年主要上市企业起重机械相关板块营业收入情况如图 9-1 所示，数据来源于相关上市企业年报。由于企业年报中统计口径有所不同，本章数据尽可能选取了与起重机械相关的板块数据。其中，中联重科股份有限公司（中联重科）、徐工集团工程机械股份有限公司（徐工机械）、三一重工股份有限公司（三一重工）为起重机械板块数据；上海振华重工（集团）股份有限公司（振华重工）为港口机械板块数据；太原重工股份有限公司（太原重工）为起重机板块数据；株洲天桥起重机股份有限公司（天桥起重）为物料搬运装备及配件板块数据；无锡华东重型机械股份有限公司（华东重机）为集装箱装卸设备板块数据；大连华锐重工集团股份有限公司（大连重工）2021 年将营业收入中起重机械、港口机械、装卸机械三个板块合并为物料搬运设备板块，为保证前后数据的一致性，2019—2020 年选用合并前的三板块数据之和，2021 年选用合并后的板块数据，另外，大连重工 2019—2020 年起重机械和港口机械板块营收约占三板块之和的 56%~60%；法兰泰克重工股份有限公司（法兰泰克）2020 年将营业收入中起重机、葫芦、零配件及服务三个板块合并为物料搬运设备及服务板块，为保证前后数据的一致性，2019 年选用合并前的三板块数据之和，2020—2021 年选用合并后的板块数据。

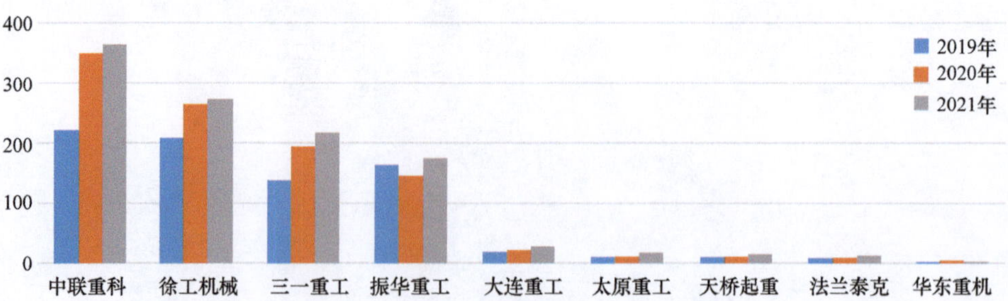

图 9-1　2019—2021 年主要上市企业起重机械相关板块营业收入（亿元）

2020 年振华重工的港口机械板块和华东重机的集装箱装卸设备板块受疫情影响较为明显，营业收入明显下降。2020 年其他上市企业中除天桥起重的相关板块营收有轻微下降外，整体呈现上升趋势，其中中联重科、三一重工、徐工机械、法兰泰克相关板块营收涨幅较为明显，分别为 57.6%、38.8%、27.1%、20.9%。

2021 年，上市企业相关板块营收均呈现上升趋势，其中太原重工、天桥起重、大连重工、法兰泰克、振华重工相关板块营收涨幅较为明显，分别为 54.0%、36.5%、31.2%、28.8%、20.9%，中联重科、徐工机械相关板块营收增长速度有所放缓。可以看出，之前受新冠肺炎疫情影响的上市企业在 2021 年都呈现出强劲的恢复势头。

2019—2021 年起重机械市场营收占比如图 9-2 所示，2020—2021 年以中联重科、徐工机械、三一重工、振华重工四家为主的上市企业营收占据起重机械行业的半壁江山。在 2020 年受疫情影响、起重机械行业整体发展放缓的情况下，中联重科、徐工机械、三一重工等上市企业依旧保持高速增长，占据的市场份额相较于 2019 年有显著提高，与之相对的，中小型企业在疫情影响中发展较为艰难。

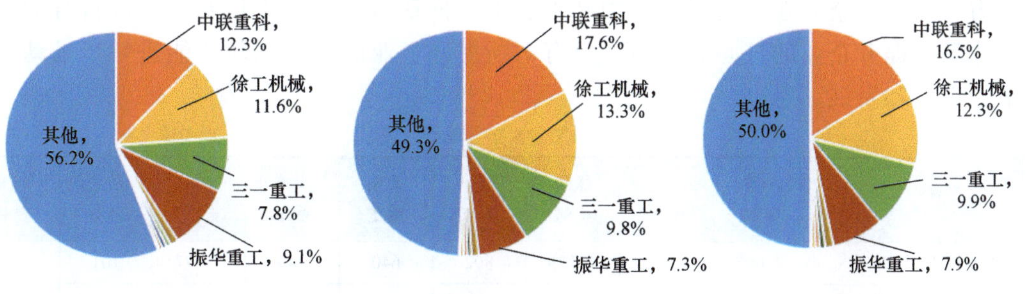

a) 2019年　b) 2020年　c) 2021年

图 9-2　2019—2021 年起重机械市场营收占比

9.2 上市企业营业成本分析

2019—2021 年上市企业起重机械相关板块营业成本情况如图 9-3a 所示，各上市企业营业成本变化趋势与营业收入大致相同，但对比 9.1 节中各上市企业营业收

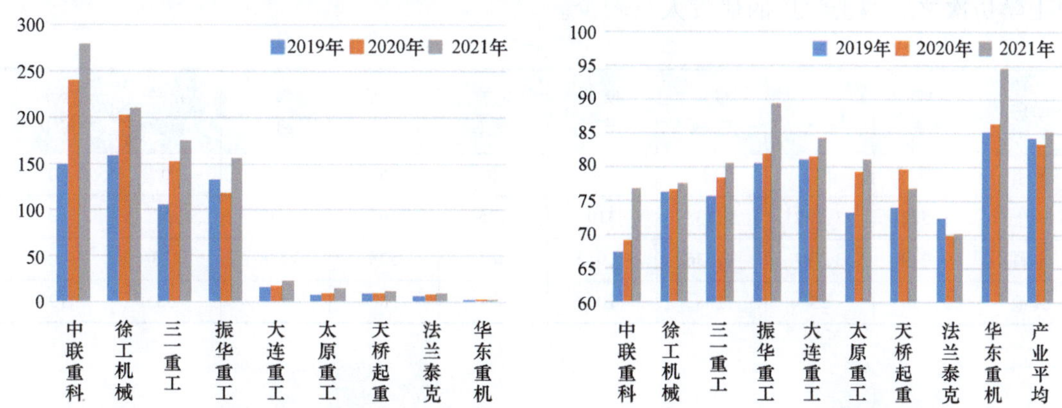

a) 2019—2021年营业成本(亿元)　b) 2019—2021年每百元成本

图 9-3　上市企业起重机械相关板块成本情况

入可以发现，疫情影响下人力成本和原材料成本的上涨，使得企业营业成本增速高于营业收入。

2019—2021年上市企业起重机械相关板块每百元成本如图9-3b所示，2020年除法兰泰克外，上市企业起重机械相关板块每百元成本都呈上升趋势，2021年除天桥起重外，上市企业起重机械相关板块每百元成本都呈上升趋势。而2020—2021年起重机械行业每百元成本约为83.2元、85.1元，大部分上市企业每百元成本要低于行业平均水平，具有较强的竞争力。

9.3 上市企业科研情况

科学技术是第一生产力，科技创新是企业健康持续发展的重要基础，是企业发展的原动力。因此，企业在其发展过程中必须要不断推动自身的技术创新，形成自身的核心技术体系，提升企业的核心竞争力。只有不断提升企业的技术创新才能进一步推动企业技术的进步和发展。

表9-1 2021年上市企业研发投入与研发人员情况

指标	中联重科	三一重工	徐工机械	振华重工	太原重工	大连重工	天桥起重	法兰泰克	华东重机
研发投入/百万元	7,697	4,452	4,229	892	640	340	127	101	43
研发投入占比(%)	7.25	5.28	6.30	3.43	7.03	6.14	7.19	6.41	0.62
研发人员数量/人	7,242	7,231	2,923	1,146	764	707	501	205	165
研发人员占比(%)	27.83	30.52	18.88	17.50	13.74	13.03	27.56	16.09	18.13

表9-1所示为上文提及的上市企业研发投入与研发人员情况（基于企业整体数据，非单纯起重机械相关板块数据），可以发现近年发展较为稳健的上市企业，研发投入占营业收入比例均不低，在5%~8%之间。

表9-2所示为上文提及的上市企业研发人员学历构成，本科学历的研发人员最多，硕士学历次之，博士学历的研发人员较少。

表9-2 2021年上市企业研发人员学历构成

学历	中联重科	三一重工	徐工机械	振华重工	太原重工	大连重工	天桥起重	法兰泰克	华东重机
博士	51	137	11	13	0	6	1	0	0
硕士	1,522	3,322	1,238	319	235	167	50	24	0
本科	3,049	3,717	1,536	1,012	481	528	238	123	45
其他	2,620	55	138	102	48	6	212	58	120

9.4 市场竞争分析

目前，我国起重机械的企业数量大，行业从业人数多，起重机配件的市场在行业中占比也较大。其中大企业涉及的起重机类型较多，并且在个别类型中占有的市场份额很大，接近垄断。而中小企业则呈现同质化竞争，生产的产品在外观设计、理化性能、使用价值、包装与服务、营销手段上相互模仿，以至产品的技术含量、使用价值逐渐趋同的现象。

根据2020年、2021两年起重机械相关板块营业收入数据可以看出，上市企业间竞争依旧激烈，中联重科、徐工机械、三一重工、振华重工相较于其他上市企业规模优势较大；中联重科、徐工机械、三一重工2020年发展较快，2021年有所放缓；法兰泰克2020—2021年发展一直较为稳定；大连重工、太原重工、天桥起重2020年发展较慢，2021年开始高速增长；振华重工、华东重机2020年受疫情影响较大，2021年表现出明显恢复势头。

从起重机械市场份额的角度来看，2020年新冠肺炎疫情后，上市企业占比明显提高；从企业成本来看，上市企业整体成本低于行业平均水平，具有较强竞争力。因此。起重机械板块的中小型企业在2020—2021年发展越发艰难。

第10章 中国起重机械行业前景

10.1 宏观市场

10.1.1 市场需求

在经济发展建设中，起重机械行业发挥着举足轻重的作用。能源、电力、土木、水利、冶金、港口运输等领域，都能见到起重机械应用的身影。这类行业受到国民经济和宏观调控的影响，在固定资产投资上存在波动性，从而对本行业景气度产生间接影响，使得本行业发展产生一定周期性波动。但从长期来看，我国工业化发展空间仍然广阔，本行业应具备较长的增长期。同时，广泛的下游产业可增强本行业对抗周期性波动的能力。现阶段，随着各类下游行业的相关企业生产规模扩大，自动化程度提高，作为物料搬运重要设备的起重机在现代化生产过程中应用日渐广泛，作用愈发重要。我国优秀的起重机械制造企业有三一重工等、中联重工和徐州重工等，在这些龙头企业中，部分产品技术已经达到国际先进水平。

我国起重机械行业所生产的装备主要包括轻小型起重设备（如千斤顶、滑车、卷扬机等）、起重机（桥式起重机、浮式起重机、港口门座式起重机、固定式起重机、架桥机、装卸桥、履带式起重机、塔式起重机以及全地面起重机）、升降机（启闭机、施工升降机以及举升机）、工作平台以及各类型机械式停车装备。

目前，社会生产、建设对于起重机械行业有着很大的依赖，为了满足相关行业对于起重机械装备的需求量，需要进一步推动起重机械行业的标准化发展。我国现阶段起重机械行业的年产值、起重机销量及出口额呈现逐年增长的良好态势，我国的起重机械产品开始得到国外包括欧美等发达国家的认可，已经逐渐达到了国际标准。结合“智能制造”等制造强国战略与物联网技术蓬勃发展的背景，起重机械行业未来将具备广泛的发展潜力与应用空间。

10.1.2 产品需求

我国起重机械产品吨位两极化和智能化是未来我国起重机械行业的主要发展趋势。起重机的吨位“两极化”发展分别是指“大型化”和“迷你化”。我国起重机械行业在装备“大型化”的发展中取得了很大的突破，而“迷你化”将成为一个全新的发展机遇。增加科研投入，开发更多功能的“迷你”起重机，搭配柔性化生产链，更为广泛地应用于各个行业的生产制造当中，这无疑为我国起重机械行业扩展了更大的市场空间。

在物联网、人工智能、高速网络通信等技术更新日新月异的背景下，起重机械的智能化发展符合当今发展创新的潮流。目前起重机的更新和发展，很大程度上取决于电气传动与控制技术的改进。将机械技术和电子技术相结合，并运用计算机技术、微电子技术、光缆技术、液压技术、通信技术以及模糊控制算法等技术到驱动系统与控制系统，实现起重机和产线的自动化搭配、实现智能化是行业技术发展的热门趋势。现今在起重机械上应用的智能技术包括但不限于监控与故障自诊、吊具防摇防抖技术、激光查找起吊物重心、近场感应防碰撞、现场总线、室内自定位技术等，提高了单机综合自动化水平。

另外，起重机械行业的标准化发展，其目的在于可持续发展，以谋求更高的经济效益。在传统的盈利模式的基础上，应用电子商务平台，帮助起重机械生产企业降低成本，同时获取更高的经济效益，实现资源优化，挖掘全新的市场潜力。就目前的实践来看，其成效可观，这为我国起重机械行业标准化发展拓展了全新的道路。

起重机械行业优先发展的重点产品应具备性能指标高、性能稳定和运行效率高等特点。为适应时代需求，这些产品还必须达到环保效能好、节能、机电一体化程度高和操作性能好等要求，是用户优先选择的技术水平高的产品或新型的国内空白产品，这些产品包括：

1. 集装箱装卸运输成套设备

包括轮胎式集装箱起重机、超大箱大伸距岸边起重机、集装箱叉车及铁路集装箱起重机等。

2. 生产用起重机械

包括轻量化节能起重机、无人化智能起重机、模块化通用起重机械、工厂生产搬运自动化系统等。

3. 重点工程有关设备开发

包括：大型水电站升船机设备研制及可靠性研究；大型火电站中的输煤、给煤设备；堆取料设备和专用起重机设备；核电站用高精度定位、高可靠性的环形起重机、装卸料机及其他核电级要求的起重设备等。

4. 具有发展前景、市场看好的特色产品

包括：垃圾处理专用抓斗起重机、轻小型起重设备、大型冶金起重机、防爆起重机、柔性启制动装置、称量与配制样系统、多用途门座起重机等。

5. 重要基础零部件

包括：硬齿面减速器；液力减速器；高速大功率耦合器；液压缓冲器；索道专用新型抱索器、脱挂器；盘式制动器；集装箱吊具；自锁式夹轨器；液黏传动装置等。

10.1.3 面临的问题

2021 年影响起重机械营收情况的首要问题是原材料价格上涨。起重机械产品的原材料以钢铁为主，除金属轧制设备、重型锻压机械和矿山机械中的部分产品使用铸钢件和锻钢件以外，大部分产品使用钢材加工而成，行业年钢材用量超过 2,000 万 t。2021 年钢材、有色金属等大宗商品价格大幅增加，致使行业企业采购成本上涨，全年行业营业成本同比增长 17%左右，远高于同期营业收入和利润总额的增速，行业每百元营业收入成本为 83.27 元，较上年增加 1.26 元。由于上述因素的影响，行业利润率较上年下降 0.8%，亏损企业亏损额同比增长 35%以上。

应收账款居高不下、回收困难是制造业企业的常见情况。起重机械行业也普遍存在这种难题，导致资金回流速度缓慢，严重影响生产投入。

当前社会环境下，受互联网、金融等行业冲击，传统产业工作环境和待遇难以相比，因此面临招工困难、人才流失严重的情况。事实上，起重机行业也亟需大量高端复合型人才来应对产业升级。目前，在职员工流动率较高，特别是年轻的业务骨干流失率居高不下。在职人员年龄出现断层，加上今后经验丰富的老员工逐渐退休，招工难和人员流失问题将严重困扰传统制造企业。

近几年，起重机械行业在装备技术水平和质量方面取得了较大进步，新技术、新产品不断涌现。但新产品推广应用仍然存在较大困难，很多下游用户单位不愿选用国产首台（套）技术装备，产品进一步完善、提升存在困难，也很难实现市场化应用并产生经济效益，使得新的技术进步很难带动经济效益提升。

同时，在以下几个重要环节，我国起重机行业存在不足，将影响其未来的发展，需加大研究投入力度。

1）设计方面：产品设计理念、方法手段以及基础理论相对于国外有些薄弱。

2）制造方面：国内生产的电动机、减速器、钢丝绳、液压元件、轴承、密封件等前端零部件的性能相对于国外产品仍有差距，不能替代进口件来使用，主要体现在工艺、工装、制造精度、质量稳定性等方面；同时，大型变频器、PLC 等进口件经历“卡脖子”难题。

3）标准方面：起重机的相关标准在某些方面要求过细，实际上又缺乏不少有助于未来发展的标准。具体来说，我国标准更强调产品的参数和检验方法，并没有强调智能、安全、绿色以及产品报废处理等方面的问题，将阻碍技术进步。

4）监管方面：特种设备监管过细，跟不上技术的进步。

10.2 技术创新

在我国市场化经济飞速发展的背景下，我国的起重行业得到了快速发展，在这种趋势下国内很多的企业都开始从事起重行业的设备生产和机械运行管理。随着我国现代化科学技术的不断发展，在当前形势下的起重机械行业发展中，应该将现代化科学技术整合到实际的技术应用中，大力提倡技术创新，提高各行各业的生产效率。起重机械技术创新的总体趋势是：

1. 向两极化、高效化和节能化发展

起重机的“两极化”发展分别是指“大型化”和“迷你化”。随着科学技术的进

步、自动化程度的提高、生产规模的扩大，相应要求部分起重机械向大型化发展，并且对生产效率和能耗提出更高要求。

目前世界上最大的浮式起重机（半潜式起重船）起重量达 20,000t（振华重工最大 12,000t），最大的履带起重机起重量为 4,500t，最大的单钩桥式起重机起重量为 1,300t，多吊点桥式起重机起重量为 20,000t。而“迷你化”是指在更为广泛的各个行业中、各种生产环境生产制造中均能适用，这无疑为我国起重机械行业拓展了更大的市场空间。

由于工业生产规模不断扩大，产品生产过程中物料搬运费用占比日益增加，促使高效率起重机械的需求量增长。为配合生产效率，行业内起重机械需要提供更强的起重能力、更快的搬运能力，扩展更多灵活的功能，因而会呈现出高效化的趋势。

为了响应国家节能减排政策的号召，建设资源节约型、环境友好型社会，起重机械应该实现轻型化、节能化，通过优化起重机械的生产工艺结构布置以及附加配置来实现生产过程的节能减排，通过改善设备动力系统的能量利用率或采用新能源驱动以实现使用过程的节能减排。其中，结构轻量化设计能在整机性能提升的前提下降低油耗，从而减少起重机整体碳排放。另外，以徐工为代表的起重机企业发动机智能化控制系统和能量回收系统的应用可在行驶制动、起升变幅过程中实现能量回收，可使平均工况油耗降低 15%，并使臂架作业时间节约 20%以上。同时，在起重机生产工序中引入智能化生产线，不仅可以提高生产效率，还能显著降低生产过程中的碳排放。

2. 向自动化、智能化、集成化和信息化发展

在产业政策的引导下，机械工业数字化、智能化、网络化转型升级步伐加快，实现从产品设计、生产制造到营销服务一体化的集成管控与决策体系，采用国际领先的制造装备，融合解放先进工艺技术和精益生产思想，致力于实现智能化、柔性化生产。工业互联网是新一轮工业革命的关键支撑，越来越多的企业意识到智能化、信息化管理的工业互联网对降低成本、提高管理效率等方面的重大作用。而围绕工业互联网平台，云计算、智能诊断、大数据等技术也越来越体现其在起重机械上的作用，围绕工业互联网平台的技术创新也成为起重机械的技术创新趋势。

将机械技术和电子技术相结合，将先进的微电子技术、电力电子技术、光缆技术、液压技术、模糊控制技术应用到机械的驱动和控制系统，实现自动化和智能化。采用自动精准定位、无线视频监控等技术，大大增强人机对话程度，提高工作效率；采用电气集中控制与机械辅助防摇，确保起重机平稳运行；基于起重机全生命周期管理平台，实现起重机运行状态监控及运行数据记录、故障报警信息的追溯、远程在线调试；采用智能无人机自动航拍等巡检技术，摆脱了过去存在检测盲区、高空作业危险、劳动强度大、效率低等问题，有效预防并控制事故的发生，减少人员和设备财产的损失；起重机的设计和制造，充分考虑了焦化行业现场的使用环境，确保起重机设备在操作、使用等各方面性能优良，满足生产工艺需要。

3. 向成套化、系统化、综合化和规模化发展

随着我国工业现代化进程的不断加速，起重机械应逐渐具备能力完成日益艰巨繁重的工程任务。由于工况的复杂性，单台起重机可能无法圆满地完成吊装任务。为实现生

产效率最大化，以及进一步实现起重机械系统化、智能化，起重设备的多机协同成为当前技术创新的热点。将各种起重机械的单机组合为成套系统，加强生产设备与物料搬运机械的有机结合，提高自动化程度，改善人机系统。通过计算机模拟与仿真，寻求参数与机种的最佳匹配与组合，发挥最佳效用，重点发展的有港口散料和集装箱装卸系统、工厂生产搬运自动化系统、自动化立体仓库系统等。

4. 向模块化、组合化、系列化和通用化发展

许多通用起重机械是成系列成批量的产品。为了降低制造成本，提高通用化程度，可采用模块组合的方式，用较少规格的零部件和各种模块组成多品种、多规格和多用途的系列产品，充分满足各类用户的需要。也可使单件小批量生产起重机械的方式改换成具有相当批量和规模的模块生产，实现高效率的专业化生产。

例如，采用全地面底盘与桁架臂上车组合，创新地研制出国内首台 TZL750 全地面桁架臂起重机，集桁架臂起重机强大的起重能力与全地面底盘快速移动性于一身，解决了起重能力和转场效率冲突的难题。该项目填补了我国大型全地面桁架臂起重机的空白，总体技术达到国际先进水平，其快速拆分、组配式整机创新设计达到国际领先水平。

5. 向小型化、轻型化、简易化和多样化发展

有相当批量的起重机械是在一般的车间和仓库等处使用，用于代替人力和提高生产效率，但工作并不十分频繁。为了考虑综合效益，要求这部分起重机械尽量减小外形尺寸，简化结构，降低造价和使用维护费用。如德国德马格公司生产的桥式起重机系列，不但品种多、规格全，而且其自重比我国同类产品轻 30%～60%。由于自重轻、轮压小、外形尺寸小，厂房建筑结构的建造费用和起重机的运行费用大大减少。

6. 采用新理论、新方法、新技术和新手段提高设计质量

在产品设计、企业管理等环节采用智能制造方法。在各个环节引入智能制造理念，有助于全面发挥智能制造技术的重要作用，同时代替以往的生产制造方法，进一步应用计算机技术，不断提高产品的设计水平与精度。开展对起重机械载荷变化规律、动态特性和疲劳特性的研究，开展对可靠性的试验研究，全面采用极限状态设计法、概率设计法、优化设计、可靠性设计等，利用 CAD 提高设计效率与质量，与计算机辅助制造系统相衔接，实现产品设计与制造一体化。在安全配置、智能控制、人机交互方面采用更多新技术、新设计、新理念，设备在节能环保、安全管理、智能操作方面的性能更加突出。

对起重机应用全生命周期分析（Life Cycle Analysis，LCA）评价方法，评估起重机的原材料获取、产品设计、制造、使用和回收等各环节的影响，建立起重机在全生命周期对环境影响的共享数据库，可以为日后的节能减排要求提供可靠的数据支持。

7. 采用新结构、新部件、新材料和新工艺提高产品性能

结构方面采用薄壁型材和异型钢，减少结构的拼接焊缝，采用各种高强度低合金钢新材料，提高承载能力，改善受力条件，减轻自重和增加外形美观度。在机构方面进一步开发新型传动零部件，简化机构，以焊代铸，采用机电一体化技术，提高使用性能和

可靠性。在电控方面开发性能好、成本低、可靠性高的调速系统和电控系统。今后还会更加注重起重机械的安全性、重视司机的工作条件。

8. 采用多技术、多途径提高安全性

塔式起重机、升降机是建设工地最常见的起重机械。由于起重货物、运送人员和材料、高空作业的特点，这类设备的安全管控显得尤为重要。借助高度、力矩、回转、幅度等各类传感器和风速仪、监视器等设备，采集并监控塔式起重机的幅度、起重量、起重力矩、起升高度、工作速度等关键技术指标。采用芯片卡、指纹或面部智能识别技术，规范化管理升降机的施工、维保、机管人员信息，确保专人操作、专人维保。加装防超载、上下限位、内外门检测、防坠检测、楼层呼叫、防冲顶预警等传感器和模块，实现升降机的安全可控运行。

采用全新的结构设计和地面操作方式，能很大程度减少建筑施工安全事故的发生、提高施工效率、节约建筑施工成本、改善施工环境。流动人员定位监控、电子围栏、塔式起重机/升降机、深基坑/高支模等安全管理，是工程建设现场安全管理的重中之重。还有部分起重机通过取消司机室，采用地面遥控的方式，不仅减轻了起重机桥架自重，还保证了司机工作的安全。

10.3 环境影响

10.3.1 “十四五”时期我国宏观经济环境

“十四五”是我国全面建成小康社会、实现第一个百年奋斗目标之后，乘势而上开启全面建设社会主义现代化国家新征程、向第二个百年奋斗目标进军的第一个五年。“十四五”时期，全球经济面临疫后重建，中国经济发展将进入“双循环”新发展格局，我国宏观经济进入新的动态均衡。

1. 深化改革开放，促进“十四五”时期我国经济增长速度运行在合理区间

我国已经建立了全世界最为齐全、规模最大的工业体系，是全世界唯一拥有联合国产业分类中全部工业门类的国家，应结合供给侧改革进一步发挥制造业供应网络产生的配套效应、规模效应、范围效应以及学习效应，完善我国产业链的自我循环能力。在国际经济循环方面，应加快构建新的高水平对外开放格局，增强国际投资吸引力。

2. 实施扩大内需战略，促进投资消费结构更趋均衡

在“双循环”新格局下，扩大内需成为战略基点。我国拥有全球最大最有潜力的市场，实现持久有效扩大内需、畅通国内大循环是一项系统性工程。必须改变过度依赖出口、“两头在外”的生产模式，扩大国内生产国内消费的规模，逐步提高我国居民消费占 GDP 的比重。

3. 加快城乡协调发展，促进城乡均衡发展迈上新台阶

全面实施乡村振兴战略，强化以工补农、以城带乡，释放农村农民的需求。通过推动城乡要素平等交换、双向流动，增强农业农村发展活力。发挥中心城市和城市群带动作用，实施区域重大战略，建设现代化都市圈，形成一批新增长极。

4. 完善创新体制机制，促进自主创新取得突破

加快科技自立自强是畅通国内大循环、塑造我国在国际大循环中主动地位的关键。构建完整系统的国家创新体系，促进基础研究、应用研究、成果转化、人才培养、知识产权保护，完善政府和市场的创新资金支持体系、创新创业政策。大力发展数字经济，加大新型基础设施投资力度。我国数字经济发展已经形成强大市场和某些应用层面的比较优势，加大新型基础设施投资力度，可以进一步促进数字经济升级换代，增强国际竞争力。

5. 继续深化供给侧改革，推动产业结构持续升级

推动供给创造和引领需求，着力优化供给结构，改善供给质量，实现产业结构升级和消费结构升级良性互动。坚定不移建设制造强国、质量强国、网络强国、数字中国、健康中国、绿色中国。

6. 完善宏观经济治理，筑牢经济安全底线

“十四五”仍是我国金融风险易发多发期，地方政府隐性债务风险将进一步显现，风险释放的压力将持续增大。在“双循环”发展新格局下，宏观经济的新动态均衡将牢牢守住经济安全的底线。

10.3.2 “十四五”时期起重机械行业面临的形势

当前和今后一个时期，我国发展仍然处于重要战略机遇期，但机遇和挑战都有新的发展变化。当今世界正经历百年未有之大变局，新一轮科技革命和产业变革深入发展，国际力量对比深刻调整，和平与发展仍然是时代主题，同时国际环境日趋复杂，不稳定性不确定性明显增加，新冠肺炎疫情影响广泛深远，经济全球化遭遇逆流，世界进入动荡变革期，单边主义、保护主义、霸权主义对世界和平与发展构成威胁。我国已转向高质量发展阶段，制度优势显著，治理效能提升，经济长期向好，物质基础雄厚，人力资源丰富，市场空间广阔，发展韧性强劲，社会大局稳定，继续发展具有多方优势和条件，同时我国发展不平衡不充分问题仍然突出，重点领域关键环节改革任务仍然艰巨，创新能力不适应高质量发展要求。

1. “十四五”期间起重机行业机遇与挑战并存

“十四五”期间，我国将加大现代化基础设施体系建设，布局建设信息基础设施、融合基础设施、创新基础设施等新型基础设施。完善综合运输大通道，加强出疆入藏、中西部地区、沿江沿海沿边战略骨干通道建设，有序推进能力紧张通道升级扩容，加强与周边国家互联互通。构建快速网，基本贯通“八纵八横”高速铁路，提升国家高速公路网络质量，加快建设世界级港口群和机场群。完善干线网，加快普速铁路建设和既有铁路电气化改造，优化铁路客货布局，推进普通国省道瓶颈路段贯通升级，推动内河高等级航道扩能升级，稳步建设支线机场、通用机场和货运机场，加快城际铁路、市域（郊）铁路建设，构建高速公路环线系统，有序推进城市轨道交通发展。提高交通通达深度，推动区域性铁路建设，加快沿边抵边公路建设。

近几年，我国工程机械行业新技术、新材料、新工法应用不断取得新成果，有力推

动了技术创新和产业升级；工程机械应用领域需求不断升级，机器换人方兴未艾；智能化、数字化、网络化、轻量化赋能工程机械不断拓展应用领域；我国经济发展空间巨大，基础设施建设规模庞大，工程机械市场仍处于上升期，存量更新和新增需求并重，“十四五”期间工程机械仍大有可为。

在行业机遇良好的背景下，起重机行业同时也面临着巨大挑战。近年来，世界政治格局和经济形式变幻莫测，在单边主义和保护主义的冲击下，对外贸易速度可能放缓、动力可能削弱、规则或将改变，国际经贸合作格局将进入艰难重构期。全球经济正面临着见顶回落与流动性收紧的态势。另外在技术上，我国起重机行业在核心基础零部件、先进基础工艺、关键基础材料、高端通用芯片、基础软件产品以及高端制造装备等关键领域的核心技术仍然存在明显短板。我国起重机行业在摆脱技术对外依赖、在核心技术上攻坚克难方面仍然需要付出努力。

2. 构建新发展格局，促进行业稳定健康发展

我国在“十四五”期间要推动形成以国内大循环为主体、国内国际双循环相互促进的新发展格局。在此背景下，起重机行业在构建新发展格局的进程中要紧密结合经济民生的发展需要，坚持创新驱动发展策略。在提升产业竞争力和发展主动权的过程中，一要打通创新链，加快自主创新步伐，推进新技术应用；二要补强产业链，确保行业持续健康发展，加强产业链协同研发，实现关键零部件自主可控；三要稳定供应链，增强上下游企业的合作力度，构建上下游研发、试验和产业化协同发展机制；四要提升价值链，实现高水平对外开放。

第11章

起重机械行业新技术及新产品

1. 太原重工：TZL750 全地面桁架臂起重机——快速拆分、组配式整机创新设计

“TZL750 全地面桁架臂起重机研制及应用”项目采用全地面底盘与桁架臂上车组合，创新地研制出国内首台 TZL750 全地面桁架臂起重机，集桁架臂起重机强大的起重能力与全地面底盘快速移动性于一身，解决了起重能力和转场效率冲突的难题。项目填补了我国大型全地面桁架臂起重机的空白，总体技术达到国际先进水平，其快速拆分、组配式整机创新设计达到国际领先水平，对新能源产业经济建设起到了积极推动作用（见图 11-1）。

2. 徐工：XCS4531K 正面吊——智能化、绿色化、重视人机工程

XCS4531K 正面吊依托敏捷高效的供应链体系，融合电控阻尼、全息影像、智能制动等多项行业领先技术，打造产品安全性好、智能化程度高、操作舒适、节能环保的全新机型，减少客户资源浪费，更加环保（见图 11-2）。

图 11-1　TZL750 全地面桁架臂起重机

图 11-2　XCS4531K 正面吊

3. 河南矿山：智能焦罐起重机——特种应用、智能化、全生命周期设计

河南矿山的智能焦罐起重机克服了高温红焦热辐射、火焰烘烤等技术难点，为焦化行业起重机新的检验设计标准提供了事实依据，实现了技术突破和创新。

该起重机采用自动精准定位、无线视频监控等技术，大大增强人机对话程度，提高工作效率；采用电气集中控制与机械辅助防摇，确保焦罐起重机平稳运行；基于起重机全生命周期管理平台，实现焦罐起重机运行状态监控及运行数据记录、故障报警信息的追溯、远程在线调试；焦罐起重机的设计和制造，充分考虑了焦化行业现场的使用环

境，确保起重机设备在操作、使用等各方面性能优良，满足生产工艺需要（见图 11-3）。

4. 卫华：门座式起重机——智能化、动态监控

图 11-4 所示为卫华出口印尼的专用码头工程门座式起重机。该项目产品包含一台 MQ25t-32m 和四台 MQ40t-38m，均采用四连杆组合臂架、圆筒体门架结构形式。运行机构全部采用交流变频调速，整机采用 PLC 控制系统、全变频无级调速及故障监控系统。该项目产品的司机室内均装有智能化的状态监视控制屏，可实现运行状态动态监控，提供动态变化图文显示，同时具有安全信息报警、润滑保养管理帮助等功能。

图 11-3 智能焦罐起重机

图 11-4 卫华门座式起重机

5. 三一重工：4000t 履带起重机 SCC40000A——替代进口

由三一重工股份有限公司研发制造的全球最大 4,000t 履带起重机 SCC40000A，日前在山东寿光鲁清石化项目现场顺利完成 4 号 1,500t 级丙烯塔吊装，标志着“中国制造”真正实现了对进口履带起重机产品全系列替代。SCC40000A 是三一重工根据施工需求，自主攻关研发的超大吨位履带式起重机，也是全球正在服役的最大吨位履带式起重机。

6. 浙江鼎立：电动臂式起重机 BA22ERT——模块化、绿色化

BA22ERT 整体部件下移，采用模块化理念，配置工程机械专用车桥，具备无噪声、长续航、易维保、强动力、高节能等多重优势（见图 11-5）。

图 11-5 电动臂式起重机 BA22ERT

7. 科尼：S 系列——重塑桥式起重机的新标准

科尼 S 系列合成纤维绳起重机（见图 11-6）和 S 系列合成纤维绳电动葫芦，采用合成纤维绳（见图 11-7）和小倾角卷筒安装与偏置绕绳系统，突破了桥式起重机的传统设

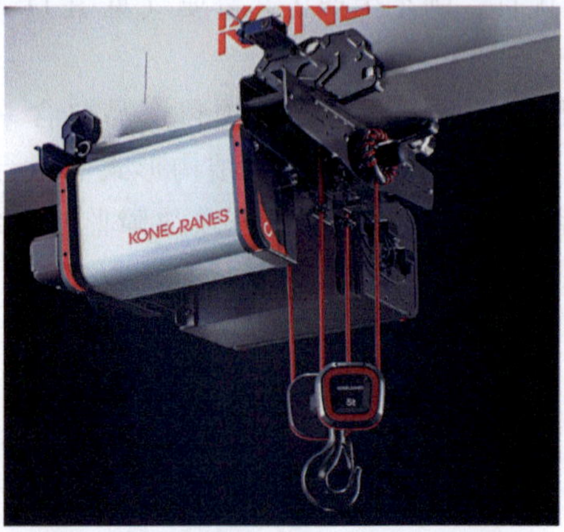

图 11-6 S系列合成纤维绳起重机

图 11-7 合成纤维绳

计理念。

（1）使用性能更加优异的合成纤维绳代替传统钢丝绳　对合成纤维绳进行的耐酸腐蚀、起吊具有锋利边缘的载荷、基本断裂强度等一系列测试显示，合成纤维绳的性能都优于钢丝绳。此外，合成纤维绳无须润滑，在卷筒和滑轮上产生的摩擦更小，有助于减少磨损和维护需求；纤维绳比同类钢丝绳轻85%，能有效降低葫芦重量。

（2）小倾角卷筒安装与偏置绕绳系统　这两项设计可消除绳索尖峰受力并减小绕绳部件的磨损。小倾角安装起升卷筒设计可减小绳索在起吊时的偏斜角度，使受力分布更均匀，实现更加稳定的负载起吊，延长设备使用寿命。偏置绕绳系统设计使负载居中，减轻45%葫芦重量产生的车轮负载，几乎没有框架产生扭曲现象，提高起重部件的使用寿命。此外这两项设计可防止绳索交叉缠绕，使得起升时纤维绳一直与卷筒保持垂直，减小卷筒绕绳偏斜角，有效防止使用时绳索扭曲和摩擦现象（见图11-8）。

（3）新的吊钩组设计　S系列采用新的吊钩组设计，部件选用更耐磨的复合材料，使用寿命预计可比原先的钢制部件延长45%。

（4）主端梁滑动连接设计　主端梁滑动连接设计，使得大车端梁能够自适应轨道，减小了车轮和轨道的磨损。如果出现起重机车轮未对准轨道或轨道安装超出公差的情况，滑动连接可以很容易地对端梁进行调节，减少和避免起重机在运行时发生啃道的现象（见图11-9）。

（5）变频无级调速　S系列葫芦的起升和大小车运行配有变频器和可根据负载重量调整最大提升速度的自适应速度功能，以实现更安全、高效的起升搬运，有助于以更轻的负载实现更快的负载循环。

（6）智能安全功能　S系列配有三个标准的智能安全功能：区域保护、吊钩定心和跟随功能，有助于提高物料搬运效率和工厂运营速度，并保护员工和基础设施的安全。跟随功能可实现更快速的提升操作，只需手动引导吊钩，起重机即可在负载上方移动，使起重机的装载和卸载更加方便快捷，因而可缩短负载循环时间。操作时只需按下遥控

图 11-8 偏置绕绳系统

图 11-9 主端梁滑动连接设计

器上的按钮并握住吊钩，起重机就会跟随操作人员达到他想要去的任何地方，显著提高了起重机操作的效率和准确性。

同时，通过科尼 TRUCONNECT 远程监控系统可以实现对设备实时数据的跟踪，验证 S 系列起重机的各项性能。

8. 天桥起重：5G 远程操控天车——5G（低延时远程控制）

天桥起重的智慧天车远程操控系统由“操控端+5G 网络+天车”三部分组成，操作人员可在远程操控室实时操控炼钢区渣跨天车，进行卸车、吊运装槽、配合检修等作业。

9. 法兰泰克：垃圾处理用自动化起重机——自动化、远程监控

该产品起重量为 16t，跨度为 42.5m，配置电动液压抓斗，用于生活厨余垃圾抓取和投放，产品采用低净空结构设计，有效降低厂房高度，为客户厂房前期建设节约了成本。

该产品采用自动化控制，且配备有远程监控技术。现场工作人员只要前期完成对产品的数据设定，起重机就能顺利完成垃圾坑揭盖和生活厨余垃圾抓取与投放动作，有效提升生产效率。这款起重机还具备预报警、超载保护、防倾、防撞、自定位等先进功能，并能将垃圾给料量等重要数据传入操控室，从而确保起重机能在实际操作中的安全性和数据采集的时效性。

10. 无人化桥式起重机

同济大学和天桥起重共同完成了关于无人化桥式起重机控制关键技术的研究，其中的技术包括三维建图技术、主动视觉技术等。其三维建图技术使得起重机具备对运行环境进行三维建图的能力，以实现避障的效果。主动视觉是指视觉系统可以根据已有的分析结果和视觉的当前要求，决定摄像机的运动，并且从合适的视角获取相应的图像（见图 11-10）。

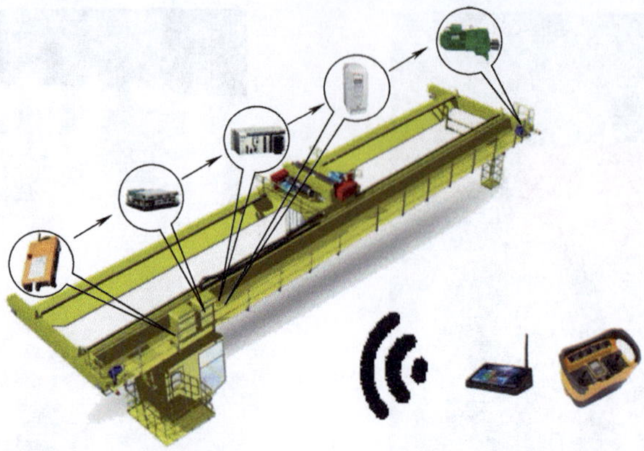

图 11-10 无人化桥式起重机

参考文献

[1] 陆大明，周奇才，等. 中国物料搬运装备产业发展研究报告（2018—2019）[M]. 北京：机械工业出版社，2021.

[2] 陆大明，周奇才，等. 中国物流仓储装备产业发展研究报告（2016—2017）[M]. 北京：机械工业出版社，2018.

[3] 周奇才，等. 设备故障诊断及远程维护技术 [M]. 北京：机械工业出版社，2014.

[4] 周奇才，等. 远程设备智能维护 [M]. 北京：机械工业出版社，2019.

[5] 中国机械工程学会. 中国机械工程技术路线图（第二版）[M]. 北京：中国科学技术出版社，2017.

[6] 张质文，等. 起重机设计手册 [M]. 北京：中国铁道出版社，2013.

[7] ZHAO K Y，ZHOU Q C，et al. The Construction Method of the Digital Operation Environment for Bridge Cranes [J]. Mathematical Problems in Engineering，2021.

[8] ZHAO K Y，ZHOU Q C，et al. Active visual mapping system for digital operation environment of bridge crane [J]. Review of Scientific Instruments AIP Publishing，2022，93（1）：015008.

[9] 周奇才，赵科渊，等. 桥式起重机运行环境三维建图偏振光降噪研究 [J]. 起重运输机械，2022（01）：81-84.

第3篇　连续搬运机械

本篇摘要：

在“碳达峰/碳中和”“十四五”规划等国家政策推行下，连续搬运机械已从简单搬运、装卸装备逐步发展为智能化、绿色化、集成化的物料配送系统。本篇从连续搬运机械行业地位及现状、行业特点、重要应用领域等方面介绍了其概况；从国内外市场、上下游市场等方面对行业市场进行分析；对行业发展核心技术、新技术应用、行业代表性装备、行业获奖技术及装备进行详细剖析；对盈利能力展开讨论；从业界角度出发对技术创新期望与应用进行阐述；对相关企业发展情况近两年的发展情况进行介绍。

第12章

概述

12.1 行业概况

连续搬运机械是将物料或者物品在一个预先设定的线路上，沿着规定方向连续或者间歇地以匀速或变速从一点到另一个点进行搬运的机械设备。随着与新技术、新需求、新形势和新标准的不断结合，连续搬运机械已经不再是简单的搬运、装卸作业，而逐步发展为包含物料选择、识别、分类、包装、存储及信息传输等功能在内的智能化、数字化、集成化的生产物料配送系统。

进入“十四五”以来，连续搬运机械在经济中的地位逐年提升，广泛应用于能源开发、港口货物搬运、矿山资源开采、冶金制造、航空航天、火力发电、化学工业、生产制造、装配流水线、海洋资源开发与开采以及城市建设等行业。近年来，随着人工智能、5G、大数据和区块链等新技术的应用，在高速、大运量、精确、节能、低碳、降耗、安全等要求的影响，以及“一带一路”、“碳达峰/碳中和”、“十四五”规划和“双循环”等国家战略的稳步推行下，连续搬运机械行业注入了新的活力与发展动力，取得了长足的发展，主要呈现出如下发展趋势：

1. 国家的大力扶持与政策支持

连续搬运机械是集机电液于一体的高端装备，为国民经济各行业高效快速的发展提供动力，对于核心部件、行业基础能力、上下游配套企业和行业链的整体实力提升具有一定的促进作用，受到国家政策的大力支持。国务院、国家发展改革委等部门发布了一系列扶持散料搬运核心装置及设备制造行业发展的政策，如《产业结构调整指导目录(2019 年本)》《机械工业“十四五”发展纲要》《促进装备制造业质量品牌提升专项行动指南》《国务院关于推进国际产能和装备制造合作的指导意见》《中国制造 2025》等。绿色发展与产业数字化、信息化、智能化发展深度融合，多种新兴技术的交叉融合，都为本行业健康持续地发展提供了良好的政策环境，并为本行业向高端化发展指明了方向，对扩大行业市场规模、推动产品优化升级起到了重要作用。

2. “碳达峰/碳中和”背景下的绿色搬运

2021 年 10 月 26 日，国务院印发《2030 年前碳达峰行动方案》，对推进碳达峰工作做出了总体部署。随着国家产业结构的调整，水泥、钢材、煤炭去产能速度的加快，小规模火电厂陆续关停，港口的防尘抑尘需求进一步提升，行业结构进一步优化、提升，全社会的环保节能意识不断提高，智能环保型的绿色连续搬运机械越来越受到重视。目前，圆管带式输送机、吊挂圆管带式输送机、永磁同步低速大扭矩变频电动机、无动力抑尘转运站、能量回收反馈等环保型连续搬运机械及其核心部件已经成功应用，使客户获得更高性能的产品与经济回报，不仅有效地防止了粉尘外溢，而且实现了节能降耗。

3. 行业整体转型升级

连续搬运机械行业整体已经从低端产能的重复增加转变为层次分明的高中低产能相互扶持发展，众多厂商在动态分析计算、智能化、物联网、数字孪生等技术方面的研发投入也逐步增加，加强基础研究、注重原始创新。越来越多的厂家具有了工程总包资质，由单纯的设备生产制造转变为全生命周期的综合服务供应商，具备一定的创新与技术研发能力。

用高新技术推动连续搬运机械设备的升级已经成为行业的发展趋势。随着技术含量在产品重要性中的比重不断增加，低端产品将逐步被淘汰，高端产品的竞争优势将更加明显。轻量化和模块化设计，保持整机结构紧凑，运行过程中能耗低；大运量、长距离、大功率的新需求促使单机的长度进一步增长，相关的最新理论与设计方法取得了长足的发展。

12.2 行业地位及现状

12.2.1 行业地位

由于连续搬运机械具有节省人工、降低劳动强度的作用，在能源、造船、港口、海洋工程、冶金、仓储物流、航空等影响国民经济的大部分行业中，连续搬运机械起着举足轻重的作用。

随着社会经济的不断发展，连续搬运机械所应用的行业也在增多，并且规模也在增大，每年在搬运物料上的费用占据企业支出的主要部分。以煤炭行业为例，在“十四五”煤炭行业发展规划中，预计煤炭的产量将突破40亿t，而煤炭的输送是企业最为重要的一个环节，可伸缩、转弯、大倾角提升等适用于地面和井下使用的输送机需求量逐年增加，且智能化、无人化工作面的出现与推广，必然伴随着煤炭输送设备的需求与技术要求的进一步提升。

连续搬运机械的运用可以减少人力搬运、提高生产效率和质量、减轻劳动强度和降低费用支出。适用于生产流程的输送线或系统、装配线、物料供应线的系统化集成，使得连续搬运机械已经不仅具有物料输送功能，还同时兼顾生产工艺流程的要求等。更加高效、智能连续搬运机械及其系统的出现，以及对现有搬运机械设备实行的进一步性能改进和提升，刺激并增大了连续搬运机械的市场需求。

“一带一路”带动了沿线国家的投资与经济建设，2021年上半年，我国在沿线国家的投资总额达到了193亿美元。“一带一路”建设涉及大洋洲地区、中亚地区、西亚地区、南亚地区、东欧地区、非洲及拉美地区多个国家和地区，连续搬运机械的生产企业与中国中钢集团有限公司、中材国际工程股份有限公司和中国有色矿业集团有限公司等国内外企业组成联合实体，共同提供整体的工程方案，带动中国企业走出国门，增加了货物的贸易量，扩大了连续搬运机械的需求量，这也对应用于港口、铁路、公路的连续搬运机械提出了高速化、智能化、高效化的更高要求。在“十四五”规划中，我国在2021—2025年对外投资总额约为5,500亿美元，采矿业与制造业约占20.2%，这势必会给连续搬运机械带来难得的发展机遇。

12.2.2 行业现状

连续搬运机械行业面临新的发展机遇与需求，智能化、无人化等新需求要求连续搬运机械与信息化、数字化技术深度融合，更高的产量要求连续搬运机械进一步提高输送/装卸能力，港口卸船、井下开采要求连续搬运机械大倾角输送，而“碳中和、碳达峰”的提出对连续搬运机械提出了节约能量、保护环境、绿色的新要求。连续搬运机械面临国际形势更加错综复杂、国内发展环境的深刻变化、科技推动的发展动力、需求升级等新的形势。

随着国际市场竞争的加剧，连续搬运机械行业的科技含量明显提高，近年来主要的发展方向为：

1. 大运量、长距离、高速

目前，随着散料搬运规模的大幅增长，要求连续搬运机械必须提高其输送量、延长单机输送距离。国内最大的带式输送机带宽达3.2m，输送能力为37,500t/h，单机最大输送距离超过20km；螺旋卸船机卸料量为1,500t/h。但以上指标相比于国外仍有不足。

2. 设计理念与智能化的突破

近几年，连续搬运机械趋向于智能化发展。在科技发展变化与社会发展要求变化等多重因素影响下，连续搬运机械用户对于集成化操作和智能控制的需求会越来越高。而在信息化、智能化热潮推动下，新一代连续搬运机械发展的目标将日益明确，步伐也会不断加快。

21世纪以来，集成组技术、精益生产、敏捷制造、并行工程、CAD/CAPP/CAM、虚拟制造等的新理论与技术发展迅速，突破了传统观念与设计方式的束缚，增加了可视化、动态设计的方法。新的理论与技术不断涌现，为我们提供了一条解决传统问题，实现高效化、绿色化，提高市场竞争力的有效途径。

3. 模块化设计与组合

将构成连续搬运机械所需的各种部件进行模块化设计，搭配合理的接口，预制化生产，待客户需求下达后，可以快速组成为多品种、多规格、多用途的系列化产品，可拆分、可更换、可互换，提高了生产速度与精度，使行业链向模块化、通用化、简易化、多样化发展。

4. 向高效与绿色节能发展

随着国家对于环境保护、节约能源的重视以及“碳中和、碳达峰”政策的出台，连续搬运机械将会向着绿色节能的方向更快发展，尽最大可能降低能量和能源的消耗，并且减少搬运机械在工作时所产生的各种污染。因此，在连续搬运机械的设计、制造以及使用过程中，保护生态环境也是一个主要目标。

12.3 行业特点

12.3.1 市场规模不断扩大

从“十三五”以来，国内连续搬运机械行业呈现良好的发展态势，平均年增长11%。随着钢铁、水泥、焦炭等行业淘汰落后产能的持续推进，能耗高、污染大、安全无保障的设备纷纷寻求引入新的技术与发展动力，连续搬运机械与之关联密切，无论是上游核心部件的技术创新，还是客户的需求，都必将大幅促使连续搬运机械向中高端化迈进，进行行业升级与革新，扩大了中高端产品的市场需求，有助于各行各业优化行业结构、提高制造业自动化水平。

“绿水青山就是金山银山”。解决节能环保问题，是扩内需、稳增长、调结构，打造中国经济升级版的一项重要而紧迫的任务，环保型散料连续搬运机械缺口很大。

大部分企业已经开始重视物流，对入厂物流、运输、仓储、上线配送、成品发运、包装管理等方面的规划、优化有相当高的关注度，将连续搬运机械与产品生产制造环节相结合，对智能化、数字化、信息化的要求与日俱增，连续搬运机械及其系统与物联网、大数据、云计算等新一代技术进行融合迫在眉睫，智能化连续搬运机械市场需求巨大。

12.3.2 与新技术结合紧密

连续搬运机械加快与新一代信息技术、先进制造技术、新材料技术等高新技术深度融合，推动了传统设备的升级换代。当前我国经济正处在由高速发展向高质量发展的转变时期，对应到制造业的升级体现在由劳动力密集型向技术、资本密集型转变，连续搬运机械也随之而进行技术升级与创新，引入大数据、物联网、区块链、增材制造、集成创新、智慧化、轻量化、集装单元化等先进技术，行业在技术研发、方案设计方面融入较多的资源，行业整体技术水平和竞争力显著提升。出于降本增效的考虑，新项目在设计与建设过程中更加注重提高设备的自动化、智能化、可靠性、安全性、全生命周期的效费比，集视觉、智能感知、振动、温度等多状态远程感知能力于一体，因此更倾向于选择高性价比的中高端设备；同时，更注重单位土地面积的投入产出比，增加单位生产空间的设备部署密度，以实现人工替代，降低劳动强度，提高生产效率。

跨行业、跨领域、上下游联动融合发展速度加快，也成为连续搬运机械全行业链创新发展的新动力。

12.3.3 制造服务的理念不断深化

国内的连续搬运机械生产企业大多采用传统的服务意识，即仅仅满足用户的基本使用要求和售后维护。通常情况下，在出售或租赁设备后，只有在产品出现问题时，生产厂家才会安排专业人士进行沟通，并到用户处进行产品修理和维护。设备生产企业往往从企业的利润出发，没有考虑系统内各组成要素之间的合理配置与最优化控制，经常忽略后期维护。随着时间的推移，大批连续搬运机械面临超期服役的窘境，其寿命预测与再制造技术的市场规模进一步增长。

在满足用户个性化需求、降本增效、提高盈利的期望驱动下，一些连续搬运机械企业抓住发展机遇，向“产品+服务”的方向发展，提供越来越多的高附加值服务，工业设计、融资租赁、节能服务、信息技术服务等生产性服务逐步壮大，构建了全方位价值链经营的转变，积极开展国内外的工程总承包项目，形成全生命周期管理能力，业务链条已经延伸至连续搬运系统的开发、投资、建设、运营等环节。

12.4　主要应用领域

12.4.1　高铁快递

以商务、电子、医药、生鲜为代表的高附加值货物运输需求逐年增加，体现出货主对运输条件、安全性和时效性的更高要求，也为运输供给带来了机遇与挑战。高铁快递相比陆运快递更快，又不受交通堵塞、航空管制等因素影响，除极端天气外，快递准点率非常稳定。

自2013年国铁集团实施货运组织改革以来，我国铁路持续进军“白货”市场，挖掘高附加值货物运输潜力。2014年，中铁快运公司正式开办高铁快运业务，此后相继拓展试点，并推出“当日达”“次晨达”“次日达”等限时运输产品。2016年以来，高铁快运连续5年参与“双11”电商快递运输，并于2020年“双11”试点“复兴号快递专列”。在高铁快递业务服务不断拓展的同时，截至2021年末，我国高速铁路营业里程已达4万km，“八纵八横”高铁网络正稳步建设，为高铁快递业务发展提供了良好的硬件支撑。

铁路物流受限于列车运行图，在每站的到达、出发和停留时间都必须严格按照预定时刻完成，铁路月台尺寸有限，这对于高铁快递和铁路装卸设备提出了更高的要求。铁路物流效率主要受限于货物装卸、分拣和码垛，这些环节的高速化、智能化、稳定性是铁路物流效率提升的主要切入点。融合软件技术、互联网技术、自动分拣技术、光导技术、射频识别、声控技术等先进的科技手段和设备对物品的进出、存储、分拣、配送及其信息进行有效的计划、执行和控制是高铁物流高速连续搬运机械的未来发展方向。

高铁快递对配套设施要求极高。搬运机械的选择应该对货物特性具有针对性。根据货物的常规尺寸、重量、状态性质等特性，选择适合的搬运机械进行操作。货物装卸过程中的操作又可以细分为取货、升降、水平搬运、堆码，所配置的设备应该在功能上能够独立或配合实现各个环节的作业需求。同时对于一些有特殊作业要求的货物，例如桶装或者滚动货物，应该考虑搬运设备的功能延伸性，便于通过增装辅助器具完成作业操作。根据不同机械的作业功能实现和装卸工艺的安排，装卸机械之间可能存在货物倒装、相互配合的过程。对于特殊类型的货物，如药品、饮品、生鲜等，在提高连续搬运机械输送效率的前提下，还需保证其完整性。因此，搬运机械选型不仅要考虑单类设备的功能实现，还应该保证搬运工艺内的各种设备之间衔接顺畅，避免在换装环节花费过多时间，或者因衔接不利而导致货失、货损。

12.4.2 “一带一路”倡议

“一带一路”从倡议变为现实，9年来，中国已与141个国家和国际组织签署了206份共建“一带一路”合作协议，涵盖基础设施、产能、投资、经贸、金融、科技、社会等合作领域，有利于促进沿线各国经济繁荣与合作，是一项造福世界各国人民的事业。“一带一路”是中国对外开放的重大战略举措，为我国连续搬运机械开辟了更为深远的市场需求和更加广袤的发展空间。“一带一路”不仅扩大了沿线国家的投资和解决我国产能过剩的问题，沿线国家庞大的基础设施建设极大地提高了钢铁等基建材料的需求量，连续搬运机械作为钢铁冶炼、矿山开采、物流等行业的基础设施，受益匪浅。

“一带一路”倡议鼓励有能力、有意愿的经济体开展第三方市场合作，促成优势资源和开发能力的聚合，携手在基础设施建设、能源开发等诸多重要行业和领域，共同规划、联合投资、配合施工。“一带一路”为中国连续搬运机械行业“走出去”搭建了重要平台，鼓励连续搬运机械企业走出国门，主动参与全球竞争，唱响国有品牌。

随着“一带一路”相关政策的深入实施，近几年我国连续搬运机械远销多个国家，受益于沿线设施互通，将带来沿线国家基础设施建设增加，带动连续搬运机械等的需求。当前，不少企业的海外拓展都取得了较好成果，海外收入占比得到较大提升。而随着“一带一路”进入项目落实阶段，越来越多的输送设备企业将会加大海外布局，目前重要的连续搬运机械企业都具备了海外独立研发、生产、销售和售后能力。

12.4.3 铁路、港口

随着电力、冶金、化工和制造等行业经营规模的扩大，煤炭、水泥、化肥和粮食等散料的需求量逐年上升。2021年，全国港口万t级及以上泊位2,138个，完成货物吞吐量155.5亿t，比上年增长6.8%，其中，煤炭及制品吞吐量25.56亿t，金属矿石吞吐量23.41亿t。由于我国煤炭资源分布的不平衡性、东南沿海地区经济增长对煤炭需求的驱动，散料的铁路运输量也在逐年增长。2022年春运期间，为有效保障电煤供应，大秦铁路1万t、2万t重载列车日常开行对数从80对增加至90多对，40天累计发送4,380万t。

散料的大规模运输，对装卸、输送和中转等连续搬运机械的运行速度和效率提出了更高的要求，在“双碳”目标的驱动下，装卸、输送和中转过程的设备性能，直接影响散料流通的全部环节。螺旋卸船机、埋刮板卸船机和压带式卸船机等封闭式连续卸船设备将得到更大的发展与应用。随着散料装卸向大型化、高效化和绿色化的发展，圆管带式输送机、螺旋输送机和环保型料场等设备将得到大规模的推广和应用。

无人机械、智能机器等自主设备将为港口和铁路物流带来人机协同变革。第五代港口出现雏形，实现全自动化散料装卸码头。第五代港口是指绿色无人港口，初步预计到2030年左右形成规模。新一代港口绿色、高效、节能、无人，侧重于港口的生态功能和港口的可持续发展。无人智能散料港口、海铁联运、大型散货船数量增加、3万t散料物料搬运重载列车的试验完成，都对散料装卸设备和中转设施的工作效率、装卸时长、装卸成本、抑尘、绿色环保和加快运输设备周转率等提出了更高的要求。

2021 年 12 月，全球首个专业化散料全自动码头落地山东港口烟台港，实现了码头卸船、水平输送、堆取料、混配、装车、装船等全过程的作业自动化和集中管控，为全球首个实现全系统、全流程、全自动干散货专业化控制技术的作业码头。散料自动化装卸码头技术难度高，现场的操作环境“变量”较多：码头的主要货物是散料，而不是标准化的集装箱，其堆积形状、位置、流动性都需视觉、激光、超声波等多种检测方式的配合与协调工作；来往停靠的船型多样，装船时要考虑匹配问题；装卸船机大臂的移动和工作路径规划要更精准，操作不当极易发生设备碰撞，所以导致全球散料自动化码头建设进程缓慢。

铁路散料物流的全流程、全自动控制离不开物联网、激光扫描、点云成像、PLC 控制与高精度定位技术的深度融合。多机协同和高精度定位技术实现了换厢自动翻板、车厢序号自动识别、空车自动跨越、尾车自动翻板弃料，有效减少弃料量，提高作业效率，减少火车在港停留时间。

在未来，人工智能、5G、大数据、云平台等技术的进一步融合与应用，将使得散料的装卸、输送、堆取更加高效、绿色、可持续。

12.4.4 智能化工厂、车间

智能化连续搬运机械需求的不断增长，体现了新一代信息技术、自动化技术、工业软件及现代管理思想在全领域、全流程的系统应用而产生的一种全新的生产方式。

物料运输与仓储是制造业中极为重要的一环，智能物流系统的应用能够使原材料、辅助物料、在制品、制成品等物理对象在各个生产工序间顺畅流转，利用物联网技术和监视技术加强信息管理服务，提高生产过程可控性，减少生产线人工干预，并通过提升仓库货位利用效率、提高仓储作业的灵活性与准确性、合理控制库存总量、降低物流仓储人员需求数量等方式大幅压缩物流仓储成本，集初步智能手段和智能系统等新兴技术于一体，构建高效、节能、绿色、环保、舒适的智能化车间和工厂。

随着工业 4.0 时代的来临以及“中国制造 2025”的提出，智能化的物流线淡化了物料流动与生产线之间的界限，实现仓库与生产线之间对接，接入企业 ERP 管理系统，提高物料流动的灵活性和效率，使物料流动与生产线融为一体，在整体供应链优化中扮演关键角色，其中智能化车间和自动化立体仓库系统分别如图 12-1、图 12-2 所示。

12.4.5 冷链

中央和各地政府对冷链物流发展始终给予高度重视，陆续推出了多项促进冷链物流发展的相关政策和规划。仅 2019 年国家层面出台的冷链相关政策就超过 40 项，从多维度指导部署并推动了冷链物流行业健康发展。由国家卫生健康委员会、市场监督管理总局于 2020 年 9 月 11 日联合发布并将于 2021 年 3 月 11 日正式实施的《食品安全国家标准　食品冷链物流卫生规范》更是对冷链物流所涉及的作业流程和管理规范等方面提出

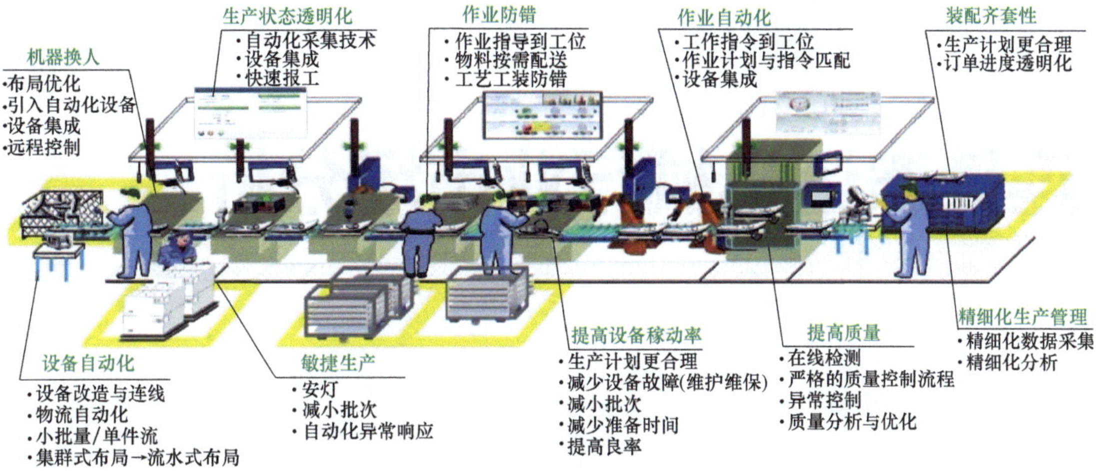

图 12-1 智能化车间应用场景

（图片来源：华中科技大学）

图 12-2 自动化立体仓库系统

了清晰和明确的要求。

冷链商品全生命周期涉及供应链诸多环节点（生产、加工、包装、装卸、运输、仓储、陈列、到家等），物流的数字化水平是冷链商品全生命周期安全的保障，同时也有助于不同环节点对冷链商品的管理。目前物流的数字化建设正与5G、大数据、区块链、物联网、人工智能等新基建技术日趋融合。在本次疫情期间，物联网、区块链、人工智能、大数据、云计算等信息技术在物流、应急物资调配等方面发挥了前所未有的作用。

疫情来袭，给全社会带来了危机，疫情肆虐背景下的连续搬运机械发展体现在以下几个方面：①无人配运应用尝试，实现无接触交接；②实时在线消杀，实现无菌操作；③全程追溯平台建立，实现全程定位；④数字化冷链设备，实现数据采集及记录；⑤区块链、物联网技术应用，实现数据准确性提升；⑥大数据支持过程优化，实现运作全过程的持续改进。

第13章 连续搬运机械行业市场分析

13.1 国内外市场分析

随着经济发展，我国的连续搬运机械行业也取得了快速的发展，特别是近两年以来，能源、交通、化工等领域的基础建设对连续搬运机械的快速需求促进了其快速增长。连续搬运机械广泛应用于能源、造船、港口、海洋工程、冶金、仓储物流、航空等行业，应用范围较广，这些行业的发展状况直接影响连续搬运机械制造行业的发展。

从经济发展的角度来看，我国处于从高速发展向高质量发展转型的关键时期，基于国家对实体经济的扶持，连续搬运机械在未来具有较大的发展空间和产品优势。2021年，我国经济增速减缓，这标志着经济转型机遇的到来。

近两年来，我国煤炭消费趋势保持平稳。连续搬运机械作为煤炭存储、装卸和输送行业的必不可少的机械产品，在需求方面受到煤炭开采和使用量的制约。

13.2 上下游市场分析

13.2.1 输送带、钢丝绳、输送链等挠性牵引构件市场分析

全球输送带的发展已由高速成长向低速增长方向转移，从主要以数量的增加转向注重质量的提高和使用寿命延长的方向发展。同时，由于近年来国家对环保要求更加严格，以及企业自身节能增效的需求，重型输送带在替代卡车运输的功能上优势明显，相对于卡车运输，带式输送机具有更环保、节能以及高效的优势。因此，下游电力、水泥、钢铁、港口等行业近年来逐步建设长距离大运量带式输送机项目，用于替代传统公路运输。预计未来几年国内重型输送带新增市场发展前景广阔。

目前全球重型输送带产能约15亿m^2，主要集中在中国、欧洲、日本等地。中国是全球第一大生产国与消费国，占全球总量的1/3左右。

全球主要供应商是发达国家从事橡胶制品业务的跨国公司，主要包括芬纳邓禄普、德国大陆、日本普利司通、日本横滨、日本阪东化学等。其中芬纳邓禄普、德国大陆产能约为6,000万~8,000万m^2/年。日本普利司通、日本横滨、日本阪东化学产能约为2,000万~5,000万m^2/年。

输送带行业进出口发展情况分析：从海关得到的统计数据可得，硫化橡胶制的输送

带或传送带及带料在 2019 年的进出口总额为 1,619,041,314 元。受到疫情的影响，在 2020 年，行业的进出口总额下降到 1,534,142,492 元，同比减少 5.5%。在 2021 年，随着全球抗疫取得一定的进展，各行各业也开始复工复业，2021 年的进出口总额为 1,745,827,456 元，相较疫情之前进出口总额同比增长 7.8%。说明输送带行业的需求仍在不断上涨阶段。

钢丝绳是将力学性能和几何尺寸符合要求的钢丝按照一定的规则捻制在一起的螺旋状钢丝束，钢丝绳由钢丝、绳芯及润滑脂组成，在物料搬运机械中，供提升、牵引、拉紧和承载之用。

钢丝绳的市场结构多元化，据中国行业信息网发布的《2021—2027 年中国工业链条行业市场研究分析及投资战略规划报告》分析：在钢丝绳的市场结构中，服务包装排名第一，占比突出，为 39.4%；原材料加工排名第二，占 25.3%；产品研发排名第三，占 19.2%；安装施工排名第四，占 4%。钢丝绳行业地位逐渐提高，在财政收入和就业总盘中的比例为 1%，对社会经济和其他行业的影响程度为 3%，钢丝绳行业的竞争和创新能力占比 9%。2021 年不锈钢钢丝绳的进出口额达到 34.76 亿元人民币。钢丝绳行业市场需求旺盛，“互联网+”的应用使得传统企业和互联网平台的竞争激烈，在此基础上，为钢丝绳带来了新的发展空间。

13.2.2 托辊、滚筒、链轮等支承和传动部件市场分析

托辊是带式输送机的重要部件，种类多，数量大，可以支承输送带和物料的重量。它占了一台带式输送机总成本的 35%左右，产生了 70%以上的阻力，因此，托辊的质量尤为重要。

国家统计局相关资料显示，截至 2021 年 6 月份，全国规模以上企业（包括托辊行业上下游）实现利润总额约 42,183 亿元，同比增长 66.9%，较上年增长约 46%，平均增长 20.6%。规模以上企业中，与托辊行业相关的国有控股企业实现利润总额同比增长 1.12 倍；股份制企业实现利润增长 70%；私营企业实现利润总额增长 47.1%。

机械传动零部件是机械产品中的重要基础件，属于机械产品中的通用易耗件和快消品，下游客户具有持续购买零部件的潜力。机械传动零部件系列产品主要包括带轮、齿轮、链轮、锥套、胀套、联轴器等。

传统上，全球机械传动零部件市场主要集中在欧洲、美国和日本等国家和地区，其中欧、美、日是最早从事机械传动零部件生产的地区。近 20 年来，出于降低成本的考虑，海外发达国家的机械传动零部件企业纷纷将生产线迁移至制造成本低廉的发展中国家进行生产或寻求贴牌生产。目前，海外发达国家基本上很少生产中低端机械传动零部件产品，主要从事高精度齿轮等高端传动产品的制造。整体上看，全球最主要的机械传动零部件生产基地是我国，机械传动零部件产品如带轮、锥套、链轮、齿轮等大量出口海外市场。

根据中国海关数据，2021 年我国机械传动零部件主要出口市场为美国、日本、德国、意大利、韩国等国家，各出口市场的出口额占整体出口额的比重分别为 21.51%、

12.14%、7.94%、6.19%和4.07%，其他地区合计占48.16%。

根据中国海关统计数据，我国机械传动零部件出口量从2021年4月的43.70万t持续增长到2021年6月的46.55万t；2021年8月份，受国内疫情影响，国内装备制造业的结构调整和机械工业投资增速有限的发展态势，作为主机装备配套的机械传动零部件制造企业普遍面临着产品订单不足的困扰，出口量出现下滑；2021年9月、10月，虽然国际经济运行复苏持续疲软，但由于汽车工业、电力行业、轨道交通、环保装备等主机行业的较大发展对零部件行业的支持，以及国家经济运行政策积极因素的集聚作用，机械传动零部件出口量达41.75万t。

出口额方面，由于国际经济发展的放缓、海外主要市场需求低迷以及汇率的波动，2021年，我国机械传动零部件出口额从21.32亿美元持续降低到14.06亿美元。

13.2.3 驱动装置、制动器、清扫器、拉紧装置等其他部件的市场分析

驱动装置按功率大小可分为大、中、小型三种。大型系统一般指功率大于5kW，用于驱动重型机械设备的驱动系统；小型系统指功率小于1kW的系统，主要用于中低端OEM市场；中型系统功率介于大小型之间，主要用于机床、电梯、起重等领域（见表13-1）。目前大中型系统基本被国外厂家占据，我国企业在中低端市场份额逐步扩大。

表13-1 伺服驱动系统按型号分类

型号	功率	应用领域	主要企业
小型	≤1kW	OEM市场	松下、台达、汇川技术、埃斯顿等
中型	>1~5kW	机床、电梯、起重等	安川、三菱等
大型	>5kW	重型机械	西门子、博世力士乐等

《2018—2024年中国伺服系统行业运营态势及发展趋势研究报告》显示：我国伺服驱动电动机市场基本由外资掌握，其中日本松下、三菱、安川、三洋、富士等性价比高、更符合国内客户需求，市场占有率超过50%。欧美品牌罗克韦尔、丹纳赫、西门子、博世力士乐等也占据了较大份额。国产品牌占比仅10%，包括华中数控、广州数控、埃斯顿、汇川技术等（见图13-1、图13-2）。

制动器是具有使运动部件（或运动机械）减速、停止或保持停止状态等功能的装置。

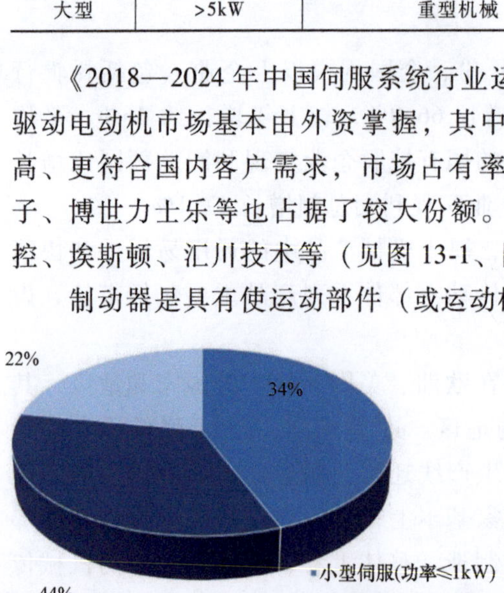

图13-1 不同功率产品占比

（图片来源：产业信息网）

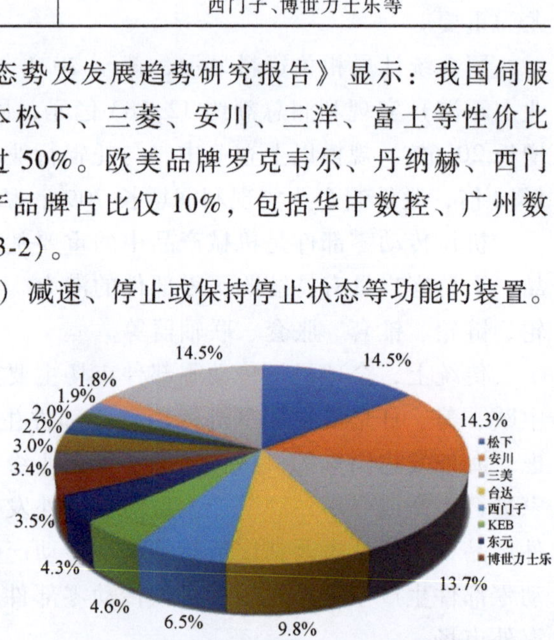

图13-2 驱动系统品牌份额

（图片来源：产业信息网）

制动器行业是装备制造业中的基础配件行业之一，目前全球制动器主要用于汽车工业和工程机械制造业等，但是，应用于连续搬运机械的工业制动器的性能升级和采用也处于上升时期。

近年来，在可靠性安全性越来越受重视的前提下，制动系统中，许多新的产品、技术得到迅速的研发和应用，传统的机械式制动正逐渐被淘汰，液压式、气压式制动也逐渐会被电磁式制动所取代，尤其是线控制动的出现，彻底改变了制动器的操作机理，将制动系统的研究引入一个全新的领域。

整体来看，虽然我国在制动器制造方面的技术水平与国外发达国家相比较为落后，但国内制动器制造厂商在不断缩小与海外技术的差距。数据显示，在2013—2021年期间全球制动器专利申请和公布数量中，我国制动器专利申请数量波动提高，公开数量逐年增长，随着专利申请的增多以及行业内技术交流的频繁，我国制动器行业技术水平还会有着巨大的提升。

随着工业化进程和装备制造业的发展，我国工业制动器的需求量也在不断提升。受技术积累和资本规模限制，我国的工业制动器产品主要位于中低端，高端产品市场主要被国外品牌所占据。随着我国落实《中国制造2025》，加快两化深度融合，我国在工业制动器方面，产品将逐步摆脱“低端”标签，向高端化产品迈进。

清扫器和拉紧装置市场规模较小，暂未有具体的市场统计数据，此处不做详细分析。由于其为输送机配件，市场走向可以参照输送机的市场分析来做大致把握。

13.3 市场发展方向

随着城市进步和社会各行业的大力发展，连续搬运机械行业逐渐应用于各类基础行业。因此，在社会经济及信息技术的大力推动下，连续搬运机械行业的应用将呈现由重工业到其他行业的扩散趋势。连续搬运机械行业在人们日常生活、工作中的渗透将越来越广泛。

连续搬运机械的发展趋势主要有：长距离、连续化、大型化、系统化、成套化、机械化、自动化、洁净化、数字化、信息化、智能化、可靠化、资源节约、环境友好、可持续化等方面。

带式输送机的发展将围绕以下几点展开：

1）对废旧输送带原材料再利用的研究。燃料的热回收是目前的主流趋势，但橡胶原材料的重新利用才是将来的主要目的。

2）输送带的节约利用。在设计输送机时，从驱动装置的合理布置及有效抑制输送带最大张力等方面考虑，将最大张力控制在最小限度内，尽量节省输送带的投资。

3）采用压陷变形相对小的节能输送带，以减小在输送机的运行阻力中占比很大的、托辊和输送带之间的压陷阻力。

4）下运带式输送机再生能量的有效利用。通常，这种再生能量多转化为热量流失，但是若使其逆变反馈回电源侧，则会达到节电效果。

5）使输送机转载处的高低差降至最小，减小提升阻力。

6）采用高质量托辊。减小径向圆跳动、降低旋转阻力等。

除了以上趋势以外，我国连续搬运机械还要在以下几方面提高或完善：突破发达国家技术壁垒的限制，深挖各种搬运机理方面的潜力，提升连续搬运机械技术竞争能力，提高自主知识产权比重、原创性技术和产品、特大型和关键零部件技术，满足国民经济重要行业的需求，在能源消耗、材料利用率、人均劳动生产率、产品精度、生产自动化、环保节能排放等方面达到发达国家水平。

第14章

连续搬运机械行业技术分析及应用

随着国际市场竞争加剧，连续搬运机械行业的科技含量明显提高。新理论、新技术和新手段层出不穷，越来越多的企业倾向于将生产设备与连续搬运机械有机结合，形成满足不同工艺要求的不同装卸搬运和生产系统，或者将各种连续搬运机械单机组合为成套系统，形成绿色、高效、智能的自动化生产线，从而提高企业的整体产出效率。

国民经济发展为连续搬运机械提供了广阔的空间。在需求侧的不断推动下，作为供给侧的行业企业，积极围绕需求开发出一批重大技术专项产品，在增加产品品种和规格的同时，使连续搬运机械及其技术得到稳步发展；紧密结合国家"一带一路"倡议，行业企业加快贯彻实施自主创新的新战略和国际化发展战略，加速推进产品结构调整和市场结构调整，重点开发了一批可靠、绿色、智能、节能、高效、大型的高端连续搬运机械，使产品技术水平和质量逐步达到了国际一流。

14.1 行业发展核心技术分析

14.1.1 基于5G的远程数据采集技术

目前，基于5G网络的数据采集系统已成为大数据采集领域未来的建设方向。众所周知，目前中国各个领域的发展都要借助无线网络进行，为用户提供最佳的服务质量，这也就要求5G网络采集系统必须要具备容量大、质量佳的特点。

5G作为新一代通信技术，具有三个显著特征：高速率、大连接点、低时延。伴随着我国商用网络的加速，5G正成为推动物流行业走向智慧化的技术动力。5G网络数据采集系统技术主要包含：

1. 智能化技术

5G数据采集系统最核心的网络由云计算平台担任，该平台包含一个大型的服务器，与基站建立连接时主要依靠具有数据减缓功能的路由器和交换机网络。

2. 多天线传输技术

多天线技术其自身的频谱利用率越来越高，已经是发展5G网络数据采集系统技术必不可少的一部分。多天线技术借助源天线阵列的形式，成功建成3D-MIMO技术，继而融合了毫米波技术的特点，将整个无线信号的覆盖面积变得越来越广。

3. 同时同频全双工技术

同时同频全双工技术的运行原理是在物理信道上对两个方向的信号进行传送，简单归纳为，将通信双工节点自身发射机信号的阻碍变小，不仅可以发射信号机信号，也可以连接另一节点的同频信号，这样一来，可以使频谱效率不断提升。

4. 纳米通信

近年来，纳米通信也有了长足的发展，可从微观角度来分析和研究有关于5G采集系统的技术应用。

5. 信息安全和隐私

怎样在5G环境下解决有关于用户隐私及终端安全的问题，将会是今后采集系统发展的必然方向。对于将基带设备集中式布放到一个物理机房的情况，如果机房断电，以前只影响一个基站，而现在的影响更大，这也是要研究解决的问题。

14.1.2 视觉标定、定位及分析技术

机器视觉是指使用计算机和数字图像处理技术来实现图像识别、理解和控制，可应用于机器视觉应用程序，例如缺陷检测、尺寸调整、定位向导、字符识别等。工业应用中机器视觉的概念与常规计算机视觉、模式识别和数字图像处理有很大不同。

1. 视觉标定

机器视觉的基本任务之一是通过摄像机获取图像信息并计算三维空间中物体的几何信息，以此重建和识别物体。而空间物体表面某点的三维几何位置与其在图像中对应点之间的相互关系是由摄像机成像的几何模型决定的，这些几何模型参数就是摄像机参数。在大多数条件下，这些参数必须通过试验与计算才能得到，这个过程被称为摄像机标定。

机器视觉标定主要有传统标定方法与自标定方法两大类：

1）传统机器视觉标定方法需要标定参照物，在一定的工业相机模型下，通过对特定标定参照物进行图像处理，并利用一系列数学变换公式计算及优化，以此获取相机模型内部参数和外部参数。另外，为了提高计算精度，还需确定非线性畸变校正参数。根据标定参照物与算法思路的不同，传统机器视觉标定方法又可以分为基于3D立体靶标的相机标定、基于2D平面靶标的相机标定等几类。不过，需要注意的是，这一标定方法在场景未知或相机任意运动的情况下效果不佳，甚至很难实现。

2）自标定方法是利用工业相机本身参数之间的约束关系来进行标定，而与场景或工业相机的运动无关，所以相比传统标定方法更为灵活。

2. 视觉定位

视觉定位是一种综合技术，包括数字图像处理技术、机械工程技术、控制技术、电光源照明技术、光学成像技术、传感器技术、模拟和数字视频技术，以及计算机及硬件技术、人机界面技术等。只有对多种技术进行调整和应用，才能配置成功的工业机器视觉系统。

所谓机器视觉就是利用各种摄影成像器材结合计算机数据处理系统来代替人眼进行测量工作，观察对象的位置、尺寸、颜色和数量等。

工业机器视觉需要适应恶劣的工业生产环境，同时应具有合理的性价比、较高的容

错性、安全性和通用的工业接口。工业机器视觉强调实时性，需要高速和高精度，因此目前很难将许多计算机视觉和数字图像处理技术应用于机器视觉。

14.1.3 设备数字孪生技术

数字孪生通过设计工具、仿真工具、物联网等手段，将物理设备的各种属性映射到虚拟空间中，形成一个可拆卸、可复制、可修改、可删除的数字图像，提高了操作者对物理实体的理解。数字孪生通过对目标感知数据的实时了解，借助于对经验模型的预测和分析，通过机器学习可以计算和总结出一些不可测量的指标，可以大大提高对机械设备和过程的理解、控制和预测。因此，通过对物理空间和逻辑空间中的对象实现深刻的认识、正确的推理和精确的操作，数字孪生可以提高设计、运行、控制和管理的效率。面向产品的数字孪生应用聚焦产品全生命周期优化。

数字孪生能够从数据驱动的全新视角，重新审视传统商业模式存在的潜在缺陷和创新空间。尤其是随着传统的建模仿真技术与物联网、大数据、人工智能技术的进一步融合，在工业领域，数字孪生技术的使用将大幅推动产品在设计、生产、维护及维修等环节的变革。

14.1.4 智能健康管理技术

通过提高连续搬运机械的可靠性来实现和保持装备的战备完好水平是一条切实可行的途径，包括两个层次：在研制阶段同步进行可靠性设计；在服役环境中保证重要功能部件的可靠安全运行。后一层次尤其具有现实的重要性，原因在于，尽管在机械研制阶段进行了充分的可靠性设计以及测试验证工作，但复杂多变的服役环境及极端工况仍会诱发重要部件的工程缺陷/损伤、操作失误，进而可能引发事故。鉴于在研制阶段很难准确预知风险，即便是最完美的设计，也很难避免服役条件变化所带来的风险，因此，诊断、预测与健康管理（Diagnostics，Prognostics and Health Management，DPHM）成为解决重大装备服役可靠安全的最后手段。

连续搬运机械的智能维护与健康管理技术是指将新一代信息技术与设备维护决策理论相结合，实现设备运行状态的主动感知、大数据存储与分析、设备故障诊断与预测、设备维护决策等行为，将传统的“被动式业务管理”演变为“主动式预测预防管理”，实现数据驱动的全生命周期智能决策，促进设备管理的持续优化与改进，降低业务成本。

设备寿命预测和健康管理是可靠性工程领域的核心技术之一，以煤矿连续搬运机械为例，随着设备维护进入“大数据”时代，数据驱动的开采系统健康状态评估、寿命预测问题亟待解决。针对开采系统设备健康状态评价，目前的研究主要集中在单台设备或单个部件的可靠性评估方面，当前煤矿设备健康状态评价与预测的研究，大多面向的是单一设备或系统组件的单一失效模式。煤矿连续搬运机械工作环境恶劣，分布复杂，特别是针对结构层次繁杂、分系统、零部件众多的复杂分布式机电系统的研究工作难以展开，在两化融合的大形势下，数据驱动的煤矿连续搬运机械的智能故障诊断、健康状态

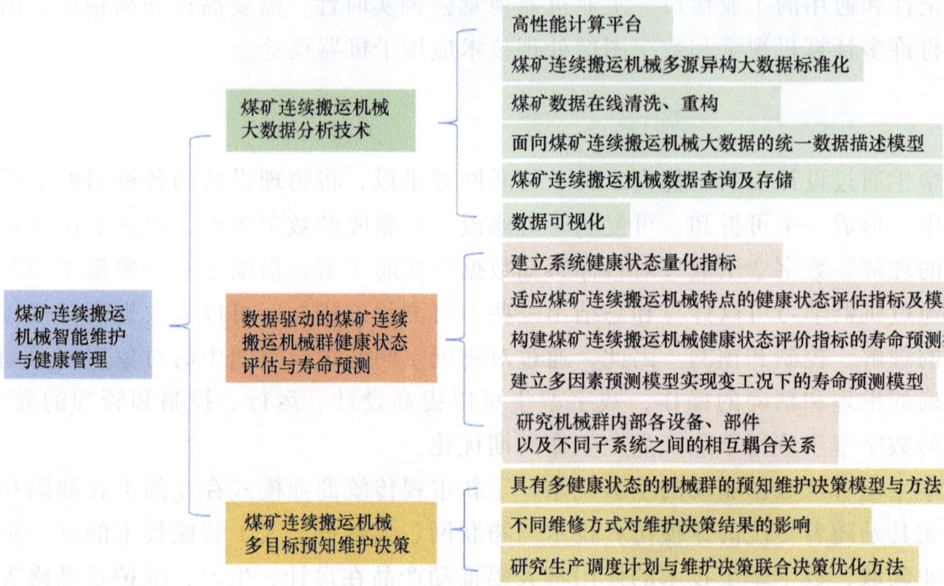

图 14-1 煤矿连续搬运机械智能维护与健康管理

评估、寿命预测等已成为煤矿智能化进程的首要技术难题。

连续搬运机械智能维护与健康管理技术将在构建“感知-互联-分析-自学习-预测-决策-控制”的煤炭生产智能化体系和架构中扮演中不可替代的角色。开展连续搬运机械的智能维护与健康管理技术研究，应紧密结合人工智能、大数据、互联网、云计算、区块链等新兴技术，利用两化融合大形势带来的创新服务和创新模式，构建连续搬运机械管理大数据平台，完善设备管理服务体系，提高设备管理精益化水平，创新设备维护手段和模式，建立设备生命周期绩效评估体系和设备状态分析跟踪体系，促进设备管理业务模式创新和组织管理变革，最终实现连续搬运机械全生命周期管理。未来连续搬运机械智能维护与健康管理技术的研究（见图 14-1）将主要集中在连续搬运机械大数据分析技术、数据驱动的连续搬运机械群健康状态评估与寿命预测技术、连续搬运机械多目标预知维护决策技术等方面。

14. 1. 5 工况智能感知技术

人工智能正走进我们的日常生活，比如智能设备的语音、人脸识别等，这些技术主要集中在“感知”层面，人工智能用于模拟人类感知，例如触觉、听觉和视觉。如何让机器做到在不同环境中，模仿人的大脑对外部的信息进行采集、分析、筛选并进行推理，使机器理解现实世界，这就是智能感知技术。如何快速高效准确地感知外界被测环境信息，已经成为人工智能发展的核心技术。

智能感知技术的发展主要依靠的关键技术有传感器技术、射频识别技术、二维码技术、蓝牙技术、ZigBee 技术等。其中射频识别又称为电子标签技术，该技术是无线非接触式的自动识别技术。可以通过无线电信号识别特定目标并读写相关数据，它主要用来为物联网中的各物品建立唯一的身份标示。ZigBee 指的是 IEEE802. 15. 4 协议，它与蓝牙技术一样，也是一种短距离无线通信技术。根据这种技术的相关特性来看，它介于蓝牙技术和无线标记技术之间，因此，它与蓝牙技术并不等同。

14.1.6　能量回收技术

我国是全球最大的能源消费国，环境问题、原油进口和短缺问题已经成为我国持续发展的沉重负担。工程机械是我国的重要支柱行业之一，提高其能源利用效率是满足国民经济发展能源需求和应对环境问题的有效途径。

向下输送物料的输送机，如果其输送物料的重力在运行方向的分力大于输送机本身运行的摩擦力，电动机转子就会在物料的拖动下被动加速，当电动机转速超过其本身同步转速时，电动机将反馈发出电能并产生制动力，以限制电动机的转速继续升高，即物料下落的势能通过电动机转化为电能。

下运带式输送机是煤矿生产最重要的输送设备之一，保证其输送安全对煤矿生产尤为重要。由于其工作时向下输送的特点，当负载超过一定值时，驱动电动机由电动状态转换为发电状态，会将外部输入的机械能转换为电能流回到直流侧大电容上，而大电容存储电量有限，如果不能及时将这部分再生电能处理掉，会使直流回路的泵升电压不断升高，严重时会引发过压保护等安全事故，进而会影响到整个矿井的安全生产。

此外，还可进行制动能量回收。传统的制动方式都是将制动能量转化为制动系统的温升等形式消耗掉，容易引起温升过高和制动元件损耗等问题，并且白白浪费大量的能量，并且其制动能量较大，若制动不当，非常容易引起安全事故。制动能量回收（见图14-2）是通过分析外加磁场、电流与输出转矩的关系，设计磁流变液制动系统，全方位评价磁流变液制动系统试验性能，避免制动失效等问题，预测给定工况下的机械设备运行可靠性与安全性，从而为科研成果在企业的应用研究提供理论和技术支撑。

14.1.7　低碳环保技术

图 14-2　制动能量回收

目前，散料输送装备存在技术含量低、能源利用率低、资源耗费量大、环境污染等问题亟待解决，比如螺旋输送机技术落后、传动效率偏低、阻力过大等问题带来的能源损耗。此外，散料输送装备运行中的噪声、振动，散料的粉尘污染也对环境造成了严重污染。因此，将绿色设计应用于散料输送装备领域，在设计过程中强调性能与经济性的同时，综合考虑其资源及环境属性，具有十分重要的意义。

散料输送装备的绿色设计既不失一般性，又具有其特殊性。作为重要的机电产品，传统的绿色技术及方法皆适用于散料输送装备的设计，但从其自身的特点考虑，散料输送装备绿色设计技术拥有独特的研究领域。国外对于散料输送装备的绿色设计方法的研究主要集中于节能技术、转载点粉尘控制、虚拟设计、噪声控制等方面。在国内对于散料输送装备的研究与国外同行的侧重点略有不同，主要包括散料输送装备动态设计研究、转载点粉尘控制技术、虚拟样机技术、优化设计等研究。

1. 新型高效抑尘技术

在各种散料输送装备系统中，转载落料点会产生大量粉尘，造成环境污染或粉尘爆炸等危害。国内对散料输送装备转载系统粉尘治理的办法正在探索之中，尚无成熟的经验可供借鉴。目前国内多采用的除尘负压、静电、布袋、喷淋以及它们的组合等除尘方式，不仅耗能大，而且维护费用高，有时基建投资也不少。针对这一问题，在节能、降耗、环保的需求下，先进的无动力抑尘技术脱颖而出，它打破传统的除尘原理，通过控制散料及其通道的形状和断面大小，控制散料流速，利用粉尘自身运动的动力，无需外加动力或只需微动力，对输送转运系统进行高效除尘，不占地、投资少、除尘效果好、运行费用低，集自降尘、防洒煤、防输送带跑偏功能于一身，专门针对输送系统落料点设计，彻底摆脱了作业孔梅花间粉尘污染问题。

2. 低阻力、节能型输送带

超长距离带式输送机低阻力节能型输送带，通过降低压陷阻力以及对托辊间距进行优化的方式，降低负载大小，减少与之相匹配的驱动功率的输出，为超长距离带式输送机的节能型研发提供强有力的技术支撑。

3. 新型直驱电动机技术

目前，散料输送装备主要采用液压传动模式和传统的电动机—减速器的传动模式。虽然液压传动有许多突出的优点，但使用液压传动对维护的要求高：工作油要始终保持清洁；要求液压元件制造精度高，工艺复杂，成本较高；液压传动对油温变化较敏感，会影响工作的稳定性。

新型直驱电动机（见图 14-3）技术取消从电动机到工作负载部件之间的机械传动环节，实现精确的运动变换和负载功率匹配，具有机械、传感、控制和驱动一体化集成的特征。新型柔性可控磁场大转矩直驱无刷电动机在重大装备上的应用，使得总体效率提高10%~20%，总体降耗节能10%~20%，实现了智能化带式输送机一键启停、满载启停、多驱动电动机功率平衡、智能节能运行等功能。

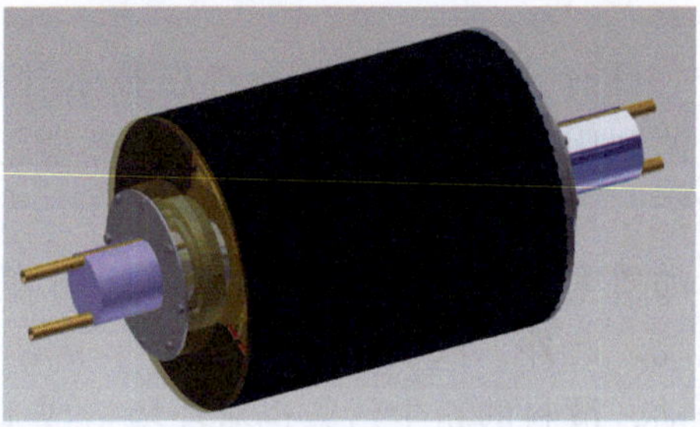

图 14-3　新型直驱电动机

4. 速度自适应控制技术

速度自适应控制技术是指针对连续搬运机械中输送的散料特性、散料分布状况等，设计合理的连续搬运机械状态视觉检测装置，提高物料状态识别算法准确性，从而用于连续搬运机械速度节能控制，根据物料瞬时输送状态（物料瞬时流量、分布及均匀性等）准确、均匀地调节连续搬运机械的工作速率，降低系统能耗。

散料输送装备物料状态检测装置（见图 14-4），是通过安置于现场的监测传感器（包括光电发射带和光电接收带、摄像机等）采集散料输送装备上物料状态信号，并传输至现场控制分站或中控室，为技术人员的调速策略研究和管理人员的智能决策提供依据。目前，国内外针对散料输送装备物料流量检测装置开发与研究较多，包括皮带秤、核子秤、视觉检测等。其中，物料流量视觉检测方式柔性大、测量精度高、成本低，可真实反映物料流状态（物料瞬时流量、分布情况、均匀性、速度等），是物料流非接触式动态计量较为理想的检测方案，但是，目前还没有成熟的视觉检测装置问世。因此，物料流视觉检测系统是今后进一步研制的方向。

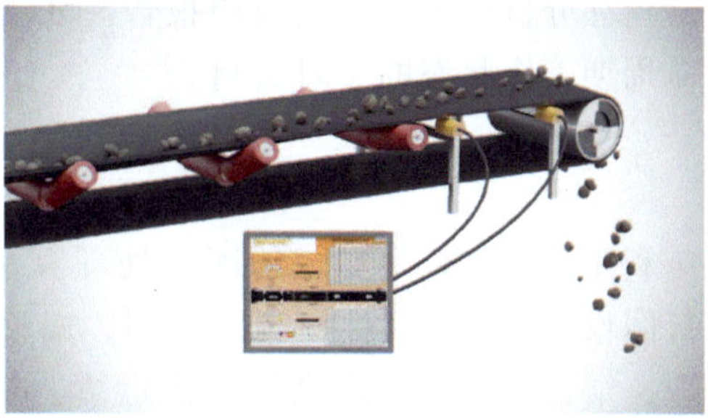

图 14-4 散料输送装备物料状态检测装置

5. 散料集装化技术

目前，主要有 3 种散料运输方式，分别是包装运输、散装运输和集装化运输。包装运输是指将散料装到包装袋中进行运输的一种方式，是目前国内主要的运输方式。这种运输方式中间环节多，工作效率低下，需要大量的包装材料和装拆能力，并且在装卸过程中包装袋还容易因为外力的作用造成包装破裂，以致物料发生泄漏、散落、遗失、污染等问题。

散装运输就是无任何包装措施，采用专用散装运输车或散装船，对散料进行运输的方式。内陆地区运输以散装汽车、散装火车为主要形式，水运（包括海运、江运和河运）发达地区以散装船为主要形式。

14.2 新技术应用分析

14.2.1 连续搬运机械 5G 远程数据采集技术

2020 年 6 月 10 日中国首个煤矿井下移动 5G 网络在山西阳煤集团新元煤矿地下 534m 建成，这标志着中国煤炭行业正式踏进 5G 时代。这个以生产煤炭输送机为主的传统制造工厂，联手山西电信，为煤机行业供应链上下游企业提升生产制造、供应链管理、产品营销及服务等环节的智能决策水平和经营效率，搭建了一个煤机行业 5G+工业互联网平台。煤机行业 5G+工业互联网平台正式运营后，生产问题处理时长降低 45%，设备效率提升 10%，节省各类统计人力 50%。在山西煤机现有年产值 8.2 亿元的基础上，预计增加产值 8,000 万元。

大型企业的生产场景中，经常涉及跨工厂、跨地域设备维护，远程问题定位等情况。传统的车间运行维护让工程师疲于奔波，消耗企业大量的人力物力。在机械设备、工具、仪器、安全设备上加装压力、转速等传感器，通过加装 5G 物联网通信模块，将采集到的运行数据发送到云端，进行大数据分析等应用。基于边缘计算、云端计算、数据分析，结合设备异常模型、专家知识模型、设备机理模型，对产品运行趋势分析后，形成产品体检报告，提出预测性维护与维修建议。边缘计算、云计算与知识库资源相结合，建立分析模型，形成预测报告。5G 广覆盖、大连接的特性有利于远程生产设备全生命周期工作状态的实时监测。

14.2.2 视觉引导式 AGV

利用视觉软件中集成的图像处理算法，通过视觉相机获取 AGV 上的标记点图像，进行图像预处理、目标检测及识别、偏移误差计算等步骤，对 AGV 到位偏差进行自动处理，结合机器人程序进行二次运算，获得偏移坐标模型，从而引导机器人的抓取操作，快速精准地取放物料。要实现机器人自动抓取工件，就要先进行机器人手眼标定。在手眼标定过程中，技术人员可以利用相应的坐标变换关系对存在的未知变量进行计算，从而获取到机械手爪与目标工件的相对位置。

视觉搬运系统是由机器手臂、控制柜、智能相机、吸盘、拆分台、运输台、组合台等几部分组成。机械手和智能相机两者相互组合形成机器人可视化系统，用来完成工件的定位和搬运，保证在搬运过程中，机器人吸盘能够准确吸取工件。

整个视觉系统在操作过程中可以分为两个阶段：第一阶段需要对机器人视觉系统进行标定，实现机器人坐标系、相机坐标系和工件坐标系三者的关联；第二阶段完成相机对工件特征点的识别和检测，获取工件的二维坐标位置，引导机器人精确地对工件执行相应的工作任务。

相机固定在机器人法兰盘中心，在自动化生产过程中，由相机对栈板进行特征点拍照，获取栈板在世界坐标系中的二维 X、Y 坐标，然后通过 PLC 控制系统将坐标值传送给机器人，引导机器人精准地自动抓取栈板。为了实现这个目的，就需要先对相机进行标定，以获得相机的外参数，从而获取到相机、工件、机器人三者坐标系统间的转换关系，如图 14-5 所示。

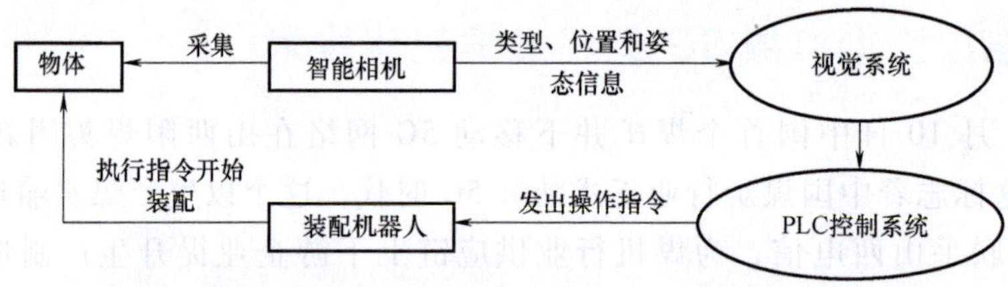

图 14-5 工业机器人视觉定位技术与应用流程结构图

（图片来源：《工业机器人视觉定位技术与应用探讨》）

14.2.3 带式输送机数字孪生技术

带式输送机数字孪生技术（见图 14-6）可实时反馈每个主要带式输送机组件的运行条件的兼容性，所有数据都是实时测量的，使用基于物理的动态模型计算组件应力，并提供主动反馈，使操作员能根据实际数据做出明智决策，并清楚每个动作的后果。数字孪生带式输送机具有明显的优势，如：

1）吞吐量优化：提高露天矿的生产力，获取有关带式输送机系统每个组件发生情况的实时信息，并在采取行动之前进行离线模拟。

2）高效、精确地调试新型带式输送机系统：不仅可以知道不同负载水平所需的电流/功率，而且还可以知道每个组件中的应力以及输送带任何部分的张力。数字孪生还可以在实时数据中模拟尚未见过的操作条件，以测试未来所需的条件。

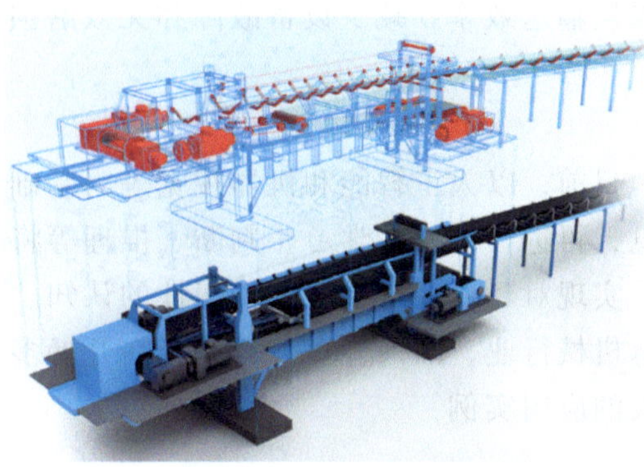

图 14-6 带式输送机数字孪生技术

3）分析所需功率并合理配置驱动装置，以实现经济高效的运行：准确确定带式输送机阻力并尽量减少不必要的摩擦，尽量减少带式输送机系统的耗能环节，以实现经济高效运行。

4）组件使用寿命更长：在理想条件下运行输送带，以避免卷取、滚筒和输送带本身等部件承受过大应力。

5）带式输送机系统及其组件的监控：在线仪表板监控每个组件的性能。

14.2.4 智能控制刮板输送机

智能控制刮板输送机（见图 14-7）是煤矿井下综采工作面的主要运输设备。随着煤炭开采技术的发展和可控变频调速技术的推广应用，刮板输送机的机械结构和驱动技术越来越完善，自动化水平和主动控制精度也越来越高。在不断提高刮板输送机零部件机械可靠性的同时，需实现信息化升级，通过信息融合管控技术，在关键零部件的健康监测、运行姿态自主控制等领域取得突破。在电动机、减速器、链轮轴组、刮板链等易损坏的高故障零部件加装了状态监测和寿命预估系统，但从整体上来看，刮板输送机还远未实现智能化，尚未建立起完整的闭环信息感知系统。

对于刮板输送机智能控制，起关键作用的是工况感知系统、智能调速系统和健康管理系统；各系统通过自身通信网络将数据传输到智能控制平台，实现刮板输送机的可控软启动、链条张力主动调控、多驱动点功率协调、智能变频调速、低速检修状态保持、关键零部件健康诊断及剩余寿命预测、多设备信息融合协同控制等功能，在保证满足工作面生产能力需求的同时，可有效降低设备空转时间和损耗，节约能源，提高工作面生产效率。刮板输送机的智能控制是指通过对驱动系统力、速度、加速度的主动干预和调控，使刮板输送机在起动、停车，增减速、恒速，轻、重、超载等不同运动或负载状态时均能保持较高的效率和较好的状态，从而提

图 14-7 智能控制刮板输送机

高煤炭输送效率，减少设备故障和无效磨损。

14.2.5 基于智能感知的巡检机器人

目前，以人工智能和机器视觉等为基础的智能感知技术，通过各种传感器获取外部信息，再进行记忆、学习、判断、推理等将跨时空的同类和异类传感信息进行汇集和融合，实现对环境、对象类别与属性的认知。智能感知技术已经开始逐步应用于散料连续搬运机械行业，国内外多个行业正在开展多项人工智能创新。以下为某公司智能巡检机器人的应用实例：

1. 视频采集

智能巡检机器人搭载多个可多倍变焦高像素摄像头和多个红外补光灯，实时采集连续搬运机械沿线设备的视频信息。运营平台根据采集的视频信息可以自动判断输送带跑偏、上下带面损伤、托辊运转卡阻或跳动度过大等故障。同时值班人员通过高清视频信息，可以清晰观察连续搬运机械沿线的情况。

2. 热成像采集

智能巡检机器人搭载多个非接触式红外热像测温仪，通过捕捉设备辐射的热红外线，能够准确检测连续搬运机械零部件表面的温度数值，并形成热视图像，如图 14-8 所示。运营平台通过对实时热视图像进行分析，判断异常故障，如托辊转轴的卡阻、机架的应力集中。

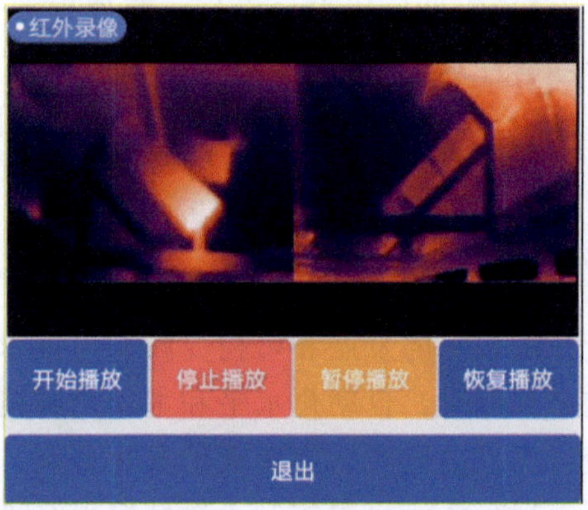

图 14-8 热视图像

3. 音频采集

智能巡检机器人搭载高灵敏度阵列式拾音器，可高品质地采集连续搬运机械运行中的噪声。运营平台对采集的高保真度的原始声音样本（见图 14-9）进行时域和频域分析，提取样本特征，学习并构建分类模型，结合独有的经验算法，判断设备状态是否正常并准确筛选出状态异常的设备。

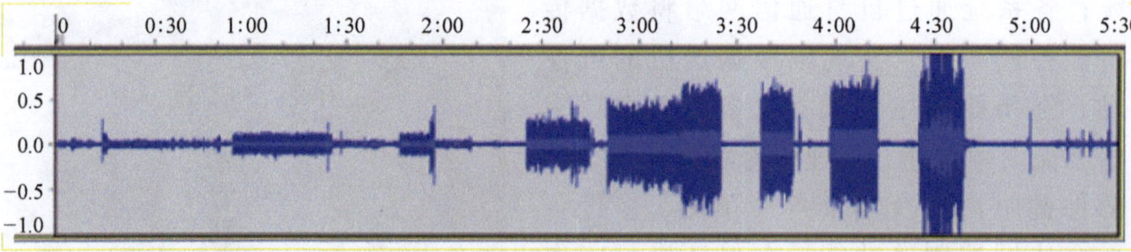

图 14-9 原始声音样本

4. 手机管家

智能巡检系统配套有专门开发的手机应用，作为运营平台的功能扩展，方便巡检人员实时了解和掌握设备信息，使系统更具人性化。

（1）状态实时显示 可实时显示当前电量、内部温度、智能巡检机器人当前位置等信息，如图 14-10 所示。

（2）RGB 视频实时监控　监控画面如图 14-11 所示。

图 14-10　巡检机器人状态信息

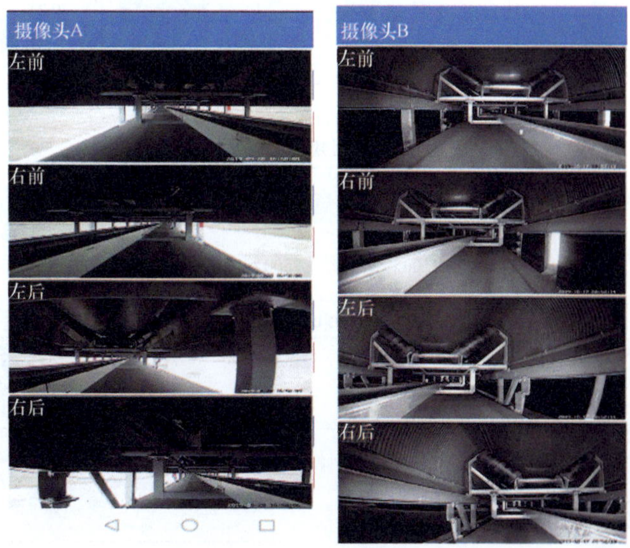

图 14-11　RGB 视频实时监控画面

（3）热成像视频实时监控　监控画面如图 14-12 所示，之后进行有效信息处理并提取样本特征（见图 14-13），并重新构建模型（见图 14-14）。

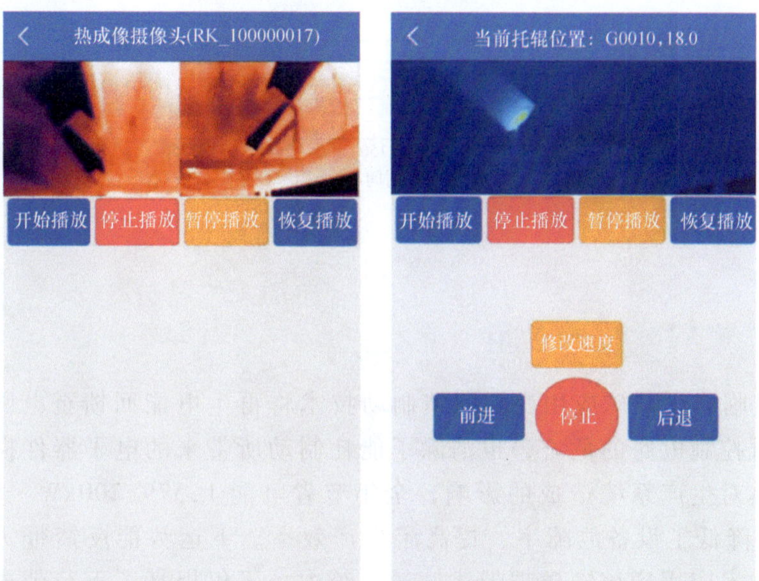

图 14-12　热成像视频实时监控画面

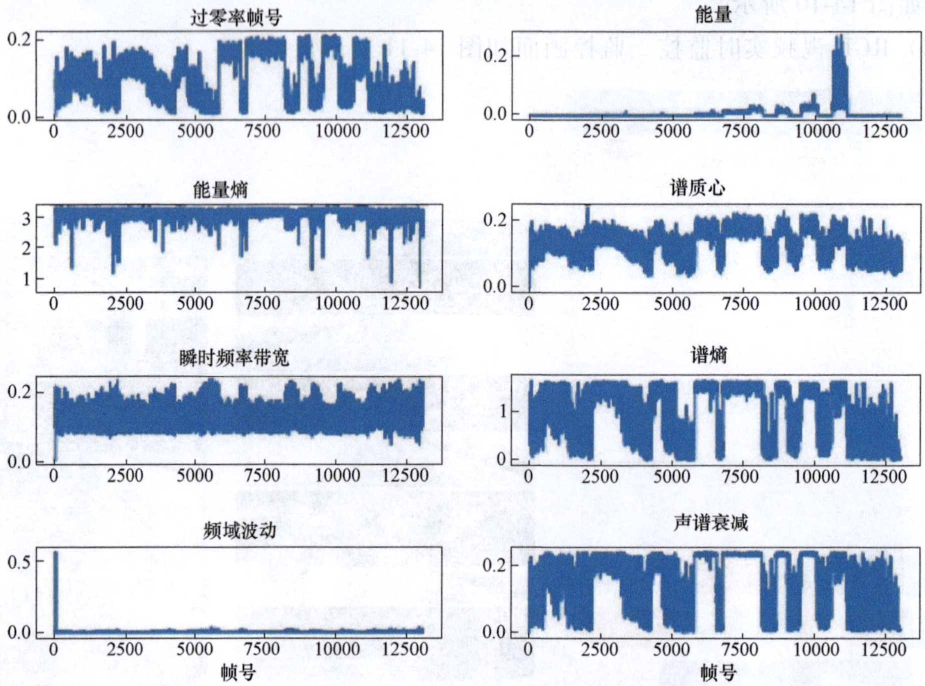

图 14-13　提取的样本特征

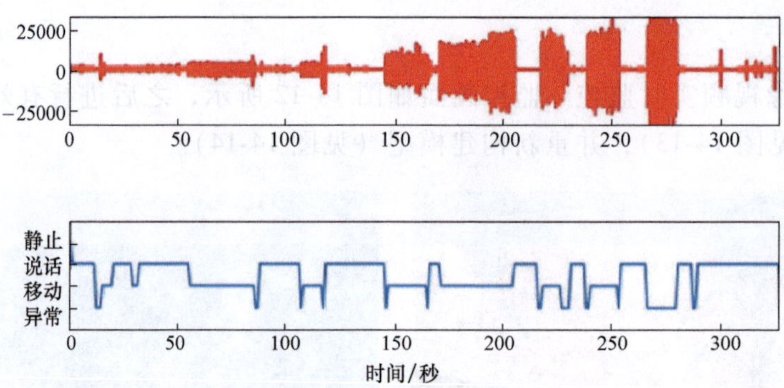

图 14-14　构建模型

14.2.6　能量回收技术应用

陕西省吕临能化某矿应用变频回馈制动技术将再生电能回馈至电网，避免了直流电压过高对控制电路的危害，也消除了能耗制动所带来的电子器件损耗与制动时产生大量的热对生产系统造成的影响，全年节省电能 1,579,200kW · h，节约电费 78.96 万元，降低了设备故障率，提高了生产效率。下运势能反馈带式输送机驱动发电机发电技术应用到该输送带带式输送系统中，不仅提高了下行带式输送机运行的安全可靠性，而且每年可以产生可观的电能，实现了节能减排、降本增效、负能运行、安全生产的目的。

14.2.7 低压陷滚动阻力输送带

对于水平带式输送机而言，约有60%左右的能耗用于克服输送带通过托辊的压陷滚动阻力，所以，通过减少压陷能量损耗来降低能量消耗，是有效的节能途径，而减小压陷滚动阻力的途径之一，是有效改变输送带覆盖层橡胶的成分。某公司不断改变输送带覆盖层橡胶成分，旨在开发低压陷滚动阻力输送带。事实证明，低压陷滚动阻力输送带可有效节省约20%的整个输送系统能耗。采用两种不同输送带时，带式输送机功率对比如图14-15所示。

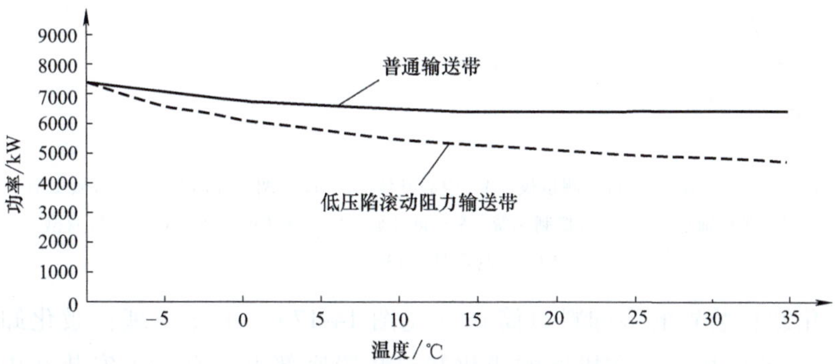

图14-15 温度与功率曲线

14.3 行业代表性装备

14.3.1 散料高效存储和装卸系统

作为能源物质和生产原料，散料被广泛使用在工农业生产中。在这些散料的存储、装卸和输送过程中，需要配备储存设备——散料仓。散料仓具有保护环境、占地面积小、仓储容量大、物料浪费少、便于机械化作业等诸多优点，在现代农业、矿业、建材、化工、电力、物流、港口等诸多领域中得到了越来越广泛的应用。散料仓按卸料方式分为机械方式、机械/流化方式、流化方式、振动方式。

大型筒仓是一类用途范围广、适应性强的散料储存设备，通常分为平底筒仓和锥形筒仓两种类型。

（1）机械式卸料锥形筒仓（见图14-16） 工作原理：在有中心卸料孔的水平仓底座上，安装一个对数曲线形状的卸料刮刀，该卸料刮刀拨动物料从外围流向卸料口。卸料刮刀的特殊形状使得在卸料过程中，即使长时间停机，物料也不会出现压实现象。卸料溜槽上的中心锥体承担大部分物料负载。

锥形筒仓优点及特性：遵循先进先出原则；沿筒仓横剖面完全拨动物料，即使难流动的物料，也可自由流动；可以缓解卸料压力；使用调节环，调节卸料量；粒径尺寸最高达250mm；卸料量最高达2,000m^3/h。

（2）机械/流化混合卸料锥形筒仓

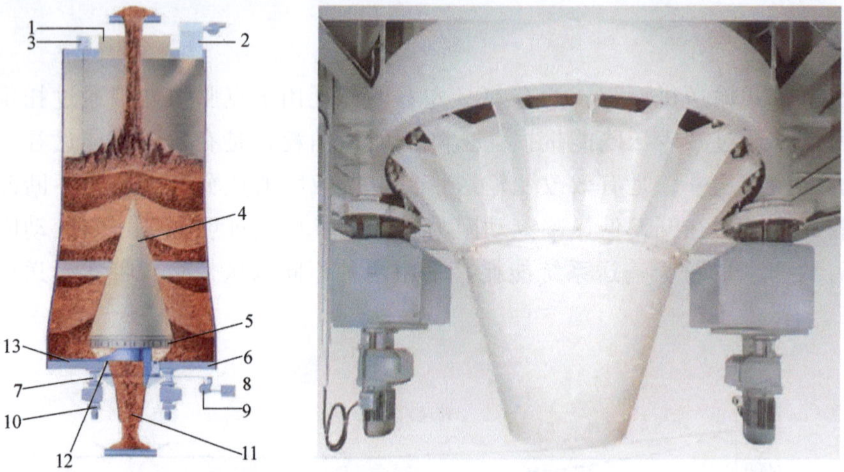

图 14-16　机械式卸料锥形筒仓及卸料装置

1—通风口　2—空气滤清器　3—料位测量仪　4—中心锥体　5—高度调节导向盘　6—高强度钢耐磨卸料底盘　7—回转轴承　8—润滑控制系统　9—润滑泵　10—减速电动机　11—卸料溜槽　12—密封部件　13—卸料刮刀

1）带激化卸料装置的多卸料口筒仓（见图 14-17）。工作原理：激化卸料装置直径与卸料口直径或轴径相同。在拱形的激化卸料装置底部上，有一个安装在中心的耐磨损旋转刮刀，它由高强度钢制成。驱动轴通过多个可拆卸的特殊垫片安全地封装在筒仓外部。旋转刮刀可以在筒仓横截面方向上推动整个圆柱形的固体物料运动，可防止形成物料流动死区。固体物料沿着整个横断面，以圆周方向运动。即使卸料口被关闭，物料也不可能出现压实现象，因为卸料装置仅有水平方向作用力。这种分散分布的特殊流化喷嘴安装在激化卸料装置底部，保证即使长时间停机后卸料装置也能容易起动。为了使后续计量装置运行良好，依靠齿轮马达输入空气。一旦马达达到恒定功率，就能保证物料密度恒定。长时间停机后，反向转动马达可破坏物料局部压实现象。

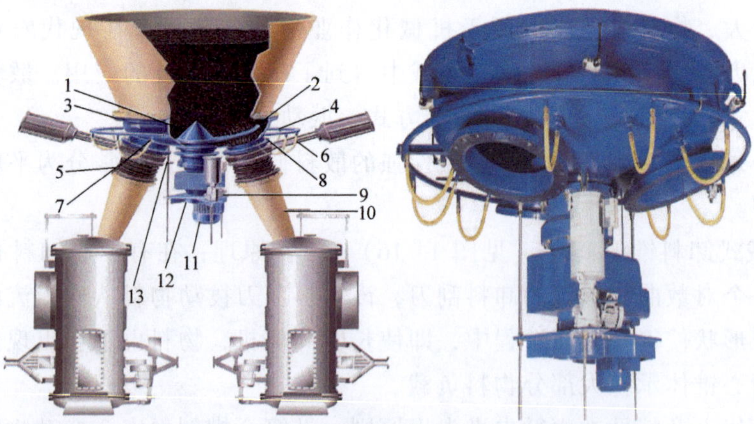

图 14-17　带激化卸料装置的多卸料口筒仓及卸料装置

1—中心锥　2—旋转刮刀　3—对焊法兰　4—流化空气管　5—变压器　6—气动滑动门　7—流化喷嘴　8—圆顶卸料底座　9—润滑泵　10—卸料溜槽　11—齿轮马达　12—速度监视器　13—轴承和耦合器

带激化卸料装置的多卸料口筒仓优点：流入激化卸料装置中的物料在全直径上被推动；没有垂直运动，因此没有物料压实；反转运动，可以打碎结块的物料；降低筒仓高度；适用于任何尺寸的筒仓。

2）带搅拌卸料装置的多卸料口筒仓（见图 14-18）。工作原理：筒仓漏斗的基本形状是楔形，物料流动形成整体流特性时，这种楔形漏斗比圆锥形漏斗具有更好的流动性。另外重要的优点是圆形卸料口尺寸，在不出现起拱的情况下大约是楔形漏斗窄边的两倍。搅拌卸料装置通过法兰和漏斗的出口进行装配，搅拌装置安装一个大直径搅拌轴，并且由低转速的直齿轮马达驱动。安装在搅拌轴上的刮刀，其形状和尺寸由材料特性及卸料口的几何尺寸决定。特殊设计之处是安装了辅助的水平激化卸料设备。楔形锥末端安装特殊的充气喷嘴，可保证在长时间停机后搅拌装置也能很容易起动。为了使后续计量设备获得较高的容积计量精准度，依靠齿轮马达输入空气，一旦运行稳定，就可获得物料的恒定密度。搅拌卸料装置可使卸料口处在全直径上完全无堵塞卸料，并且在此期间质量流率达到要求。计量设备再次直接测量到松散的整体流。根据最小阻力原理，这些方法不会出现物料被压实和受剪切的现象，减小物料在易流动区域的流动风险。这也允许直接安装旋转喂料机和螺旋输送机。搅拌卸料装置可以和气动卸料设备配套使用，处理黏性和难流动的固体物料。充气可以整体流化物料，否则会使物料形成拱或鼠洞。仅仅通过机械化的流化作用，流化床即可保证可靠的卸料。搅拌卸料装置的尺寸由后续计量装置的尺寸和数量决定，也应保证在搅拌装置窄边不会起拱和出现鼠洞现象。

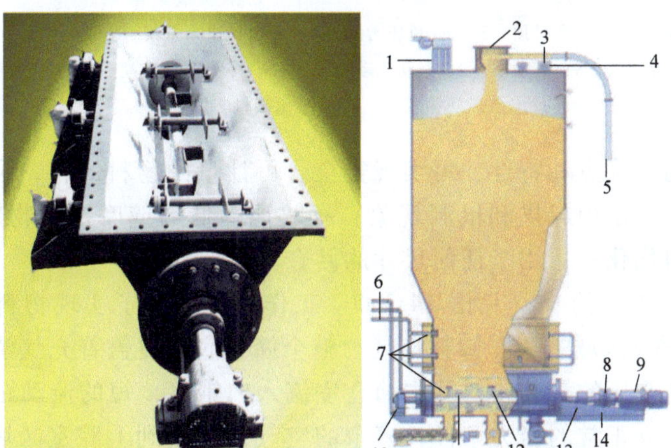

图 14-18 带搅拌卸料装置的多卸料口筒仓及搅拌卸料装置

1—空气滤清器 2—圆形进料顶 3—正/负压力阀 4—连续料位测量仪 5—进料管 6—流化空气管 7—流化喷嘴 8—联轴器 9—直齿轮驱动马达 10—速度监视器 11—搅拌轴 12—搅拌刮刀 13—特殊垫片 14—托架轴承

带搅拌卸料装置的多卸料口筒仓优点和特性：难流动固体物料可安全、分布式多卸料口卸料，具有整体流特性；不会发生起拱和鼠洞现象；卸料口处压力缓解，可实现连续可靠的输送和计量；物料充分混合，实现物料的均化；适用于任何尺寸的筒仓。

（3）振动式卸料锥形筒仓（见图 14-19） 工作原理：在负载缓释圆顶上，安装嵌入式振动架，通过连续可调的不平衡振动来驱动该振动架。驱动轴将通过特殊的可拆卸垫片安全地密封在筒仓外部。水平振动方向上，振动架激活了负载缓释圆顶上的全部物料。物料流动到整个卸料圆锥内，并出现整体流行为。固体物料流入圆锥的自由流动区，该区释放了物料压力。通过压力释放，物料展示出非常好的流动特性。另外，振动臂将依据圆锥斜度进行调节，提高圆锥中自由流动区物料的流动性。卸料口处物料的流动行为使得物料充分混合，实现了物料的均化。流入圆锥自由流动区的物料压缩了部分空气，这部分空气通过减压管路进入筒仓上部区域。相反地，卸料期间，由于回风气流，卸料圆锥上部的空间减小。

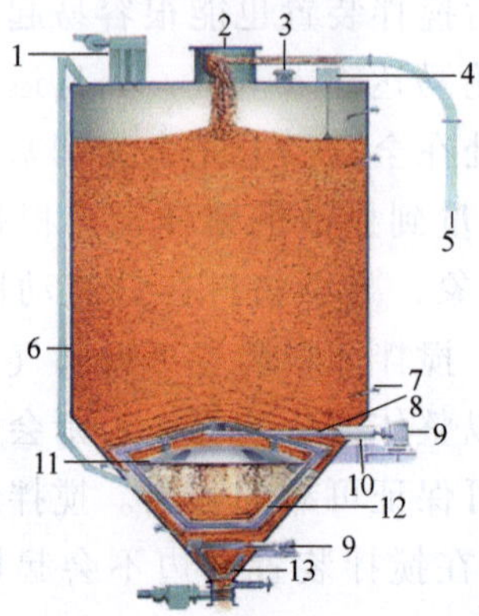

图 14-19 振动式卸料锥形筒仓系统及振动架

1—空气滤清器 2—圆形进料顶 3—正/负压力阀 4—连续料位测量仪 5—进料管 6—空气减压管 7—料位指示仪 8—驱动轴 9—振动驱动单元 10—特殊密封装置 11—负载缓释圆顶 12—振动架 13—激化卸料装置

振动式卸料筒仓优点和特性：可实现安全、可计量的物料卸料，难流动固体物料实现整体流特性；不会出现起拱和鼠洞现象；有效地降低墙壁摩擦和物料之间的内摩擦；充分混合实现物料均化；适用于任何尺寸的筒仓。

（4）流化卸料锥体筒仓（见图 14-20） 工作原理：为了实现物料的自由流动，圆锥体下部周围约 65%区域被用作卸料口区。整个筒仓底部覆盖着充气滑槽，呈放射状排列。受控的空气使受压的散装物料从主筒仓室流入内锥区，短的流动距离可以避免形成物料死区。为了建立正常的压力条件，多余的空气被泄漏到上腔室区域，进行除尘。这确保了均匀排料和后续工艺时物料流动均匀、无波动。部分流化的物料保证了较低的速度，因此，大大降低了后续输送带的磨损率。膨胀区作为散装固体的额外存储区，使得建筑高度降低，从而降低了建筑成本。筒仓底部倾斜，整个筒仓底部覆盖着径向排列的充气滑槽。主筒仓和膨胀室分开充气，以便更好地流化物料。筒仓底部分割成更小的部分，保证了空气总是被输送到需要的地方，从而降低了运营成本。流化的散装固体直接从主筒仓流出，通过圆锥下部的开口进入膨胀室，在膨胀室中，物料部分脱气并输送到中心卸料口处。膨胀腔内物料水平恒定，导致物料流量恒定均匀流化卸料筒仓优点和特性：存储能力 2,500~6,000t；直径 10~30m；卸料能力最高达 1,000t/h；卸料率>99%；

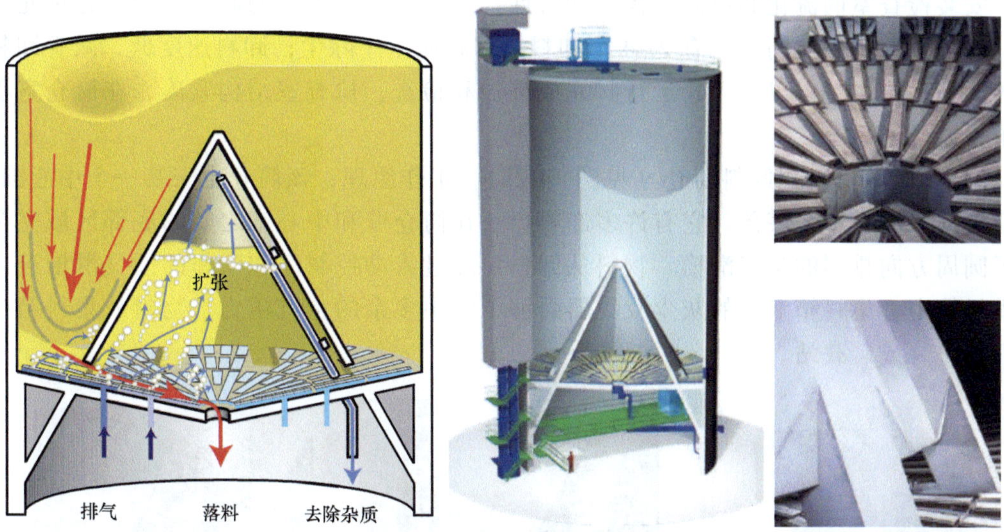

a) 流化原理示意图　b) 流化卸料筒仓系统　c) 膨胀室内部及外部

图 14-20 流化卸料锥体筒仓

能量消耗大约 0.03（kW·h)/t（散料固体）；可实现连续不断的卸料；遵循先进先出原则；增加辅助存储空间；膨胀室中可除尘；卸料速度低，减少卸料设备的磨损。

（5）流化卸料筒仓

1）安装检查室的流化卸料筒仓（见图 14-21）。工作原理：将完善的膨胀室原理与步入式检查室概念相结合，设计了带有检查室的筒仓。借助于“室中室”，膨胀室内部不仅发挥储存作用，而且也发挥维修功能，可以快速进入卸料口区域，易于维修。另外，检查室也是排风过滤系统和其他装置部件的放置室。它的主要部分与带有膨胀室的筒仓相当，检查室的设计使得膨胀室形成了环形，而且出现了一个环形通道，这个环形通道中的流线型滑板呈圆周排列，利于卸料。流化的散体物料从主仓室经过膨胀室流到卸料点。流化物料、排风、气体除尘和监测物料量都可以同时进行。

a)“室中室”流化筒仓系统　b) 筒仓底部环形通道　c) 检查室

图 14-21 安装检查室的流化卸料筒仓

安装检查室的流化卸料筒仓优点和特性：可实现连续不断的卸料；遵循先进先出原则；增加辅助存储空间；配有 2~4 个卸料口；膨胀室中除尘；卸料速度低，减少卸料设备的磨损；检查室可以在筒仓运行时完成维护和检查；检查室结构紧凑，在筒仓室里整合了排风过滤系统。

2）多卸料口流化卸料筒仓（见图 14-22）。工作原理：该筒仓也安装一个中心圆锥，几乎占据了筒仓整个底部。它有许多卸料口。在筒仓壁和中心锥之间的底部区域完全覆盖了圆周方向排列的空气滑槽。物料从卸料口经过流动控制门和紧邻的空气滑槽进入中心集料箱中。集料箱上部的灰尘收集器缓解了箱中多余的空气压力，物料从集料箱中被分配到包装或装载站。

a) 多卸料口流化筒仓系统集料箱　　b) 进料集料箱　　c) 卸料

图 14-22　多卸料口流化卸料筒仓

多卸料口流化卸料筒仓优点和特点：存储能力 2,500~6,000t；直径 10~30m；卸料能力最高达 1,000t/h；卸料率>99%；能量消耗大约 0.04（kW·h)/t（散料固体）；中心圆锥作为聚集和过滤的空间；遵循先进先出原则；提供许多卸料口；集料箱起到除尘作用，缓冲卸料压力。

（6）大型平底筒仓系统（见图 14-23）　工作原理：对于不同厂家生产的平底仓，

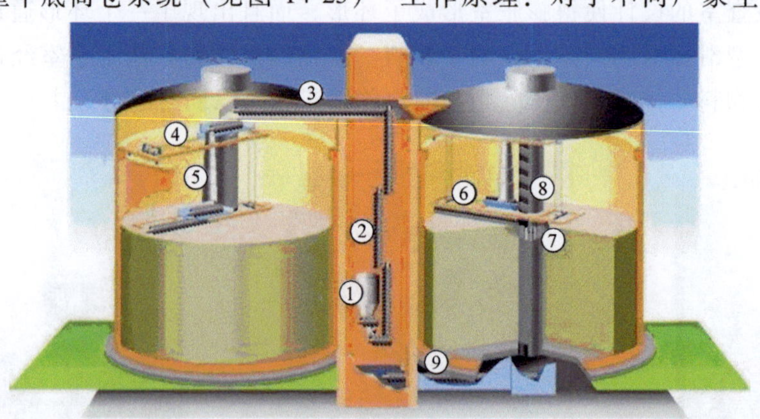

图 14-23　大型平底筒仓系统

1—由漏斗、回转阀和螺旋输送机组成的进料系统　2—垂直螺旋输送机提升物料　3—配置有走台的水平螺旋输送机　4—安装在旋转桥架上、配置有起重设备的排/布料螺旋输送机　5—可以将物料转载至下桥架的伸缩溜管　6—装有排/布料螺旋的下桥架　7—可以将物料转载至中心料槽的环形输送机　8—由闸门控制开关的、安装在中心回转圆柱内的料槽　9—布置在料仓底下的取料螺旋输送机其结构或组成会有各自的特点，但总体框架大同小异，均由进料系统、储存系统和卸料系统组成。进料系统一般由带式输送机、波状挡边带式输送机、垂直螺旋输送机将物料提升至平底仓上方，然后带式给料机进行选择性给料；储存系统一般含有一套被悬吊的自/公转螺旋输送机的自动排/布料系统，进料时，物料经过进料系统从套管式伸缩料斗落下，然后由螺旋输送机将物料由下而上一层一层均匀地摊铺到平底仓中，卸料时，再由螺旋输送机将物料逐层刮取，在重力作用下从卸料口流出；卸料系统通常由带式输送机将平底仓卸出的物料输送出去，或者直接在平底仓下方直接布置火车或汽车，并通过平底仓管理系统控制卸料的流量，保证卸料效率既能达到要求，又不至于过高而洒落。

大型平底筒仓优点和特性：高的存储能力；全自动加载/卸载，不需要人员进入仓内；可控制不同品质物料的混合；平均分布的物料对筒仓壁产生的载荷小；所有设备均易于维护；低速运行防止了扬尘。

14.3.2 螺旋卸船机

螺旋卸船机整体结构主要由取料装置、垂直螺旋输送机、水平螺旋输送机、俯仰机构、行走机构、回转机构、带式输送系统等组成，具有卸船效率高、对物料与船型的适应性强、结构轻便简单易安装、封闭输送无污染等优势，是一种常见的大中型港口散货连续卸船设备，经常用于散粮码头的卸船作业（见图 14-24）。

图 14-24 螺旋卸船机

取料装置是螺旋卸船机的关键部位，直接决定了作业过程的输送效率与工作性能，是目前针对螺旋卸船机工作性能研究的焦点。螺旋卸船机具有多种形式的取料装置，其中相对旋转式取料装置取料效率高，应用最为广泛。螺旋卸船机的取料装置主要由以下三个部分组成：外挖螺旋套管、带有倾斜翼板的喂料器和内提升螺旋。外挖螺旋套管和带有倾斜翼板的喂料器通过螺钉相连，螺旋卸船机工作时，外挖螺旋套管上方电动机驱动外挖螺旋套管和喂料器旋转。同时，取料装置内的垂直螺旋轴以与外挖螺旋套管相反的方向旋转。通过喂料器的反向旋转强迫喂料，并防止垂直输送段的物料因为高速离心力而被甩出。

14.3.3 气力式卸船机

散装物料的装卸是现代物流中的重要一环。在众多专业的现代化卸船装备中，气力式卸船机（见图 14-25）因其良好的清仓性、环保性成了散料码头的骨干卸船设备。

吸嘴是气力式卸船机的关键部件。在传统作业中，气力式卸船机吸嘴的插入深度及进风量全靠人工手动调节操作，在该种操作模式下，人员劳动强度大，调节精度差，而且极易由于人员操作失误引发设备故障，影响卸船作业效率。为解决这一问题，技术中心进行了大量的研究测试，成功开发出自动伸缩及自动调节风口吸嘴技术。

自动调节智能吸嘴（见图 14-26）就是运用数字技术替代以往的人工操作，通过程序设定自动调节吸嘴的埋入深度、风口开度等参数，精准控制散料在卸船过程中的流量、速度、物料空气的混合比，避免人为操作失误导致的设备故障和其他事故的发生，保障设备安全、可靠、高效运转，实现了自动调节智能吸嘴自动化、智能化。

图 14-25　气力式卸船机

图 14-26　气力式卸船机的自动调节智能吸嘴

自动调节智能吸嘴上安装有多个传感器，可以在作业过程中实时监测吸嘴插入物料的深度，实现吸嘴在不同料位状态下的自动适应，使吸嘴始终工作在最佳插入深度。自动化程序设计不仅可以解决人为操作失误带来的设备故障率高的难题，还能够大幅降低设备能耗，提高设备的卸船作业效率，减轻现场操作人员的劳动强度。

在充分考虑到散装物料的差异及不同项目的需求后，将风口自动调节技术巧妙运用其中。在传统的双筒型吸嘴的基础上进行了优化，加装了一个可以调节进风口面积的挡风板和相配套的自动化控制系统，以实现对吸嘴进风量的精准控制。一方面，这种技术能够让散料卸船质量得到一个质的提升；另一方面，这使得自动调节智能吸嘴能够很好地去回应综合场景的问题，轻松卸载大豆、玉米等粮食以及水泥熟料等多品种轻质散料。

自动调节智能吸嘴部件小巧灵活、结构紧凑、功能齐全，具有省时省力、便捷通用等特点。自动调节智能吸嘴中所运用的智能技术能够帮助操作人员解放双手，提高工作效率，让吸料更精准、更高效、更智慧。在自动调节智能吸嘴的加持下，气力式吸粮机最大卸船效率可达 600t/h，适应船型 500~80,000t。

14.3.4　智能物料输送系统

由某公司研发的智能物料输送系统将物联网、大数据、云计算等新一代信息技术与物料输送的设计、生产、管理、服务各环节有机融合，直接采集项目数据，快速有效处理项目现场问题，同时利用仿真软件实现项目数据分析，将项目存在的潜在问题反馈给用户，形成数据驱动下的新型制造和服务体系。

智能物料输送系统包含了四大领域的技术研究，分别为火力发电企业智能燃煤系统（见图 14-27）、智能化散料码头（见图 14-28）、互联网+物料输送工程远程服务及环保

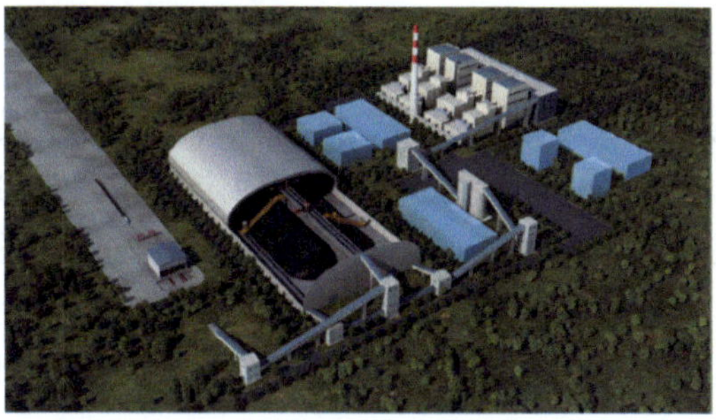
图 14-27 火力发电企业智能燃煤系统

图 14-28 智能化散料码头

型高效率输送技术。

14.4 行业获奖情况

近两年连续搬运机械行业部分相关项目获奖情况见表 14-1，其中若干项目具体内容如下：

表 14-1 连续搬运机械项目获奖情况

序号	项目名称	完成单位	主要完成人	等级
1	大型带式输送机安全高效运行关键技术与装备	安徽理工大学、太原理工大学、安徽盛运重工机械有限责任公司等	郭永存、李军霞、胡坤、寇子明、汪玉等	2020 年度安徽省科学技术一等奖
2	基于智能仓配一体化技术的智能物流关键设备及系统	浙江国自机器人技术股份有限公司	陶熠昆、郑洪波、朱玲芬、张国亮、吴伟峰等	2020 年度浙江省科学技术发明二等奖
3	DZY100/160/135 柔性连续运输系统研制	中国煤炭科工集团太原研究院有限公司、山西天地煤机装备有限公司	张小峰、王静、马福文、王佃武、马强等	2020 年度山西省科技进步二等奖
4	长寿命高可靠性刮板输送机及其关键技术开发	太原重型机械集团有限公司、山西煤矿机械制造股份有限公司、太原理工大学等	席庆祥、廉自生、冯金水、刘卫东、曹保林等	2020 年度山西省科技进步二等奖
5	洋山四期超大型自动化集装箱码头关键技术研究与应用	上港国际港务（集团）股份有限公司、上海同盛投资（集团）有限公司、上海海勃物流软件有限公司等	方怀瑾、程泽坤、张斌、黄秀松、黄桁等	2020 年度上海市科技进步特等奖
6	柔性智能输送装备关键技术研发及产业化应用	无锡顺达智能自动化工程股份有限公司、南京航空航天大学、常州机电职业技术学院等	高建飞、唐敦兵、陶国正、朱海华、庄百亮等	2020 年度江苏省科技进步三等奖
7	高效折返式双车翻车机系统	中国电建集团武汉重工装备有限公司	杜勇、朱昌进、杜君、金星、刘青等	2021 年度中国机械工业科技进步三等奖
8	堆取料机及其系统智能化协同技术研究与应用	华电重工股份有限公司	白建明、周铁梁、陶明、李国杰、梅迎春等	2021 年度中国机械工业科技进步二等奖

14.4.1 大型带式输送机安全高效运行关键技术与装备

此次入选一等奖的装备为矿用带式输送机多参数巡检机器人，其搭载红外热成像传感器、气体传感器、音频传感器、360°视频仪等多种智能传感器，配备固定值守式皮带在线检测机器人、固定值守式皮带纵撕识别机器人，能够实时采集、存储、传输现场的图像、声音、温度、烟雾、甲烷等数据，通过数据分析，判断设备故障及故障位置，完全替代人工巡检，能够大幅提高大型带式输送机运行效率，保障运行安全，提升输送机的智能化管理水平。

14.4.2 基于智能仓配一体化技术的智能物流关键设备及系统

国自机器人凭借深厚的技术积累，突破了基于深度学习和多智能体微分博弈的混合智能拣选技术、复杂环境下智能导航及精确对接技术和异构移动机器人开发控制平台三大难题，成功研制“基于智能仓配一体化技术的智能物流关键设备及系统”，为电商和供应链仓储管理领域提供通用、高适应性、高效的物流整体解决方案，具有积极的社会效益和战略意义。

目前，“基于智能仓配一体化技术的智能物流关键设备及系统”已应用于包含美国史泰博（Staples）、西子集团、中策橡胶集团等行业龙头企业。其中，在史泰博位于北美的洛杉矶、宾夕法尼亚州、夏洛特、明尼苏达、丹佛、奥兰多等多座大型仓库应用已超2,000台，日处理订单量可达40万单，实现了系统连续稳定运行。

14.4.3 长寿命高可靠性刮板输送机及其关键技术开发

“长寿命高可靠性刮板输送机及其关键技术开发”项目针对刮板输送机中部槽、牵引链轮、破碎机锤头及传动系统中的液黏摩擦耦合装置等关键部件，开展了产学研协同创新研究。项目的成功实施，对我国煤机装备的高质量发展、推动煤机装备领域的技术进步具有积极的促进作用；对提高综采工作面的开机率、延长设备寿命、提高煤炭生产安全性及劳动生产率、降低生产成本提供了强有力的技术支撑。

该项目累计受理或授权发明专利9件、实用新型专利10件，登记软件著作权3件，制定企业标准7项；形成了一支“产学研”结合的研究开发队伍；建成示范工作面1个。产品和技术在陕西、内蒙古等煤矿推广应用，提升了煤矿生产和制造企业效益。

14.4.4 洋山四期超大型自动化集装箱码头关键技术研究与应用

在洋山四期集装箱码头建设中，最大的难点就是构建自动化码头“大脑”：智能生产管理控制系统。该系统外连海运船舶、道路运输、口岸监管等单位，内连计划调度、设备设施各执行与传感单元，覆盖码头作业多场景、全流程，必须具有极高的功能适应性、性能高效性和运营可靠性。

为提高洋山四期集装箱码头“一盘棋”的协同效率，上港集团牵头集智攻关，构建起了数据差异量化模型和相关算法，攻克了无人设备全域感知、多体协同等核心技术，基于流程与数据双驱动的信息交互平台，创新研发了智能作业管控系统，解决了由于作业时空多变、状态不确定导致的“协同难”关键问题，实现了系统与设备的海量数据动态协同与高效可靠，核心功能与性能全面超越国外产品，能力与效率均居全球自动化码头首位。

由于在全球港口行业首次实现全业务自动化和核心业务智能化，洋山四期打破国外技术垄断并实现反超，年吞吐量和作业效率均居世界自动化码头首位，劳动环境极大改善，码头作业实现零排放。自 2017 年 12 月开港以来，洋山四期的规模不断扩大，产能不断释放，2018 年达到 201 万标准箱，2019 年实现 327 万标准箱，2020 年突破 420 万标准箱。生产效率是传统码头的 213%，屡创世界纪录，昼夜吞吐量达 20,823. 25 标准箱。

由于洋山地区不均匀的深厚软土地基，码头堆场建设具有工程复杂、变形控制难的问题，技术人员提出深厚软土地基-轨道基础-轨道协同设计方法，研发了堆场双重可调式轨道基础和新型轨枕结构，形成了一套自动化集装码头道路堆场沉降控制的创新技术，在有效解决地基问题的同时，显著节约了工期和投资。

第15章 连续搬运机械行业盈利能力分析

15.1 主要细分产品营业总收入

随着全行业供给侧结构性改革持续深入，2020 年物料搬运机械行业规模以上企业 2,500 户，同比增长 212 户，其中连续搬运机械制造规模以上企业 387 户，比上年增加 59 户。

连续搬运机械累计营业收入 428.84 亿元，同比下降 3.80%；实现利润总额 30.22 亿元，同比增长 7.18%；亏损面 14.99%，比上年增加 3.88%。主要综合效益指标有增有减，其中，资产负债率 53.71%，上年为 53.75%；流动资产周转率 1.11%，上年为 1.29%；成本费用利润率 7.80%，上年为 6.89%。

物料搬运机械行业主要产品实物量指标受疫情影响出现较大波动，2020 年连续搬运机械销售额占物料搬运机械销售总额的 7%，至年末仍未恢复正增长，以输送机和提升机为代表的连续搬运机械，本年累计产量 134.65 万 t，同比减少 2.10%。相关产品综合效益指标见表 15-1。

表 15-1　物料搬运机械行业相关产品制造行业综合效益指标情况

行业类别	资产负债率(%)		流动资产周转率/次		成本费用利润率(%)	
	本年	上年	本年	上年	本年	上年
锻件及粉末冶金制品制造	49.68	49.38	1.68	1.73	6.66	5.79
齿轮及齿轮变速箱制造	48.91	47.42	1.51	1.50	9.91	7.93
其他传动部件制造	53.00	49.58	1.85	1.84	7.15	6.71
工业机器人制造	54.29	48.32	0.87	0.91	3.67	5.38
特殊作业机器人制造	39.53	37.63	0.72	0.71	4.86	11.25
增材制造装备制造	52.59	53.34	1.06	1.00	10.58	4.78

2021 年物料搬运机械行业实现营业收入 7,428 亿元，同比增长 16.3%；实现利润总额 456 亿元，同比增长 2.2%，其中完成连续搬运机械产品产量 134 万 t，同比增长 0.7%。物料搬运机械行业应收账款同比增长 12.4%，存货同比增长 20.0%，产成品同比增长 12.0%。

15.2　行业主要产品进出口额分析

2020 年，受疫情影响，我国连续搬运行业进出口额下降明显，对行业影响较大。2020 年连续搬运行业产品进出口总额为 25.46 亿美元，同比下降 15.18%，其中，出口额为 15.60 亿美元，同比下降 15.17%；进口额为 9.85 亿美元，同比下降 15.19%；进出口顺差为 5.75 亿美元，同比下降 15.14%。

2021 年，连续搬运行业产品进出口总额为 30.30 亿美元，同比增长 19.02%。其中，出口额为 20.71 亿美元，同比增长 32.75%；进口额为 9.58 亿美元，同比下降 2.74%；进出口顺差为 11.13 亿美元，同比增长 93.54%。

根据中国海关数据显示：2021 年，我国辊式升降机及输送机进口数量为 0.478 万台，进口额为 91,565.5 万元，出口数量为 6.28 万台，出口额为 133,792.8 万元；我国链式升降机及输送机进口数量为 0.233 万台，进口额为 69,227.8 万元，出口数量为 3.1 万台，出口额为 161,752.8 万元；我国带式升降机及输送机进口数量为 3.11 万台，进口额为 140,408.6 万元，出口数量为 19.169 万台，出口额为 478,403.9 万元；我国斗式升降机及输送机进口数量为 0.29 万台，进口额为 28,151.4 万元，出口数量为 2.13 万台，出口额为 65,614.2 万元；我国地下专用升降机及输送机进口数量为 67 台，进口额为 12,393.3 万元，出口数量为 196 台，出口额为 5,821 万元；我国气压升降机及输送机进口数量为 2,173 台，进口额为 35,365.6 万元，出口数量为 45,087 台，出口额为 51,354.7 万元。表 15-2 为我国 2020 年、2021 年部分升降机及输送机进出口数量和金额表。图 15-1 为我国 2021 年部分升降机及输送机进出口平均单价对比图，可以看出，我国部分升降机及输送机的进口平均单价明显高于出口平均单价。

表 15-2　我国 2020 年、2021 年部分升降机及输送机进出口数量和金额表

名称		带式升降机及输送机	地下专用升降机及输送机	斗式升降机及输送机	辊式升降机及输送机	链式升降机及输送机	气压升降机及输送机
2020 年	出口数量/台	139,731	286	18,460	53,733	17,244	54,159
	出口额/元	3,872,691,240	45,335,788	503,024,326	1,107,289,034	1,503,687,265	363,114,724
	进口数量/台	22,123	48	1,923	3,259	1,895	2,154
	进口额/元	1,566,337,964	83,642,752	250,656,853	1,106,715,604	954,098,268	530,029,098
2021 年	出口数量/台	191,684	196	21,333	62,754	31,052	45,087
	出口额/元	4,784,039,378	58,210,191	656,141,947	1,337,928,236	1,617,528,332	513,546,751
	进口数量/台	31,174	67	2,913	4,781	2,330	2,173
	进口额/元	1,404,086,149	123,932,870	281,514,033	915,654,710	692,278,390	353,656,282

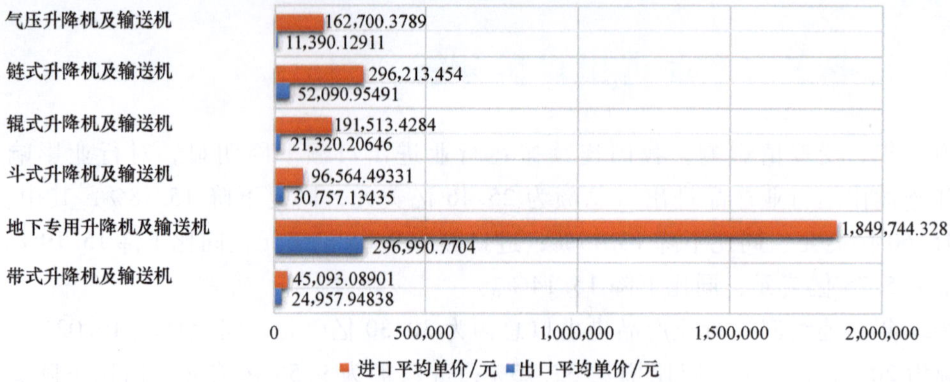

图 15-1　我国 2021 年部分升降机及输送机进出口平均单价对比图

15.3　行业盈利能力变化分析

2020 年，受新冠肺炎疫情影响，我国物料搬运机械行业受到较大冲击，但随着我国对疫情的有效控制和行业的不断努力，行业发展势头良好，全年同比呈现增长趋势。连续搬运机械行业规模以上工业企业 2019—2020 年主要经济指标见表 15-3。2020 年我国连续搬运机械行业规模以上企业有 429 家，行业规模以上工业企业固定资产净额为 68.4 亿元，流动资产 484.9 亿元，应收账款 159.5 亿元，存货 105.28 亿元，负债 391.47 亿元，营业收入 454.74 亿元，营业成本 360.86 亿元，销售费用 16.11 亿元，管理费用 40.71 亿元，财务费用 5.37 亿元，营业利润 31.41 亿元，利润总额 33.82 亿元。对比 2019 年数据，可以看出我国连续搬运机械行业规模以上工业企业各项主要经济指标增长明显，营业收入增速保持在较高水平。原材料价格上涨等因素导致营业成本、管理费用大幅增加，应收账款、存货增加，给行业整体运行带来一定压力。

表 15-3　连续搬运机械行业规模以上工业企业 2019—2020 年主要经济指标

行业规模以上工业企业主要经济指标	2020 年	2019 年	同比增长
企业数/家	429	380	12.89%
固定资产净额/亿元	68.4	59.22	15.50%
流动资产/亿元	484.9	364.79	32.93%
应收账款/亿元	159.5	136.26	17.06%
存货/亿元	105.28	89.93	17.07%
负债/亿元	391.47	287.09	36.36%
营业收入/亿元	454.74	440.86	3.15%
营业成本/亿元	360.86	356.11	1.33%
销售费用/亿元	16.11	15.93	1.13%
管理费用/亿元	40.71	37.90	7.41%
财务费用/亿元	5.37	4.07	31.94%
营业利润/亿元	31.41	28.70	9.44%
利润总额/亿元	33.82	29.81	13.45%

15.4 主要企业销售情况

连续搬运机械行业产品包括：仓储系统、输送机械、提升机械、装卸机械、给料机械等。根据《中国重型机械工业年鉴》（2020 年版）数据，表 15-4 为连续搬运机械行业部分上市企业 2021 上半年和 2020 年营收情况表，可以看出连续搬运行业领头企业整体运营情况良好。

表 15-4 连续搬运机械行业部分上市企业 2021 上半年和 2020 年营收情况表

企业	时间	分类	业务名称	营业收入/万元	收入比例(%)	营业成本/万元	成本比例(%)	利润比例(%)	毛利率(%)
四川省自贡运输机械集团股份有限公司	2021 年上半年	按产品	通用带式输送机及配套	9,109.96	35.04	7,325.12	37.51	27.58	22.23
			圆管带式输送机及配套	10,873.86	41.82	7,923.76	40.58	45.59	29.57
			水平转弯带式输送机及配套	4,046.41	15.56	3,136.54	16.06	14.06	25.09
	2020 年	按产品	通用带式输送机及配套	30,091.31	43.55	19,831.92	41.65	47.76	35.73
			圆管带式输送机及配套	25,259.8	36.56	17,948.02	37.69	34.04	31.54
			水平转弯带式输送机及配套	9,277.82	13.43	6,368.74	13.38	13.54	33.52
华电重工股份有限公司	2021 年上半年	按行业	专业技术服务业	324,314.8	99.72	293,085.3	99.99	97.21	9.63
		按产品	物料输送系统工程	80,253.14	24.68	70,025.21	23.89	31.84	12.74
			高端钢结构工程	73,260.09	22.53	63,213.86	21.57	31.27	13.71
	2020 年	按行业	专业技术服务业	889,082.2	99.82	820,280.3	99.97	98.12	8.39
		按产品	物料输送系统工程	185,405.5	20.82	166,218.8	20.26	27.36	11.54
			高端钢结构工程	276,945.6	31.1	248,035.6	30.23	41.23	11.66
山东矿机集团股份有限公司	2021 年上半年	按行业	机械制造	92,166.48	86.34	71,786.35	87.75	81.71	22.11
		按产品	煤炭机械设备	60,495.06	56.67	48,193.96	58.91	49.32	20.33
			智能散料输送装备工程及运维	12,191.93	11.42	10,205.38	12.47	7.96	16.29
双箭股份浙江双箭橡胶股份有限公司	2021 年上半年	按行业	胶管输送带	81,825.21	97.29	—	—	97.29	—
			天然橡胶	533.63	0.63	—	—	0.63	—
		按产品	输送带	81,232	96.58	61,815.65	96.59	96.57	23.9
			胶片	433.61	0.52	—	—	2.16	—
			胶管	46.54	0.06	—	—	0.23	—
			天然橡胶	533.63	0.63	—	—	2.65	—
	2020 年	按行业	胶管输送带	177,762.9	98.15	—	—	98.15	—
		按产品	输送带	175,984.5	97.17	—	—	97.17	—

（续）

企业	时间	分类	业务名称	营业收入/万元	收入比例(%)	营业成本/万元	成本比例(%)	利润比例(%)	毛利率(%)
无锡宝通科技股份有限公司	2021年上半年	按行业	输送带制造	43,529.56	32.62	31,911.93	42.99	19.62	26.68
			输送系统技术服务	8,916.92	6.68	5,343.55	7.20	6.03	40.07
		按产品	智能输送数字化产品	43,529.56	32.62	30,895.11	41.62	21.34	29.03
			智能输送系统服务	8,909.58	6.68	5,342.70	7.20	6.02	40.03
	2020年	按行业	工业散货物料智能输送全栈式服务	110,682.4	41.96	73,546.21	47.12	34.48	33.55
		按产品	智能输送数字化产品制造	93,864.79	35.58	66,188.78	42.4	25.7	29.48
			智能输送系统产品服务	16,817.57	6.38	7,357.42	4.71	8.78	56.25
东杰智能科技集团股份有限公司	2021年上半年	按产品	智能物流输送系统	9,307.64	17.22	7,438.6	18.43	13.64	20.08
			智能物流仓储系统	17,871.26	33.05	12,545.53	31.08	38.86	29.8
	2020年	按行业	智能装备	103,055.5	99.62	73,013.44	99.79	99.2	29.15
		按产品	智能物流输送系统	29,123.77	28.15	23,384.84	31.96	18.95	19.71
			智能物流仓储系统	39,460.88	38.14	27,951.16	38.2	38.01	29.17
			智能立体停车系统	7,116.93	6.88	—	—	23.5	—
			智能涂装生产系统	17,831.02	17.24	10,142.42	13.86	25.39	43.12
			智能信息系统集成与研发	8,030.98	7.76	—	—	26.52	—
浙江菲达环保科技股份有限公司	2021年	按产品	气力输送设备	169.02	0.05	129.06	0.04	0.09	23.65
			电气配套件	1,292.68	0.38	1,073.19	0.37	0.48	16.98
			总成套	52,144.52	15.41	43,690.62	14.92	18.51	16.21

根据《中国重型机械工业年鉴》（2020年版）带式输送机行业50余家骨干企业的统计数据显示，带式输送机行业完成工业总产值125亿元，同比增长1.7%；实现利润总额9.5亿元，行业利润率同比增长1.1%。通过对带式输送机行业的相关数据分析可见，国内市场需求增长缓慢，工业总产值保持平稳，产品利润率有所提高。

第16章

连续搬运机械应用行业需求分析

16.1 应用行业需求

16.1.1 制造业

1. 制造业对连续搬运机械行业的技术创新期望

连续搬运机械行业对于振兴我国装备制造业、提升整体制造水平和工业实力具有重要意义，因此受到国家政策的大力支持。国务院、国家发展改革委等部门发布了扶持散料搬运核心装置及设备制造行业发展的政策，如《机械工业“十四五”发展纲要》《产业结构调整指导目录（2019 年本）》《制造业设计能力提升专项行动计划（2019—2022 年）》《2018 年全国标准化工作要点》《全国国土规划纲要（2016—2030 年）》《机械工业“十三五”发展纲要》《促进装备制造业质量品牌提升专项行动指南》《国务院关于推进国际产能和装备制造合作的指导意见》《中国制造 2025》《中共中央关于制定国民经济和社会发展第十四个五年规划和二〇三五年远景目标的建议》《十部门关于推进机制砂石行业高质量发展的若干意见》等产业政策，为本行业健康持续地发展提供了良好的政策环境，并为本行业向高端化发展指明了方向，对扩大行业市场规模、推动产品优化升级起到了重要作用。

随着制造业的智慧化绿色化转型升级发展，制造企业对物流体系的要求越来越高，未来技术创新和运营模式创新将带动制造行业朝向智慧化、平台化、差异化和供应链一体化方向发展，因此需要融合制造业和物流业综合发展（见表 16-1）。对于大多数制造领域，物流业与制造业的融合实际上是物料搬运设备及配套物流系统与工业制造生产链的结合。目前，随着国家“十四五”规划的颁布以及“双碳”目标技术路线的制定，制造业和连续搬运机械进入转型升级发展的重要时期。

表 16-1 中国制造业物流发展趋势

主要趋势	说明
智慧化	一方面，随着制造业转型升级发展，对物流提出了更高的要求；另一方面，随着大数据、无人技术等的迅速发展，仓储、运输、配送、末端等物流环节的智能化发展越来越清晰，整个物流行业向着自动化、无人化、数据化、智能化方向发展，为制造业物流的发展注入了新的活力
平台化	目前制造业物流面临着从粗放型向着集约型的升级及由竞争关系向协作共创关系的转变，经营方式由被动变成了主动，由单一资源向整个生态转变，行业正在进入数字化、平台化转型的关键时期，实现企业降本增效，支持企业长期竞争力提升

（续）

主要趋势	说明
差异化	细化制造业供应链，提供差异化物流服务，在需求计划、库存计划、生产及配送计划等方面进行不同配置，以客户为中心。细分的供应链降低了制造商的复杂性，大大节约了成本
供应链一体化	物流是制造业产业链上下游衔接的重要环节，是实现制造业供应链一体化的重要纽带。一批行业代表企业，如招商局物流、怡亚通、安吉物流等，借助自身资源和信息优势，向供应链上下游延伸，通过数据协同实现更大范围的供应链协同，重构制造业供应链协作关系

2020 年 9 月，国家发展改革委会同工业和信息化部、公安部、财政部、自然资源部、交通运输部、农业农村部、商务部、市场监管总局、银保监会、铁路局、民航局、邮政局、中国国家铁路集团有限公司等 13 个部门和单位联合印发《推动物流业制造业深度融合创新发展实施方案》，针对物流业制造业融合发展存在的主要问题，系统提出要从企业主体、设施设备、业务流程、标准规范、信息资源等 5 个关键环节，对促进物流业制造业全方位融合提出明确要求，推动解决制约物流业制造业深度融合的主要障碍和“中梗阻”。

2. 连续搬运机械在制造业中的应用

（1）机械加工行业　以现代机械制造业为例，结合物流业的发展规划以及机械制造业的智能化、集成化以及大规模化的要求，智能物流、智能仓储以及全自动控制系统应运而生。结合自动化生产线以及大数据监测手段改进机械加工生产工艺，实现全流程绿色批量生产，不仅可以提高产量、效率和精度，而且可以降低劳动支出，缩短生产时间和生产环节，最主要的是可实现自适应诊断和纠偏，再结合人工智能算法，使机器具有自主学习能力，从而达到闭环全周期绿色高端生产制造。

近两年疫情的全球性蔓延，使不少企业出现倒闭或者被兼并的情况，因此，需推动整个行业向智能化、集成化发展。在节能减排政策的驱使下及相关约束性指标的制约下，减少连续搬运机械在运行中所产生的粉尘、噪声及废弃物；减少能量消耗，坚持发展节能减排输送技术；扩大连续搬运机械在恶劣条件下的适用范围，要求连续搬运机械向节约能源和环保的方向发展，在研发和生产过程中要具备节能性和环保性。

（2）食品加工行业　近两年新冠肺炎疫情的暴发，对于连续搬运机械集成化、自动化、智能化的要求越来越高，减少人员接触，同时可以转运不同规格的散料或者大宗物料，保证了企业生产的稳定性和高效性。特别是当地方性疫情暴发，需要大批量的生活物资时，要求各种产品生产周期短、质量可靠，这就需要综合自动化的生产线，使人、机、物的利用率提升到最优值，进而提升企业核心竞争力。

以新设备、新工艺为出发点，通过机器人、机械手、智能立体仓储、AGV、EMS 小车、桁架等装置、RFID 以及 MES 控制系统构建自动化物流系统，实现国民经济诸多生产过程中各个环节有效串联贯通，最终获得高生产率、高稳定性产品，从而满足客户个性化需求的生产方式。智能制造已成为我国向工业强国发展的重要落脚点，是我国国民经济诸多工业转型升级的重要载体。

（3）建材行业　连续搬运机械在建材行业中新近出现了主要以钢丝绳支承波状挡边

带式输送机的形式。它以波状挡边输送带作为牵引件，由布置在头部或者尾部的滚筒带动输送带运行。输送带上布置有等间距固定的轮轴，轮轴用来支撑输送带，轮轴的两端安装滚轮，滚轮运行在由塔架支撑的钢丝绳上，实现长距离连续架空的输送。钢丝绳支承波状挡边带式输送机可以轻松地越过障碍物，例如河流、建筑物、深谷或道路，而且该系统节能高效，节省空间，运行可靠。

16.1.2 运输业

1. 连续搬运机械在陆地运输业中的应用

在科学技术的发展和市场竞争背景下，运输业已成为国民经济支柱行业之一，连续搬运机械在其中所占比重和作用越来越重要。与航空、铁路、公路、管道等四大物流运输方式相比，在中短物流距离内，长距离带式输送机，更主要的是长距离圆管带式输送机，已经成为最主要的一种节能、环保、绿色的散料物流输送方式。航空运输不适用于大宗散料运输，铁路运输和公路运输适用于大宗散料的运输。但是，铁路和公路由于规划、建设、装备的采购和维护保养以及运营、人员的费用，还有散料的装卸等过程造成的污染和损失等不利因素的制约，均面临长距离（圆管）带式输送机的激烈竞争；管道运输方面也存在认知、设计、建设、维护、运营和技术等方面的壁垒期待突破。总之，圆管带式输送机是目前乃至未来一段时间内极具竞争力的环保、绿色、节能的物流方式之一。圆管带式输送机可以提高劳动生产率、完善生产环境、节约生产成本、减少环境污染、增加产品质量、增加附加值，从而增加市场竞争力，带来社会效益和经济效益。

2. 连续搬运机械在港口运输业中的应用

随着矿山开采、建筑、电力、水泥、制造、钢铁等行业经营规模的扩大，对煤炭、金属矿石和粮食等散料的需求量逐年上升。因此，需要对散料码头和转载点进行适应性改造。散料的大规模输送，对散料装卸和中转设备运行速度和效率提出了更高的要求，散料装卸装备和中转设施正向着大型化、高效化和绿色化方向发展。船舶大型化可以显著降低散料单位运输成本，采用 20 万 t 级散货船运输时，巴西淡水河谷开往我国的矿船平均船运成本高达 23 美元/t，如换作 40 万 t 的大船运输，运费成本预估仅有 9 美元/t，与自澳大利亚进口矿石的运输费用相当。通过多种方式的远距离大规模运输，可以降低散料的单位运输成本，但对散料装卸的输送量、效率、绿色化、信息化、智能化等提出了新的要求。

无人机械、智能机器等自主设备将为港口、物流和船舶领域带来人机协同变革，实现全自动化散料装卸码头。散料自动化装卸码头技术难度高，现场的操作环境“变量”较多：码头的主要货物是散料，而不是标准化的集装箱，其堆积形状、位置、流动性都需视觉、激光、超声波等多种检测方式的配合与协调工作；来往停靠的船型多样，装船时要考虑匹配问题；装卸船机大臂的移动和工作路径规划要更准确精准，操作不当时极易发生设备碰撞。

无人智能散料港口、海铁联运、大型散货船数量增加，3 万 t 散料连续搬运重载列车的试验完成，都对散料装卸设备和中转设施的工作效率、装卸时长、装卸成本、抑尘、绿色环保和加快运输设备周转率等提出了更高的要求。

散料装卸设备的大型化不是简单地将其所有部件成比例放大，而是要将其零部件与系统均重新设计，能适用于多种散料，提高设备运行效率，降低散料破损率与能耗。大型抓斗卸船机将散料从船舱内取出移至卸料斗上卸出，卸料能力达 5,100t/h。大型抓斗卸船机虽然技术成熟，性能稳定可靠，适用于多种散料，但缺点明显：一是由于存在抓斗空载行程，导致卸船效率低下；二是在卸料时会产生大量粉尘外溢与污染。垂直螺旋卸船机、埋刮板卸船机和压带式卸船机等均为封闭式散料连续装卸设备，环保节能，卸船效率高。随着散料装卸向大型化、高效化和绿色化的发展，封闭式连续卸船机是用户今后必然的选择。

3. 运输业对连续搬运机械行业的技术创新期望

随着疫情的全球化蔓延、经济全球化的驱动以及国际环境的多变，运输市场的竞争越来越激烈，在节能减排政策的驱使下及相关约束性指标的制约下，减少连续搬运机械在运行中所产生的粉尘、噪声及废弃物；减少能量消耗，坚持发展以节能减排为主的连续搬运技术；扩大连续搬运机械在恶劣条件下的适用范围；大幅提高连续搬运机械的搬运能力、拉大单机长度、扩大输送角度，增加研发大输送量、长距离的大型化连续搬运机械，以满足连续搬运机械市场的发展主趋势。同时，适应经济发展的趋势，改变以前单一的发展思路，践行节能减排于一体的发展路子。

我国处于社会经济发展的转型期，连续搬运机械设备制造仍以中小型企业为主，而且中小型企业的整体技术水平不高，各企业之间仍有低价竞争的劣势存在，这样不仅使得连续搬运机械设备行业的产品附加值和品牌附加值降低，而且会使整个行业朝着不利的方向发展。更进一步讲，这样会使我国的连续搬运机械设备生产企业在市场上没有核心竞争力，更没有为客户创造需求的强大动力，所以，企业要不断地进行科技创新，提高自己的科技创新能力，走环保、节能、智能、绿色的可持续发展路线，争取提高我国连续搬运机械设备产品的技术含量。此外，各连续搬运机械设备生产企业应该转变企业的发展模式，走技术指导型道路，以创新的方式争取在激烈的市场竞争中占有一定的份额。另外，未来连续搬运机械将向着大型化、扩大使用范围、物料自动分拣、降低能量消耗、减少污染等方面发展。

16.1.3 采矿业

1. 采矿业对带式输送机的技术创新期望

采矿业在经济建设、科技进步和社会发展中占有十分重要的地位和作用，属于国民经济的支柱行业。矿山机械制造业是国家建立独立工业体系的根底，也是衡量一个国家工业实力的重要标志。根据国家重点支持能源、交通和原材料等根底工业开展的行业政策，矿山机械作为这些根底工业的支柱应优先得到国家的重点支持，以得到进一步开展和提高，为煤炭、金属和非金属矿山的开发提供更多的具有国际先进水平的优质、高效设备，满足国民经济发展对能源和原材料的需要。

（1）带式输送机在采矿业的应用发展　矿山机械中最常用的连续搬运机械是带式输

送机和刮板输送机。带式输送机的生产技术目前已进入了一个高速发展阶段。在某些领域，带式输送机已逐渐开始取代铁路机车和汽车运输，它具有输送物料种类广泛、输送能力大、输送路线的适应性强、运行平稳可靠、物料的破碎性小以及装卸料灵活、费用低、易于实现自动控制及节能环保等特点。对于刮板输送机，矿井生产中采煤机、刮板输送机、液压支架配套使用，刮板输送机负责导向和推移工作。采煤工作面的生产能力取决于采煤机的落煤能力，要保证高效生产，刮板输送机的输送能力必须大于采煤机的落煤能力。

根据市场的需求趋势，带式输送机将朝着长距离、大功率、大运量的方向发展，同时随着节能减排等政策的实施，以及政府和全社会对安全生产的重视程度的增加，小规模火电、煤矿及水泥等生产企业相继关闭，取而代之的是具有先进工艺的大型企业，因此，对带式输送机的性能、质量、安全可靠性等方面的要求更高。由于带式输送机的核心部件决定了其整机的综合性能，因此，核心部件的专业化分工与协作将成为该行业发展的必然趋势，在带式输送机市场需求的带动下，其核心部件的市场价值也逐渐凸显。

（2）带式输送机技术发展目标　为了适应高产、高效、集约化生产的需要，带式输送机的输送能力要加大，长距离、高带速、大运量、大功率是今后发展的必然趋势，也是高产高效矿井运输技术的发展方向。在今后的十年内输送量要提高到3,000～4,000t/h，带速提高至4～6m/s，输送长度对于可伸缩带式输送机要达到6,000m，对于钢绳芯强力带式输送机需加长至6,000m以上，单机驱动功率要求达到1,000～1,500kW，钢绳芯输送带抗拉强度达到6,000N/mm。尤其是煤矿井下顺槽可伸缩输送技术的发展，随着高产高效工作面的出现及煤炭科技的不断发展，原有的可伸缩带式输送机，无论是主参数还是运行性能都难以适应要求，煤矿现场亟需主参数更大、技术更先进、性能更可靠的长距离、大运量、大功率顺槽可伸缩带式输送机。

结合采矿业的发展进程和科技发展目标，制定了带式输送机的发展方向和发展任务，具体如下：

1）提高我国带式输送机技术的设计水平，填补国内空白，接近并赶上国际先进工业国家的技术水平。其包含7个方面的关键技术：带式输送机动态分析与监控技术；软起动与功率平衡技术；中间驱动技术；自动拉紧技术；新型高寿命高速托辊技术；快速自移机尾技术；高效储带技术。

2）提高零部件性能和可靠性。设备开机率的高与低主要取决于零部件的性能和可靠性。除了进一步完善和提高现有元部件的性能和可靠性，还要不断地开发研究新的技术和零部件，如高性能可控软起动技术、动态分析与监控技术、高效储带装置、快速自移机尾、高速托辊等，使带式输送机的性能得到进一步的提高。

3）扩大功能，一机多用化。拓展运人、运料或双向运输等功能，做到一机多用，使其发挥最大的经济效益。

2. 采矿业对刮板输送机的技术创新期望

矿井开采中，采煤工作面的生产能力取决于采煤机的落煤能力，要保证高效生产，刮板输送机的输送能力必须大于采煤机的落煤能力。自诞生以来，在科技水平、综采技术、市场需求等多重因素的推动下，刮板输送机的技术水平得到了长足发展，并逐步向高功率、高可靠性、长使用寿命的方向发展。近年来，中国刮板输送机产量规模逐年增长，据统计，2020 年增长至约 31.2 万 t，2021 年产量规模为 31.4 万 t。

近年来，民营股份制企业，如三一重装、林州重工等快速进入刮板输送机行业，它们有着资金及起点高、机制活的优势，对刮板机行业造成很大的冲击。国有统配煤矿公司下属机修厂也纷纷加入这个生产门槛相对较低的刮板输送机制造行业。如图 16-1 所示，目前国内刮板输送机企业中，张家口煤机占主要地位，市场份额占比 10%；其次为吉林蛟河，市场份额占比 5%；山西煤机、天地奔牛、兖矿大陆机械、忻州通用机械市场份额分别占比 4%、3%、3%、2%；其他企业市场份额占比 73%。

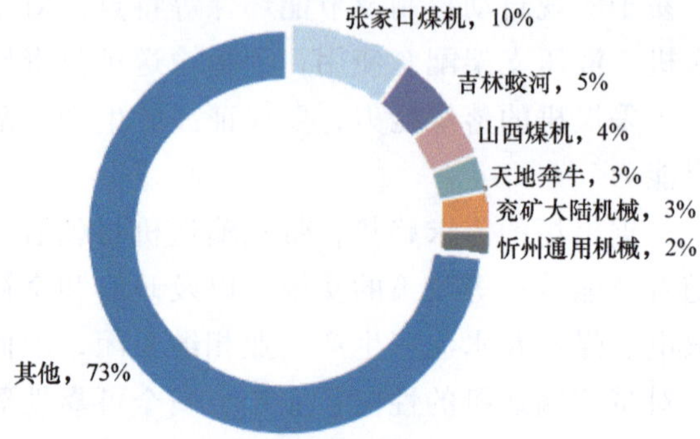

图 16-1 中国刮板输送机行业竞争格局

（图片来源：华经情报网）

中国刮板输送机行业历经多年的发展，通过吸收国外先进技术和进口关键外购件，使刮板输送机产品性能和可靠性大大提高。在市场引导和政府推动下，实施大集团战略，大型煤机制造集团快速发展，一些企业展现了较强的发展后劲。低碳经济的要求促使矿山机械和配套件向节能减排发展。目前，随着采煤工作面生产能力的不断增大，刮板输送机主要发展趋势有以下几点：

（1）设备重型化 设备重型化是煤炭集约化生产、高强度开采单机单产不断提高的要求，也是提高劳动生产率、节约投资、降低生产成本的重要途径。重型化集中表现在生产能力上，装机功率不断增大、重量大、电压高。未来几年，国内“一矿一面、一个采区、一条生产线”的矿区将逐步增多，工作面长度 300~350m，这些工作面实现日产 2 万~3 万 t，年产 600 万~1,000 万 t，这样就需要刮板输送机装机功率 2,000~3,000kW，输送能力高达 4,000t/h。

（2）设备自动化 设备自动化是提高劳动生产率、减轻劳动强度、保障安全的重要手段。刮板输送机的自动化主要是刮板输送机起动运行中的负载状况、各关键零部件运行时温度状况、采煤机的截割速度、采煤机的位置等随时调整输送机的运行参数，实现自我控制，保证设备的安全、可靠运行，以更好地发挥设备的效率。当自动控制发展相对成熟后，最终会实现采煤机、液压支架、刮板输送机的联动作业，从而实现工作面的自动化。

（3）设备智能化 设备智能化是指通过一些监测和监控装置，对刮板输送机的运行过程进行监控，实现工况检测和故障诊断。

（4）开发薄煤层开采设备 据统计，国内薄煤层和较薄煤层产量在整个煤炭产量中所占比重始终偏低，特别是近年来薄及较薄煤层的产量更是呈逐年下降趋势。通过对国内煤炭生产企业的调查发现，绝大多数矿区受经济效益驱使“采厚丢薄”现象十分普遍。薄煤层综采设备发展缓慢，因此为避免资源浪费、实现资源均衡开采，设计出结构满足极薄煤层的采煤工艺要求的高产、高效、高可靠性的工作面刮板输送机设备将越来越成为各矿务局迫切的需求。所以，未来的刮板输送机，在向重型化、自动化、智能化发展的同时，同时也要满足薄煤层工作面机械化综采工艺要求，以彻底解决长期以来国内薄煤层开采装备落后、机械化程度低、工作效率低、经济效益差的局面。

16.1.4 电力、燃气及水的生产和供应业

随着发展的需要，机械行业越来越看重环保节能、生产高效的设备，而气力输送设备在应对自然环境和人与自然的和谐发展方面，发挥了重大的意义。气力输送设备与电动机动力配套使用，可降低能耗18%~25%，节约润滑油70%。

气力输送装置运行速度低、料气比高，可实现高效率、低破损、低磨损的运行效果，是现代气力输送技术的发展方向。寻找科学合理的设计依据和设计方法，以更加严密准确的科学数据指导生产，使得气力输送系统实现低速、低能耗、运行稳定并具有满足生产要求的输送效率，是当前气力输送系统研究的主要趋势。

图16-2所示为四川省自贡运输机械集团股份有限公司绥中电厂项目。绥中电厂圆管带式输送机位于绥中电厂南边渤海辽东湾西海岸，起点位于海域内码头，与后方陆域的带式输送机系统构成了码头输煤岛，圆管带式输送机水平长度2,785m，水平面上转弯半径为390m，低温天气多发生在12月中旬—2月中旬，夜间最低气温达到-23℃。

图16-2 绥中电厂项目

图16-3所示为中国煤炭科工沈阳设计院在2021年为神华北电胜利能源有限公司设计的曲线带式输送机，被称为锡林郭勒大草原上的巨龙。该项目是中国煤炭科工沈阳设计院继酒钢西沟石灰石矿、首钢水厂铁矿、山西金龙输煤专线、新疆准东输煤廊道以及国内大型露天煤矿生产系统的长距离、大运量、高带速单向输送物料等成功案例后，在散装物料搬运领域的

图16-3 曲线带式输送机

（图片来源：新华网）

又一开创性举动。

根据项目“见不到煤、看不到灰”的高标准要求，沈阳设计院创造性地提出了“煤来灰去”的设计方案。如图 16-4 所示，采用同一条带式输送机上带面运煤、下带面运灰，为躲避村庄、湿地，穿越既有铁路、公路桥涵，3 次采用曲线水平转弯、空间转弯；针对水平转弯，精确计算水平转弯段相关参数之间的关系，确保输送机在转弯段产生的向心力与离心力平衡，物料和输送带顺利实现自然转弯，不跑偏，不撒料；为防止“煤来灰去”运行时沿途产生粉尘，采用特殊的“n”形防护罩、灰加湿搅拌装置、EDEM 曲线落料溜槽；为减小托辊径向跳动引起输送带跳动而产生粉尘，针对现场环境条件，通过防冻粘实验，选用了特殊材质非金属低噪声托辊，以减小运行过程中的振动和噪声。通过多项技术应用及科研创新成果，实现了从露天煤矿向坑口电厂输煤的同时，将电厂燃烧后的粉煤灰再反向输送至露天矿回填，避免了汽车运输带来的一系列污染问题，有效保护了草原优美的生态环境。

图 16-4　长距离曲线带式输送机关键节点

（图片来源：新华网）

16.2　行业重点相关企业访谈

1. 上海振华重工（集团）股份有限公司

（1）公司简介　上海振华重工港机通用装备有限公司（简称“振华港机”）隶属于上海振华重工（集团）股份有限公司，是独立运作的全资子公司，主要业务是门座式起重机、装船机、卸船机、斗轮堆取料机、连续螺旋卸船机、连续链斗卸船机、其他类型港机设备及散货装卸系统总承包工程。下辖振华张家港基地以及振华小长兴基地两块生产基地，年钢结构产能 18 万 t。

（2）2020—2021 年度发展情况 2021 年 8 月 21 日，振华港机为韩国现代印度尼西亚井里汶电厂建造的两台桥式抓斗卸船机完成交付（见图 16-5），这是振华散货产品时隔 20 多年再次进入印尼地区，也是振华与项目总包方韩国现代工程建设公司的再次合作。两台桥式抓斗卸船机为机械差动四卷筒牵引式。与主副小车牵引式卸船机相比，该机型的钢丝绳缠绕较为简单、滑轮数量少、机构布置相对简单、结构受力更加合理。设备将用于电厂卸煤，其额定生产率 1,200t/h，额定起重量 30t，具备起升、开闭、俯仰、机上带式输送机及整机沿轨道行走等功能。

2021 年 8 月公司为巴西桑托斯港 TERAMG 码头建造的一台桥式抓斗卸船机完成交付并投入使用（见图 16-6），运转良好。该设备于 2 月底发运，4 月初靠泊用户码头，其额定生产能力 1,200t/h，用于硫黄等化工原料的接卸，卸船作业适用船型为 3 万～7.5 万 t 级散货船。巴西桑托斯港 TERAMG 码头曾于 2005 年向公司采购一台 1,200t/h 抓斗卸船机。

图 16-5 井里汶电厂的桥式抓斗卸船机

图 16-6 桑托斯港 TERAMG 码头的桥式抓斗卸船机

2. 北方重工集团有限公司

（1）公司简介 北方重工集团有限公司（简称“北方重工”）具备提供散料装卸与输送项目总体工艺设计、设备详细设计、制造、加工、装配、涂装、检验检测、运输、安装指导、现场调试试车在内的成套设备总包及 EP 的能力。特别是在大负荷、长距离、大运量、连续运转无故障等要求严苛的条件下，该公司研发的散料装卸与输送项目中的重大装备包括带式输送机和堆取料机，产品在国内市场具有较高的占有率。近年来，该公司的主要研究项目包括：重型板式给料机的开发推广；散料装卸与输送成套设备的技术研究。

（2）2020—2021 年度发展情况 2020 年 7 月 10 日，北方重工与徐州中煤汉泰建筑工业化有限公司（以下简称“徐州中煤公司”）就台塑菲律宾 MPGC 项目堆取料机采购合同正式签约，合同额达 7,000 余万元。该合同供货范围含回转悬臂堆料机、桥式刮板取料机、门式刮板取料机各两台，桥式和门式刮板取料机设备跨距均为 65m，突破了该公司以往业绩。其中，桥式刮板取料机的 65m 跨距代表了该类设备的国际最先进水平。

2021 年 2 月 7 日北方重工与山东钢铁集团永锋临港有限公司签订的两台滚筒取料机

（见图 16-7）总长度约 40m，筒体直径 4.35m，为三段式筒体法兰焊接连接结构，外筒体板厚度为 16mm，内筒皮板厚度为 6mm，曲型难度大、探伤要求高。

图 16-7　滚筒取料机安装现场

2021 年 8 月 23 日，北方重工为海螺集团池州海螺制造的桥式刮板堆料机（见图 16-8）投入使用，该桥式刮板堆料机项目为海螺集团的重点科技创新项目，北方重工从设计、采购、生产、发货仅仅用时 4 个月，打造了 46m 桥式刮板取料机项目。

北方重工推出了自主开发研制的自移式伸缩环形堆料机，该设备为轻型高效输送转运设备，设备由柴油发动机动力装置、伸缩带式输送机输送系统、履带加轮胎行走机构、多级杆的大行程变幅机构等组成。

图 16-8　桥式刮板堆料机现场作业图

3. 华电重工股份有限公司

（1）公司简介　华电重工股份有限公司（简称“华电重工”）是中国华电科工集团有限公司的核心业务板块及资本运作平台、中国华电集团有限公司科工产业的重要组成部分。华电重工以工程系统设计与总承包为龙头，EPC 总承包、装备制造和投资运营协同发展相结合，致力于为用户在物料输送工程、热能工程、高端钢结构工程、工业噪声治理工程和海上风电工程等方面提供工程系统整体解决方案。

（2）2020—2021 年度发展情况　中国煤炭建设协会 2019—2020 年度优质工程评选结果公布，由华电重工参与承建的新疆天池能源将军戈壁二号露天煤矿地面生产系统一期一号圆形堆场工程——堆取料机安装获得“煤炭行业优质工程”称号和煤炭行业最高奖“太阳杯”工程奖。华电重工承建的 CSR3000/2000.120 圆形料场堆取料机（见图

16-9)，是一种大型、环保、连续、高效的散料装卸机械，是圆形料场的关键装卸设备。

2020 年 5 月 11 日，华电重工承建的重庆大业长距离带式输送机 EPC 总包项目建成投产（见图 16-10）。截至 10 月 3 日，华电重工助力恒昇大业实现运料 200 万 t，发电 20 万 kW · h。华电重工高度关注创造生态环保效益，该工程实现了下运式曲线运输，改变了从矿山到长江码头严重依赖汽运的局面，从以前把物料运输到码头每天需要 100 多辆自卸车连续运料 24h 不停，才能运料 1 万 t 左右，现在长距离带式输送机送运能力为 3,300t/h，一天运料 3 万 t，大大提升了运输效率，缩减了运营成本，并做到了全封闭无粉尘、无污染。

图 16-9　CSR3000/2000. 120 圆形料场堆取料机现场图

图 16-10　涪陵百万吨级带式输送线

2021 年 1 月 28 日，华电重工承建的豫北圆管带式输送机项目 A 标段系统开展性能考核，系统连续运行 12h，满负荷运行 10h，运煤量达到 1,850t/h 以上，设备运行工况良好，满足设计的各项运行指标及合同要求（见图 16-11）。

2021 年 5 月 15 日，由华电重工物料输送工程事业部承建的广西华谊工业气体岛项目卸储煤装置系统重载调试一次成功，各项参数均达到设计要求，圆满完成工程节点目标。华电重工主要负责卸储煤装置的设计、采购、施工工作，如图 16-12 所示，装置内主要包含 5 个转运站、11 条带式输送机、1 条圆管带式输送机、3 座筒仓、3 个干煤棚，以及破碎楼、取样制备楼、卸储煤高配、变电所、采样间 MCC 室各 1 座及沉淀池等建筑物，广西华谊能源化工有限公司工业气体岛项目年用煤量约 342.8 万 t、日均用煤量约 1 万 t。

图 16-11　豫北圆管带式输送机项目 A 标段

图 16-12　广西华谊工业气体岛项目卸储煤装置

2021 年 5 月 16 日，华电重工越南沿海二期 2×660MW 燃煤电厂项目 1 号机组顺利通过 168h 试运行。该电厂位于越南茶荣省沿海电力中心。华电重工负责承建该电厂的输煤系统，包含带式输送机系统、2 台堆取料机、2 台卸船机和数字化煤场设备。

2021 年 7 月 30 日，由华电重工主导的中铝几内亚项目扩产提速标段主带式输送机系统，空载联动试车圆满成功。本次空载联动试车包含 C06、C07、C08 三条长距离主带式输送机系统及其附属钢结构和电控系统，主带式输送机运行速度由原来的 3.5m/s 提升至 6.2m/s，相应的生产能力将由原来的 2,500t/h 提升至 5,000t/h。本次空载联动试车于 7 月 30 日 13：30 开始，于 19：30 结束，调试期间，系统运行稳定，起停顺序正确，联锁保护安全可靠，满足设计要求，达到预期目标。

2021 年 12 月 28 日，唐山港曹妃甸煤码头三期工程装卸系统第四台装船机滚装上岸仪式在唐山港曹妃甸港区举行。曹妃甸煤码头三期工程是华电集团“电为主体、煤为基础、路港配套、产业集群”的重点发展布局项目，也是华电煤业建设 5,000 万 t 级特大型煤业集团的战略目标项目。

同年，由华电重工物料输送工程事业部承建的京能滑州热电联产项目厂外输煤系统是京能滑州热电联产项目的重要配套工程。该套输煤系统距离电厂约 2.5km，主要包括 2 台单车翻车机、2 座缓存筒仓、采样间、破碎室、5 条带式输送机和 1 台密闭式圆管带式输送机，较公路运输方式具有高效环保、成本低的特点。

4. 上海科大重工集团有限公司

（1）公司简介　上海科大重工集团有限公司（简称“科大重工”）拥有先进的带式输送机（圆管带式输送机）设计、分析及制图软件，包括静态计算与动态分析软件（如 OVERLAND 计算分析软件）、钢结构设计与分析软件、物料离散元分析软件（如 DEM 分析软件）、二维三维制图软件（如 TAKLA-Xsteel、STAAD. PRO、ANSYS 钢结构三维深化设计软件），并由一套完善的 PDM 系统对所有的设计资料进行统一管理。

（2）2020—2021 年度发展情况　由于公司战略发展需要，原郎溪东奥输送装备科技有限公司自 2020 年 4 月起更名为科大重工集团（郎溪）有限公司，公司主要从事带式输送机研发生产。科大重工郎溪二期项目总投资 4.1 亿元，2021 年计划投资 1.5 亿元，新增用地 141 亩，建筑面积 6.45 万 m^2。项目建成后，可形成 5 万 m 智能带式输送成套设备、6.5 万 m 环保高效带式输送成套设备的生产能力。预计新增年销售收入 4 亿元，新增年税收 1,600 万元。

2021 年 4 月 20 日，松滋市与武汉绿洋环境工程有限公司、上海科大重工集团有限公司签订投资框架协议，拟投资 36 亿元建设矿山物料廊道运输专用线和智能输送工程装备制造项目，减小矿山资源开发对环境造成的影响，实现矿山资源开发和生态环境保护的良性循环。矿山物料廊道运输专用线项目计划投资 30 亿元，建设主线长约 32.58km。该项目起点位于松滋市刘家场镇兔子垴附近，沿途经过各矿山至车阳河码头。建成后，廊道输送能力为每年 6,000 万 t。智能输送工程装备制造项目选址城东工业园，计划投资 6 亿元，主要生产智能输送工程装备。项目建成后可安排就业 500 人。

5. 衡阳运输机械有限公司

（1）公司简介　衡阳运输机械有限公司（简称“衡阳运机”）拥有湖南省带式输

送机工程技术研究中心、湖南省企业技术中心，专注于散状物料输送工程解决方案设计及产品开发，自主开发的长距离、大带宽、大运量、大倾角以及圆管、移置式、伸缩式、平面转弯、隧道连续出碴等特种输送设备，拥有国家发明（实用新型）专利183项。

（2）2020—2021年度公司效益发展情况　近两年，公司年平均生产总值国内市场占有率为7.0%；年平均销售总额国内市场占有率为7.1%；省内市场占有率达93%以上。2020—2021年度在全球各区域以及各行业的销售情况见表16-2、表16-3。

表16-2　2020—2021年度各区域销售情况

年份	全国	华北	西北	华东	华南	西南	海外
2020年	7.602亿元	7%	27%	13%	34%	11%	8%
2021年	10.84亿元	14%	5%	19%	8%	49%	5%

表16-3　2020—2021年度各行业销售情况

年份	电力	钢铁	煤炭	港口	建材	其他
2020年	7%	27%	13%	34%	11%	8%
2021年	14%	5%	19%	8%	49%	5%

2021年以来，衡阳运机克服钢铁、运输等成本大幅度上涨、疫情流行等不利因素的影响，12月31日，完成产值8.2亿元，比去年同期增长5.17%；拿到订单10.84亿元，同比增长42.61%；上缴税金5,640万元，同比增长13.2%。

（3）2020—2021年度公司产品创新发展情况

1）新产品研发情况：

① 大功率下运负功率发电带式输送机研发：江西德安万年青水泥6,600t/d熟料水泥生产线钢廊道14°坡度下运带式输送机，驱动功率2×710kW，桁架单跨最长达36m、钢立柱最高达35m。带式输送机正常载料运行时驱动电动机处于发电状态，所发电直接反馈至内部电网，可供其他设备使用。该研发技术在红柳林大巷煤矿驱动功率3×1,800kW、河南锦荣水泥（三门峡）驱动功率4×710kW、宁夏银星大巷煤矿驱动功率3×710kW等项目中得到了应用，为用户提质增效创造了一定的经济效益。

② TM型超长距离隧道掘进带式输送机研发：这是国内在超长隧道快速掘进出碴技术和与隧道掘进同步跟进装备开发上的重大突破。滇中引水工程大理Ⅰ段施工3标段隧道输渣系统工程项目单机25,000m超长运距输出、800m超大容量储带智能伸缩系统、上运+下运+平面转弯空间一体化运输设计、便携式可再利用墙挂结构设计、驱动系统自动节能切换设计技术、智能化联锁控制技术均填补了国内大型掘进输送系统研制的空白，相继在内蒙古引绰济辽、珠江三角洲、广东榕江等引水隧道工程中成功运行。

③ 长距离大型越野带式输送机系统开发：主要解决超长距离大型输送机运行过程中的安全控制技术，包括电动机变频控制技术、设备软启（制）动技术、输送带自动纠偏技术、温控自动报警等安全控制技术系统。该项研究已经在陕西冀东海德堡泾阳水泥

（单机 9. 343km）、华润封开水泥（单机 12. 613km）、重庆绿岛源丰都水泥（单机 8. 039km）等许多国内输送设备项目进行了应用。

④ 布料机研发：研制了长沙港铜官港布料机及印尼 OBI 镍铁项目布料机。布料机在储矿料场上方的轨道上运行，主要功能是将地面带式输送机输送来的物料堆卸入料场内。

2）科技创新项目计划：

①“超长距离隧道掘进带式输送机系统”项目列入湖南省工业和信息化厅百项重点新产品推进计划；

②“智能移置式带式输送机”项目列入湖南省百项重点新产品推进计划；

③“超长距离平面拐弯带式输送机”项目列入湖南省百项重点新产品推进计划；

④“大管径圆管带式输送机”项目列入湖南省百项重点新产品推进计划。

3）科技创新进步劳动奖：

① 2020 年荣获“创客中国”衡阳市中小微企业创新创业大赛二等奖；

② 2021 年荣获湖南省五一劳动奖状。

6. 焦作科瑞森重装股份有限公司

（1）公司简介　焦作科瑞森重装股份有限公司（简称“科瑞森”）瞄准散料输送行业前沿科技，致力于散料连续输送系统项目总承包，包括勘察设计、装备制造与集成、工程物流服务、工程实施与管理、工程调试及投运、备品备件服务、生产运营服务等，总承包项目涉及矿山、港口、煤炭、电力、冶金、建材、粮食等各个领域。

公司已承担实施国家火炬计划、河南省科技计划等多项重点科研项目，拥有国家授权专利 121 项、软件著作权 14 项。其中超长距离索桥带式输送机、移动布料系统、环保型超长距离曲线带式输送机、螺旋式连续卸船机等 4 项新产品被认定为“河南省首台（套）重大技术装备”，其中“移动布料系统”的关键技术鉴定为国际先进水平并于 2022 年获得河南省机械工业科学技术奖二等奖。研发实施的环保型高速大管径圆管带式输送机工程应用与研究项目获得“国华电力科技成果一等奖”，实施的陕西榆能横山煤电一体化工程（见图 16-13）获得“国家优质工程金奖”。

图 16-13　陕西榆能横山煤电一体化工程项目

（2）2020—2021 年度发展情况　在国内外疫情影响下，近两年科瑞森不断开拓新的市场领域，迄今已在马来西亚、巴基斯坦、几内亚、越南、印尼、缅甸、南非等全球 30 多个国家实施了工程总包项目以及运维服务，在国家“一带一路”倡议的推动下实现了散料连续输送高端装备和智能化远程运维服务全生命周期运营，其销售额见表 16-4。

表 16-4 科瑞森 2020—2022 年连续搬运机械产品总销售额

年度	总销售额/亿元	同比增长率(%)
2020—2021 年	15.62	101.29
2021—2022 年	17.57	12.48

7. 山东山矿机械有限公司

(1) 公司简介　山东山矿机械有限公司（简称“山东山矿”）始创于 1970 年，是集研发、设计、生产、销售带式输送机、破碎机、球磨机、工矿电动机车等系列主机产品及关键零部件的大型骨干企业。据有关行业市场分析，在国家五大电力集团 30 万 kW、60 万 kW 和 100 万 kW 火力发电机组输煤系统新建项目中，在全国冶金系统首钢、武钢、宝钢、鞍钢、济钢、莱钢等改造或新建项目中，公司市场占有率名列前茅。公司根据国内外采矿工艺的发展需要，研发了具有独立知识产权的应用于连续、半连续采矿系统用成套输送设备。

(2) 2020—2021 年度发展情况　山东山矿机械有限公司为顺应新时代发展新要求，积极践行创新发展理念，为适应环保要求和用户需要研制了带式输送机配套带除尘器的重型环保除尘卸料车，该环保型新产品正在太钢铁前物流项目现场调试中，如图 16-14 所示。近期，该产品已成功应用于石横特钢高炉、晋钢园区高炉、河钢乐亭原料厂、徐钢集团、山东能源东滩煤矿（见图 16-15）等多个项目带式输送机上，均取得了良好效果。公司开发的环保重型卸料车采用全新结构，卸料车自带除尘装置及密封机构，改变了传统环保卸料车需布置复杂的除尘管路、占用空间大、成本高的缺点；结构更加紧凑，除尘效果好，采用自动化控制，能够实现自除尘、自清料，降低了人工清理的劳动强度，避免了二次污染。本设备广泛用于冶金、电力、化工、煤炭等行业，是传统卸料车的理想升级换代产品。

图 16-14 重型环保除尘卸料车现场调试中

图 16-15 应用于东滩煤矿的卸料车

8. 太重集团向明智能装备股份有限公司

(1) 公司简介　太重集团向明智能装备股份有限公司（简称“太重向明”）是太重集团控股的混合所有制省属国有企业。公司长期致力于散装物料长距离连续搬运机械的研发和制造，是山西省带式输送机行业的龙头企业；公司研发的城市智能停车系统采用国内外先进技术，达到国内领先水平。公司设立准备、结构、机加、托辊、装配和车库六大车间，是目前山西省带式输送机企业里测试检验项目最齐全的平台。公司的技术中心是山西省级企业技术中心，研发人员占企业职工总数的比重达到26%以上，年度研发经费支出占主营业务收入的比重在5%左右。

（2）公司效益发展情况 2021年，公司因控股股东发生变更，不再是山西七大煤企之一晋能集团的下属企业，在仅拿到晋能集团不到2,500万元订单、占比不到6%的情况下，依然实现了订单增长。当年开发新用户25家，占年度用户数量超40%；新用户产生订单金额达2.4亿元，占全年订单总量超60%。超两千万元订单的大用户达到5家。

2021年取得省外订单超过2亿元，在公司历史上首次超过省内订单。近两年，公司营业收入每年以超过25%的增长率高速递增，2021年更是突破3亿元大关，实现了高质量、跨越式的发展。

由表16-5可见，2021年度公司带式输送机总销售额29,274.04万元，比上年增长25.31%；净利润2,450.24万元，比上年增长16.54%。公司带式输送机总销售额和净利润在2021年较上年大幅增长。公司带式输送机产品盈利能力始终保持在行业领先水平，净利率达到8%以上。

表16-5 企业2020—2021年带式输送机销售情况

年份	2020年	2021年	2021年比上年增长
总销售额/万元	23,361.80	29,274.04	25.31%
净利润/万元	2,102.56	2,450.24	16.54%
净利率	9.00%	8.37%	

（3）2020—2021年度公司产品创新发展情况 随着现代化发展要求，长距离、大运量、高带速、绿色化与智能化成为圆管带式输送机发展的方向，2020—2021年度，太重向明研发了新产品：DG型智能化圆管带式输送机。该项目的情况如下：

1）产品研究工作：设计和开发智能化圆管带式输送机，并制造样机，调试运转方案；研制符合安全生产要求的圆管带式输送机配套件（输送带、软启动、控制等）及输送机整体系统，从传感层、传输层、控制层、应用层和展示层等方面，完成数据采集、数据传输、设备集控、综合应用和业务管理等功能；重点研究智能化圆管带式输送机高低压配电子系统技术、集中控制子系统技术、工况监测及保护系统技术、智能化视频监控联动子系统技术、智能节能照明子系统技术、传输网络子系统技术、综合应用及移动管控子系统技术、厂区通信视频监控配套子系统技术和计算机信息管理子系统技术等，将各功能子系统纳入统一的监控平台，实现各设备状态信息的汇总与融合，实现数据共享、在线诊断、故障预警及控制联动。

2）与国内外同类成果和产品的比较：目前，国内外对于智能化圆管带式输送机的研究集中于智能化、大运量、长距离、高速、高带强、低压陷阻力方向，而本项目的新型智能化圆管带式输送机在此基础上实现了圆管带式输送机的可视化、自动化、智能化运行，实现了“智慧运行、无人值守”目标。

（4）项目获奖及应用情况

2020 年获得山西省太原市“第五批科学技术项目资金奖励”。

2020 年获得山西焦煤汾西荣欣矿区铁路专用线（一期）工程项目的圆管带式输送机订单，合同总金额达 1.13 亿元。

2021 年入选山西省发展和改革委员会的“山西省创新产品和服务推荐清单”。

2022 年通过竞争择优模式入选为“山西省科技成果转化引导专项”。

9. 湖州电动滚筒有限公司

（1）公司简介　湖州电动滚筒有限公司正式成立于 1996 年，原为湖州机床厂有限公司的下属子公司。公司自 20 世纪 80 年代开始专注于电动滚筒产品，从事产品的研发、生产、销售和服务。公司拥有自主品牌“星力牌”，产品系列有油冷式电动滚筒、油浸式电动滚筒、外装式电动滚筒、隔爆型油冷式电动滚筒等。建立了省级“星力传动技术高新技术企业研发中心”，湖州电动滚筒有限公司下属全资子公司湖州双力自动化科技装备有限公司，并建立了浙江省双力自动化物流传动装备企业研究院。两公司创新能力强，与连续搬运机械产品相关的有效发明专利达 7 项，实用新型专利技术达 23 项，外观专利 1 项。

（2）2020—2021 年度公司效益发展情况　近两年，公司三大主要连续搬运产品“电动滚筒全系列产品”、“物流辊子系列产品”和“物流工程连续搬运机械产品”均取得重大突破：电动滚筒产品销售额分别达到 13,314.78 万元和 13,887.22 万元。

双力物流辊子主打托盘线双链动力挡边辊筒、车制滚筒优势产品，提升售前支持和售后服务，以快速交付、质量稳定抢夺市场份额，并向新能源、轮毂、医药及环保行业领域进军。近两年产品销售额分别达到 3,791.71 万元和 3,962.85 万元。

双力物流工程连续搬运机械产品克服国内经济下行压力对制造业的冲击、投建速度放缓及内部资源压力，贴近头部集成商技术发展方向，持续打造大客户战略，对意向订单充分预算和评审，近两年产品销售额分别达到 6,538.8 万元和 9,582.97 万元。

公司连续搬运产品近四年持续保持增长，特别是双力物流产品取得长足进步，连续实现两位数的增长，2020 年两公司全年完成销售收入 2.85 亿元，2021 年完成 3.2 亿元。生产销售细分数据见表 16-6。

表 16-6　2020—2021 年连续搬运产品生产销售情况

重要指标	双力物流产品（含辊子及工程）		电动滚筒产品	
	2020 年	2021 年	2020 年	2021 年
产值/万元	11,547.5	17,475.6	14,076.5	15,269.08
营业收入/万元	12,215.59	15,611.98	13,342.45	13,897.26
主营业务收入/万元	12,130.82	15,493.01	13,314.78	13,887.22
主营业务收入增长率（%）	32.12	27.72	16.95	4.30

（3）2020—2021 年度公司产品创新发展情况　目前公司主要从事带式输送驱动、辊子式物料输送与分拣输送的驱动和整套设备的研究，研究领域包括电动滚筒技术、交流异步电动机技术、永磁外转子同步电动机技术、电动滚筒机械减速传动技术、电动滚

筒专用生产设备技术和电动滚筒专用检测技术；成件物品输送线、托盘输送线、顶升移载机械、提升机械等技术。

10. 杭州华新机电有限公司

（1）公司简介　杭州华新机电有限公司（简称“华新机电”）拥有自主研发的低净空节能型桥式起重机和四卷筒抓斗卸船机专利技术。华新机电生产制造的卸船机产品系列从200~2,400t/h，目前生产制造过的生产率最大卸船机为马来西亚TJB 2,400t/h项目，具备设计制造2,500~3,500t/h卸船机的能力。

为实现进口替代，华新机电围绕四卷筒抓斗卸船机关键技术开展技术攻关，取得重大技术突破：一是首创卸船机四卷筒驱动及同步机构，使用电气差动方法和同步离合装置实现抓斗及起重小车的精准运动控制；二是采用先进电气调速控制技术控制四台独立卷筒，解决了标准减速器替代非标差动减速器的技术难题；三是通过四台电动机动态补偿及跟随运动，实现抓斗自动寻轨及防摇控制，解决了手动操作劳动强度大、抓斗摇摆难以控制的技术难题；四是通过对高精度传感器采集的钢丝绳张力信息进行分析，结合电动机实时速度反馈，实现四台电动机速度动态调整，保证了负载均衡，使得钢丝绳寿命延长一倍以上，节省了维护成本。

（2）2020—2021年度发展情况　2020年6月30日，华新机电为中铁建港航局泰兴港务有限公司建造的两台1,500t/h卸船机（见图16-16）在港区1号泊位顺利完成第二台前大梁吊装，标志着为期8天的大件吊装圆满结束，阶段收尾后将进入设备调试阶段。本次吊装满足了业主“首船靠泊试机仪式”的时间节点要求，得到业主高度赞扬。

继马来西亚TJB、印尼爪哇、菲律宾马里韦莱斯等项目之后，华新机电总承包的两台2,000t/h卸船机（见图16-17）在迪拜哈斯彦项目码头圆满完成上岸滚装作业。哈斯彦4×600MW清洁燃煤电站是中东地区首座清洁燃煤电站，也是华新机电向中东地区提供装卸设备的首个项目，项目地址位于迪拜与阿布扎比交界处。哈斯彦项目卸船机的原材料均采用美标钢材，采用欧美标准设计、制造和检验，并且要求整机滚装上岸。

图16-16　华新机电为中铁建港航局泰兴港务安装的1,500t/h卸船机

图16-17　2,000t/h卸船机

11. 无锡宝通科技股份有限公司

（1）公司简介　无锡宝通科技股份有限公司（简称“宝通科技”）成立于2000年。

宝通科技倡导绿色制造、可持续发展的理念，开发了一系列新型复合材料、高可靠性输送带产品，有耐高热、阻燃、高强度、节能环保及特种功能的钢丝绳芯输送带、织物芯输送带和特种结构输送带。宝通科技自主开发的长距离阻燃芳纶输送带产品，实现了芳纶输送带在煤矿井下长距离输送带零的突破。

随着数字商业时代的到来，宝通科技致力于工业散货物料输送行业数字化探索与智能化服务融合的研究和开发，逐步提升输送系统工程服务的智能化、自动化水平，丰富工业散料物料输送系统总包服务内涵；利用无线传感、物联网、人工智能、大数据分析等先进技术将智能制造车间、智能仓储物流、智能输送监测系统、智能客户服务等信息系统的生产与服务数据采集并关联分析，逐步建成行业大数据云，打造数字化输送带产品和智能化输送服务，最终推动整体行业产品的性能提升和智能物流输送行业的绿色升级。

（2）2020—2021年度发展情况　2021年11月15日，宝通科技为兴澄特钢提供的60万t矿渣微粉输送项目圆管带式输送机（见图16-18）一次性试运行成功，主要运用于兴澄矿渣微粉的输送。系统包含了管状输送带、圆管带式输送机的设计与制造，以及整体圆管带式输送系统的安装与运行。该圆管带式输送系统的水平输送距离为620m，提升高度为4.2m，带宽1,000mm，管径250mm，设计带速2.5m/s，设计输送量300t/h。

宝通芳纶节能输送带助力甘肃窑街煤电集团“双碳”战略转型，宝通科技全资子公司——百年通工业输送，为窑街煤电集团海石湾煤矿主斜井提供的芳纶节能输送带，替换了原有钢丝输送带，共3,690m。经济效益、安全效益提升显著，获用户运营层、管理层一致好评。

图16-18　圆管带式输送机现场图

12. 浙江菲达环保科技股份有限公司

（1）公司简介　浙江菲达环保科技股份有限公司，创建于1969年，2002年在上交所发行上市（股票代码：600526），现为杭钢集团有限公司控股子公司；主要从事燃煤电站及工业锅炉烟气环保岛大成套及固废处置、污水治理、物料输送及储存等环保工程EPC、BOT、PPP建设。2021年公司销售收入33.84亿元，净利润0.50亿元，利税1.87亿元，总资产69亿元。

公司建有国家认定企业技术中心、国家级工业设计中心、全国示范院士专家工作站等高能级创新平台，已承担实施国家“863计划”、国家重点研发计划等省部级及以上项目30多项，获省部级及以上科技进步奖41项，拥有有效的国家专利268件、软件著作权5件，起草国家、行业等各类标准138项，牵头编制行业专著3部。产品已出口“一带一路”沿线43个国家和地区，为国内外燃煤电站配套生产除尘、脱硫、脱硝累计业绩超5亿kW，其中在1,000MW机组配套电除尘器国内市场占有率达60%左右，被工信部认定为全国单项冠军产品。

（2）2020—2021年度发展情况 在物料输送方面，公司主要致力于散料物料连续输送系统的总承包，以及燃煤电厂环保岛项目中物料搬运、输送、储存项目的设计、制造、调试工作。目前公司连续搬运机械产品主要集中在电力、冶金、矿山、码头等行业，涉及的搬运物料有粉煤灰、碎矿、石灰石、矿石、黏土等几十种。

2020—2022年，公司的输送系统订单构成为：圆管带式输送机约20%，散装物料气力输送系统为60%，其余通用机械式输送机如刮板机、螺旋输送机、斗式提升机、普通带式输送机为20%。其中出口海外业务2,000多万元人民币。

2021年，企业中标国家能源集团湖南岳阳电厂2×1,000MW机组，通过智慧智能技术应用实现负荷自调控和节能运行，通过智慧输灰示范工程，项目正在争创国优金奖。

13. 福建龙净环保股份有限公司

（1）公司简介 福建龙净环保股份有限公司（简称“龙净环保”）拥有50多年的发展历史，是中国环保产业的领军企业（股票代码：600388，2000年上市）。龙净环保专业致力于大气环保以及散料储运领域研发及应用，能同时为用户提供大气污染物治理、散料储运等一揽子解决方案和运营模式。

龙净环保高度重视散料输送业务的发展，为了加大散料输送市场拓展力度，2019年专门成立了全资子公司——福建龙净环保智能输送工程有限公司，全方位拓展散料输送业务。该公司配备全自动智能化托辊生产线，专门从事散料输送系统工程的承接、实施与运营及散料连续搬运机械的研发设计、生产制造。

（2）2020—2021年度发展情况 该公司自主研发了长距离大管径圆管带式输送和节能环保长距离曲线带式输送技术，配套开发了流线型溜槽、智能巡检、低阻力静音托辊等一批技术先进产品，建立了管径800mm的圆管带式输送机试验线，拥有系统精确选型、动态仿真模拟、智能防控系统等核心技术。截至目前，龙净环保已承建圆管带式输送机近150台套，累计输送距离为200km，其中600mm以上管径圆管带式输送机共8条，大管径圆管带式输送机业绩行业领先。

龙净环保散料输送项目合同连续三年快速增长，尤其是在冶金、建材行业、化工行业的市场取得较大的突破，成功执行了敬业钢铁单体合同额超4亿元的带式输送系统EPC工程、新疆宜化单体合同超亿元的曲线带EPC工程以及海螺集团等具有代表意义的输送系统工程，拓展了行业发展空间。龙净环保2020—2021年连续搬运机械产品总销售额为24亿元。

第4篇 物流仓储机械

本篇摘要：

本篇从物流仓储装备的行业地位与特征出发，分析了物流仓储装备所处的宏观环境及应用领域情况，对当前的业内企业结构进行梳理，研究了行业规模、产品结构、技术特征等行业发展现状，探讨了行业发展难点及启示，探究了主要的技术发展方向。针对市场应用情况，着重分析了国内市场的需求变化及部分海外市场需求状况，结合制造业、零售业等重要应用领域分析、推测市场需求变化趋势。同时从数据的角度，对行业内标杆企业、上市企业的样本进行统计，梳理行业产能及格局、产业链及企业盈利能力的变化趋势，勾勒出国内的竞争态势，并阐述了行业产业链运行机制。以生产型、配送仓储型、电商平台型三种物流仓储应用模式为出发点，剖析物流仓储装备行业的发展应用情况，并从技术、市场、政策的角度分析了行业的发展趋势。

本篇拟通过行业内的声音，对物流仓储装备行业2020—2021年间的情况进行全面系统的分析、统计、梳理、总结与研究，与同行们共同探究、商讨行业发展现状、发展方向及未来发展趋势。

第17章

概述

当前，我国经济的高速发展，离不开现代流通体系的基础支撑，构建新发展格局，更需要现代流通高效率衔接供给和需求。物流业作为现代流通体系重要的组成部分，是集仓储、运输、货运代理、流通加工、配送、信息处理等行业为一体的复合型产业，是支撑国民经济发展的基础性、战略性、先导性产业，在推动生产要素循环流转，衔接生产、分配、流通、消费等方面发挥着举足轻重的作用。

物流技术装备作为物流业发展的物质基础，随着国民经济的不断发展及市场规模的不断扩大，行业地位也逐步提升。近年来国家层面连续发布多项政策：2019 年 2 月，国家发展和改革委员会联合中央网信办、自然资源部等 24 个部门和单位印发《关于推动物流高质量发展促进形成强大国内市场的意见》；2020 年 5 月，国家邮政局、工业和信息化部印发了《关于促进快递业与制造业深度融合发展的意见》；2020 年 9 月国家发展和改革委员会印发了《推动物流业制造业深度融合创新发展实施方案》；2021 年 3 月全国人民代表大会和中国人民政治协商会议表决通过了《中华人民共和国国民经济和社会发展第十四个五年规划和 2035 年远景目标纲要》等。这些政策从各个维度强调物流业及其物流装备的重要性与发展的急迫性，与行业的发展息息相关。

物流仓储装备是物流装备不可分割的重要组成部分，可为物流系统提供仓储过程功能性服务及技术保障，被广泛应用于存储、搬运、装卸、包装及信息处理等流通体系的诸多物流环节，加快流通体系的运转速度，实现对资源的有序控制与管理。高效、高质、适宜的物流仓储装备，不仅可加速推动整个物流装备领域向前迈进，同时也可促进我国物流业转型升级、推动制造业与商贸企业创新型发展，支撑国民经济的整体动态平衡与良性循环，在经济全球化、供应链一体化、新冠肺炎疫情接连影响的大环境下，依旧是备受关注的市场需求热点。

物流仓储装备指在整个物流仓储领域内用于存储、搬运、输送分拣、堆码、装卸、包装、信息采集等物流各个环节的设备、器材及其控制、管理软件的总称。近年来其行业发展迅速，行业地位日益突出、行业特征逐步呈现、应用领域愈加广泛、发展方向渐趋明朗，同时随着国家政策的大力扶持、行业领域内的人才辈出、新兴先进技术的融合应用，物流仓储装备行业迎来了更大的发展机遇与前景。

17.1 行业地位

物流业是国民经济发展的基础产业和战略新兴产业，在保障资源配置、支持区域经济发展等方面发挥着重要的作用。现代物流技术与装备的广泛应用，在有效提升行业自身技术水平的同时，极大地支撑和保障国民经济各部门发展需要，实现高效、准确的物资仓储、流通等工作，有效维护了国家物资供应稳定，保障了生产物资供应安全和居民生活物资需求。2016年，国家发展和改革委员会发布的《战略性新兴产业重点产品和服务指导目录》，智能物流装备产业被纳入其中，物流仓储装备作为重要的物流装备与基础物流设施，可助力打通现代流通体系各领域循环堵点、提高企业降本增效能力、推动智能制造转型升级、增强社会经济活力，从多个方面直接或间接影响我国广大民众的日常工作与生活，同时作为现代物流业存储环节的重要生产力要素，在发展现代物流、改善物流状况、促进物流业转型升级、促进社会生产生活现代化等方面作用显著，具有重要的行业地位。

物流仓储装备是智能制造装备之一，是智能制造的基础和核心装备。当前推动智能制造转型升级以及高质量发展是促进我国制造业由大变强的重要实施路径，是我国制造业高质量发展的主攻方向。物流仓储装备的应用贯穿智能制造生产加工、存储质检、出库发运的全流程环节，打通了制造生产中间过程的物流衔接，帮助制造企业高效精准地管理物料的流通和存储，确保物料准时配送和产品及时送达，极大地提高生产效率、增强制造能力、缩短制造周期，提升企业的行业基础能力与竞争力。特别是随着线边物流的提升推进，智能车间、智能工厂的建设增多，物流仓储装备在智能制造中的渗透力度持续加大，应用与需求显著增多，成为当前智能制造体系中不可缺少的环节之一。

物流仓储装备也是现代物流装备与基础设施的重要组成部分。结合当前先进的信息技术与先进的管理模式，构建各级别的实施平台，加强区域系统内存储与分拨、搬运、配送等物流基础设施间的有效衔接，实现物品的最优库存、精准配送、透明监管，规避各环节信息孤岛、打通各领域循环堵点，支撑和保障各行各业联动发展，真正实现全国乃至全球市场融合联动、有机协同，助力基础设施的完善与发展，支撑现代流通体系建设。

物流仓储装备是现代物流技术的重要载体。近些年来，其技术水平不断提高，系统集成技术、自动存储技术、智能识别技术、输送分拣技术、集成调度技术、运维规划技术等，与5G、人工智能、大数据、云计算、区块链、数字孪生等各种新兴信息技术不断融合，进入新一轮技术升级。如物流仿真技术结合数字孪生，让物流系统规划更加科学，设计更加准确，实施成功率增加。人工智能、大数据、算法应用，让储存空间利用率提升，调度更加精准，系统适应性更强。5G、云计算、边缘计算、物联网技术的应用，让更多的设备互联，实现企业物流与信息流的一致与同步，结合视觉、听觉、语言处理的远程运维服务，更加适合现代社会的需求。物流机器人逐步成熟，多功能应用，让繁杂重复的体力劳动变得简单，生产效率大大提高。人工智能技术的落地实施，使人机协同作业更加融洽，同时系统运行更加灵活可控。自动驾驶技术、集群控制技术的应用，促进无人车、无人机、无人仓等无人化装备与技术进一步提升。

新兴的先进技术与传统物流技术的融合，大幅度提升了物流仓储装备的能力，被广泛应用于各种制造领域、流通领域乃至军事和救援保障应急等物流领域。物流仓储装备的产品种类多、适用性广、迭代速度快、技术附加值高、个性化及定制化程度高，适用于各种应用领域与应用场景，可满足各种企业的特定需要，可以协助企业重构流程、降本减负，助力企业提质增效；可以疏通流通环节，夯实物流设施基础，为社会生产和生活提供及时、精准、安全的物资保障，为突发性事件提供应急支撑，能确保社会物流体系的高速有效运行，是一个城市、一个区域乃至一个国家强大物流竞争力的直接体现。

物流仓储装备行业属于技术密集型行业，是新兴技术快速落地的行业，是资本追逐的热点行业，是正在迅速扩展的新兴行业。

17.2 行业特征

近年来随着全球化竞争的加剧、现代流通体系的发展壮大、我国多项政策的大力支持、智能制造的生产需求，以及跨界融合发展的日益增多，我国物流仓储装备行业市场规模稳步增长、技术进步显著、高端产品及定制化需求强劲。

17.2.1 需求拉动规模稳步增长

首先，制造业与物流仓储装备业协同发展是市场的长期所需，物流仓储装备随着制造业的转型升级发展，行业市场规模增长迅速。由于我国一直面临制造业大而不强、人口红利消失、劳动力成本持续上涨的不利现状，当前在国家政策指导及市场竞争加剧的推动下，各领域的生产企业，都在着眼于长远发展而提质增效。尤其是疫情和全球供应链的受阻，加速了企业推进智能升级的进程。生产企业从原材料的采购，到在制品、半成品的搬运、输送、存储，再到成品的发运，都离不开物流仓储装备的支持，对自动化立体仓库、密集存储库、线边库、自动导引车（AGV）、机器人等物流系统和设备的需求越来越多。如2020—2021年，新能源行业在国家政策的大力推动下，伴随着自身的扩张扩产，给产业链上下游企业带来了重大利好，对物流仓储装备的需求可谓是井喷式增长，新能源叉车、AGV、机器人、密集存储库、线边库等装备与技术，开始大量运用于锂电、氢能源等新能源行业。可见随着智能制造战略的持续推进，企业对流程的改造将离不开物流仓储装备的支持，尤其是智能制造的标准体系中，智能物流是体系中的关键环节，对装备和技术的需求将会同步拉升。

其次，物流仓储装备行业在流通领域的市场规模也高速增长。特别是疫情期间，“宅”经济兴起，网购几乎成为人们的安全购物方式，线上线下联合运行的模式保障了居民生活的正常运行。外加直播带货、社区团购、对接农村产地、下沉三四线城市等新模式促使电子商务迎来又一轮高速发展，物流中心、物流配送中心、自动分拣系统、货到人拣选系统等装备需求剧增，从而促进行业内企业不断改进创新，以适应新的应用现状，并随着我国城镇化进程的推进而持续发展。

总之，无论是制造业的提质增效还是流通业的体系建立，都将对物流装备提出更高的要求，提供良好的市场机遇，而作为物流仓储装备行业需抓住市场的窗口期，从自身出发，不断加大创新力度，加快产品迭代升级，以适应市场发展需求，将行业规模做大做强。

17.2.2 跨领域技术融合迭代加速

物流仓储装备行业是技术密集型行业，涉及机械、电气、信息等多个学科，其技术发展与各学科的技术进步紧密相关，尤其是新一代信息技术的突飞猛进，为物流技术的发展提供了强有力的支撑，特别是以5G通信技术、人工智能、大数据、云计算、区块链等为代表的新一代信息技术的发展，为物流技术的提升创造了良好的技术发展环境。

物流系统总体规划、设计制造、数据传输、应用接口、网络安全、系统优化、智能调度、联合运维等多方面都有长足进步，高速分拣机、四向穿梭车、攀爬3D穿梭车、超高堆垛机、多功能多领域应用的物流机器人、指环扫描仪、移动打印机、3D包裹识别装置等新型装备层出不穷，密集存储系统、货到人系统、多功能机器人组合系统等多种新模式迭代更新，新设备、新方案不断涌现，成了新兴技术应用落地最活跃的领域之一。

强劲的市场需求，有力地拉动了物流仓储装备行业的发展。整个行业坚持单元化、标准化、模块化结合柔性化、数字化、智能化与绿色化的技术发展路线，坚持适用技术的推广应用与创新型发展相结合，在体制机制不断健全、标准化体系不断完善的支撑下，在专业技术领域不断突破。物流设备与系统搭载新兴人工智能、深度学习、云计算、图像处理、自然语言处理等先进技术，高效、协同、精准地解决各行各业物流环节问题，整个行业正在从自动化向高度自动化、智能化转变。

17.2.3 高端化、定制化特征明显

我国持续进行经济结构调整、高质量发展、淘汰低端产能的要求，促使企业转型升级，此过程离不开采购、生产、仓储到配送等各个环节的流程梳理，物流成了企业升级改造、降低成本的首要改造对象，高端化发展特征明显。如针对流程制造业（制药、食品、化工等）对原材料和成品的批次管理特性，以及大存储量、大批量出入的要求，仓储系统融入生产流程中，可靠性更强的全自动立体仓库以及物流信息管理系统得到重视。针对机械制造业为主的离散制造业（汽车、家电等）多品种小批量生产特性，以及快速、高新、精准的特征，物料的全程管理要求更为突出，密集存储系统、智能监控系统、协同调度管理系统等快速发展。针对以批发零售、仓储、配送为主的流通型企业，则要以订单处理和客户服务为核心，逐一把控存储、加工、包装、拣选、配送等各个环节，并同期兼顾逆向物流，对物流仓储装备的即时响应性与灵活性提出了更高要求，货到人拣选系统以及柔性化更强的AGV更加适用。同时，存量平库的改造升级，既要成本可控，又要实施快捷、布局灵活，还要减少对运营的影响，因而量身定制的个性化适应性方案，是用户的首选。高端定制化的产品需求会持续增加。

物流仓储装备可应用于各行各业，量身定制的个性化物流系统解决方案更受用户青睐。首先，物流系统本身就是一个非标系统，在发展与应用过程中，相继吸收与集成了多种物流仓储装备与技术，而每个行业都有其自身的发展特性，如企业间生产模式不

同、管理模式不同、营销模式不同、地理位置不同、规模程度不同等，导致系统与相关技术必将差异化开展配置与应用，以至于在同一行业同一领域中，也很少出现完全相同的两套物流集成系统，定制化特征相当明显。其次，随着社会与经济的整体向前发展，人们对精神文化和生态文明等的追求日益显现，因此不同用户、不同人群对物流仓储系统的要求更是各不相同，如有的会对系统的整体性能更加注重，而有的会更加倾向于存储、拣选、配送等单向功能的强大，有的会更加强调控制系统的操作界面的感观性、人机协同的灵活性等，再加上互联网时代，信息量剧增，透明度加强，从而使得物流系统变化多端，个性化需求与差异也相当明显，迫使业内不断打造定制化产品，适应市场发展，这也是未来的发展趋势。

17.3 应用领域

物流仓储装备是现代物流装备体系的重要组成部分，根据业务性质、针对人群及应用场景等不同，可广泛应用于工业生产领域、商业流通领域、应急物流领域等各种场所。

制造业物流覆盖供应链各个环节，工厂物流为支撑企业生产制造的重要环节，通过流程优化，采用先进的自动化设备，优化布局线边物流，对原材料、半成品、成品及零部件等进行智能存储、搬运与输送，可极大地缩短产品生产制造周期、增强产品性能、提高生产效率，实现智能制造。物流仓储装备在工业生产领域得到大量应用。在发达国家，智能物流已经成为先进制造企业的标配，而我国也已经将智能物流纳入智能制造的标准体系，并树立了部分标杆示范企业。2021 年世界经济论坛（WEF）发布的全球制造业领域“灯塔工厂”名单，全球已有 22 个行业的 90 家工厂入选，其中我国有 31 家企业入选。制造业产业升级加快，装备、高科技等新动能增长引擎作用继续显现，因而作为智能装备的物流仓储装备行业，服务于汽车、机床、电子等机械加工业，化工、橡胶、医药制造等资源加工业，以及烟草、服装、纺织、家具等轻纺制造业等广大工业生产领域是大势所趋。

物流仓储装备在商业流通领域发挥着重要作用。2022 年初国家发展改革委印发《“十四五”现代流通体系建设规划》，将加快国家物流枢纽布局建设，构建全国骨干物流设施网络，完善城市配送设施和县乡村快递物流配送体系。

物流仓储装备作为重要的物流装备，可为消费品的流通提供更好的存储、分拣、包装、装卸、配送等自动化物流服务，缩短流通时间，提高物流效率，当前已广泛应用于邮政、电商、图书、酒水、饮料、农副产品、冷链等商业流通领域，助力流通企业发挥线上线下、生产消费、城市乡村、国内国际的独特优势，使得生产、生活更加便捷便利。

在应急物流领域中，物流仓储装备也起着有力的支持作用，为要求储备充足、反应迅速、抗冲击能力强的应急物流体系提供装备和技术支撑。新冠肺炎疫情期间，无人仓、无人车、无人机等无人配送装备与技术在医疗援助类、防污输送类、个体防护类等领域有力保障了抗疫工作的顺利进行。在军事领域中，在武器装备、弹药、医疗设备、军用技术器材、生活用品等方面，提供军用物资的后勤保障，确保任何时候军需物流的计划性、精准性、安全性与时效性。

17.4 发展方向

17.4.1 精准化与柔性化

精准化与柔性化是物流仓储装备行业核心竞争力之所在。在物质极大丰富的当今社会，无论在生产还是生活中，快速精确显得尤为重要。个人面对丰富的渠道，品质、方便、快捷成了首选。企业既要追求批量、规模化的市场效应，降低生产成本，又要应对多品类、小规模、定制化的变化趋势，扩大销售渠道。为适应市场变化，企业开始选择自动化的生产和管理，及时调整生产计划，保证产品品质、交付期限。复杂多变的应用场合已不是简单的单机设备与单一系统可以满足，它往往需要集成多种类的装备与相关的物流技术，汇集多个厂商优势，集成各企业的各级别装备、系统与技术，深度融合协同一致，才能满足生产的要求。

作为生产中的重要一环，物流系统需要针对不同的对象需求，实施精准管理，集成不同性能的设备子系统，按照流程设计布局，选择不同数量、规格、性能的设备，以满足储存、拣选、输送、分拣与包装、配送的需求。精准化是最基本的需求，设备的精确调度及有效协同、与生产节拍的充分匹配、物料的及时配送、库存的准确管理、订单的及时处理，都是确保产品准时交付的必要条件。

以往物流仓储装备系统往往是企业重资产的投入，建设周期长、投资大，建设完成后很难改变。企业产能发生变化时，应对性差。随着定制化生产的比例增多，生产的柔性需求在增加，生产变化的节奏在加快，订单的峰谷变化明显。混合制造、柔性制造的生产线增多，物流的需求也随之而变。规范化的、自适应性强的、互换互通的模块化设备，可以适时改变流程、改变形式。开放性接口、可以随时升级的系统、让用户终身受益的服务备受欢迎。例如如火如荼的物流机器人系统，就因为其布局便利及可更改性而迅速被用户接受。柔性化物流仓储装备是发展趋势之一。

物流仓储装备的精准化与柔性化发展，让货物能实现最合理、最经济、最有效的精准流动，并使物流、信息流同步一致，达到既刚且柔的目的，可极大地方便企业适应以订单为导向的按需生产并具备快速交付能力，使生产与应用企业达到真正意义上的任意随机切换与高效运行，同时方便行业中共享设备的迁移与共用，及时积极应对各种不确定性因素，降低企业成本，提高经济效益与社会效益。

17.4.2 数字化与透明化

数字化与透明化是物流仓储装备系统流动性与实时性的完美体现。在数字经济时代，数据已成为继土地、能源之后最重要的生产资料之一，物流仓储装备行业与其他行业一样，将从物流数字化与透明化入手，专注于提升仓储物流工作效率和流程合理性，为物流装备系统物理空间与虚拟空间的实时关联、互动提供重要技术支撑。

数字化是实现透明化的基础。物流仓储装备系统的数字化涉及互联网技术、大数据技术、5G、区块链技术等，包括构建基于物联网的信息系统、进行物流数据的自动采集和处理、开展物流系统的仿真分析、构建虚拟环境开展虚拟调试、关联现场数据开展虚拟监控、基于所得数据开展故障诊断与定位等，物流仓储装备系统将借助先进的数据处理技术，打通货物入库、存放、调拨、出库、盘点、检索、发货等各个环节的信息阻碍，形成流畅的数据链，将系统的总体规划、仿真分析、系统调试、远程监控、即时响应与维修等过程紧密衔接，从而进一步实现系统的透明化，即在虚拟世界中实时显示现实中的物流装备系统，清晰地反映出现行系统中每一个环节的运行情况，从货物的全生产周期出发，助力全流程各阶段的高效协同，并为全过程的追溯以及技术优化奠定数据基础，尤其在高度自动化的无人仓、无人车间、无人配送等应用场合，将在数字化的基础上，真正实现物流仓储装备系统的可视化管理与运营。

全流程的数字化与透明化是物流仓储装备系统的发展目标与方向。未来，在数字化的基础上，可以挖掘深藏在系统中的已知的、现有的、即将产生的各种内部数据与信息，结合相关技术实现系统全流程的透明化，提高系统的可维护性、安全性与可预测性，从而确保系统的高效安全运行，降低系统的维护成本，实现系统的流程优化，完成故障的精准预测，开展寿命的有效评估等，切实助力物流仓储装备行业向前发展。

17.4.3 无人化与智能化

无人化是趋势，智能化是追求，无人化与智能化是我国物流仓储装备行业发展的必然选择。随着新一轮产业革命的兴起、各种新兴技术的有效应用，物流装备系统的应用场景与环境都有了重大改变，对产品的性能、体积、灵活度等都有了更高要求，特别是随着我国人口老龄化的到来，新生一代对高科技的向往与追求，无人化与智能化物流技术装备已被越来越多地应用。由于其可以极大地提高物流功能系统运转的高效性、安全性，具有与外部世界、对象、环境和人相互协调的工作机能，再协同其智能化装备与技术形成的强大智能后台，智能化系统将实现物流仓储在各层级的智能管理与控制，共同协调好物流装备系统线上和线下、虚拟和实体、人工与机器之间的关系，真正形成有机的智能统一体。

近年来，我国已在智能货架、智能存储系统、智能输送技术、智能监控及故障诊断技术等方面进行了有益的探索，智能物流标签、智能周转箱技术等也正在被开发应用，未来将从多方面切实实现物流仓储装备行业的无人化与智能化。各种功能的物流机器人、高性能自动导引车/自主移动机器人（AGV/AMR）、无人机等的研制与推广应用将更加普及，智能识别与感知系统、智能导航技术、智能供电技术、智能运输管理等先进技术与仓储设备融合而成的智能化装备将全面发展，拥有一定智慧能力的物流系统将从多方面满足应用与生产需求，促进自动化立体库、托盘密集存储系统、料箱密集存储系统、拣选系统、拆码垛系统、装卸与包装系统等物流仓储装备和技术不断完善，并将实现仓内、线边物流等场合的物流机器人多模式应用，切实解决人口老龄化问题，解决物流成本占比过高的问题，推进物流仓储行业由“汗水型”向“智慧型”迈进。

17.4.4 绿色化与生态化

绿色化与生态化是物流仓储装备系统高度融合与集成应用的终极目标。在碳达峰/碳中和成为国家战略、国家明确“3060”双碳目标和行动方案的背景下，相继提出将全面健全我国绿色低碳循环发展的现代流通体系，物流仓储装备行业作为物流业的核心基础部分，不管是从政府层面还是从企业应用层面，都相当重视行业的绿色化发展，在实现物流仓储装备系统效率优化和经济利益优化的同时，更加关注可持续发展与绿色环保需求，不断加大投入绿色物流新装备、新技术的研究与应用。政府和行业协会加强对绿色物流的引导与规划，推动物流仓储行业以绿色物流为突破口，降本增效、安全稳定有序发展。

当前，物流仓储装备行业将继续从绿色规划与布局、绿色设计设备、绿色制造工艺、绿色包装与配送、安全保障技术、循环共享、回收处理技术等方向着手，并充分采用蓄能技术、直流伺服技术、超级电容技术、绿色包装技术等，促进绿色物流装备的应用，助力绿色物流技术的发展，促使企业实现节能、节地、节水、节气、节电和降低碳排放量，满足可持续性方向发展需求。

同时，物流仓储装备行业将形成一个有机整体，将紧密结合供应商、制造商、物流服务商、终端客户等上下游供应链，发展为一个具有时空维度的生态结构，从零部件供应商出发、从产品系列出发、从企业实际管理水平出发、从现有先进技术的应用情况出发、从客户应用场合与实际需求出发、从市场前景及预期发展出发等多方面协同，实现全国各地乃至全球范围的生产、管理、物流运输、销售、服务一体化的动态控制与管理，完成低碳、高效、融合、协同的物流仓储装备行业生态的建立，保障人、机、物全生命周期内的有机统一，全面助力行业可持续性发展。总之，形成一个绿色安全运行的生态系统，是行业发展的终极目标。

17.5 宏观环境

17.5.1 贸易摩擦的深刻影响

当前全球贸易保护主义和某些发达国家倡导的“新孤立主义”不断抬头，以及地缘政治危机，破坏了几十年间建立起来的全球化国际贸易秩序。各国间的科技竞争、产业链重组达到了新的高度。

从技术环境来看，关键设备与技术的自主可控是行业内亟须解决的重大难题。物流仓储装备行业起步较晚，众多新装备、新技术的提出都源自欧美日等发达国家，且其中有很多关键零部件依赖进口，如伺服驱动系统、AGV 激光雷达、控制系统的可编程控制器（PLC）、变频器、高端传感器等。国际供应链的受阻，已影响到行业中企业的项目交付。因而，我国物流仓储装备行业在未来一段时间内，需要更好地利用现有的条件与各种有利资源，从多方面下手，努力争取早日实现更多关键设备与技术的自主可控，形成一批具有完全自主知识产权的核心技术与核心零部件，通过自主核心设备与技术的研发与应用、产权的申请保护、相关标准体系的修改与完善等手段，化被动为主动，提升物流仓储装备行业整体技术水平。

从市场环境来看，增强自主创新、抢占高端市场占比是行业大势所趋。目前尽管世界上最优秀的物流仓储装备供应商依旧集中在欧洲和日本等发达国家，高端装备市场多被国外知名的企业所占据，但随着融资回暖、制造业与物流业的融合发展、我国电子商务市场的异军突起、国家提质增效与降本开源的需求并伴随着国家各项有利政策的颁布，当前我国物流仓储装备行业内品牌竞争意识正不断增强、服务保障能力正不断得到提升，同时国内也已涌现了一批具备较强竞争力的优质企业，自主创新能力不断加强，行业的升级进步有望进一步提速，国产品牌代替国外产品已经悄然开始。

自主创新，才是企业持久发展的唯一道路。在国外企业技术高成熟度、绝对的品牌优势、丰富建设经验的压力下，物流仓储装备行业企业，需要自强不息、潜心研发、上下游产业链协同进步，建成完善的产业生态体系，形成行业整体核心竞争优势，提高高端市场占比与利润空间，均是我国物流仓储装备行业面临的挑战与机遇。

17.5.2 双循环的发展机遇

面对新的国际形势，国家明确提出要加快构建以国内大循环为主体、国内国际双循环相互促进的新发展格局。在物流业方面，2021 年底，国务院国资委联合数家央企成立中国物流集团有限公司，2022 年初国家发展改革委又印发了《“十四五”现代流通体系建设规划》，促使公众将视野聚焦到了相关领域及其物流装备与技术，也为作为物流装备之一的物流仓储装备行业指明了新的发展方向、注入了新的发展动能。

首先，我国具有超大规模市场优势和内需潜力，各项政策措施助力扩大内需，将培育行业新的增长点。据国家统计局数据资料，2021 年我国全年社会消费品零售总额超 44 万亿元，网上零售额交易达到了 13 万亿元。物流仓储装备作为重要的物流装备基础设施，可广泛应用于各大消费品流通领域，其市场规模必将随之不断增长与扩大。同时，不管是国家提出的做好“十四五”首批国家物流枢纽的建设工作，发力建设物流配送中心，加大物流仓储装备的投入，还是国家在新能源产业链、冷链领域、应急物流等方面的全面推进，都将发展的重要立足点放在我国国内，进一步夯实行业的发展基石，有效对抗外在风险，也都为物流仓储装备在领域中的推广应用与持续发展提供了有力的政策保障与支持，推动行业培育新的增长点。

其次，以制造产业链为核心的内循环，需要物流仓储装备作为其重要支撑与保障。物流仓储装备是连接生产和消费的桥梁，可极大地助力制造工厂完成产品及零部件的下单、送料、制造、储存、转运、供应等工作，对缩短产品制造周期、跟踪产品制造流程、提高产品综合性能、降低产品制造成本等方面具有非常重要的作用。加强物流仓储装备行业与我国制造业的融合发展，也是实现行业平稳增长的关键。随着智能制造的进一步推进、智能工厂的大势兴起，物流仓储装备行业必将同步迈进，从多方面提升装备质量，提高物流技术水平，从而为制造企业建立一体化的供应链管理体系提供支持，助力智能制造落地实施；同时制造业对成本的敏感度较高，智能物流仓储装备的升级应用将加速降本增效的成果实现，起到较强的引领带动作用，助力行业协同进取。

而外循环的深入推进，也将为行业的发展注入新动能。当前世界新型的商贸业态正在迅速形成，数字贸易和跨境电商集聚发展。对我国物流仓储装备行业而言，竞争更加激烈，因此需锚定长期价值，依托“跨境电商+海外仓”的商业模式，配置高性价比的装备与技术，提升融入外循环发展的竞争力。开放竞争的环境，为物流仓储装备行业高质量高性能产品和技术的发展与应用提供了更多的机遇，也为行业的整体发展注入了新的活力与动能。

总之，未来我国物流仓储装备行业将受益于国内国际双循环的协调发展，也将从不断的国际竞争中提升自身的综合实力，持续产品研发、技术创新以及推广应用，内外市场的扩充，将为行业提供更加广阔的发展空间。

第18章

物流仓储机械行业发展现状

18.1 行业规模

物流仓储装备是物流装备的重要分支之一，广泛应用于各个行业中，帮助生产企业解决产品的物流问题，提高厂内物流的效率；帮助流通企业打通流通中的各个环节，解决流通中的环节壁垒。核心是解决物料或产品的搬运、输送、分拣、存储、堆码、包装、信息采集等各个环节的问题，是不可缺少的关键设备。

物流仓储装备行业在《国民经济行业分类》（GB/T 4754—2017）中，属于 C34 通用设备制造，在国家统计局第 23 号令《战略性新兴产业分类（2018）》中，属于高端装备制造中的智能制造装备产业。物流仓储装备行业是一个小而专、定制化特性强、服务于众多领域的行业，行业的规模也在逐年扩大，尤其是近 20 年来都维持着 10%以上的增长，即便是疫情干扰的两年，也没有放慢发展的脚步，从业的企业数量和人员不断增加。物流仓储装备按照其功能可以分成存储设备、搬运设备、输送设备、拣选设备、分拣设备、包装设备和信息系统及其辅助设备，服务于制造业和流通业的诸多领域，是降低物流成本的有效途径和手段之一。物流仓储装备行业是集机、电、信息于一体的多学科综合性技术应用领域，也是人工智能、物联网、大数据、云计算、图像视觉语音等前沿技术落地应用的领域，而且随着应用场景不断变化，新技术新模式不断涌现，是一个处于上升期的朝阳行业。

制造业是国民经济的根基，工业品从原材料到成品的整个过程都离不开物流环节，物流费用占成品成本的比重接近 40%或更多，流通时间占 90%。工业品的物流占我国社会物流总额的 90%以上。为了提升物流环节的水平，更好地服务于制造业，提升物流业制造业融合水平，2020 年国家发展改革委会同工信部、公安部、财政部等 13 个部门和单位联合印发的《推动物流业制造业深度融合创新发展实施方案》，明确了物流业与制造业深度融合、创新发展的主攻方向，要求培育形成一批物流业制造业融合发展标杆企业，引领行业发展。

针对制造业发展中存在的问题，在国家政策的引导下，制造业转型正在逐步深入，企业生产模式在发生变化，管理理念在更新，企业对物流的定位在不断提升，对物流信息的贯通、设施设备的更新需求凸显。在生产基地规划、厂内设施布局、销售渠道建设等方面引入专业化物流解决方案，促使智能仓储、自动分拣、物流机器人等新型物流技术及设备加快应用，可助力提高生产物流自动化、数字化、智能化水平。目前大部分的物流仓储装备行业产值来源于制造业。

流通业是国民经济的先导产业，体现着经济的效率与活力。国家统计局数据显示，2021 年社会消费品零售总额 440,823 亿元，扣除价格因素，比上年实际增长 10.7%。2021 年，全国网上零售额 130,884 亿元，比上年增长 14.1%。疫情下新型消费方式拉动经济增长的作用进一步增强，电子商务成为消费模式改变的重要力量，带动与消费相关的电商物流、快递物流、冷链物流、城市配送等物流需求持续增长。疫情期间急速上升的线上需求和陷入停摆的线下流通渠道，促使电商采取一系列灵活有效的专项行动，打通各个环节，确保无接触式服务的物资需求。农村电商物流发展有效促进农产品上行和工业品下行，直接对接农户，成功带动了数亿消费者。大型的物流配送中心、分区域的集散中心、小型分拣中心、农产区的物流中心建设需求不断。伴随着电子商务的暴涨，快递业也是一路高歌猛进。据国家邮政局公布数据，2020 年全国快递企业业务量累计完成 833.6 亿件，2021 年完成 1,083 亿件，连续多年保持世界第一。包裹的识别、储存、分拣、输送等各个环节，越来越多地依赖于物流仓储装备和更加贴近市场需求的物流解决方案。自动化分拣、绿色包装、快速订单处理、可视化配送、智能化调度等降低物流成本、提高交付时效的技术需求大而迫切。在 5G、人工智能、机器学习、视觉识别等新兴技术的支持下，促使货到人系统、模块化分拣系统、立体式机器人存储系统等新装备、新模式出现，快速拉动了物流仓储装备行业的发展。物流设备在电商行业的应用规模持续增长。

物流的发展关系到国民经济的发展。无论是制造业还是流通业，我国的物流总费用虽然降到 14.7%，但与发达国家 8%~9%的比例相比，还有非常大的下降空间，物流仓储装备行业伴随着物流装备业的发展迎来巨大的发展机遇。恰逢我国经济转型升级，开放的市场和强大的市场需求使物流仓储装备行业处于充分竞争的市场环境。为分析的便利，遴选了超过百家从事物流仓储装备的相关企业进行调研分析，行业规模较 2018—2019 年度，平均上涨 19%，达到 480.6 亿元人民币（见图 18-1）。物流仓储装备行业虽然规模较小，但其影响正在逐渐扩大，涉及国民经济中诸多支柱行业。目前行业的活跃度非常高，处于集成自动化、智能化转化的阶段，新产品、新业态不断涌现。

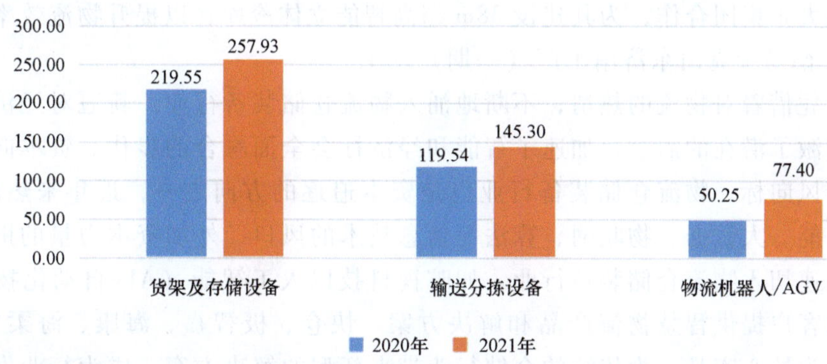

图 18-1 2020—2021 年我国物流仓储装备销售额（单位：万元）

18.1.1 企业结构分析

1. 类型

从物流仓储装备行业的发展进程来看，央企、国企仍然是这个行业的领头羊。它们从 20 世纪 70 年代建设了国内第一座自动化仓库，是我国物流仓储装备行业的开拓者。它们拥有悠久的历史、雄厚的底蕴和丰富的从业经验，在行业中深耕发展。以北起院、昆船、北自科技、新松等企业为代表的国有科技型企业，以先进的技术、优质的服务、良好的信用，在军需、航空、医药等关键领域承担重任，在汽车、化工、纺织、食品、家电、零售、电商等行业也有不俗表现，引领着整个行业服务于国民经济的发展。

民营企业是行业中发展最快、活跃度最高、最具潜力的企业群体。从系统集成商、产品提供商、设备制造商，到咨询机构和软件公司，都能找到它们的身影。它们贴近市场前端，善于挖掘需求，机制灵活多变，为用户提供合适的解决方案，在行业的产业链中发展着自己的特色。近两年来极具代表性的企业有：在系统集成方面，无锡中鼎、智佳能、今天国际为宁德时代、比亚迪和欣旺达等新能源电池行业提供解决方案，持续增长；上海精星库架合一的高端自动化仓库货架远销东南亚，成为多家全球物流集成商在国内首选的合作伙伴，是专业制造商中的头部企业，是上海 500 强企业；湖州物流园区的众多零部件生产企业，依赖自有核心技术，专注滚筒、货叉、模组带等专属零部件的生产，发展成为专精特新的小巨人企业，成为物流仓储装备行业链中的有效一环；2020—2021 年，浙江德马、济南兰剑和中科微至凭借着多年的积累，成功登陆科创板，还有一批企业正在 IPO 注册中。

外资企业是中国市场化后，吸引的众多外资机构在中国建立的分支机构。它们拥有先进的技术、雄厚的资本和丰富的从业经验，在中国开展业务，并将制造本土化，降低成本，加快交付，以加大在中国市场的竞争能力。它们是中国内资企业最有力的竞争对手，也是国内企业的对标企业。国内企业既要与它们同台竞技，又要努力追赶，与它们缩短技术差距。目前，全球物料搬运系统集成商前 20 名的企业，70%都在国内建有分支机构，中国的市场给它们带去了丰厚的利润。在 2020—2021 年全球因为疫情按下暂停键时，中国市场依然给它们带来了意外的惊喜，并促使它们加大对华的投资。2020 年德马泰克与中国大张集团合作，为其建设 38m 超高智能立体冷库，以提升物流效率和智能水平。2021 年德马泰克山东济南工厂（一期）动工。

新兴企业凭借着对物流的热情，不断地涌入物流仓储装备行业。新冠对经济社会的冲击进一步刺激了潜在的需求，加速了智能和经济社会全面融合的步伐。资本向来就是经济和技术的风向标，物流仓储装备行业也是资本追逐的方向之一，近年来热度不减。借助于人工智能、大数据、物联网、算法等信息技术的风口，外加资本力量的助推，一批新兴企业快速切入物流仓储装备行业。如旷视科技以人工智能（AI+自动化技术）为标志，为全球客户提供智慧物流产品和解决方案。快仓、极智嘉、海康、海柔等企业，以物流机器人为核心产品，为传统的仓储行业带来新型的解决方案，成为行业发展中的黑马。

物流仓储装备行业中的企业多为科技型企业，有明确的市场需求，采用“研发—生产—销售”模式，企业要想进入良性循环，需要一定时间的积累和沉淀，绝非简单仿制就可以成功。

2. 聚集地

在供给侧改革、工业转型高质量发展、创新驱动、对外开放、绿色共享的新发展理念引领下，我国工业发展区域格局持续优化。物流装备行业的发展也深度融入国家经济发展，物流仓储装备从业企业90%以上分布在京津冀、长江三角洲和珠江三角洲地区，与国家的重大区域战略相吻合。

先进制造业聚集的长三角是我国最发达的地区之一，拥有深厚的工业底蕴、完整的产业分布，加上便利的交通和丰富的人力资源，是吸引企业发展的首选之地，60%以上的企业落户在该地区，形成独具特色的产业链协同的产业集群。其中最具特色的湖州现代物流装备高新技术产业园，在其鲜明的地方政策引导下，众多行业内骨干企业落户湖州，构建了仓储装备制造的全产业链。园区内有精星物流、世仓智能、三一装备、锐格物流、精锐机械等装备制造企业，还有众多的校企共建研发中心，如浙江省现代物流装备与技术研究院、哈工大机器人国际科技创新中心等专业创新机构。

珠三角粤港澳大湾区，是内地沿海南部通向世界的重要门户地区，水陆交通发达、海外联系便捷。该地区加工产业丰富，可以满足众多需求，外加地区开放的政策、灵敏的市场反应、先进的理念、广阔的发展空间吸引着上万家的机器人相关企业落户，是国内机器人产业的主要聚集地之一，其中不乏物流机器人企业。

京津冀地区以北京、天津为核心的工业城市集群，科技资源丰厚，区位优势明显，共享聚集协同创新发展，是全国创新驱动的新引擎；拥有科技、人才、资源的储备，外加中关村产业政策引领，央企国企高科技企业聚集，在产业中起到不可动摇的引领地位，如物流仓储的起源企业北起院、北自科技、普天物流等都在北京。京津冀也是科技创新资源最丰富的区域之一，是信息科技与制造业深度融合创新发展基地，如极智嘉、旷视科技等新兴企业聚集的地方。

物流仓储装备企业注册地分布情况如图18-2所示。

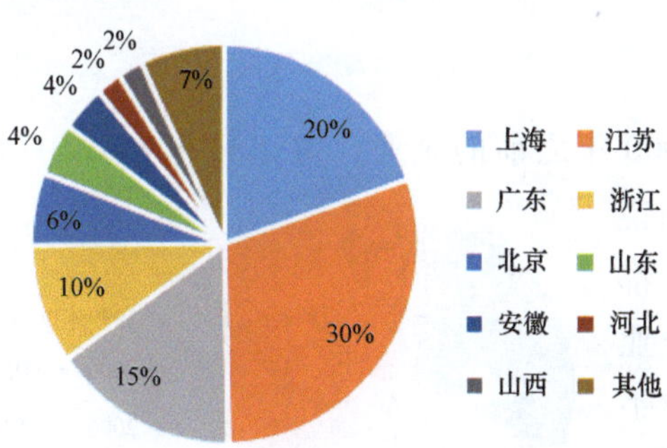

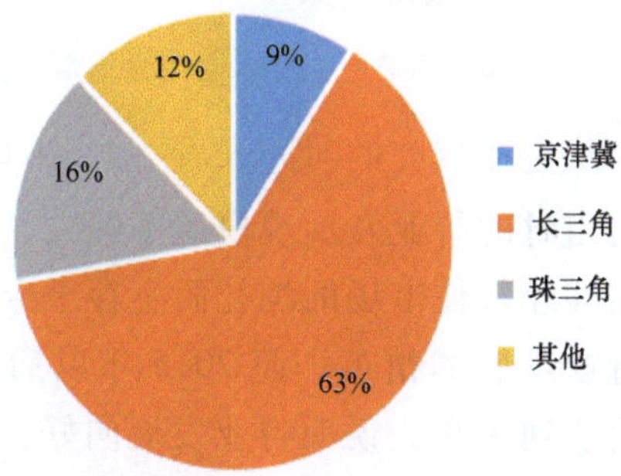

图18-2 物流仓储装备企业注册地分布情况

企业聚集的原因，除了国家政策、产业链的完整以外，还与高校的分布有关，高等院校越密集的区域，人才的产出就越多，企业的发展机会也就越多，上海、苏州、南京、深圳、北京、杭州、广州等是物流仓储装备企业数量排在前列的城市。

3. 分类

物流仓储装备企业根据主营业务，在产业链中的角色不同，分为 A、B、C、T、R 五类，如图 18-3 所示。其中，A 类为设备制造商，生产与物流行业直接相关的产品，如生产存储、输送、搬运、分拣、堆码设备等；B 类为软件供应商，以物流信息管理系统（WMS）、物流监控系统（WCS）和物流执行系统（WES）为核心产品；C 类为零部件供应商，生产专属零部件产品如货叉、滚筒等；T 类为集成系统供应商，为用户提供整套物流系统方案，近年来，设备商也纷纷向产品多元化方向发展，为客户提供解决方案；R 类为物流机器人产品提供商，生产与物流行业相关的机器人产品，包括储存机器人、搬运机器人、分拣机器人、堆码垛机器人以及拣选机器人等，该类企业是进入物流仓储装备行业不久的新生力量，它们在近五年来以极快的速度增长，企业数量占比已经接近 20%。开放的物流需求市场，不断有新企业加入，目前行业中不乏从用户转型过来的企业，也有企业由某一行业专用设备提供商拓展成行业的设备提供商。从业企业的数量在不断增加。

从企业主营产品功能分布的领域来看（见图 18-4），从事系统集成、存储、输送、分拣、物流机器人的企业几乎均分市场，说明了整个行业的发展状态。系统集成是整个行业的龙头，存储是物流仓储行业的根本，输送分拣是近十年来的新需求，而物流机器人则是这个行业的新贵，快速渗透到整个行业中。物流机器人产品提供商迅速增加，但要与系统集成商同台竞技，还需要时间的检验。

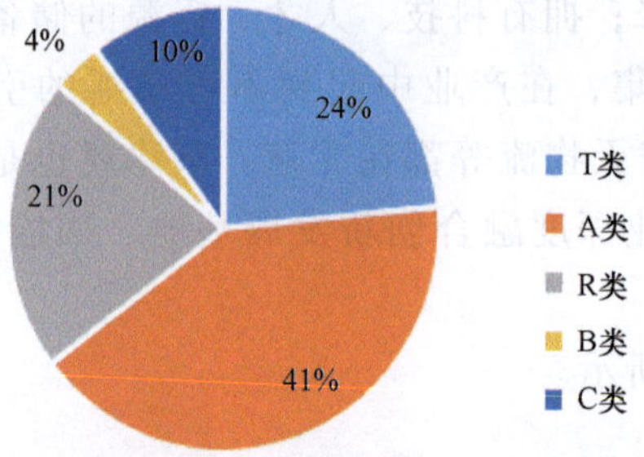

图 18-3　物流仓储装备企业分类情况图

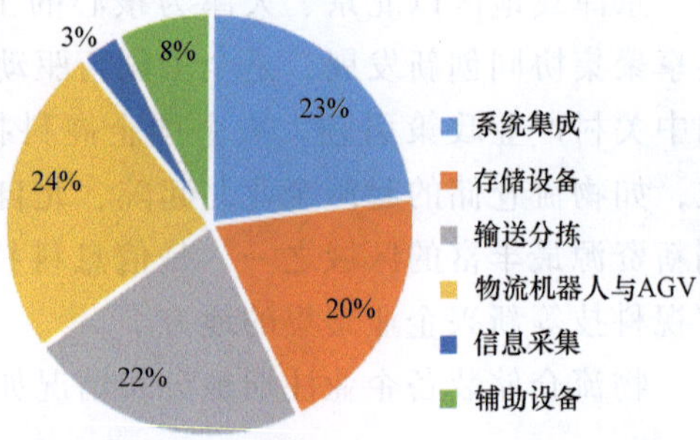

图 18-4　物流仓储装备企业经营产品情况

从企业成立的时间来看（见图 18-5），2000 年之前的企业，占比只有 8%，一方面说明当时的行业发展规模还不够大，另一方面说明能够经得住市场的洗礼而生存至今的企业，都是行业发展的精英。而 2015 年以后成立的企业占比达到 32%，说明行业发展向好，新兴企业不断涌入，与行业发展的状态相一致。

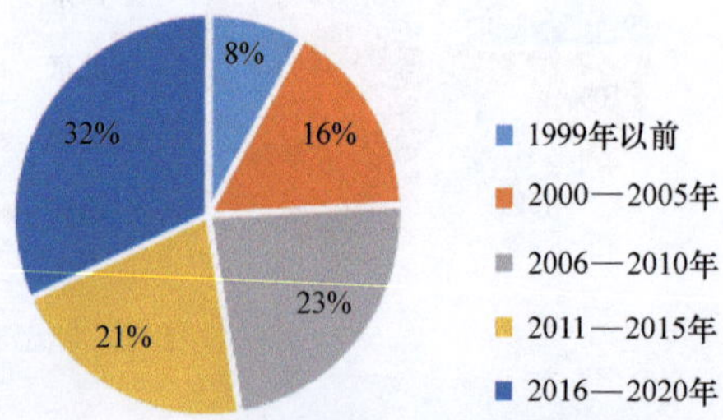

图 18-5　物流仓储装备企业成立时间分布情况

4. 科技属性

作为国家战略新兴产业中智能制造装备产业的一个分支，物流仓储装备行业的科技属性已经确定。从制造业到流通业，对物流改善的需求持续升温，拉动了物流设备企业不断地自我更新。为解决各行各业各具特点的物流问题，整个行业的创新指数不断升高。与传统的制造业相比，该行业具有科技含量高、市场潜力大、带动能力强、综合效益好等特征。从行业内的企业来看，无论是国企还是民企，超过70%的企业都拥有高新技术企业认证资质，企业的研发投入占比在4%以上，部分新兴机器人企业的研发投入占比高达50%以上。众多企业拥有重点实验室、工程中心、企业技术中心，在《中国物料搬运装备产业发展研究报告（2018—2019）》中已经有详述。在高新技术企业中有25%的企业是专精特新的优秀企业，11%的企业是专精特新小巨人企业，其中不乏企业参与国家的揭榜挂帅活动，为行业内的隐形冠军（见图 18-6）。

图 18-6 物流仓储装备企业科技属性情况（以创新认证进行分类）

5. 知识产权情况

据世界知识产权组织发布的全球创新指数显示，我国创新能力综合排名已经从2015年的第29位跃升至2021年的第12位。我国企业的创新主体地位进一步提升。自主创新是企业的核心竞争力，知识产权是创新驱动的有力支撑，专利及软件著作权对于企业的发展来说越来越重要，从知识产权的分布可以推断出企业的发展方向和创新能力。根据国家知识产权局公开数据，物流仓储装备企业的专利和软件著作权的申请数量逐年递增。截止到2021年年底，遴选了与行业发展相关的专利，有效的授权数量为6,100多件，其中发明专利占比16%，实用新型专利占比72%，外观专利占比12%（见图 18-7）。其中北起院、诺力股份、江苏高科各有一项发明专利获得第二十二届中国专利奖优秀奖。

对专利的重视程度是随着国家的宣传以及企业的自我保护意识的增强而逐步提升的，随着创新环境和法律保护环境的改善，近年来表现尤为突出。从专利授权的时间来看，2018年前，专利数小于500件，每年递增的数量为100件左右。2018年后，专利申请数快速增长，每年增长200件左右，2021年授权专利数接近1,500件（见图 18-8）。

从专利分布区域来看：专利分别集中在长三角、珠三角、京津冀三大经济圈，与企业聚集地以及这些地区的科技创新能力和市场应用潜能相互印证。以城市为单位来看，上海、深圳、北京依然是龙头，专利申请数明显多于其他城市。与这些城市对人才的吸引、对企业的吸引成正比。

从专利分布的领域可以分析出技术的活跃程度，存储类设备占21%，输送类设备占12%，分拣类设备占11%，物流机器人类设备占29%。存储类设备依然是这个行业的主

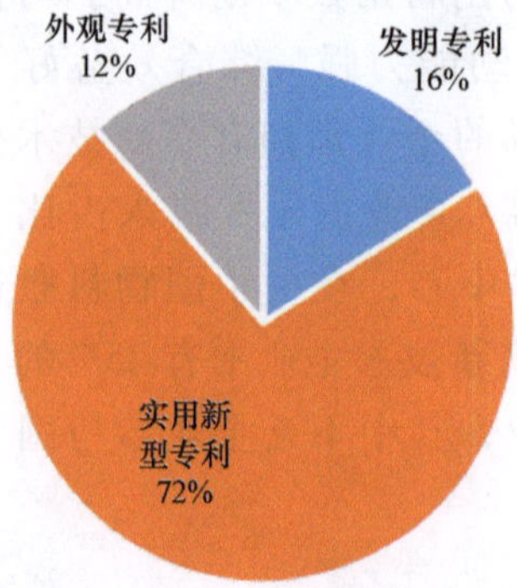

图 18-7　专利情况

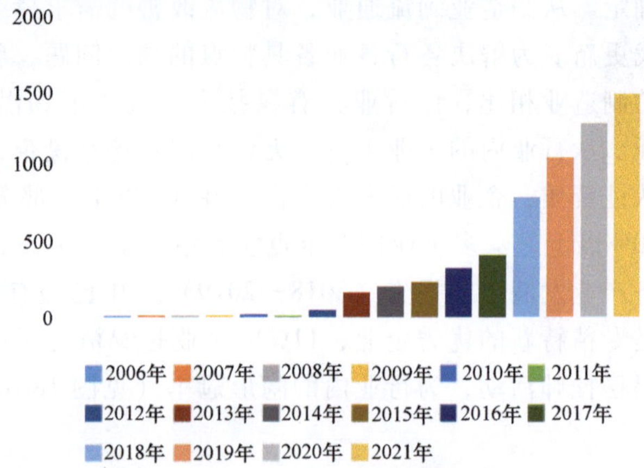

图 18-8　有效专利授权时间

流，分拣类设备在近年来增长速度明显，而物流机器人设备增长迅猛（见图 18-9）。

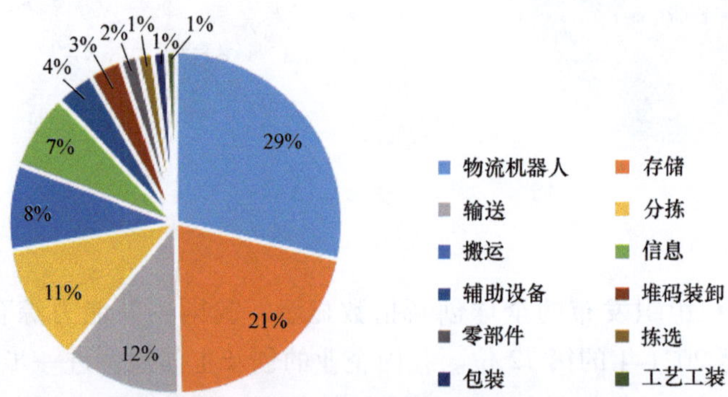

图 18-9　授权专利按领域分布图

以企业为单位统计专利的数量来看，传统的头部企业如昆船、北起、北自科技、新松等的专利数持续而稳定，与他们持续多年的积累以及对研发的投入分不开。民营企业如精星、音飞、六维等围绕着产品主线布局专利，从货架专利到穿梭车专利，伴随着他们业务的转型。在专利数量超百件的企业中，排名靠前的企业，大部分为以物流机器人为主营业务的新兴企业。他们非常重视专利，专利数量多，而且布局意识和品牌意识强。如京东物流事业部对其研发的“无人仓”，在其控制算法、产品设计、应用场景等方面都做了专利布局，累计专利有 200 多件。海柔、极智嘉、快仓等机器人提供商，不光在国内布局专利而且积极同期申请海外的专利，企业的定位从开始就是国际性的。这些新兴企业与传统的企业发展不同，他们更多地站在全球层面来规划企业的发展，给行业带来一股冲击力。正在进入物流行业的灵动科技申请了 200 项专利，其中 99 项为国际专利，而且已有 11 项获得美国发明专利授权。

除专利以外，软件著作权也越来越多地得到企业的重视。物流系统设备多而场景复杂，集成度高。系统能力不仅体现在设备的数量种类、布局合理性，更体现在对众多设备的调度和管理，以及对物料或产品的信息和流程的把控。软件的设计能力同样是衡量企业能力的一个方面。从软件著作权申请数量来看，截止到 2021 年年底，统计到相关的软件著作权 1,800 多件。如图 18-10 所示，管理和调度类软件占比超过 50%，控制类软件占比 33%。软件科学对装备的影响占比逐渐变大，管理、调度、规划、算法占有核心地位，但也有测试、调试等方法类软件出现。如图 18-11 所示，软件著作权在 2016 年以后，年授权数量超过 100 件，而且逐年增加。拥有软件著作权较多的企业，除了软件提供商以外，都为系统集成商，与他们为客户提供整体解决方案有关，软件也是系统集成能力的体现之一。

伴随着工业互联时代的到来，软件对系统的影响将越来越大，这也是传统的物流设备企业需要给予足够重视的问题。从设备发展的趋势来看，硬件将趋于简单，以功能为主，而软件则趋于复杂，而且对现代信息技术的依赖程度越来越高，借助人工智能、大数据、区块链、5G 等先进技术，将能解决更多的实际问题。柔性、智能的系统正在受到市场的青睐，系统将更加依赖网络和云技术，万物互联将是未来的发展方向。

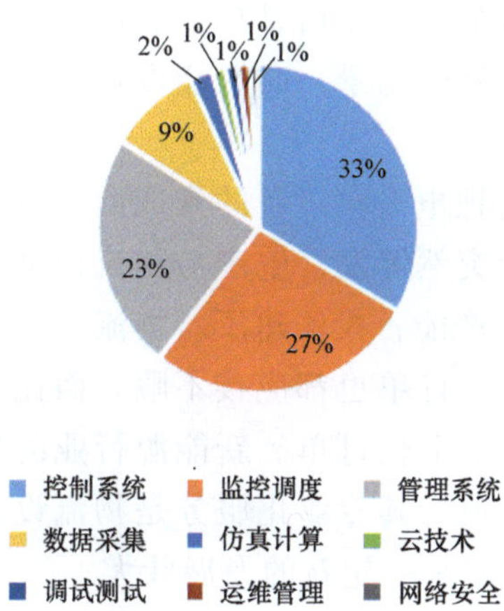

图 18-10 软件著作权分类情况

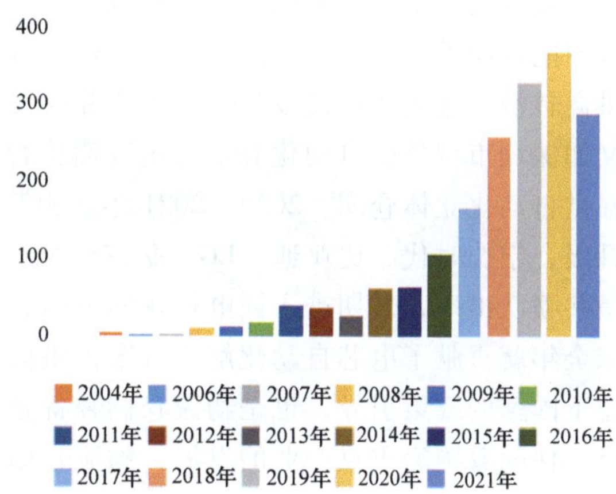

图 18-11 物流仓储装备企业相关软件著作权注册时间分布

创新是引领发展的第一动力，是建设现代化经济体系的战略支撑。企业唯有不断地创新，紧跟技术的发展，洞察需求的变化，不断地自我革命，才能赢得市场，获得发展。

18.1.2 发展现状

2019 年以来，新冠肺炎疫情对产业发展、行业格局、消费习惯等方面产生了深远的影响，尤其表现为“用工荒”，人员减少、流失，让企业家们比以往任何时候都更深刻地意识到，只有自动化才能解决问题，依靠先进的设备和新型的理念才能提高企业的应变能力，应对突发情况。物流环节改善的需求，都呈迅速上升趋势，强劲拉动了物流装备的市场需求。

物流仓储装备行业服务于国民经济的众多领域，属于智能装备制造业的细分领域，一直以来都是劳动密集型的行业。新冠肺炎疫情造成的产业发展环境的变化，致使行业内的企业发展面临着极大的考验。

行业内的头部企业，发展时间长、优势明显的老牌央企，依然占据行业的前沿，利用发展的优势，深耕着自己的优势领域，如北起院的医疗板块物流解决方案、北自科技的化纤纺织板块解决方案、昆船的烟草行业解决方案、新松的机器人技术，都凸显了国家队的优势。

强劲的市场需求促使优秀的企业加快了产业布局。音飞集团为提升装备制造能力，扩充其在智能物流领域的产品线，向集成商转型，收购了以堆垛机为核心业务的罗伯泰克自动化科技（苏州）有限公司。上海精星、南京六维等发展良好的企业，纷纷增加新的设备，建设新的厂房，扩大产能应对订单的增长。北自科技投资建设的常州智能产业园生产基地投产，加强了其自主生产制造能力，加速向智能制造领域迈进。昆船集团重组，整合成立昆船智能技术股份有限公司，明确智能物流为主攻发展方向。

还有部分属于其他领域的专业化企业进入物流设备行业。如亨通集团下属的江苏亨通智能科技有限公司，在满足光纤行业的物流需求以外，准备拓展业务领域，为更多行业提供物流解决方案，成为现代智能物流仓储服务商；山东新北洋信息技术股份有限公司是以智能打印设备为核心产品的企业，也在沿着企业发展的愿景，向智能设备解决方案提供商转型，进入物流设备行业，生产分拣设备。

又如深圳市智佳能自动化有限公司（简称智佳能）为锂电后端设备的集成商，也为用户提供自动化立体仓库。2020—2021 年新能源锂电行业突然爆发，生产与物流迎来全面的升级，宁德时代、比亚迪、LG、亿纬锂能等纷纷扩大产能，投资建厂。物流系统的需求呈井喷状出现，早期进入锂电行业的中鼎和今天国际，订单也都应接不暇。而比亚迪一家全年就贡献了电芯自动化解决方案提供商——智佳能上亿订单。新能源行业的发展受益于国家的政策引导，也是物流仓储装备企业的新赛道，其专业化服务是物流设备的特点，伴随着国家重点产业的发展，物流仓储装备行业迎来一轮新的发展壮大。

嗅觉灵敏的资本往往最先预测市场发展的潮流。资本的背书往往也是企业发展的动力。在物流领域，资本集聚，市场化不断加深。大到流通领域的物流公司如 2021 年成功上市的京东物流、东航物流、顺丰同城，小到设备供应商、软件提供商，都得到了资本的青睐。2020—2021 年的投融资非常活跃，物流领域好消息频传，市场化加速。德马科技（688211）2020 年 6 月上市 A 股科创板，兰剑智能（688557）于 2020 年 12 月 2 日登陆 A 股。2021 年 10 月中科微至（688211）登陆 A 股科创板。2021 年 12 月井松智能、科捷智能也都在科创板注册，昆船智能在 2022 年初发布 IPO，北自科技进入辅导拟登陆 A 股主板。另外，仓储机器人行业也是资本角逐的热点领域。新兴的以高效、智能、灵活、定制化的物流机器人为核心产品的企业，高起点、高技术、高投入，多家企业进入 B 轮、C 轮融资，这类企业注重知识产权，从开始就不局限于国内市场，他们布局全球，多有跨境销售，业务扩展迅速。2021 年 9 月旷视在科创板注册，极智嘉、钛米机器人进入 IPO 辅导。2021 年全球独角兽榜，就有海柔创新、快仓、极智嘉三家企业入选。新兴企业的进入，必将对其他企业形成冲击。物流仓储装备行业处于一个充分竞争的态势之中，两年的疫情造成的成本陡升，对企业的财务和管理提出挑战，对中小型物流设备企业生存能力是极大考验，有的业务停顿，有的面临困境，但也有企业抓住机会，迅速转型，迎来了更大的发展机遇。

2021 年是“十四五”的开局之年，智慧物流领域发展支持政策密集出台。在冷链物流领域 2021 年国务院率先公布了第一个专项的物流“十四五”规划，表明了其与民生的密切相关，与人们生活诉求息息相关。尤其是在新冠肺炎疫情常态化防控的背景下，冷链物流面临着更高的挑战和更新的要求。2021 年中国物流集团有限公司的成立，标志着国家将要在“十四五”期间推进物流行业发展，来应对突发事件、公共危机，来保障产业链供应链的安全稳定。

低碳物流、绿色物流、双碳目标，将是未来数十年的主旋律，优化设计、绿色制造、循环利用、清洁能源是每个企业需要投入和发力的方向。物流仓储装备行业内的企业，要抓住这一轮发展机遇，肩负社会责任，提升自己的能力，为物流行业高质量发展提供有力支撑。

18.2 技术特征

18.2.1 产品结构分析

物流仓储装备主要服务于仓库、物流中心、配送中心、工厂、车间等场合，满足产品、物料的存储和流动的需求，源于起重、输送和搬运等设备在细分领域的演变，完成物料的存储、搬运、输送、分拣、包装、堆码等功能，设备通常以主要功能来归类。我们从全国物流仓储设备标准化技术委员会的物流仓储装备体系示意图中也可以看出：各种功能的硬件设备组合，在软件的协同和控制下，在各类专项技术的支持下，集成自动化仓库、Miniload 货库、密集存储库、线边库、配送中心等物流解决方案（见图 18-12），为用户提供设计、交付、运维等全周期的服务。

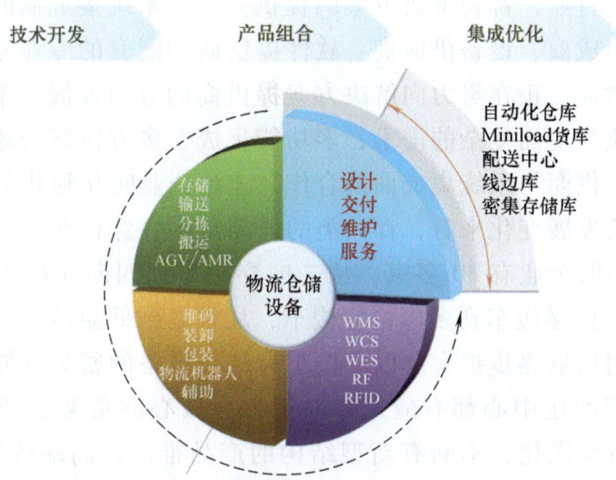

图 18-12 物流仓储装备体系示意图

物流仓储装备最早起源于人们对货物存储的需求，既能方便存取、堆码，又能充分利用空间。仓库从平面转向立体，自动化代替人工。焊接式货架、组合式钢结构货架是存储类设备的核心，货架的种类已经发展到几十种，可满足各类存储需求。由于存储货物单元发生变化，小件物品的存储需求加大，存取速度要求更高，诞生了在货架中运行穿梭车来完成存取的方式，而且飞速演变，近年来新品不断。

输送分拣类设备大量地应用于物流配送中心。各类分拣设备，从翻板式分拣机、交叉带分拣机、推块式分拣机、悬挂式分拣线、袋式分拣线到机器人分拣，适合不同包装物的需求，分拣的规模、速度和效率逐渐提高。

搬运类设备以叉车为主，向 AGV 方向发展。仓储类叉车、窄巷道叉车增速较快。AGV 则和 AMR 发展逐步趋同。

物流机器人是一个新兴领域，可以完成存储、输送、搬运和分拣，是多功能跨领域的设备，突破了传统设备相对单一的局限，可多功能协同。在物流的各个环节中，物流机器人向传统设备发出挑战，是发展最快、最耀眼、最具潜力的设备集群。

为了减轻分拣、包装、拣选等大量人工作业的负担，视觉拣选、语音拣选、外骨骼机器人等辅助设备出现在物流仓储领域，移动打印、指环扫描仪等移动设备也给操作者带来全新的体验。

各类设备依据各自功能的不同，组合构成不同的系统模式，如自动化立体仓库、配送中心、物流分拣中心、密集存储库、Miniload 库和货到人拣选系统等，少则几台多则上千台设备组成系统，在设备控制系统和 WCS 和 WES 有序调度下，结合 WMS、订单管理系统（OMS）的指挥下，满足物料或产品的储存、输送、分拣、配送、包装等各个环节的物流需求。物料的物理流动，以设备为载体，与信息流同步，并可连接企业资源管理系统（ERP）、制造执行系统（MES）等信息管理系统，既可是单独的系统，也可为多系统组合。

从行业内的企业发展来看，企业随市场的需求而不断演变，产品线不断延长。无论从哪个产品切入这个行业，都朝解决方案的提供商——系统集成商的方向发展。目前的企业可以分为系统集成商、设备供应商、软件提供商和配套的专业零部件制造企业。新兴的机器人产品提供商，正在努力向解决方案提供商的方向发展。单一功能的设备，已经无法满足现代物流多变而复杂的需求，多功能集成、多方位联合才是发展的方向。机器人供应商、设备提供商与系统集成商的合作，才是企业间互利共赢的模式。

从近两年设备的发展变化来看，存储类的产品集中在穿梭车上，穿梭车的专利申请多达 400 多项，参与的企业有 30 多家。从二向穿梭车到四向穿梭车，从穿梭板（托盘类）到箱式，从单深位穿梭车到多深位穿梭车，从常温到低温冷库，产品越发成熟，应用面不断扩宽，应用场景逐步扩大。以穿梭车为核心设备的密集存储库，也是近年来需求的热点，从线边到配送中心都有应用。以钢材为核心的货架类产品，除了向高空发展，在材料结构上持续优化，不断有新型结构的产品推出，高端优质的高位货架产品，已经可以与国外产品同台竞技。输送分拣类产品，呈现单元化、模块化趋势，材料也在发生变化，不断有替代产品出现。大型分拣设备呈现小型化趋势，以应对微小物流中心的大量需求。搬运类设备中，AGV 和 AMR 逐渐相互融合补充，借助于同步定位与地图构建（SLAM）技术的应用，AGV 的柔性和安全性在增加，应用领域也从烟草、汽车等领域向食品、药品、家居等轻工业领域拓展。物流机器人依然保持强劲的发展态势，搬运、码垛、分拣等各个领域都有新品推出，从平面向空中发展，已有10m高的箱式货物存取仓储机器人应用，突破了机器人平面作业的局限。信息系统与数据采集，是物流系统的灵魂和触角，在信息技术高度发展的环境下，WMS、WCS、WES等软件不断升级，在云上布局，利用5G、AI、深度学习、大数据、边缘计算等技术，在物流系统中的核心占比不断提高。数据终端设备、可穿戴设备开始进入物流业务领域，如移动打印机、指环扫描仪、骨骼机器人等技术都帮助人们减轻重复劳动的强度，提高工作效率。系统设计的方法更加丰富，数据仿真、大数据处理、数字孪生技术的应用，为专业化、定制化的多样复杂需求，提供更贴近用户实际需求的解决方案，让多学科协同设计更加容易，让用户能够在项目建设之前就能看到未来预期的运行情况，增加了项目的可实施性、确定性和投资的成功率。

总之，物流仓储装备领域的设备更新与物流技术的提升，无不受益于新一代信息技术的发展。产品迭代迅速，整个行业快速发展，与国外的差距正在逐渐缩小。

18.2.2 主要技术特征

1. 突破传统，多维度复合发展

立体存储高效精准的入出，是物流仓储装备行业的核心要求，围绕这一核心要求，各类设备不断迭代更新。

货架类是立体存储的基础，从民用超市到工业厂房，货架应用的种类繁多。货架制造加工的企业很多，但服务自动化设备的高端货架生产头部企业梯队已经形成，优势明显。这些企业不仅仅在规模效益上，在产品类型、质量、环保等方面也有突出表现。目前在自动化仓库领域，货架的应用规模越来越大，单个项目已有超过10万个货位的规模。货架的高度也可到达40~50m，作为建筑物的支撑结构，以库架合一的结构形式存在，与国外的水平持平。上海精星仓储设备有限公司已有多个项目成功在海外建设。这得益于他们在产品升级方面的不断投入，外加产学研用的合作，在货架的设计、选材、结构、加工精度、安装精度、稳定性、安全保障方面都建立了一套完整的体系，确保库架合一仓库的建设（见图18-13）。

图18-13 库架合一项目实景图

存储类产品的变化亮点，集中在货架爬升小车的出现。穿梭车是近几年来火爆的一个单品，它扩展了自动化立体仓库（AS/RS）的外延，让货物储存更加密集，存取效率大幅度提升。穿梭车的类型也逐渐增多，技术日渐成熟。穿梭车的运行轨道，也由地面发展到以货架横梁为轨道，在货架中纵横运行。近期，又出现利用货架立柱为基础外辅轨道、沿高度方向爬升的小车，代替了原有辅助穿梭车换层的提升机或堆垛机。货物从平面到立体，全流程的立体输送仅需一台小车便可完成，真正实现了三维立体无缝隙存储。

在国外，早在 2017 年底，法国 AI 机器人技术初创公司 Exotec Solutions 推出 Skypod Robots 订单机器人，就是典型的将小车与 AGV 技术结合的产品，至今该类机器人已经成功实现商用，在优衣库应用了上千台。2019 年以色列初创公司 BionicHIVE 开发的 SqUID 机器人的轨道可以安装在任何仓库的货架上（见图 18-14）。该机器人可以将货物从货架上取到地下，而不需要其他机械配合。这项技术将给现有的非自动化仓库带来福音，提速仓库的数字化进程。以上两种机器人，虽然取货的方式各不相同，但都是单一设备的多功能化，将平面移动与立体存储结合在一起，这无疑是物流仓储装备发展的方向之一。

图 18-14　以色列 BionicHIVE 公司开发的 SqUID

输送类设备虽然有可能被代替，但目前仍然是主流设备，尤其是箱式输送线在系统中如网状存在，将物料输送到系统的各个区域，从生产线连接到发货终端。由于在项目中设备数量多、布局分散、线路很长，安装和维护的工作量极大。箱式输送线的技术都是围绕着模块化发展，电动滚筒的应用、分布式控制的实施、模组带的应用，大大简化了安装工作。塑料专用组件的研制成功，万向滚珠网带代替了钢结构和皮带，平面输送的方式取代原有直角移栽的升降转移方式，在细微处逐步改变，单机设备更加小型化、轻型化、模块化，更加紧凑，预制式、组合式“即插即用”的输送机将是未来的发展趋势。

由于订单的小型化，分拣的工作量剧增。货物的包装也因为环保的要求，不断地变化，适合于不同的外包装需求，箱、盒、袋装物品，更小更不规则的包裹，让输送和分拣的方案发生变化。现有的分拣技术已经可以实现每小时分拣几千到上万件，具有非常高的分拣率。尤其是将输送和分拣集成在一起，适应小规模的分拣工作，可以代替人工而减轻劳动强度，每小时处理 2,000~4,000 件物品的可快速部署的分拣系统，更受市场青睐。

为节省地面空间，原来应用于服装行业的悬挂输送线，出现在电商平台的分拨中心，成为空中输送的又一种形式，再结合货到人分拣台，让货物从空中运送到分拣员的手中，实现小件可袋装物品的分拣，大大提高了分拣效率，让出拥挤的地面空间，提高了整个分拨中心的坪效。德国胜斐迩（SSI SCHAEFER）公司的袋式分拣系统，可以在一个系统中输送、缓冲、分类和排序悬挂小件货物，同时具有高吞吐量，已在电商行业中成功应用。

另外，对箱式货物也可利用空中轨道进行输送，提高了厂房的空间利用率。早年的气力输送、洁净车间的单轨小车输送，也开始迭代升级在普通环境中应用。能够完成箱类货物空中输送的空中轨道小车已经出现在 2021 年 CeMAT 展会上。

近年来物流仓储装备的产品家族中，不断有新设备的加入，也有老设备的改进。企业为适应市场需求，突破传统的思维局限，拓展物流仓储装备的适用环境，帮助各行业的企业解决现实问题。单一功能的设备已经无法满足需求，多功能跨领域的设备更受用户青睐。尤其在人力资源减少和空间资源受限的情况下，仓库的自动化需求激增，降低物流环节成本，成为企业管理提升的突破口，物流仓储装备在解决企业痛点、助力企业数字化转型、提升管理水平方面，发挥着特有的优势。

2. 全面互联，可移动性增强

无论是在生活还是工作中，高效、快捷、准确是现在普遍的需求，网络化、可移动性就显得尤为重要，可靠连接成了基础需求。

几乎所有数字技术都需要强大、可靠和可预测的连接。没有良好的网络基础建设，所有的互联都是空中楼阁。802.11Wi-Fi、4G 和 5G 专用网络、云以及蓝牙，如今网络的建设，如同水电一样已经是仓库建设不可缺少的基础设施。在 Wi-Fi6 和 6E 推广后，可为智能仓库、工厂提供一个覆盖室内外全区域，具有高可靠性和低延时、高带宽、大范围、高性能的无线网络，无线网络更是支撑设备移动性的基础。

无线手持终端、移动票据打印机、无线条码识读器、手持平板计算机等无线设备快速普及应用。从货物的称重、测量、贴标签，随时随地采集货物的信息，到拣选过程货物的识读，包装过程货物的核对，乃至库存的查询、设备的维护维修等，无线终端设备采集到的数据，都通过无线网络可靠传输，将货物的信息准确地传递给管控中心，管控中心再利用云计算、大数据、边缘计算等技术，对数据进行分析处理，再反馈到终端设备前的操作人员，操作人员按照指令执行，完成仓库作业。可移动设备满足大量的数据与人的交互，满足端到端工作流程的优化，以减轻人工的工作量，满足当今订单的碎片化、即时到达的要求。

5G 专用网络的速度相当于有线互联网，让互联的设备数量可达到 4G 的 100 倍，为更大数据的传输和更多设备的互联铺平了道路，尤其是为物流仓储领域机器人的应用提供了广阔的舞台。2020 年 3 月，依托边缘计算和 5G 技术，TCL 惠州工厂集成了灵动的 X-AMG，实现了供应链全流程信息化；苏宁的超级云仓，基于 5G 模组实现 AGV 的管理和叉车管理，节省了投资并提高了运行效率；纵行科技的 ZETAG 模块，实现托盘的无人机盘库、数据监控和流转统计等，已有案例成功实施。

基础设施的提升和网络的全面覆盖，为设备的多样性、技术的提升拓宽了道路，在人工智能、大数据、云计算等先进技术的支撑下，利用语音设备进行拣选、盘点、播种、分播、收货作业，利用虚拟现实（VR）设备进行设备远程运维，利用图像识别技术进行盘库等方面，都将能落地实施。在国内，已有宣邦智能科技（上海）有限公司开展语言拣选案例，而在国外，语言拣选技术已开展十多年，在全球有多个成功案例，如德国 Lydia 公司的基于神经网络驱动的语音识别，已能对戴口罩的语言进行优化。语音识别可帮助更多仓库的工作人员减轻拣选工作量。设备的远程运维也是多家公司投入的重点之一。今天的设备，已经不是“自动化孤岛”，而是自身包含控制系统，并在越来越多地融入网络连接。

3. 机器人产品多元化，全方位渗透

2020—2021 年新冠肺炎疫情对人们的生活和社会的经济产生了一定程度的影响，也加快了企业的转型升级及数字化、智能化改造的步伐。尤其是全球的机器人市场因疫情而加速发展。根据 Logistics IQ 的数据，全球的 AMR 和 AGV 市场，到 2026 年将达到 140 亿美元，其中 270 多家供应商和制造商在物流领域处于领先位置。

在这样的大环境下，中国物流行业的机器人应用呈现多元化发展态势，在搬运、分拣、码垛、包装、配送各个环节，都已经呈现机器人代替人工的趋势。AMR 在物流场景中的应用，能够为客户带来显著的效率提升，是近几年的亮点。在欧美国家，AMR 已经发展 5~10 年，产品形态较为成熟，市场也已得到验证；在国内，AMR 比国际上晚 2~3 年，但越来越多的企业进入这一“新赛道”。

在搬运方面，从 AGV 到 AMR，迎来蓬勃发展。高吞吐量、快速简单、部署灵活等需求趋势驱动着 AGV 向 AMR 的重大转变，物流搬运设备的车辆属性正在减弱，机器人属性不断增加。与 AGV 相比，AMR 更加灵活。如果用户的生产线布局发生变化，SLAM 可以让 AMR 探索不熟悉的位置空间以便自动创建地图，且无需专业人员的操作和介入，不会增加额外的成本。AMR 可以使用一系列的传感器技术来动态检测以躲避障碍物，让人与机器实时协作成为可能。正由于看到这些应用的发展潜力，众多企业投入 AMR 研发，连全球机器人行业的龙头企业 ABB 都决定迎头赶上，宣布将于 2022 年在中国建立研究中心。

AMR 的应用规模逐渐增大，100 台以上联合应用的案例已经有很多。2019 年菜鸟首个国内物联网机器人分拨中心运行，2,000m^2 布置了 100 台机器人，完成包裹分拣，效率比人工提高了 1.6 倍。在仓储行业以极智嘉、快仓、海康机器人、立镖机器人等为代表的一批早期进入企业，以及海柔创新、灵动科技等新一批迅猛成长的企业，都快速地推出自己的系列产品，提供以此为核心的解决方案，抢占传统仓储行业的市场。极智嘉业内首创机器人即服务（RaaS），为西门子开关工厂提供了解决 20 万品规（SKU）收货、存储、发运、领料的全链路的信息化管理解决方案。立镖机器人为日本化妆品企业奥蜜思（Orbis）提供 300 多台分拣机器人，在东京的电子商务履行中心部署自动化分拣系统。

在存储方面：突破了平面的局限。箱式储存，以往是堆垛机和穿梭车的领域，机器人似乎与立体储存有一定的界限，大多数企业还在以货架+类 KIVA 机器人的方式进行储存。箱式仓储机器人的诞生改变了这一现状，将机器人的活动空间和应用场景进一步扩大。以海柔创新为引领的机器人企业，纷纷推出储存类产品，解决仓储行业的痛点。目前箱式仓储机器人的可升降高度已经可以达到 10m，储存空间利用率更大。外加 AMR 系统的柔性更强，系统搭建更加方便，施工周期更短，更好地解决零售行业高密度存储、纸箱料箱混拣等痛点，尤其是为老旧平面仓库提供了自动化改造的可行性方案，而备受行业关注。据相关报道，海柔创新为服装行业提供的高效仓储解决方案，5,000m^2

的仓库有 5 万个货位，仅需要 7 个工人进行拣选作业，极大地减少了人工投入。其系列产品应用于服装、电子商务、零售、制造、第三方物流、消费电子、医药、汽车零部件等领域的仓库自动化，在北美与多家公司合作，已在百思买、顺丰敦豪和飞利浦制造工厂等仓库实施。

在分拣方面：由货到人（G2P）向货到机器人方向发展。长期以来，在仓库和配送中心，拣选任务通常包括频繁的挑选、搬运甚至举重，大量的步行，以及有可能导致压力和伤害的重复动作，是物流系统首先需要解决的节点、痛点之一。货到人可以由操作者直接从货库中取出来实现，也可以由货到人穿梭车系统或 AMR 机器人系统将货物送到人面前进行拣选。货到人拣选系统将物料交付给操作员，避免了人在设施中的位置之间长距离行走，已经在零售业务、仓库和配送中心、制造和包装操作中使用。G2P 拣选系统是最受欢迎和最简单的自动化方法之一，有机构预测在未来的两年间，货到机器人系统的需求将翻倍。

随着技术的发展，G2P 系统正变得越来越高效，并由先进的软件和控制系统驱动，在国际展会上已经可以看见，结合视觉技术在 AI 驱动下的机器人系统，每小时可以拣选 1,400 次，准确率达到 99%。

在系统集成方面，AMR 的调度系统可以无缝对接企业的 WMS、ERP、MES 并与企业的生产和运营流程融合，协助企业开展数字化转型。国内的机器人企业起步虽较晚，但在即时服务、与客户的对接、产品的灵活性以及自身的创造能力、成本方面具有优势。

4. 热点不断，新技术初现

涉及“无人”的自动化技术，都是资本青睐的对象，无人机在 2021 年就有 20 起融资事件。疫情期间无人机技术大放异彩：顺丰利用载荷为 10kg 的无人机，运送了 11t 的防疫物资；京东则派无人机进行防疫区消杀。无人机技术在配送行业竞争激烈，中通、韵达都推出了无人机配送解决方案；京东物流还在常熟成立无人机配送研究院；顺丰在浙江舟山开通了无人机岛际运输航线；2020 年底国内首个专业货运机场顺丰鄂州机场开建。与此相反，在仓库内的无人机作业，反而没有引起太多媒体的关注，京东曾用 5G+ 高清摄像头，对仓库异常行为实现 AI 主动监控。

在自动化仓库中货物的盘库一直以来都由人工完成，费时费力，但又无法避免。每年仓库都有因放错或记错造成的经济损失。无人机盘库，能够在短时间内帮助人们完成上述工作。无人机技术通过环境感知以实现系统的自主定位、控制与规划、自动避障、目标跟踪、场景识别和理解。无人机加载摄像头，结合视觉识别、射频识别（RFID）、条形码等技术，在密集的货架和库房内自由穿行，能自动避开障碍物，构建飞行地图，捕捉货物信息，从而实现货物盘点或对剩余物品的检查，并将数据回传到计算机系统，与 WMS 联网，修正核对库存完成盘库（见图 18-15）。据了解，无人机持续工作 10min，相当于两名工人工作 90min 的工作量，大大提高了效率。针对不同的仓库，可定制化设置，以适应仓库的布局和需求，也可防止碰撞，安全性和鲁棒性都能满足要求。尤其是在冷藏或冷冻的环境中，能够帮助人们解决低温环境工作的困扰。

在国外已经有专业的公司为客户提供库存数据核对业务。国内也已经出现了上海锡月科技有限公司等高新技术企业，致力于室内飞行。

图 18-15　无人机进行库房管理

另一个被全球关注，连续多年位列新兴技术榜单的技术——数字孪生技术目前已经被主要发达国家列为战略科技，已经彻底改变医疗保健、建筑、航空航天、国防以及汽车运输行业，正在进入新的发展阶段。随着国家对数字经济的高度重视，企业数字化转型持续推进，由西门子、ABB 等公司推向工业领域的数字孪生，逐渐成为各界关注的热点技术，成了众多科技企业转型的使能技术，它具有虚实映射、实时同步等优势，在物流场景中的应用成了制造领域一个典型的应用垂直分支领域，当前正在成为企业竞争的新赛道。

数字孪生是一项新兴技术，更是一种技术概念，还远没有发展成熟，其具有成本高、技术门槛高、定制化程度高、可复制性差的特点。数字孪生需要在技术平台、模型开发和维护方面进行大量投资，但可发展性强，可涵盖产品的全生命周期。

在物流系统中，感知和网络都相对成熟，又有建模和仿真的技术基础，外加物流设施建设投入大、周期长、异构性和分散性强，物流系统成了数字孪生技术率先出现的需求场景。尤其是在物流系统的前期规划期，对非专业的业主而言，更需要看到建成后的场景，评估对未来的预期，以坚定其投资的信心。

数字孪生技术在物流规划过程中，与基于建筑信息模型（BIM）的建筑设计相结合，将物流设备布局嵌入建筑物，将实际工程的状态模型进行模拟，确认内在变量对被控制对象的影响；模拟设备、人员和物料移动，为用户提供方案级的展示，让用户直观地看见，如身临其境，提高客观的体验；让物流设施的建设过程中多学科合作，相互协作、沟通乃至决策更加容易，减少实施过程中的差错。

设备级的数字孪生应用，在产品设计、工艺优化、质量管理、供应链管理、预防性维护等方面，开展还很少。虽然该项技术能够在设备的实时监控，设备的运行、维护，故障报警等方面提供更多的信息，可以随时收集数据，这些从实际中获得的数据将可帮助工程师理解客户对产品的响应，优化产品设计，尤其是定制化的产品，但实现全方位的应用还有距离，还需要很长一段时间。

当前，我国已经将数字孪生技术写入“十四五”规划，作为建设数字中国的重要发展方向，美国也将其作为工业互联网落地的核心载体。数字孪生是近年来公认的战略技术之一，存在巨大的发展空间，急需引起业内企业的重视，运用数字孪生技术来提升企业的数字化水平。

以人工智能、5G、工业互联网等新一代信息技术为引领技术的变革，以指数级前所未有的速度融入我们的生活，我们正迈入一个变革的新时代。物流仓储装备也将向精准、高效、柔性、智能和绿色方向发展，新技术、新方案支撑着新型的解决方案出现，必将伴随着我国“十四五”规划的实施和战略新兴产业的推进而持续发展。

18.3 发展难点及启示

18.3.1 供应链问题凸显

新冠肺炎疫情对制造业的影响非常明显，产销量下降、材料和组件成本增加、人员活动受限等，都造成企业无法满足订单需求。物流仓储装备的加工企业处于产业链的中间，也无法幸免。2020—2021 年间，由于疫情的原因，原材料、元件供应受全球供应链影响，受到了巨大的冲击。铜、铁、铝等大宗商品价格出现暴涨，直接推升了全球所有工业国家的生产成本。突出表现为钢材、铁矿石价格在 2020 年猛涨了一波的基础上，2021 年又出现暴涨，而我国铁矿石 67%依赖澳大利亚进口。2020 年末，国家实施工业低碳行动和绿色制造工程，压缩粗钢产量，也造成了钢材减产。外加疫情区域管制、货运司机的减少、运输不畅造成原材料积压在港口等多重因素叠加，导致钢材价格不断上涨。基础材料的上涨，使得以钢材为核心的货架行业，以钢材、铝材为基础材料的设备行业，生产制造成本陡增。

其次是元器件、基础控制系统硬件出现短缺，致使设备供货期延长。国际物流受阻，海运货期加长，致使交货期严重拖期，影响到物流设备整体系统的交付。在行业中，通用的可编程控制器、变频器、传感器如专用的激光测距仪与红外检测器等，多为进口产品，在 2020—2021 年间出现了大面积的断供现象。工控巨头德国西门子公司最新的报告显示，其积压的订单高达 930 亿欧元。

材料上涨、元器件短缺，都是这两年来的突出问题。全球采购让世界各国彼此相连。此起彼伏的疫情，多国的闭关防控，任何一地的变动，都将影响彼此，大洋彼岸的停工可能跨越半个地球影响到我们。最典型的是 2020 年开始的芯片短缺，不仅影响汽车业、电子业，也影响到物流仓储装备行业，采购经理最头痛的事情就是货源货期。

人力成本的上涨也是不得不提的问题。疫情的防控使得人员流动受到了最大幅度的限制，企业的招工发生困难，劳动力短缺现象凸显，成熟工人的价格上涨，无疑也是压缩产品利润空间的因素之一。

这是新冠肺炎疫情给全球贸易出的一个难题。彼此相连、你中有我、我中有你的供应链受阻中断，提示所有的企业家需要审视和思考新型柔性供应链，供应链重构的话题不绝于耳。物流仓储装备虽然不像手机那样复杂，单体设备多达上千个零部件，需要协调成百家的供应商，但对于几十家供应商的供货进程、时间、质量、库存、供货周期，仍然需要协调，而且众多企业对供应链的管理还停留在传统的制表统计方式，对库存告急、无法供货等突发供应链问题，应对处置能力还很弱。企业需要与供应商协同一致，既要有地域上的差别备份，也要有相互渗透的可视化管理，能够提前预警而不是等待问题的发生。企业需要提高现有的供应链管理水平，实现数字化管理，了解彼此的进程，相互协同，避免意外的发生，按期完成产品的交付。这是一个看似简单、实则复杂多变的问题，需要向传统的管理发起挑战，需要重新梳理并构建新的管理方式，需要投入人力物力财力，需要管理者们勇于挑战自己，突破成功经验的局限，应对新的需求变化，为未来的发展谋篇布局。这对于企业尤其是管理者的意识是个不小的挑战，实现供应链的数字化、可视化与柔性化，是疫情对所有企业的提示，柔性供应链的重构已经摆在全球企业的面前，也是未来几年贸易格局将会改变的起因。

18.3.2 创新力亟待提升

物流仓储装备行业高速发展，取得了长足的进步，但企业家们需要清醒地意识到，我们多数的物流设备企业依然是集成创新的主角。我国拥有巨大的市场需求，正处在工业化进程的转化阶段，对物流管理和装备的提升需求不断加大，拉动物流装备行业快速发展。在供需两旺进入快速发展期时，更需要冷静地思考发展的路径。细观我们的产品结构，多为常规产品。在火爆的机器人市场，出现了几十种类亚马逊 KIVA 式机器人，其应用场景及规模甚至超越国外，但在效率、可靠性、集群控制、优化线路、能效方面，国内企业难占上风。核心专利上我们处于劣势，更多的厂商集中在外观的改进。在基础性试验方面，我们的企业投入很少，需要坚实的理论验算和材料选择试验的 50m 左右的超高堆垛机，在国外已经是普通的产品，而国内能够生产的厂家凤毛麟角。高性能的立柱材料的定制加工，就将普通的企业拦在行业外。高门槛的产品，拉开了企业间的距离。

剖析我们的设备，除了材料以外，控制系统从 PLC 到光电开关、核心组件、检测元件都是国外的产品，国产的元件应用很少。两年来疫情中各种供应链的问题，已经给我们提供了很多的教训。多元化、国产化是绕不开的道路。从设计角度看，我们所有的设计软件，都是在国外的开发系统之上建立起来的，基础平台同样也是“卡脖子”问题。从专利的统计来看，专利的数量近年来呈现增长态势，但从专利的质量来看，实用新型专利远多于发明专利，国际专利占比很少。这在一定程度上反映了企业创新的投入不足。

从产品成本组成分析，隐性成本的比重加大。当前设备的竞争已经不再局限于单一的机电集合了，而是机、电、信息于一体的融合。软件成本在逐年上升，尤其是自动化、智能化水平越高的产品，其对软件的依赖就越大。看似简单的硬件，依托定制化的软件，可以具有强大而丰富的功能，尤其是设备的集群控制及彼此间的协同，核心都在软件层面。

从市场需求方案来看，不再是几台设备、几种设备可以满足的，有的甚至是千台级的设备集成，是复杂的定制化系统。物料的管理需要与采购、生产、销售、售后相互关联。用户的需求不仅关心布局、流程、成本，还关心效率、能耗、环保等方面，关心全生命周期的应用情况。这需要企业从全局考虑，差异化发展，要掌握核心；不仅要注重基础硬件发展，同时更要注重上层软件的发展。无论从人才的结构，还是从管理水平上都要重视和改变，要大幅提升软件系统在产品中的成本占比；拥有自己的算法、核心产品定制化材料、带有行业经验的方案，才能在市场竞争中脱颖而出，否则将处于产业链的低端，很难抵御市场波动。

18.3.3 管理理念亟须转变

后市场服务是尚未开发的蓝海。前端市场的蓬勃发展、激励竞争牵扯了企业足够多的精力。当前市场的需求规模还在持续扩大，企业的精力还未集中到后市场之中，而成熟的欧美企业，在利润的贡献度中，有近40%的利润来自后市场。售后维修服务也正在从保障性服务转向支持性服务，对数据进行质量分析，对设备情况进行实时监控、预测分析等，以及对新一轮设计进行优化，对系统管理的支撑提升等方面都开始布局，但在国内都还没有得到重视，企业的管理仍然停留在传统意义上的管理。首先，客户资源数字化管理没有实现。尽管企业发展多年，积累了成百上千家的客户，在特定行业中拥有专属的经验，在市场上也有自己的发展空间，在社会上拥有一定的存量用户，但大多数为沉睡的资源，没有发挥应有的作用。企业没有意识到存量数据的重要性，它们的价值还没有充分发挥出来。其次，存量设备项目的数字化管理没有建立，现有设备的数字化管理也受限于成本而进展缓慢。企业拥有的集成经验，体现在所做的每个案例、每个工程的解决方案中，而这些经验的传承，是企业发展的宝贵财富。目前多数企业，还采用口口相传的方式，还没有建立数字化档案。对于当前的发展速度和活跃的人才流动形势，管理方式的数字化是企业的当务之急。企业要勇于在数字化设计手段、数字化管理等方面加大投入，让优秀的东西能够传承。看似短期内不产生效益的投入，未来的回报一定会超过投入，企业家要有长远的发展目光。例如，用户资料的建立、产品的管理等，都将是企业发展的记录，一方面可以为用户提供贴身的服务，一方面可以记载产品全生命周期内的所有信息，有利于产品的升级。因此数字化管理系统一旦建立起来，后市场带来的利润将不比前端市场差，而且会反哺企业的发展。多数国外企业都建立自己的博物馆和售后服务中心，就是企业良性发展的很好印证。

信息人才的价值，尚未被多数企业重视。企业的创新能力来源于人才，物流装备行业对人才的需求，跨越了多门学科，而我国专业院校的培养还没有跟上市场的变化，依然是传统的专业设置，相比国外院校大规模的人才培养，存在明显差距。一方面是我们的教育落后于市场需求，另外一方面表现为市场对新兴专业的认可度还不够。人才梯队结构的建设问题，将在未来的发展中越发明显，制约企业的发展。

纵观新兴的机器人企业，成员多为年轻人，对信息社会融入更快，创新精神能力更足，为行业带来一股新的力量，也给传统企业以提示：改变才能适应，在另外一条赛道上，有人进步得更快。

问题和困难在企业的发展过程中从未缺席，企业只要认真面对，及时调整，诚心解决，方法总比困难多。企业在不断的修正中成长，只要企业家眼光长远，市场空间足够让行业内企业施展拳脚，朝阳行业将吸引更多的加盟者，物流仓储装备行业企业的未来可期。

第19章

物流仓储机械行业市场需求

19.1 国内市场需求

2020—2021 年，新冠肺炎疫情在世界各地持续暴发，世界经济遭受重创。中国以特有的优势迅速重启，国民经济保持了 6.5% 的稳定增长，举世瞩目。根据中国物流与采购联合会、中国物流信息中心联合发布的《2020 年物流运行情况分析》和《2021 年物流运行情况分析及 2022 年展望》的统计数据，2020 年全国社会物流总额 300.1 万亿元，首次突破 300 万亿元，2021 年创纪录地达到 335.2 万亿元（见图 19-1）。2020 年社会物流总费用为 14.9 万亿元，2021 年为 16.7 万亿元。两年社会物流总费用与 GDP 的比率维持在 14.7%（见图 19-2）。2020 年和 2021 年我国物流业景气指数分别为 53.5% 和

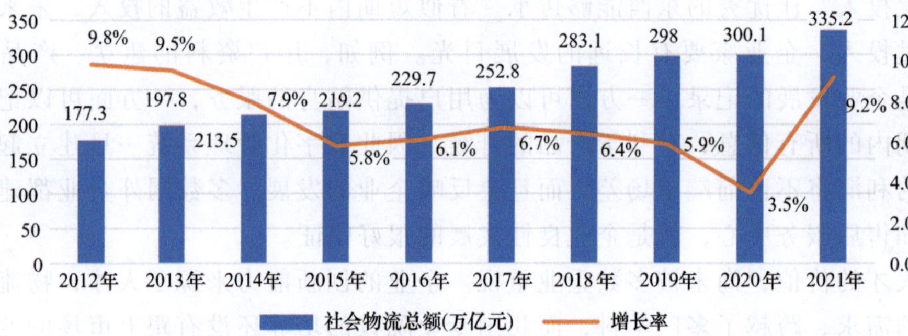

图 19-1 社会物流总额（单位：万亿元）

（数据来源：中国物流与采购联合会）

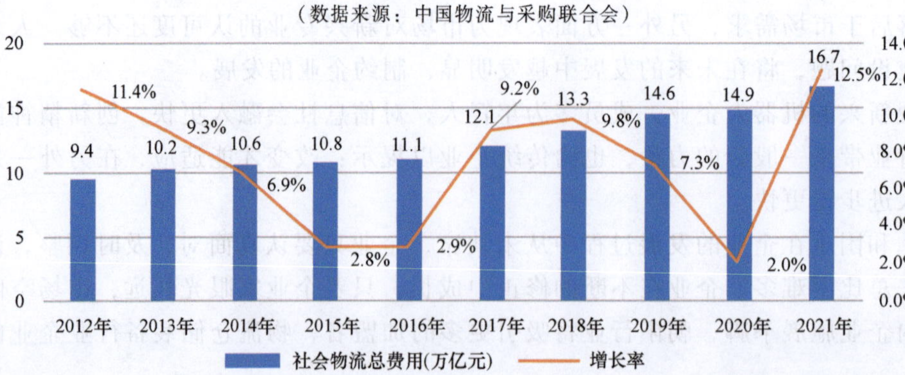

图 19-2 社会物流总费用（单位：万亿元）

（数据来源：中国物流与采购联合会）

53.6%。我国社会物流需求呈现平稳增长的发展态势，物流运行总体保持活跃。

制造业是我国的强国之基，是国民经济的支柱。经过几十年的工业化发展，我国的制造业规模已名列前茅，发展成为全球最大的制造中心。疫情期间，在全球工业生产还处于低效率状态时，我国因采取了有力的防控措施，率先恢复生产。高性价比、物美价廉又能及时交货，使我国工业品在国际市场上供不应求，外贸订单猛增，对物流系统和物流服务的需求迅速增长。2020 年和 2021 年两年工业品物流总额平均增长 6.1%，增速接近疫情前水平。其中制造业中出口相关以及高新制造业物流需求发展较好，全年装备制造业、高技术制造业物流需求比上年增长 12.9%、18.2%，增速高于全部工业平均水平 3.3%、8.6%，是工业物流恢复的主要拉动力（见表 19-1、表 19-2）。

表 19-1 2020—2021 年社会物流总额统计数据表 （单位：万亿元）

物流总额	2020 年	同比增长率(%)	2021 年	同比增长率(%)
社会物流总额	300.1	3.5	335.2	9.2
农业品物流总额	4.6	3.0	5	7.1
工业品物流总额	269.9	2.8	299.6	9.6
进口货物物流总额	14.2	8.9	17.4	-1.0
再生资源物流总额	1.6	16.9	2.5	40.2
单位与居民物品物流总额	9.8	13.2	10.8	10.2

（数据来源：中国物流与采购联合会）

表 19-2 2020—2021 年社会物流总费用统计数据表 （单位：万亿元）

费用	2020 年	同比增长率(%)	2021 年	同比增长率(%)
社会物流总费用	14.9	2.0	16.7	12.5
运输费用	7.8	0.1	9	15.8
保管费用	5.1	3.9	5.6	8.8
管理费用	1.9	1.3	2.2	9.2

（数据来源：中国物流与采购联合会）

新冠肺炎疫情自暴发以来，对我国的生产、生活产生了深远影响。人们的生产和生活方式与之前相比，均有了一定程度的改变。人们出行、聚餐、商场购物等行为减少，网络购物、外卖订餐、居家办公等行为变为常态化，“宅”经济悄然兴起。这些方式的变化给一些行业带来契机，给物流带来新的活力，如网络零售业、邮政快递业市场规模迅速扩大，电商行业、快递业、医药行业、家居行业、快销品行业、冷链存储和冷链运输等细分行业的物流需求高速增长。生产方式也发生了变化，企业受疫情反复影响及防控要求，人员到岗不足、运输不畅、供应链受阻，生产无法顺利开展，交货期延迟，生产的组织受不可控因素影响加剧。这些因素促使企业调整管理方式，以降低或消除生产对人的依赖，促进了生产企业主动自动化升级，加速了企业数字化转型的进程。自动化升级再造的需求在烟酒、食品、饮料等消费品行业中有较大的增长，在图书出版印刷业、服装加工行业、数码行业、家用电器行业、汽车行业等制造业领域持续保持高速增长。智能制造、数字化工厂市场需求随之迅速扩大。强劲的物流提升需求，拉动着物流装备行业持续发展。随着5G、AI等新一代信息技术和物流技术深度融合，催生了新型的物流装备和系统解决方案，AS/RS、箱式多层穿梭车存取系统、自动化托盘穿梭车密集存储系统、高速输送分拣系统、基于AI视觉的自动分拣系统以及各种以物流（搬运、拣选、包装、码垛）机器人为核心的解决方案不断涌现。这些新型的系统解决方案，以降低物流仓储作业人员的劳动强度、改善操作人员的工作环境、有效提高运作效率为目标，帮助企业解决人员、效率困难的同时，提高服务质量，因而备受企业的欢迎。

19.1.1 行业需求稳步增长

制造业仍是物流仓储装备市场需求的主体，需求量保持稳步增长。科学合理的物流供应链体系的顶层设计可以有效降低制造业制造成本和物流成本，为制造企业提供强有力的竞争力，可以支撑行业上下游相关制造企业高质量协同发展。物流业与制造业的深度融合，是未来一段时间内物流仓储装备的核心增长点。物流仓储装备作为生产要素参与生产过程，是制造业物品流通的载体，帮助制造企业精准、高效地管理零件、半成品和成品的流通和仓储，确保物料准确配送和产品及时发运，以缩短生产周期，提高仓储效率，降低仓储成本，创造卓越的商业价值。与此同时，我国近期针对重大智能物流技术加大了研发力度，针对核心物流装备和核心物流系统进行研发攻关，并出台了有关支持扶植措施政策。在此背景下，核心物流仓储装备作为高端制造产品，必将成为我国高端装备制造产业的主攻方向。智能制造发展过程中，企业内部原材料物流、成品物流、生产物流亟待全面升级，企业纷纷将提升竞争实力的目光放在物料的精细化、专业化、信息化管理方面，工厂及物流的再造为物流仓储装备的发展提供了巨大的市场。制造业行业中，汽车、化工、纺织、新能源电池、家居家电、电子半导体等物流仓储装备重点应用行业，对传统以存储为主的物流仓储装备仍保持稳定的市场需求；医药、服装、快速消费品等行业，对智能物流仓储装备，特别是智能输送分拣系统有较大需求。

电子商务对物流仓储装备市场需求仍是近年来的热点。销售、配送、结算、售后等一整套成熟和完善的电商业务，早已渗透到人们生产生活的方方面面。恰逢疫情造成了人们社交疏远、流动受限，更加剧了人们对电商的依赖。网络购物成了人们应对疫情生存的重要手段。外加直播带货、社区团购等新方式的兴起，线上线下的融合发展，让电商行业的体量不断加大，销售方式更加多元化。无接触式的远程购物方式，在疫情期间发挥了重要作用。目前，作为支撑和保障，电商行业物流仓储装备市场增长速度不减。电商分区域中小型物流中心布局加速，向二、三线城市下沉，向生产制造企业前端延伸，都将对物流仓储装备提出更多、更高、定制化的需求，以适应其快速的发展。

冷链对物流仓储装备市场的需求继续快速增长。近年来，国家相继出台政策，大力扶持冷链物流体系建设，2020年2月，国家出台了相应政策，明确指出启动农产品仓储保鲜冷链物流设施建设工程，并安排中央预算内投资，支持建设一批骨干冷链物流基地。2020年3月，国家发展改革委办公厅印发了关于开展国家骨干冷链物流基地建设的工作文件，整合存量的物流资源。2021年8月商务部等9部门发布《商贸物流高质量发展专项行动计划（2021—2025年）》，提出建设城乡高效配送体系，发展商贸物流新业态模式，加快推进冷链物流发展。这些政策的连续出台，都将为提速我国冷链物流行业的发展提供保障，必将会拉动冷链物流相关设备的需求。

据中国物流技术协会冷链委员会统计，2019 年底全国冷库总量达到 6,052.5 万 t，较 2018 年增加 814.5 万 t，同比增长 15.55%。2021 年我国冷库总量约为 7,000 万 t，规模排在世界前三名。但是即便如此，我国与美国、日本等发达国家相比，人均冷库拥有量仍然很低，且分布区域不均衡，主要集中在华东沿海地区。因此，现阶段我国对冷链仓储物流需求空间较大。在农产品冷链物流的需求中，食品制造、零售、批发目前占据冷链物流需求前三名，随着电商国际化以及新零售在生鲜食品行业的快速发展，线下门店生鲜物流对冷链仓储物流设备需求增长加快。随着农产品产地冷链物流体系建设的开展，生鲜农产品冷链物流仓储装备将会有广阔的市场前景。

除去农产品冷链物流以外，医药冷链对冷链仓储物流的需求也持续增长，尤其是制药冷链。因为药品和生物制剂对存储条件的严格要求和受高度监管的特性，药品冷链的需求是刚性需求。实施药品的跟踪可追溯，以满足订单的准确性、配送的可靠性的呼声极高，但因药品从制造到送达用户手中，经过的环节多而复杂，实施全程冷链控制难度极大，而且成本高，一直以来都是物流仓储装备需要攻克的难点。

19.1.2 设备需求多样化

物流仓储装备适用于各个领域，每个行业都有其特性，对设备的需求各不相同，物流仓储装备呈现多样化快速迭代趋势，产品种类不断丰富。传统的以托盘为存取单元的相关装备和技术日渐成熟，以箱、盒、袋小型单元化货物为存取单元的密集存储系统、高速分拣设备、智能码垛设备、搬运分拣机器人系统等先进适用的新型装备进入快速成长期，成为推动行业发展的重要引擎，越来越多的用户将目光聚焦到这些新型系统和新设备上，应用需求逐渐显现出来。

1. 货架

近年来货架类多种产品均保持了较好的市场发展态势。自动化立体仓库钢结构货架仍然是市场的主流。随着密集存储技术的应用推广，托盘式穿梭车货架、箱式穿梭车货架的需求持续增长。经济实惠的横梁式货架、隔板式货架仍然是传统仓库的主要货架类型，这类货架需求规模最大。库架合一的高端货架系统，虽然有天然的优势，对于土地紧缺的地方，无疑是上佳的选择，在海外早已有应用，且我国企业也有产品销往国外，但是在国内由于其涉及建筑、消防等多方面因素，至今未得到规模发展，不过市场需求客观存在。

2. 堆垛机自动存取系统

托盘式自动化立体仓库已在我国发展几十年，该技术成熟、稳定、可靠，针对托盘式存储形成了一整套完善的管理和控制模式，广泛应用在烟草、医药、快速消费品、零售、冷链、化工、家居以及制造业的成品及原料存储和管理中。近两年，受疫情的影响，政府层面的战备物资库、应急医药配送中心、冷链、电商、快递等方面需求增加，单体项目的规模越来越大，单个系统投资数亿元的巨型立体仓库屡见不鲜。

3. 箱式密集存储系统

箱式密集存储系统以其方便实现小单元、大吞吐量、快速入出的功能特点，在制造业和零售业等多个领域大范围应用。为应对人们消费习惯的改变，满足对产品个性化的需求，生产制造企业从传统的批量化生产模式转向小批量、多品种的定制化生产模式，使产品种类增加、批量变小、变化加快。对于既能满足多品规存储，又能快速准确地出入调配输送的中间库、零件库等线边库，箱式多层穿梭车系统成了最佳选择。同样，在零售行业和电商领域，客户日益增长的快速而多变的需求，导致订单趋于碎片化，订单数量增加，单订单品数减少。为应对这些变化，商家需要存储大量的备选品种，应对较小的批量和快速分拣的需求。以箱式多层穿梭车为核心的密集存储系统，配以自动输送分拣线、高速提升机等设备的货到人拣选系统，具有大存储量、高分拣效率的特点，既能满足储存又能实现快速分拣，迅速成为医药配送、电商、服装、快递等多个行业的首选系统，是近年来物流仓储装备领域快速发展的又一标志性集成解决方案。

4. 托盘式密集存储系统

这是一种与箱式密集存储系统类似的、针对大宗批量储存需求的解决方案，采用托盘类穿梭车货架、垂直提升机、托盘式子母穿梭车（或四向穿梭车）、自动管理和控制系统构成一套系统，对于品种单一、量大、先进先出、出入库频率不高的大宗商品，有独特的优势。与传统的自动化立体仓库相比，在同样的空间内，该系统可以满足更多的货物储存，空间利用率高，可解决食品冷冻冷藏储存、石油岩心、石化材料、包装粮食储存等方面的需求。

5. 自动导引车/自主移动机器人

自动导引车（AGV）按其功能可以分为搬运型、转配型、牵引型、巡检型、分拣型等，应用在传统制造行业、轻工行业等各个领域。近来，由于导引技术的快速发展，从电磁导引、二维码导引、激光导引到视觉导引、基站导引、SLAM 导引，使“自动导引”向“自主移动”发展，AGV 应用的空间进一步拓宽，尤其是在智能制造领域，在智能工厂、智能车间中成为不可缺少的标志性设备。AGV 以其柔性化、智能化的特点，让生产环节中的搬运、装配有效连接，让存储领域中的存、配、拣一起联动。外加其集群控制搭载 AI 算法的优势，可以实现大运量、个性化搬运和分拣，凭借自身特有的优势，AGV 从制造业发展到电子商务领域，在电商物流中心、配送中心内开始大面积应用。典型的自主移动机器人与货架的解决方案，以其布置灵活、实施快捷、对土建及相关环境依赖少、给用户留有的变更空间大等优势，已经得到广泛应用，有的规模已超百台。

6. 分拣设备

自 2000 年物流配送中心在国内兴起以来，自动化输送分拣设备的需求持续增加，近年来更是在医药、服装、电商、快递行业、零售行业的高速发展带动下，产品种类不断更新。A 字架分拣、推块式分拣、导轮式分拣、交叉带式分拣、滚珠模组带分拣、悬挂式分拣等各种形式，按照分拣效率、运行速度、分拣格口数量、供件席位数量、分拣差错率、运行噪声等因素，满足不同分拣的需求。特别是近年来因绿色低碳环境保护的要求，包装材料及形式不断更新，箱、盒、袋等轻小型物品的分拣应用需求剧增，又因分拣中心的小型化、网络化，安装方便、节约空间的中速小型分拣机将迎来市场红利期。

7. 物流机器人

传统物流行业是劳动密集型行业，需要人员进行大量重复、枯燥的体力劳动，促使工业机器人在物流行业迅速应用。在物流作业的各个环节，都有机器人代替人工工作，尤其是低温、洁净等特殊环境需求更大。物流机器人已经成为物流仓储装备中的热点亮点。搬运机器人、拣选机器人、分拣机器人、码垛机器人、包装机器人、协作机器人等工业机器人出现在储存、搬运、输送、分拣、包装等各个环节中，并与其他设备互相配合、柔性衔接，或单机或集群承担着不同的角色，成为物流仓储装备中不可缺少的一部分，是物流仓储装备向智能化转变的标志性突破口，更是国家政策支持的发展方向。这也是众多机器人相关企业集聚物流行业的原因之一。

8. 自动装卸车系统

自动化立体仓库和自动化物流配送中心均为场内物流，内部自动化程度目前已经达到一定的水平，但与运输车辆对接的装卸货工作，仍是一个痛点。通常是由人工进行散货装箱与掏箱，收发货物的两次搬运费时费力，往往造成货车的大量积压和排队。自动装卸车系统可满足此类需求。这些技术还不是很成熟，但随着不断磨合优化，库房门前货车排队的场景不久将会消失，这无疑也是助力企业减少碳排放的举措之一。

19.1.3　服务需求为导向

纵观物流仓储装备行业，以满足需求侧的服务为导向，在需求—技术迭代—需求的过程中发展。

物流仓储装备行业服务于国民经济中多个行业，每个专业领域都有其专属特征，需要解决的物流问题各不相同，因而需要各类设备和软件按需组合来支撑。制造业产前物流，由于生产订单的不确定性，生产线的计划随时变化，服务于用户的产前物流系统需要与生产计划完美结合，兼顾存储和出入效率，实现并保证用户高度精准生产节拍的需求；电商行业，因订单量大而单个订单数量少、时效性要求高的特点，配置高度自动化的快速分拣装备，取代大量的人工分拣、压缩分拣时间成了首要问题；医药行业，因药品的特殊属性，遵循国内、国际法规要求，满足药品生产质量管理规范（GMP）、药品经营质量管理规范（GSP）、美国食品药品监督管理局（FDA）认证，侧重药品的跟踪与监管是此类物流解决方案的特色；冷链的运输和仓储需要关注全过程的温湿度；危化品行业更是将安全、环保、防腐蚀的要求放在首位。

诸如此类，物流仓储装备企业以不同行业需求为导向，从储存方案到配送方式，从流程规划到设备选型，从传感器数据采集到核心控制层，从设备硬件结构到软件管理系统，全方位地为客户提供定制化的解决方案，与各个行业一起发展。

物流过程中的实际需要多而复杂。人类看似简单的操作，要想由设备来完成，需要强大的技术支撑，如物品的混合码垛、自动拆垛、自动装箱等，都需要预先针对货物的种类、数量、装载顺序、装载位置，以及对箱和托盘的体积进行运算优化，才能实现产品的混装及运输空间的最大化利用。视觉技术、自然语言处理技术、虚拟现实/增强现实（VR/AR）、数字孪生技术等都有应用，如今的物流技术对 AI、大数据、云计算等新一代信息技术的需求不断加大，也正是这些技术的应用，才使得众多的物流问题得以解决，人们的工作环境得以改善，效率得以提高。物流领域正成为新兴技术落地实施的最先领域。

“碳达峰”和“碳中和”的“双碳”战略目标已经确定，降碳、环保、绿色、节能成为国家战略。高效、节能、绿色的物流仓储装备系统将是今后行业内追求的目标。在高效运作与节约能源中找到平衡点是未来物流仓储装备制造、集成企业关注的焦点。近年来，从存储到输送、拣选、分拣等诸多环节，物流需求逐步提高，追求高性能、高精度、高稳定性的同时，要求更加柔性。用户不仅关心设备能力的匹配、流程的合理性，更关注物流系统与其自有系统的协同性，以及未来的可扩展能力，因而越来越多的企业响应国家“低碳、绿色、可持续”的发展理念，注重节能减排，注重产品的新材料、新能源应用等绿色属性，贯彻国家新发展理念，以满足国家新型工业化进程中各行各业对物流设备的需求，为未来经济发展助力，保障行业自身健康发展。

19.2 重点领域需求

物流仓储装备作为现代物流体系的重要组成部分，是现代物流体系的核心，广泛应用于制造业、零售业、邮政业及冷链仓储、军需、图书档案等领域的物流仓储环节。作为衡量现代物流发展水平重要指标的物流仓储装备，在众多领域不断发展，结合实际应用，融合传统物流技术与新一代信息技术，创新开发出新型智能化物流仓储装备，以满足市场发展新需求。

19.2.1 制造业

物流仓储装备作为支撑现代物流业的核心装备之一，拥有广泛的制造业场景应用基础。制造业对于现代物流行业，特别是现代物流仓储装备具有天然的内生需求，物流仓储装备在工厂生产过程中承担着原材料到成品的供应和管理工作。制造工厂物流效率高低决定生产过程的整体效率，而高效的物流系统是提升物流效率的重要节点。制造业物料管理的流程化、自动化、数字化给企业管理效率、企业管理质量提升带来的效益，远超建设初期投入的成本，是企业高质量发展的必然选择。

1. 汽车制造业

汽车制造业是国民经济的支持产业之一，其产业链长、从业的企业多、产业集群广，是典型的离散型制造业重资产行业代表，实现生产要素的合理配置和高效运转显得尤为重要，这就使得现代物流技术与装备在汽车生产过程中发挥着不可替代的作用。

我国是全球最大的汽车市场，近两年，虽然受疫情影响，全球供应链受阻，全球的汽车制造业增速放缓，部分企业因“缺芯”而停产，但我国的汽车仍然实现了产销增长。2021 年，我国汽车产销分别完成 2,608.2 万辆和 2,627.5 万辆，同比分别增长 3.4%和 3.8%。外加购车补贴支持、购车上牌便利、免限行等利好政策，新能源汽车的需求激增。

市场需求增加，汽车总装厂、零部件企业致力于通过生产环节的智能化升级，提升产能和品质。汽车制造是自动化智能化水平最高的一个行业，有多个工信部智能制造示范工程。零件物流是保障整个工厂高效生产的关键，典型的汽车主机厂都配有 ERP、MES、WMS 等信息管理系统，利用供应商管理系统（SRM）和车间物流配送系统（SPS），调配供应链中的零部件，安排和保证生产计划的实现。通常在汽车主机厂内，根据生产线的布局，设立产前零部件拣配中心，作为全厂对外物料的总入口和对产线拣配物料、供应物料的执行机构。零部件存储多采用托盘式、箱式自动化存储方式相结合的零部件仓库，工具则采用垂直货柜来存储。根据总装线的需求，会设置多个零部件仓库和线边库。发动机、后桥、变速箱、底盘等零部件的搬运作业，叫料—配料—上料等动作有序进行，则依靠 AGV 来实现，匹配机器人组成的现代化装配线的节拍。自动化的物流仓储装备是推动汽车行业向柔性化、定制化生产方向转变不可缺少的核心设备。

一辆汽车拥有上万个零部件，围绕汽车行业的零件企业集群效益非常明显。我国汽车的保有量 2021 年为 3 亿辆，同比增长 7.1%，对汽车零部件的制造企业以及仓储市场无疑是利好消息。零件生产企业批量化效应明显，原料和成品的管理同样需要物流仓储装备的支持。

轮胎行业作为汽车零部件的一个重点细分领域，与汽车行业发展高度相关。近几年轮胎制造业面临着产能提升和竞争加剧的压力，在改进生产工艺的同时，重视现代物流仓储技术应用，生胎的生产、暂存、计时、硫化等由系统管理流程和滞留时间，采用自动化立体仓库、AGV、轨道导向车（RGV）等自动化系统和设备，与生产设备紧密相连，实现物料存储、搬运、管理等功能，提高生产质量，降低次品率，形成了一整套自动化物流解决方案。物流仓储装备已随企业的发展而远销海外，山东玲珑轮胎有限公司在泰国建设的轮胎厂，就配有 45m 高的库架合一自动化立体仓库。青岛森麒麟轮胎有限公司 2021 年在建的泰国工厂，也同步配套了库架合一的自动化立体仓库。头部企业的示范作用，将拉动轮胎企业的物流自动化水平升级。

近年来，轮胎企业在供给侧采用智能化、柔性化物流仓储系统，生产智能升级，更好地服务于汽车前后市场；在需求端则采用了线上线下 O2O 模式，轮胎电商走入我们的视野。轮胎物流中心，将各种轮胎作为经营、管理、配送的对象，采用电商模式，配置自动化立体仓库系统、轮胎读码分类系统、机器人视觉自动拣选系统、自动缠绕膜系统、自动分拣系统等设备，及时准确地拣配好客户所需的轮胎，快速发往线下门店，安装调试。在智能化系统支持下，订单履行准确、及时、实时，信息透明化、线下服务标准化给客户带来很好的体验。轮胎行业建立布点合理的物流网络，建设大型轮胎仓库和物流配送中心，支持实体体验店和安装服务网点的正常运行的需求，也将拉动物流仓储装备的需求。

新能源汽车作为国家战略新兴产业，在国家政策的大力扶持下高速发展。据国家统计局统计，2021全年新能源汽车产量367.7万辆，比上年增长152.5%。经过几年的高速发展，消费者逐渐接受了新能源汽车。截止到2021年底，全国新能源汽车保有量达784万辆。与其配套的新能源动力电池行业也迎来了迅猛发展。国内涌现出宁德时代、比亚迪等一批锂电池生产企业，在国家大力扶持下，不断扩充产能，新建工厂、新建生产线，迅速成为锂电池全球供货商。新能源电池业作为新兴行业，其生产的组织方式目前已经在大量先进的物流仓储装备支撑下实现了高度自动化和智能化。围绕新能源电池自动化生产线和工艺流程，物流仓储装备与生产设备融合成一个不可分割的有机整体，电池从注液后装盘到成品分拣，原料库、化成库、静置库、成品库、自动化输送线、带自动灭火系统的专用堆垛机、RGV、机器人等专机设备和系统等大量应用，合理匹配。为锂电池定制的输送系统、仓储系统、自动检测系统、生产调度系统、质量管理系统、物料管理系统等构成了智能化的生产系统，在新工厂、新生产线的建设中大量配置，也是这两年来增长最快的市场需求。

2. 石化工业

石油化工是化学工业中最重要的分支，在国民经济中占有不可或缺的重要地位。石化企业的生产具有连续性、规模化的特点。传统的工艺流程相当成熟，如聚丙烯、合成氨颗粒等化工材料传统的存储形式仍以平仓、楼仓为主。但随着数字时代的到来，国家智能制造的持续推进，传统的石化工业面临着激活数据要素潜能，加快能力提升的新一轮升级改造。尤其是物流环节的改造，将是潜能挖掘、产能提升的关键。石化生产属于连续流程性工业，典型的流程为：车间生产的成品颗粒会连续24h自动灌装到吨袋或标准袋中，由输送系统输送到码垛工作站，或由机器人堆码、套膜后，入自动化立体仓库中进行存储和保管，最终由自动装卸车系统在站台上完成装卸。各个环节一气呵成，其间任何一处出现故障，都会对生产造成影响。这些环节的自动化可以大量减少人力，提升产能。这些成熟的物流设备和技术，都是解决石化企业在智能化转型升级中不可缺失的关键。润滑油、橡胶等石化产品的成品储存也都可以通过自动化立体仓库来满足储存和管理的要求。

由于石化产品具有特殊的物理、化学特性，易造成环境污染，储存、运输环节都有特殊要求。在相应的物流环节，都需要提供安全可靠的服务，降低作业人员的工作强度，规避安全风险，力求保证企业收益最大化。物流仓储装备借助现代信息技术，在数据监控、调度分析、运维保障等方方面面都可以满足用户需求，同时也助力了石化工业自动化程度的提高。

化学工业中的物流仓储装备，通过为不同形态化工产品提供存储、保管、运输、数据监控、调度分析等服务，在化工产品的存储、周转和转运等过程中，为企业提供定制化的解决方案。越是可靠性、安全性要求高的环境，机器代替人工的机会就越大。

3. 烟草制品业

烟草制品业专营制度和统一监管体系，决定了该行业具有独特的生产、经营、管理体系结构。国家对烟草制品业信息化建设高度重视，促使烟草制品业不断提升生产智能化、管理高效化、服务便捷化能力和水平。烟草制品业是物流自动化水平较高的行业，该行业各项标准完善、管理制度明晰，这都为烟草制品业物流仓储发展提供了良好的环境和条件。国内主要烟草生产加工、流通企业针对原辅材料、半成品、备件、成品的储存、管理和输送基本上都已经完成了首轮自动化升级。例如，具有物料自动化管理功能的自动化立体仓库可以满足半成品的仓储工艺需求；定制的输送和分拣设备可以满足包装规格统一的烟草产品需求，进行高速、准确的分拣和管理，可大大提高烟草分拣的效率，降低错误率。虽然社会对控烟的呼吁日益提高，烟草制品业面临着较严苛的监管，但我国仍是全球烟草生产和消费大国，烟草物流设施建设及改造的需求仍将持续，在一定时期内仍是物流仓储装备发展的方向之一。

4. 医药制造业

医药制造业提供各种医药类产品，与生命健康息息相关。受疫情催化，2020—2021年我国医药制造业保持高速增长，出口交货值同比增长64.6%。在药品的制造过程中，原材料、辅料、成品的存储，加工过程中的搬运，对原辅料、半成品的产地、生产企业、生产时间、批次、质量级别等信息的动态跟踪与记录，温控、无菌、安全管控等方面的特殊要求，都需要物流仓储装备和系统的支持，尤其是接受电子监管码、GMP等专有认证，都需要专有的信息系统与管理部门相连。

生物制药是制药业中的一个细分市场，疫苗、生物提取物、血浆等高附加值医药产品对我国医疗体系来说是不可缺少的组成部分。受新冠肺炎疫情的影响，这个市场急剧膨胀，与之配套的冷链医药物流需求急速提升，是今后一段时间内需求市场的一个重要方向。

我国医药制造企业超过8,000家，制药流程的自动化、无人化作业，特别是制药冷链的需求是个巨大的市场，将促使医药制造物流、医药冷链物流行业进入快速发展期，拉动装备需求的发展。

5. 家用电器

2020—2021年，我国家电行业在疫情冲击之下显示出极强的韧性，维持增长态势，出口额突破千亿美元大关。

2021年，我国家电市场零售额规模8,811亿元，同比增长5.7%，网络零售对家电消费的促进作用进一步提升，家电线上市场登上新的高点，2021年我国线上零售额占整体家电市场的52.9%，连续两年占比超过50%。

尤其是小家电，受“宅”经济的影响持续上升，高端智能家电的需求也大幅增加。家电制造企业生产制造不断升级，智能工厂、数字化车间的建设大幅度增加，以应对消费者对家电产品的健康化、个性化、差异化、智能化需求。数字化工厂建设中，衔接采购与生产、生产与销售以及批发与零售等环节的物流、仓储环节，对于家电制造企业是核心关键环节，直接关系到企业资金周转速度、科学备货数量、存货积压风险、仓储管理费用等一系列问题。智能物流与仓储系统成了不可缺少的一部分。

家电的头部大企业格力、海尔、美的都已探索出自己的转型路径，是工信部颁布的智能制造示范企业、灯塔工厂，对中小企业起到了良好的示范作用。伴随着家电市场消费群体的年轻化，节能、环保、智能和安全的产品需求，促使着家电行业不断转型升级，这将为物流仓储装备的应用提供新的发展空间。

6. 纺织制造业

我国是纺织品大国，其中棉纺织、化纤纺织、丝绸、玻璃纤维等行业在国际上很有竞争力，造就了一批全球领先的企业。这些企业的体量很大，为了提高产能、稳定性和产品品质，多采用自动化设备进行生产，采用智能化物流处理货物的存储和搬运，以满足生产的节拍。

棉纺织行业中，家纺产品、布匹等行业对自动化物流系统需求大。我国有世界最大的棉纺企业，最大的毛巾、家纺产品制造企业，这些企业的产品品质高、出口创汇能力强，外贸订单多，往往需要建设大规模的自动化立体仓库存储成品。

玻璃纤维是个特殊的行业，也是我国的强势细分行业，其生产工艺较为复杂，自动化程度很高，产量很大，需要与之配套的自动化物流解决方案来支撑生产过程，以及成品的入库、存储管理、发运过程。而生产的连续性则要求自动化物流装备具有良好的稳定可靠性。

纺织制造业正在向自动化、数字化、智能化方向发展，离不开智能装备、智能物流的支持。

19.2.2 零售业

1. 互联网零售业（电商领域）

电子商务经过多年的发展，已经逐渐融入社会生产、生活中。近两年，为了避免疫情传播的风险，宅在家中通过网络选购商品、等待及时配送成了人们消费的主要方式。“宅”经济爆发，再次拉动了网络零售电子商务行业的爆发。

2021 年全国实物商品网上零售额占社会零售总额比重保持在 25%左右，根据商务部电子商务公共服务网统计数据，全国网络零售市场交易额 2020—2021 年从 11.76 万亿元增长至 13.09 万亿元，实现了 14.1%的增长率（见图 19-3）。全国实物商品网上零售额从 9.76 万亿元，达到 10.8 万亿元，增长率为 12%（见图 19-4）。其中服装鞋帽针纺织品、日用品、家用电器及音像器材三类商品的网络零售额较多，中西药品、烟酒、建筑及装潢材料、五金电料、家具类商品的网络零售额增长较快，均高于 30%，新零售呈现良好发展势头。

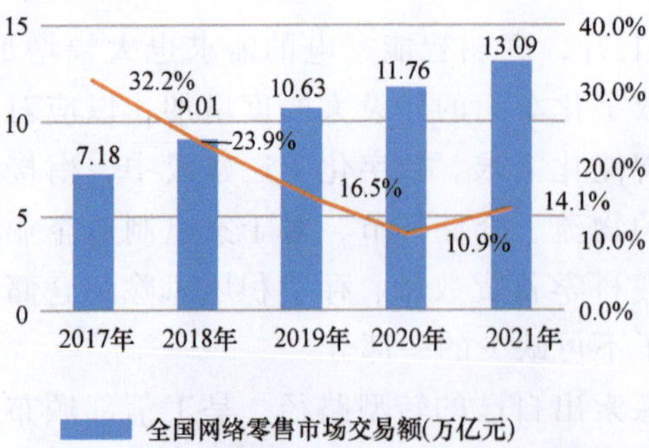

图 19-3 全国网络零售市场交易额

（数据来源：商务部电子商务公共服务网）

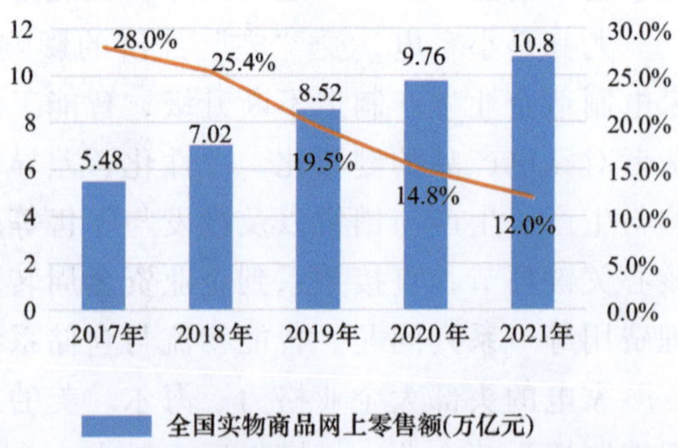

图 19-4 全国实物商品网上零售额

（数据来源：商务部电子商务公共服务网）

根据中国互联网信息中心（CNNIC）统计，我国的网购用户规模达到7.82亿。为应对规格杂乱不一、种类繁多的网购，电子商务企业在应对仓储、拣选、配送等工作的同时，还要面对订单处理难度大、订单响应时效高的挑战，仓储物流以分为主、以存为辅，订单履行效率成为关键。在整个物流仓储环节中，分拣效率决定客户的终极体验，需要大量采用高效率的自动化物流仓储装备，特别是兼具柔性、效率和成本优势的自动化拣选、分拣系统、自动化包装、自动化装车等设备，构建信息化、柔性化、一体化的物流仓储系统，打造出分拣货效率高、错发率低的电商仓库，在降低仓储管理成本、订单处理成本、配送成本的同时，避免爆仓、暴力分拣等事件的发生。

新兴的网购消费的特点以及社区团购、直播带货销售等模式的出现，加速了现代人的消费方式的变化。8小时之外的在家时间是网络购物的黄金时间，为了应对峰值消费时间的错位，无人化、全自动的智能仓储物流设备和系统需求日益增加，机器人存储、语音分拣、全自动无人化智能仓库需求增加，针对此类需求的物流设备如智能化多层穿梭车仓库、智能化货到机器人拣选、智能化全自动包装系统等正在成为主流发展方向。

2. 食品、饮料及烟草制品专门零售业（快速消费品领域）

食品、饮料及烟草制品专门零售业有着巨大的行业规模，行业产品种类众多、周转快、货物数量大，面对传统渠道的经销/代理商、批发商、零售商等多级分销体系，现代渠道的一、二线城市大型商场、超市卖场、连锁便利店，电商渠道的B2B、B2C、O2O等模式，仓储物流管理难度较大。在快速消费品（简称“快消品”）市场竞争日趋同质化的情况下，现代物流仓储装备的应用被很多企业作为提升竞争力的突破口，成为快消品企业快速响应的“王牌”。无论是大型连锁超市企业采用自营为主的物流模式，还是中小型快消品制造商与物流服务提供商合作的物流联盟配送模式、物流外包的第三方物流配送模式，都朝着专业化、集约化方向发展，并借助新兴的信息化技术手段实现快消品行业物流仓储管理的数字化转型。

3. 医药零售业（医药流通）

医药流通企业连接着全国数千家制药企业、3万多家医院和55.39万家零售药店，负责15万个品种的药品流通。药品借助门店、医院、社区医疗点、网站等销售终端，采用B2B、B2C、O2O等配送模式，通过上述销售网络和渠道送到消费者手中。医药流通物流关系全民健康重任，需满足品类管理、生产批次管理、药品有效期管理、药品监管码管理、GSP法规管理、保管环境的温湿度管理等多种管理要求，需要合法、及时、准确地完成药品订单的收单、拣选、配送、发货、运输等工作。医药流通企业需要拥有充分的仓储空间，承担仓储物流、信息匹配、产品推广、售后服务等一系列职责。以国药控股、上海医药、华润医药、九州通等全国性大型医药流通企业和南京医药、陕西医药、哈尔滨医药等区域性医药流通企业为代表的大型企业，已经完成了现代化的全国物流网络体系的建设。

随着第三方社会物流加速入局、大型互联网平台的介入和互联网医院的兴起，医药电商步入高速增长期，给流通行业竞争带来新的变数。“两票制”将医药流通多层中间环节进一步压缩，提高了渠道透明度，促使行业龙头纷纷加速转型调整。商务部在“十四五”指导意见里要求到2025年，培育形成1~3家超五千亿元、5~10家超千亿元的大型数字化、综合性药品流通企业。为了应对统一大市场集约化经营的变化趋势，医药流通行业新一轮的升级建设正在逐步推进展开，物流建设需求持续保持较高水平。

4. 时尚服装业

我国是人口大国，对服装的需求巨大；我国还是服装出口大国，产品畅销世界各地。服装业是我国传统的支柱产业，也是重要的民生产业，更是出口创汇产业。近年来，随着人民生活水平的提高，服装消费呈现需求多元化、时尚化趋势。从2021年商务部电子商务公共服务网公布的全国网络零售分品类交易额占比情况可以看出，服装鞋帽、针纺织品占比第一，电商是重要的流通渠道。除了订单的细碎化、个性化，配送需求透明化、快速化等B2C通常的特点外，网络服装销售的逆向物流占比要超过线下销售。退货是影响企业利润的重要成分。网络销售，无法试穿，造成了大量的退货。B2B业务中面对的是商家或者自有门店，由于时尚的特点，服装时尚企业每年每季度都会推出多个新款式，发给各个商家或门店销售，销售效果好的会追加订货，不好的打折或退货，退货的比例同样很高。针对年轻人的时尚品牌，退货率有的超过50%。所以处理逆向物流与处理正向物流同样重要。

鞋服时尚品的订单呈现小批量、多批次、多SKU的特点，订货周期短。换季之后，上一季的产品成为滞销品，应季的产品或应季新款会畅销，需要及时调整货区。因而鞋服行业需要仓配一体化物流仓储系统，提供专用存储、搬运、输送、分拣等设备，配备全流程的信息管理系统，缩短产品流通过程中的分拣、配送和流转周期，从而降低生产成本、加快市场反应速度，以满足其特有需求。解决了逆向物流，也就赢得了市场。

19.2.3 其他

1. 冷链领域

我国肉类、水果、蔬菜、水产品、乳品、速冻食品以及疫苗、生物制剂、药品等冷链产品市场需求快速增长，营商环境持续改善，推动冷链物流较快发展。冷链物流为人民群众食品药品消费安全、畅通城乡产品双向流通、全面推动乡村振兴提供保障，在调节农产品跨季节供需、稳定市场供应、平抑价格波动、减少流通损耗中发挥着重要的作用。特别是在抗击新冠肺炎疫情过程中，冷链物流对保障疫苗等医药产品运输、储存、配送的全过程安全做出重要贡献。冷链物流已经成了社会发展的基础设施与刚性需求。

随着冷链物流的快速发展，已初步形成产地与销地衔接、运输与仓储一体、物流与产业融合的冷链物流服务体系，数字化、标准化、绿色化冷链物流设施装备研发应用加快推进，新型保鲜制冷、节能环保等技术加速应用，冷链快递、冷链共同配送、“生鲜电商+冷链宅配”、“中央厨房+食材冷链配送”等新业态新模式日益普及，冷链物流跨界融合、集成创新能力显著提升，冷链物流企业加速成长，网络化发展趋势明显，行业发展生态不断完善，冷链仓储、运输、配送、装备制造等领域形成一批龙头企业。

2021年，国务院印发了《“十四五”冷链物流发展规划》（简称《规划》），为确保冷链物流高质量发展、健全现代冷链物流体系，提出“依托农产品优势产区、重要集散地和主销区，布局建设 100 个左右国家骨干冷链物流基地；围绕服务农产品产地集散、优化冷链产品销地网络，建设一批产销冷链集配中心；聚焦产地‘最先一公里’和城市‘最后一公里’，补齐两端冷链物流设施短板，基本建成以国家骨干冷链物流基地为核心、产销冷链集配中心和两端冷链物流设施为支撑的三级冷链物流节点设施网络”的指导意见。

冷链仓储正从传统的叉车货架冷库、楼库式冷库，逐渐转向自动化立体冷库，新型高效节能的大容量冷却和冷冻装备、大型冷藏运输设备、智能的冷链仓储设备都将是企业改造升级的有力支持。

适合低温环境的堆垛机式自动化立体仓库、四向穿梭车式密集存储立体仓库、货到人系统等多种物流仓储系统，自动化智能化分拣、搬运、装卸设备的应用正在改变工作人员的作业环境，提升劳动效率，降低劳动强度，同时可以有效降低日常作业过程中冷量的流失，实现绿色节能，是企业实施“双碳”战略的有效保障。

我国冷链产业正面临着产业环境、技术装备、管理意识、模式等全方位的迭代升级。随着冷链物流基础设施的建设力度加大，冷链物流流通体系的建设和冷链领域全产业链加快转型升级，必将带动冷链仓储设备制造业快速发展。疫情后的冷链产业，将迎来新的发展机遇期。

2. 国防和战略领域

军需物资储备是物流的最早发源地，但由于其特殊性，军需物流的水平与民用物流的发展还存有一定的差距。军需物资的保障在现代战争中的作用越发重要，在基于自主、安全、可控、可靠的基础上，逐步开展建设集采购、仓储、运输、配送于一体的现代军事物流体系，开展大型化、综合化军事物流基地科技攻关工作势在必行。军需物资储备注重保密性、时效性，需要大量应用国产化的物流仓储装备，并与军队数字化管理融为一体，确保推动建设智慧、精准、快速、高效的后勤保障体系，这对物流仓储装备企业将是挑战。同样，在国防、军工领域，以现代化智能制造思想来改进生产和工艺，提高产品的质量和产能，以应对突变的国际形势，保卫国家和人民的安全。军工体系制造系统的升级改造，给物流仓储行业带来发展空间。

新冠肺炎疫情考验着国家的应急体系，疫情后我国迎来了新一轮的战略物资存储和应急体系建设，在国内不同区域建设有一定规模的战略物资存储仓库，建立一整套战略应急机制，以应对未来可能遇到的威胁，这同样也需要物流仓储装备的支撑。

19.3 海外市场需求

全球化使中国企业融入世界经济的发展，新一代信息技术更是让全球企业彼此相连，全球化供应链促进各个企业利益共享、责任共担。但近三年来，地缘政治问题凸显，全球供应链受阻，外加新冠肺炎疫情的反复，造成原材料价格飙升，企业成本增加，产品无法正常交付。当今供应链的表现颠覆了各国企业长期以来建立的理念，全球化、低成本、最少库存，过去被人们信服的即时制造无法正常进行，商品的贸易周期不断延长，原有的库存极限被打破，促使人们重新思考，构建具有更好适应性、灵活性、有效性的新型供应链。

加大物资的储备、增加本地库存、调整供应商、扩充可选择性、加强企业间合作的透明性、利益共享风险共担等新的变化，正在影响现有的贸易格局。企业加快物流的流程再造、自动化水平升级，都将给行业发展带来机遇，中资企业将面临比以往更大的机遇和挑战。加快国际化、全球化发展，开拓国际物流仓储装备市场成为必然。目前，我国物流仓储装备企业积极开拓创新，应对国际需求，提高产品性能，已有堆垛机、穿梭车、AMR 等产品获得国际认证；贴近用户需求，不断提高服务质量，已经参与东南亚、中亚、南美等国家和区域的多个重大项目的建设；企业的国际竞争能力增强，个别企业开始了收购之路，从资本、人才等多方面打造具有全球竞争力的新价值链。中资企业的海外市场份额正在逐渐增加，越来越多的物流仓储装备企业走出去，正在从国际化向全球化过渡。

近两年全球疫情跌宕起伏反复不定，全球经济复苏缓慢，通胀压力巨大。但电子商务的发展却逆势上扬迎来一枝独秀的暴涨。根据 Comprar Acciones 的研究数据，2020 年全球电商总销售额激增 27.6%，达到 4.28 万亿美元。2021 年达到 4.89 万亿美元，预计 2022 年稳步向上增长 12.2%，首次突破 5 万亿美元大关。全球约有超过 25.6 亿人网购，电子商务的增速快于实体店。亚太和拉美成了增长最快的地区。

电子商务的发展，常规（手工和机械化）仓库无法满足需求，新一代的仓库需求激增，自动化的仓储设备需求激增，对从事物流仓储装备的企业无疑是重大利好。随着国际贸易增加，这将刺激仓库和进出口设施中使用自动化设备。

除去电子商务外，汽车、消费品、电子、食品和饮料、制药和医疗用品以及零售和服装等行业对仓储设备的需求不断增加。根据研究机构 MarketsandMarkets 的新市场研究报告，到 2025 年，自动化仓库市场可能达到 107 亿美元，这比 2020 年的 73 亿美元市场规模增加了超过 30 亿美元，年复合增长率（CAGR）为 8.0%。

虽然受到疫情影响，但中国在全球贸易中的引领地位一直不可撼动。据国家统计局最新发布数据，继 2020 年我国对外贸易总额达 32.1 亿元人民币后，2021 年我国对外的贸易总额达到 39.1 亿元人民币，同期逆势暴涨 21.4%，对外出口同比增长 21.1%。商务部、国家统计局、国家外汇管理局 2021 年 9 月 29 日公布的《2020 年度中国对外直接投资统计公报》（以下简称《公报》）显示，2020 年我国对外直接投资净额（以下简称“流量”）为 1,537.1 亿美元，同比增长 12.3%，首次跃居世界第一，占全球份额的 20.2%。其中，交通运输、仓储和邮政业流量为 62.3 亿美元，同比增长 60.57%，占比 4%，在所有行业中位于第七位（见图 19-5）。这些数据都表明，国际市场对中国产品的需求、在国外投资仓储设施设备的需求在恢复性增长。

疫情阻断了现实中的社交，但网络依然将全球联系在一起，全世界共聚地球村。尤其是直播、短视频、全球购等新型消费模式都具有全球化特性，中国的贸易增长，正好印证了这一点。无论是为了购买国外的商品还是想将产品销往海外，跨境电商海外仓的建设被持续看好，全球化的贸易步伐无法阻断。2020 年国务院办公厅发布《关于推进

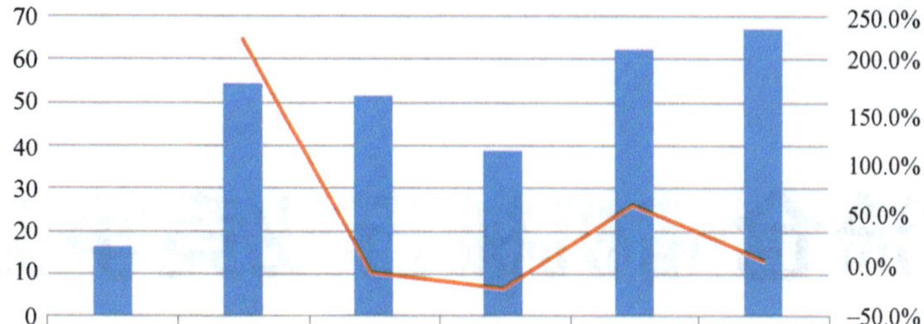

	2016	2017	2018	2019	2020	2021
投资流量(亿美元)	16.8	54.7	51.6	38.8	62.3	67
增长率		225.60%	−5.67%	−24.81%	60.57%	7.54%

图 19-5 交通运输、仓储和邮政业对外投资流量

（数据来源：国家统计局）

对外贸易创新发展的实施意见》再次强调，“支持建设一批海外仓库建设，扩大跨境电商零售进口试点”。我国物流企业海外拓展的步伐进一步加快，广泛建立具有全球配送能力的跨境物流骨干网。早在 2019 年前，京东、阿里、菜鸟都拥有百座以上的海外仓切入供应的源头，更好地对接消费需求和货源供给。据经济人智库（EIU）报告称，2020 年中资企业使用海外仓的数量同比增长 80%。海外仓对我国出口贸易额起到了有效支撑作用。据海关总署数据，2021 年我国跨境电商进出口规模达到 1.98 万亿元，增长 15%，市场采购出口 9,303.9 亿元，增长 32.1%。

邮政快递业的海外布局正在实施，强大的网络布局使得连接世界的能力不断加强，海外仓也可作为企业的前置仓，带动出口业务，推动中国制造走向世界的步伐，同样也加快国民获得国外好产品的机会。越来越多的商家选择海外仓作为仓储设施，来提升海外市场的占有率，海外仓智能化需求必将拉动物流仓储装备的发展。

近年来我国与“一带一路”沿线国家的贸易持续增长，2021 年我国向沿线国家出口 11.6 万亿元，增长 23.6%，产业供应链连接更加紧密。国家大力支持加强陆上边境口岸型物流枢纽建设，完善境外沿线物流节点、渠道网络布局，积极推动中欧班列沿线物流枢纽的建设，建设了一大批大型综合物流基地，鼓励围绕跨境电商广泛开展物流基础设施建设，拓展海外市场，打造面向全球的现代物流网络体系。这些前瞻性战略布局将推动国内物流仓储企业随各行业一同积极开拓海外市场。海外市场的拓展，将打开国内企业增长的天花板，拓宽企业发展的空间，引领中国制造走向世界。

第20章

物流仓储机械行业竞争分析

20.1　行业产销分布格局

20.1.1　我国物流仓储装备行业产销分析

面对疫情时代价值链重构与国内国际双循环的新发展格局，物流仓储装备行业抓住机遇，2020—2021年，国内物流仓储装备产品的销售保持稳定增长。从产品的产销情况来看，以货架及存储设备为代表的传统物流仓储装备产量、销量呈稳步上升的趋势；以AGV/AMR为代表的物流仓储搬运设备需求旺盛，产量、销量呈快速增长的趋势，特别是近年来新型箱式仓储机器人得益于自身技术的不断成熟，市场认可度不断提高。从产品销售地域来看，物流仓储装备产品仍以国内销售为主，国外销量逐年增加，国内销售地区差异较为明显，华东地区仍保持着物流仓储装备生产和销售领先地位，华中、西南、华南、华北、东北、西北地区销量次之，受地区产业结构调整影响，华北、东北、华中、西南地区销量占比均有不同程度下降，华东、华南、西北地区销量占比逐渐攀升。从细分行业产销情况来看，电商、烟草、石化等传统行业市场销量稳定，新能源、冷链物流销量增长迅速。从细分产品销售情况来看，自动化系统集成设备的比例逐年增加，核心设备销售稳步增长，其中新型技术装备增加较快。

国内物流仓储装备行业企业依靠科技创新，推动技术进步，保护知识产权，健全和完善物流仓储装备行业产业链供应链，不断缩小与国际著名企业间的差距。一是全球化战略布局收效显著，通过跨国并购和国际资本引入，一定程度上降低了国内企业参与国际竞争的门槛，国外市场份额持续扩大，产品国外销量占比持续增加；二是国内企业海外生产基地布局不断完善，国内企业在东南亚、欧洲、美国布局的自动化仓储生产、组装工厂，参与承建大型自动化立体仓库设计建造，在中国、美国、欧洲、俄罗斯、东南亚等设立全球销售渠道和销售网络，使得国内企业国际市场的物流仓储系统集成服务竞争力大大加强；三是国内企业积极拓展国际市场，深耕优势领域，产品国外订单、产品销量持续增加，出口交易活跃，产品品质不断提升，逐渐打破国际技术垄断，以提供软硬件高度结合的解决方案为主要出口业务，迈上新的台阶。

20.1.2　我国物流仓储装备产量分析

物流仓储装备种类众多，包括存储设备、搬运设备、分拣设备、堆码装卸设备、信息采集设备及辅助设备等。2020—2021 年，我国物流仓储装备行业产值保持了约 19%的年增长率，2021 年，行业产值达到为 481 亿元。

物流仓储货架与存储设备作为物流仓储装备行业产值的主力，依然保持着稳步的增长。2015—2021 年我国货架及存储设备产值情况如图 20-1 所示，2020—2021 年产值由 219.5 亿元上升到 257.9 亿元，持续增长。

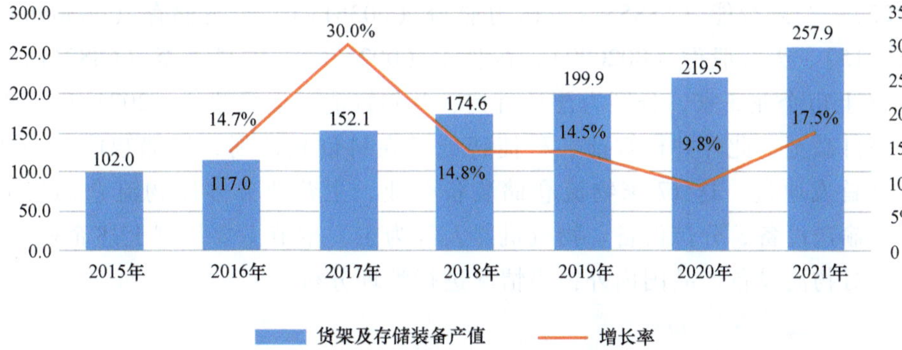

图 20-1 2015—2021 年我国货架及存储装备产值情况（单位：亿元）

（数据来源：中国机械工程学会）

AGV/AMR 在仓储领域需求旺盛，产量占比日益增多。2015—2021 年中国移动机器人产量如图 20-2 所示，2020 年我国工业应用移动机器人产量达到 41,000 台，同比增长 22.8%，2021 年工业应用移动机器人产量达到 72,000 台，较 2020 年增长 75.6%。仓储 AGV/AMR 作为移动机器人的主力，尽管在电商行业的应用有所放缓，但伴随着企业在制造业新领域的市场开拓，2020 年出货量仍有小幅度增长，产量约为 17,015 台，占移动机器人产量的 41.5%，国内以海康、极智嘉、快仓等为代表的领先企业占据了大部分市场份额。新型箱式仓储机器人应用逐渐增多，与货架存储单元、多功能工作站、充电站及软件平台，形成新型的货到人系统，既可以满足高密度存储，又能大大提高订单拣选作业效率。箱式仓储机器人 2015 年开始在行业中崭露头角，持续迭代升级，2018—2020 年热度持续攀升，成为高效率拣选机器人中最受关注的品类之一，截至 2021 年底，全球箱式仓储机器人累计出货超过 5,000 台，国内箱式仓储机器人占全球箱式仓储机器人市场的 45%，累计出货 2,250 台。

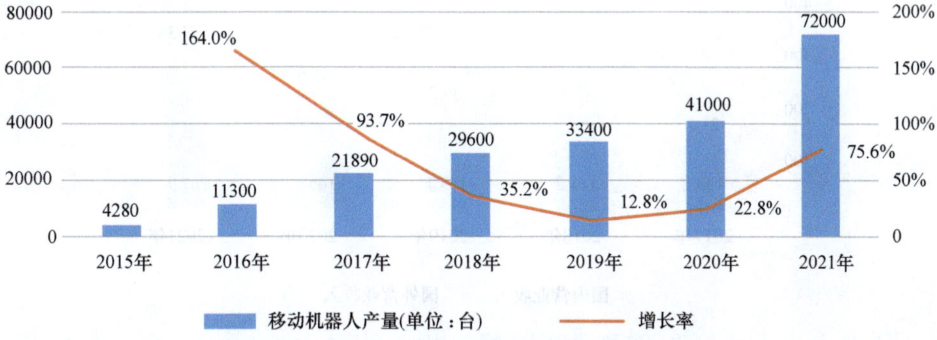

图 20-2 2015—2021 年中国移动机器人产量

（数据来源：中国移动机器人产业联盟）

20.1.3 国内生产的物流设备产品销售去向

截至2021年，深圳证券交易所、上海证券交易所、新三板物流仓储装备行业相关上市企业共计14家，分别为东杰智能（300486）、德马科技（688360）、广东海力（872687）、迦南科技（300412）、新松机器人（300024）、今天国际（300532）、科大智能（300222）、兰剑智能（688557）、诺力股份（603611）、音飞储存（603066）、瑞晟智能（688215）、天奇股份（002009）、新北洋（002376）、中科微至（688211），其中，2020年新增上市企业3家，分别为德马科技、兰剑智能、瑞晟智能，2021年新增1家上市企业为中科微至。此外井松智能、科捷智能已在科创板注册，昆船智能于2020年初科创板IPO首发通过。这17家物流仓储装备企业，主营业务多以物流仓储集成系统、搬运设备、输送设备、分拣设备、物流机器人等为主，本节主要依据上述企业公开年度报告数据，对物流设备产品国内外销售情况进行整理分析。

1. 重点上市企业国内外销售情况分析

在全球经济一体化、“一带一路”有序推进、国内制造企业加速国际化布局、海外市场网购兴起、跨境电商迅猛发展等诸多有利条件下，中国物流技术装备企业走向全球市场的步伐不断加快，越来越多的企业开始主动尝试产品出口，参与国外工程项目投标及成立海外分公司，业务范围由单一产品向解决方案转变，产品从硬件、软件到服务均在不同程度提高，企业的国外销售额正在逐渐发生变化。

2020年物流仓储装备行业上市企业（简称“仓储上市企业”）总营业收入为246.5亿元，同2019年相比上升16.1%，其中物流仓储装备相关产品总营业收入约为120.9亿元，同比上升29.9%。2021年仓储上市企业总营业收入为322.2亿元，同2020年相比上升30.8%，其中物流仓储装备相关产品总营业收入约为168.8亿元，同比上升39.6%。

2017—2021年仓储上市企业国内外营收情况如图20-3所示，2020年仓储上市企业国内总营业收入约为197.9亿元，国外总营业收入约为48.6亿元，国外总营业收入同比上升24.0%，2021年仓储上市企业国内总营收为267.9亿元，国外总营收为54.3亿元，国外总营收同比上升11.6%，物流仓储装备产品国外销售不断增加，但仍以国内销售为主。

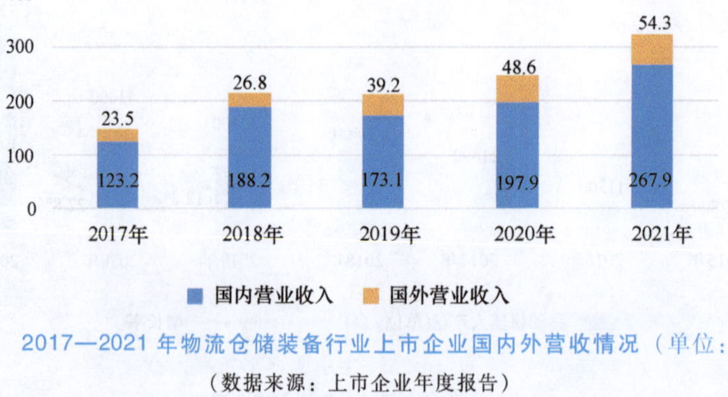

图20-3 2017—2021年物流仓储装备行业上市企业国内外营收情况（单位：亿元）

（数据来源：上市企业年度报告）

对比2019—2021年仓储上市企业国内外销售情况，2020年，上市企业中52.9%的企业国外营业收入同比上涨，35.3%的企业国外销量占比不同程度递增，41.2%的企业国外销量占比出现下降，其中29.4%的企业国外销量占比超过20%，国外销量占比最大的企业总销量达到58.5%。2021年，上市企业中35.3%的企业国外营业收入同比上涨，70.6%的企业国外销量占比出现下降，17.6%的企业国外销量占比超过20%，国外销量占比最大的企业总销量约为57.4%。重点上市企业中，以国外市场份额占比较大的诺力股份为例，2017—2021年国内外销售市场份额变化情况如图20-4所示，2019年以后，国外市场的销售收入已经占营业收入的50%以上，近两年国外销量占比有小幅波动。

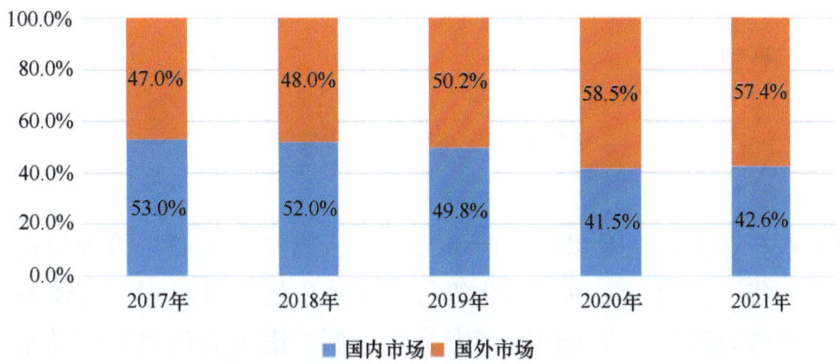

图20-4 2017—2021年诺力股份国内外销售市场份额变化情况

（数据来源：上市企业年度报告）

2. 重点上市企业国内销售情况分析

2020—2021年，我国的经济发展以华东、华中、西南地区为活跃地区，其中华东区域作为我国经济总量最大的区域，2020年、2021年GDP总量约为38.7万亿元和43.8万亿元，占全国GDP的比重达38.27%和38.26%。巨大的经济体量使华东地区商品交易十分活跃，制造业、电子商务、快递业对物流仓储装备的需求量相对经济不发达的地区要高。

从仓储上市企业地区营业收入情况来看，2020年，上市企业华东、华中和华北地区的产品销量占比分别为32.6%、15.4%和14.7%，西南、华南、东北地区销量次之，占比分别为13.8%、10.5%和9.6%；同2019年相比，华东、华南、西北地区销量占比均有不同程度下滑，东北、华北、华中、西南地区销量占比逐渐攀升。2021年，上市企业华东、华中和西南地区的产品销量占比分别为38.6%、13.0%和13.0%，华南和华北地区销量次之，占比分别为12.0%、11.9%；同2020年相比，华北、东北、华中、西南地区销量占比均有不同程度下滑，华东、华南、西北地区销量占比出现攀升（见图20-5）。仓储上市企业中，2020—2021年，国内销售仍以华东地区为主，企业占比由50%增长至66.7%。

3. 细分行业销售情况分析

物流仓储装备适用的行业多而广，制造业诸如汽车制造业、化工业、纺织业、烟草制品业、医药制造业、家用电器、轮胎制造业、电池制造业，零售业诸如电商领域、食品及饮料等快消品领域，邮政快递业、冷链仓储、军需等行业的物流仓储环节均广泛应

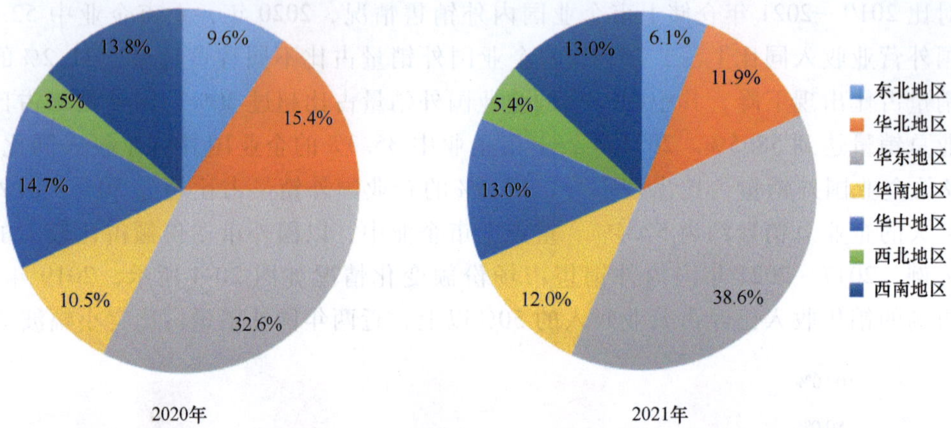

图 20-5 2020—2021 年重点上市企业国内销量分布情况对比

（数据来源：上市企业年度报告）

用物流仓储装备。

物流仓储装备行业上市企业以国家政策为指引，以经济发展需求为导向，深耕各行业领域，2020—2021 年，电商、烟草、石化等行业企业市场销量稳定，新能源备受企业追逐销量增长迅速。以诺力股份、今天国际两家企业为例。诺力股份旗下中鼎集成和 SAVOYE 行业业绩情况见表 20-1，新签订单由 6.0 亿元上升至 25.3 亿元，电商领域新签订单由 3.3 亿元上涨至 5.0 亿元，未来新能源、电商领域存在较大的发展潜力，食品、冷链及医疗应急物资等民生行业随市场需求增加订单量将有较大增长。今天国际行业业绩情况见表 20-2，主要业务领域集中在烟草与新能源行业，新签订单总额由约 10 亿元上升至 30 多亿元，2020 年，精准把握石化行业需求，新签订单达 4.0 亿元，2021 年在手订单 4.4 亿元，未来有望逐步渗透石化行业，形成新的行业标杆，为企业带来订单的大幅提升。

表 20-1 2020—2021 年诺力股份行业业绩情况 （单位：亿元）

年度	企业	行业领域	新签订单	完成订单	在手订单
2020 年	中鼎集成	新能源	6.0	4.5	15.8
	法国 SAVOYE	食品及快消品	4.3	2.4	2.8
		电商	3.3	2.2	1.4
2021 年	中鼎集成	新能源	25.3	9.5	29.8
	法国 SAVOYE	电商	5.0	4.0	2.4
		食品及快消品	1.9	3.4	1.2

（数据来源：上市企业年度报告）

表 20-2 2020—2021 年今天国际行业业绩情况 （单位：亿元）

年度	行业领域	新签订单	完成订单	在手订单
2020 年	烟草	5.1	2.2	5.8
	新能源	4.7	3.9	6.0
	石化	4.0	1.2	4.8

（续）

年度	行业领域	新签订单	完成订单	在手订单
2021 年	新能源	26.5	7.6	24.1
	烟草	4.6	3.1	7.0
	石化	0.5	0.8	4.4

（数据来源：上市企业年度报告）

4. 细分产品销售情况

2020 年、2021 年仓储上市企业中系统集成产品销售总额分别为 224.5 亿元和 281.4 亿元，占上市企业营业收入的 91.1%和 87.3%，销售企业占比 76.5%，物流仓储装备细分产品销售逐渐向系统集成方向发展。以音飞储存为例，其 2015—2021 年销售情况如图 20-6 所示，公司销售的营业收入中，自动化系统集成设备的比例逐年增多，2015 年、2021 年货架及自动化系统集成设备的销售总额分别为 4.63 亿元和 8.89 亿元，自动化系统集成设备销售收入分别为 0.36 亿元和 6.75 亿元，自动化系统集成设备的销售收入占比从 2015 年的 7.7%增长至 2021 年的 75.9%。

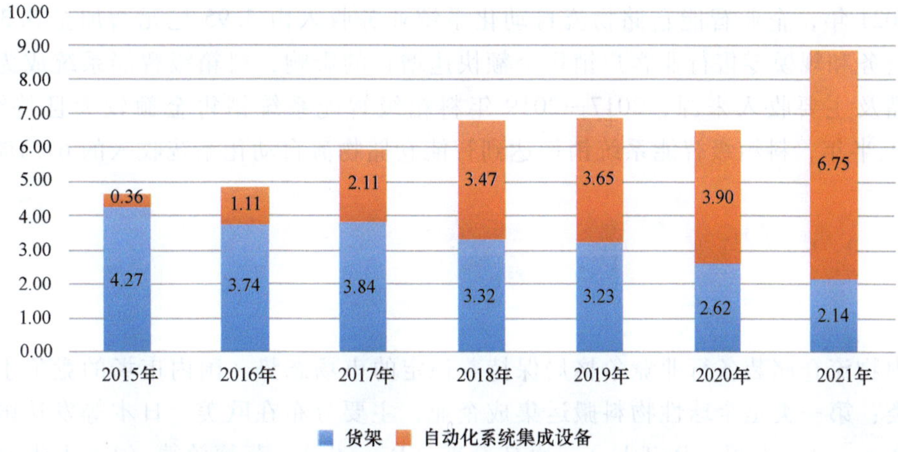

图 20-6　2015—2021 年音飞储存产品销售情况（单位：亿元）

（数据来源：上市企业年度报告）

2020—2021 年，仓储上市企业核心设备销售总额由 22.0 亿元增长至 40.8 亿元，占上市企业营业收入的比例由 8.9%上升至 12.7%，销售企业占比 23.5%，销售业绩增长稳健。以德马科技为例，2020 年，企业物流输送分拣核心部件、自动化物流输送分拣关键设备、自动化物流输送分拣系统等的主营业务收入为 7.67 亿元，物流输送分拣核心部件、自动化物流输送分拣关键设备为企业订单销量主体，分别占比 42.7%、31.1%（见图 20-7）。2021 年，企业物流输送分拣核心部件、自动化物流输送分拣关键设备、自动化物流输送分拣系统等的主营业务收入上升为 14.83 亿元，物流输送分拣核心部件、自动化物流输送分拣系统为企业订单销量主体，分别占比 42.2%、27.8%（见图 20-8）。

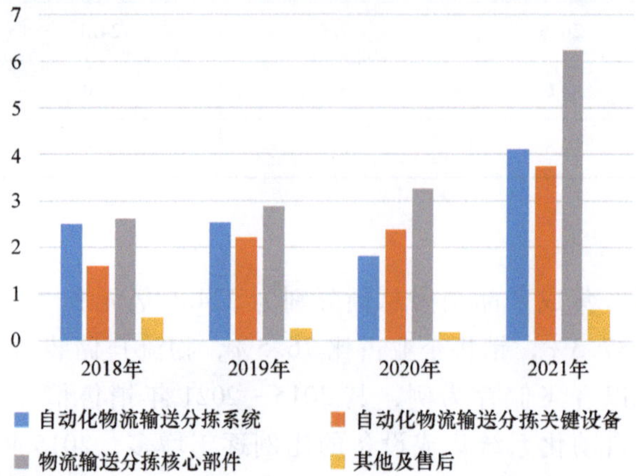

图 20-7　2018—2021 年德马科技产品销售情况（亿元）

（数据来源：上市企业年度报告）

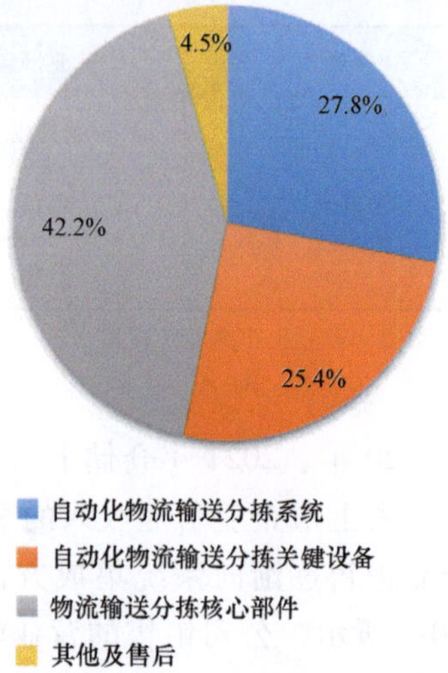

图 20-8　2021 年德马科技产品销售占比

（数据来源：上市企业年度报告）

仓储上市企业中新型技术装备增加较快，料箱级产品不断增多。以兰剑智能为例，2020—2021 年，企业智能仓储物流自动化系统业务收入由 3.95 亿元增加至 5.32 亿元，受电子商务和规模零售行业客户销售金额快速增长的影响，料箱级智能系统成为企业的主打产品及主要收入来源，2017—2019 年料箱级智能系统销售金额较大且持续增加，2020 年上半年，料箱级智能系统销量达到智能仓储物流自动化系统收入的 61.1%。

20.2　行业市场竞争格局

20.2.1　行业竞争主体

国内物流仓储装备行业竞争格局保持着稳定的市场态势。国内市场的竞争主体主要分为四类：第一类是全球性物料搬运集成企业，主要分布在欧美、日本等发达国家，有伯曼（Beumer）、大福（Daifuku）、德马泰克（Dematic）、范德兰德（Vanderlande）、瑞仕格（Swisslog）、胜斐迩（SSI SCHAEFER）、特格威（TGW）等，这些企业品牌知名度高，在核心技术、产品质量、工艺水平等方面优势明显，行业经验丰富，在国内长期占据高端物流仓储装备市场。第二类是国内传统企业，主要以北起院、北自科技、昆船智能、新松机器人为代表，企业规模庞大，资本雄厚，龙头地位稳固，经过多年的发展积累经验较多，具备系统软件开发、硬件设备制造、系统安装调试等一体化集成服务能力，产品下游应用市场广泛，对物流仓储装备行业的其他企业具有深厚的影响和号召力，以及一定的示范和引导作用，凭借企业产品的特色和高品质的服务，具备较强的市场竞争优势，各自在国内不同行业领域占据较大市场份额。第三类是民营企业、上市公司，以东杰智能、今天国际、诺力股份、上海精星、音飞储存等为代表。作为物流仓储装备行业的后起之秀，这些企业普遍以科技创新为先导，拥有行业关键核心技术，在某一个或几个特定领域占据一定市场份额，形成竞争优势并转化为盈利机制。第四类是新兴企业，以国自、海康机器人、极智嘉、快仓、凯乐士、旷视科技等为代表，这类企业资本市场认可度高且潜力大，多为非传统物流仓储装备企业业务模块转型或行业拓展衍生而来，主要集中于人工智能、算法、工业机器人等新兴领域。在资本强有力的支撑下，这些企业具有一定连续成长的能力、良好的品牌效益和较强的研发实力，结合企业原有核心技术向传统物流仓储装备行业渗透的同时，不断开拓新的物流仓储装备领域，进一步加剧了行业竞争（见图 20-9）。

图 20-9　国内物流仓储装备行业竞争主体

1. 国内传统企业

国内传统企业代表见表 20-3，分别为北起院、北自科技、昆船智能及新松机器人。北起院是国内最早从事自动化立体仓库建设的企业，1973 年研制出我国第一座自动化立体仓库，1997 年首次实现国内自动化立体仓库出口国外，已为多个行业的客户交付了 700 多套自动化物流仓储系统和物流配送中心，在物流仓储装备行业有着较高影响力和号召力。北自科技由拥有 60 多年的技术研发积累和丰富的工程实施经验的北京机械工业自动化研究所有限公司物流技术工程事业部组建，20 世纪 70 年代，参加了国内第一座自动化立体仓库的建设，在自动化物流领域具有国际先进或国内领先水平的行业解决方案。昆船智能隶属于中国船舶集团下属的昆明船舶设备集团有限公司，具有强大的装备研发、生产制造、项目集成及实施、运维服务能力，服务数千家客户，连续 6 年上榜“中国软件百强企业”，获得国家级、省部级及行业协会奖励、荣誉百余项，在国内自动化物流系统行业确立了领导品牌地位。新松机器人是中国机器人领军企业，创造了百余项行业第一，产品累计出口 30 多个国家和地区，为全球 3,000 余家国际企业提供行业升级服务。

表 20-3　传统企业代表

企业名称	成立时间	业务范围	知识产权情况
北起院	1958 年	堆垛机系统、托盘输送机系统、多层穿梭车系统、自动分拣系统、机械手码垛辅助系统、设备调度系统、仓库控制系统、仓库管理系统	拥有物流仓储相关专利 48 项、软件著作权 29 项

（续）

企业名称	成立时间	业务范围	知识产权情况
北自科技	1954 年	堆垛机系统、输送机系统、EMS 系统、穿梭车系统、机器人系统、自动分拣系统、自动导引车、工业机器人、计算机监控管理系统	拥有物流仓储相关专利 18 项、软件著作权 37 项
昆船智能	1998 年	自动导引搬运车、堆垛机、轨道导引小车、存储、功能输送、自动分拣、RGV 系列产品	拥有物流仓储相关专利 124 项、软件著作权 30 项
新松机器人	2000 年	工业机器人、物流与仓储自动化成套装备、自动化装配与检测生产线及系统集成等	拥有物流仓储相关专利 59 项、软件著作权 60 项

（数据来源：根据网络数据整理）

经过多年发展，传统企业在技术、研发、产品、人才、项目经验等方面均有丰富的积淀，核心竞争优势主要体现为：

1）持续的研发投入和工艺改进。传统企业具备持续的自主创新能力和国内领先的核心技术，拥有较强的技术研发实力，注重进行知识产权的积累与布局。在坚持自主创新的同时，积极与国内高校、科研机构开展多层次、多方位的技术合作，建立紧密的“产、学、研”合作体系，拥有国家高新技术企业、国家级创新型企业、国家知识产权工作示范单位、国家企业技术中心、国家博士后科研工作站、省级物流自动化装备工程技术研究中心等研发平台，建立了良好的科研合作和技术交流关系，以市场及客户需求为导向，不断提高工艺水平，提高产品市场竞争能力。

2）丰富的项目经验和高效的执行力。物流仓储装备市场竞争主要表现为系统集成能力的竞争及项目管理能力的竞争。传统企业拥有从软件到系统集成的产品链优势，凭借优秀的方案规划设计、软件产品开发和硬件产品设计能力，深耕物流仓储装备行业多年，在电子商务、烟草、医药、图书、鞋服、电子产品、电力、印刷、汽车、国防军工、冷链等众多领域，成功实施物流仓储系统解决方案，具有丰富的项目实施与管理经验。传统企业以客户需求为导向，急客户之所急，想客户之所想，站在客户的角度提供个性化需求的综合服务，从规划设计、方案实施到安装调试、售后服务，都提供优质的服务。

3）稳定的核心团队和技术传承。传统企业重视人才队伍的建设，核心管理层和技术团队行业经验丰富，具有深厚的行业经验和客户资源，同时，拥有一批理论知识扎实、研发实力强的专业人才团队，并不断完善、优化用人机制，以保障公司各个环节的人力效益最大化。秉承压力与激励并存的管理理念，通过多项措施有效激发团队执行力和凝聚力，不断实践建立和优化各项管理及考核制度，为公司生产经营和业务发展提供了强有力的人才保障。

4）良好的品牌形象和社会责任。传统企业注重品牌形象的培育和发展，始终坚持自主品牌经营，凭借较为领先的综合方案设计优势、过硬的技术实力、良好的产品品质、本土化服务优势以及持续的研发创新能力，通过全方位提升和优化管理水平、技术水平、质量水平和售后运营维护服务水平，树立了良好的品牌优势，获得了较高的市场知名度，积累了一批实力雄厚、信誉良好、业务关系持续稳定的优质客户，为传统企业长期持续稳定发展奠定了坚实基础。在自我发展的同时，传统企业承担社会责任，尤其是对环境保护、资源利用，以及区域经济的发展，都拥有更多的担当。

2. 民营企业、上市公司

国内民营企业、上市公司代表见表20-4。这些企业中，东杰智能在智能物流输送系统、智能物流仓储系统等主要业务领域具备较强的整体设计、制造、安装、调试的技术实力，经过二十多年的技术革新和经验积累，成为国内智能物流装备行业的优秀供应商之一，建立了良好的品牌和客户优势。德马科技是国内少有的能覆盖智能物流输送分拣装备全产业链的企业，输送分拣技术、驱动技术两大类关键核心技术处于国际先进水平，具有高性能关键设备、核心部件提供能力，强大的系统解决方案提供能力，领先的全球运营能力，在业内树立了良好的口碑与高端的品牌形象。今天国际是一家专业的智慧物流智能制造系统综合解决方案提供商，为生产制造、流通配送企业提供生产自动化及物流系统的规划设计、系统集成、软件开发、设备定制、电控系统开发、现场安装调试、客户培训和售后服务等一系列业务。兰剑智能自主研发了堆垛机、穿梭车、提升机、AGV、自动包装机等性能优良的物流装备，累计形成了基于仿真的轻量化设计技术等30余项核心技术，是国内集咨询规划、软件开发、设备制造、系统集成、智能化代运营为一体的全流程智慧物流系统解决方案提供商。诺力股份是国内专业资深的仓储物流搬运设备制造企业，自2010年起电动步行式仓储车辆销量即位于国内行业首位，近五年智能仓储相关业务营收复合增速达到33%，在全球范围已完成相关案例超过1,700个。上海精星是大型的物流仓储装备制造企业，精星旗下拥有闵行、松江、浙江湖州三大生产基地，总占地面积超过50万m^2；精星坚持走“专、精、特、新”发展之路，与东华大学联合成立了省部级研发机构——上海仓储物流设备工程技术研究中心，是上海制造企业100强。音飞储存以穿梭车系统为核心的物流自动化技术处于行业领先地位，积累多年系统解决方案、软件产品等多层面的技术经验，企业生产规模位于全国前列。

表20-4 国内民营企业、上市公司代表

企业名称	成立时间	业务范围	知识产权情况
安吉智能	2011年	AGV、无人叉车、无人机、自动化立体仓库、智能物流车、机器人	拥有物流仓储相关专利6项，软件著作权10项
东杰智能	1995年	堆垛机、货架和托盘、托盘输送机、箱式分拣系统、智能穿梭车、往复提升机	拥有专利180余项，软件著作权40余项
德马科技	2001年	辊筒、输送、分拣系统、快存系统	拥有物流仓储相关专利259项，其中发明专利24项，软件著作权34项
江苏高科	1992年	钢结构货架、有轨巷道堆垛机、输送及搬运设备、分拣设备	拥有物流仓储相关专利66项，软件著作权12项
江苏华章	2008年	存储产品、输送与分拣产品、拣选产品	拥有物流仓储相关专利56项，软件著作权27项
江苏六维	1997年	货架系统、堆垛机、穿梭车、AGV、转轨车、垂直升降机、输送系统、分拣系统	拥有物流仓储相关专利51项，软件著作权10项

（续）

企业名称	成立时间	业务范围	知识产权情况
井松智能	2004 年	堆垛机、RGV、空中悬挂小车（EMS）、AGV、自动化分拣系统、桁架机器人、视觉导航机器人	拥有物流仓储相关专利 109 项，软件著作权 38 项
今天国际	2008 年	堆垛机、AGV、穿梭车、机器人、输送机、分拣机	拥有物流仓储相关专利 32 项，软件著作权 49 项
科捷智能	2016 年	存储类产品、分拣类产品、输送类产品、搬运类产品、机器人、软件产品	拥有物流仓储相关专利 110 项，软件著作权 13 项
兰剑智能	1993 年	堆垛机、AGV、穿梭车、输送机、自动拆码盘机、自动包装机、自动开箱机及物流软件	拥有物流仓储相关自主知识产权 203 项，其中发明专利 55 项、实用新型专利 128 项、外观设计专利 20 项，软件著作权 41 项
诺力股份	2000 年	智慧物流系统、智能制造装备	拥有物流仓储相关有效专利 357 项，其中发明专利 49 项、实用新型 276 项、外观专利 32 项，软件著作权 29 项
普罗格	2012 年	自动化立体库、输送设备、智能拣选设备、智能物流机器人、货架存储设备、物流信息设备、搬运配套设备	拥有物流仓储相关专利 43 项，软件著作权 43 项
瑞晟智能	2009 年	智能悬挂生产系统、智能悬挂仓储分拣系统、智能交叉式托盘分拣机、智能立体仓储系统、AGV、MES、WMS	拥有物流仓储相关专利 309 项，其中发明专利 10 项、实用新型专利 227 项、外观设计专利 72 项，软件著作权 8 项
世仓智能	2002 年	密集存储货架、立体库货架、通用型货架	拥有物流仓储相关专利 61 项，软件著作权 6 项
上海精星	1999 年	货架、堆垛机、输送机及其他（穿梭车）	拥有物流仓储相关专利 178 项，其中发明专利 24 项，软件著作权 19 项
伍强科技	2003 年	AS/RS 系统、Miniload 系统、箱式输送系统、货到人拣选系统、密集存储系统、AGV 系列	拥有物流仓储相关专利 15 项，其中实用新型 11 项、外观专利 4 项，软件著作权 80 项
音飞储存	1997 年	高精密货架、穿梭母车、重型四向穿梭车、托盘垂直输送机、巷道堆垛机、托盘输送机、AGV	拥有物流仓储相关专利 153 项，其中发明专利 13 项；软件著作权 61 项；主导和参与制定了 5 项国家标准、14 项行业标准，出版 4 本行业用书
中集天达	1992 年	自动仓储、自动分拣、机场行李、航空货站、旅客安检输送系统	拥有物流仓储相关专利 53 项，其中发明 34 项、实用新型专利 17 项、外观专利 2 项，软件著作权 32 项
中科微至	2016 年	快递包裹智能分拣	拥有物流仓储相关专利 43 项，软件著作权 22 项

（数据来源：根据网络数据整理）

3. 新兴企业

国内物流仓储装备行业新兴企业主要为中小企业，目前以 AGV/AMR 企业居多。新兴企业广泛受到资本青睐，2020—2021 年间企业融资情况见表 20-5，代表企业有海康机器人、极智嘉、快仓智能、牧星智能等。

表 20-5 新兴企业融资情况

企业名称	融资轮数	融资时间	成立时间
金峰物流	D 轮	2021 年 10 月	2012 年 4 月
快仓智能	C+轮	2020 年 12 月	2014 年 3 月
鲸仓科技	B+轮	2021 年 11 月	2014 年 5 月
极智嘉	D 轮	2021 年 01 月	2015 年 2 月
酷哇机器人	C 轮	2021 年 09 月	2015 年 8 月
木蚁机器人	B 轮	2021 年 03 月	2016 年 3 月
海康机器人	战略投资	2021 年 01 月	2016 年 4 月
灵动科技	C 轮	2021 年 12 月	2016 年 4 月
蓝芯科技	B 轮	2021 年 11 月	2016 年 6 月
牧星智能	A+轮	2020 年 06 月	2016 年 6 月
海柔创新	D 轮	2021 年 09 月	2016 年 12 月
炬星科技	B 轮	2021 年 08 月	2018 年 5 月

（数据来源：根据网络数据整理）

目前新兴企业投融资主要集中在 B 轮，进入 C、D 轮的企业有金峰物流、快仓智能、极智嘉、酷哇机器人、灵动科技、海柔创新等。金峰物流 2021 年完成 2 亿多元 D 轮融资；快仓智能 2020 年底完成亿级美元 C+轮融资；极智嘉 2020 年完成 2 亿美元的 C 轮融资，2021 年完成战略投资和 D 轮融资，未来拟于科创板挂牌上市；酷哇机器人 2021 年完成 2.5 亿美元的 D 轮融资；灵动科技 2021 年完成 Pre-C 和 C 轮融资，累计获得 4 亿元融资；海柔创新 2021 年完成 D 轮达 2 亿美元的融资。

在资本市场的长期加持和增持下，国内物流仓储机器人市场持续火爆，特别是新冠肺炎疫情的暴发，物流仓储机器人产品和应用场景开始横向扩展延伸，拥有顶层架构设计能力与大规模集群调度实力的机器人企业充分展现出自身核心算法创新产品研发、应用模式完善、行业项目落地的优势，物流仓储机器人在制造业应用市场稳中求进，在商业应用领域推广加速，市场竞争激烈。

资本青睐企业中，海康、极智嘉为代表的企业市场份额逐年提升，综合优势持续扩大。截至 2021 年，海康机器人服务客户数量已超 1,500 家，AMR 产品全球累计出货量超 30,000 台；极智嘉订单额超过 20 亿，为全球超 500 家大客户提供创新解决方案与服务。牧星和旷视两家企业进步较为明显。牧星智能在 2019 年是最值得关注的新锐机器人厂商，整体营收近亿元，近几年企业开发了多项创新产品和业务，2022 年初赢得澳大利亚知名鞋业零售及批发商超过 200 台潜伏式机器人订单。旷视机器人于 2019 年初率先推出了智慧物流操作系统“旷视河图”，陆续发布了自研 AMR、AI+堆垛机、智能托盘四向车等多款智能物流设备，并推出了 3A 智慧物流解决方案（AS/RS+AMR+AI），在深度学习方面拥有核心竞争力。旷视机器人为一家全球 500 强服装企业搭建了其全球首座智慧物流配送中心，由旷视河图协同调度 600 多台不同类型的智能机器人，每天拣选出库数十万件商品，支持数百家门店业务。灵动科技 2016 年成立便聚焦于视觉导航等领先技术，深耕视觉导航 AMR，已申请专利超过 300 项，国际专利 130 项，并已经取得 20 多项美国发明专利授权，累计签约订单数千万元，陆续签约数家全球 500 强客户，累计交付千余台 AMR。海柔创新通过创新与差异化的产品策略亦获得较快的成长，成立 5 年估值 100 亿元，入选胡润研究院和 36 氪研究院的独角兽榜单，多年来一直专注于箱式仓储机器人产品的研发与应用，2021 年箱式仓储机器人市场销售额约为 7.2 亿元。

20.2.2 市场份额

国内物流仓储装备行业参与者主要为全球性物料搬运企业、国内传统优势企业和优秀民营企业，其中国内仓储上市公司的市场份额约为 35%。2020 年、2021 年物流仓储装备行业传统企业、民营企业中，上市企业市场份额情况如图 20-10 所示。2020 年，企业年营收（指物流仓储系统集成业务）规模在 5~12 亿元之间的企业占比 41.2%，企业年营收规模在 2 亿元以下的企业占比 23.5%。2021 年，企业年营收（指物流仓储系统集成业务）规模在 5~12 亿元之间的企业占比 35.3%，企业年营收规模 20 亿元以上、12~20 亿元之间的企业占比分别上升为 11.8%、23.5%，企业年营收规模在 2~5 亿元之间、2 亿元以下的企业占比均有所下降。国内年营收规模在 20 亿元以上的企业为数不多，市场营收规模相对较小，仍需大力追赶优势企业，缩小在营收规模上存在的数量级差距。

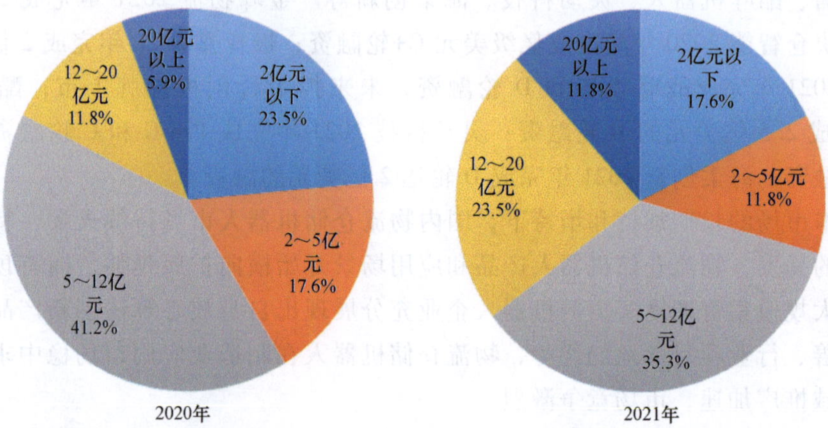

图 20-10 2020 年、2021 年物流仓储装备行业上市企业市场份额情况

传统企业中，北起院、昆船智能、北自科技分别在自动化立体仓库、密集存储系统、输送和拣选系统、自动导引车搬运系统、自动分拣系统、机械手码垛系统等集成领域具有明显技术优势，新松机器人在物流与仓储自动化成套装备具有先发优势，2020 年、2021 年营业收入分别为 7.5 亿元和 7.1 亿元。

民营企业、上市公司代表中，诺力股份在智慧物流系统、智能制造装备制造优势明显，2020 年、2021 年营业收入分别为 20.9 亿元与 30.0 亿元；中科微至在自动分拣为核心的智能物流装备系统具有明显的市场优势，国内快递包裹总量的 40% 由该企业产品进行分拣和输送，2020 年、2021 年营业收入分别为 12.0 亿元与 22.1 亿元；今天国际主攻工业生产型物流系统、商业配送型物流系统，助力企业实现智慧物流和智能制造，2020

年、2021 年营业收入分别为 8.2 亿元及 14.7 亿元。

20.2.3 市场集中度

国内外物流仓储装备企业积极参与国内现代物流产业建设，在汽车、烟草、化工、医药、图书、纺织服装、新能源、食品饮料、大型零售、电子商务等行业领域均有广泛应用。现阶段物流仓储装备行业应用占比如图 20-11 所示，市场主要集中在医药、电商和汽车行业领域，行业需求保持快速发展，应用占比分别为 10.4%、9.8%和 7.9%，位居行业排名前三，鞋服、食品及快消品和烟草行业的市场占比紧随其后，分别为 7.3%、6.7%和 5.5%。

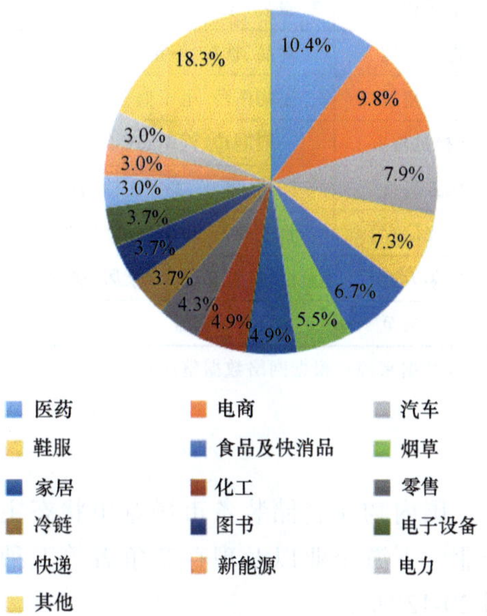

图 20-11 国内物流仓储装备行业应用占比

由图 20-11 可以看出，国内物流仓储装备行业叠加下游细分行业众多，市场相对分散，设备供应商通常只在某些特定的细分领域具备客户资源和技术产品优势。国内物流仓储装备行业企业优势领域见表 20-6。国内传统企业由于起步比民营企业早，在医药、烟草、化纤、军工等行业项目技术稳定、经验丰富，传统企业先发优势依然存在；民营企业、上市公司虽涉及领域丰富，但大多主要占据一个或若干成熟细分领域，并借此不断向其他相关领域拓展业务。

表 20-6 国内物流仓储装备行业企业优势领域

企业名称	主要应用领域
安吉智能	汽车制造、机械电子、冷链、电商、烟草、医药、日化、服装等
北起院	医药、汽车、家居、电器、鞋服、纺织、电商、航空、军工等
北自科技	医药、食品、卷烟、电力等
东杰智能	汽车、工程机械、医药、食品饮料等
德马科技	电商、快递、商超、鞋服、智能制造、医药等
江苏高科	机械、石油石化、化工、造纸、煤炭、医药、食品、轻工、烟草、纺织、建材、冷藏等
江苏华章	医药、图书、电商等
江苏六维	汽车、石化、电商、医药等
井松智能	冶金铸造、石油化工、纺织服装、食品家具、新能源产品、汽车机械重工、电力军工、烟草医药、环保新材料等
今天国际	烟草、新能源、石油石化等
昆船智能	汽车、烟草、电力、化工、军工等
科捷智能	快递物流、电商新零售、家电、家居、汽车、通信电子、国防军工、材料、能源化工等
兰剑智能	零售、电子商务、烟草、医药、图书、鞋服、电子产品、电力、印刷、汽车、国防军工、航空航天、建材等

（续）

企业名称	主要应用领域
诺力股份	冷链、新能源、医药、汽车、煤炭、电力、食品及快消品、办公用品、图书、鞋服、化妆品、电子设备、电商等
普罗格	医药流通、电子商务、服装、快消品、商贸零售、生鲜冷链、生产物流、出版发行等
瑞晟智能	服装、家纺、家居、汽车零配件、箱包、制鞋、童车、电商、物流、仓储、洗涤等
世仓智能	食品、饮料、服饰、日化、烟酒、医药、冷链、电商、物流等
上海精星	生物医药、电子商务、食品饮料、服装纺织、汽车行业、电子电器、机械制造、第三方物流、烟草行业等
新松机器人	一般制造、汽车、3C、轨道交通、航空航天、化工、鞋服、快消品等
伍强科技	医药、电商、零售连锁、教育、服装、图书、金融、航天、烟草、食品和汽车等
音飞储存	智能制造、冷链、医疗医药、陶瓷、家居家具、汽车零部件、电子商务、食品饮料以及衣服鞋帽等
中集天达	机场、快递电商、家居、能化、医药领域等
中科微至	物流快递行业

（数据来源：根据网络数据整理）

20.2.4　市场竞争状态

国内物流仓储装备市场竞争状态主要取决于竞争环境中潜在进入者、替代品、上游企业、下游企业以及现存竞争者等五种力量之间较量的激烈程度。这五种力量的构成如图 20-12 所示。

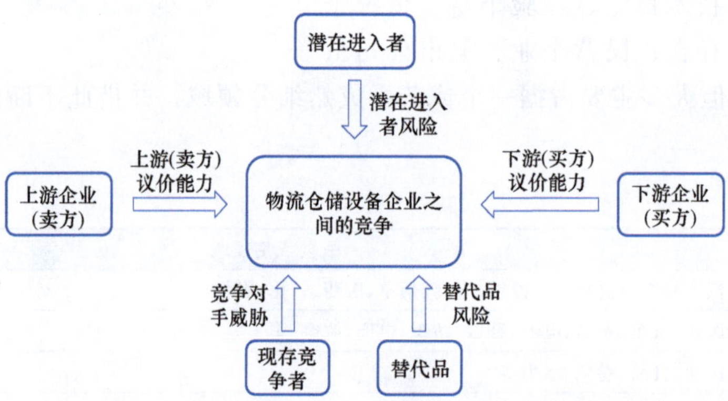

图 20-12　物流仓储装备市场竞争的五种力量

从五力竞争模型角度分析我国物流仓储装备市场竞争状态，在潜在进入者威胁方面，物流仓储装备附加值和毛利率方面有较大吸引力，但是在技术和资金方面壁垒较高，在资本支撑作用下，新兴领域潜在进入者进入市场风险较高。在替代品威胁方面，物流仓储装备行业作为装备制造行业，短期内不具备可替代性，但随着新产品、新技术的不断涌现，行业存在一定的替代品威胁的风险。在下游购买者议价能力方面，我国对于物流仓储装备的需求旺盛，且行业细分领域众多，产品同质化程度较高，下游议价能力一般。在上游供应商议价能力方面，国内上游原材料的供应较为充足，供需总体平衡，产品标准化、模块化程度一般，上游议价能力较强，国外上游原材料受疫情及贸易摩擦影响，供应链不稳定，系统硬件出现短缺，上游议价能力较弱。在现有企业的竞争方面，虽然市场竞争结构较为稳定，但行业经营毛利率水平较高，行业内企业为争夺市场份额、获得较好的市场资源及产销条件，竞争较为激烈（见图 20-13）。

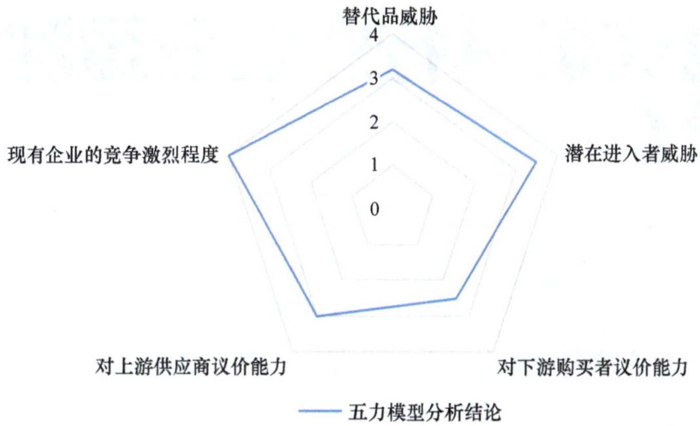

图 20-13 市场竞争状态五力模型分析结论

第21章 物流仓储机械行业企业盈利能力分析

21.1 行业产业链模型及运行机制

物流仓储装备行业的产业链由上游、中游、下游产业三部分组成，如图 21-1 所示。

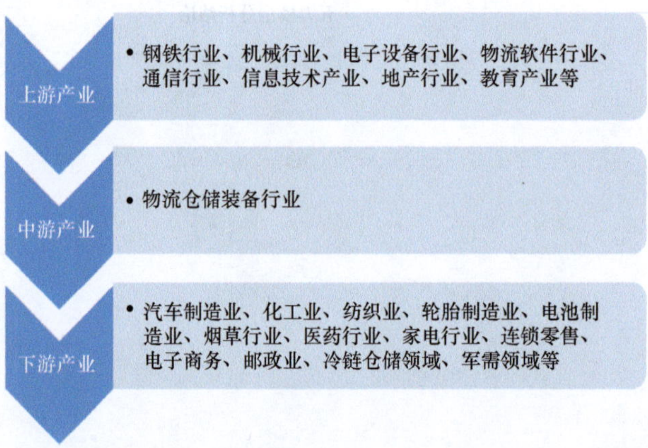

图 21-1　物流仓储装备产业链模型

上游产业包括钢铁行业、机械行业、电子设备行业、物流软件行业、地产行业、信息技术产业、教育产业等，上游产业提供原材料、机械零部件、电子元器件（传感器、控制器、减速器、伺服电动机、驱动器）等核心零部件，以及传感技术、导航技术、系统集成技术、智能控制、人机交互等核心技术，满足物流仓储装备行业存储设备、输送设备、分拣设备、搬运设备、堆码装卸、信息采集、辅助设备等硬件装备的生产制造需求，提供数据库管理软件、系统应用软件、物流仿真软件等物流相关软件，提供构建物流基础设施所需用地、培养物流仓储专业技术人才等。

中游产业是物流仓储装备行业，物流仓储装备制造商研发、设计、生产物流仓储装备，提供货架、货柜、堆垛机、提升机、转轨车、穿梭车、输送机、分拣机、堆码包机、AGV、物流机器人等产品，物流仓储系统集成商根据市场需求和应用特点规划物流仓储系统，将离散的各种物流仓储装备、系统与其他生产设备、管理软件进行整合，搭建物流信息平台，助力企业各环节统一、协调管理，确保物流和信息流一致，提升企业物流仓储技术水平及作业效率，降低企业物流仓储运营成本。

下游产业是应用物流仓储装备的各个行业，物流仓储装备制造商和系统集成商为汽车制造业、化工业、纺织业、轮胎制造业、电池制造业、烟草行业、医药行业、家电行业、零售业、邮政业、冷链仓储领域、军需领域等诸多下游产业提供专业化物流仓储装备及系统，以满足各行业诸如农副产品、服饰箱包、食品饮料、化妆品、日用品、医药器械、建筑材料、工业机械、汽车及零部件、化纤品、家用电器等的物流仓储和配送需求。

物流仓储装备行业产业链运行机制如图 21-2 所示。

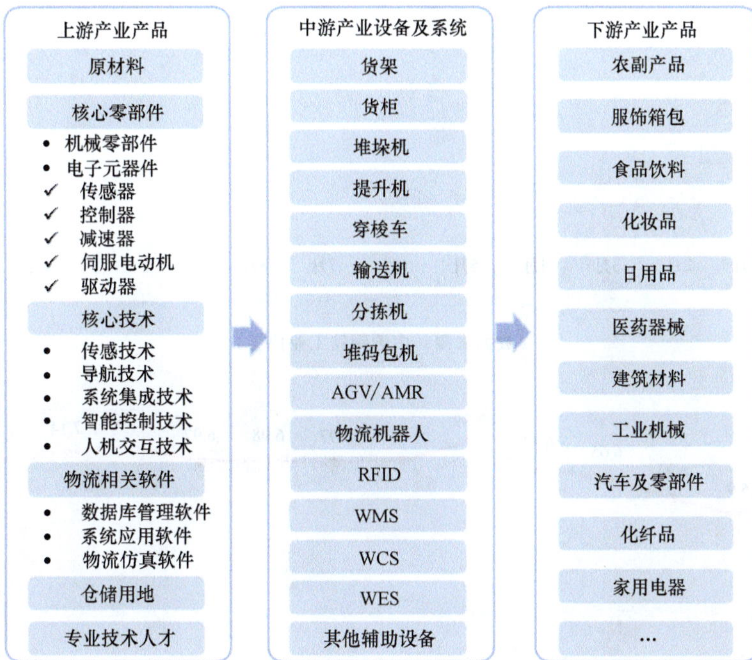

图 21-2 物流仓储装备行业产业链运行机制

21.2 上下游产业影响

21.2.1 上游产业

上游产业为物流仓储装备行业提供原材料、核心零部件、核心技术、物流相关软件等支持，上游产业保障产品价格的稳定、产量的充分供给，保持产品的迭代升级，有利于中游物流仓储装备产业原材料成本的降低、产品性能的提高，以及利润空间的提升，同时，上游产业的核心零部件、核心技术、物流相关软件等的自主创新研发，有利于物流仓储装备行业基础提高，促进中游产业发展取得较大进步。

上游产业原材料价格波动直接影响物流仓储装备行业营收走势。2021 年，国内钢材价格处于先上涨后下跌的趋势，受需求拉动、进口铁矿石价格大幅上涨、国际市场恢复、大宗商品普遍涨价影响，钢材价格持续走高，10 月随着国内钢材产能逐渐释放，市场需求逐渐满足，加之政府调控等多方面因素，钢材价格开始回落（见图 21-3）。2021 年，铝材、铜材产量和物流时效受疫情影响严重，价格保持高位运行，铝材全年均价

1.89 万元/t，同比上涨 33.5%，铜价全年平均约 6.86 万元/t，较去年同期上涨 40.7%（见图 21-4）。对于以钢材（卷带钢、管型材）、铝材、铜材和各种钢、铝、铜材制品等为主要原材料的物流仓储装备企业，原材料成本占营业成本的比重较高，多数物流仓储装备企业营业成本上涨，市场价格竞争加剧，导致企业毛利率呈现下降态势。

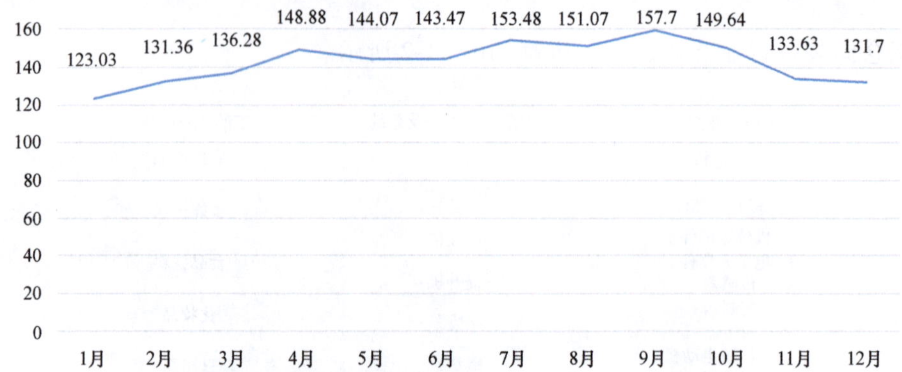

图 21-3　2021 年 1—12 月中国钢材价格指数走势情况

（数据来源：中国钢铁工业协会）

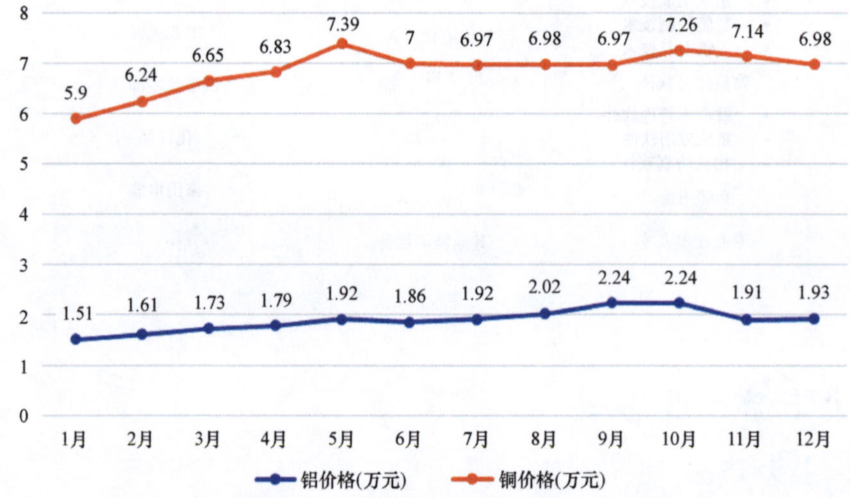

图 21-4　2021 年 1—12 月中国铝、铜价格走势情况

（数据来源：长江有色金属网）

上游产业核心零部件、核心技术、物流相关软件等技术水平影响国内物流仓储装备产品质量。近年来，上游产业市场规模稳步增长，据中商情报网报道，2021 年，我国传感器市场规模达 2,951.8 亿元，智能控制器市场规模达到 2.7 万亿元，伺服系统市场规模达到 224 亿元。上游产业呈现核心零部件综合性能有较快提升，核心技术正在加速追赶国外先进技术水平，物流相关软件大多依赖进口、国产化率低的现状。上游产业机械核心零部件如货叉的重复精度、挠度、同步性较差，滑轨负载能力、精度、刚度、运行平稳性有待于进一步加强，舵轮的负载能力、运行速度等与国际先进产品相比仍存在差距，AGV 顶升系统、先进导航系统核心部件产品激光雷达、扫描器等，尚未有相当产品

进行国产化替代，而一些通用部件发展较快，基本满足国产替代需求。核心元器件如减速器、控制器、驱动器等的承载能力、使用寿命、传动效率、控制精度、数据处理能力低，性能亟须全面提升。核心技术如物流机器人技术在硬件质量、软件算法水平等方面，与国外领先技术仍旧存在差距，人机协作、多机协作技术的灵活性和安全性有待提高。机器人控制技术、视觉识别技术以及机器人夹具有待进一步研发。导航技术逐步发展，有预设参照介质的导航技术发展水平日趋成熟稳定，无预设参照介质的 SLAM 导航技术与国外还有一些差距，视觉 SLAM 导航技术尚未成熟，应用案例更少。智能识别技术水平赶超较快，已与国外先进水平相当，但图像识别技术、视觉识别技术方面的准确率、效率仍有待进一步提高。单元化技术在单元化产品的标准化、智能化以及信息技术结合等方面和国外还有很大差距。由此，国内物流仓储装备在国际价值链中长期被锁定在中低端环节，高端产品核心技术较为缺乏，关键零部件仍依赖进口，国内物流仓储装备企业在新技术和新产品的研发上，多数仍跟随国外先进企业的技术发展。

近年来，受疫情及贸易中断影响，产业供应链稳定性差，物流仓储装备上游产业核心零部件、核心技术、基础软件等国外进口供应价格波动较大，供货周期较长，导致一些对国外产品依赖度高的物流仓储装备整体交付工期延长，企业自身发展和产品市场竞争力受到制约，亟须提升国内物流仓储装备行业基础能力，提高产品国产化程度。

21.2.2 下游产业

物流仓储装备下游产业主要是制造业、零售业、邮政快递业和其他产业。国内物流仓储装备行业的市场需求，主要取决于下游电子商务、快递物流、服装、医药、烟草、新零售、智能制造等应用领域的固定资产投资规模及增速。下游产业固定资产投资规模增速放缓或者出现下滑，将会减少对自动化物流装备的采购需求，从而对物流仓储企业的经营产生不利影响。因此，下游产业的持续发展，为我国物流仓储技术和装备提供了持续增长的发展空间，有利于促进物流仓储装备行业的扩张和发展。

1. 智能制造业与智能物流仓储融合发展

从制造业领域来看，制造业的快速发展拉动了物流仓储技术装备的市场需求。2020年下半年，中国疫情得到控制后，全球疫情持续扩散，中国制造业保持稳步发展，国外企业将加工制造订单转移到中国，使得我国制造业在新能源、医药、电动汽车、智能手机、半导体、信息技术、环保、高端制造和智能制造等行业领域迅速发展，从而拉动物流仓储行业高质量服务需求。

从系统承担角色来看，智能制造转型升级以及高质量发展，促使物流仓储装备与之融合打通生产制造供应链。近年来，我国已逐渐发展成为拥有世界最全制造业门类的制造业大国。国内制造企业的产品生产线已逐渐实现了自动化、智能化，物流系统也需要与之匹配、相互融合，完善的仓储物流、线边物流系统可全面打通生产制造供应链上下游中存在的孤岛，将物流仓储系统与工厂系统完美连接，实现企业内部原材料物流、成品物流、生产物流统一调度，从而提升制造业的综合竞争力。

从产品类型角度，制造业促使物流仓储装备产品及技术日趋智能化、专业化。智能化、专业化仓储设备、拣选设备、搬运设备，特别是仓储搬运机器人，正发挥着越来越重要的作用，衔接生产、仓储环节，助力制造企业高效精准管理原料、零件、半成品和成品的流通和存储，确保物料准时配送和产品及时发运，合理调度生产资源，缩短产品制造周期，实施产品全周期管理，提高物流效率与生产效率，给企业转型升级及高质量发展提供保障。

2. 电子商务产业促使物流技术装备多元化发展

近年来，在新基建战略和双循环战略的作用下，现代流通系统得到了进一步的发展，新格局、新模式在全渠道销售、新型数字商业、社区团购、新零售创新等现代商贸流通领域不断涌现，对物流技术设备的市场需求产生了巨大的影响。

电商行业领域品类增速呈现分化，服装鞋帽针纺织品、日用品、家用电器和音像器材消费热度依旧凸显。2020 年，面对疫情的巨大影响和复杂严峻的国际形势，我国电子商务市场持续稳定发展，市场规模再创历史新高。根据商务部电子商务公共服务网统计数据，全国网上零售市场交易额从 10.63 万亿元增长至 11.76 万亿元，实现了 10.63%的增长，实物商品网上零售额从 8.52 万亿元增长 24.9%，达到 9.76 万亿元。2020 年实物商品网络消费中，吃、穿和用类商品同比分别增长 30.6%、5.8%和 16.2%。服装鞋帽针纺织品、日用品、家用电器和音像器材从销售额规模看仍排名前三，分别占实物商品网络销售额的 22.3%、14.5%和 10.8%，众多服装鞋帽针纺织品、日用品、家用电器和音像器材企业投入物流仓储系统建设的资金增多，纷纷引入先进的物流仓储系统装备，与之相关的物流仓储装备行业竞争激烈，发展迅速。

农村电商提质升级，推动物流仓储行业服务“三农”作用不断凸显。2020 年，全国农村网络零售额 1.79 万亿元，同比增长 8.9%，其中农村实物商品网络零售额 1.63 万亿元，分地区看，东、中、西部和东北地区农村网络零售额占全国农村网络零售额比重分别为 77.9%、14.1%、6.4%和 1.6%。为满足农村电商不断增长的消费需求，我国乡村物流基础设施、智慧物流配送中心等建设势在必行。

三线城市物流电商下沉，促使物流仓储行业布局逐步向三线城市延伸。近年来，随着我国一、二线城市电子商务发展放缓，越来越多的电子商务企业开始积极拓展下沉市场。三线以下的市、县、镇和农村地区范围广泛、人口众多，随着我国农村振兴战略的全面推进，区域网络覆盖日益完善，居民消费能力，尤其是网上消费热情显著增强，各大电商企业如天猫、京东、苏宁等，根据自身的市场定位，纷纷推出下沉市场的发展战略，扩大三线城市附属物流仓储设施，争夺电商市场，扩张业务版图。

直播带货等新型零售方式的兴起，将持续利好物流仓储行业。直播带货电商新模式的加速发展，实现中小企业、外贸代工厂与农户之间“生产—销售—消费”的无缝对接，压缩中间渠道成本的同时，带来明显的订单碎片化、离散化趋势，大大增加了仓配一体化的需求（见图 21-5）。直播电商区域性分布较为明显，东南部沿海省份鞋服制造业相对发达，中西部省份以农副产品为主，从而不同程度拉动东南部沿海及中西部省份物流仓储行业发展。

3. 邮政业推动物流仓储装备新技术应用

2021 年全国邮政行业业务收入（不包括邮政储蓄银行直接营业收入）累计完成

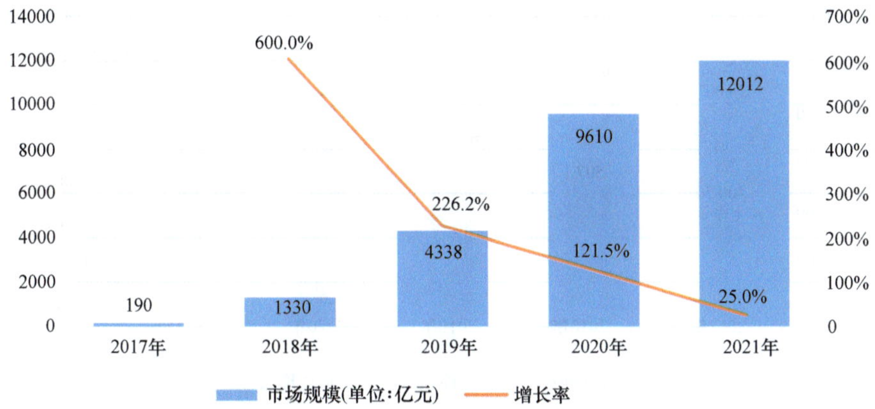

图 21-5 2017—2021 年直播电商市场规模及增长率

（数据来源：艾媒数据中心）

12,642.3 亿元，同比增长 14.5%；业务总量累计完成 13,698.3 亿元，同比增长 25.1%（见图 21-6）。

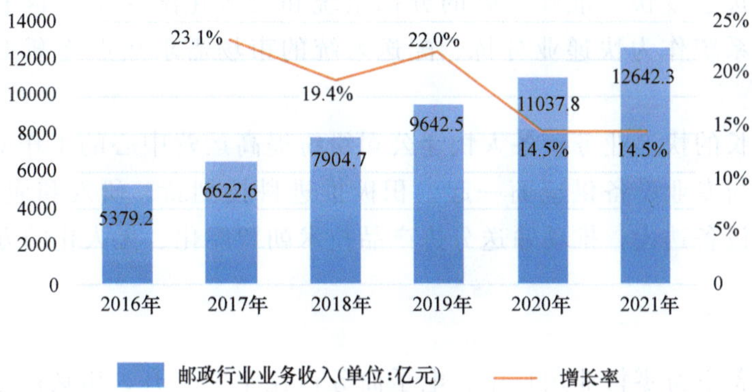

图 21-6 全国邮政行业业务收入

（数据来源：国家邮政局）

2020—2021 年，根据国家邮政局统计数据，2020 年疫情冲击刺激线上销售与配送，推动了快递物流高速发展，使得全国快递服务企业业务量在基数很大的情况下仍保持 31.2%的高速增长，达到了 833.6 亿件。2021 年同比增长 29.9%，增量规模连续两年接近或超过 200 亿件；业务收入累计完成由 8,795.4 亿元增至 10,332.3 亿元，同比增长 17.5%。国家邮政局快递大数据平台实时监测数据显示，2021 年我国快递年业务量首次突破千亿件大关，达到 1,083 亿件（见图 21-7）。从 2018 年首次突破 500 亿件，到第 1,000 亿件的诞生，中国快递年业务量的翻倍仅用了 3 年。快递业的快速发展直接推动了快递行业物流设备市场的需求继续保持高增长，是物流技术装备的最大市场热点。

快递行业高速发展，推动自动输送、分拣装备市场呈较快增长，装备水平提高，高质量发展趋势明显。物流转运中心和分拨中心，自动输送分拣设备取代人工作业，以输送线、分拣机为主的传统自动输送分拣设备仍然是市场需求主体，摆轮分拣、滚珠模组带分拣、交叉带分拣等自动化物流仓储装备市场应用较为成熟。随着市场需求不断发

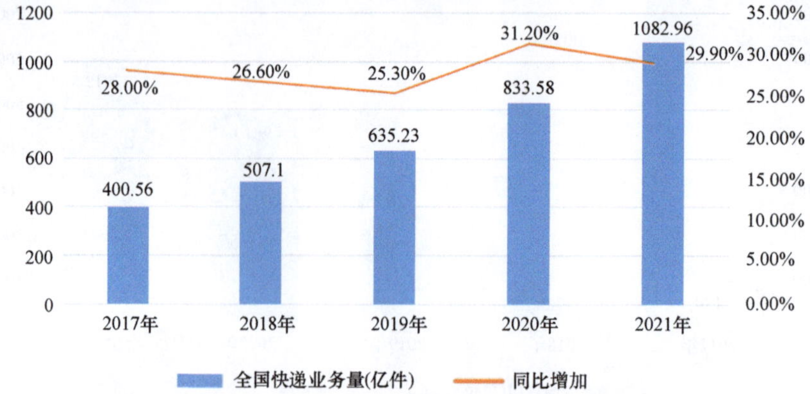

图 21-7　全国快递业务量

（数据来源：国家邮政局）

展，自动输送分拣装备结合新一代信息技术，正逐渐向智能化方向发展，智能仓储分拣机器人、智能图像识别系统、单件分离系统、快递机器人、送货无人车/机等构成的柔性化程度高、拣选速度快、准确率高的分拣系统和无人化配送系统越来越受到市场关注，新型智能化系统作为快递业分拣、配送系统的市场需求热点逐渐走向成熟和广泛应用。

面对迅速增长的快递业务，各大快递公司纷纷提高运营中心的工作效率和终端网络的自动化程度，与专业设备供应商一起，积极推进科技创新，研发和应用新技术装备，加速产品优化和设备迭代，推动输送分拣产品技术朝智能化、无人化的方向发展。

21.2.3　下游用户分析

物流仓储装备下游零售业用户中，电子商务占比不断提升，市场前景看好，本节以此类用户进行分析。随着电商行业的蓬勃发展，国内主要电商为了抢占市场份额，纷纷投资兴建物流设施，打造全方位物流体系，进行全国性物流骨干网、配送中心、分拣中心等的布局及建设，谋求在未来激烈的竞争中抢占智能物流领域的高地。以电商物流领域的龙头企业——京东为例，近年来在全国不断进行物流网络布局，2020 年投用“亚洲一号”达到 12 座，新建扩建城市仓和转运仓 13 座，推进仓仓合一、厂仓合一、店仓合一等创新业态，继续强化物流基础设施能力，截至 2021 年底，拥有北京、上海、广州、成都等八大物流枢纽，运营 43 座“亚洲一号”大型智能物流园区、约 1,400 个仓库，布局近 4,000 座分拨/转运中心。同时，其他电商也在不断推进产业布局，苏宁 2020 年新增和扩建 9 个物流基地，完成 10 个物流基地建设，目前在 48 个城市共拥有 69 个物流基地。

物流仓储装备下游快递业用户快速发展，拉动物流仓储装备市场需求。目前中国快递业企业包括具有丰富经验、雄厚资金以及发达全球网络的外资快递企业，如联邦快递（FedEx）、敦豪（DHL）、天地快运（TNT）、联合包裹（UPS）、高保物流（GLEX）等；具有背景优势和完善国内网络的国有快递企业，如中国邮政（EMS）、民航快递

（CAE）、中铁快运（CRE）等；具有局部市场基础，逐步向全国扩张的大型民营快递企业，如顺丰速运、宅急送、申通快递、韵达快递、圆通快递、速尔快递等；以及主要经营特定区域的同城快递和省内快递业务的小规模、经营灵活的民营快递企业。其中，国有快递企业和大型民营快递企业在中国快递企业中快递业务量、营业收入、服务水平等均有良好表现，对物流基地、配送中心、分拨中心等的输送、拣选、分拣作业效率和准确率提出更高要求。自动化输送分拣设备、分拣机器人等分拣系统的需求数量普遍增加，快递企业纷纷加大基础设施建设，或自主研发或积极引入升级输送拣选设备。顺丰控股 2021 年累计完成 102 个中转场、16 个集散点的投入或升级自动化设备，提高其中转场中转时效及处理能力，截至 2021 年底，顺丰控股拥有 324 个快递中转场和 118 个快运中转场，并运营管理不同类型的仓库 2,119 座，其中 85 座食品冷库、16 座医药冷库、1,500 座海外仓库，通过持续引入物流仓储自动化设备，助力提升自动化分拣作业效率。申通快递公司持续推进运营平台能力的改善优化，着力打造智慧物流运行处理中心，全面开启自动化分拣转型升级，截至 2021 年 12 月，公司新增自动化交叉带分拣设备 157 套、摆臂 78 套，并引入三层交叉带、单轨双层交叉带、双层双向矩阵配合双向四路滑槽等，分拣空间利用率、分拣效率均得以大幅提升。韵达快递截至 2021 年末，拥有 76 个枢纽转运中心，借助自主研发的“全自动分拣系统”、双层全自动设备、四层交叉带自动分拣线，分拣效率不断得到提升。2021 年帮助网点共同铺设了 70 余套的自动分拣线，提高了末端的分拣效率。圆通快递持续加大转运中心、自动化设备的投入，目前拥有自营枢纽转运中心 75 个，在转运中心、城配中心布局完成自动化分拣设备 154 套，大幅提升了转运中心的现代化、智能化水平。

21.3 企业盈利能力分析

根据中国物流与采购联合会发布的 2018—2021 年物流业景气指数，2020 年 2 月受新冠肺炎疫情影响，物流活动严重受阻，物流景气指数出现大幅回落，物流业景气指数为 26.2%，为四年来最低点，3 月后，物流景气指数开始逐渐回升。2020 年国内物流仓储装备行业上市企业（简称“仓储上市企业”）年度报告数据显示，从营收情况、销售净利润、销售净利率来看，大部分上市企业营业收入低于 20 亿元，占比约为 70.6%，销售净利润主要集中在低于 1 亿元的盈利区间，占比约为 64.7%，上市企业销售净利率在 5%~10%区间居多，占比约为 47.1%；从净资产、净资产收益率来看，国内仓储上市企业归属于上市公司股东的净资产低于 10 亿元以下的较多，占比约为 35.3%，净资产收益率主要集中于 5%~10%的水平，占比约为 41.2%；仓储上市企业净利润、净利率和净资产收益率均出现负值，企业占比情况均为 11.8%。

2021 年，物流业景气指数平稳回升，全年物流业景气指数平均为 53.4%，较上年提高 1.7%，2022 年 1 月和 2 月，中国物流业景气总指数分别达到 51.1%和 51.2%，景气指数保持在 50%以上，物流业重新呈现扩张态势。2021 年仓储上市企业年度报告数据显示，从营收情况、销售净利润、销售净利率来看，大部分上市企业营业收入仍低于 20

亿元，占比约为64.7%，销售净利润主要集中在低于1亿元的盈利区间，占比约为52.9%，上市企业销售净利率在5%~10%区间的有所增加，占比约为52.9%；从净资产、净资产收益率来看，仓储上市企业归属于上市公司股东的净资产低于10亿元的较多，占比约为35.3%，净资产在30亿元以上的企业占比增多，约为23.5%，净资产收益率仍主要集中于5%~10%的水平，占比约为35.3%；仓储上市企业净利润、净利率、归属于上市公司股东的净资产和净资产收益率出现负值情况增多，企业分别占比17.6%、17.6%、5.3%、17.6%。

21.3.1 上市企业销售净利率

1. 上市企业营业收入

2020年，仓储上市企业年营业收入总额约为246.5亿元，其中仓储相关产品年营业收入总额约为120.9亿元。2020年，仓储上市企业中营业收入在30亿元以上占比约11.8%，营业收入在20~30亿元的占比约17.6%，营业收入在10~20亿元的占约23.5%，营业收入低于10亿元的占比约47.1%。2020年仓储上市企业营业收入分布情况如图21-8所示。

2021年，仓储上市企业年营业收入总额约为322.2亿元，其中仓储相关产品年营业收入总额约为168.8亿元。2021年仓储上市企业营业收入规模差距较大，上市企业中营业收入在30亿元以上占比约17.6%，营业收入在20亿~30亿元的占比约17.6%，营业收入在10亿~20亿元的占约41.2%，营业收入低于10亿元的占比约23.5%。2021年仓储上市企业营业收入分布情况如图21-8所示。

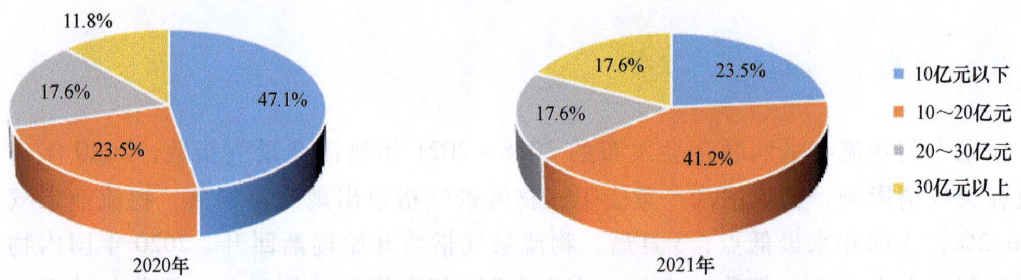

图21-8 2020年、2021年仓储上市企业营业收入分布情况

2. 上市企业销售净利润

2020年，仓储上市企业销售净利润总额约为7.3亿元，其中，销售净利润在2~8亿元之间的占比约为5.9%，1~2亿元之间的占比约为17.6%，低于1亿元的占比约为64.7%，净利润为负值得占比约为11.8%。2020年，仓储上市企业销售净利润分布情况如图21-9所示。

2021年，仓储上市企业销售净利润约为8.9亿元，其中，销售净利润在2~8亿元之间的占比约为11.8%，1~2亿元之间的占比有所提升，约为17.6%，低于1亿元的占比约为52.9%，净利润为负值的占比出现增多，约为17.6%。2021年仓储上市企业销售净利润分布情况如图21-9所示。

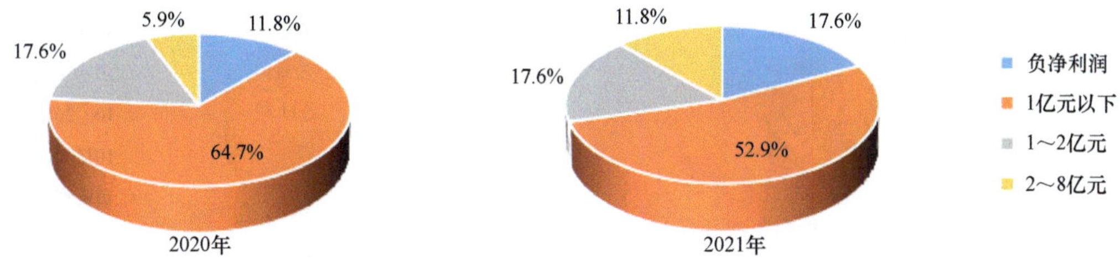

图 21-9 2020 年、2021 年仓储上市企业净利润分布情况

3. 上市企业销售净利率

2020 年，仓储上市企业平均销售净利率约为 6.8%，其中企业销售净利率在 10%~20%之间的占比约 29.4%，企业销售净利率在 5%~10%之间的占比 47.1%，企业销售净利率 0~5%的占比 11.8%，销售净利率为负值的占比约为 11.8%。2020 年仓储上市企业销售净利率分布情况如图 21-10 所示。

2021 年，仓储上市企业平均销售净利率约为 4.9%，其中企业销售净利率在 10%~20%之间的占比约 17.6%，企业销售净利率在 5%~10%之间的占比 52.9%，企业销售净利率 0~5%的占比 11.8%，销售净利率为负值的占比约为 17.6%。2021 年仓储上市企业销售净利率分布情况如图 21-10 所示。

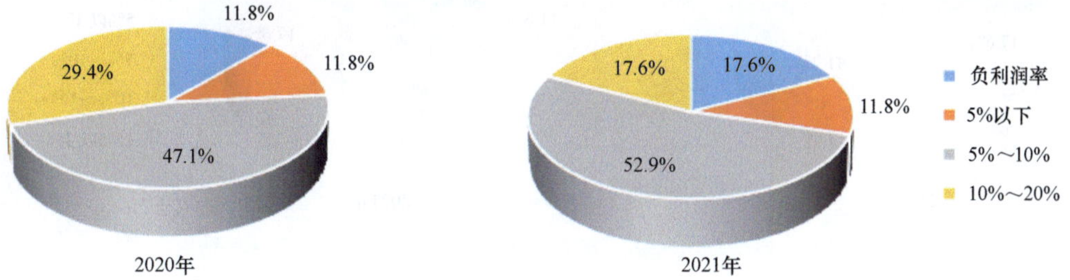

图 21-10 2020 年、2021 年仓储上市企业销售净利率分布情况

21.3.2 上市企业净资产收益率

1. 上市企业净资产

2020 年，仓储上市企业净资产总额约为 246.7 亿元。净资产在 30 亿元以上的占比约为 17.6%，净资产在 10~20 亿元之间的占比约为 29.4%，净资产在 10 亿元以下的占比约为 52.9%，2020 年物流仓储装备上市企业净资产分布情况如图 21-11 所示。

2021 年，仓储上市企业净资产总额约为 247.6 亿元。净资产在 30 亿元以上的占比约为 23.5%，净资产在 20~30 亿元之间的占比约为 11.8%，净资产在 10~20 亿元之间的占比约为 23.5%，净资产在 10 亿元以下的占比约为 35.3%，净资产为负值的占比约为 5.9%。2021 年仓储上市企业净资产分布情况如图 21-11 所示。

2. 上市企业净资产收益率

2020 年，仓储上市企业平均净资产收益率约为 11.82%，其中，企业净资产收益率在 15%以上的占比约 23.5%，企业净资产收益率在 10%~15%之间的占比约 17.6%，企业净资产收益率在 5%~10%之间的占比约 41.2%，企业净资产收益率低于 5%的占比约

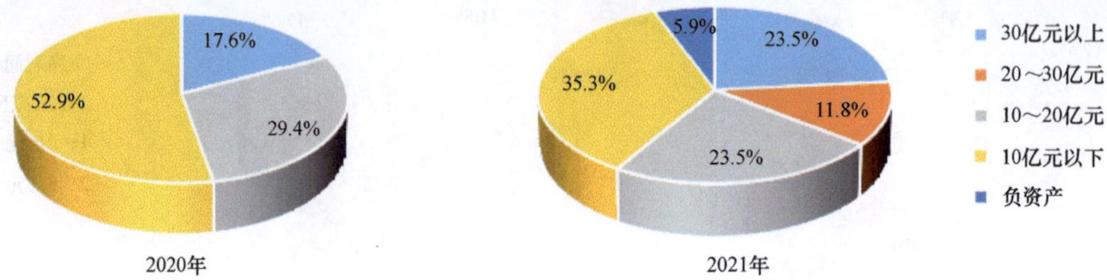

图 21-11　2020 年、2021 年仓储上市企业净资产分布情况

5.9%，企业净资产收益率为负值的占比约为 11.8%。2020 年仓储上市企业净资产收益率分布情况如图 21-12 所示。

2021 年，仓储上市企业平均净资产收益率约为 7.77%，其中，企业净资产收益率在 15%以上的占比约 17.6%，企业净资产收益率在 10%～15%之间的占比约 11.8%，企业净资产收益率在 5%～10%之间的占比约 35.4%，企业净资产收益率低于 5%的占比约 17.6%，企业净资产收益率为负值的占比约为 17.6%。2021 年仓储上市企业净资产收益率分布情况如图 21-12 所示。

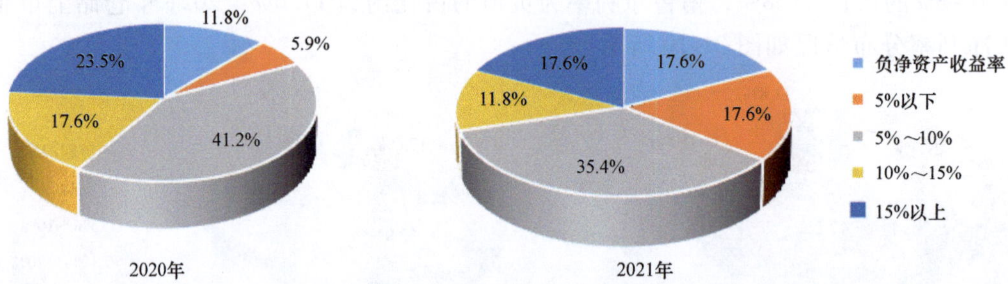

图 21-12　2020 年、2021 年仓储上市企业净资产收益率分布情况

21.4　企业盈利能力变化趋势

2020—2021 年，国内仓储上市企业年度报告数据显示，传统企业对总营收贡献较大，但因制造成本上升、市场价格竞争加剧等因素影响，企业销售净利率不高，盈利水平一般；民营企业的上市企业各项主营业务稳步发展，营收虽有所下降，但综合成本不断下降，销售净利润、销售净利率等主要指标同比实现增长，呈现出成长性较好的趋势。

2020 年，仓储上市企业平均销售净利率约为 6.78%，平均净资产收益率保持在 11.82%的水平。2021 年，仓储上市企业平均销售净利率约为 4.9%，平均净资产收益率约为 7.8%，仓储行业的平均营业收入、平均净利润均和有所回升的情况下，净利率、净资产收益率有待提高。

21.4.1　销售净利率变化趋势

1. 营业收入变化趋势

2017—2021 年仓储上市企业平均营业收入及增长率如图 21-13 所示。从仓储上市企业平均营业收入来看，2019 年出现小幅下降波动，2020 年、2021 年分别以 16.1%、30.8%的增长率逐年上升；从仓储上市企业物流仓储平均营业收入来看，2020 年增速虽有所放缓，但整体保持稳步上升趋势。

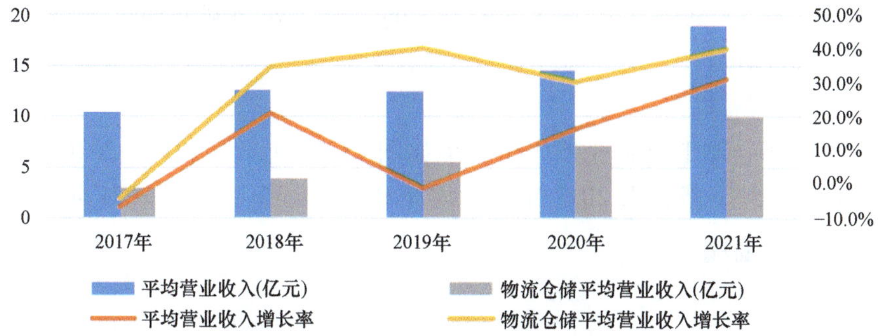

图 21-13　2017—2021 年仓储上市企业平均营业收入及增长率

2020 年，仓储上市企业年平均营业收入同比增长 16.1%，仓储相关的平均营业收入同比增长 30%，主要仓储上市企业中，64.7%的企业实现营业收入增加，其中科捷智能、中科微至、迦南科技等企业营业收入分别实现了 90.5%、60.3%、43.2%的较快增长。

2021 年，仓储上市企业年平均营业收入同比增长 30.8%，仓储相关平均营业收入同比增长 39.7%，主要物流仓储装备上市企业中，企业营业收入均同比增加，其中德马科技、科捷智能、中科微至等企业营业收入分别实现了 93.4%、91.5%、83.6%的较快增长。

2. 净利润变化趋势

2017—2021 年仓储上市企业平均净利润及增长率如图 21-14 所示。2019 年、2020 年，仓储上市企业平均净利润分别以 32.2%、46.3%的负增长率逐年下降，2021 年逐渐有所回升，增长率约为 20.9%。

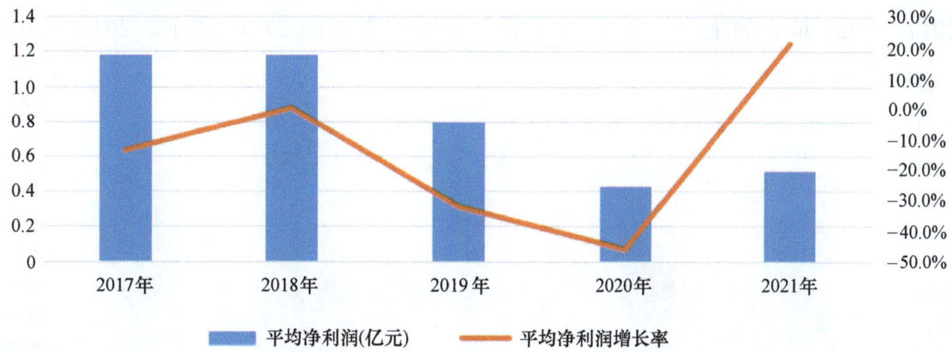

图 21-14　2017—2021 年仓储上市企业平均净利润及增长率

2020 年，仓储上市企业平均净利润从 2019 年的 13.7 亿元下降至 7.3 亿元。企业净利润同比增长的占比约为 52.9%，其中，中科微至、今天国际和音飞储存净利润同比增长 59.0%、33.3%和 25.0%，涨幅较大；47.1%的上市企业净利润同比下降，11.8%的上市企业净利润为负值。2021 年，仓储上市企业平均净利润增长至 8.9 亿元，企业净利润同比增长的占比约为 64.7%，其中，天奇股份、今天国际、音飞储存净利润同比增长147.5%、53.3%和 32.6%，涨幅较大；35.3%的上市企业净利润同比下降，17.7%的上市企业净利润为负值。

3. 净利率变化趋势

2017—2021 年仓储上市企业平均净利率如图 21-15 所示。2017—2020 年，仓储上市企业平均净利率持续下降，由 2017 年的平均净利率 10.5%下降到 2021 年的 4.9%。

图 21-15　2017—2021 年仓储上市企业平均净利率

2020 年，仓储上市企业净利率同比下降 18.2%，47.1%的企业净利率相比 2019 年有所增长，52.9%的企业净利率出现不同程度的下滑，其中，兰剑物流、音飞储存、中科微至净利率较高，分别为 18.6%、17.7%和 14.3%。2021 年，仓储上市企业年净利率同比下降 27.4%，23.5%的企业净利率相比 2020 年有所增长，兰剑物流、合肥井松、音飞储存的净利率较高，分别为 13.4%、12.6%和 12.5%。

21.4.2 净资产收益率变化趋势

1. 净资产变化趋势

2017—2021 年仓储上市企业平均净资产及增长率如图 21-16 所示。2017—2018 年仓

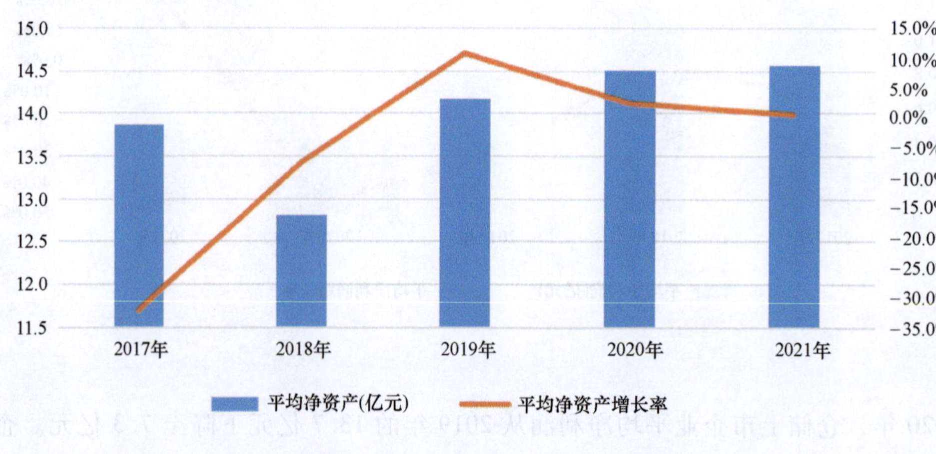

图 21-16　2017—2021 年仓储上市企业平均净资产及增长率

储上市企业平均净资产分别以 32.3%和 7.6%的负增长率逐年下降，2019 年仓储上市企业平均净资产开始逐年回升，但增长率不高，2020 年、2021 年趋于平缓。

2020 年，仓储上市企业平均净资产同比增长约 2.3%，76.5%的上市企业净资产同比上涨，其中，瑞晟智能、科捷智能、兰剑物流、德马科技、中科微至等企业净资产实现了超快增长。2021 年，仓储上市企业平均净资产同比上升约 0.4%，76.5%的上市企业净资产同比上涨，其中，除中科微至仍保持净资产快速增长外，合肥井松、迦南科技和今天国际增速较快。

2. 净资产收益率变化趋势

2017—2021 年仓储上市企业平均净资产收益率如图 21-17 所示。2017—2018 年仓储上市企业平均净资产收益率由 9.4%上升至 17.7%，随后 2019 年、2020 年下降为 11.8%，2021 年平均净资产收益率约为 7.8%。

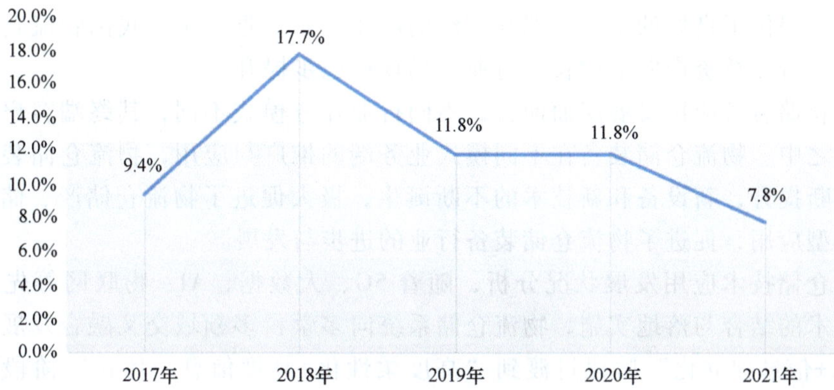

图 21-17　2017—2021 年仓储上市企业平均净资产收益率

2020 年，仓储上市企业平均净资产收益率为 11.8%，47.1%的企业净利率相比 2019 年有所增长，52.9%的企业净利率出现不同程度的下滑情况，其中，科捷智能、合肥井松、中科微至表现出较高的年净资产收益率，分别达到 41.49%、40.14%和 32.77%。2021 年，仓储上市企业平均净资产收益率为 7.8%，47.1%的企业净利率相比 2020 年有所增长，其中，合肥井松、中科微至、诺力股份表现出较高的年净资产收益率，分别达到 34.32%、18.44%和 15.28%。

第22章 物流仓储机械行业发展趋势

22.1 行业市场变化

国内经济的持续发展、物流业的快速崛起、国家政策规划的大力支持，为我国物流仓储装备行业提供了良好的市场机遇和广泛的应用场景。近年来，我国物流仓储装备行业发展迅速，行业总资产向上增长，行业市场规模稳步提升。

就物流仓储装备应用发展层面而言，不同行业业务模式不同，其终端客户的需求也在不断变化之中。物流仓储装备在不同模式业务端的推广与应用，物流仓储装备的性能和功能的不断提升，新设备和新技术的不断诞生，极大促进了物流仓储产、储、配解决方案的创新型应用，促进了物流仓储装备行业的进步与发展。

从物流仓储技术应用发展状况分析，随着5G、大数据、AI、物联网等先进技术与物流仓储技术的结合与落地实施，物流仓储系统向多学科多领域交叉融合发展，即已经从“自动化+信息独立化”阶段过渡到“高度柔性化+高度信息一体化”阶段，开启了场景多元化、信息可视化、布局柔性化、作业无人化的新篇章，并进一步向智能化、智慧化方向演变。

当前，随着人口红利的消失、土地价格的提升、原材料成本的上涨、市场竞争的加剧等多种因素的影响，迫使物流仓储装备企业提质增效、转型升级。物流仓储装备行业在长足发展过程中，先进适宜技术的融合发展、物流设备应用场景的延伸，都将成为行业发展的基础，而数字技术将会进一步促进物流仓储装备与技术迭代升级。未来需打造规范化的物流信息平台，同时发展配套数字化物流仓储装备，并在市场需求的全方位引领下、在国家发展战略规划的推动下，以绿色低碳经济发展为目标，突破技术短板与发展瓶颈，全力推进物流仓储装备行业整体向前迈进。

22.1.1 物流仓储装备应用发展情况

高效适宜的物流仓储装备与技术，由于能有效提升企业物资周转的速度、降低企业运行成本、保证生产顺利进行、实现对资源的有效控制和管理等，越来越受到广泛关注与推广应用，在此从企业应用物流仓储装备形成的模式出发，以生产型、配送仓储型、电商平台型三种物流仓储模式为例，分析物流仓储装备的市场应用与发展情况。

1. 生产型模式

生产型模式中，货物以生产、存储、整发为主，物流仓储装备的应用重点涉及输送、包装、码垛、存储、整发等物流仓储环节，其主要涉及医药、化纤、鞋服、烟草、智能制造、新能源行业等生产型企业。

（1）医药工业 对医药工业来讲，医药安全是行业的显著特征，在药品的生产、存储过程中，都需要满足 GMP、FDA 等相关要求，逐步要求各个环节尽量减少人工参与；而近年来随着人们对健康的重视程度不断提高，医药企业产品种类增多，医药市场规模逐年增大，使得医药制造生产规模不断扩张，也相应地促进了医药物流仓储系统的自动化、无人化进程；同时销售端竞争激烈，小批量、多品种发货特征越显突出，发货的及时性与准确性成为关注重点。

为了满足上述发展现状与市场需求，现在越来越多的制药企业都逐步实现管理系统和发货系统深度融合，医药生产物流在生产、存储过程中，采用生产线与自动化立体库相结合的生产模式，应用先进物流仓储装备，逐步实现了产品的自动输送、自动赋码、自动码垛、自动分拣等物流环节，产品出入库与生产制造过程实现了自动化、无人化作业，显著提高了出库环节的作业效率及准确性，提升了医药工业企业竞争力。

（2）化纤行业 化纤行业的生产过程兼具流程型和离散型的特点，流程长、影响因素多，产品品质一致性要求高。化纤行业的主要生产工序为聚合、纺丝、丝饼等工序，目前市场较成熟的化纤长丝丝饼作业，已经基本实现了主体流程的自动化、数字化，如贯穿化纤长丝丝饼作业，主要涵盖化纤长丝丝饼外观在线智能检测技术、直角坐标落丝机器人落丝技术、丝饼智能包装技术等集成装备与技术。

近几年来，化纤行业市场需求旺盛，产能逐年增加，企业通过引进智能物流设备，结合先进制造技术，进一步完善化纤长丝全流程智能制造集成技术，并逐步实现落丝、转运、检测、包装、仓储等物流环节的全流程均衡协同作业，以及多设备智能调度，促进生产对象、制造装备、物流仓储装备与信息智能管控的高效运行，以显著提升企业生产效率。

（3）烟草行业 烟草是一种相对特殊的产品，烟草行业受国家专管，生产制造主要覆盖打叶复烤、烟草制丝、卷接包和仓储物流、商业分拣配送等流程。烟草物流包括原辅料和卷烟成品的仓储、运输、分拣、配送等诸多环节，其原材料易受温度、湿度等仓储环境影响。在物流仓储环节，尤其需要针对烟叶的醇化，通过视频、温湿度传感器、智能巡检等手段对其醇化期内的物理状态进行持续实时的监控，根据烟叶不同属性和醇化要求，设置超期、变质等异常提醒功能，降低其贬值的概率，实现烟叶仓储由“数量保管型”向“质量养护型”的功能转变。

因此目前烟草行业物流技术与装备的创新，逐渐向自动化、智能化方向发展，而且越来越呈现出软件与硬件融合的趋势，从生产端到业务流通端的数据采集与分析，运用需求日趋旺盛，按照烟草行业提出的“服务升级、管理升级、创新升级”三大物流转型升级趋势，烟草行业数字化转型、网络化协同、智慧化发展的趋势也在加速，以不断提高烟草行业物流整体运行效益和核心竞争力。

（4）智能制造行业 智能制造行业的特征是制造环节的连续性、完整性。在智能制造过程中，物流环节覆盖原材料进场、检测入库、加工、半成品检测、线边存储、齐套、装配、成品入库、成品发货等各个环节。根据智能制造行业的特征，首先要求产品在各流程环节中，满足库存数据、生产数据以及订单数据的贯通共享；其次在产品的制造过程中，物流仓储系统作业流程不仅需要连续性、完整性，同时更应该兼具柔性化，如在齐套环节，由于个性化、定制化日现突出，齐套并非一成不变的模式，而是依据不同的订单而变化，这就要求齐套要柔性化齐套，齐套模式实时依据订单要求而变化。

智能制造是当前国家重点支持对象与发展行业，智能制造的发展离不开智能物流、智慧物流装备的支撑。目前，无论是传统的汽车及零部件制造业、机械加工制造业，还是智能家电、通信设备、智能家居等行业，都深刻融入了智能物流的理念和方式。物流仓储装备作为核心的智能物流装备之一，也进一步得到高度重视，智能物流已经成为智能制造不可缺少的环节。

（5）锂电行业　新能源汽车的快速发展带动了锂电池产业规模的迅速发展，以及锂电池生产装备及系统的快速增长。锂电池作为新能源的核心部件，具备设备复杂、生产工艺路线长、工艺精准要求高的特点，生产、运输及存储过程中的安全性是其主要特征。动力锂电池生产的专用设备是放置在自动化立体仓库中来完成充电、放电、分容、老化等工艺过程的，对物流装备与集成技术要求极高，稍有差错即会造成安全事故。

当前动力锂电池行业提出了“智能化与信息化”“生产能力柔性化”“电池生产的安全保障智能化”等趋势需求，以逐步实现动力锂电池的生产柔性化、安全保障化、精度高标准化的目标。目前行业正在积极布局物流仓储装备，以为新能源领域制造端提供安全的、可靠的、柔性的、可行的解决方案。

2. 配送仓储型模式

配送仓储型模式，货物以存储、配送为主，主要涉及医药商业、图书、服装等行业，其物流仓储装备的应用重点涉及入库、存储、配送等物流仓储环节。

（1）医药商业　医药商业对储存、配送有很高的要求，在生产型模式中提到 GMP、FDA 等对医药的相关要求，对于配送仓储型医药商业，国家还有 GSP 的相关要求。医药商业仓储、配送业务应用范围广，也是最早应用物流仓储技术的行业领域之一，在物流流通环节有着先天的传统优势，全国乃至全球门店广，涉及生产、管理、物流运输、销售、服务环节多，外加第三方物流、医药电商的介入，以及国家对流通领域的管控从严，亟需集全供应链于一体的动态控制系统，行业面临着再次升级。

（2）图书行业　相较于医药、烟草等行业，图书行业相对规模较小，增长缓慢。图书物流主要分为印刷厂、出版社和终端门店。对出版社而言，库存的 SKU 并不是很大，但图书的库存量很大；对图书的终端门店而言，SKU 量比较大，约在 20 万~50 万元之间，并且图书的拆零量比例很高。针对图书物流，还有另一个显著特点，其教材和教辅图书占据了很大的比重，并且具有很强的季节性和时段性，因此对于仓储和配送有不小的挑战，需要在短时间内的配送量极大，对图书仓储物流即时响应能力要求高，需要解决及时配送与仓储存储周转率、存储位闲置之间的矛盾。

以近几年的应用来看，采用 AS/RS 作为储存仍然是主流选择，拣选方面，传统的搁板货架逐渐走向没落，采用穿梭车密集存储系统为特征的“货到人”拣选技术，成为图书行业共同选择的趋势，机器人“货到人”的拣选技术，逐渐成熟成为市场的一种选择。

3. 电商平台模式

电商平台模式，货物涉及中转、流通、配送等环节。近年来，电商平台模式发展特别迅速，传统的电商如淘宝、京东等都形成了“零售+物流+金融”等业务流程，而类似于小红书等社交内容电商，拼多多与直播带货等社交分享电商，京喜、苏宁拼购等社交零售电商，以及叮咚买菜、每日优鲜等生鲜电商等，直接以消费者人际关系为着力点，及时、快速成为其鲜明特征，物流仓储装备的应用重点涉及拣选和分拣、打包、配送等作业流程，存储是其辅助环节。

快递行业是目前物流仓储装备领域增速最快的应用领域。电商物流的蓬勃发展，带来快递业务量的爆发式增长，使得人工分拣根本无法满足快递企业对产能、时效和成本的要求，因此货到人拣选系统、货到机器人拣选系统、高速自动化分拣系统等物流仓储装备都得到了大量的推广与应用，如目前应用的高速分拣系统，合理布局的情况下每天能处理几十万个包裹，在分拣环节完全替代人工，显著提高了快递行业的拣选与配送效率。

电商平台模式中物流仓储系统面对的情况较复杂。由于电商平台运营模式的不同，电商物流配送中心有中央仓、前置仓、后置仓、子母仓、店仓一体化等各种应用模式，随着应用模式的不同，物流仓储系统的应用重点就不同。比如鞋服商品的季节性变化很大，按季节集中铺货是其典型业态之一，此外，鞋服的退货量大，处理比较困难，退货导致的仓储库存资源占用增大，那么就对密集存储系统及高效出入库设备更加重视；而生鲜电商，不仅是对时效性要求高，对温度、湿度等存储与配送的环境要求更高更严，适用于恒温的、冷链的物流仓储装备与智能监控系统势必更加受到关注。

当然，电商平台模式涉及的行业很多，可以说目前人们的生活无处不涉及电商平台业务。对于海量的分拣与配送工作，当前，自动分拣和快速配送已经成为十分普遍的解决方案，且随着5G技术的发展，无人化拣选、配送会有更大的应用和发展空间。

22.1.2 物流仓储技术应用发展情况

物流仓储技术是建立高效适宜的物流仓储系统的关键要素。物联网、工业互联网、智能计算、数字孪生、区块链、人工智能、5G等先进技术在物流仓储装备领域内集成应用，为物流仓储技术创新插上了翅膀，推动了物流装备软硬件结合、集成应用、技术迭代创新，而从总体应用发展现状分析来看，物流仓储技术在场景多元化、信息可视化、布局柔性化、作业无人化等方向得到了长足发展。

1. 场景多元化

随着物流业的发展，物流仓储装备与技术从医药、鞋服、化纤、图书、汽车零配件、饮料烟酒业等传统领域，到新能源、智能制造、冷链食品、新零售等新兴领域，都得到推广应用，应用场景更加多元化。

重力式密集存储、双深位式密集存储、穿梭板式密集存储等针对托盘类集装货物的存储形式，已经成熟应用于诸多领域。如 Miniload、多层穿梭车密集库、AutoStore 货库等，针对箱件类单元货物的密集储存方式，也逐渐成为物料密集存储、高效运转的有效解决方案，尤其在冷链行业、智能制造等行业应用已经非常普遍。箱件密集存储系统货架高度 20m 以上、货位数超过 10 万个的案例已屡见不鲜，满足原材料、中间品、成品的存储，以实现更高效的收发货流程。同时满足不同物料的密集存储和快速出入库的复合系统，成为越来越多行业的选择。

线边物流应用场景及技术不断成熟。线边物流应用场景及技术选择性大，比如货到人拣选技术不仅成熟应用于电商、大型物流中心，也可应用于工厂、车间，如将密集存储系统与货到人拣选技术相结合，作为实现线边物流齐套的有效手段，通过 AGV/AMR 可替换传统的箱式输送设备，实现物到人或者货架到人的动态运输过程等，都被广泛应用于制造生产线与装配线线边，实现装配物料的搬运，满足线边物流的灵活输送要求，技术不断成熟，应用场景广阔。

AGV 相关应用更加普及。AGV 及其技术，经过了磁导航、二维码导航，到激光导航、视觉导航阶段，不断发展，同时其品类众多，具有非标性、定制性、机动灵活、拓展性强等特征，不管是工艺流程复杂、要求高的医药、化工、造纸等行业，还是自动化程度高的汽车、电子、新能源等行业，AGV 已经深入应用到机加、存储、搬运、组装等各个环节，发挥着十分重要的作用。

随着工业自动化与智能制造成为主流的趋势，物流机器人近年来在仓储物流领域的应用逐步扩大。特别是 2020 年以来，受疫情影响，企业面临招工难、人员短缺、人员集中存在潜在风险等诸多困境，促使企业快速推进“机器换人”的步伐，物流机器人在工业生产、仓储物流领域的应用，呈现进一步扩大趋势。在导航技术、控制调度技术等各项技术逐渐成熟，驱动器、控制器、传感器等核心元件成本下降，控制精度不断提高，承载范围不断扩大，整机性能不断提升，功能不断丰富，调度算法不断优化的状态下，物流机器人被越来越多的企业接受，应用面越来越宽，适应场景更加多元，成了最受追捧的解决方案。

2. 信息可视化

随着数字经济的推进，各类技术手段、信息技术的发展与应用，万物互联时代正向我们走来，全流程的可视化正在各个行业逐步展开，可视化正在成为人们改进流程、提质优化的有效措施和管理手段。物流仓储系统的可视化、设备和信息可视化，意味着设备的数字化、数据的高效传输、信息的有效感知、数据的集中分析、流程的智能处理等，将实现物料各流程的透明化作业与管理，推动物流装备行业加快数字化、智能化的进程。

视觉技术让更多仓储作业“可见”。机器视觉与人工智能的融合，让繁重复杂的仓储工作变得简单。视觉导航 AGV/AMR，依据视觉构建定位地图，让周围环境“可见”，是 AGV/AMR 在工业环境中应用的基础，对周边环境准确地判断，确保 AGV/AMR 可以在仓库、工厂中完成各项任务，与人、机共存。机械手码垛拣选，通过视觉将物品变得“可见”，实现货物的精准挑选和堆码，适合生产线、分拣线的高速运转。一站式的 3D

视觉测量，可以一次性获得货物的编码、尺寸、体积、重量等基础数据，是仓库基础数据建立的根基。3D智能眼镜可以通过视觉成像，辅助员工培训、引导拣选工作、指导设备维护等，诸如此类，众多的环境，可以通过可视化技术与手段，让物流工作变得简单而准确。

5G让更多设备“可见”。物流过程的可视化，源于设备的数字化与信息的同步。“5G+工业互联网”融合发展受制于工业场景基础设施的数字化水平，而物流仓储系统中的网络设施础相对完善，但随着设备的可移动性增强、系统柔性的提高，对网络的要求也在提高。典型的场景包括AGV集群调度，多台AGV协同控制，多点的射频（RF）识读，移动票据打印，车间中的叫料、配料等各种操作，都基于网络与中央控制系统集联。随着场景的复杂化、多元化，设备数量增多，数据量加大，延时和带宽的瓶颈就显现出来，5G无疑是解决此类问题的首选方案。5G结合人工智能、大数据、边缘计算等技术，实现物流装备闭环控制、物料精准识别、移动设备集群协同调度、远程实时监控等功能，实现智能拣选、高速分拣、智能故障诊断、系统策略动态优化调整等创新应用在物流场景中率先落地。5G作为新基建的重要组成部分，正处于高速发展阶段，5G技术未来将极大地助力物流仓储装备的数字化，实现物流仓储系统的全流程可视化，以及与用户应用系统的全面兼容。

数字孪生技术让物流系统全流程、全生命周期“可见”。数字孪生与物流仓储技术的融合发展，推动了物流仓储行业可视化发展进程。硬件系统的孪生数字模型即以数字化方式为物理对象创建的虚拟模型，模拟其在现实环境中的行为。通过搭建完整的物流系统数字孪生体，实现集货、入库、存储、取货、分拣、出库、配送的全过程数字化，了解每个环节的物流和信息流，以便规划、实施和优化。特别是在系统设计时，可从数字模型入手，优化方案、调整布局，可以协调各专业、降低差错率，提高实施效果，增加方案的成功率。数字孪生的落地应用，一方面实现优秀解决方案/产品展示与推广；另一方面推进行业开放与交流平台建设，使得生产全过程可视化、一切流程可视化。物流信息技术从销售端物流向生产端物流、采购端物流等全链条渗透，极大助力业务在线化与流程可视化的进程，增强全业务链的协同控制与管理能力。可视化与信息化技术的推广应用，可加快企业数字化、智能化、网络化发展，全方位提升管理效能，同时加快全行业供应链数字化转型。

3. 布局柔性化

随着市场需求的转变，企业的生产模式、管理模式与经营模式也发生改变，货物订单逐渐由单品种、大批量转变为多品种、小批量等生产与流通方式。柔性化的物流即为适应生产、流通与消费的需求而发展起来的一种新型物流模式，以适应终端“小批量、多品种、短交期”的需求，灵活地组织和实施物流作业，而物流仓储行业的柔性化发展最关键在于灵活的配置、快捷的部署、高效的运行，以满足柔性化物流的即时响应发展需求。

工业4.0时代，柔性化物流仓储装备及技术可灵活应对各种需求。客户更高更严的要求，为企业带来了巨大挑战，市场动态化、个性化、小批量、定制化的发展特征，需要柔性化的生产与流通体系，而柔性化的体系系统，离不开柔性化物流仓储装备与技术的支持。当前，众多企业从最直接有效的物流端切入，将各种先进适宜的物流仓储装备及技术应用于相关场景，助力自动化改造升级，致力于提高系统的柔性，以对货物存储系统、搬运系统、输送系统和拣选系统进行优化与迭代升级，适应对各种规格物料的输送、存储、分拣与码垛等工作场景的灵活作业需求。

首先，物流仓储装备与技术，选择更加灵活，可配置性更强。从原材料物流、生产物流、成品物流拓展到线边自动化物流，越来越多的物流仓储装备被广泛应用，并灵活地配置与布局，助力企业的持续发展。如采用货到人设备与技术执行货架到人、货到人、货到机器人等作业方式，实现各个环节柔性化衔接，逐步代替固定的连续输送设备；在料箱式密集存储系统中，根据工作效率要求，灵活地配置穿梭车的数量，可随产量的峰谷，随时增减车辆，而无需专业人员，达到投入与产出的相对平衡；利用大数据技术计算货物的最佳存储位置，或者计算被拣选与库存的货物数量，以平衡拣选区与仓储区的库存分布；AGV/AMR 集成系统可以根据用户的要求、产能调整布局，变化线路，对一定周期内的物流任务进行优化组合，而无须停产。这些应用都可以显著提高物流执行的效率，为用户提供最优的解决方案。其次，设备复合性功能更多，适应能力更强。人们对物流仓储装备柔性化的需求，极大地促进了仓储设备功能的复合性，以通过单一多功能设备的集成应用便能更好地实现多种作业环节。复合机器人是移动机器人和协作机器人有机结合，集合了两者的功能，应用图像识别系统“看到”物品形状和位置，协作机器人提取物品，移动机器人搬运并放到指定位置。复合机器人可快速部署于多种自动化场景，实现物料的搬运、上下料以及分拣，一机多能。复合机器人，既集合了两者的特性，又能多场景应用，不仅可以提高空间利用率，优化布局空间，同时一种设备即可实现多种功能，完成多项作业，满足系统需求。在厂内物流环节，复合机器人可实现自动装载货物，再将货物输送至指定位置后，拥有即用、即送、即停的能力，能更好地实现柔性化生产。

又如箱式仓储机器人，作业的对象是单元料箱，更符合 SKU 多元化、物流作业精细化的发展趋势，近几年在电商物流和门店配送、生产制造、云仓等很多场景都得到了应用。夹抱式机器人可以通过动态调宽货叉技术，适应不同尺寸的小型箱类货物实现拣选和搬运工作，灵活地实现了物料拣选与搬运；同时为了实现多种形态物料的搬运及存储，提升物流运作效率，也采用托举式货叉设计，单次可搬运多个物料，并支持多形态多尺寸的拣选与搬运。箱式仓储机器人可与货架、输送线、机械臂等设备实现对接，灵活覆盖立体存储空间，为物料周转场景提供了多元混场的解决方案。

设备与系统的柔性化的发展，需要从多层次、多方面、多角度考虑，以满足各行业企业的不同应用场景，以切实提升物流效益为目标，柔性化程度适宜才是切实可行的发展方向。

4. 作业无人化

无人化进程是一个递进的、持续的发展过程。高度现代化的物流仓储系统，基本实现了货物从入库、存储、出库、分拣，到检验、包装、配送等物流作业各环节的无人化作业，但这仅仅是无人化进程中的“机器换人”阶段。随着5G技术、数据感知技术、人工智能算法等新兴技术的融合发展与落地应用，作业无人化、运营数字化和决策智能化高效协同的物流仓储系统将会大量涌现，而不可否认的是，作业无人化尤其需要大量资金的投入，需要新兴技术与物流仓储技术的融合发展，需要各种先进适宜技术的落地实施。

当前国内企业纷纷抢占物流作业无人化发展先机。京东、菜鸟、苏宁、顺丰等主流电子商务企业，都纷纷投入大量资金，采取各项措施，竞相推出以无人仓、无人机、无人车为代表的物流无人化场景，建设亮眼的示范型物流配送中心，希望抢占物流无人化发展的先机。菜鸟/京东无人仓，其无人分拣中心开启了迈向智慧物流的第一步，系统通过应用各种自动化物流仓储装备，如高速分拣机、搬运机器人、分拣机器人、自动拆箱/封箱机、码垛机器人等，通过远程监控与本地监控相结合，在核心枢纽物流信息系统的管理下，完全实现了物料全流程无人化作业。

从人机协同的作业流程，向全品类、全业务、全自动的无人化方向推进，可显著提升作业与运营效率。以无人仓、无人车、无人机为代表的无人科技协同运作，可推动物流仓储系统实现前所未有的智能高效，对即将到来的智慧物流体系，无人产品的协同发展与应用将起到核心推动作用，不仅为消费者和商家带来“快”“精”“准”的极致体验与服务，也将成为推进物流仓储装备行业及物流业发展的新动能、新方法及新路径。

近年来，物流仓储技术与新一代先进技术不断融合创新，朝场景多元化、信息可视化、布局柔性化、作业无人化、使用安全化、管理智能化、运行绿色化等方向迈进，系统整体性能不断提高，从多方面发展满足科技创新、行业变革与市场发展需求。

22.2 行业市场发展趋势

22.2.1 先进适用技术是行业发展内核力

提质增效、迭代发展、创新转型，都需要先进技术的融合与推进。物流仓储装备行业在发展过程中，需打造规范化的物流信息平台，掌握一定的前沿先进技术，并充分借鉴、使用与借助各种适宜的先进技术，如5G技术、人工智能技术、物联网技术、大数据技术等，发展配套的物流仓储装备，增强自主创新能力，从多方面出发，推进物流仓储装备行业贯通融合，整体向前，转型升级发展。

1. 物流信息平台是发展基石

从单机设备来讲，物流仓储行业的许多设备目前已经发展到一定的高度，可以实现高速度、高柔性、高可靠性。集成的物流仓储系统，也可在局部内实现高度自动化、无人化等功能，但依旧没有从物流供应链、生产运营等全价值链贯通的角度来进行全局协同规划，无法产生全局高效，致使系列整体上并没有达到预期的效果。未来，物流仓储系统想要全局变通、协调发展，需在朝着高度自动化、智能化发展进程中，规避信息孤岛，逐步向高度柔性化+高度信息一体化的方向演变。

打造规范化物流信息平台，可有效规避信息孤岛。信息平台的建设，将颠覆现有模式，在有效大力融合各类新兴技术的同时，应用其先进技能，充分整合优化物流系统内部各子系统资源，强化与外部设备技术的高效协同合作，接口共享，互联互通，实现全渠道信息的融合；配套数字化物流设施与设备，提高物流仓储服务效益，实现设备的局部高效与系统整体性能提升统一。

物流信息平台的建设是转型发展的标志。大力发展物流仓储中心上下游供应链物流信息平台，是实现物流仓储中心进货物流、发货物流智能化、无人化的基础。物流信息平台具有复杂、动态、多变的特性，不同的企业有不同的产品、服务方式和客户，体现不同的核心竞争力，所以，物流信息平台具有个性化，没有定式。物流信息平台需顶层统筹规划、分步有序实施，具体表现为先从经营方式和策略高度来做顶层设计，架构物流信息化平台，然后与进货物流、发货物流高度协调和融合。

2. 先进技术融合是发展动力

智能物流是提升企业全方位管理效能的有效途径之一。物流仓储装备与技术作为智能物流的核心部分，将加速企业的数字化进程，实现从产品、产线、包装到仓储、出库、装车全生命周期的透明化管理，特别是随着市场的不断发展和应用场景逐步多样化，加之各领域技术的发展和不断成熟，相应的物流仓储技术也逐渐与其进行由浅入深的融合，将会加快智能物流的深化和发展，为行业发展提供动力。

5G 技术在物流仓储系统中的应用将全面铺开。5G 具有低时延、大带宽、大容量，以及无线蜂窝网络特有的高可靠性、高安全性、广覆盖能力等技术优势，使得物流仓储中的人—机—料、点—线—场等实现数字化、网络化成为可能。未来，物流仓储系统将借助物联网和 5G 技术等，打造 5G+数据采集和感知、5G+智能辅助、5G+精准操控、5G+无损检测、5G+机器视觉、5G+集群调度、5G+安全监控等各种应用场景。

人工智能技术将根据应用场景更贴切地落地实施。根据不同的典型物流行业场景特点，所需要的人工智能技术也不尽相同，在实施过程中，行业将根据实际的场景需求，确定 AI 技术应用的广度与深度。如针对物流仓储装备的科学规划和实施，大数据分析和专家系统技术，能够提升系统规划的效果，减少设备成本与布局空间；在物流仓储系统的集成控制方面，针对设备通过计算机视觉、深度神经网络、机器学习等技术，极大地提升存储设备的周转效率，尽可能地提高各设备的利用率；针对仓储设备的维护和保养，采用基于设备数据的寿命预测技术，能够准确、预先对设备的状态进行掌握，便于提前采取措施；智能分拣系统中路径规划、机器视觉等技术，将赋予输送分拣设备更多的智能，使得无人分拣更加安全、高效。针对冷库存储这个特殊的应用领域，AI 技术打造的新型自动化冷库，可动态地将采购预测与仓储现状相结合，智能控制技术可以针对冷库低温的特点，更好地将各温度区域内各类设备协同一致，让温度损失最小，能耗最低，既能保障冷库的高效运行，又能合理利用能源，降低企业碳排放。

大数据技术在物流仓储系统中的应用将更加突出。物流仓储是物流运作中的一个重要节点，其日常运营生成和积累了庞大的用户入库、出库、拣选等订单行为数据。对这些海量的节点数据进行收集与甄别，通过数据分析、处理转化为有价值的信息，是大数据与物流仓储技术融合的关键所在。以电商物流系统为例，每天都在产生数以亿万计的实时作业数据，通过对这些大数据进行挖掘与分析，能够将拣选订单进行更合理的拆分与合并，并与仓储设备、运输设备和人员形成联动，实现更高效的订单拣选，同时能够迅速地对海量货物种类和数量进行盘点，相比于人工盘点，效率更高，准确率更高。

总体来讲，全产业链物流信息平台的建设、各种先进适宜技术融合应用与发展都为仓储物流的精细化作业、精准化作业、智能化作业提供了无限畅想的空间，可更好助力企业转型升级。

22.2.2 市场需求是行业发展风向标

近年来，我国物流仓储行业发展迅速。特别是随着物流业战略地位的提升、智能制造的兴起、电商快递的高速发展、应急物流与军事物流的异军突起等，物流仓储装备的需求也更加个性化与多样化，从低端向高端、从传统仓向智能仓、从局部到整体，市场应用与发展空间依旧广阔。

1. 应用场景全方位延伸

从单一系统应用场景向多维度应用场景转变。如自动化立体库方面，由传统立体库的单一存储、整盘出入，到立体库和料箱密集存储场景结合应用，实现货物存储到拆零发货、拆零齐套等的无缝对接，从而打通整存整取与零取零存等复合作业的工艺流与信息流，实现海量货物收发的快速响应；在线边物流方面，利用线边立体库、线边多穿库、移动料架等及时、准确的物流配送优势，不仅可以实现柔性化生产，还可以促进智能制造领域的迭代发展；在智能制造生产车间，大批量衔接各道工序，实现车间与厂区等物流场景延伸，由局部延伸至全区域的无人化作业场景等。

单机设备功能更加全面，由单一功能应用场景向复合场景方向发展。物流仓储装备将向多功能、相关技术专业化方向迭代发展，产品性能更加先进、产品功能更加多样、产品系列更加齐全，物流仓储装备由单一功能、单一应用场景逐步向复合功能，以及应用场景多元化方向演变。物流仓储装备不仅可应用于高位仓库区、密集存储区、库外收发货区，也应用于产线转运等，尤其是在制造企业的多样化物料搬运作业场景中，根据入库、出库、产线、存储等环节的不同需求，实现多种功能、多应用场景应用。如密集存储系统应用的双向穿梭车、四向穿梭车不仅可实现密集库区内货物的高效存取，同时也可与库区外另一作业场景的装备进行货物交接，这种采取同一种装备即可满足不同作业场景的应用需求方式，将会得到市场的广泛认可与推广应用。

装备与相关技术纵向深耕，横向拓展。未来将更加注重核心技术的深入研究与应用，同时不断拓宽适用领域，如现阶段的 AGV 系统，革新搭载技术，通过构建地图算法，辅以避障安全技术，实现车间等物流场景延伸，同时将局部延伸至全区域的无人化作业场景，从自动导引向自主移动方向发展；如装备的轻量化及智能控制与管理技术，通过专业化深耕，设备更加轻便、综合性能更加优良、设备成本更低，同时不仅实现了多设备的智能控制与调度管理，还能实现多种类设备无缝协同作业，切实满足柔性化生产、智能存取等应用场景需求。

物流多系统融合，集群化发展。对于超大型、大型的生产型仓储物流，以及配送型仓储物流，汇集了AS/RS系统、托盘/箱式密集存储系统、拆码垛系统、输送系统、分拣系统等多个系统，改变以往相互独立、流程交织、低价值环节多的应用状况，当前正逐步朝着一体化、集约化方面推进，即系统实现一站式组合、一体化集群控制，达到储、运、仓、配物流一体化的智能高效作业。

2. 新兴领域成新型赛场

贸易全球化、供应链全球化的发展都离不开物流仓储装备与技术的发展与支撑。当前物流仓储装备除在传统医药、食品饮料、鞋服等行业持续增长外，新零售、新能源（电池）、冷链、智能制造、石油化工、应急物流等新兴行业都将出现快速增长。

冷链物流市场发展迅速、服务能力持续提升。我国冷链物流市场规模快速增长，国家骨干冷链物流基地、产地销地冷链设施建设稳步推进，冷链装备水平显著提升。数据显示2020年我国冷链物流市场规模就超过3,800亿元，冷库库容近1.8亿m^3，初步形成产地与销地衔接、运输与仓配一体、物流与产业融合的冷链物流服务体系。随之也带来了冷链物流设施服务功能不断拓展，全链条温控、全流程追溯能力持续提升；冷链甩挂运输、多式联运加快发展；数字化、标准化、绿色化冷链物流设施装备研发应用加快推进，新型保鲜制冷、节能环保等技术加速应用。特别是受新冠肺炎疫情的影响、国家应急物流的发展需要，以及全国居民生活水平的不断提高，未来物流仓储设备与技术势将在肉类、果蔬、水产品、乳品、速冻食品、医药产品等冷链物流方面大力发展。

在电商行业的推广应用将受到广泛关注。随着第三方物流、电子商务和零售业务的高速发展，城市用地集约化程度更高、人力成本的增加、劳动力紧缺的矛盾日益明显突出，迅速拉动了自动化立体仓库与物流配送中心的建设需求，尤其以密集存储为优势的自动化立体仓库，其密集存储系统与相关技术，更加适应市场与产品不断更新的变化需求，可以解决货物密集存储的问题，节省空间；合理的路径规划和更加多元的设备搭配选型，节约成本；精准高效的货到人拣选系统，节省人力，其更先进的集成与应用必在电商行业得到更加广泛的关注。

新能源、智能制造等新兴领域竞争激烈。当前烟草、医药、食品饮料、化工、纺织等传统行业需求相对旺盛并逐渐趋向饱和，但在新能源、智能制造等新兴领域，竞争相当激烈。这些新兴行业领域对于物流自动化需求更高，特别是随着新基建建设的落地实施，大物流、小生产的特性决定了新型物流系统需要具备高度柔性化、智能化的特点与功能，并需要物流仓储装备具有丰富的适配性。当前可以看到除了自动化立体仓库配送中心等大型基建以外，普通自动化立体仓库的升级改造、线边物流的需求、智能化的物流机器人等物流设备与技术需求旺盛，行业对于物流信息无缝对接的要求更高，系统对于控制软件和算法等计算机技术的依赖程度逐步加大，特别是高端物流设备与技术，市场竞争加剧。

22.2.3 政策驱动彰显行业发展新机遇

1. 找短板破瓶颈迎接新挑战

近年来，在经济长足发展的环境下，物流仓储装备与技术得到了有效提升与进步，特别是先进适宜技术的融合发展与应用，如前文所述的人工智能、大数据、机器视觉技术等，极大地推动了行业发展。但是我们也同时看到，受新冠肺炎疫情、国际贸易保护主义抬头等因素的影响，全球供应链受到极大的冲击，部分关键零部件、电气元件等国外进口产品，交货时间变长、工程项目延期，极大地影响行业发展现状，也迫切地要求行业找短板，攻克关键技术难题难点，破除瓶颈，积极迎接挑战，早日实现国产替代，释放利润空间。

物流仓储技术在应用过程中存在诸多技术短板。首先，物流装备单机性能方面与国外还有一定的差距，设备供应商基础研发投入少、追求短期效益。其次，物流仓储行业电气元器件70%以上采用国外知名品牌，控制软件及系统软件都是国外品牌。工业软件是产品研发、设计、制造的基础，是实现物流仓储系统有效运转、业务高效协调、全流程可视化管理的“大脑”，也是制造业落地工业互联网、转型智能制造的有力武器，但目前工业软件均为国外技术，如操作系统、数据库软件、数据分析处理软件等；另外，在系统方面的数据算法也有一定的局限性，例如AGV的导航地图构建、AI集群调度、多车调度等技术短板的大量存在，迫使行业寻找出路，突破制约。

积极创新，努力打造自身成为专精特新小巨人。短板的存在，特别“卡脖子”问题的存在，在一定程度上限制了我国物流仓储技术的发展步伐。目前急需做的工作是要进行物流仓储装备行业基础学术的研究和开发，通过政产学研用相结合，从理论基础到产品研发、从产品研发到产品生产测试、从产品生产测试到产品应用，环环相扣，形成扎实的研发技术链与产品链，特别是“卡脖子”技术与关键零部件，如堆垛机、物流机器人等装备的伺服驱动系统、AGV舵轮和顶升丝杠、AGV激光雷达和摄像头等关键核心部件，以及控制系统PLC、变频器等电气元器件，可积极创新，尽早在我国国内形成技术开发与供应的产业链条，在行业内形成一批国家级专精特新小巨人企业，实现真正意义上的完全自主知识产权，切实有效地解决发展瓶颈。

2. 低碳经济协同发展打开新局面

一直以来，我国物流仓储装备行业内研究重点在于自动码垛、输送与仓储、自动拣选、分拣与配送环节等诸多设备与技术。可以预见，在今后一段时间内，行业内对这些环节的研究与应用依旧是重点，但是随着国家发展规划与各项政策的落地实施，物流设备行业将充分利用优惠政策与支持，扩大智能物流设备的应用范围，完善物流设备技术标准，尽快实现高端核心产品、核心部件自主供给，改变在高端应用领域一直处于被动状态的局面，充分发挥我国现有的经济社会与环境优势，建成更加完善的物流仓储设备行业生态体系，推动行业绿色低碳发展。

低碳经济是国家发展战略。低碳经济意味着无增值作业环节削减，在低碳经济理念指导下，通过技术创新、产业转型等手段，向高效、高度集约化方向推进，促进物流仓储行业向绿色化发展。物流仓储装备行业的高端化、绿色化发展是实现物流仓储系统高效作业的有效途径，需要软硬结合。硬件方面重点关注物流仓储装备性能的提高、适用多场景应用的设备研发，如量大面广的标准托盘，推进标准化、循环共享进程，绿色规划与设计自动化立体库，推广应用新能源叉车等。软件方面通过高效集约化的物流信息平台整合，使得物流系统各子系统不再孤立，实现全局化信息管理，实现物流信息系统的高度集约化，向全生态智慧型方向迈进。

协同创新走高质量发展之路。物流仓储装备行业诸多关键技术难题与难点的突破、行业的进步与发展，并非个别物流仓储企业或者行业内某一个领域所能解决的，需要多措并举，助推产业链、供应链携手并进，共同发力。当前我国物流仓储装备行业市场依旧处于稳步增长状态，尽管受新冠肺炎疫情、国际环境的影响，有一定的发展停滞，但相信随着国际环境的改善、随着先进适用技术的进一步发展，在国家政策支持与驱动下，在各大企业的协同努力下，物流仓储装备行业定能打开新局面，推动行业走创新型、高质量发展之路。

参考文献

[1] 陆大明. 中国物料搬运装备产业发展研究报告（2018—2019）［M］. 北京：机械工业出版社，2020.

[2] 何黎明. 构建现代物流体系，建设“物流强国”——2020 年我国物流业发展回顾与展望［J］. 中国物流与采购，2021（3）：6.

[3] 唐超. 新形势下我国物流仓储装备产业面临的机遇与挑战［J］. 起重运输机械，2020（20）：63-67.

[4] 江宏. 物流无人化发展状况与趋势展望［J］. 物流技术与应用，2019，24（2）：90-93.

第5篇 工业车辆

本篇摘要：

工业车辆是物料搬运设备的主要产品之一，是装备制造业的重要组成部分，也是代表综合技术水平的一种机械产品，主要用于港口、车站、机场、仓库和企业内部进行物料装卸、堆垛、搬运的作业机械。本篇主要从行业市场、技术、企业等方面，对工业车辆行业当前的发展进行分析。市场板块主要包括世界工业车辆销售情况、中国市场运行情况、主要企业经营情况和行业市场发展特点；技术板块主要包括技术发展情况和创新成果；企业板块主要介绍部分企业近年生产经营情况。

第23章

概述

2020 年、2021 年，突如其来的新冠肺炎疫情给全球经济带来巨大考验，中国政府在全力做好疫情防控的同时，迅速地复工复产、稳定生产经营，使得中国制造再一次在世界制造史上书写了浓墨重彩的一笔。

工业车辆是物料搬运设备的主要产品之一，无论是在经济建设中，还是在抗疫一线，都承担着重要的角色。这两年也是工业车辆行业转型升级的起步关键年份。作为“十四五”的开局之年，全球新一轮科技革命和产业革命正在兴起，不同文明、不同制度的交流碰撞愈加频繁，不同国际力量对比也在发生变化，加上疫情蔓延对经济的打击，全球经济面临百年未有之大变局。同时，美国、德国、日本等发达国家纷纷提出“再工业化”战略，重塑制造业全球竞争格局，新兴经济体也在转型发展上发力，数字化、网联化、平台化、智能化与产业的深度融合，为全球经济注入了新技术、新模式、新业态、新平台的增长动能。所以，内外环境给予工业车辆行业企业巨大的考验。从行业发展、企业进步、市场活跃度等多方面来看，2020 年、2021 年行业都取得了非常骄人的业绩。

本篇内容主要介绍 2020—2021 年工业车辆行业情况。

23.1 工业车辆分类

工业车辆因分类的目的和要求不同，分类的方式也有所不同。目前通用的是世界工业车辆统计协会（WITS）的分类方法，即工业车辆分为机动工业车辆和非机动工业车辆共九大类，其中机动工业车辆分前五大类。具体分类如下：

1）电动平衡重乘驾式叉车（第Ⅰ类）

2）电动乘驾式仓储叉车（第Ⅱ类）

3）电动步行式仓储车辆（第Ⅲ类）

4）内燃平衡重式叉车（按美国标准设计的实心软胎）（第Ⅳ类）

5）内燃平衡重式叉车（充气胎、实心胎和除按美国标准设计的实心软胎以外的其他轮胎）和侧面叉车（第Ⅴ类）

6）牵引车（第Ⅵ类）

7）越野叉车（第Ⅶ类）

8）手动和半动力车辆（第Ⅷ类）

9）其他车辆（第Ⅸ类）

工业车辆产品类别与产品代码见表 23-1。

表 23-1 工业车辆产品类别与产品代码

类别	产品类别	产品代码	产品名称
Ⅰ	电动平衡重乘驾式叉车	10	站立操纵叉车
		20	三支点叉车
		30	四支点叉车(按美国标准设计的实心软胎)
		40	四支点叉车(充气胎、实心胎和除按美国标准设计的实心软胎以外的其他轮胎)
Ⅱ	电动乘驾式仓储叉车	10	低起升固定站板或座驾托盘搬运车
		20	高起升固定站板或座驾堆垛车
		30	货叉前移式叉车
		35	门架前移式叉车
		40	高起升拣选车
		45	侧向堆垛车(操作台可起升)
		47	侧向堆垛车(操作台在下面)
		50	侧面式和多向叉车
Ⅲ	电动步行式仓储车辆	10	低起升托盘搬运车和平台搬运车
		15	低起升折叠式站板平台托盘搬运车
		17	低起升乘驾/步行式托盘搬运车
		20	高起升堆垛车
		25	高起升折叠式站板堆垛车
		30	步行式前移叉车
		40	低位拣选车
		50	平衡重式堆垛车
		60	牵引车
Ⅳ	内燃平衡重式叉车(按美国标准设计的实心软胎)	10	Gas 汽油标准叉车
		10	Diesel 柴油标准叉车
		10	LPG/GAS 液化石油气/双燃料标准叉车
Ⅴ	内燃平衡重式叉车(充气胎、实心胎和除按美国标准设计的实心软胎以外的其他轮胎)和侧面叉车	10	Gas 汽油标准叉车
		10	Diesel 柴油标准叉车
		10	LPG/GAS 液化石油气/双燃料标准叉车
		20	空箱堆高机
		22	重箱堆高机
		25	空箱正面吊
		27	重箱正面吊
		28	多式正面吊
		30	侧面式叉车

（续）

类别	产品类别	产品代码	产品名称
Ⅵ	牵引车	10	牵引车
Ⅶ	越野叉车	10	门架式叉车
		20	伸缩臂叉车
Ⅷ	手动和半动力车辆	10	手动托盘搬运车
		20	半动力托盘搬运车
		30	手动托盘堆垛车（插腿式叉车）
		40	半动力托盘堆垛车（插腿式叉车）
Ⅸ	其他车辆	10	固定平台搬运车
		20	电动游览车

23.2 工业车辆行业未来发展趋势

近两年突发事件给世界经济带来了巨大影响，特别是今年以来经济发展面临“三重压力”，同时还要应对境内外疫情反复、俄乌冲突影响超出预期、世界格局发生转变等诸多不确定因素影响，再加上宏观经济形势复杂严峻，面临的困难挑战明显增多，新的风险不断涌现。同样，工业车辆行业也将面临新的考验。在全球200万台机动工业车辆需求的市场背景下，中国企业在国内市场占有率稳定的前提下，在国际市场依然有广阔的发展空间。

未来发展趋势将主要表现在：

1. 企业再发展、再提高

在新的发展阶段，挑战与机遇并存，促进行业企业面向市场再发展、再提高，实现整体再上一个新台阶，是行业企业的共识。围绕绿色发展、智能制造、自动化、智能化发展趋势，练好内功，实现高质量发展。

2. 补齐短板、发挥优势

整机在原有车型基础上，要补齐短板车型，实现全车型国产化覆盖。同时，要跟紧市场需求，创新创造满足新时代物料搬运的车型，真正摆脱跟随式发展的模式，实现引领作用。

在关键零部件方面，在实现国产化替代的基础上，下一步应该在精细化、长寿命、稳定性以及创新上下功夫，努力成为全球工业车辆主力配套供应商，引领新科技、新应用的发展。

3. 在物料搬运中向纵深发展，提升参与价值

从世界工业车辆领军企业的发展方向看，由单机制造商向物料搬运整体解决方案提供商转变已经是近十多年来的主要发展路径。主机制造商随着客户需求的提高，以及自身能力的不断精进，早已不满足于提供标准化车型，而是希望承担更多物料搬运作业中的专业工作，他们更懂设备、更了解客户，在服务中也与客户保持了稳定的联系，这些有利条件都促使了这种转变的发生。随着无人驾驶、远程监控等技术不断进步，主机制

造商有条件通过自主研发、强强合作、收购兼并等方式，实现企业价值的再造和业务领域的突破。

4. 国际化发展既要快也要稳

新形势下，去全球化成了西方一些国家的目标和手段，给中国企业全球化发展提出了新的挑战。一些欧美企业、日本企业已经完成了全球化大的布局，我们的步伐慢了。目前我们的大中型企业已经具备开拓国际市场的能力，受疫情影响脚步放缓，下一步我们必须加快，在国际不确定性因素时有发生、疫情导致的供应链紧张、国际物流运输难题等的大背景下，除了快，我们还要稳，避免出现判断的失误，导致大的损失。

工业车辆在物料搬运行业中是一个重要的基础工具，在过去将近 70 年的发展中，承担了重要任务和角色。我们相信，未来通过技术的更新和迭代，工业车辆势必在提升搬运效率、优化作业流程中发挥更加积极的作用。国内外市场依然广阔，行业发展空间巨大，愿行业同仁共同努力，实现可持续的、健康的发展。

第24章 工业车辆行业市场分析

24.1 世界工业车辆行业运行情况

24.1.1 世界工业车辆销售情况

世界工业车辆统计报告[⊖]数据显示，全世界2021年叉车市场总销售量达到1,969,410台，与2020年的1,582,605台相比，增长了24.44%；亚洲2021年叉车市场的销售量达到1,005,513台，与2020年的销售量804,831台相比，增长了24.93%；中国叉车市场全年共销售机动工业车辆785,965台，与2020年的620,065台相比，增长了26.76%。中国叉车销售量占亚洲市场的78.17%，比2020年增长了1.13%；占世界市场的39.91%，比2020年增长了0.73%，继续位列世界第一位。2018—2021年世界叉车市场销售概况见表24-1，2018—2021年世界叉车市场销售趋势见图24-1。

表24-1 2018—2021年世界叉车市场销售概况（Ⅰ～Ⅴ类）

时间	全世界	亚洲	中国	中国占世界	中国占亚洲
2018年	1,489,523	630,310	431,207	28.95%	68.41%
2019年	1,493,271	647,229	456,885	30.60%	70.59%
2020年	1,582,605	804,831	620,065	39.18%	77.04%
2021年	1,969,410	1,005,513	785,965	39.91%	78.17%

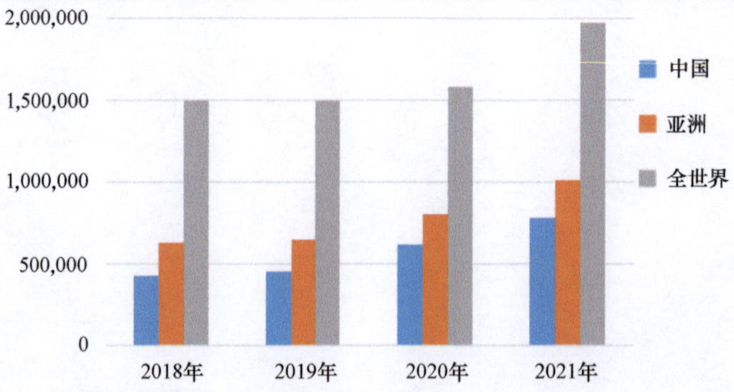

图24-1 2018—2021年世界叉车市场销售趋势

⊖ 世界工业车辆统计报告来源于以下七个协会的汇总数据：欧洲物料搬运协会（FEM，负责欧洲、非洲、中东及附近地区等国家的会员单位）、美国工业车辆协会（ITA，负责美国、加拿大和墨西哥等国家的会员单位）、中国工程机械工业协会工业车辆分会（负责中国境内本土和部分独合资叉车制造企业的会员单位）、日本工业车辆协会（JIVA）、韩国建设机械协会（KOCEMA）、巴西工业车辆协会（ABML）、印度工业车辆协会（SIMHEM）。

24.1.2 世界工业车辆各类型销售情况

1. 电动叉车（包括电动平衡重乘驾式叉车、电动乘驾式仓储叉车、电动步行式仓储叉车）

电动叉车2021年在全世界的总销售量为1,334,046台，与2020年的1,012,242台相比，增长了31.79%；亚洲总销售量2021年为563,873台，与2020年的401,981台相比，增长了40.27%；我国总销售量2021年为424,838台，与2020年的284,289台相比，增长了49.44%。我国电动叉车占全世界电动叉车市场的31.85%，比2020年增长了3.76%，仍列世界第一位；占亚洲电动叉车市场的75.34%，比2020年增长了4.62%。2018—2021年世界电动叉车市场销售概况见表24-2，2018—2021年世界电动叉车市场销售趋势如图24-2所示。

表24-2 2018—2021年世界电动叉车市场销售概况（Ⅰ～Ⅲ类）

时间	全世界	亚洲	中国	中国占世界	中国占亚洲
2018年	934,209	290,753	174,213	18.65%	59.92%
2019年	959,867	316,359	200,350	20.87%	63.33%
2020年	1,012,242	401,981	284,289	28.09%	70.72%
2021年	1,334,046	563,873	424,838	31.85%	75.34%

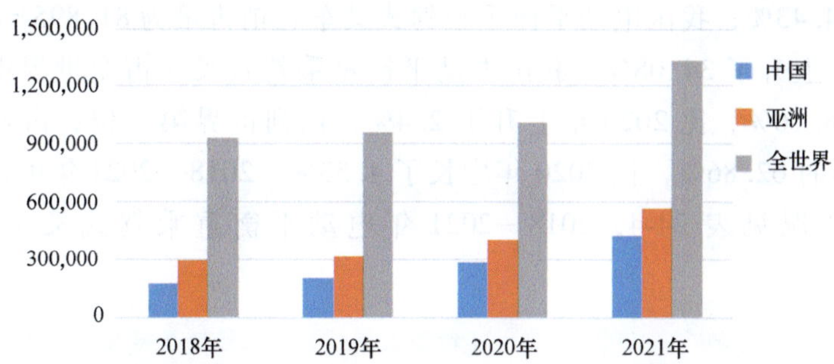

图24-2 2018—2021年世界电动叉车市场销售趋势

2. 电动仓储叉车（电动乘驾式仓储叉车和电动步行式仓储叉车）

电动仓储叉车2021年在全世界的总销售量为1,043,209台，与2020年的775,091台相比，增长了34.59%；亚洲总销售量为433,591台，与2020年的297,276台相比，增长了45.85%；我国仓储叉车总销售量为342,943台，与2020年的223,210台相比，增长了53.64%。我国仓储叉车占全世界仓储叉车市场的32.87%，比2020年增长了4.07%，列世界第一位；占亚洲仓储叉车市场的79.09%，比2020年增长了4%。2018—2021年世界电动仓储叉车市场销售概况见表24-3，2018—2021年世界电动仓储叉车市场销售趋势见图24-3。

表24-3 2018—2021年世界电动仓储叉车市场销售概况（Ⅱ、Ⅲ类）

时间	全世界	亚 洲	中国	中国占世界	中国占亚洲
2018年	688,409	196,034	123,631	17.96%	63.07%

（续）

时间	全世界	亚　洲	中国	中国占世界	中国占亚洲
2019 年	711,581	223,647	150,701	21.18%	67.38%
2020 年	775,091	297,276	223,210	28.80%	75.09%
2021 年	1,043,209	433,591	342,943	32.87%	79.09%

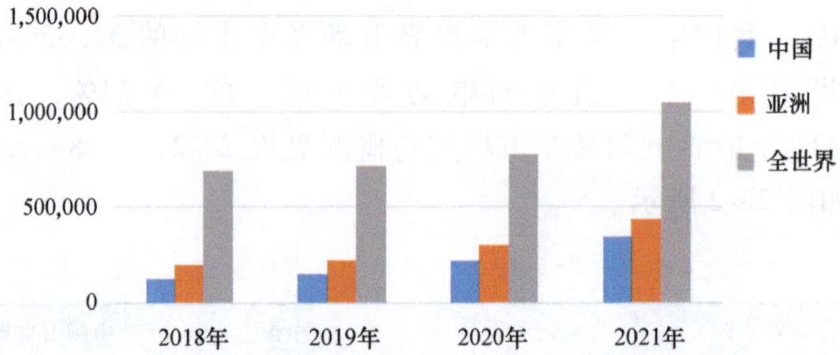

图 24-3　2018—2021 年世界电动仓储叉车市场销售趋势

3. 电动平衡重乘驾式叉车

电动平衡重乘驾式叉车 2021 年在全世界的总销售量为 290,837 台，与 2020 年的 237,151 台相比，上升了 22.64%；亚洲总销售量为 130,282 台，与 2020 年的 104,705 台相比，上升了 24.43%；我国电动平衡重乘驾式叉车总销售量为 81,895 台，与 2020 年的 61,079 台相比，上升了 34.08%。我国电动平衡重乘驾式叉车占全世界电动平衡重乘驾式叉车市场的 28.16%，比 2020 年上升了 2.4%，仍列世界第一位；占亚洲电动平衡重乘驾式叉车市场的 62.86%，比 2020 年增长了 4.53%。2018—2021 年电动平衡重乘驾式叉车市场销售概况见表 24-4，2018—2021 年电动平衡重乘驾式叉车市场销售趋势见图 24-4。

表 24-4　2018—2021 年电动平衡重乘驾式叉车市场销售概况（Ⅰ类）

时间	全世界	亚洲	中国	中国占世界	中国占亚洲
2018 年	245,800	94,719	50,582	20.58%	53.40%
2019 年	248,286	92,712	49,649	20.00%	53.55%
2020 年	237,151	104,705	61,079	25.76%	58.33%
2021 年	290,837	130,282	81,895	28.16%	62.86%

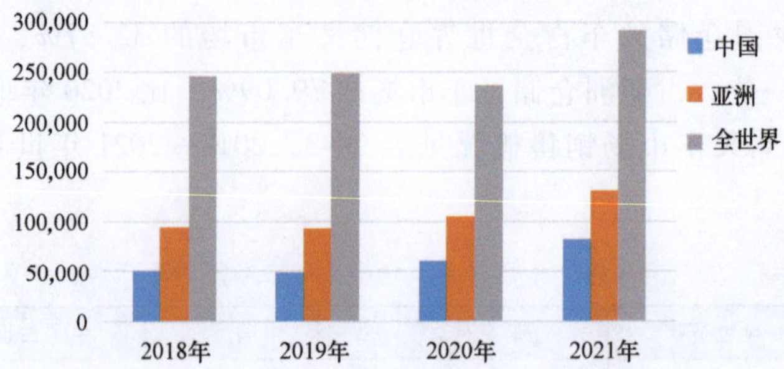

图 24-4　2018—2021 年电动平衡重乘驾式叉车市场销售趋势

4. 电动乘驾式仓储叉车

电动乘驾式仓储叉车 2021 年在全世界的总销售量为 135,677 台，与 2020 年的 123,972 台相比，上升了 9.44%；亚洲总销售量为 46,587 台，与 2020 年的 42,736 台相比，上升了 9.01%；我国电动乘驾式仓储叉车总销售量为 11,928 台，与 2020 年的 9,422 台相比，上升了 26.60%。我国电动乘驾式仓储叉车占全世界电动乘驾式仓储叉车市场总销售量的 8.79%，比 2020 年上升了 1.19%，仍位于美国、日本之后，列第三位；占亚洲电动乘驾式仓储叉车市场的 25.60%，比 2020 年上升了 3.55%，仍列第二位。2018—2021 年电动乘驾式仓储叉车市场销售概况见表 24-5，2018—2021 年电动乘驾式仓储叉车市场销售趋势见图 24-5。

表 24-5　2018—2021 年电动乘驾式仓储叉车市场销售概况（Ⅱ类）

时间	全世界	亚　洲	中国	中国占世界	中国占亚洲
2018 年	136,041	44,039	9,453	6.95%	21.47%
2019 年	135,811	41,336	7,834	5.77%	18.95%
2020 年	123,972	42,736	9,422	7.60%	22.05%
2021 年	135,677	46,587	11,928	8.79%	25.60%

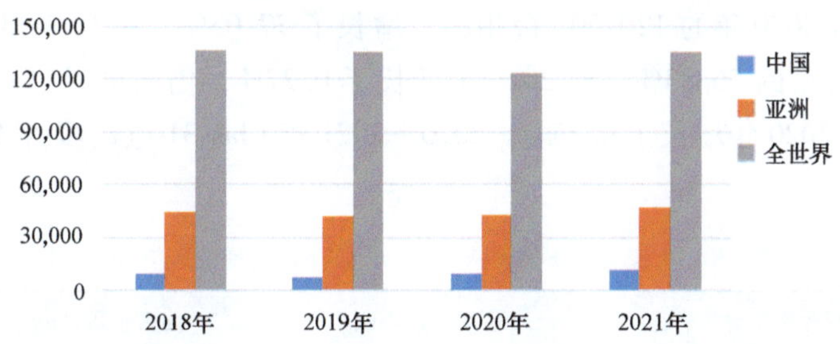

图 24-5　2018—2021 年电动乘驾式仓储叉车市场销售趋势

5. 电动步行式仓储叉车

电动步行式仓储叉车 2021 年在全世界总销售量为 907,532 台，与 2020 的 651,119 台相比，增长了 39.38%；亚洲总销售量为 387,004 台，与 2020 年的 254,540 台相比，增长了 52.04%；我国电动步行式仓储叉车总销售量为 331,015 台，与 2020 年的 213,788 台相比，增长了 54.83%。我国电动步行式仓储叉车市场占全世界电动步行式仓储叉车市场总销售量的 36.47%，比 2020 年增长了 3.64%，仍列世界第一位；占亚洲电动步行式仓储叉车市场的 85.53%，比 2020 年增长了 1.54%。2018—2021 年电动步行式仓储叉车市场销售概况见表 24-6，2018—2021 年电动步行式仓储叉车市场销售趋势见图 24-6。

表 24-6　2018—2021 年电动步行式仓储叉车市场销售概况（Ⅲ类）

时间	全世界	亚洲	中国	中国占世界	中国占亚洲
2018 年	552,368	151,995	114,178	20.67%	75.12%
2019 年	575,770	182,311	142,867	24.81%	78.36%

（续）

时间	全世界	亚洲	中国	中国占世界	中国占亚洲
2020 年	651,119	254,540	213,788	32. 83%	83. 99%
2021 年	907,532	387,004	331,015	36. 47%	85. 53%

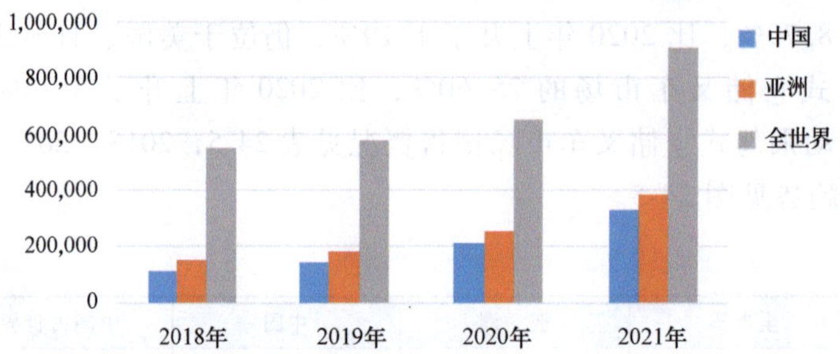

图 24-6　2018—2021 年电动步行式仓储叉车市场销售趋势

（1）低起升托盘搬运车和平台搬运车（Class31，包括电池在内的车身重量小于或等于 250kg）　全世界总销售量为 375,396 台，与 2020 年的 213,038 台相比，增长了 76. 21%；亚洲总销售量为 239,189 台，与 2020 年的 135,491 台相比，增长了 76. 53%；我国总销售量为 213,323 台，与 2020 年的 120,502 台相比，增长了 77. 03%。在 Class31 车型中，我国销售量占全世界销售量的 56. 83%，比 2020 年增长了 0. 27%，仍列世界第一位；占亚洲销售量的 89. 19%，比 2020 年增长了 0. 25%。2020—2021 年 Class31 电动步行式仓储叉车市场销售概况见表 24-7。

表 24-7　2020—2021 年 Class31 电动步行式仓储叉车市场销售概况

时间	全世界	亚洲	中国	中国占世界	中国占亚洲
2020 年	213,038	135,491	120,502	56. 56%	88. 94%
2021 年	375,396	239,189	213,323	56. 83%	89. 19%

（2）低起升托盘搬运车和平台搬运车（Class32，包括电池在内的车身重量大于 250 公斤）及其他三类车　全世界总销售量为 532,136 台，与 2020 年的 438,081 台相比，增长了 21. 47%；亚洲总销售量为 147,815 台，与 2020 年的 119,049 台相比，增长了 24. 16%；我国总销售量为 117,692 台，与 2020 年的 93,286 台相比，增长了 26. 16%。在 Class32 车型中，我国销售量占全世界销售量的 22. 12%，比 2020 年增长了 0. 83%，仍列世界第一位；占亚洲销售量的 79. 62%，比 2020 年增长了 1. 26%。2020—2021 年 Class32 电动步行式仓储叉车市场销售概况见表 24-8。

表 24-8　2020—2021 年 Class32 电动步行式仓储叉车市场销售概况

时间	全世界	亚洲	中国	中国占世界	中国占亚洲
2020 年	438,081	119,049	93,286	21. 29%	78. 36%
2021 年	532,136	147,815	117,692	22. 12%	79. 62%

6. 内燃平衡重式叉车（内燃平衡重式叉车、空箱叉车、重箱叉车、空箱正面吊、重箱正面吊、侧面式叉车等）

内燃平衡重式叉车2021年在全世界的总销售量为635,364台，与2020年的570,363台相比，上升了11.40%；亚洲总销售量为441,640台，与2020年的402,850台相比，上升了9.63%；我国内燃平衡重式叉车总销售量为361,127台，与2020年的335,776台相比，上升了7.55%。我国内燃平衡重式叉车占全世界内燃平衡重式叉车市场总销售量的56.84%，比2020年下降了2.03%，仍列世界第一位；占亚洲内燃叉车市场总销售量的81.77%，比2020年下降了1.58%。2018—2021年内燃平衡重式叉车市场销售概况见表24-9，2018—2021年内燃平衡重式叉车市场销售趋势见图24-7。

表24-9 2018—2021年内燃平衡重式叉车市场销售概况（Ⅳ、Ⅴ类）

时间	全世界	亚洲	中国	中国占世界	中国占亚洲
2018年	555,314	339,557	256,994	46.28%	75.69%
2019年	533,404	330,870	256,535	48.09%	77.53%
2020年	570,363	402,850	335,776	58.87%	83.35%
2021年	635,364	441,640	361,127	56.84%	81.77%

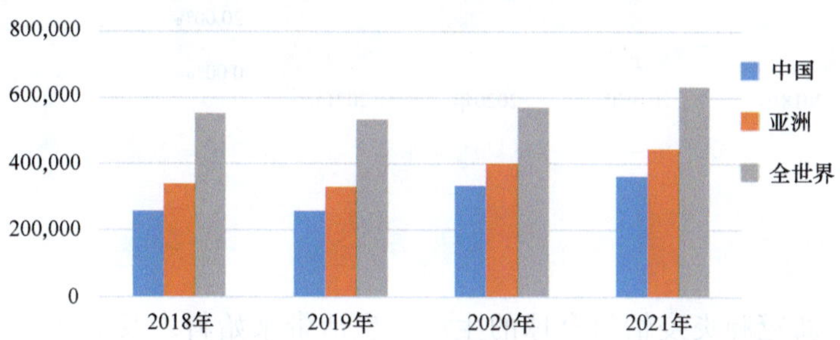

图24-7 2018—2021年内燃平衡重式叉车市场销售趋势

2021年我国市场销量再次创历史新高。2009年以后，我国工业车辆销量连续十三年位列世界第一。

24.2 国内工业车辆行业运行情况

24.2.1 高增长年份，国内和出口继续创新高

2020年和2021年虽然面临国际、国内诸多不利因素的影响，但在全行业同仁的共同努力下，机动工业车辆连续突破80万台、100万台大关，继续保持世界第一大生产和销售市场地位，同时在世界各车型占有率中比例得到较大提高。电动工业车辆的增长更为显著，其中电动平衡重叉车在平衡重叉车中的占比也突破了20%。内燃平衡重叉车受环保标准要求提高和地方政策的影响，增长幅度不如电动叉车。在机动工业车辆出口方面，得益于疫情发生后我国控制疫情措施得当，社会生产、生活秩序稳定，率先复工复产，加上近年来国产工业车辆产品种类更加丰富、质量稳定性不断取得突破、有竞争力

的优势产品获得更多的国际订单，连续两年，出口出现了高增长。

根据中国工程机械工业协会工业车辆分会申报企业[⊖]的数据统计，2018—2021 年机动工业车辆行业各类产品年度销量情况见表 24-10，2018—2021 年机动工业车辆行业各类产品年度销量趋势如图 24-8 所示。

表 24-10　2018—2021 年机动工业车辆行业各类产品年度销量情况

产品	2018 年	2019 年	2020 年	2021 年
电动平衡重乘驾式叉车	63,054	63,462	76,257	112,993
电动乘驾式仓储车辆	12,088	9,323	11,077	15,573
电动步行式仓储车辆	205,954	225,852	322,932	529,221
内燃平衡重式叉车	316,056	309,704	389,973	441,595
行业总销量	597,152	608,341	800,239	1,099,382

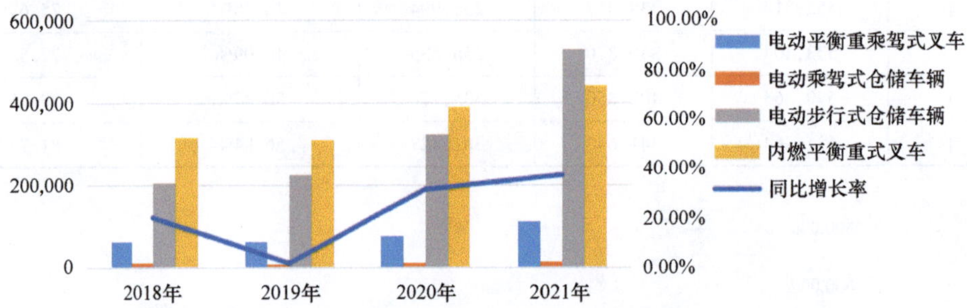

图 24-8　2018—2021 年机动工业车辆行业各类产品年度销量趋势图

24.2.2　国内市场已连续十二年位列全球第一大销售市场

2020 年初，新冠肺炎疫情给全球的生产、生活带来始料未及的冲击，欧美等主要经济体受到多轮反复影响，生产、运输环节出现断档，造成供应链严重紧张，中国国内市场销售量与排名第二位之后的市场间差距进一步扩大。根据中国工程机械工业协会工业车辆分会的统计，2018—2021 年机动工业车辆行业各类产品国内市场年度销量情况见表 24-11，2018—2021 年机动工业车辆行业各类产品国内市场年度销量趋势如图 24-9 所示。

⊖ 此销售量数据采录了工业车辆分会 32 家机动工业车辆和非机动工业车辆主机制造会员单位主要企业的数据汇总。其中本土主机企业包括：安徽叉车集团有限责任公司、杭叉集团股份有限公司、大连叉车有限责任公司、诺力智能装备股份有限公司、宁波如意股份有限公司、龙工（上海）叉车有限公司、柳州柳工叉车有限公司、浙江中力机械有限公司、安徽江淮银联重型工程机械有限公司、山东沃林重工机械有限公司、江苏靖江叉车有限公司、浙江吉鑫祥叉车制造有限公司、韶关比亚迪实业有限公司、宁波海迈克动力科技有限公司、浙江加力仓储设备股份有限公司、英轩重工有限公司、三一港口机械有限公司；独合资主机企业包括：林德（中国）叉车有限公司、上海海斯特叉车制造有限公司、上海力至优叉车制造有限公司、斗山叉车（中国）有限公司、丰田产业车辆（上海）有限公司、台励福机器设备（青岛）有限公司、凯傲宝骊（江苏）叉车有限公司、海斯特美科斯叉车（浙江）有限公司、伟轮叉车（东莞）有限公司、永恒力叉车（上海）有限公司、优嘉力叉车（安徽）有限公司、青岛克拉克物流机械有限公司、三菱重工叉车（大连）有限公司、科朗叉车（上海）商贸有限公司、现代重工（中国）投资有限公司等。

表 24-11 2018—2021 年机动工业车辆行业各类产品国内市场年度销量情况

产品	2018 年	2019 年	2020 年	2021 年
电动平衡重乘驾式叉车	50,451	49,200	60,638	81,202
电动乘驾式仓储车辆	9,252	7,442	9,060	11,479
电动步行式仓储车辆	113,712	142,719	213,616	330,508
内燃平衡重式叉车	256,814	256,155	335,267	360,430
行业总销量	430,229	455,516	618,581	783,619

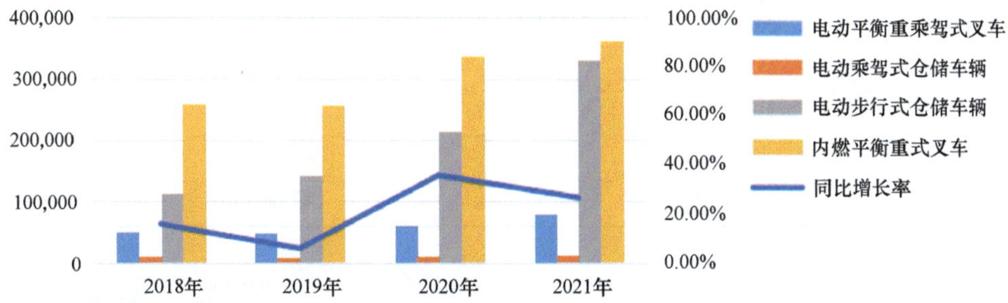

图 24-9 2018—2021 年机动工业车辆行业各类产品国内市场年度销量趋势图

2020—2021 年内燃叉车与电动叉车占比继续发生变化。在电动步行式仓储叉车持续大幅增长的情况下，电动叉车已经从之前占比的 40%左右上升到 50%以上，增长了约 10%。电动平衡重叉车受益于环保排放要求越来越严格，物流基础设施建设和手动搬运车向电动搬运车转换的需求增加。根据中国工程机械工业协会工业车辆分会的统计，2018—2021 年国内市场内燃叉车和电动叉车销售数量和占比情况见表 24-12，2018—2021 年国内市场内燃叉车和电动叉车销售数量和占比情况见图 24-10。

表 24-12 2018—2021 年国内市场内燃叉车和电动叉车销售数量和占比情况

产品	2018 年	2019 年	2020 年	2021 年
电动叉车	173,415	199,361	283,314	423,189
内燃叉车	256,814	256,155	335,267	360,430
国内市场总销量	430,229	455,516	618,581	783,619
电动叉车占比	40.31%	43.77%	45.80%	54.00%
内燃叉车占比	59.69%	56.23%	54.20%	46.00%

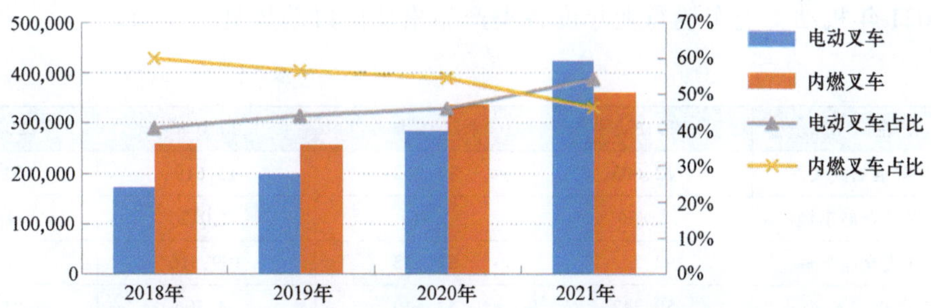

图 24-10 2018—2021 年国内市场内燃叉车和电动叉车销售数量和占比情况

作为电动叉车的主力车型，电动仓储叉车随着电动步行式仓储叉车总量的增加，与平衡重式叉车的比例也在发生明显的变化，仓储车的使用范围、车型分布更加广泛，销售数量占比虽然与世界主要经济体还有很大的差距，但是这种距离在不断拉近中。根据中国工程机械工业协会工业车辆分会的统计，2018—2021 年国内市场平衡重叉车与仓储叉车销量和占比情况见表 24-13 和图 24-11。

表 24-13　2018—2021 年国内市场平衡重叉车与仓储叉车销量和占比情况

产品	2018 年	2019 年	2020 年	2021 年
平衡重叉车	307,265	305,355	395,905	441,632
仓储叉车	122,964	150,161	222,676	341,987
国内市场总销量	430,229	455,516	618,581	783,619
平衡重叉车占比	71.42%	67.03%	64.00%	56.36%
仓储叉车占比	28.58%	32.97%	36.00%	43.64%

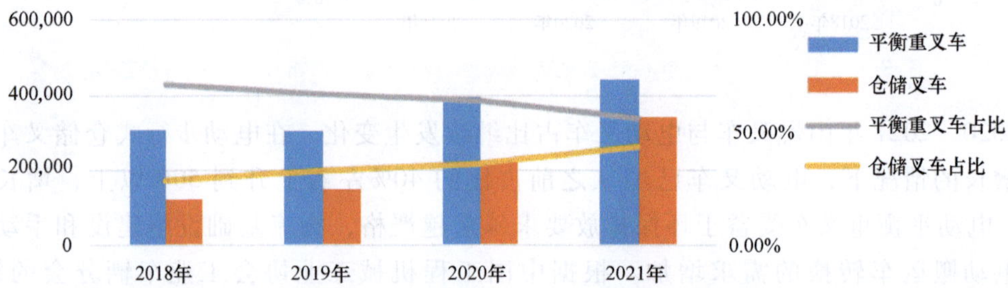

图 24-11　2018—2021 年国内市场平衡重叉车与仓储叉车销量和占比情况

24.2.3　出口量连续两年高增长

机动工业车辆世界总销售量在 2020—2021 年继续连创新高，2021 年接近 200 万台大关。整体看，2020 年欧洲、美洲受疫情影响，跌幅较大；2021 年，市场恢复速度较快，需求释放，各洲均有不同程度的增长。中国企业抓住机遇，努力提升产品市场竞争力，除了内燃平衡重叉车和电动步行式仓储叉车外，以锂电为主的新能源电动平衡重叉车获得欧美客户的欢迎，出口量大幅增加。根据中国工程机械工业协会工业车辆分会统计数据，2018—2021 年机动工业车辆行业年度各类产品累计出口情况见表 24-14，2018—2021 年机动工业车辆行业年度各类产品累计出口趋势见图 24-12。

表 24-14　2018—2021 年机动工业车辆行业年度各类产品累计出口情况

产品	2018 年	2019 年	2020 年	2021 年
电动平衡重乘驾式叉车	12,603	14,262	15,619	31,791
电动乘驾式仓储车辆	2,836	1,881	2,017	4,094
电动步行式仓储车辆	92,242	83,133	109,316	198,713
内燃平衡重式叉车	59,242	53,549	54,706	81,165
行业总销量	166,923	152,825	181,658	315,763

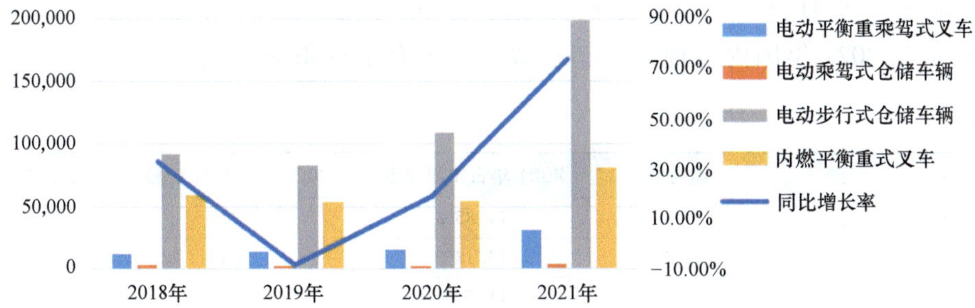

图 24-12 2018—2021 年机动工业车辆行业年度各类产品累计出口趋势

从机动工业车辆出口去向来看，欧洲、亚洲、美洲是中国机动工业车辆产品的主要出口市场。电动叉车主要出口到美国、德国、法国、俄罗斯等国家，内燃叉车主要出口到俄罗斯、巴西、美国、澳大利亚等国家。电动叉车出口比例进一步增加，继 2015 年电动叉车出口超过内燃叉车后，2021 年电动叉车出口占比达到 70%以上。2015—2021 年电动和内燃叉车出口情况见表 24-15，2015—2021 年电动和内燃叉车出口趋势见图 24-13。

表 24-15 2015—2021 年电动和内燃叉车出口情况

项目	2015 年	2016 年	2017 年	2018 年	2019 年	2020 年	2021 年
电动叉车	47,130	57,158	73,806	107,681	99,276	126,952	234,598
内燃叉车	44,865	45,058	51,919	59,242	53,549	54,706	81,165
总销售量	91,986	102,216	125,725	166,923	152,825	181,658	315,763

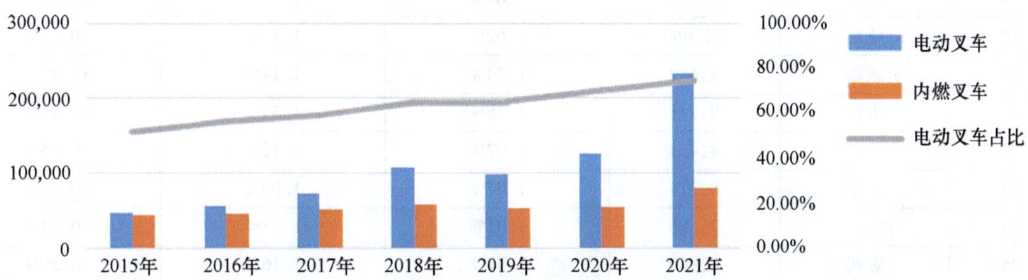

图 24-13 2015—2021 年电动和内燃叉车出口趋势图

24.2.4 国内市场分地区销售情况

从 2021 年销售到国内各地的 783,619 台机动工业车辆的流向看，以往市场份额最大的华东地区上升了 1.61%。按地区销售情况如下：

华东地区销售 372,373 台，占市场份额的 47.52%；

华南地区销售 161,653 台，占市场份额的 20.63%；

华中地区销售 65,573 台，占市场份额的 8.37%；

华北地区销售 70,149 台，占市场份额的 8.95%；

西北地区销售 34,877 台，占市场份额的 4.45%；

西南地区销售 47,822 台，占市场份额的 6.10%；

东北地区销售 31,172 台，占市场份额的 3.98%。

2020 年和 2021 年国内各地叉车销售数量和占有市场份额见表 24-16。

表 24-16　2020 年和 2021 年国内各地叉车销售数量和占有市场份额

排名	地区	销售量	2021 年占市场份额	2020 年占市场份额	同比增长或下降
1	广东	139,873	17.85%	16.22%	1.63%
2	浙江	103,277	13.18%	12.64%	0.54%
3	江苏	90,785	11.59%	12.35%	-0.76%
4	山东	65,405	8.35%	9.08%	-0.73%
5	上海	40,101	5.12%	4.87%	0.25%
6	安徽	29,359	3.75%	3.88%	-0.13%
7	福建	28,237	3.60%	3.09%	0.51%
8	河南	27,235	3.48%	3.91%	-0.43%
9	河北	24,954	3.18%	3.76%	-0.58%
10	湖北	19,824	2.53%	2.33%	0.20%
11	湖南	18,514	2.36%	2.11%	0.25%
12	广西	17,806	2.27%	2.37%	-0.10%
13	四川	17,649	2.25%	2.28%	-0.03%
14	江西	15,209	1.94%	1.72%	0.22%
15	天津	14,945	1.91%	2.15%	-0.24%
16	辽宁	14,865	1.90%	1.89%	0.01%
17	北京	14,376	1.83%	1.89%	-0.06%
18	重庆	13,207	1.69%	1.49%	0.20%
19	陕西	12,666	1.62%	1.85%	-0.23%
20	新疆	9,682	1.24%	1.14%	0.10%
21	山西	9,211	1.18%	1.37%	-0.19%
22	吉林	8,421	1.07%	1.12%	-0.05%
23	云南	8,374	1.07%	1.09%	-0.02%
24	黑龙江	7,886	1.01%	1.25%	-0.24%
25	贵州	6,840	0.87%	1.16%	-0.29%
26	内蒙古	6,663	0.85%	0.91%	-0.06%
27	甘肃	5,401	0.69%	0.68%	0.01%
28	宁夏	4,658	0.59%	0.46%	0.13%
29	海南	3,974	0.51%	0.41%	0.10%
30	青海	2,470	0.32%	0.33%	-0.01%
31	西藏	1,752	0.22%	0.20%	0.02%

注：由于统计口径的差异，此表数据不包含港、澳、台地区。

24.2.5　其他类型工业车辆市场销售情况

1. 轻小型搬运车辆市场情况

依据中国工程机械工业协会工业车辆分会会员单位报告数据，2021 年非机动工业车辆销售量为 1,239,556 台，与上年同期的 1,000,588 台相比，上升了 23.89%。

2. 固定平台搬运车销售情况

2021 年固定平台搬运车销售量为 764 台，与上年同期的 453 台相比，上升了 68.65%。

3. 牵引车销售情况

2021 年牵引车销售量为 4,410 台（其中电动牵引车为 3,870 台，内燃牵引车为 522 台），与上年同期的 2,525 台相比，上升了 74.65%。

4. AGV 叉车销售情况

2021 年 AGV 叉车销售量为 609 台，与上年同期的 174 台相比，增长了 250%。其中电动平衡重乘驾式叉车 2 台，电动乘驾式仓储车辆 285 台，电动步行式仓储车辆 322 台。AGV 叉车各车型国内和出口销售情况见表 24-17。

表 24-17　AGV 叉车各车型国内和出口销售情况　（单位：台）

AGV 叉车车型	Class1 电动平衡重乘驾式叉车	Class2 电动乘驾式仓储叉车	Class31 电动步行式仓储叉车	Class32 电动步行式仓储叉车	合计
内销	2	285	96	202	585
出口	—	—	7	17	24
总销量	2	285	103	219	609

5. 锂电池叉车销售情况

2021 年锂电池叉车（Ⅰ~Ⅲ类）销售量为 332,640 台，与上年同期的 161,254 台相比，增长了 106.28%。其中电动平衡重乘驾式叉车 48,412 台，占锂电池叉车总销量的 14.55%，与上年同期的 23,836 台相比，增长了 103.10%；电动乘驾式仓储叉车 2,856 台，占锂电池叉车总销量的 0.86%，与上年同期的 2,465 台相比，上升了 15.86%；电动步行式仓储叉车 281,372 台，占锂电池叉车总销量的 84.59%，与上年同期的 134,953 台相比，增长了 108.50%。锂电池叉车国内销售量为 151,134 台，出口销售量为 181,506 台。锂电池叉车各车型国内和出口销售情况见表 24-18。

表 24-18　锂电池叉车各车型国内和出口销售情况　（单位：台）

锂电池车型	Class1 电动平衡重乘驾式叉车	Class2 电动乘驾式仓储叉车	Class31 电动步行式仓储叉车	Class32 电动步行式仓储叉车	合计
内销	34,796	2,034	91,242	23,062	151,134
出口	13,616	822	153,216	13,852	181,506
总销量	48,412	2,856	244,458	36,914	332,640

24.3　工业车辆行业发展特点

2020—2021 年，工业车辆行业在新的历史阶段，呈现出新的发展特点：

1. 全球机动工业车辆销售继续创历史新高

全球机动工业车辆总体继续呈现增长趋势，尤其是疫情后的 2021 年，主要经济体市场主要以中国、西欧、美国为主的市场保持良好涨幅，市场恢复性需求带动世界总销售量全年接近 200 万台大关。

2. 国内市场处于新上升周期，增长超预期，生产量、销售量继续保持世界领先地位

经过 2018—2019 年的市场调整后，2019 年四季度开始了工业车辆行业新的增长周期，虽然在 2020 年初遭遇疫情的突然袭击，市场受到短暂的影响，但三月份复工复产后，销售量出现爆发式增长，国内、国际两个市场均有非常亮眼的成绩，主要还是得益于产品升级换代、智慧工厂建设和物流效率提升、机器替代人工发展趋势的深化。

3. 出口呈现近年来少有的高增长，优势车型竞争力明显

在出口总量中电动叉车占比继续增加，除了电动步行式仓储叉车出口量依然保持优势外，电动平衡车出口出现明显增长，尤其是锂电池平衡重叉车，在世界范围内广受欢迎，主要企业产品的竞争优势已经显现。

4. 排放标准升级，新能源叉车在机动工业车辆中的占比进一步扩大

近年来，各地方针对非道路车辆的排放监管更加严格，随着非道路移动机械第四阶段标准即将实施，社会低排放产品需求迅速爆发。锂电池叉车的市场认可度不断深化，电动叉车使用锂电池的比例增长迅速。围绕锂电池的配套体系不断加强，供应商越来越多，有实力的企业纷纷进入，带来更加完善的技术和市场服务。氢燃料叉车也在一些领域出现了应用，多个示范项目已经在进行中。可以说，由于应用场景的特殊性、方便性，新能源技术在工业车辆领域呈现出百花齐放的局面。

5. 自动化、智能化叉车应用增长明显

随着以“机器换人”来改善用工难、提高作业效率为目的的产业升级换代，以及无人驾驶和导航技术的日趋完善，作业场景相对固定、搬运路径相比道路简单等优势，使得工业车辆行业在自动化、智能化发展道路上，在货物搬运、堆垛过程中能够更快地得以实现应用。目前行业内主要企业安徽合力股份有限公司、杭叉集团股份有限公司、林德（中国）叉车有限公司、浙江中力机械股份有限公司、诺力智能装备股份有限公司、宁波如意股份有限公司等均推出自主研发的多款 AGV 叉车。在应用前景持续看好的情况下，我们也清楚地意识到，相比传统叉车，AGV 叉车关键零部件国产化配套水平还较低，目前还主要依赖进口产品，相比叉车行业外的系统集成型企业，目前还没有形成竞争优势。

同时，鉴于国家主管部门对叉车安全管理提出更加严格的要求，希望通过标准和制造管理规程来实现远程监控、诊断等来有效减少事故的发生。随着国标《工业车辆　安全监控管理系统》的出台，借助互联网和信息化技术来监控设备使用状态、操作人员资格审核、车辆运行安全警示等方面提出了要求。因此，业内企业在产品配置上更关注安全性的要求。

6. 国际品牌继续扩大中国市场投资力度，工程机械巨头进入工业车辆市场

全球领先的工业车辆和供应链解决方案提供商德国凯傲集团持续看好中国市场，在济南莱芜的新工厂规划总投资 50 亿元，新落成的一期工厂核心车间建设面积近 22.3 万 m^3，主要生产新能源叉车，年产能预计达 40,000 台；同时在济南新建技术研发中心，面向全球开发价值型产品，丰富德国凯傲在物料搬运最大市场的工业车辆产品组合。

徐工集团工程机械股份有限公司、三一重工股份有限公司是世界闻名的工程机械企业，近年来也看好工业车辆行业，而且选择了电动叉车为未来发展方向和公司产品重点。尤其是三一机器人科技有限公司，更是瞄准物料搬运行业未来发展大趋势，制定了以新能源叉车、AGV 机器人和物流系统解决方案为目标的发展路径。

新进入和新投资的企业，实力都非常强，切入点也非常明确，势必会给行业带来新的震动和改变。

7. 租赁市场集中度提高，特殊时期衍生出新的销售模式

以从事工业车辆租赁的 9 家主要企业看，在租车辆持续增加，租赁公司广州佛朗斯股份有限公司、永恒力合力工业车辆租赁有限公司，叉车生产企业杭叉集团股份有限公司、浙江中力机械股份有限公司、柳州柳工叉车有限公司、林德（中国）叉车有限公司、丰田产业车辆（上海）有限公司等，形成了工业车辆租赁的主要力量。与十多年前以分散的中小规模租赁企业相比，现在市场上的客户更加注重企业规模和服务能力，以及为客户提供的有价值的增值服务。

新冠肺炎疫情发生后，传统的营销推广方式受到限制，而利用互联网进行线上直播、发布、互动等模式迅速发展起来，行业内企业因势利导，线上、线下结合，努力拉近与客户的距离，形成了新的销售模式。

第25章 工业车辆行业技术分析

25.1 技术发展情况

中国工业车辆经过了接近七十年的发展，随着我国科学技术水平的不断提高和供应链体系的日趋完善，近年来呈现突飞猛进的发展势头。从工业车辆制造和产品的技术发展路径来看，具体表现在以下几个方面：一是工业车辆生产厂家的智能制造升级加快；二是绿色环保的叉车产品层出不穷；三是智能化叉车技术日新月异；四是关键零部件国产化替代迈上新台阶。

25.1.1 工业车辆生产厂家的智能制造升级加快

智能工厂建设是我国制造强国战略的重要组成部分，《中国制造 2025》明确提出加快推动新一代信息技术与制造技术融合发展，把智能制造作为两化深度融合的主攻方向。近年来，无论是叉车行业的龙头企业，还是中小规模的主机厂，或者是叉车零部件生产厂家，都在积极主动地进行生产设备和生产工艺的技术改造，加快产线设备改造升级，加快“机器换人”，提高生产效率，解决用工难问题，将智能工厂和数字化车间建设作为重要抓手，深入实施以工业物联网、5G、MES、WMS 为核心的智能制造项目，旨在提升企业信息化研发、建设和管理水平，推动企业数字化转型、创新发展，在设备数控化、车间网联化、生产可视化、管理信息化、系统集成化及决策智能化等方面有了很大的提升，企业不断提高生产效率，稳步提升产品质量，进一步降低劳动强度和运营成本，取得了非常显著的效果，把传统的生产厂家打造成全新的具有先进制造能力的现代化服务型企业。

安徽合力股份有限公司作为一家国有控股的上市公司，在智能工厂建设方面不遗余力，进一步聚焦电动化、系统化、智能化的研发和布局，加速创新驱动，逐步构建发展新生态，筑牢整机、零部件、后市场、智能物流四大产业板块，加快合力高质量发展步伐，由传统的集中式控制生产模式向工业车辆离散型智能工厂的基本模式转变，目标是建立一个高度灵活的个性化和数字化的产品与服务的生产模式。在这种模式中，传统的行业界限将消失，并会产生各种新的活动领域和合作形式，从而进一步巩固合力作为中国叉车行业领军企业的地位。安徽合力股份有限公司在实现智能制造的升级改造中主要做了三个方面的工作：一是智能工厂，重点研究智能化生产系统及过程，以及网络化分布式生产设施的实现；二是智能生产，主要涉及整个企业的生产物流管理、人机互动及3D技术在工业生产过程中的应用等，该计划特别注重吸引中小企业参与，力图使中小企业成为新一代智能化生产技术的使用者和受益者，同时也成为先进工业生产技术的创造者和供应者；三是智能物流，主要通过互联网、物联网、物流网，整合物流资源，充分发挥现有物流资源供应方的效率，而需求方则能够快速获得服务匹配，得到物流支持。

杭叉集团股份有限公司2020年被评为中国标杆智能工厂。现在的杭叉集团已经形成了年产工业车辆35万台的巨大规模，建成了拥有各类智能机器人近400台、智能化集成生产线20余条、喷涂流水线10余条、配送物流AGV智能物流车20余台、智能化立体库多套的智慧工厂，为实现进入世界物料搬运企业前列的目标奠定了坚实的基础。杭叉集团广泛应用工业机器人系统的多条自动化生产线，自动化率达到78%。杭叉集团工厂内配备自动识别、自动检测等多种无人化管理系统，使生产、物流相关作业快速、精准、可靠地完成。而在个性化产品及特殊性关键岗位上，杭叉集团充分利用人工的灵活性完成复杂多变的工作任务，实行人与机器互相协调，通力合作，提高效率。另一方面，杭叉集团除了拥有大规模的生产制造系统及先进的创新技术，还具备柔性化生产能力，除了可以满足市场上大部分客户的需求，也从不忽略小众客户的定制化需求，产能根据市场的实际需求变化弹性释放，更具有核心竞争力。

随着智能化工业的普及，传统搬运设备向智能搬运机器人转换是未来发展的必然趋势。作为探索搬运前沿技术、聚焦电动搬运、智能搬运领域的创新者，浙江中力机械股份有限公司物流搬运机器人数字化车间集成了各类信息化系统及工业自动化设备，实现自动化实时生产。该车间通过各个工序、工艺区的无缝连接，使物料转运环节普遍实现车间生产要素和生产环境的数据自动采集，并配合前端App将数据信息交互到客户端，减轻员工劳动强度，提高生产效率，实现生产线标准化、自动化、数字化、智能化、可视化管理。围绕“互联网+”与工业4.0的内涵与外延，中力将继续推进物联网在工厂的深度应用，以创新推动智能制造，促进转型升级。

25.1.2 绿色环保的叉车产品层出不穷

中国叉车行业在新能源应用方面，正在全力推进把传统产品向绿色环保转型这个方向去发展，加速内燃叉车国三转国四、内燃叉车转电动叉车、铅酸电池叉车转锂电池叉车，积极发展氢燃料电池叉车。

1. 内燃叉车国三转国四

2020年12月28日，生态环境部正式批准发布《非道路柴油移动机械污染物排放控制技术要求》。该技术要求从2022年12月1日开始，非道路移动机械“国四”标准将正式实施。相关标准及技术要求提出，装用额定净功率37kW及以上柴油机的机械，出厂前应在车辆上加装车载终端系统，并能将相关数据上传至国家平台。对于生产传统内燃叉车的主机厂来说，面临着很多技术难题，如车载终端需增加安全芯片、车载终端全生命周期管理、排放达标要求及检查、定位系统和车载终端防拆除的要求、环保关键零部件故障上传等。安徽合力股份有限公司作为中国叉车行业的领军企业，在短时间内进行了大量的技术研究、方案论证、试验论证等工作，攻克了一个又一个难题，自主研发的“国四非道路移动机械排放监控平台”于2021年2月11日顺利通过了国家平台（国家非道路移动机械排放监控平台）联调测试，成为中国叉车行业首家通过联调检测的企业。

改造升级之后的国四排放内燃平衡重式叉车在技术上有了较大的突破，实现了动力升级，采用全新的高压共轨柴油发动机，排放、噪声更低，动力性、燃油经济性更好；整车性能明显改善，加速度、起升速度及爬坡能力大幅度提升，转弯半径更小，作业效率更高；大幅提升了整车的可靠性和耐久性，采用加强型转向桥，优化车架结构，优化了散热通道，发动机水温、传动油油温显著下降；安全性升级，采用新型槽钢门架，减少前悬，优化重心设计，整车稳定性及剩余起重量大幅提升；优化人机工程，操作舒适性升级，维护更方便，标配LED大屏仪表，配置总线故障诊断功能、维保提醒功能，大幅提升整车维保效率，整车更智能。

2. 内燃叉车转电动叉车

“油改电”的模式在汽车工业早已开始，现在路上行驶的很多新能源汽车采用了“油改电”的模式。工业车辆行业近十年来在电动叉车领域进行了相当多的技术研发，但由于使用习惯、价格等因素，用户选择电动叉车的积极性有限。大规模的“油改电”推广还是近两年的事情。中力叉车率先挑战内燃叉车市场，锂电叉车使用内燃叉车的车架，使用户用低成本、低能耗实现货物移动搬运。自此，油改电叉车在国内叉车行业兴起，很多主机厂都推出了自己的“油改电”叉车，而且各具特色。油改电叉车就是充分利用叉车行业中产销量最大的3t内燃叉车的成本优势，把传统内燃叉车中的发动机和变速箱替换为锂电池、电控系统和电机，可根据不同使用工况合理选配电池容量大小，避免能源不足或浪费的问题，在保证了安全的前提下，可以实现随充随用，连续作业无压力，满足客户长时间的作业需求。

3. 铅酸转锂电，锂电池叉车已覆盖全系列产品

近年来，“绿水青山”环保理念日益深入人心，同时国家对新能源产业大力扶持，工业车辆行业向新能源转型的动力与日俱增，众多企业在自主、自立的发展道路上，根据自身的实际情况和技术积累，在新能源车辆的发展上走出了一条具有中国工业车辆行业特色的创新之路，取得了不俗的成就。在行业内，普遍存在环保要求高、使用频率高、作业时间长等工况特点，传统铅酸动力人工成本高、充电要求高、充电慢、寿命短等诸多痛点已无法满足作业需求。免维护、长寿命、安全可靠的锂电产品解决方案更符合叉车对动力能源系统的需求，优势显著。在经济性方面，锂电池使用寿命长，全生命周期更经济，充电速度快，放电功率高，运营效率得以提高；在耐用性方面，锂电池高体积能量密度100%放电深度（DOD）的循环次数为4000次，使用寿命长达8年；在安全性方面，磷酸铁锂电池热失控温度800℃，热失控放热速率慢，充电时不产生额外危险气体；在便利性方面，锂电池免日常维护，无须补液，无需专门的充电场所。

国内外锂电池叉车均以铅酸电池为架构，存在整车体积大、重心高、作业效率低、

防护等级低、环境适应性差、缺乏安全监控及智能管理等瓶颈。比亚迪叉车开创了以锂电池及三电系统为核心的正向设计理念，围绕锂电池专用新能源叉车关键技术进行多项攻关，并取得了多项科研创新成果，产品的主要技术及性能指标优于国际知名品牌同类产品，曾经荣获世界叉车行业的最高奖项 IFOY 大奖。现在，锂电叉车已经在中国及全球遍地开花，优秀产品不断涌现，涵盖了整个叉车行业的产品线，目前已开发的锂电新能源产品，形成了 1~10t 四支点、1.3~2t 三支点、仓储车、前移式等系列化产品，可满足不同的客户需求。另外，其他系列的 0.6~48t 新能源叉车以及仓储车、前移式、牵引车、正面吊、空箱堆高机、高空作业平台等新能源产品均已相继推出。锂电叉车的电压系统从最初的 24V、48V，一直提升到现在的 600V 以上，可以清楚地看到中国工业车辆行业在锂电池叉车方面取得的巨大进步。

杭叉集团股份有限公司研发的“基于混合平台架构的 XC 系列新能源叉车关键技术研究及应用”项目荣获 2021 年度中国机械工业科学技术奖二等奖。该产品基于内燃车架构的锂电池专用电动叉车平台，研制了非道路车辆异形锂电池，掌握了锂电专用架构的整车高效散热技术，突破电动叉车重心高、体积大、作业效率低的技术瓶颈；构建了电动叉车复杂、恶劣环境下车辆数字模型，形成了多环境适应性平台技术，解决了电动叉车环境适应性差的难题；开发了智慧电控 App、室内定位等应用软件，构建了工业车辆车联网云平台、安全监控管理云平台，发明了叉车工作安全控制系统、基于叉车云平台的任务调度方法，形成了针对工业车辆安全监控、调度的整体解决方案。该产品自面世以来，凭借卓越的性能优势，获得国内外市场的广泛认可，销量逐年增长，产生了良好的经济和社会效益。该产品广泛应用于汽车、石化、铁路、航空、物流、食品、冶炼、光伏等各大行业，累计实现直接经济效益数十亿元。

4. 氢燃料电池叉车

美国早在 1970 年就开始了对氢能的研究，是最早将氢能和燃料电池作为能源战略的国家，氢能技术和产业发展水平处于世界前列，燃料电池乘用车和叉车保有量均位居世界第一。据不完全统计，美国市场氢燃料电池叉车保有量已近 4 万台，预计 2022 年将超过 5 万台，2030 年达 30 万台。美国氢能龙头企业普拉格已经在全球累计部署超过 3.2 万台氢能叉车，累计运行超过 10 亿 mile（1mile=1,609.344m）、3 亿 h，氢能叉车在技术、产品、安全、市场等方面均已得到验证。中国叉车行业在“碳达峰”“碳中和”国家政策背景下，多家企业都已经成功研发了氢燃料电池叉车，并实现了批量投放市场。安徽合力股份有限公司早在 2016 年就和美国普拉格展开了氢燃料叉车的研发合作事宜，合作产品已成功应用在普拉格后市场客户中。2020 年杭叉集团股份有限公司在天津港保税区成立了集研发、制造、销售功能于一体的全资子公司杭叉集团（天津）新能源叉车有限公司，重点打造以氢燃料电池叉车为主的新能源工业车辆，正式拉开了氢燃料电池叉车推广应用的序幕。杭叉集团通过持续高强度研发投入，在锂电池、氢燃料电池等新能源工业车辆方面掌握了多项核心技术。依托国家认定企业中心、国家认可实验室等创新平台，杭叉集团对氢燃料电池应用技术进行了前瞻性布局，开发的 X 系列氢燃料电池叉车综合性能达到了国际先进水平。这款氢燃料电池叉车是杭叉集团研发的系列氢燃料电池工业车辆之一，搭载合作伙伴天津新氢动力科技有限公司生产的氢燃料电池系统，无污染，动力强劲，安全可靠；整车设计紧凑，小巧灵活，非常适合狭小空间作业，安全高效，绿色环保，融合先进的人机工程学设计，为客户提供了舒适的驾乘体验；标配杭叉云智能管理系统，实现车辆云端智能管理。此外，作为氢燃料电池叉车，还具有零污染、加氢速度快、能量转换效率高、动力强劲、作业高效等诸多优点。杭叉新能源与新氢动力签订首批 100 台氢燃料电池叉车订单，并全部交付完毕，目前已正式服务燕山石化等公司。后来又再次签订 100 台订单，进一步扩大了杭叉的领先优势，开启了国内氢燃料电池叉车批量应用新篇章。2021 年，合力叉车首批 5 台 3t 氢燃料电池叉车顺利交付使用，成为广东氢能示范区第一个落地运行的氢能叉车应用示范项目，同时也开启了合力氢能叉车商品化的新篇章，本次交付的 3t 氢燃料电池叉车项目服务于蒙娜丽莎集团，是合力研发的系列化氢燃料电池叉车中的重要一员，车辆机动灵活、性能强劲、驾乘舒适、视野开阔、高位承载优异，有着丰富的安全、智能化配置，能够满足各类物料搬运场景的需求，搭载英飞腾公司成熟可靠的 35kW 燃料电池系统，仅需 3min 即可完成加氢，并可连续工作 5h。合力将会围绕叉车主业，加大氢燃料动力技术的研究、应用，加速现有内燃产品转型升级，加快氢能叉车的产业化步伐。

5. 增程式新能源叉车

2020 年 6 月 19 日下午，随着珠海港集团代表从安徽叉车集团有限责任公司代表手中接过钥匙，国内首创增程式超级电容 7 层混合动力集装箱空箱堆高机在珠海港高栏国际货柜码头正式交付使用，开启了大型港口运搬设备绿色发展新征程。这台混合动力堆高机产品配备开发了 600V 高压电气系统、多通道智散热系统、耦合式增程器控制系统等多项技术，具有绿色、安全、节能、高效、舒适、成本低等优点，节油率可达到 50%，超级电容循环使用 30 万次，纯电工作状态下可实现“零排放”，整车使用周期内（以 50 万箱作业为例），与纯内燃的设备相比，可减少至少 125t 标准煤的排放，同步实现了国产化、自主化，申报了多项发明专利，并正在申报国家首台套政策支持。该产品由安徽叉车集团有限责任公司和珠海港控股集团有限公司合作研发，设备采用绿色环保的自主增程式超级电容混合动力技术平台，投用后将大大助力粤港澳大湾区绿色港口建设。在新发展理念和高质量发展的指引下，安徽叉车集团与珠海港集团强强联合，开展战略合作。双方将加强在港口中使用的正面吊、堆高机和重型叉车等高端港机产品的混合动力研发和应用推广示范，围绕生态文明建设要求，重点在产品的智能、节能、环保、高效等特点上开展长期深度合作，致力于构筑可持续发展的战略合作伙伴关系。

25. 1. 3 智能化叉车技术日新月异

安徽合力股份有限公司已经研发推出了全系列 AGV 整机产品，着力推进叉车式、牵引式、移载式全系列 AGV 研发和智能物流方案系统集成，覆盖存、取、拣、收、发、补多场景应用。合力多年来在智能化叉车的研发方面已经形成自己的一套较为成熟的系统，结合叉车产品，形成了一套智能解决方案，这将为国内国际物流领域的智能化改造提供范本。另外，合力研发的 5G 无人叉车技术也已经成熟，实现了商业化，为多家企业提供优质的物流配套服务。合力智能化叉车项目自产业化以来，累计销售额已达 10 亿元，重点交付客户项目 30 多个，并形成了年产值 2 亿元的产业化能力。项目自主知识产权方面，已获得软件著作权 7 项、发明专利 4 项。

杭叉集团股份有限公司的 AGV 产品系列中，包含了全向堆垛式 AGV、三向堆垛 AGV、前移车、堆垛车、堆垛前移车、双舵轮移载车、穿梭车、自主系统的堆垛车、搬运车 AGV、迷你搬运式 AGV 和无人驾驶洗地机等产品，掌握了视觉导航 AGV 系统等新技术。历经多年的发展与积累，杭叉集团已转型成为工业车辆行业极具影响力的物料搬运解决方案供应商。特别是最近几年，杭叉集团在自动化物流及新能源方面不断推陈出新，引领了行业的发展。杭叉集团从客户需求出发，根据托盘规格、工位需求等，采用定制型抱夹属具，配合多重防护检测，确保 AGV 在人机混杂的复杂环境中能够安全平稳运行。

浙江中力机械股份有限公司以完全自主研发的机器人控制技术为基础，开发了基于视觉、激光等多模态组合导航技术的智能物流搬运机器人，不仅可以应用于传统的制造业和仓储业，在复杂、强度大的作业环境中高效、准确、灵活地完成物料搬运工作，且可以应用于危险场所和特种行业，降低了人工运输的危险性；同时，视觉算法使机器人可以精确识别和检测应用场地的空位，完成自主卸货，减少用户企业的人工成本。中力“搬马机器人”基于激光与视觉 SLAM、视觉货物识别、视觉人形识别、分布式规划、手自一体和极简 UI 等技术，直击企业最无效的搬运工作。

25.1.4 关键零部件国产化替代迈上新台阶

近年来，在“碳达峰”“碳中和”背景下，我国环保政策日趋严格，工业车辆产业结构正逐步调整，行业大力发展电动叉车和新能源叉车。在电动叉车方面，国内众多的叉车主机厂和零部件生产商集中优势资源精心打磨产品和核心技术，在电池、电机和电控系统方面加大了研发力度，电动叉车技术不断创新、完善与提高。电动叉车的核心零部件包括电池、电机、电控系统等，这些高技术含量、高附加值的关键零部件长期以来都是由进口品牌所垄断，直接影响叉车的生产成本，实现关键零部件的国产化，能显著降低国产叉车的生产成本，进而提高行业的利润水平，增加国产品牌在全球市场的竞争力。

国内的锂电池技术已经走到了国际的前列。比亚迪和宁德时代的磷酸铁锂电池，采用新能源车成熟的成组工艺，根据叉车空间、特点设计专用模组，完美适配客户需求，不断推出可靠、安全、耐久的锂电叉车电池产品，助力叉车电动化。随着锂电池在中国的高速发展，与锂电池配套的高频充电器和电池管理系统等产品也涌现出了一批新生力量，它们在产品的技术创新方面也走到了世界的前沿。

在电动叉车的控制器领域，近年来国内有多家零部件生产商坚持不懈，持续创新，现在都已取得了丰硕的成果。目前在电动叉车控制器领域影响力比较大的国内品牌有凡己、嘉晨、松正、英搏尔、麦格米特、三一电控等，目前已掌握车辆电机驱动控制、整车控制的核心技术，形成了电机参数在线辨识技术、坡道辅助控制技术、制动能量管理技术、宽转速范围高效率控制技术、极低速位置和速度观测技术、并联驱动及健康管理技术、高功率密度电力电子设计技术、车辆控制决策技术、整车安全监控管理控制技术、作业工况效率优化技术、远程故障诊断及处理技术、高精度高环境适应性技术、基于工业多元因素的识别感知技术、远程批量升级技术、关键部件的全生命周期管理等一系列核心专利和关键算法。

其中，凡己科技（苏州）有限公司持续追踪全球最新电驱动和智能技术，以自主研发、技术开发、生产制造能力服务于主要整机企业，并助力整机企业实现个性化功能和性能定制，建立差异化和独特化的产品应用；以标准化工艺制造体系提升效率、优化成本；公司将定制化和标准化完整统一，可以协助整机品牌更好地开发和服务广大的细分市场用户，普及技术领先的全交流电驱动并淘汰落后的驱动技术。公司具备国内领先的电驱动技术开发、制造和服务能力。主要技术设备和设施包括：全仿真负载测试台、轻载功能测试台、电路板自动测试台、电路板三防喷涂和干燥生产线、带载老化房、电子元器件专业储藏室、高低温温变测试柜、盐雾试验机、器件可靠性实验室等，大部分设备设施是由公司独立开发设计、建造的，产能超过 30 万台/年。

针对中国电动车辆市场的特点，结合客户和相关法规要求，河南嘉晨智能控制股份有限公司研发的电机控制器系列硬件产品在设计理念（如针对永磁同步电机和旋转变压器接口的兼容性，满足国内客户的性价比要求等）、功能安全设计（符合法规要求）和智能化水平（远程参数设置、远程软件升级等）方面取得了较大技术突破。以此电机控制器系列硬件产品为主要零部件的电控总成极大提升了电机驱动控制系统的效率、性能、安全和智能化水平，在工业车辆领域内实现差异化应用。针对工业车辆中电动乘驾式车型，电机控制器实现了对永磁同步电机的适配和控制。相较于传统的交流异步电机，永磁同步电机具有体积小、效率高、转速/转矩控制精度高等特点，帮助车辆实现更好的驾驶体验和更长的续航里程。针对内燃工业车辆，以自主品牌电机控制器为基础的高性价比电控总成方案实现对传统内燃车辆的电动化改造。

另外，杭叉集团历经数年专为电动叉车开发的高性能紧凑型电驱动桥整体式电桥，其结构紧凑，功能完备，集动力、制动、差速、承载于一体，并有速度、温度等传感器接口，更有利于智能化的控制，湿式制动的应用，大幅提升了驱动桥的可靠性。配备高性能紧凑型电驱动桥的叉车，在不改变整车体积的情况下，电池容量可增加 40%，以便满足客户更高性能要求，完全可以取代进口产品。

智能化无人叉车的蓬勃发展，离不开电动助力转向系统，国内厂家在这方面做出了不懈的努力。安徽合力旗下的浙江力达公司率先把电动助力转向系统作为电动仓储叉车的标准配置，并在全行业得到了广泛的应用，助力中国 AGV 产品的本体生产快速提升。电动助力转向系统是叉车转向系统的发展方向，产品由转向传感装置、车速传感器、助力机械装置、提供转向助力电机及微计算机控制单元组成，微计算机控制单元根据转向传感装置和车速传感器传出的信号，确定转向助力的大小和方向，并驱动电机辅助转向操作。该系统由电动助力机直接提供转向助力，省去了液压动力转向系统所必需的动力转向液压泵、软管、液压油、传送带和装于发动机上的带轮，既节省能量，又保护了环境。另外，还具有调整简单、装配灵活以及在多种状况下都能提供转向助力的特点，同时，为传统叉车进一步升级成为无人叉车提供了技术保障。

25.2 技术成果情况

近年来，在国家制造业转型升级发展的大背景下，工业车辆行业内企业一是紧跟国家政策，二是市场竞争进一步加剧，同质化带来的发展弊端越发显现，都要求企业加快技术创新，努力打造企业核心竞争力。主机和零部件配套技术紧紧围绕电动化、绿色化、智能化、信息化发展趋势，完成了多项国家及省部级技术创新任务；在销售和后市场服务模式上，企业发挥各自不同的优势，努力探索，以形成新的利润增长点为目标，打破传统销售服务瓶颈，借助互联网、信息化等新技术，将销售和服务能力进一步提升，以便更贴近客户需求和日益提高的使用体验和效率要求。

工业车辆行业企业也获得了多项国家级、省部级奖项，2020 年工业车辆行业部分省部级以上获奖项目名单见表 25-1。

表 25-1 2020 年工业车辆行业部分省部级以上获奖项目名单

获奖企业	项目名称	证书类型	获奖等级	批准机关
安徽叉车集团有限责任公司	工程机械液压系统摩擦副材料关键技术开发与产业化应用	安徽省科技进步奖	一等奖	安徽省人民政府
	前移式叉车关键技术开发与应用	安徽省科技进步奖	三等奖	安徽省人民政府
	发明专利“双泵合流节能型叉车液压系统”	第七届安徽省专利奖	金奖	安徽省市场监督管理局
	重型叉车关键技术研发及产业化	中国机械工业科技进步奖	二等奖	中国机械工业联合会
	重型叉车关键技术研发及产业化	安徽省机械工业科技进步奖	一等奖	安徽省机械工业联合会
	G 系列 CPD85-100 电动平衡重式叉车	安徽省机械工业科技进步奖	二等奖	安徽省机械工业联合会
	G2 系列 1.5～1.8t 蓄电池站式前移式叉车	安徽省机械工业科技进步奖	三等奖	安徽省机械工业联合会
	G 系列 12～16t 内燃平衡重式叉车	安徽省首台（套）重大技术装备	—	安徽省经济和信息化厅
	G 系列 45t 标准型正面吊运机	安徽省首台（套）重大技术装备	—	安徽省经济和信息化厅
	“合力杯”叉车设计专项赛	安徽省第七届工业设计大赛奖	优秀组织奖	安徽省经济和信息化厅
	外观专利“电动叉车（10t）”	第七届安徽省外观设计奖	银奖	安徽省市场监管局
	HELI-Q1 四足式全地形叉车	“合力杯”叉车设计专项奖	三等奖	安徽省经济和信息化厅
	大吨位电动叉车	首届全国机械工业设计创新大赛产品奖	银奖	中国机械工业联合会
	“多面英雄”多功能叉车	首届全国机械工业设计创新大赛概念奖	银奖	中国机械工业联合会
	前移式叉车	首届全国机械工业设计创新大赛产品奖	铜奖	中国机械工业联合会

（续）

获奖企业	项目名称	证书类型	获奖等级	批准机关
杭叉集团股份有限公司	工业车辆主动安全技术及其应用	发明创业成果奖	一等奖	中国发明协会
	高性能电动工业车辆集成驱动关键技术研发及应用	中国机械工业科学技术奖	三等奖	中国机械工业联合会
	杭叉新能源叉车涂装与总装智能装备研发项目	中国机械工业科学技术奖	三等奖	中国机械工业联合会
	高性能电动工业车辆关键技术研发及应用	浙江省机械工业科技奖	一等奖	浙江省机械工业联合会
	高性能前移式叉车关键技术研发及应用	浙江省机械工业科技奖	三等奖	浙江省机械工业联合会
	绿色智能大举力新能源叉车	浙江省装备制造业重点领域首台（套）产品	省内首台（套）	浙江省经济和信息化厅
宁波如意股份有限公司	国家级高新技术企业（复评通过）	—	—	科技部
	—	浙江省科技进步三等奖	—	浙江省人民政府
	浙江省 AAA 重合同守信用企业（复评）	—	—	浙江省工商行政管理局
	浙江制造标准（蓄电池前移式叉车）	—	—	浙江省品牌联合促进会
	浙江出口名牌（复评）	—	—	浙江省商务厅
诺力智能装备股份有限公司	工业车辆自动控制技术及其应用	浙江省科学技术奖	二等奖	浙江省人民政府
浙江中力机械股份有限公司	WPL201	浙江省优秀工业产品	—	浙江省优秀工业产品评选委员会
	EPT20-ET	浙江制造精品	—	浙江省经济和信息化厅
	基于电子液压助力转向的锂电三支点叉车	浙江省优秀工业产品	—	浙江省优秀工业产品评选委员会
	中力智能机器人	科学技术奖科技创新奖	一等奖	中国科技产业化促进会
	基于电子液压助力转向的锂电三支点叉车	浙江制造精品	—	浙江省经济和信息化厅

2021 年工业车辆行业部分省部级以上获奖项目名单见表 25-2。

表 25-2　2021 年工业车辆行业部分省部级以上获奖项目名单

获奖企业	项目名称	证书类型	获奖等级	批准机关
安徽叉车集团责任公司	重型叉车关键技术研发及产业化	安徽省科技进步奖	二等奖	安徽省人民政府
	自润滑复合材料和高性能球铁关键技术及其工程应用	中国机械工业科技进步奖	二等奖	中国机械工业联合会

（续）

获奖企业	项目名称	证书类型	获奖等级	批准机关
安徽叉车集团责任公司	G系列1~10t电动平衡重式叉车关键技术研发及产业化	中国机械工业科技进步奖	三等奖	中国机械工业联合会
	G系列2~3.2t小轴距蓄电池平衡重叉车	中国机械工业科技进步奖	三等奖	中国机械工业联合会
	G3系列4~5t电动平衡重式叉车研发	安徽省机械工业科技进步奖	一等奖	安徽省机械工业联合会
	K2系列1~5t内燃平衡重式叉车关键技术研发及产业化	安徽省机械工业科技进步奖	二等奖	安徽省机械工业联合会
	1~3.8t内燃叉车变速箱系统全流程智能制造建设	安徽省机械工业科技进步奖	二等奖	安徽省机械工业联合会
	外观专利“重型叉车2017301-13022.3”	第八届安徽省外观设计奖	金奖	安徽省市场监督管理局
	发明专利“双泵合流节能型叉车液压系统2015104949848”	第二十二届中国专利奖	优秀奖	国家知识产权局
	—	安徽省第一届标准创新贡献奖（组织奖）	—	安徽省市场监督管理局
	HELI-Q2曲臂式越野叉车	BICES中国第六届工程机械及专用车辆创意设计大赛奖	二等奖	中国工程机械工业协会
	新能源锂电池专用叉车	高端装备创新设计奖	银奖	中国创新设计产业战略联盟
	3~4.5t锂电池牵引车	高端装备创新设计奖	优秀奖	中国创新设计产业战略联盟
杭叉集团股份有限公司	基于混合平台架构的XC系列新能源叉车关键技术研究及应用	中国机械工业科学技术奖	二等奖	中国机械工业联合会
	高电压重工况锂电池新能源系列叉车	浙江省装备制造业国内首台（套）装备	省内首台（套）	江苏省经济和信息化厅
	高效可靠的越野叉车关键技术研究及应用	浙江省机械工业科技奖	一等奖	浙江省机械工业联合会
宁波如意股份有限公司	国家级企业技术中心	—	—	中华人民共和国国家发展和改革委员会
	浙江省企业技术中心	—	—	浙江省经济和信息化厅
	浙江省博士后科研择优资助项目	—	—	浙江省人力资源和社会保障厅
诺力智能装备股份有限公司	无人驾驶工业车辆关键技术及产业化应用	浙江省科技进步奖	二等奖	浙江省人民政府
	低速无人系统定位导航技术及应用	上海市科学技术奖	一等奖	上海市人民政府

（续）

获奖企业	项目名称	证书类型	获奖等级	批准机关
诺力智能装备股份有限公司	PTE15N 锂电池电动搬运车	浙江机械工业科技奖	二等奖	浙江省机械工业联合会
	超小转弯半径无人驾驶堆垛车	中国机械工业科学技术奖	三等奖	中国机械工业联合会、中国机械工程学会
	RT16Li 锂电前移式叉车	第二届全国机械工业设计创新大赛	铜奖	中国机械工业联合会、中国机械冶金建材工会
	OPL25N	德国红点（Winner）产品设计奖	—	—
	RT16P	德国红点（Winner）产品设计奖	—	—
	PSE12N（EDGE 系列）	德国 iF 产品设计奖（iF Design Award）	—	—
	RT16P	德国 iF 产品设计奖（iF Design Award）	—	—
浙江中力机械股份有限公司	CPD20L2	iF 产品设计奖/浙江省首台套	—	—
	可燃性气体及粉尘环境两用高防爆等级蓄电池叉车	浙江省优秀工业产品证书	—	浙江省工业经济联合会
	具有装配式内门架结构的仓储用托盘堆垛车	浙江省优秀工业产品证书	—	浙江省工业经济联合会
	—	高新技术企业认定	—	全国高新技术企业认定管理工作领导小组
	高稳定性高刚性小型电动堆高车开发	科学技术成果鉴定证书	—	科学技术部

第26章

工业车辆行业主要企业概况

1. 安徽叉车集团有限责任公司

（1）企业概述　安徽叉车集团有限责任公司（以下简称“叉车集团”）系省属国有独资公司，始建于1958年，主营业务为工业车辆、智能运搬装备及其核心零部件的研发、制造与销售，是目前我国规模最大、产业链条最完整、综合实力与经济效益最好的工业车辆龙头骨干企业之一，其核心控股子公司安徽合力股份有限公司是我国工业车辆行业最早的上市公司。自1991年起，叉车集团主要经济指标连续31年保持国内同行业第一，并跻身世界工业车辆行业七强。叉车集团作为国家创新型企业，拥有国家企业技术中心、国家级工业设计中心两项资格，是全国首批安全质量标准化一级企业；“合力”“HELI”商标是“中国驰名商标”、商务部“重点培育和发展的出口名牌”；生产的2,000多种型号、600多类工业车辆产品全部具有自主知识产权。

（2）重大举措

1）坚定不移做强做优做大，致力成为世界一流企业集团。紧扣“一体化”和“高质量”两个关键词，主动应对各种不利因素，抢抓市场发展机遇，全力推动高质量发展，巩固并提升行业龙头地位，营业收入、整机销售、整机出口同比增长超过20%，主要经营指标再创新高；成功入选“国家制造业单项冠军示范企业”，成功申报安徽省首家集团保税试点单位，荣获“全国供应链创新与应用示范企业”称号。

2）创新产业模式，增强企业发展驱动力。坚持做大现代制造服务业规模，永恒力合力租赁车队规模已超10,000台，合泰租赁产品信用销售突破3,000台；围绕新能源、智能物流系统等新业务，抢抓发展机遇，补短板、锻长板。以战略投资方式入股浙江加力，进一步提升公司在电动仓储车辆方面的综合实力；与安徽国控集团签署战略合作协议，组建国合智能制造产业基金，整合产业优势，抢抓投资机遇；投资合力（六安）高端铸件、新能源电动仓储车辆等建设项目，夯实合力做强做优做大的产业基础。

3）落实品牌规划，践行服务领先战略。着眼“一个合力”品牌架构，做实做精线下展会及行业活动，持续加码直播电商赛道，升级“品效合一”模式，建立合力新营销系统，密切线上营销平台与线下经营实体的联系，推动产品、政策、渠道和品牌的深度融合；推出“合小力”“合力红金刚”“合力小钢炮”等IP，全面升级品牌形象；持续建设营销公司4S店项目，持续推进维修服务标准化，提高营销公司服务型收入及原厂配件采购占比。

4）实施国际化战略，主动融入新发展格局。加大对“一带一路”沿线国家市场的推介，主动对接重大招标项目，加强与央企合作，实现重装产品销售新突破；积极克服海外疫情、贸易摩擦等不利影响，密切关注国际市场需求变化，进一步发挥三大海外中心的桥头堡作用，辐射区域整机销量占总出口量近七成。

5）立足提质增效，加深数字化升级运用。建设数字化产线、数字化车间、智能工厂，构建数字化运营决策分析平台；汇集生产制造、营销服务、采购仓储、财务成本等各环节数据流，深度挖掘数据，实现核心价值链数据辅助决策功能；加快国产化智能终端及应用解决方案升级，“合力 FICS 工业互联网平台叉车行业典型应用”成功入选工信部试点示范项目。

6）创新体制机制，激发企业内生动力。持续深入推进职业经理人制度试点工作，优化职业经理人绩效考核与薪酬管理制度，完善考核内容，健全以契约化管理为核心、以任期制和经营目标责任制为主要内容的经理层人员市场化选聘和管理机制；开展纵深延伸，建立所属二三级分子公司企业负责人绩效考核与薪酬管理体系，并积极推行经理层成员任期制和契约化管理。

（3）产品创新

1）升级换代新产品。发布新产品上市通知 96 项，上市车型 665 款；发布小批销售通知 154 项，小批销售车型 815 款；完成省级新产品鉴定 19 项；先后开发了内燃、新能源、AGV 等新产品，批量上市 G2 系列 2～3.5t 锂电池专用车，年度销量突破 6,000 台；“G 系列 45t 标准型正面吊运机”和“G 系列 12～16t 内燃平衡重式叉车”被认定为安徽省首台（套）重大技术装备；“G3 系列 1～10t 高端内燃叉车研发及产业化”“氢燃料叉车研发及产业化”等列入省国资委重点创新示范项目。

2）推动应用技术发展。持续加强应用技术创新力度，基于氢燃料叉车研发项目，完成合力加氢平台建设；开展智能检测和识别系统等基础技术研究，完成高压动力锂电池集成系统、叉车安全监控管理系统等核心技术研究；“工程机械液压系统摩擦副材料关键技术开发与产业化应用”获省科技进步一等奖。

3）制订标准和授权专利。获得授权专利 1,039 项，其中发明专利 20 项，主持制定 2 项国际标准，主持及参与制修订国家标准 9 项、行业标准 3 项、团体标准 5 项。发明专利“双泵合流节能型叉车液压系统”获得第七届安徽省专利金奖；外观专利“电动叉车（10t）”获得第七届安徽省外观设计银奖；外观专利“重型叉车”获得第八届安徽省外观设计金奖。

2. 杭叉集团股份有限公司

杭叉集团股份有限公司（简称“杭叉集团”）面对国内外复杂的环境变化，保持战略定力，集中精力把主业办好。作为杭州市“新制造业计划”确定的“高端制造”企业，聚焦改革创新，坚持高质量发展，优化产业结构，防范重大风险，保持了公司长远稳健发展的良好态势。公司从业绩到荣誉，从市场占有、品牌宣传、科研水平到管理提升等各项工作均取得了显著成效，管理水平和品牌形象进一步提升，综合实力和市场影响力进一步提高。近两年，公司各项经营指标均屡创历史最好水平。

至 2020 年，杭叉集团已构建了与企业战略目标和行业地位相适应的“一核两翼，全面统筹”的技术创新体系，为技术研发工作的持续创新发展提供了保证。“一核两翼”就是以舒适性和安全性技术、绿色节能技术、智能化技术等为核心，以智能制造工艺技术和试验检测技术为两翼，形成全覆盖、多层次的技术和产品体系；“全面统筹”就是在研发组织上形成以各整车和零部件研究所为核心，以技术委员各专业组、与国内外著名科研院校共建研发中心为补充的多层次组织机构；在体制机制上形成以制度管理为基础，以资源整合为目标，具有杭叉特色的高强度人才激励机制、多样化立体式合作机制、多层次分类化人才培养机制、专项设立按需支出投入机制在内的全方位运行机制，支撑企业的可持续发展。

杭叉集团产品销量十多年持续位列行业前茅，据美国《现代物料搬运》杂志对全球叉车按销售额排名，位列世界第 8 位。杭叉集团的销量已占世界机动工业车辆总销量的 8%以上。公司已形成 1~48t 内燃叉车、0.75~25t 蓄电池叉车、集装箱专用叉车、集装箱正面吊、空箱堆高机、牵引车、搬运车、堆垛车、越野叉车、伸缩臂叉车、高空作业平台、洗地机等全系列、多品种的产品结构以及多款 AGV 智能工业车辆，达上万种品种规格。自主开发的新产品多次荣获全国机械工业以及省、市科技进步奖，并获“全国用户满意产品”称号，主导产品获国家出口免验资格。

3. 林德（中国）叉车有限公司

林德（中国）叉车有限公司 1993 年成立于厦门，是林德物料搬运在亚洲的生产、销售、服务及技术研发基地，现有 3,500 多名员工，全国有 224 个销售服务网点。

多年来，林德（中国）始终坚持以用户为导向，根据用户实际应用场景量身打造物超所值的产品、服务及解决方案，特别是在新能源、自动化及数字化这些新兴领域，陆续推出了锂电、氢燃料电池、AGV 自动搬运机器人、数字化车队管理系统等新技术、新产品，实现“从单点设备到万物互联”的转变。

林德物料搬运系凯傲集团成员，世界叉车和仓储车制造商，也是内部物流解决方案供应商，在欧洲叉车市场占有重要的份额。

（1）企业重大举措　林德始终致力于为中国客户提供高效的物料搬运解决方案，凭借扎实的技术研发、产品制造、销售网络和服务体系，持续引领行业发展。近 30 年来，林德叉车始终坚持“以客户为导向”、“产品服务创新”和“强化内部精益管理”的发展理念，在外资叉车品牌中始终保持领头羊地位。

2021 年，林德顺利完成了从大区/区域的布局到各职能的重构和优化。对外，林德以创新营销形式带来市场影响力的快速提升，获得地方客户和行业的肯定与赞许，市场反响良好。在“一个凯傲”和省级运作机制基础上，林德进行销售破局，扩大生态圈合作，积极探索业务新模式和新生态，增强市场覆盖。对内，我们建立起更加完善的产品洞察体系，完成了超过 18 款产品的标准作业程序，完成首个供应链整合的里程碑项目。在自动化、数字化和新能源方面我们也多有斩获，建立了多个解决方案的标杆项目。

为了确保关键部件的供应，构建更有竞争力的供应链优势，2021 年 10 月携手合肥海源机械有限公司成立合资公司，11 月又与宽洋和鼎新等签订了战略合作协议，助力凯傲实现叉车关键零部件的战略供应落地。12 月中旬，凯傲济南工厂正式投产，首台叉车投产、下线仪式顺利举办。凯傲济南工厂对凯傲各品牌协同战略落地具有重要意义，同时新下线的林德平衡重叉车承载重要历史使命，是凯傲向市场冲击的新起点，帮助凯傲在中国乃至全球范围内的可持续发展建立了强大的信心。

在内部精益化生产方面，林德（中国）不断突破创新。公司在面向现代化生产制造与运营管理的新型能力建设过程中，开展以智能工厂、精益生产管理为代表的现代生产制造与运营管理，不但提升企业数字化生产水平，还重点关注工业设备设施、制造过程、生产经营管理等活动的数字化和集成互联，供物流行业企业开展融合信息技术建设过程学习应用。两化融合管理体系贯标示范项目也受到了政府及行业人士的肯定与支持，2020 年林德（中国）叉车有限公司入选 2020 制造业与互联网融合发展试点示范项目。2021 年，林德（中国）的工业设计中心被评定为国家级工业设计中心。这意味着林德（中国）的工业原创设计能力及创新水平又上了一个新的台阶。

此外，凭借高效创新的技术以及快速响应的服务，林德（中国）叉车有限公司行业领先地位不断强化并在细分行业不断突破，获得客户及行业肯定，先后荣膺“中国物流装备金智奖”、“汽车物流行业创新奖 & 优秀技术装备供应商”（CFLP 颁发）、“中国冷链产业金链奖”（CFLP 颁发）、“2021 年中国物流知名品牌” 等奖项和称号。

（2）产品创新　随着“双碳”战略的全面助推以及企业用工环境的不断优化，市场与用户对叉车的需求也在持续地发生变化。凯傲集团作为行业领跑者，肩负着在“技术创新”和“能源升级”方面引领行业的责任。面对新一轮电气化进程的开启，凯傲全新 E20/25B-01 平衡重叉车应运而生，通过平台化开发及供应链资源整合，积极响应客户在细分应用中的需求，为用户提供更具性价比的高品质产品。为满足繁重工况下纸业/饮料/玻璃/汽车等行业用户对整车可靠性、承载能力及操控稳定性等的需求，林德推出了该细分领域的 4~5t 电动平衡重叉车。新车型采用集成式驱动桥和一体式摆动转向桥、林德数字控制器匹配双交流电机、指尖操控、双踏板系统等家族式配置，同时搭载车辆运行状态自动检测和自动驻车，智能检测坡道系统等行业领先的功能，使整车的驾驶与操控更加精准高效，舒适平稳，安全可靠。

在自动化领域，凯傲集团 AGV 产品与技术已在市场深耕几十年。2020 年凯傲全球 AGV 研发进行技术整合与迭代更新，推出全球统一平台的 AGV 全系统产品。林德（中国）叉车有限公司作为凯傲全球 AGV 研发和生产制造中心之一，顺势推出基于林德叉车本体的 AGV，包含托盘车、堆垛车、牵引车、前移式叉车、窄通道叉车等，全系列车型符合 CE 设计标准。目前在全球已有 1,200 多套移动机器人系统以及 8,800 多台移动机器人，服务于 3C 产品制造、制药、食品、饮料、物流等行业。

从以上三家主要企业近两年的举措可以看出，抓市场机遇、抓发展的主要矛盾、优化产业结构、提升竞争力是头部企业共同的经营策略。对于中小企业，明确自身市场定位，向“专、精、特、新”方向找思路、找突破口，摆脱“同质化”“跟随式”发展的模式，打造自身优势技术、营销服务模式，已经成为企业良性发展、生存的重中之重。我们欣喜地看到，在行业内已经有多家企业走出自己独特的创新转型之路。

市场占有率进一步说明了产品集中度越来越高。2020—2021 年主要企业各车型销量占比情况见表 26-1。

表 26-1 2020—2021 年主要企业各车型销量占比情况

车型	前三家占比	前五家占比	前十家占比
电动平衡重叉车	53.32%	73.21%	88.28%
电动乘驾式仓储叉车	57.38%	71.89%	92.59%
电动步行式仓储叉车	57.60%	79.74%	97.24%
内燃平衡重叉车	77.64%	84.55%	94.56%

第6篇　供 应 链

本篇摘要：

本篇主要包括供应链发展变化、供应链问卷调研、供应链中新技术的应用、产业链供应链及典型企业绿色供应链建设案例。

第27章 供应链发展变化

27.1 多层次多元化发展

供应链层次多元化、场景复杂化的表现为：

1）层次多元化、覆盖面延伸。无论是企业组织还是城市管理，都开始将视野放大，立足自身业务或者产业定位，放眼区域供应链、产业供应链甚至全球供应链。

2）维度提高、战略凸显。由经营、执行层面上升到了战略层面，解决战略绩效和组织机构的优化问题。

3）场景更加复杂、变数更多。联动环节增多，影响因素更多，需要供应链组织和不同环节主动融入、嵌入全球供应链体系、双循环经济体系，企业需要追求差异化的竞争协同，城市、区域供应链也是如此。

比如，“一带一路”倡议通常包含“丝绸之路经济带”和“21世纪海上丝绸之路经济带”，希望联结亚洲、欧洲和非洲，是立足于全球产业链供应链的一体化。无论是从丝绸之路经济带、长江流域经济带、北部湾经济带、21世纪海上丝绸之路经济带、京津冀经济带、东北—蒙东经济带的划分，还是环渤海地区、东海地区、南海地区、西南地区和西北地区的划分，具体表现和落地，都是分别在这些地区建设区域供应链以及枢纽港口和内陆枢纽门户，以及边镇支点节点，来构建产业链供应链一体化网络，以便于支撑市场一体化的大战略。

在这样的大格局下，各个城市将有其相应的城市供应链体系建设。

比如上海，凭借洋山港“全球第一大港”的区位优势，上海定位为金融中心、创新中心和供应链中心、物流中心，带动长三角地区的经济与贸易的发展。上海的城市（区域）供应链体系立足于进口的货品向内地辐射，内地制造的产品通过上海空港、海港出口，由此成为全国乃至全球的产业链/供应链运营中心。上海在新的发展格局中成为国内大循环的中心节点、国内国际双循环的战略链接，对内对外开放两个扇面枢纽地位将进一步巩固。同时，科技创新策源地功能和加快跃升，关键技术攻关取得重大突破；高端产业引领功能加快形成，保障先进制造业发展空间；开放枢纽门户功能优势不断增强，成为连通全球的网络枢纽新高地。

27.2 应用范围不断扩大

我国对于供应链的认知最早从物流开始，通常称为“物流供应链”，后来有“采购供应链”等，都未能表达供应链全局。2010 年开始，SCOR 模型引导人们开始关注“核心企业”的计划、采购、生产和交付。到今天随着电商业务、连锁业务、直营业务和经销业务等全渠道模式开展，供应链不再是仅仅解决采购、生产和交付等物理问题，更多的是解决客户和市场需求的产品和服务问题。供应链开始影响企业的全面经营、全渠道营销、以客户为中心的有效性。

随着供应链的范围逐渐放大，其边界也逐渐模糊了，供应链开始包含研发、导购、品类规划、供应链构建等，开始越来越多地表现为端到端的供应链特征，在原有的基础上会增加或者影响到：经营策略与商业模式、研发管理、市场策略、产品策略、商品策略和品类规划、销售及渠道策略与管理（比如门店、经销商和电商等）、物流策略与物流管理（比如物流网络与配送）、预测与需求管理、订单交付及库存策略与管理和供应链信息系统顶层设计、构建等。

由于有些企业是品牌商、制造商、研发商、物流服务提供商，他们都会在相类似、同频道的一个产业链上寻求其结构属性和增值属性，并且互相渗透，所以越来越难以划分彼此之间的边界，而随着“多对多”的业务体系的联动，网络型供应链开始成为生态圈，逐渐构成了对产业链的影响或直接成为产业链供应链，如图 27-1 所示。

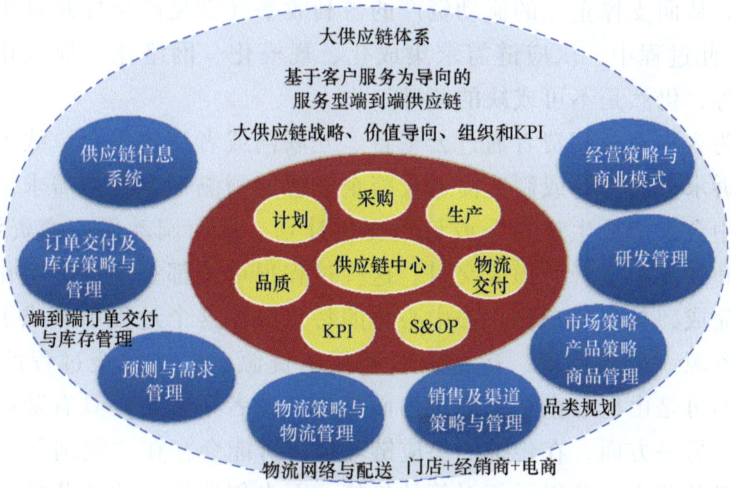

图 27-1　供应链范围扩大，边界逐渐模糊化

27.3 紧密结合制造业发展

在企业竞争力、技术迭代升级、国内外最佳实践的借鉴、产业政策推动，以及智能制造的多方面发展助力下，制造供应链从原来的职能部门分割阶段（通过企业内部精益

升级）向集成供应链阶段发展，开始整合供应链上的生产要素，体现效率；有一些具有先发优势的企业已经开始进入价值链网络阶段，通过梳理数字化主线，提升大数据应用能力，提高产业链上的价值功能；某些互联网基因强大，充分利用物联网、5G 等技术的企业更快地进入了互联互通的、连锁形态的全渠道供应链阶段，促进产业链供应链升级，从而开始影响生态圈。

在“双循环”及国内市场一体化的大环境中，制造企业的供应链能力/战略绩效通过运营转化为大数据，这些大数据会通过物联网、云平台、销售端表现给终端消费者，即购买其产品或服务的客户。从消费端而言，每一个具体的制造企业，或其代表的供应链，其能力都将被具象化为一个品牌诉求，或者能力参数，并由此成为互联网上的一个产品、服务或品牌。

27.4 供应链结构动态化

传统的供应链竞争逻辑通常是“核心企业”准备了产能、产品或服务，针对消费者进行销售推广或交付，消费者（需求）并没有被（个性化）重视，虽然企业供应链的代表都会提出“以客户为中心”，但是其供应链竞争逻辑具有固有的管理惯性和“路径依赖”，无法让消费者真实体验到供应链的完美服务。在互联网+、智能制造的大环境下，企业供应链能提供的产品、服务和品牌，都将因由消费者需求拉动，通过数智化平台来协同，形成端到端的互联互通的供应链，并由此来倒逼商家不断提高供应链的运营和服务的效能，从而支撑企业的流动资产的盈利效率（常见的指标是订单交付周期和库存周转率）。在此过程中，供应链需求集成化、规模化、网络化、规范化、简单化、专业化、标准化等，仍然是不可或缺的基础工作。

具体表现为客户或者消费者通过云平台、互联网或者销售平台、线上门店等，提出产品或服务的诉求，品牌商或制造商通过跨企业智能预测平台获得需求信息，通过企业供应链的控制中台来形成生产指令或订单交付计划，从而调动供应商资源、采购资源、智能制造资源和物流配送资源形成交付。这些过程很可能都是通过数字化、网络化、智能化的供应链完成，具有动态化、去中心化的特点。在这个过程中形成了客户资源、数据资源、供应资源、产品资源、运营资源和技术资源，以支撑全过程的供应链竞争逻辑。这个过程不再是由核心企业来确定，而是由消费者来确定，具有随机性、碎片化和个性化等特点。另一方面，在传统的供应链环境下可能会存在“剥削”和不公，创造了价值的企业或者环节未必获得了相对等的价值，而未创造价值的环节反而可能获得绝大部分的价值。在数智化供应链中，各个功能模块和环节是随机智能化组合的，价值的创造和获得是对等的。由此开始颠覆传统供应链的价值观和环节要素重组与排序，甚至商业模式的更新。“以客户为中心”的供应链需要具备八个能力：爆款的研制能力、库存周转能力、成本与效率能力、满足客户需求的运营能力、工业数据与消费大数据的收集与把握能力、生态圈的影响能力、全供应链的盈利能力，以及供应链的顶层设计、规划和构建的能力。

27.5 供应链模式不断优化

企业在推动供应链数字化、智能化的过程中，需要思考需要具备何种交付能力的制造供应链，以及面临什么样的需求，如何保证有效的制造和交付，从而支撑供应链数字化、智能化的平台，以保证交付。

这需要从市场需求管理、产销平衡、生产计划、车间高级排程，到智能制造技术嵌入、智能物流技术链接，以及订单交付周期、订单准时交付率、作业变动率、预测准确率、产能利用率、物料齐套率、工位配送准时率、作业效率和到货准时率等方面的技术应用、数理逻辑和相关算法。

供应链过程中还将使用区块链技术、移动互联网技术、人工智能、在线仿真、数字孪生技术、无人货车、AGV 技术、5G 技术、图像识别技术、智能检测技术、无人终端送货、工位机器人、AR/VR 等技术，这些技术旨在推动客户体验模式的创新、数据平台应用的创新、产品研发创新、客户服务模式的创新，以及技术应用场景等创新，从而提高供应链运营的相关战略绩效，强化企业的核心竞争能力。

供应链发展范式的变化在潜移默化地改变物流装备的应用场景、应用参数，甚至运营的规则，由此倒逼物流装备对于具体应用场景的适应性提高，从而进行个性化设计或者二次优化。尤其是对于个性化的智能制造与交付场景，物流装备的应用不仅要解决功能问题，更需要解决供应链运营系统的时间、效率，以及作业精准化、有效化的问题。

第28章

制造供应链问卷调研

中国机械工程学会物流工程分会、上海天睿物流咨询有限公司、《物流技术与应用》杂志、长春德勤企业管理咨询有限公司联合发起此次调研。希望通过本次调研，深入了解当前制造企业物流供应链发展现状、标准应用和未来提升方向，帮助制造企业更好地提高供应链的增值能力。

参与本次调研的企业主要分布于汽车及零部件行业、家电行业、电子行业、机械行业、家居行业、食品行业、化工行业等，参与填写问卷的主要为企业物流部门、供应链部门、总经理室、生产部门或计划部门的人员。参与调研的企业中，民营企业占比为56%，外资企业占比为18%，国有企业占比为12%，合资企业占比为11%。

28.1 调研反映的总体趋势

1）人们普遍认为，疫情、战争、贸易竞争确乎影响国内、国际供应链，但更多的人认为那只是过程，制造供应链的全球化趋势不可逆转。

2）供应链存在瓶颈的很多企业将面临生存压力，疫情将可能成为压垮它们的“最后一根稻草”，面对很多“竞争力低下的”企业离场，需要有一批具有核心竞争力的企业来参与市场“洗牌”，重新优化供应链，以期快速占领市场。

3）企业的供应链战略和价值导向一般不会轻易改变，但是关键绩效决策点可能动态变更，比如之前的成本要素逐渐被放到了“效率”“安全”“稳定”的考核要素后面。

4）有长期战略的企业更加强调供应链数字化建设，以提高“双循环”大环境下的供应链个性化诉求，而不是教条的集约化、集成化。

5）“爆款”供应链越来越呈现其竞争能力和构建的必要性。

6）智能供应链日益成为智能制造体系构建的前提和生存环境，也是供应链数字化发展的下一个里程碑。

7）随着企业适应市场需求的变化，产品形态、服务模式不断创新，供应链也不断向数字化、智能化迭代升级，优化重组，基于赋能的需要，工程技术人才而不仅仅是运营人才越来越凸显其战略意义。

8）供应链资源协调与调度的能力，即供应链（服务）公司“聚合”能力决定其核心竞争力，越来越多的供应链服务提供商开始为此构建竞争壁垒。

9）数字化、智能化物流装备的应用已经在逐步普及，先进企业的成功实践已经起到了很好的示范作用，由此带动了更多企业通过优化物流供应链系统而主动积极地采用相关设施。

28.2 关键议题反馈

1. 供应链关键绩效侧重点

49%的企业绩效设计是以成本优先为导向的，这也是中国制造业能够在疫情期间承担世界工厂角色的基础能力。成本控制仍是制造业供应链运营的侧重点，企业供应链仍然“以我为中心”，而不是“以客户为中心”，没有表现供应链对内、外不同诉求的平衡。在成本导向的基础上，平衡成本、效率、品质和交付服务，是考验供应链运营精细化管理能力的体现。目前服务优先的企业仅有15%，在面向消费者和客户的供应链转型背景下，与以客户和交付为中心的价值诉求之间存在巨大的差异，如图28-1所示。

2. 供应链数字化战略

制造企业对供应链战略的重视度逐步提高，数字化转型已经成为供应链战略重要的构成部分。仅有20%的受访企业“没有或不清楚”供应链战略，比2020年36%的比例大幅下降，67%的企业有供应链战略。43%的企业制定了细分的数字化战略，数字化转型日渐成为制造业发展的必然趋势。近年来国家及企业对供应链、物流的重视，使得制造企业普遍认识到供应链战略对于企业发展的重要性，并在企业内部建立了战略共识，如图28-2所示。

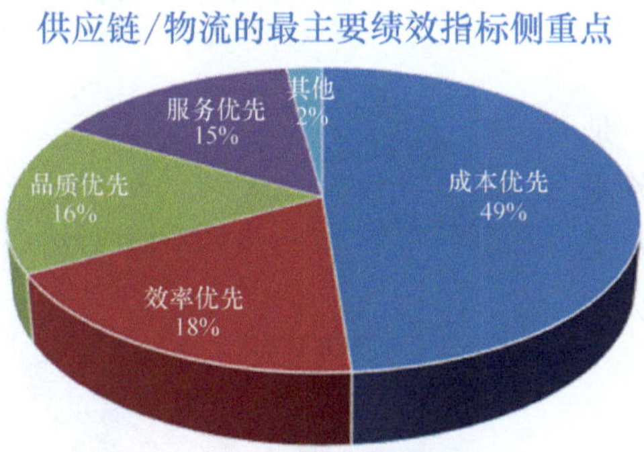

图28-1 供应链主要绩效

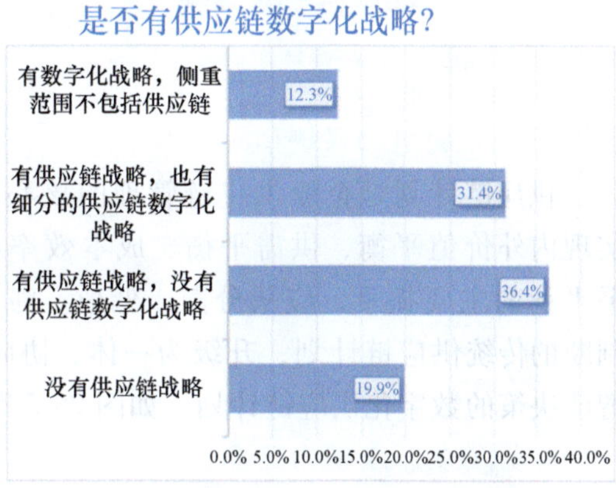

图28-2 供应链数字化战略

3. 供应链数字化推进状态

中国制造业数字化转型蓄势待发、任重道远，相当一部分企业尚未启动或者刚刚起步。63%的企业已开始供应链数字化转型升级，但自评“基本完成”数字化或“做到行业标杆”的企业不到7%，中国制造业供应链数字化转型仍有很长的路要走。制造业供应链数字化转型不同于平台型企业，过程中除了技术部分的工业软件仍是瓶颈之外，供应链数字化的顶层设计、组织及人才梯队建设也将面临巨大的挑战，如图28-3所示。

4. 供应链预警和抗风险能力建设

在近几年疫情和突发事件反复出现的环境推动下，企业在供应链预警和抗风险能力建设方面有所提升，但仍然有很大一部分企业无法搭建起有效的体系和机制。在疫情和贸易壁垒常态化背景下，制造企业的供应链风险预警与防范的重要性日益突出，而“国内国际双循环”也促使海外供应链与国内产业链的关系更加密切，供应链的场景更加多元化和复杂化，偶发性风险的发生频率更高，建立并完善企业的风险防范与控制流程逐步成为企业供应链运营的重要组成部分。

40%以上的企业在公司内制定了供应链风险预测机制及内外部资源应急调度机制；30%以上的企业建立了供应链端到端监控机制、风险事件决策机制，但只有11%的企业有对于黑天鹅事件的预警机制。企业的供应链风险预警与应对机制，及与上下游合作伙伴之间的协同，是制造企业必须建立健全的流程，而目前大部分企业仍有欠缺，如图 28-4 所示。

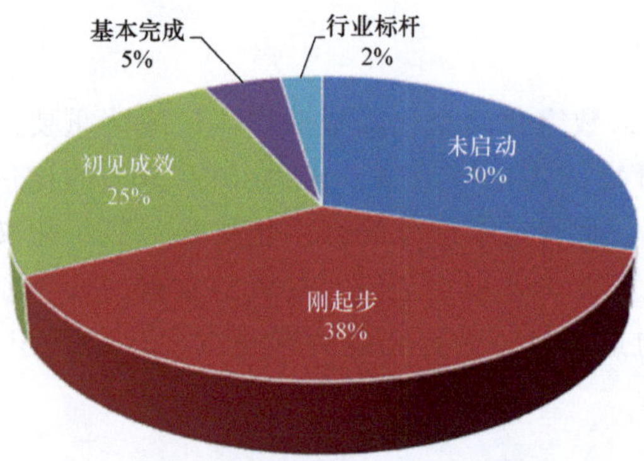

图 28-3 供应链数字化推进状态

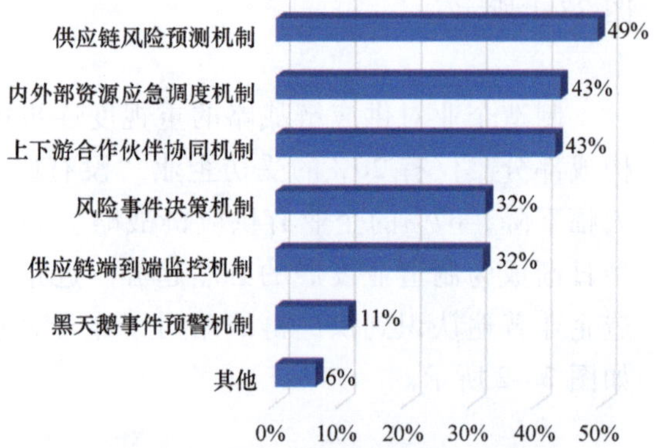

图 28-4 供应链预警与抗风险能力

5. 供应链计划系统

供应链计划是企业供应链管理的核心职能，是实现内外价值平衡、供需平衡、成本效率与服务水平平衡的主要抓手，应从分散、低效、滞后、人工判断的传统供应链计划，升级为一体、协同、及时、智能决策的数字化供应链计划，如图 28-5 所示。

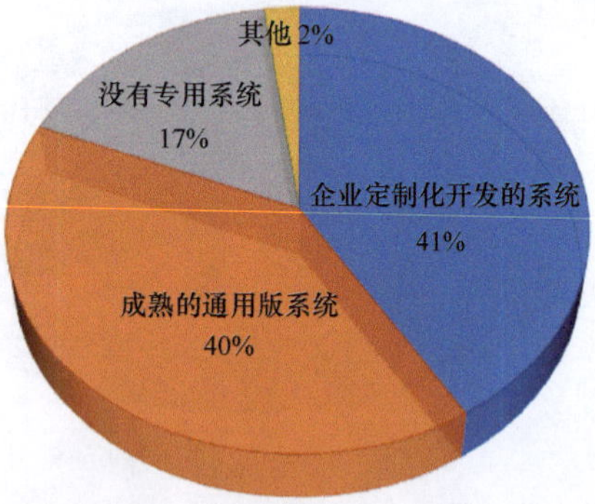

图 28-5 供应链计划系统

6. 供应链服务能力建设

制造企业逐步开始重视供应链网络服务能力的建设，但对乡、镇等下沉市场的网络建设相当欠缺（仅有 16%的企业具有该能力），即使是针对门店或者电商的服务能力也分别仅有 33%和 38%的企业可以做到。

企业服务的最终客户不同，对其供应链网络服务能力需求也有很大差异，但归根结底，由于市场环境多变，需求多样化、个性化和多元化，企业不仅仅要将产品交付给客户，更需要通过一个极具柔韧性、稳定可靠、高效透明的网络传递产品、服务、文化和理念。

当下，销售渠道的界限已越来越模糊，消费场景越来越丰富，品牌企业应将供应链管理思维模式从原先的以产品和库存为中心，转变为以消费者和数据为中心，通过运营和服务的竞争，争夺消费者和购物场景，从而赢得优势，如图 28-6 所示。

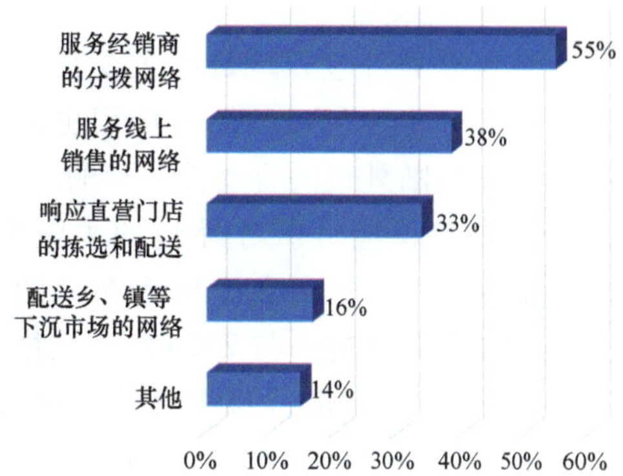

图 28-6　供应链服务能力

7. 供应链软件应用

信息化在供应链不同环节基本都有应用，但入场物流、工位配送等与工厂运作息息相关的软件应用较少，成为工厂数字化发展的明显短板。

在仓储管理、物料采购、物料需求、成品发运、计划、生产管理等方面广泛使用了信息系统。针对工位配送的信息化应用是生产物流的短板，使用率仅为 27%，较 2020 年数据提升不到 2%；仍有 5%的企业未使用信息系统。

企业不同时期根据业务需要导入各类系统，在各自领域都发挥了积极作用。但单纯地依靠这些“模块性质的系统”，彼此间没有打通，缺乏系统性规划，也在企业内部形成了信息孤岛，使得当前软件应用对于全供应链管理的支撑仍然不够，如图 28-7 所示。

8. 供应链场景的可视化能力

中国制造企业目前更多地关注某些节点上的可视化，而未能实现供应链端到端的全程可视化。50%左右的企业在采购订单追踪、原材料到货及入库状态、仓库库存变动状态、订单执行状态、订单交付追踪等场景中，基本实现了可视化，但对于生产控制中的物料流、工位配送及线边库等，只有 1/3 左右的企业有所建设。

不同系统间的信息孤岛现象在大公司和大集团中尤为突出，信息的打通是实现供应链透明化、数字化的基础。为数不多的头部企业正在致力于供应链全过程的信息打通和数据化、可视化能力建设，并逐步向外输出其数字化转型的成果，这将极大地加快中国制造企业的数字化进程，如图 28-8 所示。

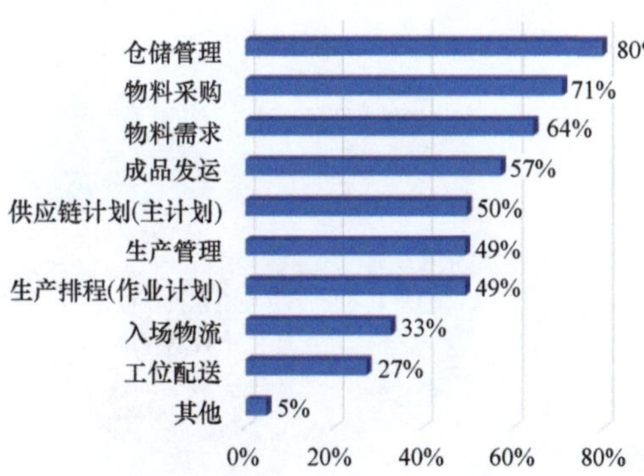

图 28-7　供应链软件应用

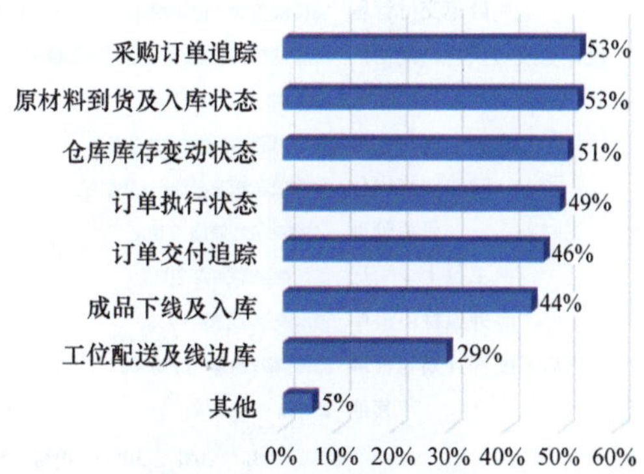

图 28-8　供应链场景可视化

9. 供应链服务外包

供应链服务外包领域目前主要集中在传统业务，细分专业领域的服务应用也需要制造企业理性判断外包的合理性。运输、仓储、劳务外包仍是供应链服务外包的主流项目，73%的企业使用运输外包，接近50%的企业使用仓储和劳务外包，与2020年的数据基本持平。设备、包装租赁服务不到30%，咨询、云服务、软件平台等高阶服务不到20%。针对制造企业专业、系统的供应链外包服务仍然极为欠缺，如图28-9所示。

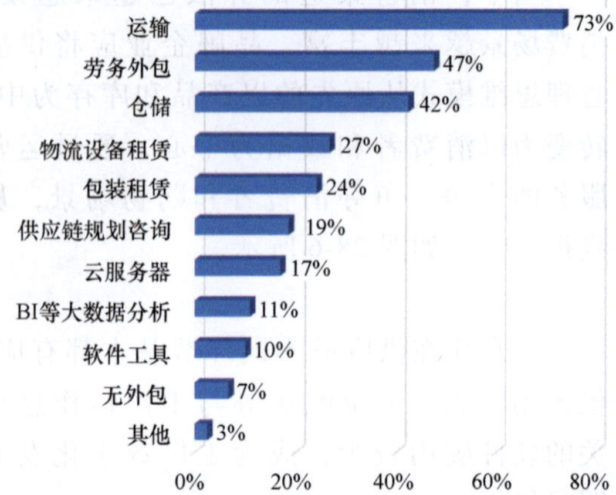

图 28-9 供应链服务外包

10. 供应链改善

企业供应链改善关注点往往意味着目前的效率损失、瓶颈点、价值流断点的存在，供应链强调系统性优化，需要从全价值链角度协同优化各个关键环节，从而推动企业供应链向一体化、数字化、智能化方向发展。受访企业对供应链物流改善关注程度从高到低依次为：供应商管理、仓储效率、订单交付、设计更改。不同企业对于供应链关注点各有不同，对于供应链系统性、数字化、协同性影响较高的环节（如上线配送、包装管理、售后零配件管理）关注度相对较低（分别为20%、21%、17%），如图28-10所示。

11. 数字化工厂建设

较多企业对数字化工厂有规划，也体现出数字化工厂是未来竞争力的主要支点。24%的企业已进行数字化工厂的建设，38%的企业已有建设或改造老工厂的计划，14%的企业在规划中。76%的企业意识到了数字化工厂的重要性。制造企业数字化、智能化已经成为大势所趋，以终为始全面规划新的数字化工厂，或在现有基础上拥抱新思想、新技术，逐步导入智能设施和软件应用，各地数字化工厂、车间如雨后春笋般拔地而起，尚在犹豫、怀疑、排斥这一趋势的企业将会付出代价，如图28-11所示。

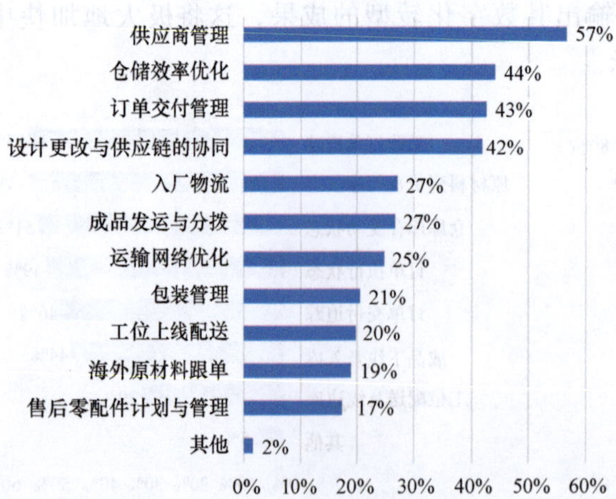

图 28-10 供应链改善关注点

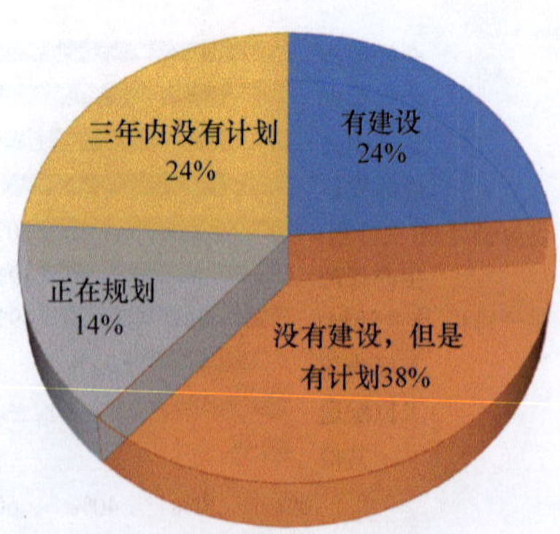

图 28-11 数字化工厂建设比例

12. 智能物流设施与技术应用

智能物流设施已经越来越多地得到制造企业应用。超过1/3的企业开始投入使用各类智能物流设备，智能物流设施的应用成为新趋势。智能搬运、智能立体仓库、输送线应用较多。22%的企业尚未引入任何智能物流设施（2020年这一数据为49%）。智能立体仓库、AGV等几乎成为智能工厂的标配，但智能工厂物流不仅仅是仓库的自动化，而是通过关键物流设施与其他设施（生产、检测等）的对接与联通，成为实现价值链拉通和物流中心化的核心节点。随着物流技术的进一步迭代与应用，制造物流数字化、智能化的表现形式也越来越多，如图28-12所示。

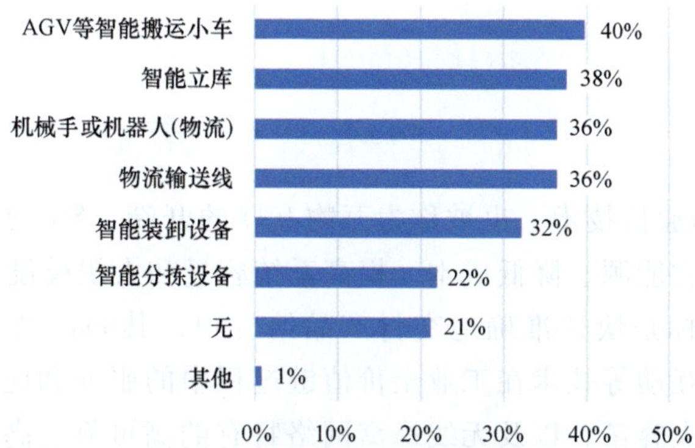

图28-12 智能物流设施与技术应用

第29章 供应链中新技术的应用

29.1 5G 技术在供应链中的应用

29.1.1 5G 技术赋能智能制造供应链物流系统

5G 即第五代移动通信技术，也被称为万物互联的开端。5G 的性能目标是提高数据速率、减少延迟、节省能源、降低成本、提高系统容量和大规模设备连接。

制造体系终极目标是快速准确地交付产品给客户，其间涉及智能供应链、采购物流、生产物流、人机互动等技术在工业全价值链过程中的服务和应用。这些要素都是需要低时延、大带宽、大容量，以及无线蜂窝网络特有的高可靠、高安全、广覆盖能力等技术优势，将工厂车间、工业园区物流的人、机、料、点、线、场进行数字化、无线化改造，以便利用大数据、IoT、AR、AI 等新兴技术，在信息化、自动化基础上，打造数字化、智能化方案，提高物流系统分析决策和执行效率，整合物流资源，融入工艺与流程，确保生产节拍。同时，5G 无线通信方式可实现工厂网络扁平化，进一步赋能柔性制造。

智能制造云平台是基于泛在网络实现泛连接，即基于 5G+IoT 技术实现人和人、人和物、物和物之间的连接，使得连接无所不在，从而构建以用户为中心，人机物深度融合，边缘运用互联化、服务化、个性化、柔性化、社会化、智能化等新模式、新手段和新业态的智能制造支撑系统。

通过 5G 技术的赋能，智能工厂物流与传统工厂物流相比，在人、机、料、法、环各项资源上面都将具备智能元素。5G 赋能后的智能工厂在人力配置、设备采购、物料 PFEP 设计、运营方案等方面都具有非常高的专业性和系统性。

在美的的灯塔工厂——微波炉工厂，通过使用 5G 技术，注塑零部件物料可实现自动化下线、暂存、分拣、作业、物料智能化搬运配送到工位等无断点流程。在该无人仓内，可以看到各类智能设备的云调度，通过 5G 模组改造实现 5G 网络环境下不同功能的 AGV（叉车）与物流存取系统调度、视觉导航、视频处理等，极大加快物料搬运设备的部署周期和调度灵活性，提升物流对于制造作业的柔性联结，实现互联互通与降本增效。

在智能工厂运营系统的多个维度中，物流天生具备端到端的属性，是工厂有效运营的主要载体和抓手，是智能工厂的“灵魂”所在，5G 技术赋能智能工厂物流，意味着给智能工厂“打通了任督二脉”。

29.1.2 5G 技术与供应链主线有效协同

智能制造物流强调：网络是其基础、数据是其核心、安全是其保障，5G 的赋能，数据与信息传递是其本质，是否有效的关键因素是应用场景。

智能工厂的本质是通过信息网络技术、智能装备、AI 网络算法、精益运营体系等技术达到信息化和工业化两化融合，最终实现从数字化到智能化的过渡，因此，智能工厂的构建需要涉及多个专业的融合，如建筑厂房的规划、动力设施的规划、信息网络的规划、产品产能的规划、生产设备的规划、物料流动的规划等，并在此基础上通过 5G 技术赋能，实现互联互通。5G 赋能智能工厂的要素一般分为基建、产品、制造、物流、信息这五条线，其中物流是主线，如图 29-1 所示。

图 29-1 5G 赋能的智能工厂“五条线”

1）基建线：主要通过 5G 赋能智能建筑，即通过参数化对于建筑业态的表达、配套和辅助设施的定义以及绿色动力能源的智能化应用等。基建线的元素与建筑的平面布局参数和功能区域定位参数是强相关的，而建筑物的内容物需要从物料的流动特性出发，联动所有的功能区域参数定义。

2）产品线：主要通过产品特征需求分析，利用 5G 技术对产品可制造性和可流动性、未来大规模个性化定制的需求等进行实时联通和虚拟决策，也需要通过 5G 技术来赋能物料的标准化、模块化、智能化包装等要素。在构建过程中，需要通过 5G 技术和物联网技术联动物料的产品尺寸、物料的各级包装、搬运器具、存储设施等各个物流环节的尺寸链的参数设计。

3）制造线：主要通过 5G 技术赋能来保证生产的直通率，链接自动化、智能化要素，实现生产各环节联动的需求、制造设备自主化、各相关部门关键绩效指标的逻辑拉通等。在构建过程中，需要遵循“大物流小生产”的原则，认为物流系统是一个整体，生产制造是整个物料流动价值链的一个环节，通过 5G 拉通整个价值链，让物料快速流动（包含在产线上流动）。而在运营过程中，通过 5G 技术赋能的物流系统可以更好地解放生产，大大提升生产效率。

4）信息线：主要通过5G、物联网、大数据、区块链技术构建一体化智能制造供应链（含物流）信息平台，实现全方位信息实时化要求。智能工厂物流尤其需要强调两条主脉络：信息流和实物流。未来的智能工厂需要信息流和实物流能够实时对应，并形成网络，实物之间可以通信互联，信息之间集成共享，最终实现“数字孪生”和CPS（信息物理系统）。

5）物流线：主要通过5G技术赋能物流的精益化、数字化、智能化，实现物流的快速响应及物流价值链的拉通等。物流线是贯穿整个智能制造过程的，需要与基建线、产品线、制造线、信息线四条线紧密联动，最终目标是价值链的拉通，使得物料快速流转，提高企业的盈利效能。

在规划时，五条线是相互关联、相互协作的，不可组建五个单独的项目组去各自推进相关事务，而是要基于产品的快速交付，以拉通价值链的“物流线”为主线，成立5G赋能中心，以保证在构建的先期就能统一思想，协调所有资源，系统规划各个环节的智能化方案。

比如，大多数企业主流程是这样的：供应商到货→人员卸货→待检暂存→检验→检验待判暂存→仓储入库→仓储出库→分拣齐套→余料回库。这一系列的流程（部分企业中间还存在包装切换等流程），人们都习以为常，中间所需要投入的人力、物力以及面积等资源，也会被认定为正常的运营成本。但未来智能工厂物流运营，在5G的环境下，是否可以做到供应商到货后直接实现齐套运输、配送满足生产？是否需要重新定义最优的价值流线，以便于将无法使产品增值的流程尽可能进行优化与改善？如图29-2所示，某企业通过5G技术对现有的物流流程进行了大幅的减少与优化。

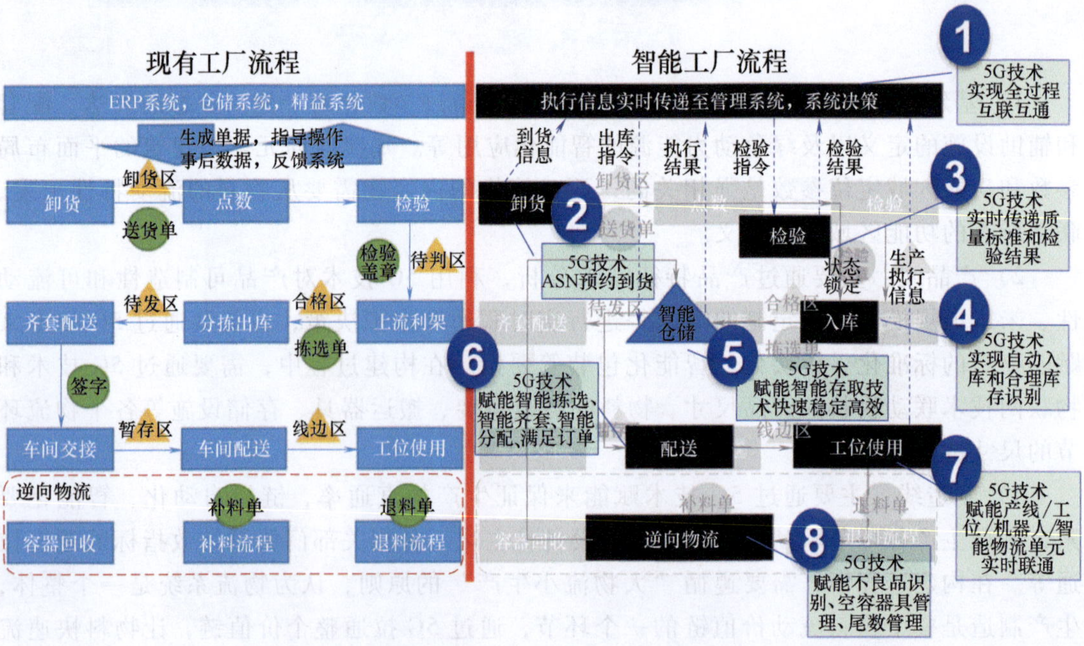

图29-2 通过5G技术对于制造物流流程的智能化优化对比

5G赋能智能物流流程的实现，需要涉及采购、品控、财务、信息等多部门之间共同协同与推进。将其未来进行变革的场景设计及流程参数转化为相应的5G可识别、传递的语言，并写入信息化平台系统中。如果企业现有的信息化系统无法支撑其业务或流程的变革，则需要通过开发新系统或在现有系统中增添新功能，以支撑5G技术的有效应用。

29.1.3 5G技术在制造供应链中的典型应用场景

不同的产品在不同的企业有不同的生产工艺，其智能制造与智能物流的协同场景也就有所不同，对于5G技术的应用和赋能也需要根据场景的设计实现先期“嵌入式”导入。

入厂物流阶段所涉及的物流技术主要包括智能物流装卸技术及搬运技术。智能装卸货技术包括自动导航的AGV叉车（也可能是传统的叉车）、智能化起重吊装设备，这些设备需要通过配置相应的5G和人工智能化技术达到信息采集、数据可视以及自主决策和调度的功能。5G技术使得物流运输使用的车辆能够突破非视距感知、数据信息即时共享等技术的智慧化进程瓶颈，助力实现物流运输与供方到货全自动化管理。5G主要用于物流运输的终端通信，即运输车辆和远程的云控制中心以及物流应用服务进行数据交互和通信的过程，终端负责采集数据、接受指令以及发送信息，数据主要包括路况场景以及车辆状况等。应用服务和云控制中心仍可以采用有线以太网通信。5G能够满足车联网环境需要的自组织网络构建、数据即时共享海量传输以及低时延高可靠等要求。

生产物流环节为整个工厂的核心环节，物流系统的稳定与高效直接决定生产的有序与高效。智能工厂内“生产物流”环节的主要物流技术为智能物流拣选及搬运技术、智能物流存储技术等，5G与AI使用比较广泛。比如，在需要按照订单生产和拣选的（货到人）仓库作业中，员工使用AR技术可以在视觉环境下进行拣选和复核工作，同时AR技术还能帮助工程师查看仓库三维布局完成仓储的作业；在配送过程中能够优化齐套上线物料的分拣、齐套和装载、配送顺序，实现高效、精确的自动化喂料流程；同时，AR技术还能优化配送路径，显示路况，而这一切都能通过一副AR眼镜实现。5G作为AR的数据通信支撑技术，能够使得工作人员随时可以使用AR眼镜高效完成工作，使得物料从仓储、分拣到配送的作业真正实现一体化。

成品物流环节的主要物流技术为智能物流打包技术、智能搬运技术、智能物流成品装柜技术等，这一过程中需要通过5G技术和视觉识别技术来驱动相关物流设施的自主作业。

29.2 数字孪生技术在供应链中的应用

29.2.1 数字孪生技术与制造供应链

数字孪生（Digital Twin）是充分利用物理模型、传感器更新、运行历史等数据，集成多学科、多物理量、多尺度、多概率的仿真过程，在虚拟空间中完成映射，从而反映相对应的实体装备的全生命周期过程。数字孪生是一种超越现实的概念，可以被视为一个或多个重要的、彼此依赖的装备系统的数字映射系统。数字孪生是一个普遍适应的理论技术体系，可以在众多领域应用，在产品设计、产品制造、医学分析、工程建设等领域应用较多。在国内应用最深入的是工程建设领域，关注度最高、研究最热的是智能制造领域。

人们通常理解和应用的数字孪生，主要是在产品设计和工艺设计方面，但是对于制造企业供应链来说，具有更多独特的要素。

供应链发展至今，进入典型的 VUCA（Volatility、Uncertainty、Complexity、Ambiguity，即易变性、不确定性、复杂性和模糊性）时代，已经从单链演变为复杂的网络生态系统。供应链管理的目标就是在不确定性的环境下拨开认知迷雾，在复杂系统中找到最优解，实现有效交付，从而最终实现企业的价值创造、价值传递和价值获得。所以，今后的竞争，不再是企业与企业之间的竞争，而是（产业、区域、国家）供应链与供应链之间的竞争，尤其是生态“聚核能力”和抗风险能力将成为关键焦点。

精心设计的供应链数字资产孪生可以有效赋能企业决策，它们与边缘的现实世界对应物相连接，用于了解产品交付过程或供应链系统的状态、预警与反馈、响应更改、改进操作和增加价值。

赋能的基本原理：物理孪生将物联网传感器的数据通过集成平台传送给数字孪生，而数字孪生将分析模拟所产生的洞察、预测、决策经由集成平台送给执行机构或系统，从而优化物理孪生的运营或运转，这样就形成了一个良性的闭环机制。

通过数字孪生技术将制造供应链的各种数字化工具与企业的各类系统，配合、集成和整合成一个大系统，以协调产品研发、制造、流通、销售及售后服务的全过程，缩短产品的研发周期，促进产品的柔性制造和有效交付，全面提升企业供应链的市场竞争力。

29.2.2 制造供应链数字孪生的主线与模型

制造供应链始终围绕产品的研发、采购、生产、流通、销售的物理过程实现，并承载了这些横向和纵向过程中的各类数字信息，其数字孪生模型也主要包含：物理过程、数字化过程和两者之间的连接方式。

制造供应链数字孪生的物理过程主要表现为物料（和产品）的流转过程，比如供应商生产、运输、到货、收货检验、存储、分拣、配送到工位生产或总装，之后下线打包、成品存储、装车、发运到门店或客户手上的物流过程。其中可能涉及人员管理、环境管理、质量管理以及各类厂房建筑、能源管理、制造技术和物流技术的应用。

制造供应链数字化平台不但要支撑战略发展要求，更要有效落地到具体的应用场景，因为这些地方才是大数据的具体来源，当然也是数据错误的来源。

制造供应链数字孪生的虚拟过程主要表现为产品概念设计、客户画像、客户需求、预测、订单管理、计划与库存要求、主生产计划和作业计划、物料齐套计划、供应商到货计划与预约到货、库存信息、质量检测信息、供应商信息和制造信息、物流过程（交付履约）信息管理等。

制造供应链数字孪生的虚拟构建过程中需要重新梳理基于满足（智能）制造的价值型供应链逻辑，由于未来是以交付为中心的制造，所以需要建立推拉结合系统（如很多企业推动的“积放链系统”）。

当对应关系建立起来后，制造供应链数字孪生平台需要重点关注送货计划与到货管理、存储计划与存储现场、配套计划与实物配套、作业计划与现场作业管理、总装计划与总装作业管理、装车计划与装车装柜等六个对应的关键环节参数和标准执行，以解决数据一体化、偏差管理一体化的系统性要求，保证系统能够实现差异控制、先期预警和应急管理。该过程中还需要考虑包装器具设计与身份管理、存储空间的数字化规划和智能仓储设施、工位智能化配送模式和响应参数设置、成品下线到智能化快速化装车模式等方面的设计。

在智能制造系统中，通常需要实现虚拟到现实的制造过程，在构建智能工厂信息平台时，需要思考虚拟信息、虚拟制造、执行过程、参数选择与实际物理作业的人机料法环的对应。运营平台的主要功能不再仅限于“存储信息”，而是需要进行“是否有利于订单交付”的过程监控，同时需要根据信息与物理之间的偏差实时反馈，实现数据感知、分析和对制造设施、物流设施的智能调节和优化。数字孪生技术应用到制造供应链之后能够解决产品虚拟设计、虚拟装配、实体制造，打通研发、制造、物流、客户之间的壁垒，形成虚拟与物理之间的闭环，有效缩短产品交付周期和供应链过程质量的问题，其逻辑关系如图 29-3 所示。

制造供应链数字孪生充分利用制造供应链物理模型、多个环节的传感器更新运营历史数据，集成多环节（如研发、采购、制造、交付等纵向管理）、多主体（如供应商、客户及其上下游等横向管理）、多学科、多物理量（如包装、运输、分拣、制造等动态数据）、多尺度、多概率的仿真过程，在虚拟空间中完成映射，从而反应相对应的实体流动的全价值链周期过程。制造供应链数字孪生模型是一种超越现实的概念，可以被视为一个或多个重要的彼此依赖的研发、制造、物流、营销系统的数字映射系统。它将供应链过程中物理世界的参数重新反馈到数字世界，从而可以完成仿真验证和动态调整。在制造供应链构建过程中，在实体体系（通常表现为制造工厂）尚未建造起来之前就完成相应的供应链概念设计和数字化模型（也就是通常所说的场景设计），从而在虚拟的赛博空间中对目标供应链进行仿真和模拟，并将真实参数传给实际的工厂供应链构建过程中；而在供应链构建完成之后，在日常的运维中，两者继续进行信息交互，因此制造供应链数字孪生模型更加强调模型在产品全价值链过程中虚拟环节和物理环节表现之间的反馈交互。

在数字供应链孪生和物理供应链孪生之间，一个孪生互动平台系统负责连接、交互、数据交换、控制和用数字洞察驱动优化等。它主要包括：用户、API、人机接口；物联网平台及接口；供应链数字平台（ERP、SCM、MOM、WMS、TMS 等）；供应链监控、数据交换、可视化、安全等。这个孪生互动平台系统是供应链从实到虚的映射器、虚实之间的连接器和孪生智能的转换器，也是数字洞察的驱动器。

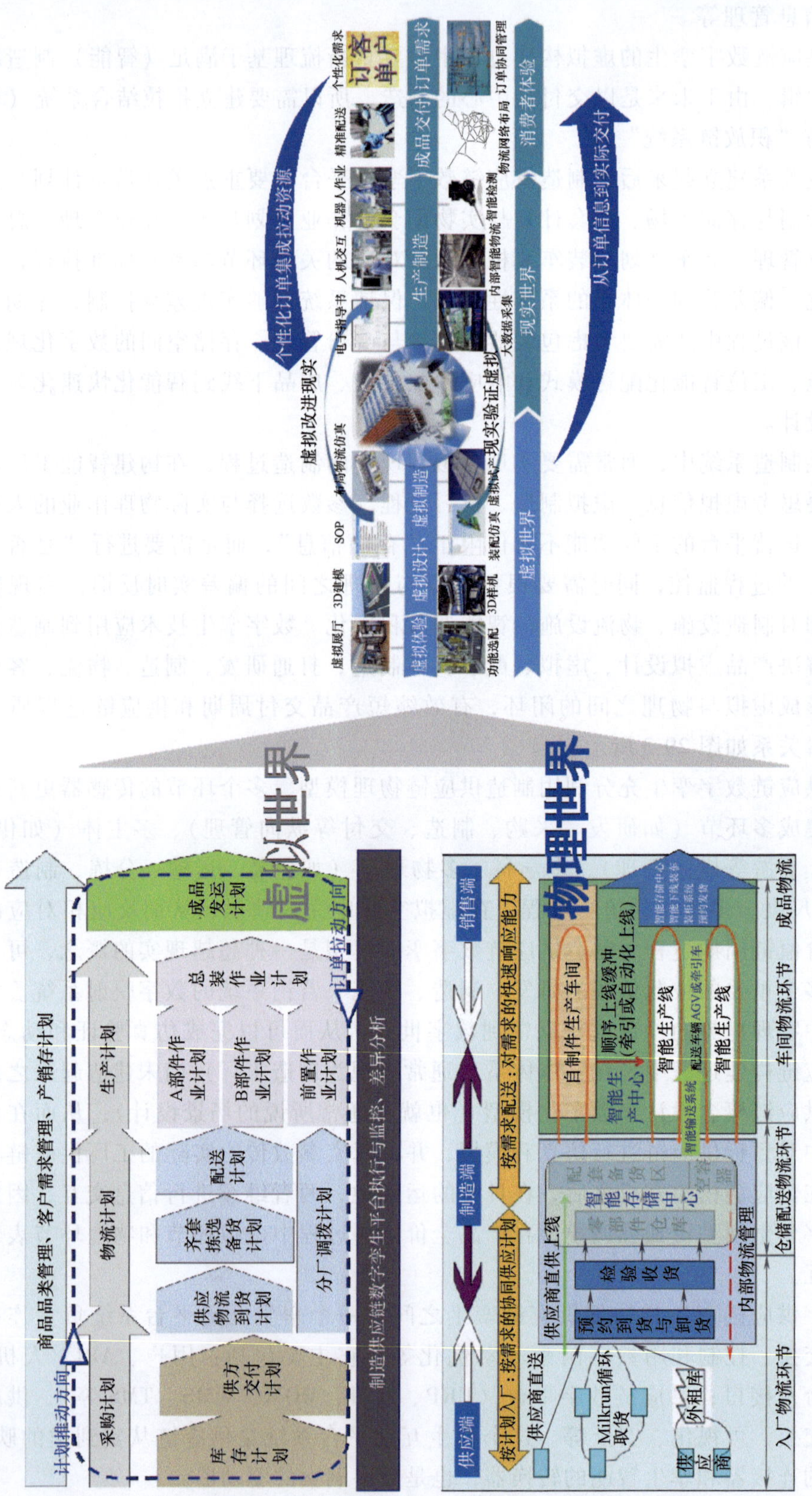

图 29-3 数字孪生技术应用到制造供应链的闭环逻辑

当企业逐渐实现了价值链数字孪生、采购数字孪生、物流数字孪生、生产数字孪生和交付数字孪生之后，整个供应链计划-执行将完全与信息平台融合，实现 CPS（信息物理系统），如图 29-4 所示。

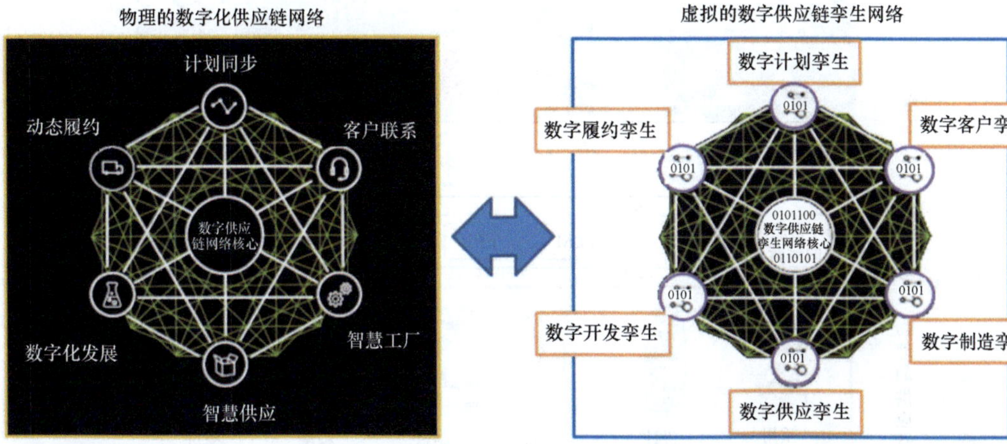

图 29-4 虚拟的数字供应链孪生网络

制造供应链数字孪生过程代表了价值链过程信息的各个物料（或产品）包装单元，都将“会说话”，与平台上的所有元素进行对话和交流，实现人、机、料、法、环、数、测的互联互通，对接工业互联网，从而实现数字化、网络化和智能化。未来的差异可视化可能也不再是反馈给管理人员并通过开会解决问题，而是反馈给整个供应链运营信息平台系统，从而实现这个系统的实时反馈，形成自组织、自管理等智能化的表现，最终保障智能制造和智能供应链的迭代升级。

29.2.3 应用案例

1. SKF 的供应链数字孪生

SKF 采用具有智能的数字供应链计划孪生技术，大大改进了其整体供应链计划，缩短了整个供应网络的交付时间，保持合理的库存水平及补给计划，防止和及时处理供给异常，从而提高了客户的服务水平，如图 29-5 所示。

2. DHL 数字孪生仓库

DHL 供应链已为利乐在新加坡的仓库（全球最大的仓库之一）实施了集成的供应链解决方案。这是 DHL 在亚太地区第一个部署数字孪生技术的智能仓库，该技术涉及使用数字模型来更好地理解和管理实物资产。

DHL 智能仓库计划的六个关键要素：减少拥堵，提高效率；管制区域警报；温度监控系统；完整的交通可视化；实时运营数据；增强机械化搬运设备的安全。

数字孪生技术的智能仓库具有以下特征：

1）数字孪生可更好地了解安全流程和库存管理。

2）简化的供应链和员工培训将提高生产力。

3）新加坡的设施由 DHL 控制塔全天候运营。

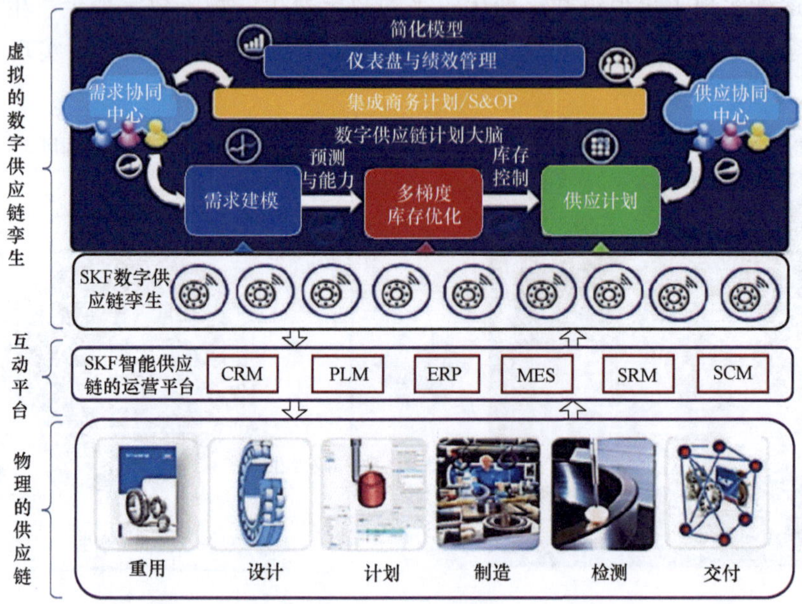

图 29-5　SKF 实现综合计划的数字供应链孪生

DHL 供应链将物联网（IoT）与数据分析相结合，为利乐的物理仓库提供了独特的虚拟表示，该虚拟表示可实时监视和模拟仓库资产的物理状态和行为。借助这种数字孪生解决方案，利乐能够维持其运营的全天候协调，以解决发生的问题，尤其是涉及安全性和生产率的问题。

29.3　工业互联网赋能制造供应链

29.3.1　工业物联网与制造供应链

1. 工业互联网

工业互联网（Industrial Internet）是新一代信息通信技术与工业经济深度融合的新型基础设施、应用模式和工业生态，通过对人、机、物、系统等的全面连接，构建起覆盖全产业链、全价值链的全新制造和服务体系，为工业乃至产业数字化、网络化、智能化发展提供了实现途径，是第四次工业革命的重要基石。

工业互联网以网络为基础、以平台为中枢、以数据为要素、以安全为保障，既是工业数字化、网络化、智能化转型的基础设施，也是互联网、大数据、人工智能与实体经济深度融合的应用模式，同时也是一种新业态、新产业，将重塑企业形态、供应链和产业链。

目前工业互联网应用主要集中在资产管理和运营优化，而基于工业互联网的企业新模式转型尚处于起步探索阶段。通过工业互联网平台，工业企业打通数据链，通过数据分析进行运营及业务优化，从而帮助企业实现成本降低、效率提升、产品和服务能力提升、业务和模式创新等，打造数字经济时代的新型核心竞争力。

2. 制造供应链信息平台与工业互联网

制造供应链信息平台主要是通过供应链资源与流动资产的可视化运作，来提升企业供应链的运营水平。制造供应链信息平台是工业互联网的一个构成部分，很多时候一个特定的制造供应链信息平台通过采购/生产/交付能力信息，简化为互联网上一个可以识别的“IP”，由此加以集成和拓展为企业级的工业互联网。企业通过订单和成品供应链交付来与工业互联网对接，同时又通过工业互联网来判断制造供应链信息平台和模式的合理性和有效性。制造供应链信息平台相对于工业互联网，只是千万个构成企业的“点”，工业互联网可以称之为“面”，但是两者是相互支撑、互为前提的。

企业供应链逐渐向网络化、数字化、智能化模式创新和转型升级，工业互联网也在协同供应链推动企业商业模式的转型和创新。两者随着信息技术和智能化技术的发展，交替升级、相互融合。

从行业应用维度分析，竞争越是激烈的行业（如家电、服装、汽车等行业），越是愿意通过数字化创新实现领先策略，制造供应链信息平台体现出来的交付优势和客户价值就更加突出。越是靠近消费者的行业，尤其是消费类产品、连锁类产品（如电子、食品和家居等行业），越是愿意通过供应链专业化、数字化、网络一体化来对接物联网和移动互联网以靠近消费者，更快地获得客户需求信息，主动响应市场变化。数字化基础越好、覆盖程度越高的行业（如机械行业、轨道交通行业、电力行业），越是愿意通过工业物联网来实现制造过程的精准化、有序化、透明化。上述行业通常容易成为应用工业互联网平台的主力军。面对强烈的制造服务化转型的需求，一方面制造供应链信息平台助力设备管理从人工粗放管理向远程、精准智能化管理过渡，另一方面消费者介入产品研发、全过程监管，金融与实业融合创新助力企业探索新业务增长模式，消费者需要看到产品流转和订单运营过程。

规模越大的企业，订单流量与物流当量往往也越大，对于供应链信息平台的开发和应用也越是积极，并且愿意整合、集成供应链，从而向价值链网络化、工业互联网方向拓展。面对数字化转型挑战，大企业同时具备建平台和用平台的条件和压力，龙头企业向软件商、服务商转型的趋势明显，工业互联网平台成为帮助其转型的重要推动力量。中小企业应用相对较少，但是他们也更愿意通过搭载行业龙头企业提供的嵌入式、翻页式服务方式，介入工业互联网；由于我国互联网技术应用全球领先，加上政府政策在产业集群区域的促进作用，所以国内企业应用工业互联网的数量明显高于国外，主要依托平台进行行业内应用或在区域内聚集应用。

从应用的特点和方式而言，我国制造企业管理基础参差不齐，各类企业规模和发展不均衡，企业在模式创新方面呈现出百花齐放的态势。物流管理水平越高的企业，物流信息化发展也相对领先，对于交付也就更加敏感，并且将交付准时率、库存周转率等实时 KPI 指标作为战略目标。如汽车行业个性化定制和协同制造，需要对供应商的物流交付能力进行评审，并且主机厂通过条款规定供应商需要具备供应链物流的 EDI 接口；服装行业分享制造和产融合作，需要有精益物流管理的协同平台，以保证产品的新鲜度和爆款满足能力；机械行业创新定价模式和产品服务化，需要通过物流信息平台降低成本、提高效率等。头部企业有资金、有实力、有战略魄力通过实现物流信息平台，向供应链平台发展，从而逐渐实现向工业互联网方向的迭代升级。同时，中小企业也能因企制宜找出自身的关键痛点，锁定最合适自己的应用切入点，做到以最小的投入获得最大的收益。同时，各类 IT 企业也积极行动加入服务平台的建设和服务，只不过服务内容不仅仅是简单的某个技术问题或者解决方案，而是形成集成外包服务。随着我国企业的不断走出去，逐渐建立和推广、加入全球供应链中，工业互联网日益突破了原有的仅仅面向国内市场的格局。

29.3.2 工业大数据与制造供应链数据

1. 工业大数据概述

工业大数据是指在工业领域中，围绕典型智能制造模式，从客户需求到销售、订单、计划、研发、设计、工艺、制造、采购、供应、库存、发货和交付、售后服务、运维、报废或回收再制造等整个产品全生命周期各个环节所产生的各类数据及相关技术和应用的总称。工业大数据以产品数据为核心，极大延展了传统工业数据范围，同时还包括工业大数据相关技术和应用。

从数据的来源看，工业大数据主要包括三类：第一类是企业运营管理相关的业务数据。这类数据来自企业信息化范畴，包括企业资源计划（ERP）、产品生命周期管理（PLM）、供应链管理（SCM）、客户关系管理（CRM）和能耗管理系统（EMS）等，此类数据是工业企业传统意义上的数据资产。第二类是制造过程数据，主要是指工业生产过程中，装备、物料及产品加工过程的工况状态参数、环境参数等生产情况数据，通过 MES 实时传递。目前在智能装备大量应用的情况下，此类数据量增长最快。第三类是企业外部数据，包括工业企业产品售出之后的使用、运营情况的数据，同时还包括大量客户名单、供应商名单、外部的互联网等数据。

大数据是制造业提高核心能力、整合产业链和实现从要素驱动向创新驱动转型的有力手段。对一个制造型企业来说，大数据不仅可以用来提升企业的运行效率，更重要的是如何通过大数据等新一代信息技术所提供的能力来改变商业流程及商业模式。

2. 制造供应链数据与工业大数据的关系

随着海量数据日益增加，工业大数据技术的应用日益普遍，并且越来越成为企业经营核心竞争力的表现，以前“没有数据”“有数无据”“数据碎片化”的企业，越来越没有安全感和方向感；即使是曾经在数据化过程中有所收获却没有突破的企业，也开始发现过去的标杆、成功经验，越来越被覆盖和超越。这使得更多的企业开始从新的角度并投入足够的资源来思考和推动工业大数据的应用。

制造供应链信息平台产生巨大的资产流动性数据，构成工业大数据的组成部分。其中关键绩效数据比如库存占比、库存周转率、交付准时率、物料齐套率、订单满足率、计划单成率等成为企业运营的战略绩效，代表了企业的核心能力。

（1）制造供应链数据与工业大数据同步变化　随着智能制造的深入发展，制造供应链数据维度不断扩大，产品的流动性数据更加得到关注，成为工业大数据交付主线，主要体现在产品流动时间维度延长、产品流动数据范围扩大和过程数据颗粒度细化。这导致企业所积累的数据量以加速度甚至指数的方式在增加，构成了工业大数据的集合。对于不同的企业而言，有些有用、有些无用；有些管理得很好，有些被逐渐遗忘。对于不同的发展阶段而言，有些可以抓取，有些无法细化管理；有些容易引起注意，有些则容易流失；有些通过逻辑联系起来了，能够产生价值，有些断断续续成为碎片化的无效数据。

（2）制造供应链数据与工业大数据同维度分类　从企业经营的视角来看待这些工业数据，可以按照数据的用途分成经营性数据、生产性数据和环境类数据。

经营性数据，比如客户满意度、订单响应周期、交付周期（OTD）、库存周转率、客户好评指数、质量抱怨比例、市场占有率等。

生产性数据，比如原材料、研发、生产工艺、半成品、成品、存储、运输、交付、售后服务等过程数据，以及数控机床、自动化生产线、智能物流系统等产生的数据。

环境类数据，如工厂周边物流环境、噪声、污染、人流车流数据；工厂园区内的建筑物逻辑关系数据、工业用电、给水排水、消防、照明、排污、光照、通风、季节性雨雪沙尘等。

工业大数据即将建成的资源体系、融合体系、产业体系和治理体系，为制造供应链平台提供各类所需的共享数据，以及数据处理、应用融合、治理挖掘的技术。工业大数据成为支持制造供应链信息平台高质量、高标准、高水平发展的关键要素和创新动力。

（3）制造供应链数据参与集成工业大数据　制造供应链信息平台通过人工智能、互联网大数据和云计算、5G移动无线网络等智能化手段对制造供应链数据的收集、传递、存储、处理、输出等整个过程进行分析处理、优化提升，形成决策依据和方案，对整个产业链供应链起指挥、协调、支持、优化和保障作用。

制造供应链数据和工业大数据的关系如图29-6所示。制造供应链信息平台链接嵌入式智能生产设施、嵌入式研发设施、嵌入式检验设施、嵌入式智能物流设施、物料/产品/包装信息、订单信息、客户信息、供应商信息和外包的物流服务商信息等，形成制造供应链数据，从而实现对静态和动态过程数据的端到端集成。

（4）制造供应链数据是工业大数据的核心构成　工业大数据包含了众多的制造供应链的产品、采购、订单、制造和交付的信息，通过一定的运行规律、商业准则和计算方法形成有效数据，反馈给包含智能工厂在内的供应链上不同环节的决策者，产生其特有的商业价值。制造供应链决定了交付的有效性，从而决定了制造的有效性和适应性。对端到端集成而言，客户需要看到其订单的执行过程，主要就是通过全价值链的相关过程数据来判断；对横向的集成而言，供应商或者物流服务商为采购方提供物料和零部件的生产和配送，其过程必须在可监控范围，也是通过可交互的信息平台来实现；对纵向的集成而言，物料从采购、到货、检验、存储、分拣、配送上线（工位）、制造、成品打包、成品存储、装车发运等过程，也将通过物制造供应链信息平台来展现和控制。将采购物流、生产物流、成品物流集成起来，形成贯穿工厂所有过程的主线，其中涉及质量

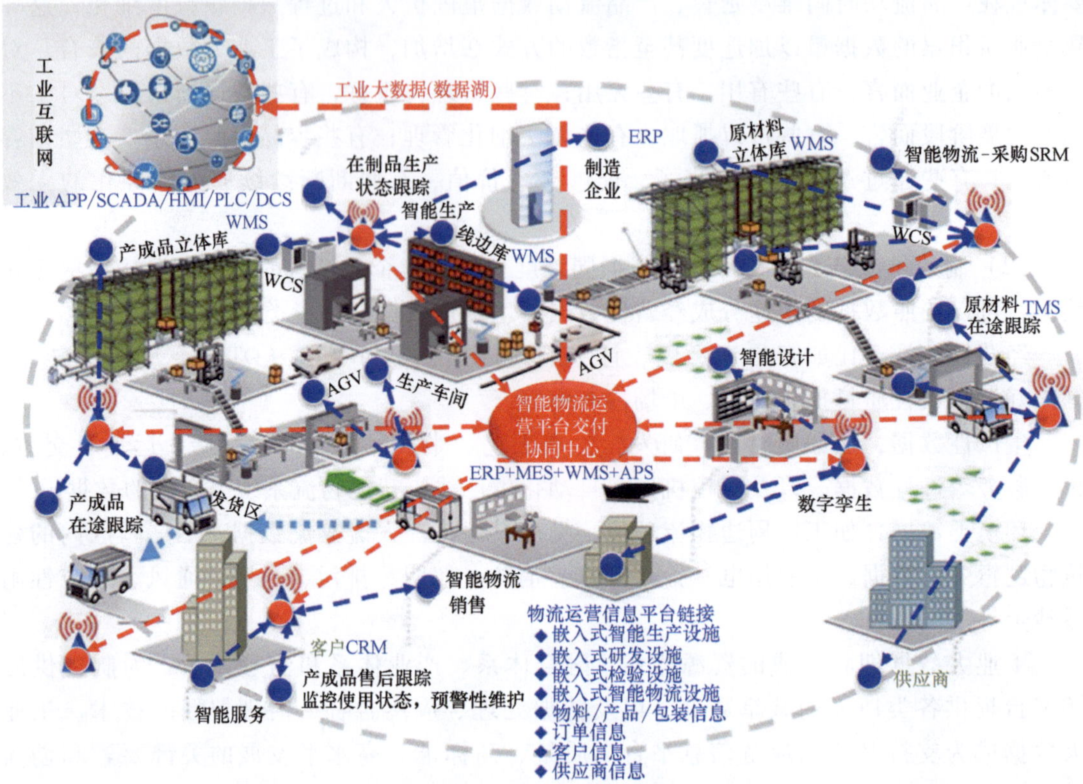

图 29-6　制造供应链数据和工业大数据的关系

信息、设施信息、人员信息、制造信息、环境信息等，形成服务型制造。

制造供应链数据质量和有效性决定了工业大数据的质量和累积价值，工业大数据集成、优化、提炼了这些价值，形成超越工厂而存在的行业导向和产业链数据。

在工业生产中，每时每刻都在产生数据。供应商到货速度、数量、质量和时间，生产机床的转速、能耗，装配线的齐套率、工作节拍，食品加工的温湿度，火力发电机组的燃烧和燃煤消耗，汽车的装备数据，牛奶的灌装效率、打包速度，物流车队的位置和速度等，都是在生产和交付过程中的数据。

工业大数据为制造供应链信息平台提供“发动”所需的各类数据，行业开发和运行标准，智能优化和效率提升方向。同时，制造供应链信息平台成为工业大数据产业的“大动脉”，为与之对接的上、下游产业链合作伙伴提供智能的、高效的、安全的优质服务。

3. 制造供应链信息平台拓展趋势

在实践中，经常会遇到一个类似的问题：在既有的 ERP、MES、WMS、APS 等基础软件模块和其他模块的链接基础上，推动数字化、智能化，是否可以实现制造供应链信息平台与相关物理设施和实物产品的一体化和集成化？答案是否定的。

制造供应链信息平台与智能工厂的衔接需要从两条脉络同步进行：信息脉络从“保证交付计划、稳定作业计划、狠抓齐套计划、拉动到货计划”的基本逻辑中来协调相关资源的匹配；物理上从“精准发运交付、有效增值作业”到“保证实物齐套、供方准时到货”的有效执行、减少偏差的基本流程来拉动物料、零部件和产品的有序高效流动，形成积放链系统（订单拉动和计划推动相结合），同时“嵌入”和联动智能生产和智能物流设施。在此系统平台中，既有ERP的元素，也有MES的支撑要素，还有APS的关键协同，更有WMS的个性化支持（但是又不是其中的任何一个模块软件可以完全覆盖），形成一个联动的虚拟-现实、信息-物理的运营平台。

未来的制造供应链对于软件信息平台的拓展可能呈现以下趋势：

（1）向智能供应链拓展　制造供应链信息平台重构，协同大数据战略，最终决定信息平台的有效性。制造供应链平台需要将产品、客户、供应商、技术、服务、订单、物料、工厂、产能、库存、仓库、门店、计划等都整合到一起，服从和服务于企业供应链大数据的逻辑要求，从而保证交付体系在运营过程中能够适时抓取标准-计划-执行之间的数据差异，然后进行算法优化，形成制造供应链从数字化到智能化的升级。

（2）供应链运营颗粒度更加细化　制造供应链平台需要在流程梳理的基础上开展，而该流程必须配合智能制造的运作需要来拉动，这就涉及相应的物流模式规划、流程梳理和参数设计。比如制造工厂工位物流配送时，通常由于产品生产节拍精确到秒、分的要求，需要将智能物流配送的处理能力提高秒、分的能力，同时需要将多个工位、多个物料、多个订单的要求协同处理。

（3）制造供应链数据驱动模式更加明显　制造业模式变化倒逼供应链逻辑变化。从以制造为中心向以客户和消费者为中心的交付模式转变，倒逼制造供应链信息技术平台从“存数据与查数据”到“数据驱动”转化。智能制造环境下，尤其是全渠道产销数字化的企业（从制造到连锁经营，涵盖电商、门店、重要客户、经销商等），都在强调以客户订单与交付数据为中心，日益与互联网、云计算平台链接，其信息化必须从昔日的“存数据与查数据”转向到“制造大数据/消费大数据”的数据驱动的轨道上来。这个转变在服装行业（如红领西服、李宁、ZARA）、家电行业（如美的、海尔电器）、家居行业（如顾家家居）、家纺行业（如罗莱家纺）、消费电子行业（如小米）等表现尤为突出。由于技术、生产设施等进入门槛日益降低，全价值链的竞争日益明显和激烈，竞争的核心能力表现越来越转变为供应链的快速响应能力和产品（如爆款）引领能力。而支撑该能力的核心技术就是信息化的逻辑颠覆与数字主线的梳理，他们放下了原来的订货会、批销模式和压货模式，将管理中心放到了消费者端，于是制造的范式和信息软件的范式也随之变化。

企业的信息平台不仅仅是满足某个模块、某个功能、某个数据本身的需求，而是需要全价值链互动、智能、瞬时的要求，其层级更高、深度更加细化、广度更加宽泛。图29-7所示为供应链信息平台发展维度。

如此，全价值型的智能化供应链和智能制造的软件功能需求，仅凭当前市场上的软件远远不能满足，于是软件的迭代升级也就需要随着智能制造的业态、场景、战略要求而不断地升级。信息平台适应智能制造数字化驱动的转变迫在眉睫。

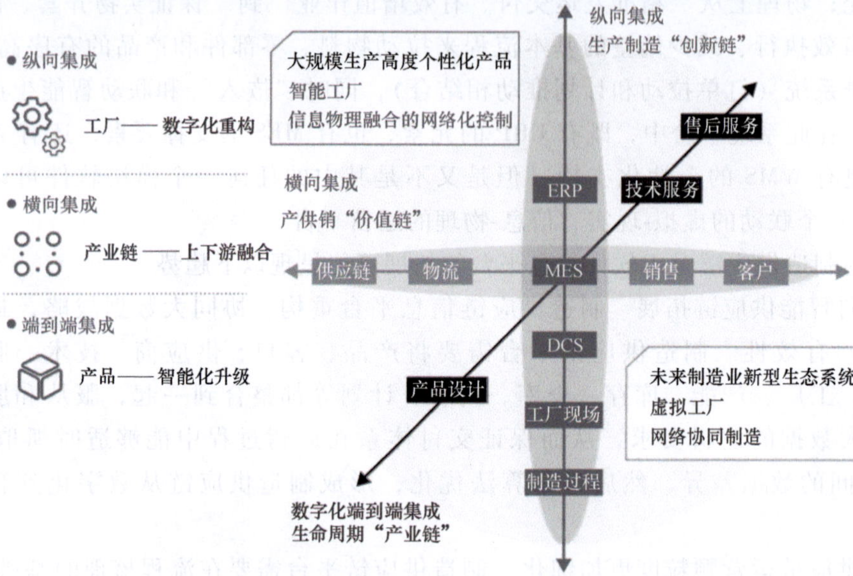

图 29-7　供应链信息平台发展维度

第30章 产业链供应链

30.1 产业链与供应链的关系

产业链是产业经济学中的一个概念，是各个产业部门之间基于一定的技术经济关联，并依据特定的逻辑关系和时空布局关系，客观形成的链条式关联关系形态。其本质是用于描述一个具有某种内在联系的企业群结构。它是一个相对宏观的概念，存在两维属性：结构属性和价值属性。产业链中大量存在着上下游关系和相互价值的交换，上游环节向下游环节输送产品或服务，下游环节向上游环节支付费用和反馈信息。

产业链是一个包含价值链、企业链、供需链和空间链四个维度的概念。这四个维度在相互对接的均衡过程中形成了产业链。这种多维度协同是产业链形成的内模式，作为一种客观规律，调控着产业链的形成。这有利于企业成本的降低、有利于新企业的出现、有利于企业创新氛围的形成、有利于打造“区位品牌”、有利于区域经济的发展。

产业链供应链就是利用供应链优化的分析方法考察产业链。产业链中每个产业类型（由大量企业构成）都可看作供应链中的单个企业，通过改善产业链上下游供应链关系，整合和优化供应链中的信息流、物流、资金流，提高供应产业、制造产业、零售产业、服务产业等的业务效率，以获得产业的整体竞争优势。图 30-1 所示为产业链供应链的构成关系。

具体的、典型的产业链供应链主要包括五个要素，分别为产品、企业、市场、政策和产业链。产品来源于企业，企业的供应链决定了产品流动的上下游结构，产品的类别、市场容量、产销规模、价格、进出口方式决定了产品在产业链上的地位；而企业供应链包括企业竞争策略、产品结构、技术创新、供应链规划、产销政策、渠道模式以及供应链的运营方式等，影响了品牌竞争、企业竞争、技术特点和原材料的供应，从而决定了市场的供给侧；而市场的容量、市场的需求方、市场的多级客户构成了产业链的消费端；产业政策、投资规模、行业前景、盈利预测等很大程度上影响了产业调控和发展规划。

以上因素构成了产业链的原料市场、产品市场、消费市场，而在各个市场中产品都需要有效有序的流通，流通过程包含但不限于装卸、搬运、存储、分拣和配送、运输、过程监控、远程运维等关键动作，为此，物流装备技术将无处不在，只不过表现形式会由于场景的不同而不同。图 30-2 所示为汽车行业车用燃料电池产业链供应链。

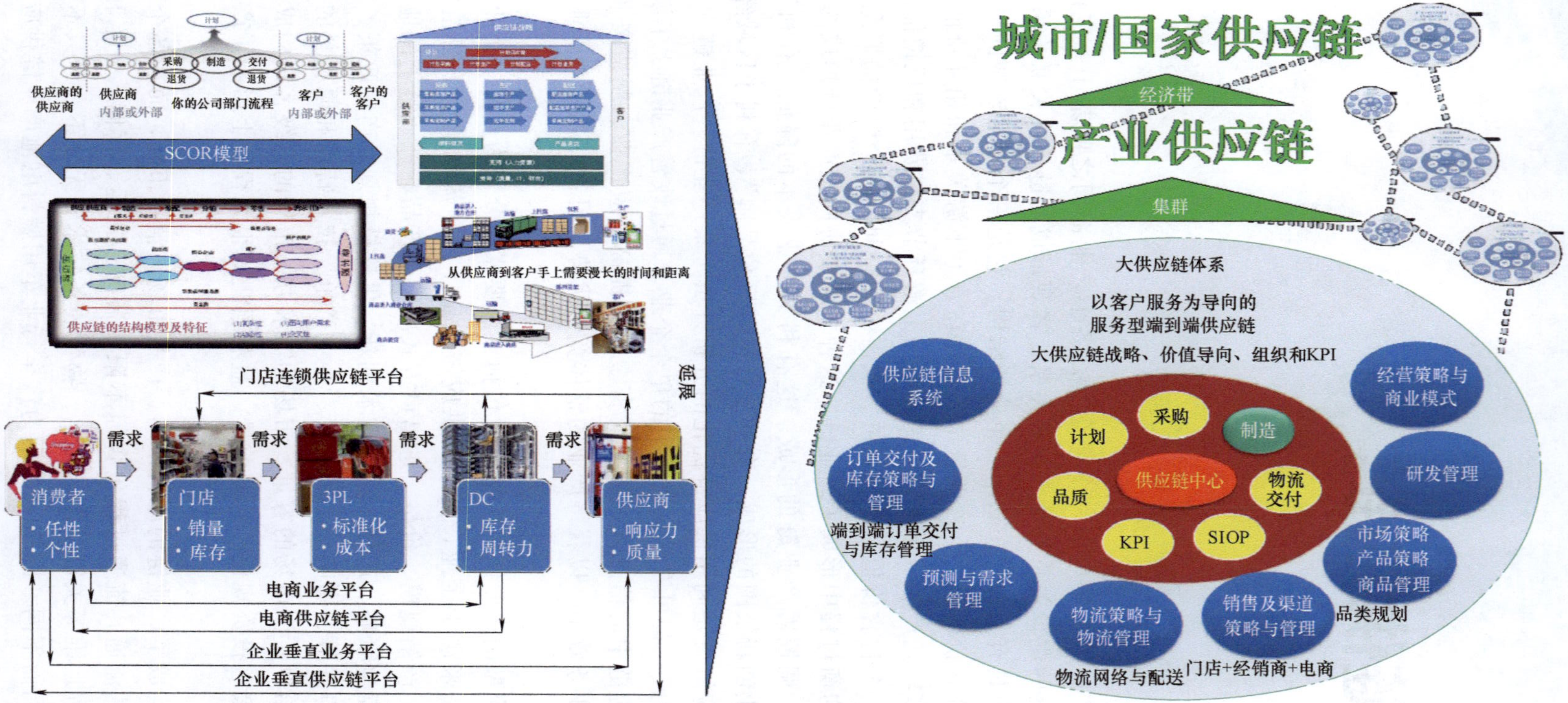

图 30-1 产业链供应链的构成关系

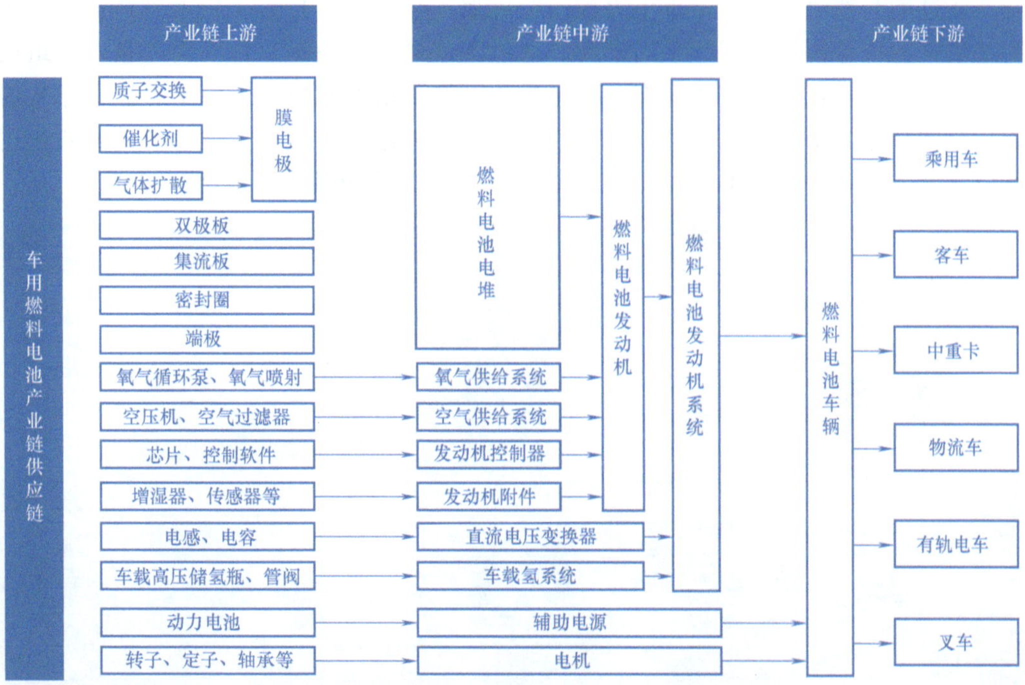

图 30-2 汽车行业车用燃料电池产业链供应链

30.2 产业链供应链的发展

随着全球经济一体化和信息化，美国、日本、德国等发达国家已经建立了社会化现代产业链、供应链的服务体系和公共服务平台，在全球供应链竞争中占据绝对优势。欧美国家已经将全球产业链、供应链竞争从企业微观层面提升到国家宏观战略层面。

国际国内市场竞争推动产业升级、技术创新和供应链绩效提高，国家层面的产业链、供应链竞争力日益成为焦点，不同的国家都在采取措施提高国家的产业链竞争力、供应链管理绩效。随着世界经济格局的不断变化，互联网、大数据、智能化技术不断推陈出新，使产业链、供应链数字化、智能化成为可能，并且日益成为影响国家竞争能力的重要指标。另一方面，任何国家都不可能单打独斗，要在全球范围内发展产业链、供应链与价值链，以获得国家贸易之间的平衡和竞争优势。

中国作为人口大国和制造大国，经济发展体量越来越大，经济发展的模式从追赶型逐渐转为创新型，发展维度也从区域经济日趋融入全球经济。未来的十年，投资率将触顶回落，消费率逐步上升甚至超过投资率。经济形势逐渐过渡到以“服务经济”为主的阶段，意味着将围绕市场需求，以消费者为中心，推动消费端、制造端不断转型升级。随着“互联网+”的实现，更多的技术创新和商业模式创新将会成为新常态。国家战略的不断深化和落地，将促进产业链、供应链快速发展。

当前我国正处于经济转型与产业升级的关键时期。在世界经济持续低迷、全球市场萎缩、贸易保护主义上升的背景下，中国企业面临着外需乏力、原材料与劳动力上涨，以及产能过剩与竞争加剧的多重压力和严峻挑战。企业从单打独斗发展到产业链、供应链利益攸关的伙伴协同达成、共同发展，通过互联网、大数据、物联网等技术，组成了更加具有全球化特色、市场化运作、信息化和网络化精准对应的资源平台。全球智能化采购、全球制造、全球销售已经成为国际化企业新的经营方式，产业价值链、商业逻辑和供应链范式也发生了根本性的变化。图 30-3 所示为产业链供应链结构的变化。

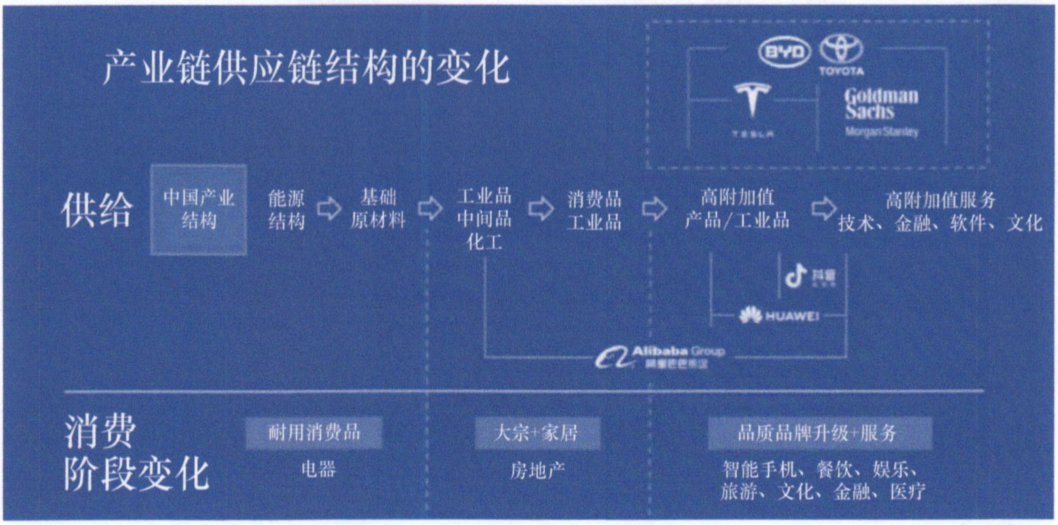

图 30-3　产业链供应链结构的变化

2020 年 8 月 24 日，习近平总书记在经济社会领域专家座谈会上说：“要推动形成以国内大循环为主体、国内国际双循环相互促进的新发展格局。这个新发展格局是根据我国发展阶段、环境、条件变化提出来的，是重塑我国国际合作和竞争新优势的战略抉择。”

以国内大循环为主体，就是要发挥我国超大规模市场的潜力和优势，利用我国具有的全球最完整、规模最大的工业体系、强大的生产能力、完善的配套能力，以及回旋空间大的特点，把发展的立足点更多地放到国内，实施扩大内需战略，通过畅通国内大循环，推动形成国内国际双循环，更好联通国内市场和国际市场，更好利用国际国内两个市场、两种资源，培育新形势下我国参与国际合作和竞争新优势，为我国经济发展增添新动力。

加快形成以国内大循环为主体、国内国际双循环相互促进的新发展格局，关键是要将我国市场规模和生产体系优势，转化为参与国际合作和竞争的新优势。这就要求发挥超大规模市场优势，加快收入分配制度改革，挖掘国内市场需求潜力，加快构建完整的内需体系；发挥巨量生产要素优势，深化要素市场化配置改革，打通生产、分配、流通、消费各个环节，提高国内大循环效率；发挥海量创新资源优势，深化科技体制改革，加强关键核心技术攻关，提升产业基础能力和产业链现代化水平，形成更多新的增长点、增长极，打造未来发展新优势；发挥对外贸易大国优势，发展高水平开放型经济，促进内外市场和规则对接，创造“你中有我、我中有你”供应链生态，形成国内循环与国际循环相互促进。总之，新发展格局有利于我国需求结构升级和供给能力提升，推动供需在更高层次、更高水平上实现动态均衡，增强高质量发展的内生动力。

图 30-4 所示为双循环经济条件下的产业链供应链。

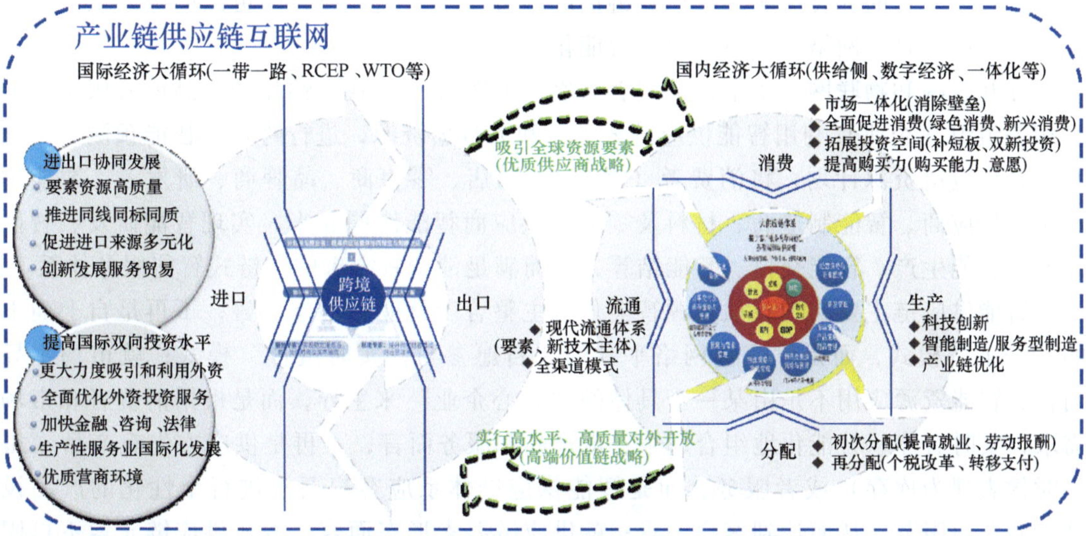

图 30-4 双循环经济条件下的产业链供应链

互联网、大数据、云计算、人工智能、区块链等技术加速创新，日益融入经济社会发展各领域全过程，数字经济发展速度之快、辐射范围之广、影响程度之深前所未有，正在成为重组全球要素资源、重塑全球经济结构、改变全球竞争格局的关键力量。这需要高度重视发展数字经济，实施网络强国战略和国家大数据战略，拓展网络经济空间，支持基于互联网的各类创新，推动互联网、大数据、人工智能和实体经济深度融合，建设数字中国、智慧社会，推进数字产业化和产业数字化，打造具有国际竞争力的数字产业集群。

要推动数字经济和实体经济融合发展，就需要充分把握数字化、网络化、智能化方向，推动制造业、服务业、农业等产业数字化，利用互联网新技术对传统产业进行全方位、全链条的改造，提高全要素生产率，发挥数字技术对经济发展的放大、叠加、倍增作用。只有将互联网、大数据、人工智能同产业深度融合，才能培育“专精特新”企业和制造业单项冠军企业。重点领域数字产业发展，聚焦战略前沿和制高点领域，立足重大技术突破和重大发展需求，增强产业链关键环节竞争力，完善重点产业供应链体系，加速产品和服务迭代。

在此基础上，2022 年 4 月 10 日发布的《中共中央、国务院关于加快建设全国统一大市场的意见》（以下简称《意见》），提出建设全国统一大市场是构建新发展格局的基础支撑和内在要求。《意见》明确，加快建立全国统一的市场制度规则，打破地方保护和市场分割，打通制约经济循环的关键堵点，促进商品要素资源在更大范围内畅通流动，加快建设高效规范、公平竞争、充分开放的全国统一大市场，全面推动我国市场由大到强转变，为建设高标准市场体系、构建高水平社会主义市场经济体制提供坚强支撑。其目标是，持续推动国内市场高效畅通和规模拓展，加快营造稳定公平透明可预期的营商环境，进一步降低市场交易成本，促进科技创新和产业升级，培育参与国际竞争合作新优势。

在各种因素的综合影响下，产业链供应链将不断迭代升级，向更加高级的供应链表现形式发展，日益网络化、数字化、智能化。

在互联网和物联网环境下，消费者（客户）发布、寻找个性化的产品或者服务，触发相关组织（企业）利用智能供应链云平台和大数据资源，进行跨企业智能预测、沟通和整合供应链资源计划，将消费者（客户）、门店、零售商、品牌商、研发者、智能物流服务供应商、智能制造商、材料及零部件供应商智能协同起来，实现智能研发、智能采购、智能生产、智能交付、智能结算，从而满足消费者需求的网链式智能服务体系。

智能供应链主要实现各项资源智能化自主整合。就业务形态而言，不再是自上而下的“分工”模式，而是供应链网络平台的“自愿参与，实时组合”模式；就市场主导而言，智能资源应用不是由某一个具体的“核心企业”来主导，而是根据消费者和市场需求，实时有序、智能化地组合起来；就产品和服务而言，不再是供应方先有产品（很多时候表现为库存）或者服务，而是智能供应链体系应客户要求进行个性化的产品设计、制造与服务，从而达到客户满意；就供应链要素形态而言，智能供应链元素不再固化、单向，而是通过物联网平台接入协议实时服务，合格合理者介入其工作场景，否则，无法介入其业务环境；也不仅仅限于实体制造、门店营销和数理统计，以及有了订单之后的“响应”，而是更多地会出现虚拟制造、网络渠道、大数据算法和智能决策，从而形成无处不在、虚实结合的能够针对消费者个性化需求早期感知的智能服务体系。

产业链供应链的发展通常会遵循“自顶向下”和“自底向上”的模式。从产业链供应链的宏观角度而言，产业集群化、集约化管理将成为方向，由此各个产业链供应链的基础建设（新基建）会得到有效提升与发展；从微观角度而言，产业链供应链将具体化为行业、企业、产品、生产线、关键节点的操作单元等场景，成为物流装备技术与应用的具象化表现。在此过程中，物流装备技术提供方必然需要因应产业链供应链的发展与变化要求，提出针对性的产业链供应链综合解决方案，才能解决功能问题和系统问题，从而赋能产业链供应链的快速、有效发展。由此看来，随着产业链供应链往集约化、高端化、数字化、智能化、绿色化方向发展，物流装备向高端化、数字化、智能化、自动化、绿色化方向迭代升级是必然趋势，物流装备能否与工业互联网、关键管理软件或平台对接，也将成为该物流装备产品能否进入产业链赋能的一个门槛。为此，头部企业往往已经进行了摸索和实践，这些企业通常在供应链的愿景引导下，通过各类物流装备技术实现赋能。

表 30-1 列出了 2022 年产业链供应链的 20 个优秀案例。

表 30-1　2022 年产业链供应链的 20 个优秀案例

企业名称	案例名称
华为技术有限公司	华为供应链数字化转型实践案例
京东物流供应链有限公司	JDL 一体化供应链模式在汽车行业的应用案例

（续）

企业名称	案例名称
传化智联股份有限公司	传化智联供应链数字化转型在装备制造企业的应用案例
郑州海尔空调器有限公司	海尔数字化转型优秀应用案例——互联工厂 AIot 创新实践
京东零售集团	京东数字孪生供应链仿真平台案例
中兴通讯股份有限公司	中兴通讯 SPIRE 供应链数字化转型实践
联想(北京)有限公司	联想供应链智能控制塔——智联计划数字化实践案例
杉数科技(北京)有限公司	智能决策助力六国化工数字供应链
树根互联股份有限公司	树根互联助力装备制造企业打造数字化供应链平台
鞍山钢铁集团有限公司、鞍钢金属结构有限公司	基于数字孪生的钢企局车运输组织技术开发与应用
中国华能上海华能电商公司	华能智链供应链数字化转型案例
富士康工业互联网股份有限公司	工业富联数字供应链转型实践
北京国联视讯信息技术股份有限公司	基于 PTDCloud 工业互联网平台的供应链数字化转型解决方案
塔比星信息技术(深圳)有限公司	“塔比智造”平台服务制造企业数字化转型
重庆海尔洗衣机有限公司	重庆海尔数字化转型优秀应用案例
北京国电高科科技有限公司	天启卫星物联网通信在集装箱物流供应链数字化转型中的应用
浙江华峰智链工业互联网有限公司	华峰智链助力化工新材料产业供应链数字化转型
深圳市携客互联科技有限公司	携客云 SRM 供应链协同平台赋能博古特数字化转型案例
华清科盛(北京)信息技术有限公司	华清科盛 AIoT 数智物流运营平台助力制造企业供应链数字化转型
北京钢研高纳科技股份有限公司、 用友网络科技股份有限公司	基于数智化工厂提升供应链精益管理水平

（数据来源：工业互联网产业联盟）

30.3 新冠肺炎疫情与供应链变化

30.3.1 疫情对于产业链供应链的影响

2022年年初开始，奥密克戎病毒在多地散点暴发，先后在宁波、香港、深圳、苏州、长春、上海、北京等地传播，造成巨大的经济损失和多家汽车产业链企业停工停产。最具有代表性的是上海，在本轮疫情中，汽车业、教培业、房地产业、航空业、科技、服务业、餐饮业等受到了极大的冲击，尤其是汽车产业及其供应链全部停工停产，损失缺口持续扩大。

上海地区拥有上汽大众、上汽通用、上汽乘用车以及特斯拉四大整车制造集团，2021年，全国生产的2,652.8万辆汽车中，有283.32万辆都是“上海制造”，且多数工厂2022年第一季度产能都达到60%以上；其中，西部嘉定区安亭镇，运转着上汽大众在全国9座整车工厂中的4座，承担上汽大众90%的产能。蔚来、理想上海研发总部、百度与吉利合资成立的集度汽车都在上海。2021年，上海新能源汽车全年产量达到63.2万辆，同比增长160%。据不完全统计，全球汽车零部件百强企业几乎均在上海及周边设厂，规模较大的供应商如博世、安波福、采埃孚等约千余家，微型供应商达2万多家。

特斯拉上海超级工厂于 2022 年 3 月 16 日至 17 日连续停产 2 天，后又于 3 月 28 日起继续停产。4 月 19 日复工复产，从 3 月 28 日起计算，共停产 22 天。特斯拉上海工厂停产产量损失约为 2,000 辆/天。以此计算，停产期间，特斯拉产量约损失 4.4 万辆。

博世在苏州设有四个产品事业部，分别是汽车电子事业部、底盘控制事业部、汽车多媒体事业部和设备制造事业部。2 月 19 日，博世采取了闭环管理和办公室人员居家办公的模式，2 月 28 日结束。博世作为核心供应商，下游连接的是一汽、长安、宝马、蔚来、长城等主流车企。10 天“封闭生产”，就导致长城和长安 2 月零部件供应不足，当月销量分别同比下滑 20%、15%。

盖世汽车评估 4 月上海区域整车企业将减产 12 万辆左右。其中，上汽大众上海区域工厂产量预计损失超过 3.2 万辆；上汽通用上海区域工厂产量预计损失超过 2.9 万辆；上汽乘用车上海区域工厂产量预计损失超过 1.1 万辆，而特斯拉上海区域工厂整个 4 月产量损失将超过 5 万辆。

由于上海、长春、沈阳等多个主要汽车生产基地所在城市不同程度封控，第二季度的产销数据同样不容乐观。根据乘用车市场信息联席会数据显示，2022 年 3 月第四周，总体狭义乘用车市场零售达到日均 3.9 万辆，同比下降 29%。

上海市生产了中国大约三分之一的计算机芯片，而邻近的江苏省生产了大约 10%。由于 2021 年需求激增，该行业已经出现供应问题。截至 2022 年 4 月中旬，已有 300 万部 iPhone 的生产受到影响，预计还会对 iPad 和 MacBook 产生连锁反应。

上海是全国最大的金融、工业、航运和贸易中心，疫情造成的影响不容小觑。图 30-5 为 2022 年一季度上海经济数据。

2022年一季度上海经济数据

类型	总量（亿元）	同比增长（%）
地区生产总值	10010.25	3.1
按产业分		
第一产业	16.87	7.7
第二产业	2338.04	2.4
第三产业	7655.34	3.3
按行业分		
工业	2235.19	2.9
建筑业	114.16	-6.1
批发和零售业	1122.45	-1.4
交通仓储邮政	391.46	4.2
住宿和餐饮业	76.61	-12
信息技术服务业	976.88	10.3
金融业	2008.29	6.6
房地产业	874.12	1.9
租赁和商务服务业	637.11	-0.2

图 30-5　2022 年一季度上海经济数据

2022 年 5 月 27 日，国家统计局发布数据，1~4 月份全国规模以上工业企业实现利润总额 26,582.3 亿元，同比增长 3.5%。其中，4 月份工业企业利润同比下降 8.5%。部分地区和行业受疫情影响较大，下拉工业企业利润增速明显。1~4 月份，东部地区、东北地区工业企业利润同比分别下降 16.7%、8.1%，合计影响工业企业利润增速较 1~3 月份回落 4.2%。主要行业中，汽车制造业受冲击较为明显，影响制造业 4 月份当月利润下降 6.7%。中国汽车工业协会数据显示，2022 年 4 月汽车产销分别完成 120.5 万辆和 118.1 万辆，环比分别下降 46.2% 和 47.1%，同比分别下降 46.1%和 47.6%。4 月末，规模以上工业企业应收账款19.20万亿元，同比增长12.4%，应收账款平均回收期为54.5天，同比增加1.9天；产成品存货周转天数为19.0天，同比增加1.3天；产成品存货5.79万亿元，增长20.0%。

据民航局消息，2022年4月份，全行业完成运输总周转量、旅客运输量、货邮运输量分别为29.5亿t·km、788.0万人次、42.0万t，同比分别下降68.0%、84.6%和35.9%，分别相当于2019年同期的28.1%、14.8%和69.8%。

相较之下，采矿业及部分原材料行业利润保持了较快增长。数据显示，2022年1~4月份，采矿业利润延续高增长态势，其中煤炭、油气开采行业利润分别增长1.99倍、1.38倍。原材料行业中的有色金属冶炼、化工行业利润分别增长40.3%、14.8%，均实现较快增长。

疫情导致工业企业生产、运输、销售等活动放缓，导致产成品库存周期拉长，这一变化对部分规模小、融资渠道窄、抗风险能力弱的中小微企业现金流会造成影响，金融部门与实体企业需要共渡难关。

国际大宗商品价格短期或继续维持高位，但海外需求趋于回落，加上未来PPI（Producer Price Index，生产价格指数）翘尾因素下降，预计价格对工业利润的支撑将继续减弱。

新冠肺炎疫情影响非常深远，全球供应链正面临着前所未有的挑战。世界主要经济体在贸易保护和全球化发展等多方面存在着分歧，这加剧了全球产业链、供应链的不稳定、不确定的风险。

由疫情导致的劳动力不足、材料短缺、交付延迟、物流停滞等要素打破了我国电子信息、光通信设备、汽车制造、医疗保健等多个行业的供需平衡关系。此外，由于我国是全球供应链的关键一环和世界重要需求来源地，由我国供应链部分停摆所带来的“焦虑”正在全球范围内产生“多米诺骨牌效应”，对全球科技供应链产生广泛影响。

由于疫情反复的原因，各类供应链过程中的流通流量缩减、作业场景停顿或者消失、作业时间减少或者不稳定等状况，导致物流装备应用负荷降低、应用场景消失、作业时间不足等决策因素，同时，由于物流装备企业也受疫情的影响，无法及时交付，从而导致物流装备导入、交付受到影响；另一方面，“非接触交付”、少人化、数字化、智能化的现实需求，又要求相关的应用企业需要不断思考、规划和运营优化，提升物流技术的迭代升级，甚至提出“万人机器人保有量”，其中就包含了各类物流作业机器人和关联技术。

中国作为全球供应链的枢纽，更需要与病毒赛跑，尽快地控制疫情，着力加速复工复产，积极畅通国际物流，逆势成就贸易的增长，为全球供应链的稳定注入动力和活力，做出更大的贡献。

30.3.2 疫情后的供应链应对机制

疫情对经济的影响，取决于防控进展和成效，这种影响是阶段性的、暂时性的，不会改变中国经济长期向好的基本面。现阶段我国经济实力、物质基础和应对突发事件的能力明显增强，完全有能力有信心打赢疫情防控阻击战，有能力有信心把影响降到最低。

危机过后，迫使每个人、每个企业都要走出舒适区，创新应变。如何重振信心，做好商业的复兴，成为摆在全行业面前一个无法回避的课题。如何应对变化，更成为每个企业生存和发展的关键能力。而（动态中）稳定的供应链确实可以为企业提供有力的保障，重振信心，有序恢复工商业。

1. 各项政策纾困与帮扶

2022 年 5 月 29 日上海市制定《上海市加快经济恢复和重振行动方案》，涉及“四大板块”、八个方面、50 条政策措施。从全国而言，相关措施有利于经济恢复，营造产业链供应链运营环境。

加快企业复工复产。2022 年 1~4 月份，工业企业利润增速回落主要受部分地区疫情冲击影响，从受疫情影响较大的上海、吉林、辽宁等地区来看，4 月份企业停工停产天数均明显多于 3 月份，对 4 月份工业企业效益状况影响更为明显。6 月份后长三角地区疫情防控形势有所好转，企业复工复产稳步推进，疫情对工业企业的影响逐步减弱。

减税降费、纾困帮扶政策持续发力，工业企业费用负担有所缓解。国家统计局对工业企业的快速调查显示，大规模留抵退税政策实施后，获得增值税留抵退税的工业企业中 95.4%对此政策表示满意，87.9%的企业认为改善了企业现金流。反映在数据上，2022 年 1~4 月份，规模以上工业企业每百元营业收入中的费用为 7.97 元，比 1~3 月份、上年同期分别减少 0.12 元、0.51 元。

民生保障政策落实有力，基本消费品供应充足，市场需求稳定，带动基本消费品行业利润平稳增长。1~4 月份，酒饮料茶、食品制造、烟草行业利润同比分别增长 20.9%、10.8%、7.9%。家具、纺织服装、皮革制鞋、文教工美等行业均保持增长。在一系列保供政策影响下，4 月份国内煤炭等能源价格已有所回落，产量也在提升，因此部分上游行业利润仍然保持着较快增长，而部分中下游企业在较高的原材料和物流成本挤压下，盈利空间依然有限。

对于后续的工业利润增长，工业企业效益仍有稳定恢复的基础。

随着国内疫情逐步得到控制，货运物流、产业链供应链逐步畅通，国内保供稳价、针对性的助企纾困政策力度持续加大，工业产出出现明显改善，工业企业盈利继续保持增长，但上下游行业利润平衡以及需求端回暖仍需一定时间，接下来应当尽快推动全产业链协同复工，同时在提振需求方面早作谋划，以免部分企业在复产后出现“无单可接”的情况。

总体看，工业企业受国内疫情短期冲击及国际形势更趋复杂严峻等因素影响，4 月份利润短期承压明显，但随着全国疫情形势总体趋于稳定，企业复工复产有序推进，进一步减轻市场主体负担的各项政策效应不断释放，工业企业效益状况逐步恢复。

2. 产业链供应链相应变革

新冠肺炎疫情令企业界始料不及，中国经济和社会发展无疑会受到一定影响，全球供应链受到波及甚至冲击也是必然的。

冲击的程度，与人们的认知和切身利益正相关，主要表现为影响了当月、当季、当年的业绩；对于不确定因素下的供应链的信心；对于产业链相关领域、相关区域，乃至全国、全球的布局路径以及未来经营的安全感。这主要与相关的供应链环节主体（比如企业、组织或国家）在供应链方面的影响能力、担当的责任、资源运作能力、价值导向以及供应链的柔性度和韧性度有关系。一般而言，一个有坚定的供应链价值导向和供应链战略初心的企业，都会从长期角度出发，以历史的观点来看待新冠肺炎疫情对于供应链的影响。供应链运营的方式以及方法、绩效，可能会随着不确定影响因素的变化而变化，但是企业供应链战略不会因此而发生本质的改变。从供应链的逻辑而言，相关性不代表因果关系。

从供应链的发展逻辑而言，产业链供应链可能发生以下变革：

（1）强化全球供应链的影响力　作为全球供应链的组成部分，必须加强国际合作，凝聚最大的合力，才能推动构建新型的国际供应链体系。

由于疫情的影响，加上俄乌冲突等影响因素的叠加，全球供应链正面临新的挑战。目前全球化的发展趋势也出现了新的变化，迫使全球供应链从集中化向分散化转移，加快多元化、本地化和区域化的进程。本次疫情对于中国供应链最大的警示，不是产业链转移的风险，而是国际物流供应链中断的风险，为此需要发展更富有韧性和弹性的供应链体系，并做出相应的处置变革，更需要加强国际合作，携手共建开放包容、公平合理的全球供应链治理体系；协力打造全球供应链的动态协同的共同体，更好地促进互利共赢和发展。全球供应链在不稳定中有新的发展，中国坚定维护和推动经济全球化，坚定不移地扩大对外开放，是企业积极融入全球供应链的信心所在。

（2）从效率到安全　全球供应链将迎来新的变革，经历了全球化时代的效率优先的推动之后，在后疫情时代，产业链供应链将更加注重安全与稳定。为此，供应链上的相关方将完善全球网络，增强供应链“链接”能力；加强运营组织，强化供应链保障和调度能力，支撑供应链的安全；通过提升“数智”水平，改进供应链的服务效率，加快智慧港口、智慧航运、智慧物流体系的建设；推动合作共赢，实现供应链协同发展。

（3）供应链的数字化、智能化转型　无论从短期还是长期看，企业的一个优先任务都是更好地了解其生产过程中的脆弱性，而为了应对疫情对供应链造成的影响，信息流和数据价值具有多重作用。它们通常不仅用于支持企业间的生产关系、规划和协调，而且还可以加快对生产流程和客户行为模式更细致的了解。总的来说数字化允许企业通过增加或减少网络单元、调整多边平台或修改现有链接和互动来快速改变其业务模式，降低供应链管理和交易成本。

1）打通与整合供应链的数据　供应链是由多个组织整合的联合体，以最大限度满足消费端客户、最大程度降低各组织的成本为目的，共同管理由原点到最终消费的信息流、资金流和产品流。要想利用大数据分析技术促进供应链转型，首先需要打通与整合供应链的各项数据。这些数据全面而客观地描述了整个供应链流程，比如采购环境的采购计划、要货计划、采购订单、收发货单、入库单等，为供应链中的决策分析提供充足的数据。

2）利用数字化工具做好供应链的实时监控 面对此次疫情引起的供应链风险，企业必须从中得到认知和结构性优化。一种风险是经常发生的低风险，我们必须有预见能力，做好备选方案（替代策略、后备产能、安全库存策略等）；另一种风险是突发的高风险，具有随机不确定性，现实中，通常不可能预见储备较高的库存，只能依赖供应链的韧性（员工的多技能性、工厂的转换能力、供应的多功能性、全球与区域战略产能的部署及战略研发与迂回包抄能力）。而要做好以上调整与优化就必须基于供应链上实时数据监控来进行，通过大数据的使用对其供应链流程进行翔实的掌控，更清晰地把握库存量、订单完成率、物料及产品配送情况等；通过预先进行数据分析来调节供求；利用新的策划来优化供应链战略和网络，推动供应链成为企业发展的核心竞争力。

3）通过大数据技术改善供应链运营与决策 采用大数据分析技术，不只是收集信息，还指导企业做出更明智、更快捷、更高效的决策。除了将数据用于供应链运营之外，组织还可以通过向客户、供应商和其他贸易伙伴提供市场洞察力来将数据转化为价值。

未来，智能供应链将呈现数字化、精准敏捷、全连接的特点，需要企业通过优化供应链提升以下能力：全渠道订单的“一盘货”，用“一盘货”来满足各个渠道的订单，对企业的库存成本的下降是至关重要的；一体化供应链计划体系，供应链的链主需要去承担起整个链条里面的供应链计划优化的职责；消费数据驱动“快速反应”的供应链，通过消费者的大数据利用仿真演算帮助企业设计更好的产品，让产品更快地触达消费者；大数据驱动供应链优化决策，必须依靠海量大数据和智能算法来驱动整个供应链优化的决策；数字化物流下的精准履约，消费者已经习惯于按照分钟和秒的方式去接受物流履约的预测，企业需要通过全程可视化、异常可追踪的干预，去满足精准的履约，让消费者满意。

（4）跨境（电商）出口供应链推动数字化、一体化，强调稳定性和核心价值回归

由过去的快速增长、调整期进入新旧动能转换期，有别于线下贸易。相对于内循环，跨境电商链路长、环节多（报关/清关），对跨境供应链管理和整合要求极高；跨境物流交付时效距离国家规划目标有一定距离；商业专线与海外仓模式最具潜力。疫情后跨境出口 B2C 在品类、路向、渠道、品牌等方面呈现出新的特征。疫情后“宅经济”居家品类增长迅速，将催生大件跨境物流及当地配套物流增值等诉求；欧美仍然是跨境电商出口的核心市场，但东南亚、中东等地崛起迅速，不同区域在消费水平、支付习惯、物流基础、关税政策等方面的差异对跨境供应链服务企业的专业能力提出差异化的要求；中国跨境卖家从中国制造竞争优势向中国品牌竞争优势转变，引发对更稳定、更高质的跨境供应链服务的诉求；跨境商家普遍多站点运营，伴随中国出海品牌化升级，相应地将为第三方背景的跨境供应链企业带来全新的发展机会。

数字化跨境电商涉及国家和物流环节众多，数字化技术的发展有助于商户为客户提供实时、可视化的物流轨迹，有助于提高客户信赖和黏性；同时，全链路的数字化改造有助于提升各环节的运作效率，例如关务数字化、海外仓数字化，进而提升物流时效及

稳定性，一体化满足客户包括海外仓、直发等多种物流模式的一站式需求。通过积极与客户实时沟通需求，利用丰富的物流资源（例如干线资源、各国家末端配送资源等）、强大的数字化能力，为客户量身设计高时效、高质量的物流方案。

部分领先物流企业通过积极布局和整合包括海外仓、清关、干线、揽派等多种资源，进而构建一体化服务能力，减少各环节衔接等待时长、减少订单响应时间，保障更优的物流时效性。定制化满足客户更专业、更具个性化的物流需求，例如提供库内定制化增值服务（退换货、本土贴标、本土更换包装等服务），甚至与品牌的上游供应链模式深度耦合，提供供应链层面的优化建议。

特别是在疫情后，航空、海运等物流供给的不稳定问题更为严峻，强化自身在干线资源的稳定获取能力亦将成为重要的能力之一。通过并购、联盟、自建等方式，获取包括航空干线、海运干线在内的跨境物流干线资源，打造连通全球、协同高效的国际干线网络，并做好与末端配送的衔接协调，保障物流运输的稳定性，为客户提供稳定的物流交付，将成为跨境供应链整合商和综合物流提供商的立身之本。

疫情对于产业链供应链的影响，也将影响物流装备产业的发展，对于疫情的判断、为订单中的物流装备原材料的采购、生产和交付响应时间和能力，都将提出挑战；另一方面，由于购买方受疫情影响的原因，现金流将会受到影响，为此很可能影响物流装备企业对于项目制管理的有效性、交付与资金回流的可靠性，以及技术开发和项目收益的对等性。

30.4 绿色供应链构建

30.4.1 绿色供应链及其关键要素

绿色供应链的概念最早由美国密歇根州立大学的制造研究协会在 1996 年进行的一项名为“环境负责制造（ERM）”的研究中首次提出，又称环境意识供应链（Environmentally Conscious Supply Chain，ECSC）或环境供应链（Environmentally Supply Chain，ESC），是一种在整个供应链中综合考虑环境影响和资源效率的现代管理模式，它以绿色制造理论和供应链管理技术为基础，涉及供应商、生产厂、销售商和用户，其目的是使得产品从物料获取、加工、包装、仓储、运输、使用到报废处理的整个过程中，对环境的影响（副作用）最小，资源效率最高。

绿色供应链要求供应商进行与环境相关的管理，亦即将环保原则纳入供应商管理机制中，其目的是让产品更具有环保概念，提升市场的竞争力。在做法上，有些企业提出以环境为诉求的采购方案、绩效原则或评估过程，让所有或大部分的供应商遵循。而另一些企业则研讨对环境有害物质的种类并列出清单，要求供应商使用的原料、包装或污染排放中不得含有清单所列物资。

《绿色制造　制造企业绿色供应链管理　导则》（GB/T 33635—2017）定义：将环境保护和资源节约的理念贯穿于企业从产品设计到原材料采购、生产、运输、储存、销售、使用和报废处理的全过程，使企业的经济活动与环境保护形成协调的上下游供应关系。具体涵盖制造企业从产品设计、材料选用、采购、加工、运输、储存、包装、使用、回收利用直至最终处置生命周期过程；有关的供应商、制造企业、物流商、销售商、最终用户以及回收、拆解、再利用、废弃物处置等企业。图 30-6 所示为绿色供应链结构逻辑图。

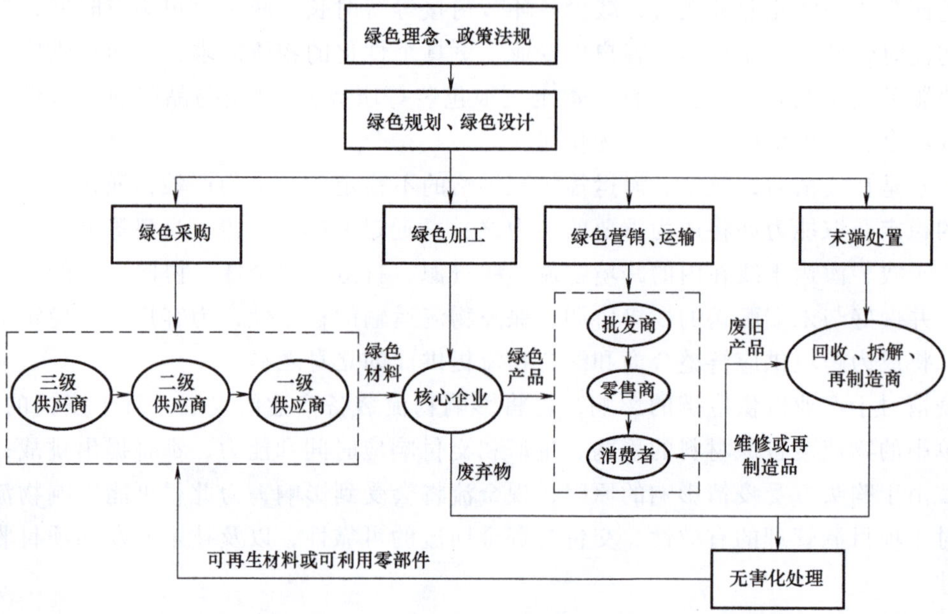

图 30-6　绿色供应链结构逻辑图

绿色供应链是一项系统工程，涉及的主体多、范围广，政策性强，企业构建绿色供应链管理体系难度大，在绿色供应链管理导则国家标准的原则和框架下，2018 年绿色制造标委会组织工信部电子五所、上海交通大学等多家单位，针对制造企业绿色供应链管理关键环节和重点工作开展了五项绿色供应链管理国家标准的研究制定工作，其中四项标准 2020 年 9 月正式发布（另外一项“回收利用”国家标准正在研究制定中）。GB/T 33635—2017 明确了制造企业绿色供应链管理范围、产品生命周期全过程（设计、生产、采购、回收利用、废弃物无害化处置等）、全产业链（供应商、生产企业、消费者、回收利用企业等）及全要素（资源、环境、健康安全）的绿色管理、环境信息管理及相关文件等基本要求。

标准编号及标准名称：

GB/T 39256—2020《绿色制造　制造企业绿色供应链管理　信息化管理平台规范》

GB/T 39257—2020《绿色制造　制造企业绿色供应链管理　评价规范》

GB/T 39258—2020《绿色制造　制造企业绿色供应链管理　采购控制》

GB/T 39259—2020《绿色制造　制造企业绿色供应链管理　物料清单要求》

图 30-7 所示为绿色供应链标准的版本迭代情况。

构建绿色供应链，推动供应链“绿化”需要突破边界和壁垒，俯瞰全价值链，才能够设计和寻找“碳足迹”。图 30-8 所示为供应链由传统向“绿色”方向转化涉及的要素。

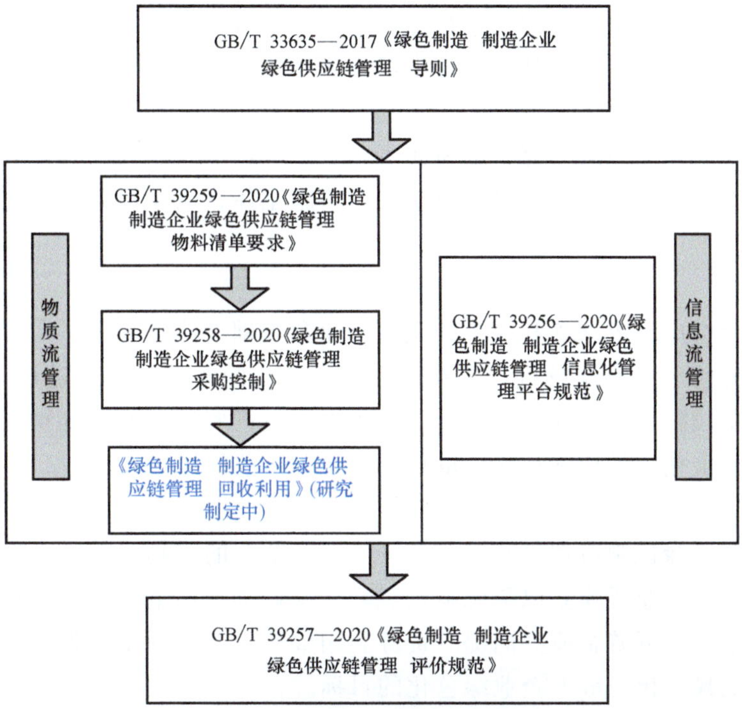

图 30-7 绿色供应链标准的版本迭代情况

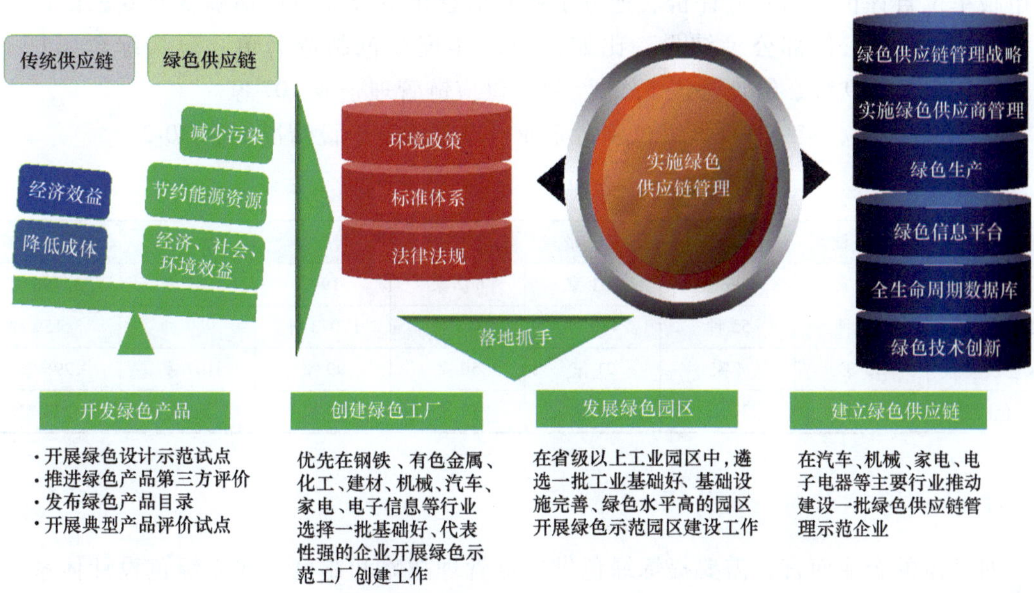

图 30-8 供应链由传统向“绿色”方向转化涉及的要素

关键要素包含绿色产品、绿色工厂、绿色园区和绿色供应链。

1. 绿色产品

绿色产品是以绿色制造实现供给侧结构性改革的最终体现，侧重于产品全生命周期的绿色化。按照全生命周期的理念，在产品设计开发阶段系统考虑原材料选用、生产、销售、使用、回收、处理等各个环节符合环保要求，对生态环境和人体健康无害或者危害小，资源能源消耗少、品质高、可再生率最大化的产品。

2. 绿色工厂

绿色工厂是实现用地集约化、原料无害化、生产洁净化、废物资源化、能源低碳化的工厂，是制造业的生产单元，是绿色制造的实施主体，属于绿色制造体系的核心支撑单元，侧重于生产过程的绿色化。

3. 绿色园区

绿色园区是突出绿色理念和要求的生产企业和基础设施集聚的平台，侧重于园区内工厂之间的统筹管理和协同链接。要在园区规划、空间布局、产业链设计、能源利用、资源利用、基础设施、生态环境、运行管理等方面贯彻资源节约和环境友好理念，从而实现具备布局集聚化、结构绿色化、链接生态化等特色的绿色园区。

4. 绿色供应链

绿色供应链是绿色制造理论与供应链管理技术结合的产物，侧重于供应链节点上企业的协调与协作。企业要建立以资源节约、环境友好为导向的采购、生产、营销、回收及物流体系，推动上下游企业共同提升资源利用效率，改善环境绩效，达到资源利用高效化、环境影响最小化、链上企业绿色化的目标。

构建绿色供应链，需要有政府引导、示范和政策支持。每年 3~4 月，工信部发文，经申报单位自评价、第三方评价、地方工业和信息化主管部门评估确认及专家论证、公示等程序，9 月工信部公示结果。比如，2021 年度绿色制造名单，包括绿色工厂 662 家、绿色产品 989 种、绿色园区 52 家、绿色供应链管理企业 107 家。

截至 2021 年，第一~六批绿色制造企业供应链示范建设情况见表 30-2。

表 30-2　第一~六批绿色制造企业供应链示范建设情况

项目/批次	第一批	第二批	第三批	第四批	第五批	第六批	合计
绿色工厂	201 家	208 家	391 家	602 家	719 家	662 家	2,783 家
绿色产品	193 种	53 种	480 种	371 种	1,073 种	989 种	3,159 种
绿色供应链	15 家	4 家	21 家	50 家	99 家	107 家	296 家
绿色园区	24 家	22 家	34 家	39 家	53 家	52 家	224 家

30.4.2　绿色供应链构建

对具体的企业而言，需要提炼绿色供应链管理战略和制度、建立绿色设计体系、建立绿色供应商管理制度、强化绿色生产、打造绿色物流、构建绿色回收体系、建立绿色信息平台等。

1. 绿色供应链管理战略、制度

企业应将绿色供应链管理理念纳入企业发展战略规划，明确企业绿色供应链管理目标，设置管理部门，推进本企业绿色供应链管理工作。绿色方针是企业的绿色理念和发展战略的概括化，为企业建立、实施、保持和改进绿色供应链管理体系指引了方向。方针对应满足以下要求：与企业的使命和绿色发展战略相匹配；为制定绿色供应链管理目标提供框架。图 30-9 所示为制造型企业绿色供应链策略架构，即绿色供应链战略屋。

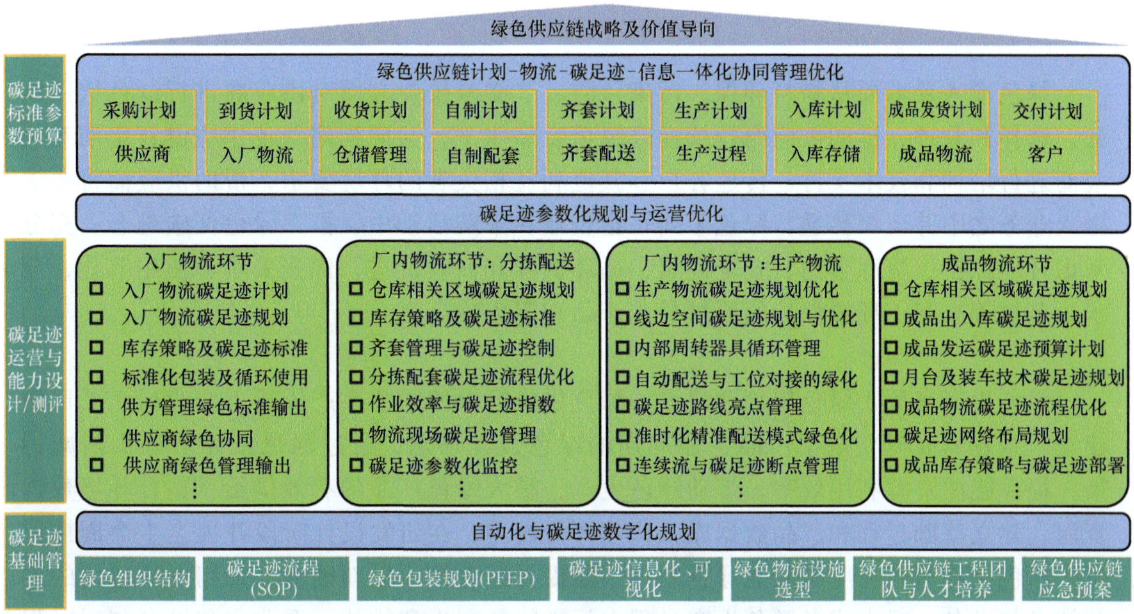

图 30-9 制造型企业绿色供应链策略架构

在加强企业内部管理方面，要有效建立跨越职能部门的业务流程。图 30-10 所示为绿色供应链组织结构示意图。

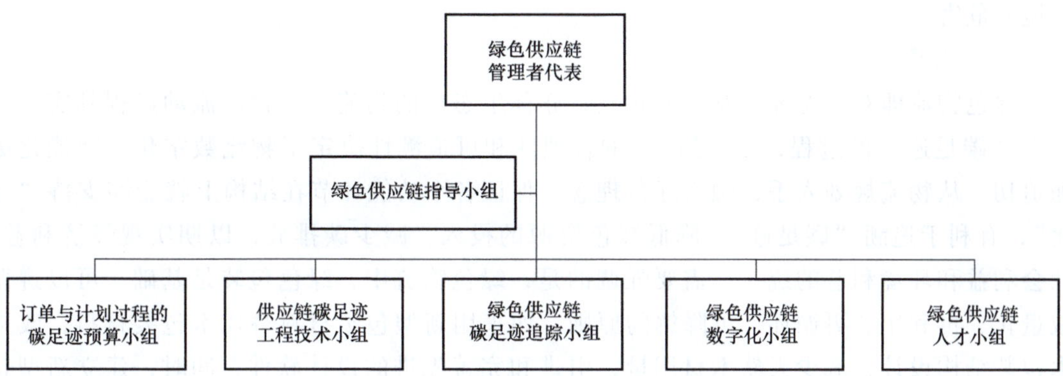

图 30-10 绿色供应链组织结构示意图

2. 建立绿色设计体系

通过产品绿色生态设计，企业可以有效地从源头上减少整个供应链对环境的影响。企业应从设计源头就考虑到产品原料的选择、制造、包装运输、使用过程、生命终期的废弃处理和回收再利用等阶段所造成的环境冲击，把降低能量消耗、易于拆卸、易于回收利用、低毒无毒低污染作为关键设计指标进行管理，建立设计方法和评价方法，最大限度地减小产品对生态的破坏。

企业需要倡导绿色设计的理念，以产品全生命周期管理为主线，从源头开始实现减量化、可拆解、可再利用的设计；与供应商、物流商、销售商、终端用户等建立共识，推行有害物质替代与减量化、可拆解设计、可再制造设计、可再生材料选用等关键技术的应用。

3. 绿色供应商管理制度

绿色准入要求要从物料环保、污染预防、节能减排等方面对供应商进行绿色伙伴认证、选择和管理，推动供应商持续提高绿色发展水平，共同构建绿色供应链；定期对供应商进行培训和技术支持，传递客户和其他利益相关者的环境要求，帮助供应商将要求融入业务之中并逐级传递。绿色采购是指企业在采购活动中，推广绿色低碳理念，充分考虑环境保护、资源节约、安全健康、循环低碳和回收促进，优先采购和使用节能、节水、节材等有利于环境保护的原材料、产品和服务的行为。

4. 强化绿色生产

绿色生产来源于绿色规划和建设。绿色供应链中的绿色生产依托于企业绿色工厂的建立，企业需要树立基于产品生命周期的绿色设计理念，通过绿色设计从源头削减污染，提高能源资源利用效率，带动绿色生产，扩大绿色产品的有效供给；整合环境数据资源，建立基础过程和产品数据库，构建评价模型，在研发设计阶段开展全生命周期评价。绿色技术研究与应用赋能绿色制造不断提升绿色技术创新能力，采用先进适用的工艺技术与设备，减少或者避免生产过程中污染物的产生和排放。企业应积极参与国际相关技术规范标准的制定，促进产业界绿色生产水平提升；主动、积极引导在生产过程中实现绿色化，应考虑采用先进的工艺技术与设备、改善管理、综合利用等措施，提高资源的利用效率，减少或避免生产过程中污染物的产生和排放，减轻或消除对人类健康和环境的危害。

5. 打造绿色物流

绿色物流即对生态环境友好的物流，亦称生态型的物流。实物的流动过程其实就是一个“碳足迹”的过程，“碳足迹”的合理性和可追溯性决定了物流数字化、智能化更加迫切。从物流规划入手，融入绿色理念，保证各个功能环节在结构上就能够支持“绿化”，有利于追溯“碳足迹”，降低绿色资源的投入，减少碳排放，以期实现经济利益、社会利益和环境利益的统一。需要强调的是，绿色物流中，绿色包装是基础，可以遵循减量化、再利用、再循环、可降解的原则，如采用新型包装材料替代木包装材料，改进木包装结构设计，减少天然木材用量，引进和完善先进的设计软件；同时，建立新型仓储模式，通过合理的规划布局，节约仓储成本，提高效率，有条件的企业可建设自动化立体仓库及物料配送体系；运输过程是效率和碳排放的表现点，企业应连同其物流服务供应商，一同优化运输网络和运输方式，有效整合资源，提高综合效率。图 30-11 所示为某企业制造物流过程绿色化规划与运营。

6. 构建绿色回收体系

最珍贵的“碳足迹”往往隐藏/丢失在不显眼的地方，应建立闭环框架及相应的循环体系，从结构上进行规避。绿色回收就是在供应链前端考虑产品全生命周期结束的回收和资源再利用，提升产品的价值，减轻废弃物对环境的污染。企业应根据当前技术和

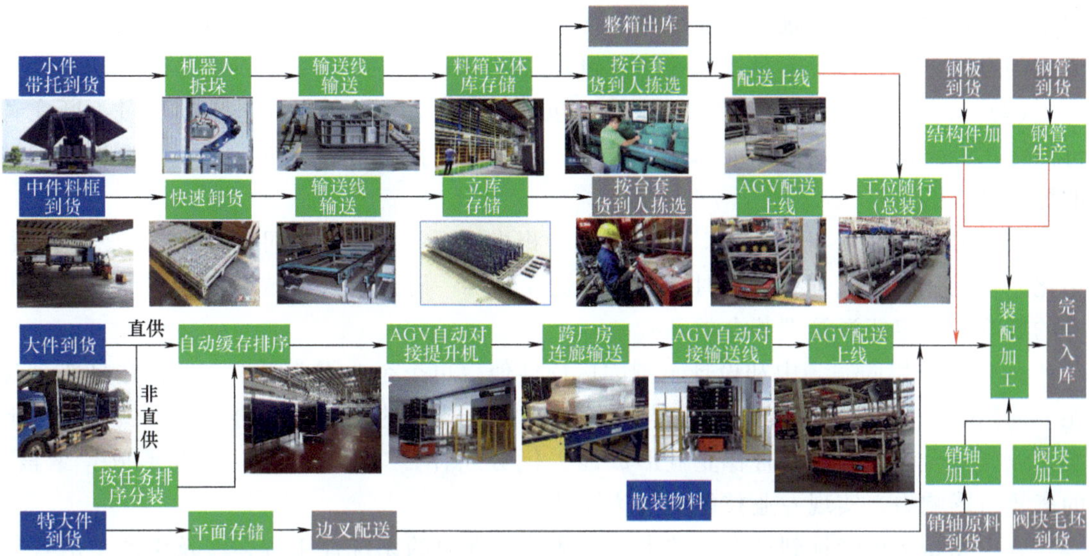

图 30-11 某企业制造物流过程绿色化规划与运营（绿色部分为绿化点）

实际情况，按照再使用、再生利用、能量回收、最终处置的处理顺序，策划适宜的回收再利用及处置方法。生产企业可直接主导或与专业从事废旧产品回收利用的企业或机构合作开展回收、处理与再利用，搭建拆解、回收信息发布平台，实现废旧产品在生产企业、消费者、回收企业、拆解企业间的有效流通。

7. 建立绿色信息平台

绿色供应链需要数字化，企业可通过物联网、大数据和云计算等技术手段建立可核查、可溯源的绿色信息体系。“碳足迹”数据挖掘能力，将成为企业新资源的一大能力，成为“碳财富”，并且成为资本关注点。企业通常会建立能源消耗在线监测体系和减排监测数据库，定期发布企业社会责任报告，披露企业节能减排目标完成情况、污染物排放、违规情况等信息。数字化基础界定“碳足迹”追溯的有效性。

企业要建立全生命周期资源数据的收集和管理平台，收集绿色设计、绿色采购、绿色生产、绿色回收等过程的数据，建立供应链上下游企业之间的信息交流机制，实现生产企业、供应商、回收商以及政府部门、消费者之间的信息共享。要加强对供应链上下游重点供应商的管理评级，定期向社会披露重点供应商的环境信息，公布企业绿色采购的实施成效。图 30-12 所示为数字化技术对于绿色供应链的赋能情况。

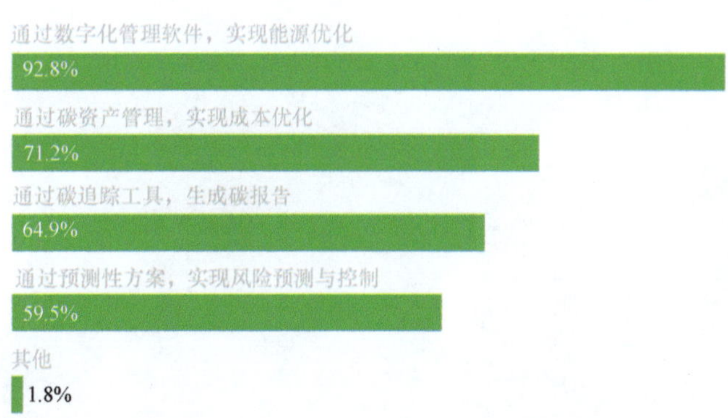

图 30-12 数字化技术对于绿色供应链的赋能情况

构建绿色供应链需要解决理念问题，结合企业的核心主业，通过技术赋能，带动供应链协作环节共同推进。

（1）战略引导 匹配国家

政策、绿色战略引导、融入企业绿色文化，规划与构建企业绿色供应链，为企业注入低碳化的思维方式，提升碳足迹监控的逻辑能力。

（2）立足主线　从研发设计、生产、包装、运输、回收等各个环节，通过不断完善价值链供应链的绿色运营标准与运营水平，通过数字化、可视化资源助力，打造端到端的绿色供应链。

（3）技术赋能　开放思维、敢于创新，积极探索技术赋能的可能性，推动供应链数字化、智能化的迭代升级，同时，开展系统性分析，研判新兴科技对行业整体和企业本身的影响，奠定能源管理革命的基础。

（4）伙伴协同　碳中和设计范围的广泛性使得单个企业需着眼于全局，在打造自身能力的同时，充分借助外部力量，与政策、市场、技术的变化形成协同，与供应链上下游企业充分合作，与战略合作企业形成能力优势互补、“借智借力”逐渐形成“聚核”的态势与影响力，实现专业技能的快速提升。

碳中和是一项牵扯到社会、技术、经济等多方面的系统性工程，涉及生产生活各领域，涵盖全产业链各环节，甚至包含了不同行业领域之间的交叉融合。全供应链碳减排尤为重要，企业单独碳减排效果要弱于供应链整体减排效果。应构建供应链内部碳减排机制。鉴于这个特点，企业在打造自身能力的同时，应充分借助外部力量，与战略合作企业形成能力优势互补，通过合作伙伴实现专业技能的快速提升成为众多领军企业的共同选择。

作为物流供应链规划、构建与运营中的重要一环，物流装备技术需要适应绿色供应链的发展。所以，未来物流装备技术的研发与迭代升级，需要遵循绿色化、数字化的要求。比如在“碳足迹”采集过程中，需要实时化、数字化；在搬运、装卸、分拣、配送的过程中，如何降低能耗、提高能效标准，也将成为“绿色物流”的一道门槛。

第31章 典型企业绿色供应链建设案例

1. 博世中国工厂

2020 年博世华域南京工厂智能物流中心启用。博世华域 Smart-LOG 项目依托第三方供应链服务提供方中实供应链公司进行供应链整合，打造智能物流系统，通过采用智能立体库、机器人分拣系统、AGV 配送系统等智能物流装备，推动博世华域物流实现向自动化、信息化、互联化、绿色化和智能化转型升级。图 31-1 所示为博世华域南京工厂供应链数字化/绿色化逻辑与结构。

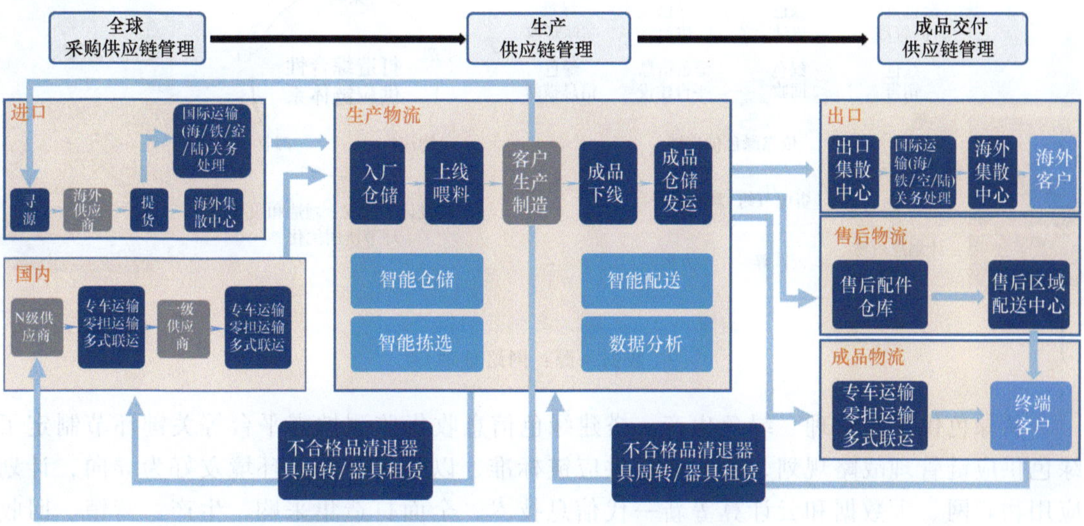

图 31-1 博世华域南京工厂供应链数字化/绿色化逻辑与结构

（数据来源：中实供应链）

供应链数字化、绿色化获得明显效果：

1）物流总费用降低 12%；

2）库存周转率提升 32%；

3）送货响应时间缩短 40%；

4）场地面积减少 43%；

5）物流吞吐能力提升 38%；

6）人均产出率提升 56%；

7）作业准确率达到 99%；

8）集约化效益，降低物流总费用20%以上；

9）人员节省66人，节省超过40%；

10）面积节省5,103m²，节省37%；

11）配料响应时间缩短15min以上；

12）线边库存时间减少30min以上，相当于降低730万元成本；

13）库存数据/任务数据实时化、透明化，提升管理效率；

14）统一服务标准，无人化操作，提升作业质量；

15）减少纸张沟通环节，减少燃油叉车作业，减少断点，提升物流管理效率。

2. 戴尔中国工厂

（1）戴尔中国绿色供应链策略　供应链是戴尔科技集团的重要竞争优势之一，也是戴尔中国业务的关键组成部分之一。戴尔秉承“以创新科技推动人类进步”，集团战略一直紧扣绿色发展的时代主题，将绿色供应链管理提升至战略高度，并纳入集团发展规划。图31-2所示为戴尔绿色供应链策略架构。

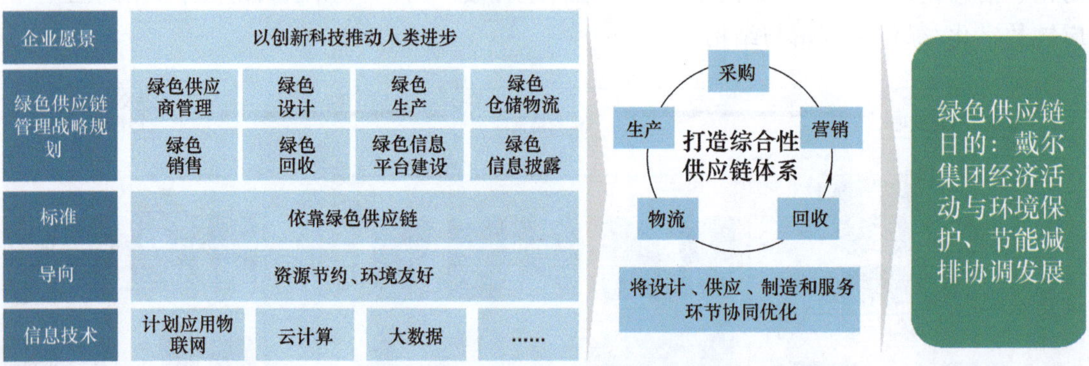

图31-2　戴尔绿色供应链策略架构

（数据来源：网络整理）

从绿色供应商管理、绿色生产、搭建绿色信息收集监测披露平台等关键环节制定了绿色供应链管理战略规划，依靠绿色供应链标准，以资源节约、环境友好为导向，计划应用物联网、大数据和云计算等新一代信息技术，全面打造集采购、生产、营销、回收及物流于一体的综合性供应链体系，将设计、供应、制造和服务环节协同优化，最终达到集团经济活动与环境保护、节能减排协调发展的目的。

戴尔绿色供应链通过规划降低由于环保不达标而导致的供应链中断或延误的风险，完善绿色供应链管理，逐步推动供应链的绿色化，加强绿色供应商管理，强化绿色生产，建设绿色回收体系，搭建绿色信息收集监测和公布平台。图31-3所示为戴尔绿色供应链过程管控要素。

（2）绿色供应链评价与管理　戴尔中国要求受评价方有较为完善的绿色采购制度和程序文件，如绿色采购目标、标准；绿色采购流程；绿色供应商筛选、认定的条件和程序；绿色采购合同履行过程中的检验和争议处理机制；绿色采购信息公开的范围、方式、频次等；绿色采购绩效的评价；实施产品下架、召回和追溯制度。

要求受评价方建立了供应商评价体系，发布了《供应商手册》，要求所有制造类供

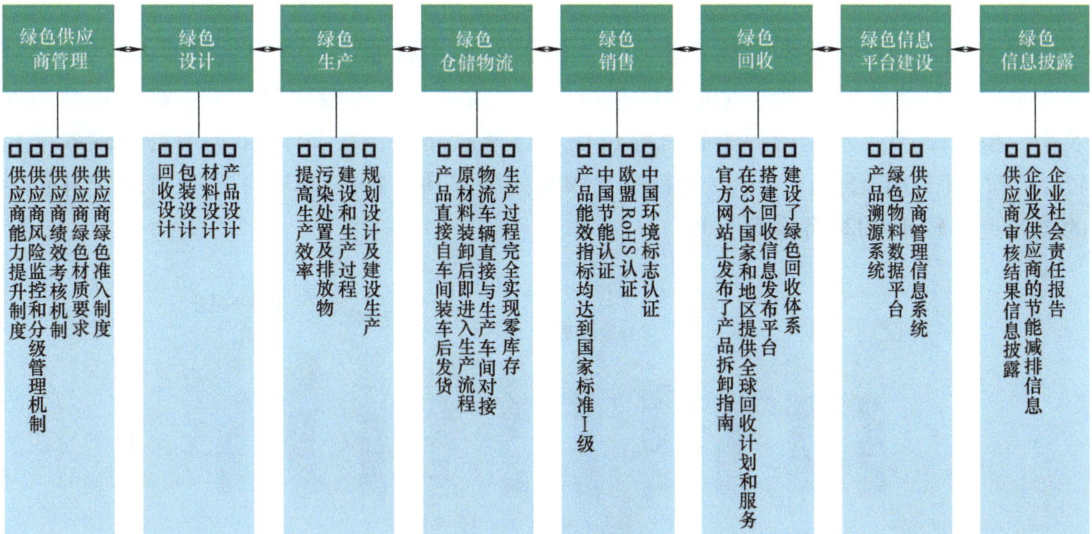

图 31-3 戴尔绿色供应链过程管控要素

应商必须通过责任商业联盟行为准则（RBA）审核，直接采购的元部件供应商必须高于120分，优先采购类供应不低于100分。评价规则见表31-1。

表 31-1 戴尔绿色供应链供应商评价体系

序号	一级指标	权重	二级指标	指标要求	评分标准	评价依据及证明材料	符合性说明	得分
1	战略及目标	10%	略					
2	绿色设计	15%	略					
3	绿色采购	30%	管理制度及标准 X301	略	10分	略	略	
			绿色采购要求 X302		10分			
			绿色供应商选择 X303		15分			
			供应商风险评估 X304		15分			
			供应商审核监督 X305		15分			
			供应商绩效评价 X306		15分			
			应急管理和响应 X307		5分			
			文件及信息管理 X308		10分			
			沟通与培训 X309		5分			
4	绿色生产	15%	略					
5	绿色物流	10%	略					
6	回收利用及末端处置	10%	略					
7	绿色信息管理及披露	10%	绿色信息管理 X701	略	60分	略	略	
			绿色信息披露 X702		40分			
总分								

3. 顺丰物流

（1）顺丰物流绿色供应链策略　顺丰通过在人工智能、大数据、机器人、物联网、物流地图等科技前沿领域进行前瞻性布局，优化或重塑供应链物流环节，提升运营的碳效率。根据图 31-4 所示的顺丰物流绿色供应链减碳路径，在 2030 年实现自身碳效率相较于 2021 年提升 55%；同时，为打造气候友好型快递，将在 2030 年实现每个快件包裹的碳足迹相较于 2021 年降低 70%。

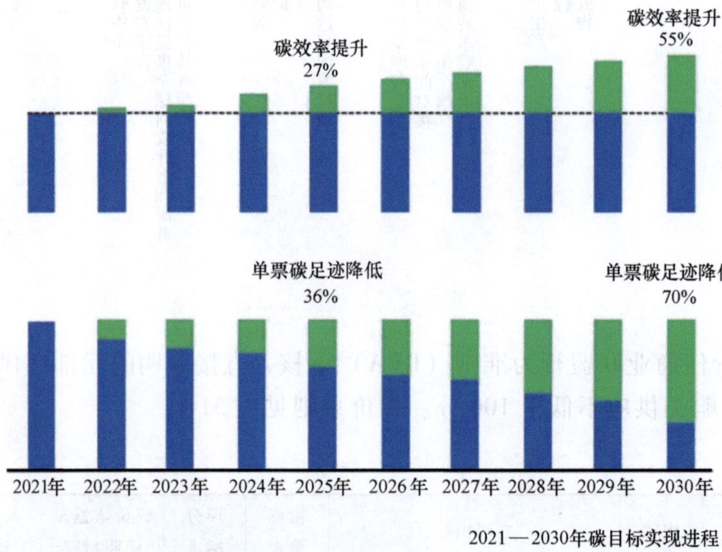

图 31-4　顺丰物流绿色供应链减碳路径

（数据来源：顺丰控股 2022 年碳目标白皮书）

根据顺丰 2021—2030 年的减碳行动路线图，顺丰将通过调整用能结构、升级运输及业务模式、深入应用科技手段，以及林业碳汇和碳交易等其他途径来实现其减碳目标，如图 31-5 所示。

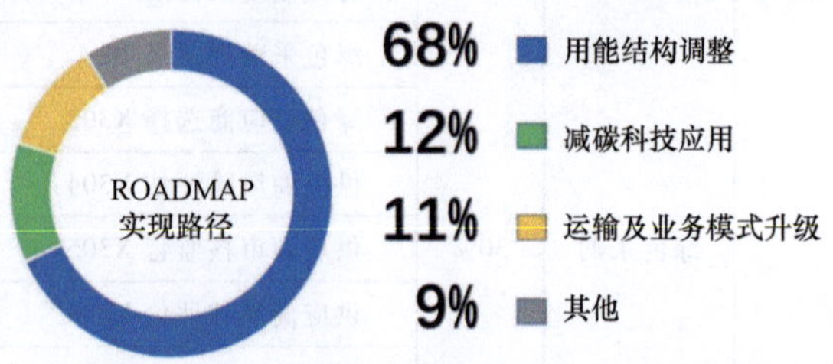

图 31-5　顺丰物流绿色供应链推动路径

1）用能结构调整。采取可再生能源解决方案，在合适的产业园投建光伏设施，并逐步加大新能源车辆应用，转变能源使用类型，以极大降低业务运营碳排放。

2）减碳科技应用。逐步构建碳排放管理平台，运用人工智能、大数据、物联网等技术实现低碳智慧运营。

3）运输及业务模式升级。通过逐步推进多式联运、利用货运航空枢纽改善航线、使用绿色低碳包装、智慧化企业管理，以及向客户提供 All Green 绿色供应链解决方案等提升运营效率和减少碳排放。

4）其他。针对无法避免的碳排放，采用种植“顺丰碳中和林”及购买碳补偿额度等方式实现抵销。

（2）供应链工程技术赋能减碳过程　明确“以科技助力低碳快件”作为主题。通过业务积累和技术创新，将物联网、大数据、人工智能等技术融合到实际业务场景中，将科技力量注入每个快件的全生命周期，助力全流程的提质增效和低碳减排，如图 31-6 所示。

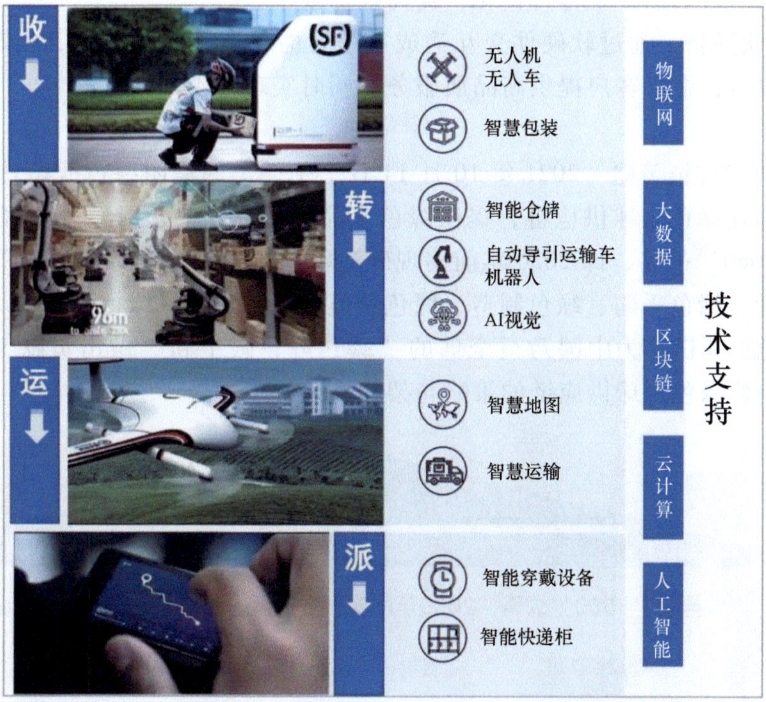

图 31-6　供应链工程技术赋能减碳过程

具体表现：

1）无人机、无人车。自研大型/小型无人机，运用智能无人机技术，扩大业务范围，提供高效率、高经济性、低碳的物流服务。

2）智慧包装。开发绿色包装，推广安全包装，提供场景化包装方案。将创新深刻融入物流包装的各个环节，从包装设计、生产供应、调拨、回收、智能管理等多方面入手，全方位、多业务引领上下游产业链共同推进可持续包装发展进程，打造完整的绿色包装循环生态圈。

3）智能仓储。基于大数据最优配置仓储资源，提升仓储和转运环节的效率，降低过程能耗。

4）自动导引运输车、机器人。引进全自动化分拣和相关场地管理系统，提升运营效率，降低出错率。

5）AI 视觉。摄像头与人工智能技术结合，实现物流网络的标准化业务管理，为智慧物流和节能减碳建立基础。

6）智慧地图。通过逻辑算法，结合快件产品时效、距离等因素，以最优的路径对运输线路进行规划，减少运输能耗。

7）智慧运输。依托大数据分析和深度学习技术，整合货运线路和运力资源，提升陆地运输效率，实现车辆与货物的精准匹配。基于地理信息大数据提醒司机优化驾驶习惯；利用预见性导航与节油算法，减少运输能耗。

8）智能穿戴设备。顺丰智能穿戴设备相比手持设备更加便携，内嵌物流地图，收派件路径规划一目了然，全程可视化，提高收件效率。

9）智能快递柜。通过软硬件交互达成系统智能化监控管理体系，实现末端物流服务的全时段覆盖，在为客户提供高品质服务的同时实现降本增效。

4. 美的集团

（1）绿色供应链策略　2021 年 10 月 14 日上午，美的集团绿色战略首次对外发布。该战略以“构建绿色全球供应链，提供绿色产品和服务，共建绿色美好家园”为愿景，以“推动‘3060’战略，即 2030 年前实现碳达峰，2060 年前实现碳中和”为目标，围绕“绿色设计、绿色采购、绿色制造、绿色物流、绿色回收、绿色服务”六大支柱，打造全流程绿色产业链，为中国乃至全球的“碳达峰，碳中和”做出贡献。图 31-7 所示为美的集团构建绿色全球供应链的策略与架构。

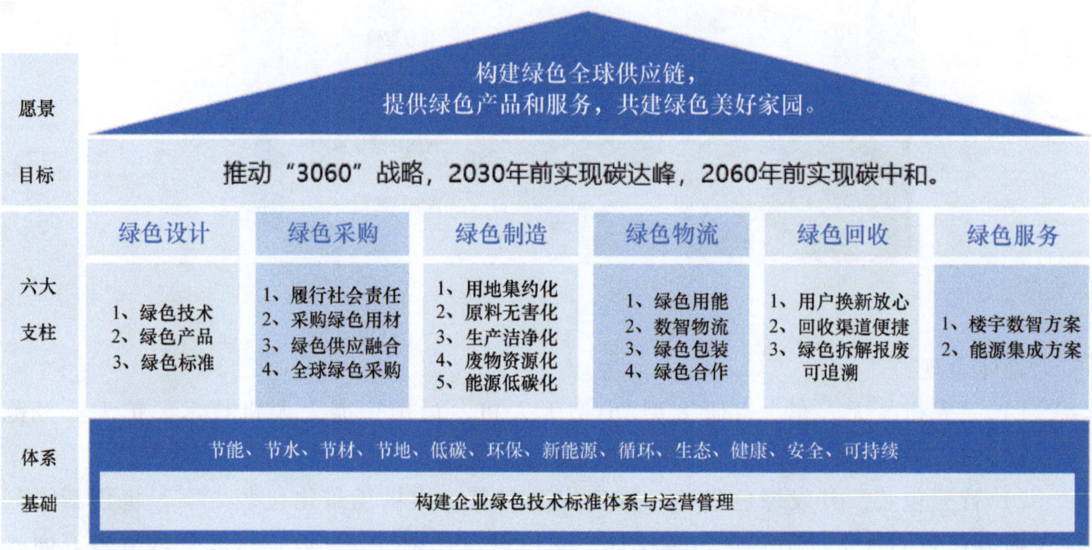

图 31-7　美的集团构建绿色全球供应链的策略与架构

在此过程中，美的要做到“摸清家底、制定标准、复盘落实、严格考核、确保目标”，并将绿色战略推进计划划分为四个阶段：第一阶段，通过绿色能源的提前部署，在 2030 年前平稳达峰；第二阶段，推动绿电占比提升缓解温室气体排放，在 2040 年前实现逐步减碳；第三阶段，借助电力中和，在 2050 年前大幅减碳；第四阶段，聚合力量，在 2060 年前迈向碳中和。

在实际推动过程中，期望通过能源结构的调整，在确保企业发展增量前提下，美的响应国家号召，坚持绿色经营，预计在 2028 年前后做到企业内部直接和间接排放总量的碳达峰，争取 2030 年集团绿电占比达到 30%。

（2）美的工厂绿色供应链管理　美的共有 5 家工厂加入了世界经济论坛（WEF）

的全球灯塔网络。

其中，美的微波炉工厂实现了采购、生产、物流、交付、客户维护、消费者需求管理等关键环节的供应链数字化，并且全价值链实现能源数字化管理。图 31-8 所示为美的数字化绿色供应链协同逻辑。

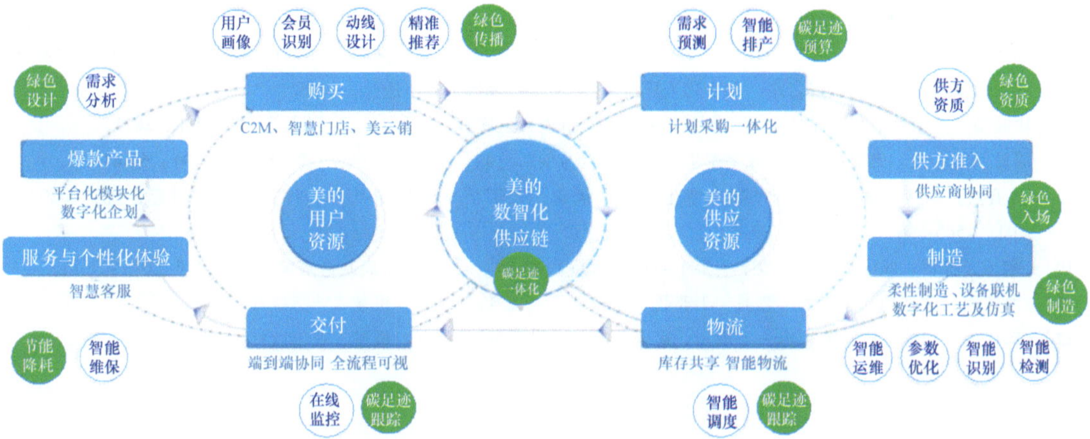

图 31-8　美的数字化绿色供应链协同逻辑

供应链策略使得美的微波炉灯塔工厂实现采购原材料成本下降 4.6%，产品成本降低了 6%，人员效率（UPPH）提升了 28%，生产线产能提升了 14%，订单交付时间平均缩短 56%，并将二氧化碳排放量减少了 9.6%。仅 2020 年二氧化碳排放量同比减少 9,187.2t，相当于节约用电 11,703,439.49kW·h。表 31-2 所示为美的灯塔工厂的综合效益。

表 31-2　美的灯塔工厂的综合效益

项目	主要指标改进	收益
生产力	工厂产出提升	200%
	生产效率提升	28%
	OEE 提升	15%
	产品试制试产成本削减	15%
	生产成本降低	40%
	质量成本降低	40%
可持续性	浪费减少	30%
	水资源消耗减少	—
	能源消耗减少	15%
敏捷性	渠道库存减少	32%
	生产周期压缩	56%
	换型时间减少	60%
市场的快速响应	加快上市速度	34.60%
定制化	设计迭代时间减少	37%
	定制化精度增加	—
	品类减少	50%

（数据来源：世界经济论坛及麦肯锡咨询）

参考文献

[1] 陆大明. 中国战略性新兴产业研究与发展：物流仓储装备 [M]. 北京：机械工业出版社，2017.

[2] 邱伏生. 中国战略性新兴产业研究与发展：智能供应链 [M]. 北京：机械工业出版社，2019.

[3] 邢灵冰. 5G技术在物流核心设备中的应用 [J]. 物流技术与应用，2021，26（02）：107-109.

[4] 刘大成. 5G技术与智慧物流供应链的互动式演进 [J]. 物流时代周刊，2020（11）：4.

[5] 邱伏生，赵新阳，李志强. 2021年制造企业供应链发展调研报告 [J]. 物流技术与应用，2022，27（03）：68-77.

[6] 陈明，梁乃明. 智能制造之路：数字化工厂 [M]. 北京：机械工业出版社，2018.

[7] 唐隆基，潘永刚. 数字化供应链：转型升级路线与价值再造实践 [M]. 北京：人民邮电出版社，2021.

[8] 周瑜，刘春成. 雄安新区建设数字孪生城市的逻辑与创新 [J]. 城市发展研究，2018，25（10）：60-67.

[9] 刘蔚然，陶飞，程江峰，等. 数字孪生卫星：概念、关键技术及应用 [J]. 计算机集成制造系统，2020，26（03）：565-588.

[10] 陶飞，张贺，戚庆林，等. 数字孪生十问：分析与思考 [J]. 计算机集成制造系统，2020，26（01）：1-17.

[11] 顾建党，俞文勤，李祖滨. 数商：工业数字化转型之道 [M]. 北京：机械工业出版社，2020.

[12] 邱伏生. 智能工厂物流构建——规划、运营与转型升级 [M]. 北京：机械工业出版社，2022.

第7篇 工厂物流系统数字化设计

本篇摘要：

建设数字化、平台化的大物流体系涉及物流行业的方方面面，主要包括物流劳动资料、物流劳动环境、物流劳动空间的数字化、平台化。本篇将从物料搬运工厂建设及运维、物料搬运系统规划设计和物料搬运装备设计与制造三个方面，详细阐述如何利用数字化、平台化工具，改造升级物流劳动环境与物流劳动空间，最终实现降低物流总成本、造福于国民经济的目标。

第32章

工厂物料搬运集成式建模方法及应用

物料搬运装备企业所追求的目标之一就是构建出一套高效智能的系统规划及设计制造体系。物流系统规划设计涉及多学科、多专业，是一个系统工程。从参与方来讲包括物流装备供应商、物流/产线系统规划方、仓储/厂房/园区及相关配套设计方、项目投资方、决策方、施工方、监管方以及特定环节的第三方等；从项目生命周期来讲包括需求阶段、设计阶段、施工阶段及运维阶段等。在以往的项目周期中，难免存在行业壁垒、数据孤岛以及协作障碍等问题，随着项目越来越复杂，项目的周期及要求会越来越严格。

图 32-1 是大多数制造商在日常运营中面临的挑战。由于大多数制造商在日常运营中存在各方面的问题，因此，为了满足当前定制化和个性化的客户需求，跟上技术变革的速度，随市场而动，保持竞争力，就需要制造商经常对物料搬运工厂进行流程再造。

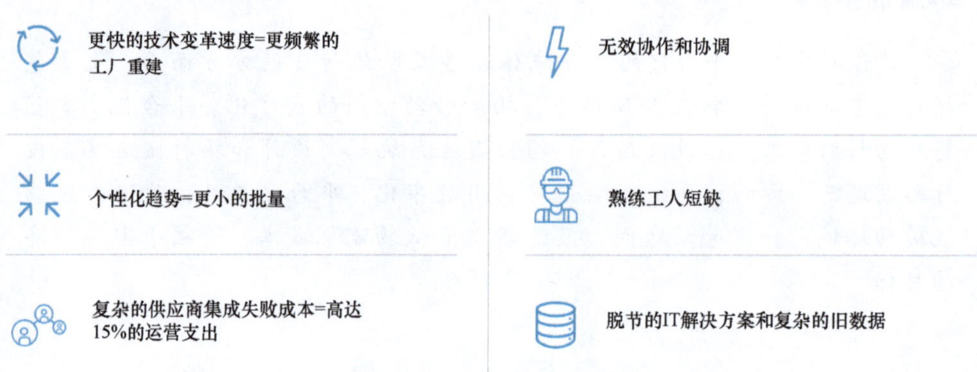

图 32-1　大多数制造商在日常运营中面临的挑战

在物料搬运工厂的建设过程中，需要各个专业团队协同工作，如外部的建筑团队、设备供应商、工厂项目协调人员 、IT 专家、维护工程师、产线规划者和产品设计者等。这些人员大多在各自的部门中工作，由其部门的主管负责联络，大家多使用不同的软件和自己定制的流程，有的甚至还在使用老系统的大量过期数据。以上种种因素让各个团队之间的协作变得困难且低效，让工厂的建设和流程再造进程缓慢且成本高，大多数都不能如期完工。如图 32-2 所示，实际上有 60% 的企业工厂建设和改造不能按期完工，超过预算的达到 72%，而完全完成建设和改造目标的也只达到 88%。

为解决传统方法建设和运营工厂所面临的一系列难题，我们需要找到一种更加柔性和敏捷的工厂设计和施工方法，它可以打破行业壁垒，打通数据流，在工厂的不同生命周期阶段可实现更便捷清晰的协作。

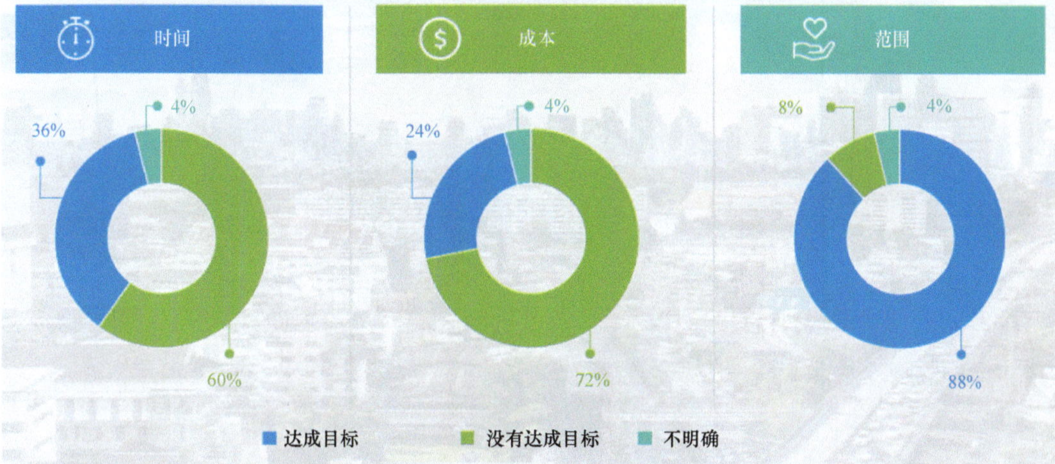

图 32-2 工厂建设项目规划和实际完成情况

集成式工厂建模（IFM）技术是一种基于数据的创新的工厂建设和运维方法，在行业中已经有了较多的实践验证。

32.1 工厂物料搬运建模数字化途径

将以前独立的技术、流程和数据结合起来，创建新的产品、服务和体验组合，进而重塑行业结构，可以泛称为“融合”。这种融合主要体现在流程融合、技术融合、数据/信息融合以及产业融合四个方面。

融合是技术和业务的大趋势。在制造业中，将产品设计、产品工程和制造方面的专业知识与其他行业的专业知识相结合，提升效率、控制成本、缩减工程周期等，从而为客户在全生命周期提供竞争优势。如图 32-3 所示，智能手机通过数据，以新的方式融合了至少三个行业的技术、流程和业务模式，将原本边界明显的三个行业融合在一起，导致了手机市场的明显改变，也给企业带来了巨大的机会。

融合是通过数字化和数据实现的。数据无处不在，数字的产生呈爆炸式增长趋势，并继续进行不断的融合。同时，融合也无处不在，我们目光所及之处，技术、行业及流程都在融合。通过融合，可以连接不同专业领域、产品功能和不同行业之间的孤岛；通过融合，工作方式从孤立转变为互连模式，以提高工作效率和创新能力。

同样，IFM 也是融合的产物，它是数字工厂和 BIM 技术的融合。它打通了这两个行业产品（建筑业的 Revit 产品和制造业的 Inventor 产品）的数据通道，如图 32-4 所示，实现了不同行业软件间的紧密集成，利用人工智能、虚拟现实技术助力设计和设计决策。同时，IFM 把工具软件产生的数据集中在一起，整合成单一的协调数据集，通过终端、工具软件和流程把所有相关方连接在一起，在流程、技术、数据和行业的融合集成上，为工厂的建设和运维提出集成式建模的方法论。可以说，IFM 是 Autodesk 公司基于流程、技术、数据和行业融合的一种创新实践。

图 32-3 智能手机是技术、数据和行业融合的产品

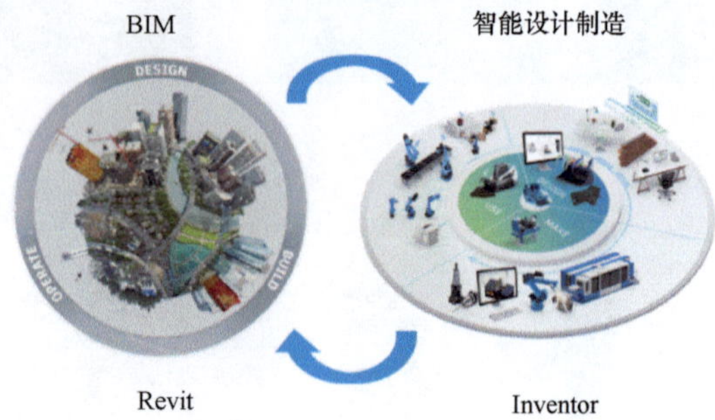

图 32-4 产品的集成和行业融合

32.2 工厂物料搬运建模分析

IFM 打破了原有数字化工具的工作方式，它不仅能为工厂生命周期各个阶段提供行业内优秀的软件工具，同时它还在线上部署协同服务平台，以便和这些工具连接，实现数据的集中存储。

如图 32-5 所示，IFM 技术的特点包括：第一，所有利益相关方基于同一平台的、一致的单个协调数据集开展工作；第二，使用衍生式设计自动进行厂房内布局；第三，所有决策都是基于集成式工厂模型；第四，工厂生命周期内各阶段通过智能软件架构和在线协同服务平台（BIM 360）进行连接。

图 32-5 IFM 的特点

1. 数据协同

图 32-6 展示了如何使用单个协调数据集开展协作。从图中最下面一行，各领域的专家基于原始资料和应用软件进行各自专业的设计（如建筑设计、产线规划和图库资产建设），到图中的中间行，各个专业的数据集成到一个集成的工厂模型中（这个模型是包含各个专业数据的协调模型），再到图中最上面一行，各相关方可以从任何地方、在任何时候、以任何终端来访问这些数据，基于这些数据进行模型协调、设计评审及进行各

种分析，甚至基于数据构建专家系统做出相关决策。

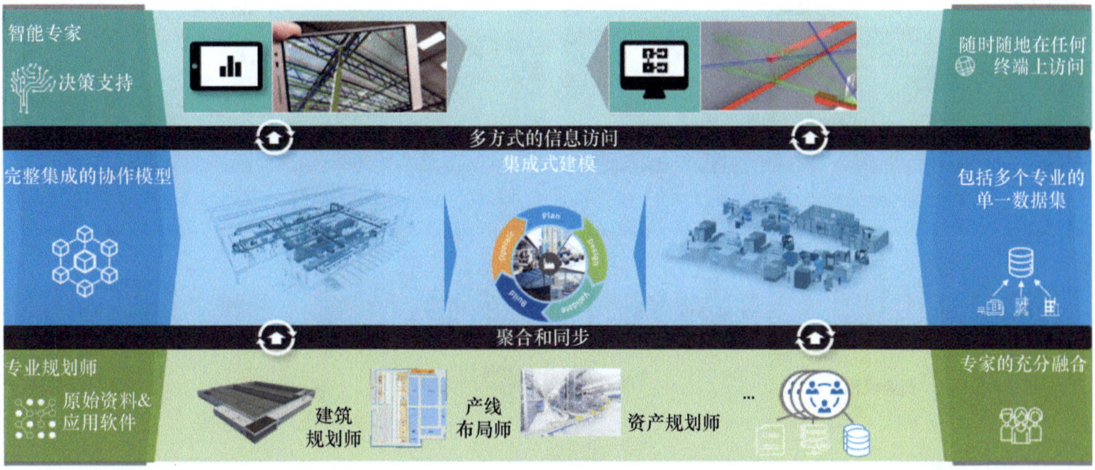

图 32-6　使用单个协调数据集开展协作

图 32-7 展示的是使用单个协调数据集开展人员协作，集成式工厂数据模型将这些利益相关方（包括产品设计工程师、外部建筑团队、设备供应商以及项目团队等）聚集到一起，无须他们单独进行协调。

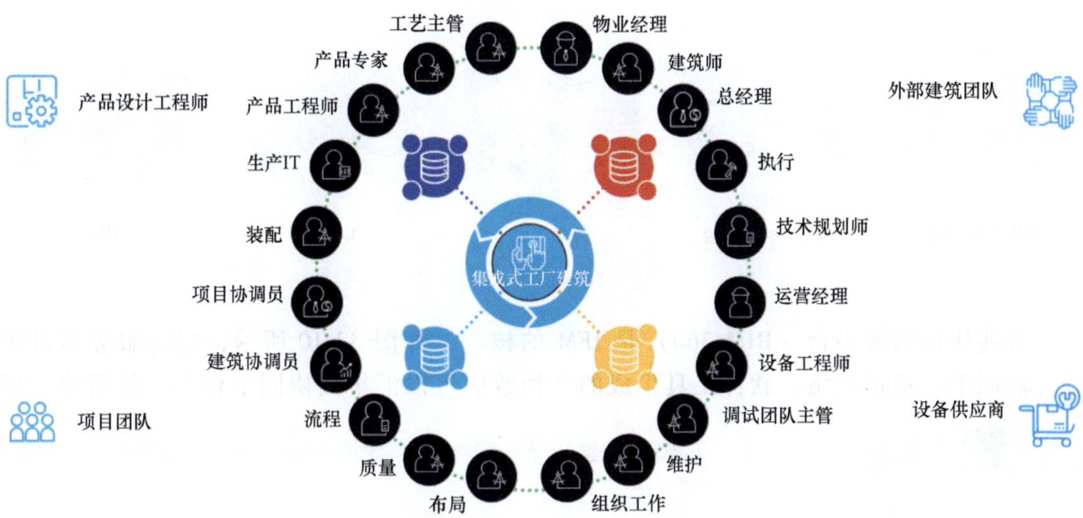

图 32-7　使用单个协调数据集开展协作——人员协作

工厂全生命周期各个阶段都有相应的模型和数据，如规划阶段有基础设施相关的模型和数据；设计阶段有建筑、MEP 以及产线相关的模型和数据。可以基于各个生命周期的模型进行协作和各项工作，如优化工艺、设计协同、模型协同、能源优化及可视化验证等，如图 32-8 所示。

对于设备供应商而言，IFM 也可以根据工作进展情况，在不同阶段提供不同详细程度（Levels of Detail，LoD）的模型。比如，从最早期表达占位空间的方块模型到后面详细的竣工模型，这些模型都保存在数据集中，如图 32-9 所示。

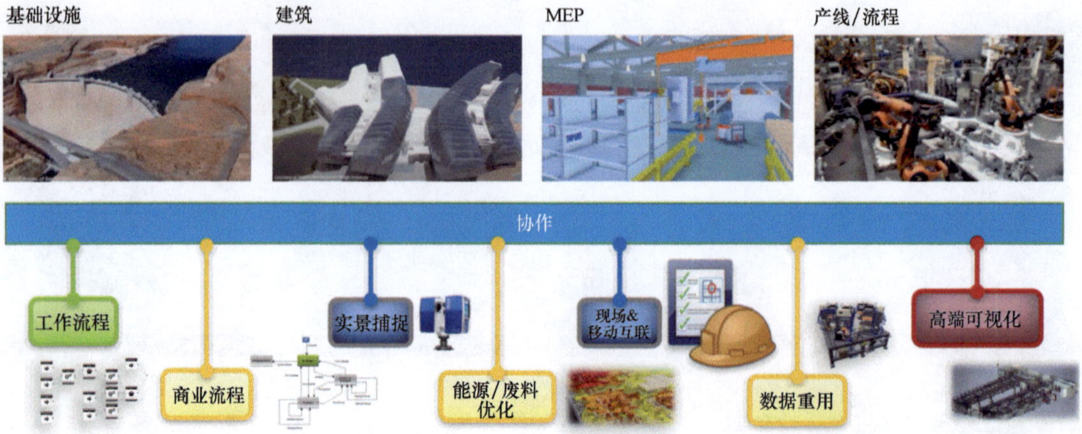

图 32-8　工厂全生命周期各个阶段要求的统一模型

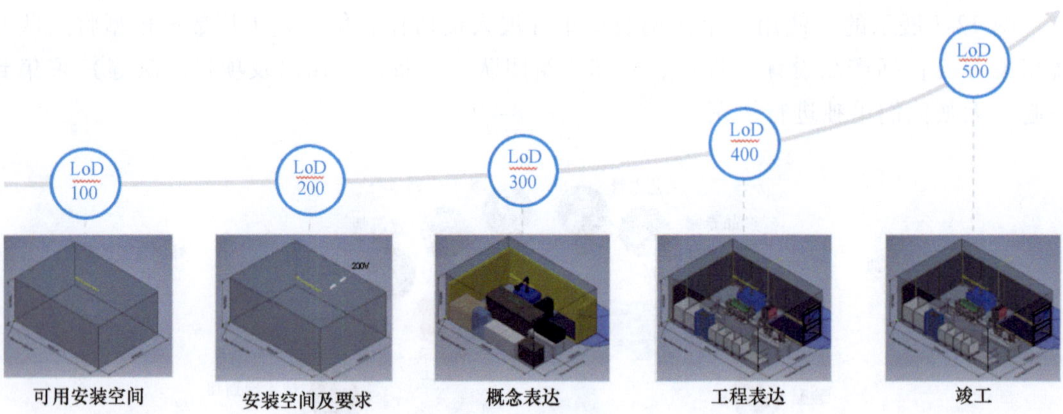

图 32-9　设备在各个阶段的不同详细程度的表达

在线协同服务平台（BIM 360）是 IFM 的核心，如图 32-10 所示，它的服务器部署在互联网上。通过网络，软件工具生成的各种数据可以汇集到协同平台上，然后协调成

图 32-10　在线协同服务平台 BIM 360

单个的数据集。同时，通过网络、终端和业务流程把相关人员联系在一起，大家都基于单一的协调数据集展开协作，可以进行数据文档管理、设计协同、模型协调以及施工管理等工作。

2. 衍生式自动化设计技术

随着整个生产系统的复杂度越来越高，单靠人工规划设计难以高质量完成厂房内部的设计规划任务。而简化厂房结构，虽然方便后期调整和压缩成本，但会导致厂房设计与企业的实际生产需求出现偏差。

衍生式自动化设计技术可以兼顾设计效率与厂房功能性。图 32-11 所示为使用 Dynamo 自动布局规划，结合设计师的专业知识，获得厂房内部规划的最优解决方案，向建筑师精确地描述几何尺寸以及制造安装的施工顺序。

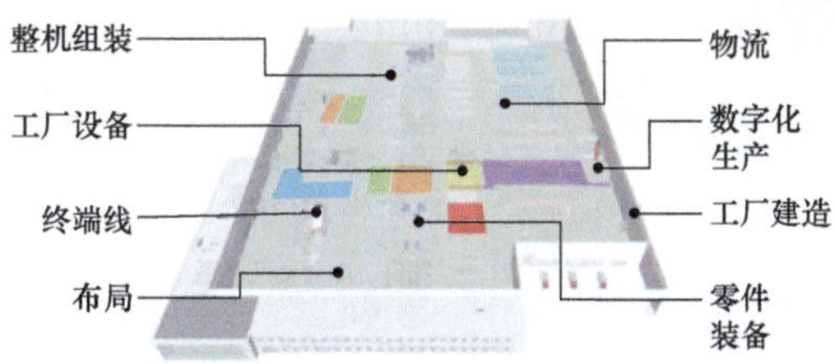

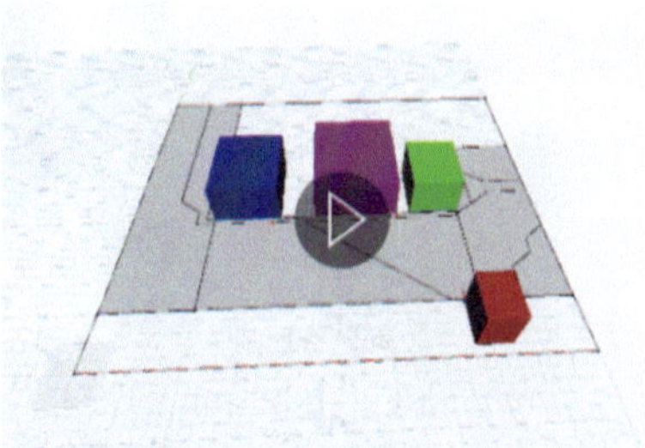

图 32-11 使用 Dynamo 自动布局规划

3. 集成式虚拟工厂模型

当把各个专业不同生命周期阶段的完整模型整合在一起后，就可以进行设计评审，进行碰撞检查和施工模拟，把错误消除在设计阶段。更进一步，再利用虚拟现实技术，让设计团队和建造团队可以很清楚地理解产线规划的意图及细节，在工厂没有动工前，让所有项目相关人员能身临其境地以虚拟的方式参观整个工厂，检验自己的需求是否在方案中得到了很好的满足，如图 32-12 所示。

图 32-12 集成式虚拟工厂模型

借助 BIM 360 的模型浏览功能以及所赋予的权限，可以查看相应的模型，进行设计协同和模型协调；也可以针对模型，提出相应的问题，启动系统内部的交流机制，在系统内部进行沟通和评审。

4. 协同服务平台

IFM 在工厂生命周期各个阶段通过相应的软件工具和 BIM 360 相连接，如图 32-13 所示：IFM 在规划阶段提供基础设施规划、产线概念模型布局和仿真工具；在设计阶段提供建筑、MEP 设计和产线/设备设计工具；在验证阶段，IFM 提供模型协同和设计评审等工具；在建造阶段，IFM 提供问题管理、进度监控和现场管理等软件工具，以上所有工具都和 BIM 360 相连接。

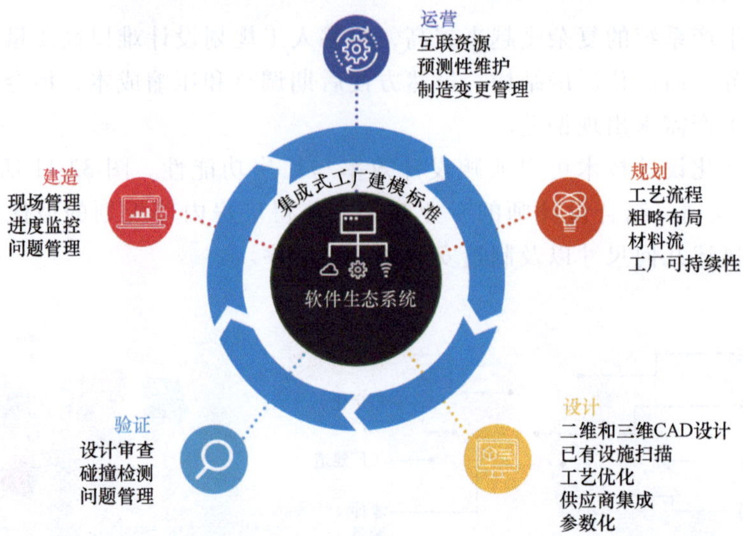

图 32-13　工厂生命周期各个阶段通过相应的软件工具和 BIM 360 连接

32.3　集成式工厂建模效益分析

32.3.1　方便高效的协同

在使用 IFM 之前，工厂项目建设和运维团队需要和各个方面的人员进行交互，如项目团队中各个方面的负责人，需要分别和产品研发团队、设备供应商以及外部建筑团队进行交互，如图 32-14 所示。

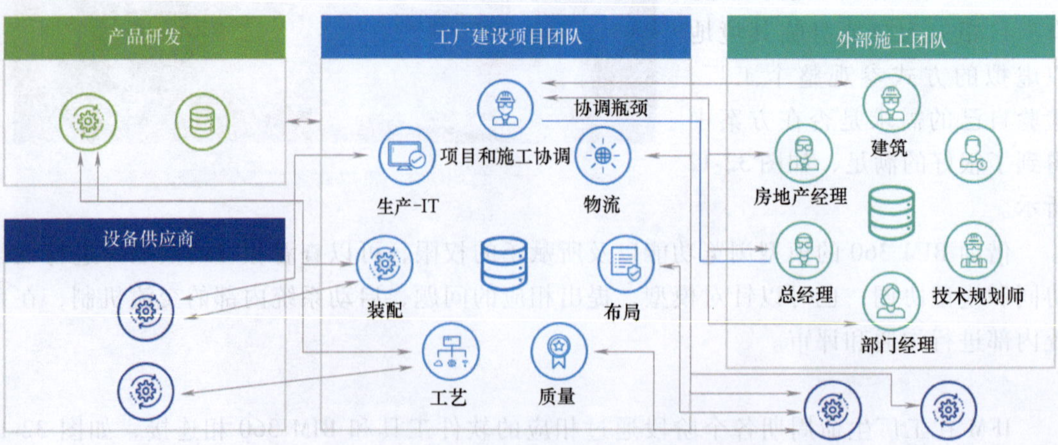

图 32-14　传统模式下的内外团队协作

而采用 IFM 的工作方式后，所有团队按设定的工作流有序工作，所有数据汇集到 BIM 360 上，整合成协调的单一数据集，所有团队以此单一数据为中心展开协作，都可以及时获得所需要的正确数据，并基于此展开工作和进行决策，如图 32-15 所示。

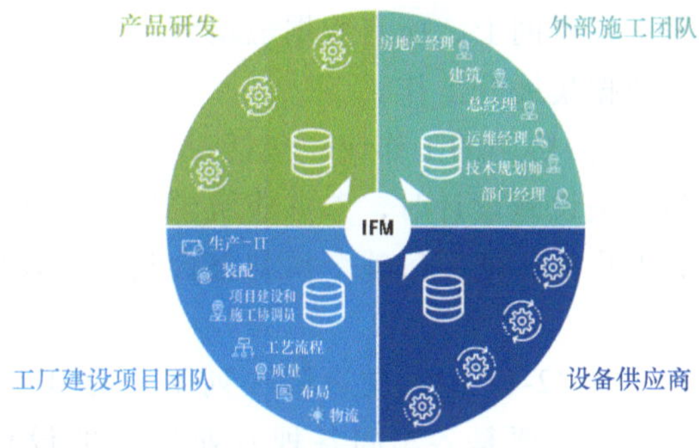

图 32-15 IFM 模式下的内外团队协作

32.3.2 产品开发周期短、成本低

实践证明，使用 IFM，从产品研发到最终上市的整个价值链均可受益。例如，可以更好地进行协作和交流、基于模型的成本评估更准确、建造前的项目可视化、可实现碰撞检测和过程监控，降低成本和风险、提高生产效率等，最终可以让工厂更快地提升设计产能，也可以根据市场和订单的需求进行调整，更快地达到执行点，如图 32-16 所示。

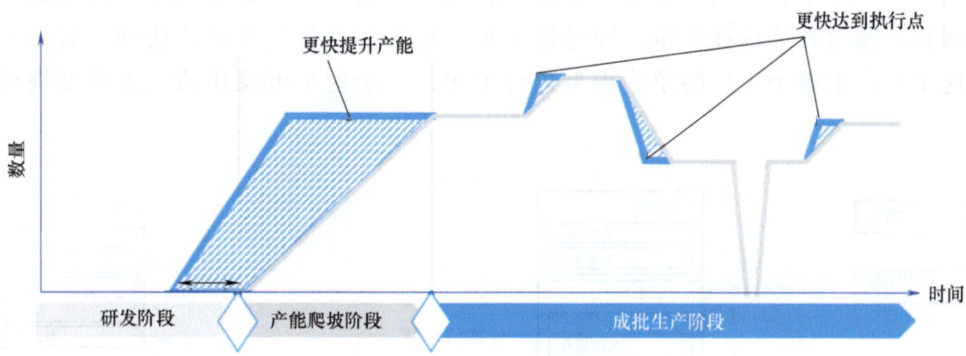

图 32-16 IFM 可以使工厂更早达到执行点

32.4 集成式工厂建模流程

通常情况下，指导企业通过 IFM 方法来改进他们当前业务的典型做法是：首先让所有利益相关者坐到同一个桌子旁，把企业的现状和 IFM 的标准化成熟度基准做一下评估，以此为依据，和企业一起制订路线，并编制相应的实施计划来逐步推进目标的实现。

由于各个企业的业务模式、内容和数字化技术应用现状各不相同，所以针对不同企业实施 IFM 的方案也不尽相同。总体上来说，实施方案会包括需要引入的工具软件、在线协同服务平台配置、工作流的定义和相应的实施服务。

1）工具软件：需要为生命周期各个阶段提供相应的工具软件（如 InfraWorks、Revit、Navisworks、Inventor 及 FDU 等），以实现基于 3D 模型规划、设计、评审、施工及运维。

2）BIM 360：用于连接工厂建设及运维各个生命周期软件工具和各利益相关方，部署于互联网上，所有数据汇集到该平台并形成协调的单一数据集，所有利益相关方基于该数据集展开工作。

3）协调的工作流：包括设备/产线设计和建筑设计整合的工作流；进行设备/产线和相关设施设计时，参考建筑模型的工作流；各个专业协同设计、模型协调和设计评审的工作流；把厂房整个模型整合到基础设施规划的工作流等。此部分内容后文将会做详细介绍。

图 32-17 中，左边第一列下方是工厂资产库，来自企业内部建设和设备供应商；第二列主要是各车间各种专业模型的设计，其中建筑和 MEP 模型使用 Revit 来设计，车间产线的 2D/3D 布局使用 Inventor 和 Factory Design Utilities 来设计，并充分利用资产库，基础设施由 InfraWorks 和 Revit 来完成；第三列把各个车间各专业的数据整合成各个车间的完整模型，可以在 Revit、Navisworks 或者 BIM 360 中完成；第四列，各个车间的模型和基础设施模型，形成完整的工厂模型，并整合了来自产品数据管理平台（Autodesk Vault）的 BOM 信息；第五列，在前面的各个阶段，所有这些数据都实时地保存到 BIM 360 上，然后基于 BIM 360 平台进行项目管理、数据管理、设计协作、模型协调和碰撞检查等设计评审。同时这个平台把各利益相关人员连接到一起，大家都基于这个平台上整个工厂的单个模型进行工作，基于这个可视化的三维模型进行各种决策。

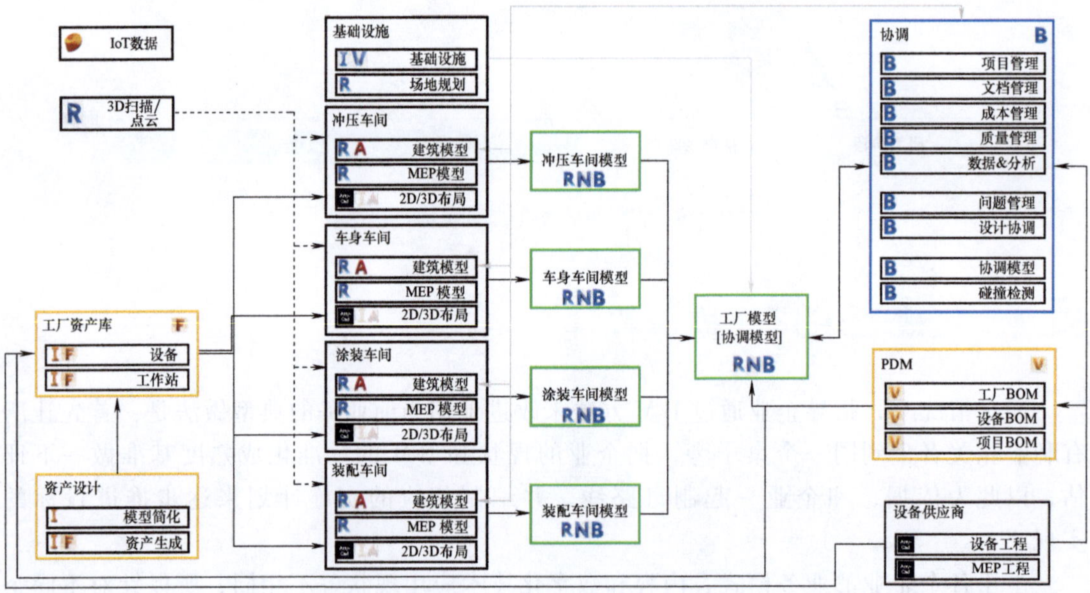

图 32-17　Autodesk 集成式工厂针对汽车行业客户的总体方案架构图

（缩写含义：I—Inventor、R—Revit、A—Architecture、F—Factory Design Utilities、B—BIM 360、V—Vault、N—Navisworks）

表 32-1 为方案架构中所用到软件的简介。

表 32-1 方案中使用到的软件简介

软件名称	软件简介
Revit	可进行建筑工程与基础设施结构物的 BIM 设计和施工文档编制
Inventor	提供专业级的 3D 结构设计、工程图文档编制和仿真工具
Factory Design Utilities	提供专门的工具提升产线布局效率
Architecture	基于 AutoCAD 平台，专门为建筑设计而开发的软件
Navisworks	包含 5D 分析和设计仿真的项目审查软件。改善 BIM 协调，把建筑、MEP 和设备/产线等多专业数据整合到单一模型中，在施工前进行碰撞检查以解决碰撞和干涉问题
Vault	数据管理和协同平台，具有数据集中管理、版本管理、权限控制和复制设计等保证数据安全、方便数据查找重用和共享、增强协同效率的功能
BIM 360	在线协同服务统一平台，连接从设计到施工的项目团队和实时数据
InfraWorks	用于规划、设计和分析的地理空间和工程 BIM 平台
ReCap	现实捕获、三维扫描软件和服务
Civil 3D	土木工程设计和施工文档编制
Vehicle Tracking	车辆扫掠路径分析软件

1. IFM 工作流之一——将设备/产线设计模型整合到建筑设计中

将单体设备模型整合到建筑模型中，产线模型作为一个整体整合到模型中，如图 32-18 所示。

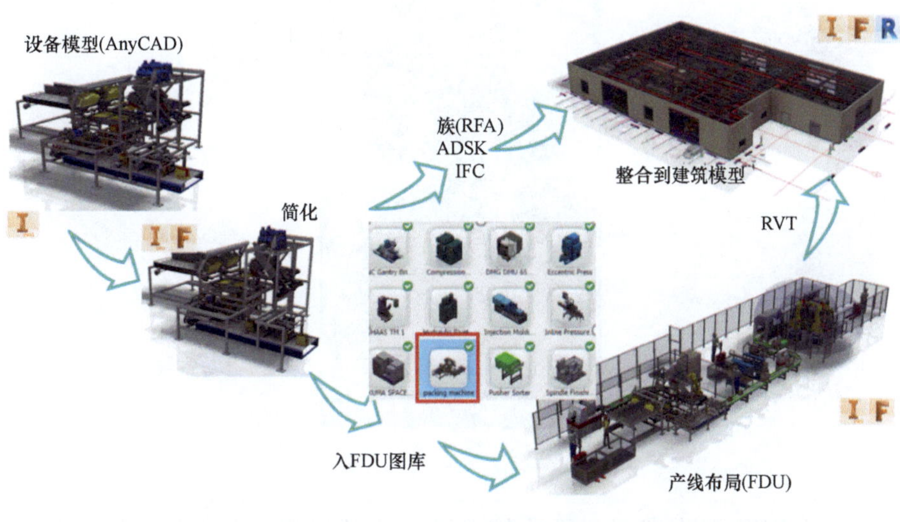

图 32-18 设备/产线和建筑模型整合的流程

1）设备模型直接和建筑模型整合。设备模型文件（如果是其他三维软件设计的模型，无须转换成中间格式，使用 Inventor 的 AnyCAD 技术可以直接打开原文件）经过简化工具简化后，输出为 RFA（Revit 原生族文件格式）、ADSK 和 IFC 格式，Revit 可以直接打开，以族的形式整合到建筑模型中。在输出这些格式之前，在 Inventor 中可以使用简化工具对详细的设计模型进行简化，这样既可以减小数据量，也可以保护知识产权。

如图 32-19 所示，左边是简化前的模型，右边是简化后的模型。简化后的模型只起到占位作用，如果需要更高的保真度，也可以通过提取外形的方法来做简化，既能减少数据，也能保持相应的外观。

图 32-19　简化前模型（左）和简化后模型（右）对比

2）产线模型和建筑模型整合。设备模型经简化后，可以发布到 Factory Design Utilities（产线设计工具）图库中，利用专门的产线设计工具进行产线的设计。产线设计完成后，再经过简化工具，输出为建筑设计软件 Revit 的文件格式 RVT，如图 32-20 所示，最后再整合到建筑模型中。产线模型的简化，可以通过减少小的零件和特征、隐藏内部零件、提取外部框架或者抽壳的方式来减小数据量，从而以更轻量化的形式整合到建筑模型中，以改善软件运行性能。产线模型以 RVT 格式输出时，可以按顶层的材料明细输出为单个对象，这样就可以在 Revit 中进一步对每个对象进行单独的处理。

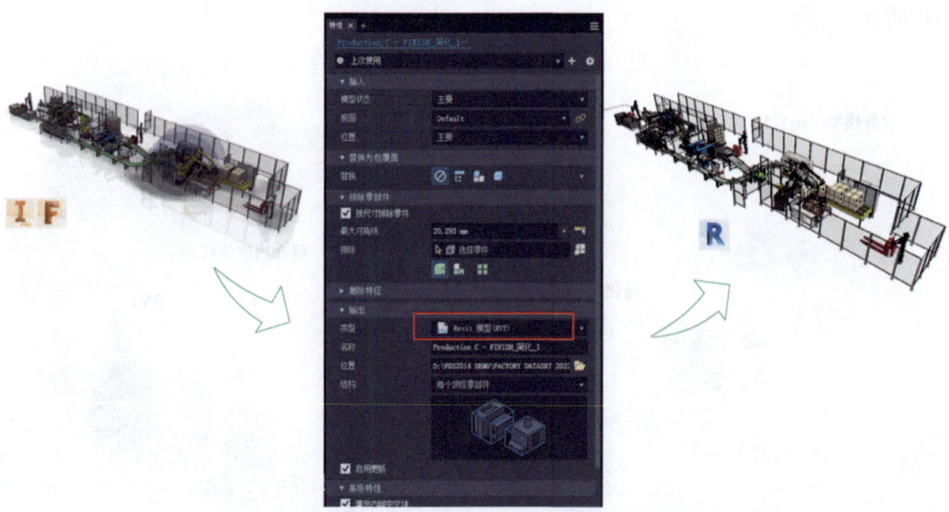

图 32-20　产线模型简化和输出

产线输出的 RVT 简化模型和原始的产线完整模型相关联，如果原设计发生变更，输出的 RVT 模型可自动关联更新，避免重复操作。

2. IFM 工作流之二——参考建筑模型，进行设备/产线设计

如图 32-21 所示，在使用 Inventor 进行设计时，可以把 MEP 和建筑的模型直接加载到 Inventor 中，作为设备、产线和一些建筑构件深化设计的参考。

在 Revit 中定义产线安装空间的视图，然后导入 Inventor 中，作为产线设计的边界，这样在 Inventor 中设计的产线模型在最后施工时就不会出现干涉碰撞问题。

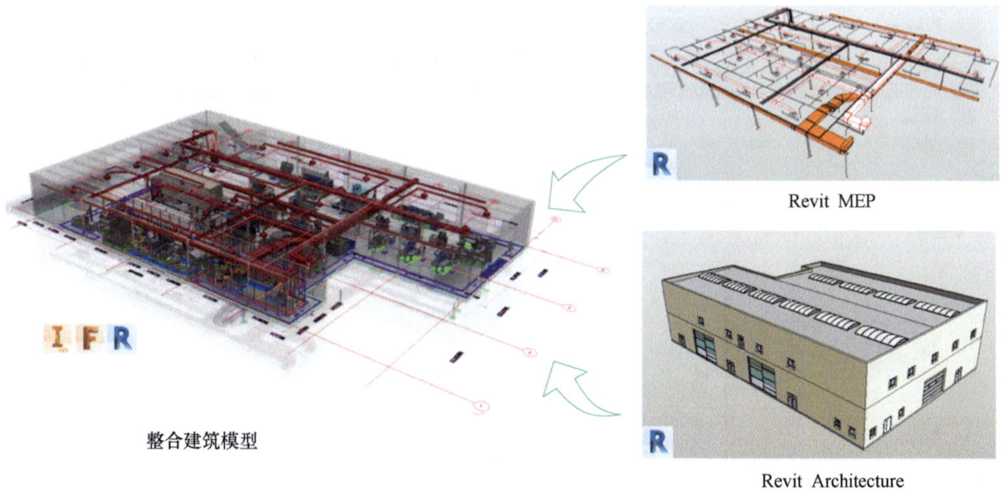

图 32-21 在进行设备和产线设计时，参考建筑模型

图 32-22 所示为在 Inventor 中导入 Revit 模型进行遮阳棚的深化设计，并生成施工图。如果建筑模型发生更改，基于建筑模型的深化设计模型也会自动更新，施工图也会自动进行更新，避免重复工作。

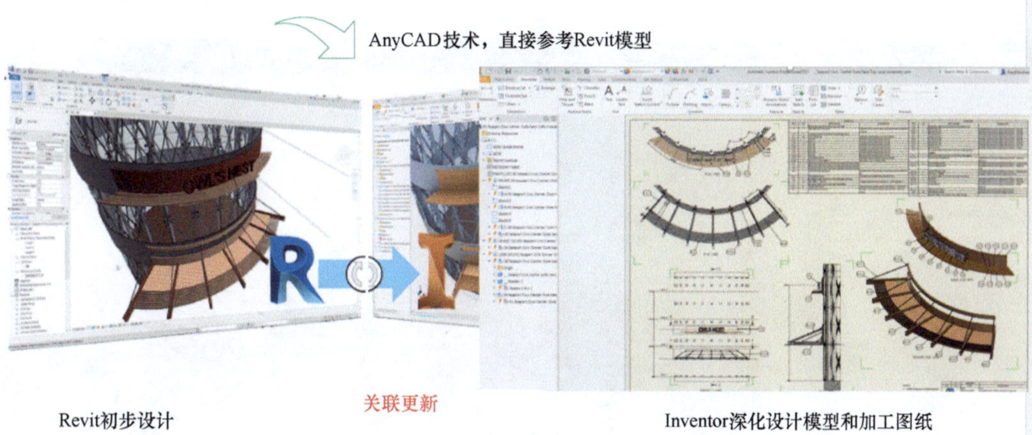

图 32-22 在 Inventor 中导入 Revit 模型

3. IFM 工作流之三——设计协同、模型协调和碰撞检测

设计协同在 BIM 360 Design Collaboration（设计协同）模块中进行，如图 32-23 所示，各个专业的模型数据上传到 BIM 360 后，以泳道图的形式显示各个专业模型的设计情况，沿时间线记录各个设计发布版本。各个专业的数据可以自动整合成一个大模型，来审查各个部分整合后设计是否有问题。如果有问题，可以在系统内创建问题，由系统发给相关负责人修改。Design Collaboration 能自动跟踪设计从开始到结束的整个过程，控制数据共享，还可以比较不同版本的差异（差异部分以不同颜色来表示），这样可以在接受共享的新版本前，查看设计，评估新的设计版本对整体设计的影响。

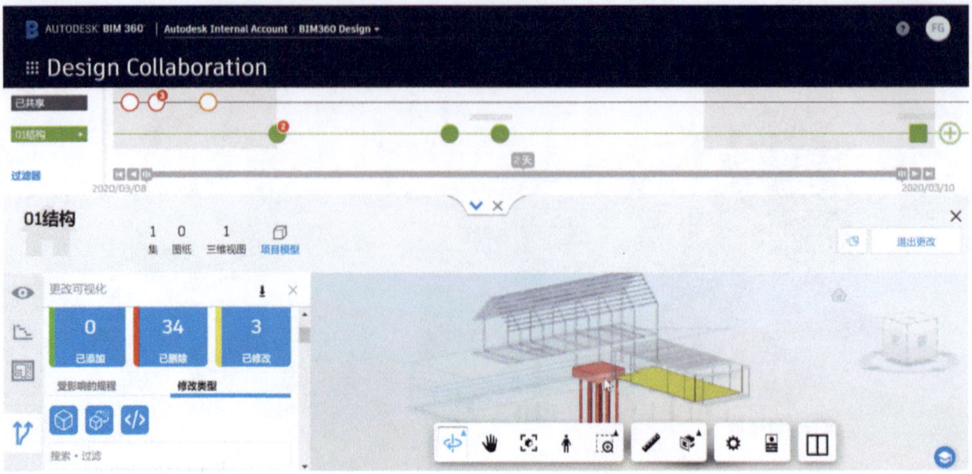

图 32-23　在 BIM 360 Design Collaboration（设计协同）模块中进行设计协同

模型协调由 Model Coordination（模型协同）模块来完成。先创建协调空间，选择需要进行碰撞检查的模型，系统会自动进行检测碰撞，并生成碰撞检查的结果，随后可直接跳转到有碰撞的地方，显示相关信息。同样，在系统内可以创建问题，把碰撞相关信息由系统发给相关负责人修改，如图 32-24 所示。

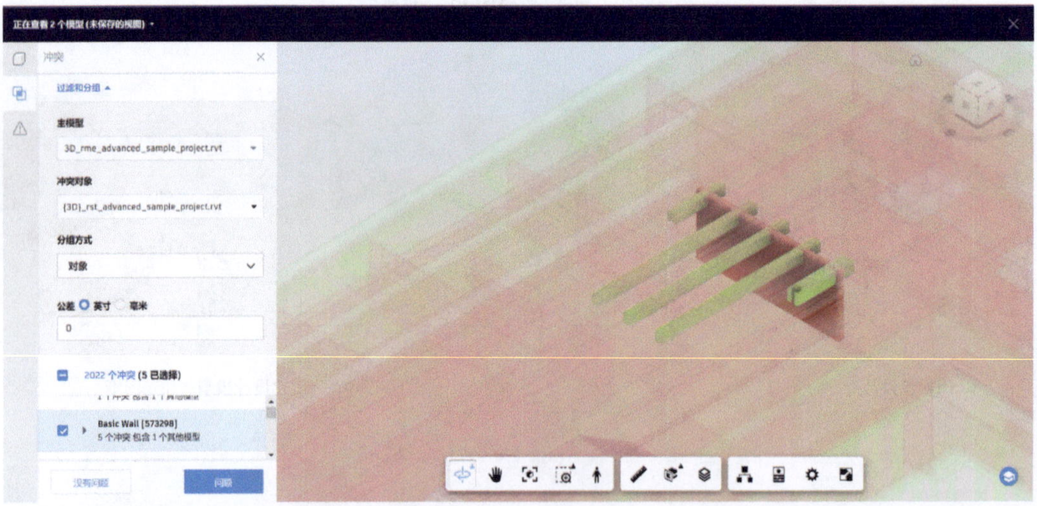

图 32-24　在 BIM 360 Model Coordination（模型协同）模块中进行碰撞检查

根据需要，也可以把数据下载到本地，在桌面软件 Navisworks 中进行碰撞检查（见图 32-25）、漫游评审及施工模拟等工作。

4. IFM 工作流之四——将厂房完整模型整合到基础设施规划中

在进行基础设施相关规划和设计时，可以把厂房的模型整合到 Navisworks 中并以 FBX 格式输出，再输入基础设施规划软件 InfraWorks 中，以进行整体方案评估，如图 32-26 所示。

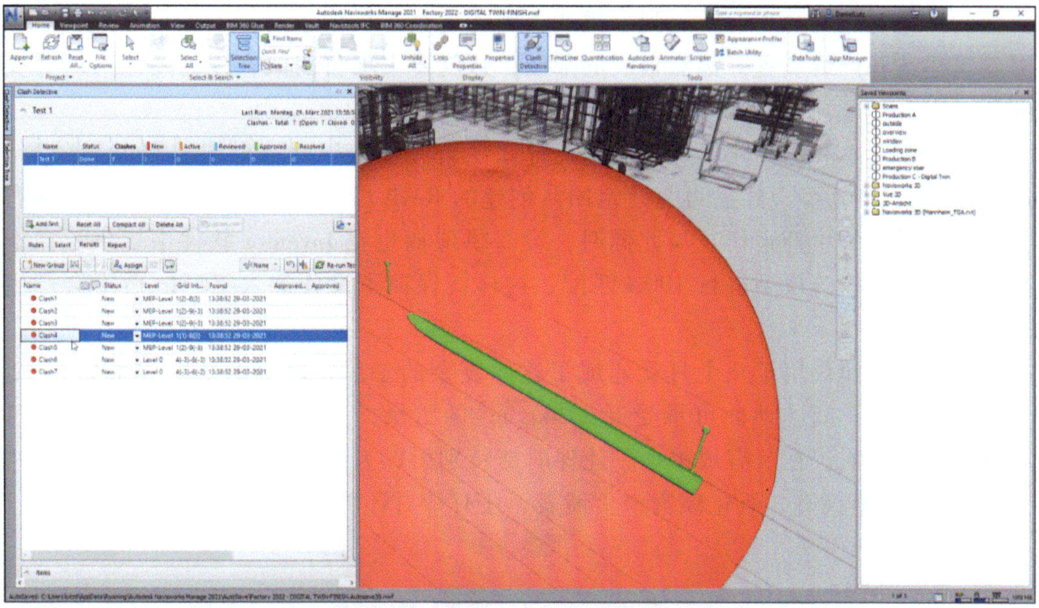

图 32-25 在 Navisworks 中进行碰撞检查等工作

图 32-26 将厂房模型整合到基础设施规划中

32.5 集成式工厂建模案例

32.5.1 IFM 案例——保时捷

2019 年 9 月，保时捷建造了其迄今为止最复杂的工厂，用于制造其首款全电动跑车。他们在最初建厂规划时就遇到了挑战，因为这个工厂位于复杂的城市丘陵地带，地形对建筑建造和产线安置等都有很大的限制，这就要求项目团队在规划新工厂时要充分发挥创造力。

为了控制成本和尽早完工，他们的设计团队首先将工厂的每个细节需求都在 Navisworks 中生成规划模型，然后再与建筑团队创建的 Revit 场景相结合，模拟厂房整体布局和其中各个系统的生产运作。与此同时，设备供应商也在 Inventor 软件中提供了操作设备的设计，并与建筑模型进行 100%匹配，这样就保证了设备进入工厂之后不会产生不合适的问题。

最终，保时捷仅用了几个月就建成了这座复杂的工厂，取得的主要成果如图 32-27 所示。整个组装车间的地面可承受近 279kg/m^2 的重量，顶棚高达 7.92m，整个建筑物每小时可通风四次。在所有成果中，让保时捷特别引以为傲的是，该工厂还是一座“零影响工厂”。它不仅有二氧化碳资产负债表，还有针对环境等方面的整体方案。

图 32-27　IFM 为保时捷带来的成果

32. 5. 2　IFM 案例——e. GO

位于德国亚琛的初创企业 e. GO，从 2019 年起开始批量生产电动汽车，其生产电动汽车的厂房就是采用集成式工厂建模（IFM）的方式来建设和运维的。图 32-28 所示为采用该方式来建设和运维所获得的成果。

在短短两年内，e. GO 在亚琛建立了两个工厂，同时还在工厂里开发车辆和进行工艺流程设计。值得一提的是，e. GO 正在建设中的第三家工厂，其设计颇具灵活性——通过基于云的 BIM 模型来实现，该模型将参与建设的所有承包商汇集在一起，专家称之为“集成式工厂模型”。

1. 从二维到三维

目前，许多工厂布局仍以二维工程图为依据，分包商的设备通常不会整合到数字模

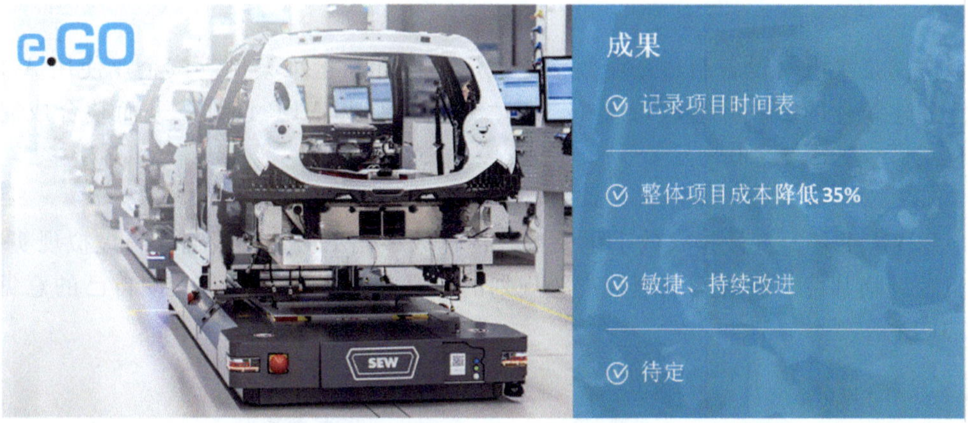

图 32-28 IFM 为 e. GO 带来的成果

型中，即使整合，也只是作为其中的占位符。

e. GO 希望从根本上改变工艺和作业流程，以减少设计和实施时间，从而缩短产品的发布时间。因此，他们采用了比较先进的做法——所有参与建设的公司都将在设计中发挥作用；设计、数据和信息（有关成本、供应商、材料、占地面积等）都可以在集成式工厂模型中找到；在设计阶段，承包商像软件开发商一样每三周开一次会，将最新信息放入中央模型中，对数据进行比较并交换信息。

2. 覆盖工厂生命周期的单个数据模型

通过这种整合的工厂设计，e. GO 可以在早期发现错误，减少设计和施工的时间，最终节省了 35%的总成本。并且，这一模型在工厂从设计、建造到运行的整个生命周期中始终是工厂的一部分。如果要规划更多的工厂，甚至可以复制这一模型。图 32-29 为 e. GO 电动汽车生产厂数字模型。

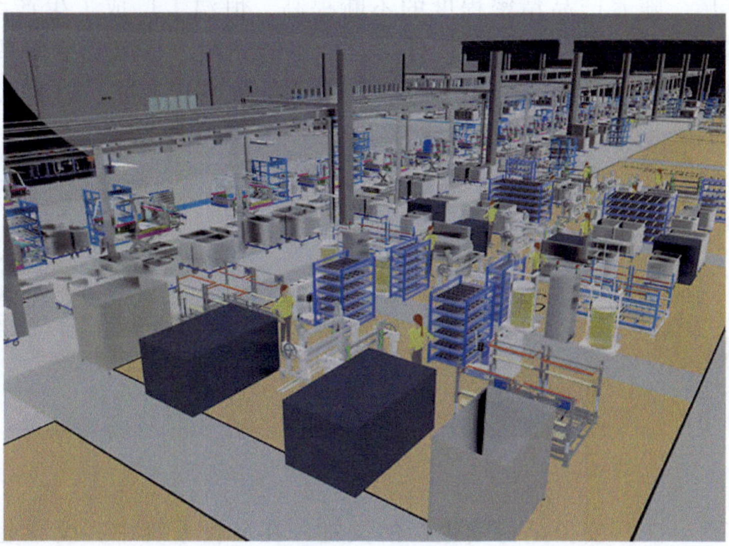

图 32-29 e. GO 电动汽车生产厂数字模型

32. 5. 3 IFM 案例——电气设备制造商数字化运维扩展应用案例

该案例是某电气设备制造企业数字化工厂的设计和运维案例。该企业使用 Autodesk 制造业和建筑业的解决方案进行整个产线、建筑设计和 MEP 设计，进而整合成完整的数字化工厂，如图 32-30 所示。

1. 通过虚拟现实技术，展示物料搬运系统和产线运作

应用 VR 工具，直接导入数字化模型，构建数字化工厂及产线逼真的虚拟现实环境，让体验者身临其境，更清楚地理解产线规划的意义及运作细节，并反馈自己的意见，如图 32-31 所示。

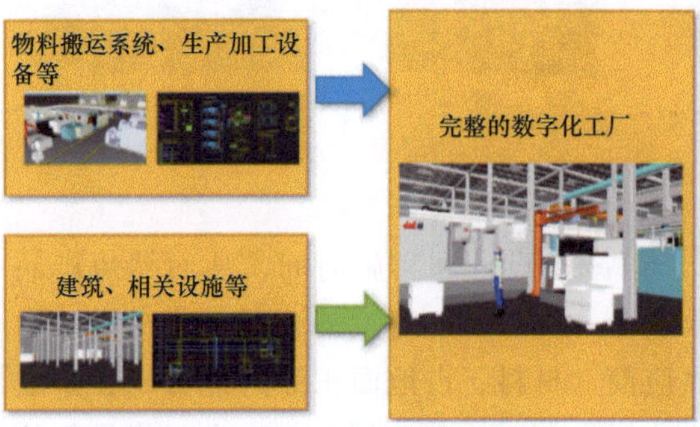

图 32-30 完整的数字化工厂

图 32-31 VR 工具

虚拟现实技术相对于三维可视化模型，更真实地进一步表达了最终的设计，并且客户可以沉浸其中，直观感知，确保了最终的设计能更好地符合客户的期望。

2. 借助分析软件，设计绿色节能、恒温舒适和安全的工厂

1）绿色工厂。在分析软件中，使用厂房的建筑模型，设定所处的地理位置，模拟日照效果，以合理利用光照，来实现厂房的绿色节能设计，如图 32-32 所示。

2）恒温工厂。随着产品精密程度的不断提高，恒温工厂成了生产线的基本要求。利用 3D 产线模型和相应的仿真分析软件，对厂房的光照、热源及空调系统进行仿真分析，从而实现整个工厂环境下的温度恒定，并具有较好的舒适度，如图 32-33 所示。

图 32-32 日照模拟

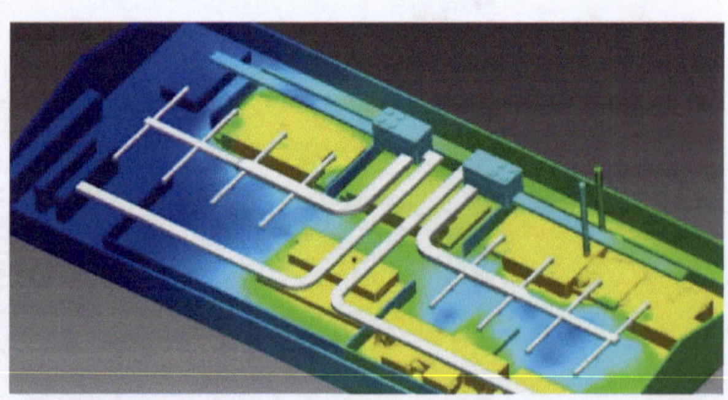

图 32-33 散热空调系统模拟

3）安全工厂。工厂安全是持续生产的关键，在分析系统中，设置起火点，运行仿真来模拟烟雾流动的方向，并以仿真结果为指导，合理规划逃生通道和防烟系统，保证

工厂安全，如图 32-34 所示。

3. 数字化的运维

借助于数字化模型、物联网和大数据技术，数字化运维已走入工业制造业。数字化运维可视化数字监测，让工厂生产运维变得更加智能，更加高效。

图 32-35 所示为该企业用 Autodesk Forge 技术开发的数字化运维系统，可以进行厂区监控及区域环境监测，系统在对物联网采集设备运行参数进行处理后，以可视化图像的方式显示出来（例如设备开机率和日均产量等），做到了实时对设备的生产状态进行监控，并减少现场巡检的人力成本，提高了管理效率。

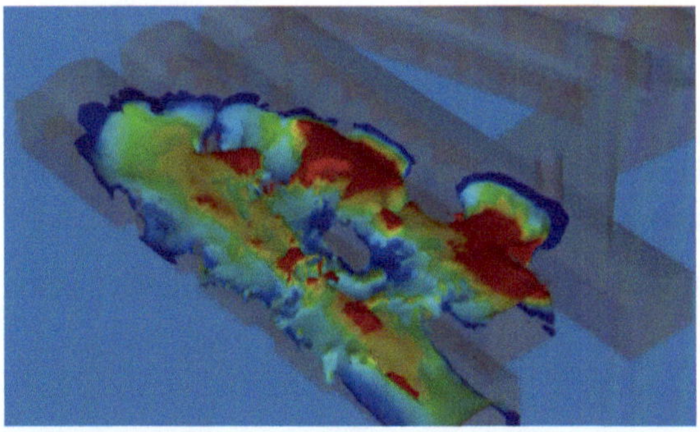

图 32-34 排烟系统模拟

图 32-35 基于 Autodesk Forge 技术开发的数字化运维系统

同时，企业还可以对设备设置指标，预防意外停机和故障。例如设备关键参数超过设定值，系统会报警，避免设备因长期超负荷运作而意外停机。Autodesk Forge 技术还可以对设备运行的历史数据进行分析，识别并调节造成运行故障的参数设置，让工厂生产更加智能，解决了传统工业升级面临的一些单凭人力无法解决的问题。

第33章 工厂物料搬运系统规划与设备设计

33.1 系统规划中的问题和方法

在产线、物料搬运系统及相关制造设施的规划设计中，通常都会面临一些挑战和存在一些潜在风险。下面以行业内企业在产线和物料搬运系统规划设计和施工中所遇到的实际问题、解决的办法，以及一些企业采用该解决办法所最终取得的成果为主线来展开本部分内容。

33.1.1 问题分析

1. 物料搬运路线的平衡分析困难费时，建成系统在实际运行中存在瓶颈

在进行产线与物料搬运系统规划设计时，如果采用传统的手工和表格计算的方法，那基本流程是：立项后搜集相关数据→用CAD绘制布局图→用表格计算物料搬运量→分析物料搬运强度→对比多个方案择优选择。这样的方法存在以下不足：手工和表格的计算方法效率不高，且有数据的准确性问题；多方案比较分析，调整数据与布局图时，整理分析工作量大，操作效率较低，在有限的时间内要处理大量的问题；没有直观形象的模型和报告，规划都停留在想象和概念中，沟通交流困难。

该企业目前正在运行的几条产线，都或多或少存在着设备负荷不均衡、缓冲区大小不合适、物料搬运系统存在瓶颈等问题。物料搬运系统整体存在着较大的改善空间，但由于没有合适的工具支撑，且改善方案缺乏说服力，最终优化方案均难以实施，效率低，质量不高。

2. 规划和布局设计的效率不高

当前使用2D的设计工具进行产线布局和物料搬运系统规划设计，设计内容除了产线及物料搬运系统外，还涉及工位附件的所需物品。由于使用二维工具进行工厂规划设计，所有的信息都以平面的方式体现，由此产生的图纸数量和单张图纸信息量都比较大。另外，大多数设备设施都需要根据项目进行定制化设计，需要大量绘图和手工修改工作，整体效率不高。

3. 现场测量，耗费时间长，数据不准确，难免有疏漏

在已有建筑中进行产线、物料搬运系统及其他相关设施的重新布局，必须要考虑物料搬运系统和现有建筑设施的位置关系。目前还在采用传统的到现场使用胶带定位测量

的方法，效率低，不方便，难以获得完整精确的数据，不仅费时，也难以考虑全部的设计约束，还会为后期现场安装工作埋下隐患。

4. 方案呈现不直观，主管领导、合作方难以理解，沟通效率低

对于工厂类项目，方案的评审以及和合作伙伴的交流还是基于2D图纸。随着产品的复杂度越来越高，制造设施也越来越复杂，相关人员难以很快理解整个项目，从而导致沟通效率低下，造成决策延迟。即使是专业技术人员，也需要花费不少时间来理解，实际工作中难免会产生一些误解，不正确的设计被审批人员批准，会造成后期的安装错误，导致成本增加和交付延期。

5. 时常出现安装错误，增加费用，延迟交付

在实际项目施工中，时常遇到现场安装的错误，造成后期安装错误的原因来自不完整的数据信息。一般来说，开始新项目的第一步是审查给定的具体要求。除此之外，还需要了解诸如"空间约束怎么样?"和"设计的周边情况如何?"等典型问题。得到的项目空间约束信息越少，在安装设备时出现的意外情况就会越多。工程师习惯使用2D设计，空间约束和周边情况难以直观设定，不同专业的数据不做整合，导致设计错误难以发现，比如，从工厂上面向下看，经常会发现有些区域因为设有管道系统，所以不适合安装设备。管道系统通常在离地板一定高度的地方存在，使用2D设计方法导致设计问题难以发现，再加上上面所说的沟通问题，最终按照不准确的文档进行施工，导致后期现场的安装错误。

33.1.2 解决办法

针对以上在产线和物料搬运系统规划设计中遇到的问题，需要引入专门的设计工具来补充和扩展现有的CAD功能，让企业可以在规划早期使用仿真工具来评估系统效率，消除瓶颈，设计更优化的产线和物料搬运系统；在设计阶段，通过专业的工具来加速设计效率，并快速构建高质量的3D模型，让每位参与者都能理解设计，从而更有效地与客户及同事协作；在设计评审和施工阶段，应用虚拟漫游、碰撞检查和施工模拟可以在施工前发现潜在问题，减少由于处理安装问题而造成的时间和成本浪费，从而保证按时交付和不超预算。

1. 利用物流平衡分析仿真软件消除产线和物流系统的瓶颈问题

Autodesk 的物流平衡分析仿真工具 Process Analysis 符合上述应用要求，可用来进行物料搬运路线和产线的平衡分析，消除瓶颈，规划出合理的物料搬运路线；可以对不同的设计方案进行评估比较，选择最优的方案。它的使用流程大致如下：

（1）建模　对于产线上多节点的定义，只要选择相应的节点种类，通过拖拽的方式放置到设计区域，通过设备端的两点连线来表示连接设备之间的物料搬运设施。

（2）仿真　建模完成后，就可以进行仿真准备，设置仿真持续时间、仿真倍速、仿真动画、设备处理时间显示、生产线节拍对比等相关参数。运行仿真后，可以动态观测物料搬运和加工组装过程。在遇到非正常情况时，有相应的颜色报警提示。

（3）生成分析报告　仿真完成后，生成分析报告。报告包括物料搬运设备及加工设

备的有效利用率（生产），以及生产、闲置和拥堵的占比，缓冲区的情况等。还可以进一步输出多个设备在每个时间戳的状态（闲置、拥堵以及等待装置等）。这些报告的效率及准确性，都是以往手工计算难以达到的。

通过直观的仿真模型、动态仿真和详细的分析报告，让沟通和交流有了基础，避免了大量的手工计算，增强了结果的可信度，从而加快了对多方案的评估效率。经过多次的设计迭代，消除了物料搬运系统的瓶颈，合理规划了多个缓冲区的大小，均衡了设备负荷，在保证达成产能的情况下，优化了新厂的规划设计。

基于分析模型，还可以把仿真模型的布局输出为 AutoCAD 的 DWG 格式，以便进行后面的布局设计。

2. 利用参数化图库和专门的规划设计工具提升布局设计效率

基于 2D 设计工具（AutoCAD）及扩展功能，应用参数化的图库和智能化装配等针对性工具，满足定制化需求，快速进行系统方案的布局，将大大提高布局设计的效率。

Autodesk 产品设计与制造软件集里的 Factory Design Utilities 软件（专门用于高效地规划设计生产布局）现已包含大量的多种类参数化图库，并且随着更多的设备供应商和用户的加入，图库的内容在不断扩充中，如图 33-1 所示。

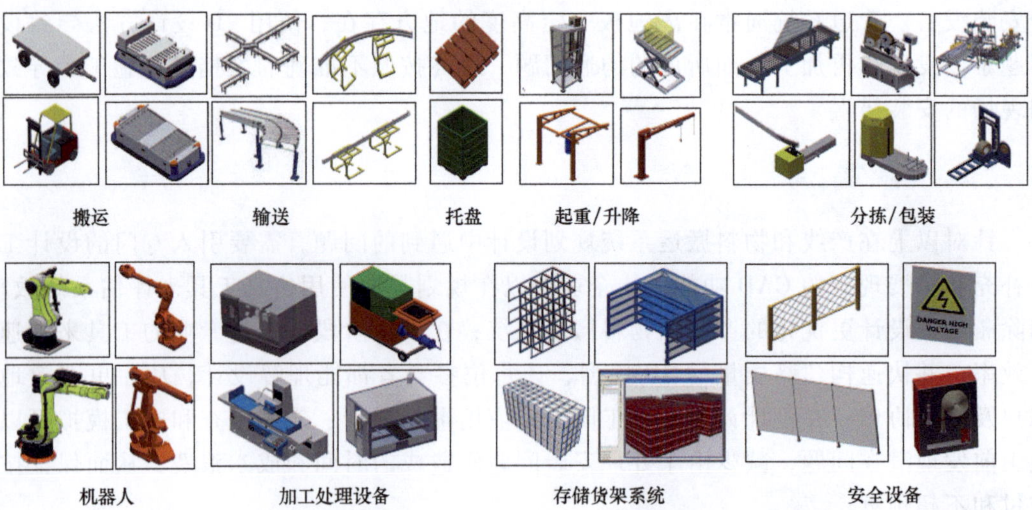

图 33-1　参数化图库（节选）

图库是开放的，对于企业特有的设备，可按照规定的发布流程（图 33-2）把这些设备发布到企业库中。发布 3D 资产库时，系统会自动生成 2D 表达，也可指定 2D 表达。图库在 2D 和 3D 设计工具中是双向同步的，在 2D 工具中表现为平面视图，而切换到 3D 设计工具中时就自动转换成模型。对于设备供应商来说，在对设备设计细节进行必要处理后（保护知识产权），然后把其生产的设备发布到共享库中供其他用户下载使用，这将有助于提高企业产品的知名度和被采用的机会。

进行布局时，可以直接从图库中调用，并且可根据需求调整参数，满足特定的定制需求。图 33-3 所示为输送机的参数，可以根据需要来进行调整。输送机会根据参数变化，如图 33-4 所示。

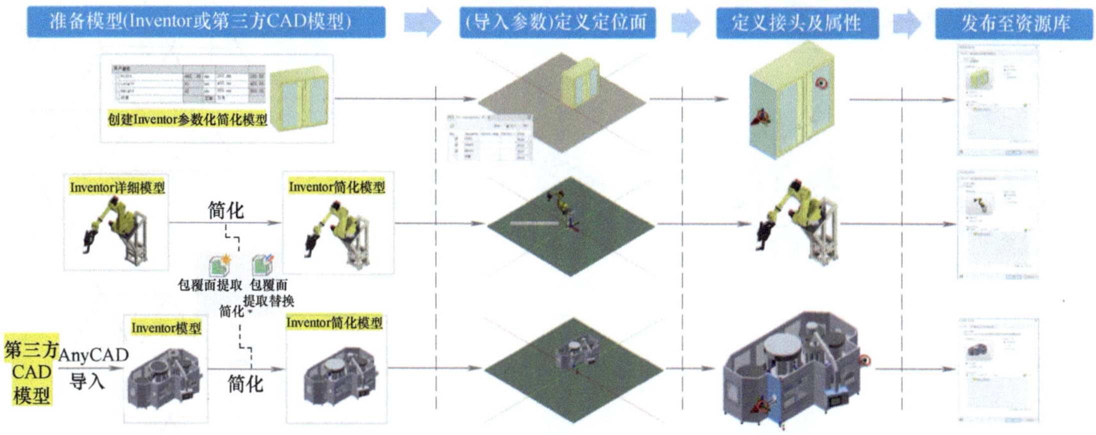

图 33-2 图库的发布流程

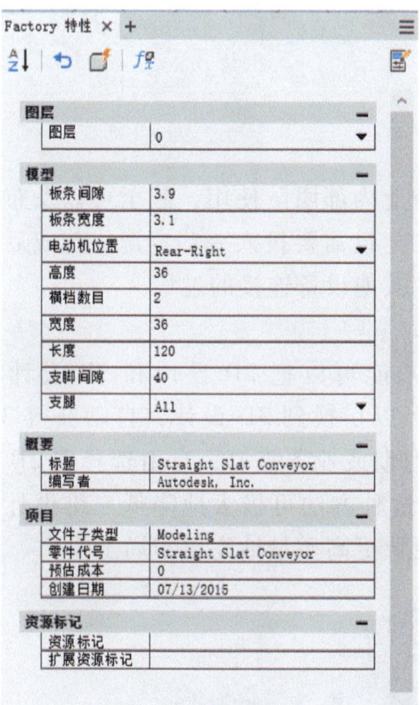

图 33-3 输送机参数和属性

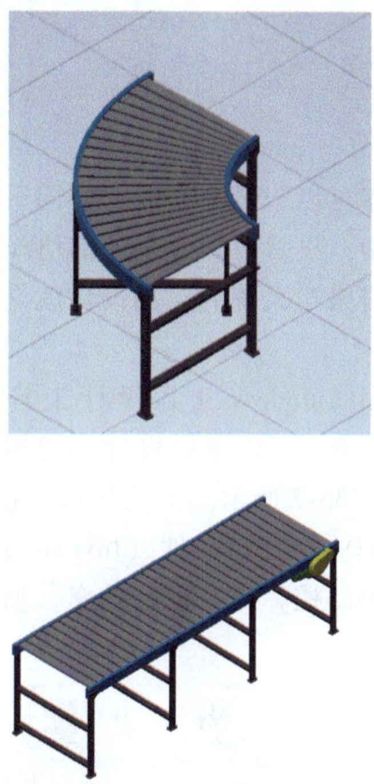

图 33-4 输送机

在进行输送机、围栏和电缆桥架等链式设备的布置时，基于链式库技术，通过绘制线条就可以进行产品摆放，从而为链式设备的布局提供了极大的方便，如图 33-5 所示。

设备间的装配也非常简单，通过预定义装配点的碰触，就可以完成装配，如图 33-6 所示。当两个需要装在一起的设备间距在一定范围内，就会自动出现一条黄色线段，两端显示自定义装配点，确定后就会自动完成装配，节省了使用约束或精确定位操作所需的时间。

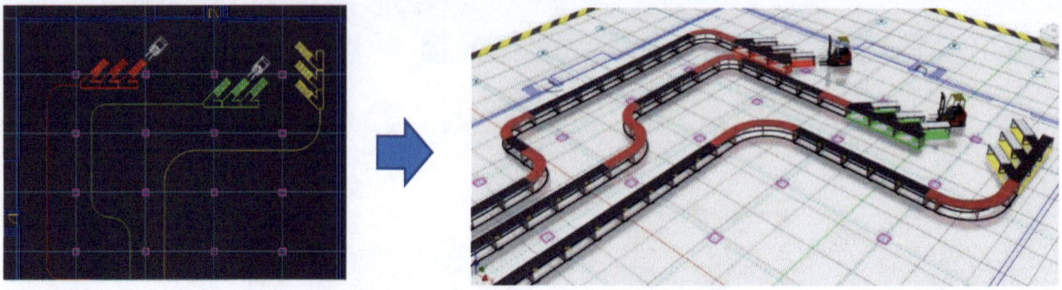

图 33-5　链式库

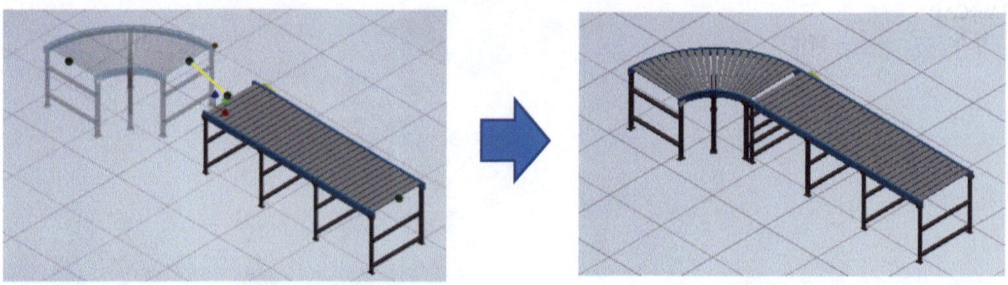

图 33-6　碰触式装配

图库可以架设在企业的协同平台上，供整个企业内部团队使用，甚至可以发布到在线的库中，设置权限，供外部协作者使用。图库的建设需要投入一些资源，建成后，产线和物料搬运系统的布局设计就是简单的拖放并和其他设备连接的过程。

3. 利用 2D-3D 同步设计功能自动生成布局的 3D 模型，加速设计，减少设计错误

利用 Autodesk 工厂设计工具中的一些专门功能可以把 2D 设计和 3D 设计相连接——即有了 2D 布局设计，通过一键式切换就可以切换到 3D 设计，自动获得 3D 模型，如图 33-7 所示。工程师可以根据自己的使用习惯或业务需要，自由选择在 2D 软件（AutoCAD）或 3D 软件（Inventor）中进行布局。这种方法可极大地降低三维设计的学习和使用门槛，提升设计效率，加速设计过程，更快更高质量地完成布局工作。

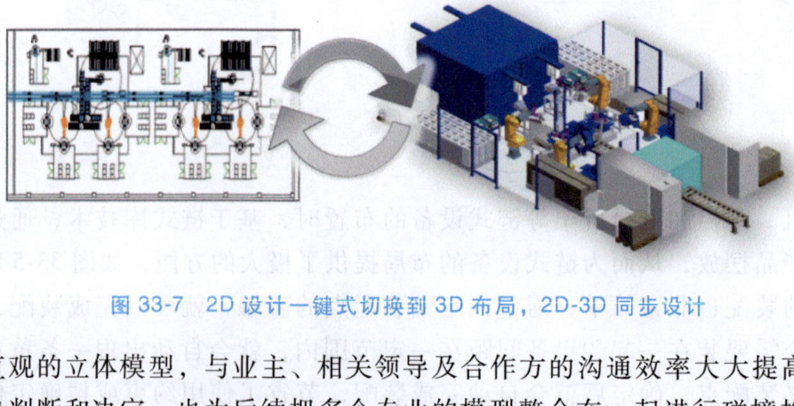

图 33-7　2D 设计一键式切换到 3D 布局，2D-3D 同步设计

有了直观的立体模型，与业主、相关领导及合作方的沟通效率大大提高，相关人员更容易做出判断和决定，也为后续把多个专业的模型整合在一起进行碰撞检查等设计评审工作，以及在施工开始前发现并消除设计错误奠定了基础。

4. 利用设计捕捉技术减少手工测量时间，避免可能出现的测量错误

获得现有设施 3D 模型最简单的方法是通过激光扫描来获取该设施的点云模型。Autodesk 点云处理软件 ReCap，可以对扫描得到的点云进行清理和整合，并输出设计工具可以接受的格式。在设计工具中，可以针对点云模型进行测量和标记，可以检查建筑设施的点云模型和生产设备/产线之间运行碰撞的情况，如图 33-8 所示。从长期来看，投资点云扫描设备可以帮助企业降低成本。

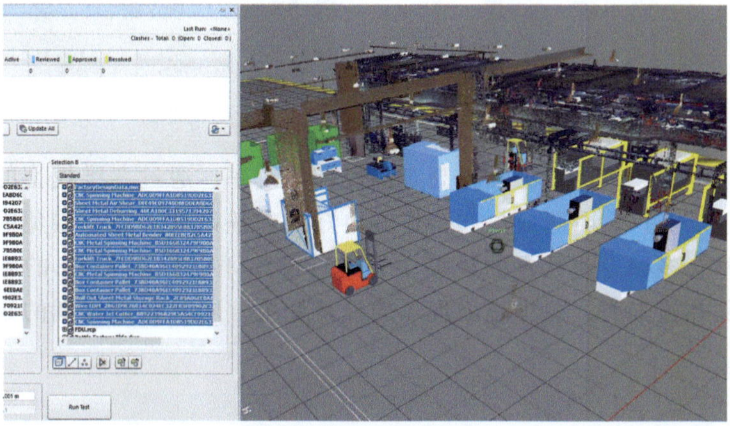

图 33-8 以点云模型为参考进行布局

5. 利用数据兼容技术整合多种工程数据

使用 Autodesk 的 AnyCAD 技术，可以直接打开市面上主流的数据格式，无须进行数据转换就可以直接使用第三方 CAD 格式的三维模型文件，如图 33-9 所示，并和源文件保持关联更新，节省数据转换和模型重建所需要的时间。

图 33-9 利用 AnyCAD 技术兼容多种数据格式文件

6. 利用设计评审软件提高设计方案的认可度和竞争力

Autodesk 产品设计与制造软件集里的 Navisworks 软件，具有良好的轻量化功能，能够整合多专业数据，直观展示规划方案，方便与客户进行交流，为规划、施工和客户三方提供无缝的协同平台。

整合各个专业的数据于同一模型中，利用直观的三维模型、渲染图片、动画以及虚拟漫游功能，可以让业主沉浸式体验规划方案，提高方案的认可度和竞争力。图 33-10 所示为整合后焊接车间的一角。

开工前，在整合多种专业数据的三维模型中进行碰撞检查和设计评审，可把错误消除在设计阶段，如图 33-11 所示。

图 33-10　整合多种专业数据的数字模型

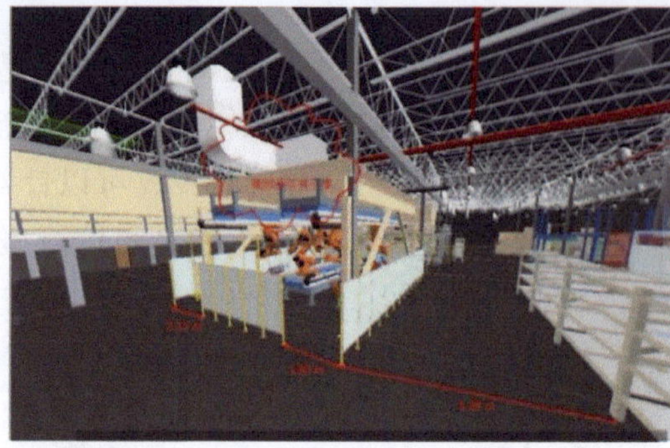

图 33-11　设计评审

应用新的设计工具，可以大幅提高布局设计的效率。通过三维模型的直观展示以及沉浸式体验，便于客户、团队成员和合作方更好地理解设计方案，避免因误解所引起的种种问题。在整合多种专业数据的模型中，进行设计评审和基于 4D 的施工模拟，可以把多种错误消除在施工前，减少施工现场的设计变更，同时减少工期的延宕和成本增加所造成的损失。

33. 1. 3　应用案例

1. Feige Filling GmbH 案例

Feige Filling GmbH 需要基于各种源数据（客户的图纸、CAD 布局或通过 3D 激光扫描获得的现场测量数据）来进行规划。他们采用 Autodesk 工厂设计工具集，轻松地将 Factory Design Utilities（工厂设计工具）集成到现有的工作流中。由于是基于现有软件的扩展，用户还是在熟悉的界面中进行操作，新扩展的功能也易于推广使用。现在，该企业根据客户的需求，能轻松地在 2D 工程图和 3D 模型之间切换，并在 3D 环境中使用参数化图库布局，协助客户进行工艺优化和设计安装。

2. 国内某汽车发动机厂案例

国内某汽车发动机厂，原来以 2D 图进行工厂规划设计和汇报展示，设计者难以讲解方案，领导层难以理解方案，设计效率较低，审批流程慢且后期施工错误多。

客户通过调查，基于以下三个原因，最终选择 Autodesk 的解决方案来解决现存的问题。首先，该客户原来一直用 AutoCAD 做工厂规划设计；其次，Autodesk 设计软件可以整合所有类型数据；另外，Autodesk 可同时为建筑和制造业提供合适的产品，满足实际参数设计三维工厂的需要；最后，3ds Max 可以直接调用产线布局的 Inventor 模型，生成渲染图。

33. 2　设备设计方法与创新

33. 2. 1　设计自动化方法

试想一家企业有很大一部分业务都是基于现有的成熟产品按客户需求进行定制设

计，应用设计自动化技术，可以帮助设计师和工程师捕获并重用工程知识及意图，帮助企业实现产品的配置化设计。也就是说，原来烦琐的手工建模、出图和检查过程，现在只需要在定制的产品配置界面上，根据客户定制化的需求，选配零部件和修改参数，相关的三维模型、工程图和相关文档就能根据定制化的输入和设定的规则自动更新和生成。工程师只需要通过配置，就可以完成日常的设计工作。如图 33-12 所示，在左边的对话框中修改参数，比如“长度”“负载高度”等就可以改尺寸大小，驱动模型更新。选择“工况”和“路况”下相应的下拉选项，就可以更改“支撑”和“轮胎”类型。配置和参数修改完成后，工程图自动生成，使设计成为标准化和自动执行的过程。

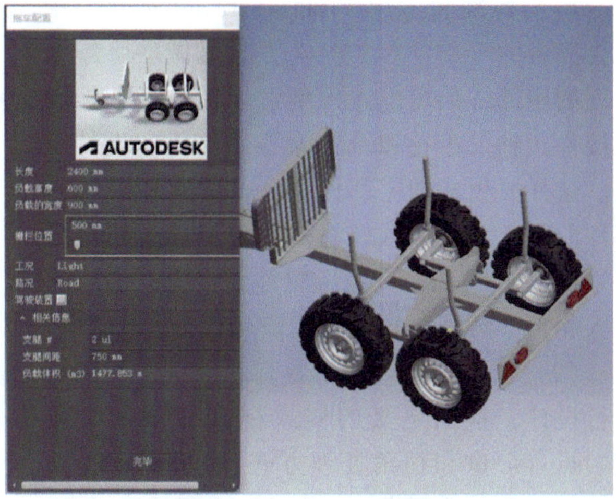

图 33-12 设计自动化案例

图 33-13 所示为 Autodesk 的自动化解决方案，可提供软件功能、基于 API 的二次开发接口乃至基于线上的开发工具 Autodesk Forge 等各种实现自动化的工具、技术和平台，来帮助企业从不同层面实现自动化，如图 33-14 所示。

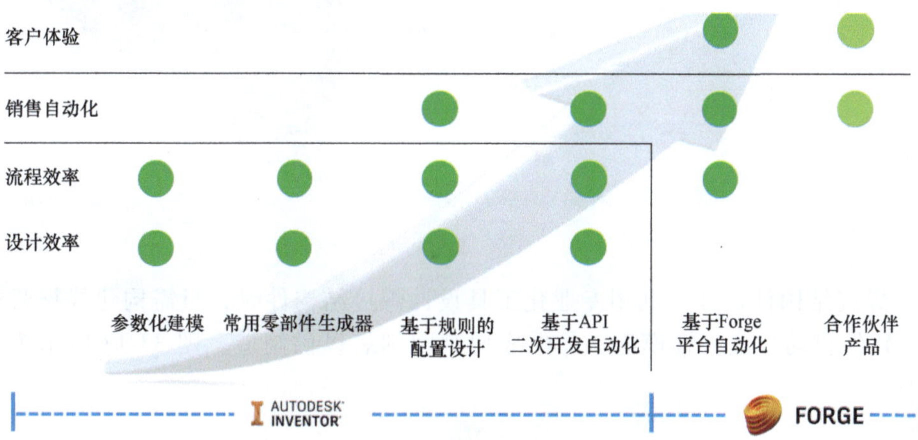

图 33-13 Autodesk 自动化解决方案

具体来说，从提高设计效率的设计自动化，到及时响应项目招标的销售自动化，再到打通企业所有业务系统的流程自动化，自动化可以应用到企业的各个层面中。在这里，我们主要介绍设计自动化。企业要实现产品级的设计自动化，一般要综合以下的方法和技术：

1. 使用专业化工具

Autodesk 中就包含了完备的标准件库，为常用零部件、钣金、焊接结构件及管路设计提供了专门的设计工具。

(1) 标准和常用零部件　Inventor 软件中包含完备的零部件库，提供了《机械手册》中所列的零部件的可配置模型，还提供了如螺纹连接件、轴、齿轮和链轮等零部件快速设计工具。选择要生成的零部件类型，输入所设计零部件的特定参数，软件将根据自定义规格生成三维模型。图 33-15 是齿轮生成器输入界面，输入相关参数即可自动生成齿轮模型。

(2) 钣金设计　使用专有的钣金建模工具进行设计，根据定义的样式标准（如钣金厚度、折弯余量和拐角处理方式），可保证设计高效且符合制造要求，如图 33-16 所示。

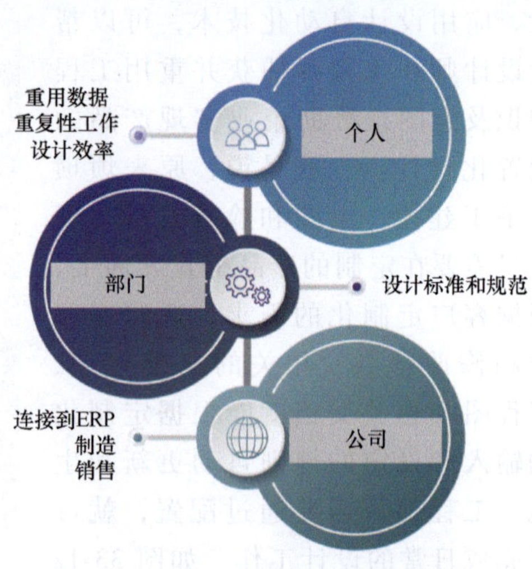

图 33-14　自动化在企业不同层级的应用

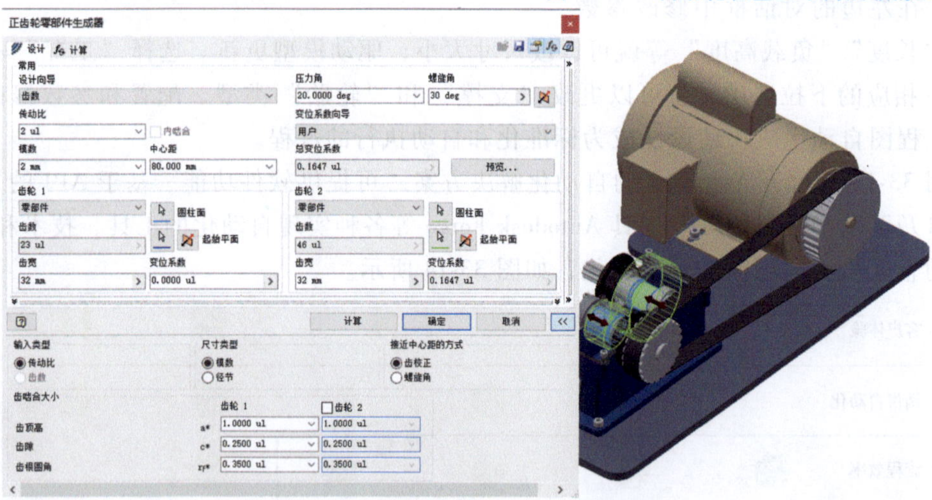

图 33-15　Inventor 的齿轮生成器

(3) 焊接结构件设计　利用专业化工具设计焊接结构件时，只需构建线框骨架并选择型材，软件自动生成三维模型，并生成切割明细表以供制造。图 33-17 所示为焊接结构件模型。

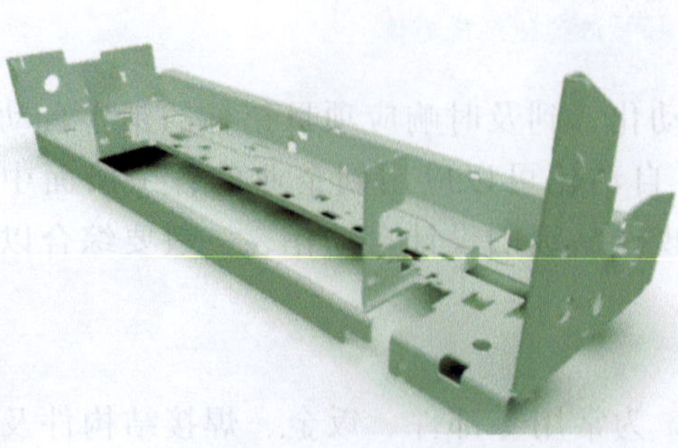

图 33-16　Inventor 钣金设计

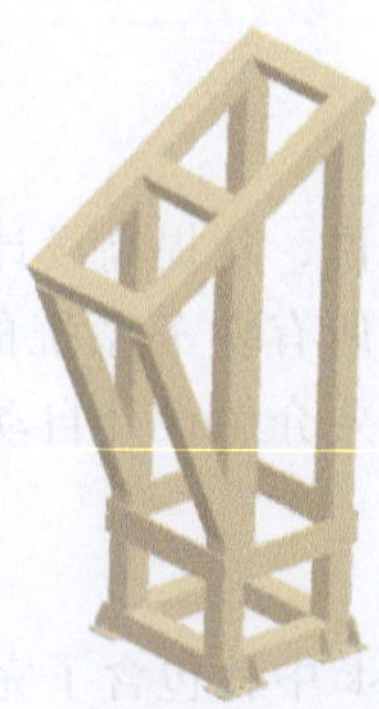

图 33-17　Inventor 焊接钢结构设计

（4）三维布线设计　利用专业化工具设计管路（硬管和软管）时，只需指定管件样式、绘制管线路径，就可自动进行布管设计。图 33-18 所示为布管后的效果。

图 33-18　Inventor 布管设计

2. 基于规则的设计

在设计工作中，设计师需要设定对象之间的关系，并明确当修改尺寸时，模型如何变化。以往，只要设计中发生一处修改，其他相关的部分都需要手工来进行相应的修改和调整。现在，工程师可以把这些变化的关系定义为规则，嵌入设计中，让设计能自动变化，关联改变，从而减少重复的手工修改时间。基于规则来进行设计建模，不仅能驱动参数和模型更新，还能驱动属性值更新。设计规则可以是公式，以便根据某个尺寸的变化来更新多个尺寸；也可以在规则中设置尺寸限制，以使目前的设计不会超出库存中可用的原材料尺寸。设计规则也可以是逻辑判断，基于逻辑判断，执行特定的动作。定义规则通常有以下两种方式：

（1）参数关联和图形关联　参数可以在设计文件中设定，也可以在 Excel 中设定。设计师可以用公式来表达参数之间的关系，参数引用能在不同零部件之间进行，且保持关联；而基于几何形体的关联，是一个零件的设计参考另外一个零件的图形，我们常说的自顶向下的设计就是基于图形的关联，使用骨架模型来传递设计信息，实现零部件之间的关联。

（2）基于 iLogic 实现关联　iLogic 是基于逻辑的编程语言，它不仅可以控制零部件的大小，还可以控制特征或零部件的有无、规格及控制图纸的显示等。总之，可以让设计根据设定的规则自动改变。使用 iLogic 语言，将设计规则和设计逻辑、设计知识直接嵌入零件、部件、产品和工程图中，可以使设计数据（零部件模型/图纸）根据设计输入（技术参数），按照设定的规则，自动变化和更新。

33. 2. 2　设计自动化应用

1. 产品配置设计

当前，客户定制化的需求越来越多，在满足客户要求的过程中，势必会耗费很多时间在重复性的工作上。实现自动化的配置设计，把设计变化的规则嵌入设计中，设计会根据在配置界面（表单）中的输入来驱动模型和图纸的更改，从而使企业能减少重复劳动的时间，快速满足客户的定制化需求。如图 33-19 所示，只需要在左边的表单中根据客户需求更改参数和选配零部件就可以完成定制

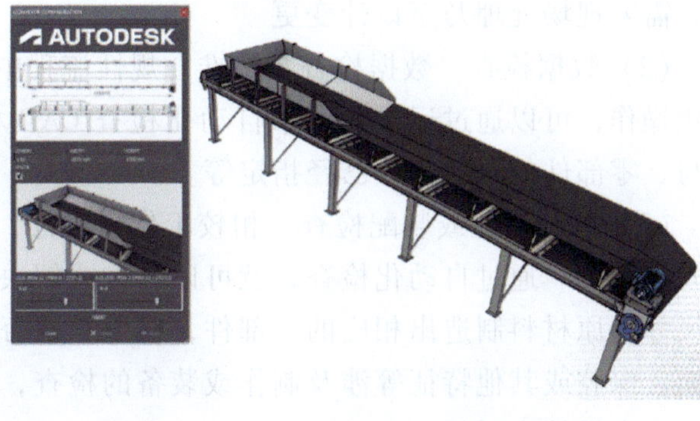

图 33-19　产品配置设计

化的输送机设计。

Inventor 中包含预置的代码段库，可以轻松地定义设计所需要的规则。将设计意图融入设计中后，可以添加表单配置界面以更好地传达设计意图。表单上面显示可以编辑、修改、配置的选项（后台设定这些修改和设计规则的对应关系），并设定一些约束（有限的选项或参数的范围），即使不熟悉设计的用户也能够轻松了解可以执行哪些更改，从而避免意外创建超出设计范围或无法制造的设计。

2. 工程图的自动创建

创建和维护二维工程图需要占用一定的工程资源。利用自动化方法，可以简化工程图创建流程，避免重复性且更具可预测性和一致性，可以最大限度地减少创建工程图所需的时间。

例如，一家输送机系统制造商，通过许多模板以打印不同尺寸的输送机图样来满足不同的客户需求。由于输送机规格多，大量的模板可能很快便导致制图工程师不堪重负，尤其是新工程师，针对不同的需求，他们可能很难确定应该选择哪个模板。

利用 Inventor 软件中的自动化功能，创建一个简单的表单，后台设定相应的规则，就可针对特定模型或零部件自动生成工程图。这些表单可能包含如下内容：英制单位还是公制单位、客户名称、工程图是用于预制加工还是用于装配零部件等。通过使用标准工程图模板自动创建工程图，可以节省时间并提高图样的一致性。

使用类似的方法，还可以自动定义并生成工程视图、添加尺寸、生成或更新 BOM 表信息和引出序号、修改或添加标题栏参数、创建完整的工程图集、更新旧工程图以符合新的 CAD 标准以及批量发布/导出等。

3. 自动的标准化检查

检查设计是否符合公司标准需要具备专业知识，而且会占用工程师的时间。自动执行标准检查流程，可以确保团队中的每个人都遵循最佳实践规范，有助于确保制造“一次成功”。这不仅可以节省时间、成本和材料，而且可以改善产品的整体质量。自动化检查主要包括如下几类：

（1）CAD 建模检查　CAD 建模检查复杂且费时，利用自动化功能，可以自动扫描检查所有草图是否完全定义以及是否遵守了统一的建模规范等。此外，还可以检查是否存在冲突或干涉。如果模型中的零部件相重叠或相干涉，它们在现场安装中将会发生碰撞，需要现场处理乃至设计变更。

（2）数据检查　数据检查是标准合规性流程中极其烦琐的任务，将这一任务进行自动化操作，可以通过运行脚本来自动化检查 CAD 模型中所有需要的属性是否已经完全填写、零部件的材料是否已经指定等。

（3）可制造性或装配检查　相较于创建设计，检查和审阅设计通常需要花费更多的时间来完成。通过自动化检查，就可以改善或解决这方面的问题。比如，是否可以用标准尺寸的原材料制造出相应的零部件，模型中是否存在可能导致数控加工出现问题的倒扣面、深腔或其他特征等涉及制作或装备的检查，都可以通过编写脚本来自动执行，从而节省大量检查时间。

(4) 设计规范性检查 在为配置产品而创建的表单中，可以设定参数范围，以保证用户不会配置出该公司不制造或无法制造的产品，不会使用超出公司采购范围或制造能力的尺寸和材料进行设计。图 33-20 所示为系统提示输送机的长度超过了设定的范围。除此之外，如果配置设计的人员增加了输送机的长度，那么模型中将自动添加一个额外的支撑（如节点板或梁）。在使用自动化功能为产品快速配置任何可用选项的同时也会限制可更改的参数。例如，设计师或工程师要设计某种产品并使用钣金进行加工，钣金的折弯半径取决于车间所使用的设备类型，因此设计师或工程师可以使用自动化功能检查要制造的产品所用的材料是否超出了设备的能力。

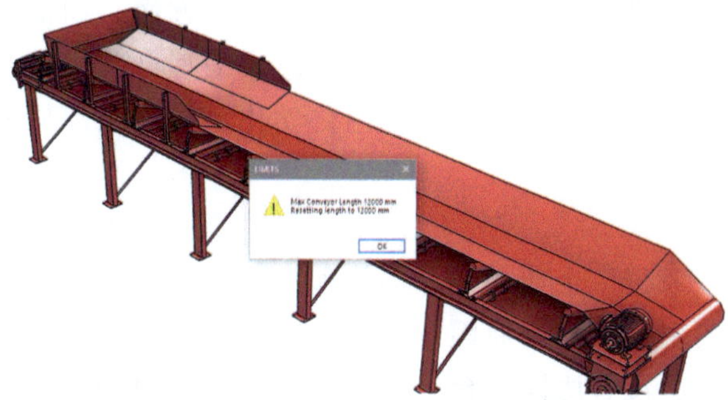

图 33-20 系统自动提示设计参数超出允许范围

4. 自动批处理

(1) 模型简化 作为制造领域的设计师或工程师，最宝贵的财富是知识产权。在日常工作中，由于协作的需要，通常需要将模型分享给外部组织，但这并不意味着需要向与其有业务往来的每个组织提供所有知识产权信息。利用自动化批处理功能，可以按事先编写的规则，从模型中删除选定的细节和特性，然后再将模型发送给外部组织，如图 33-21 所示。例如，假设您是一个汽车厂的零部件供应商，需要交付此零件，但您可能不希望发送所涉及的每个螺母和螺栓的知识产权信息，在这种情况下，您可以使用批处理功能创建模型的简化表达形式。如果需要创建支持建筑信息（BIM）的模型并分享给建筑师、工程师或客户，此方法同样适用。通过自动执行简化流程、自动输入数据和导出相关文件就可以节省时间。

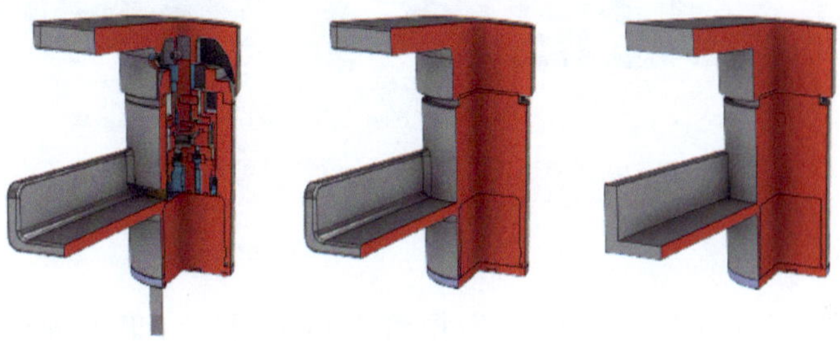

图 33-21 模型简化（从左到右，分别表示精细、中等、粗略详细等级）

(2) 模型清理 除了从模型中删除一些不再需要的信息，有时还需要对来自不同 CAD 系统的模型和工程图进行清理或调整，这时就可以创建批处理流程以根据公司标准批量更新这些模型和工程图。例如，如果设计师或工程师接收到一个工程图文件夹，其中缺少所有标题栏信息，那么设计师或工程师可以运行某个程序以打开所有标题栏并添加所需的信息。或者，他们要创建一个机械产品，而且设计师或工程师所在企业想要使用标准化的颜色来指示零部件是采购的还是内部创建的，这时设计师或工程师就可以批量更新任何传入的文件，以使它们在模型中均采用指定的颜色。

批处理还可以应用到其他多个方面，如批量打印，使用自动化功能打印选定文件夹中的所有工程图；导入和导出，编写自动化脚本以打开他人发送来的所有中性格式文件并另存；转换文档，使用自动化功能将文件从 DWG 转换为 PDF 格式等。

33. 2. 3　设计到生产制造的融合

很多企业的设计部门和工艺生产部门之间数据流转并不通畅，甚至还是通过蓝图来实现的。究其原因，有些是企业遵循早年的固有流程造成的，有些是使用工具的不统一、没有协同平台、工艺和生产部门不得不重建数据导致的。这不仅造成了时间的浪费，也增加了出错的概率，延长了生产准备的时间，最终影响项目交付。

设计分析制造一体化平台可以帮助解决上述问题。图 33-22 所示为 Autodesk 设计分析制造一体化平台，平台中的工具以不同模块形式构建在建模平台上，多个业务部门在相应的模块中工作，由于实际上是同一个软件，因此无须进行数据转换。

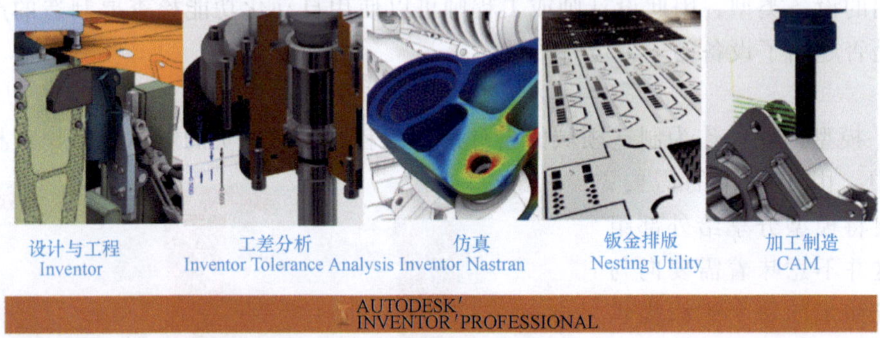

图 33-22　Autodesk 设计分析制造一体化平台

所有数据通过 Vault 数据管理和协同平台集中管理，如图 33-23 所示。生产制造部门直接从 Vault 平台中引用设计数据进行生产制造的技术准备，例如，基于设计的零件模型进行数控编程、基于设计模型进行原材料下料准备等。

图 33-23　Vault 数据管理平台促进内外各个部门协作

如图 33-24 所示，对于钣金类零件，生产技术部门可以从设计数据中批量提取钣金模型，快速地链接工艺规则，自动生成工艺放样图，并进行排版套料生成 NC 代码，并选择合适的机床进行切割加工，且工艺放样图、套料图及 CAM 加工策略和原始设计相关联，设计修改后，这些工作自动更新，避免了重复性劳动。

集成的设计和生产制造系统，消除了设计和生产制造之间的障碍，尽可能地复用设计阶段的设计数据等工作成果，缩短产品的研发周期，保证项目的如期交付。

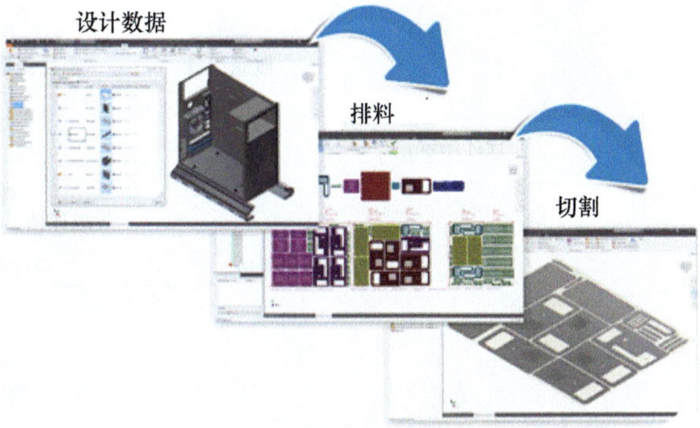

图 33-24 直接引用设计数据进行生产技术准备

33.2.4 设计优化和创新

如何进一步优化结构、提高装备的轻量化，是业界一直探索的问题。产品经过多次的设计迭代，传统的拓扑优化方法也只是对现有设计的修改，可以做轻量化的空间很小。有没有更好的手段，不受限于定向思维和现有设计方案，而能在更广阔的设计空间中探索更优的轻量化方案呢？衍生式设计提供了一种可能性。

衍生式设计，是基于高性能线上计算和人工智能等技术手段，以目标为导向的设计方法。设计师只需要设定设计优选项（如安全系数和质量等）和约束（如边界条件、材料及制造方法等），软件就能够独自创造性地提出多达上千种的设计方案（CAD 模型），让客户能根据不同方案相对应的参数数据来选择合适的方案。

传统的产品设计方式如图 33-25 所示，设计师或工程师使用计算机作为设计工具。而衍生式设计如图 33-26 所示，它利用远端计算和人工智能技术，是设计师或工程师与计算机（人工智能）共同创作。

图 33-25 传统设计

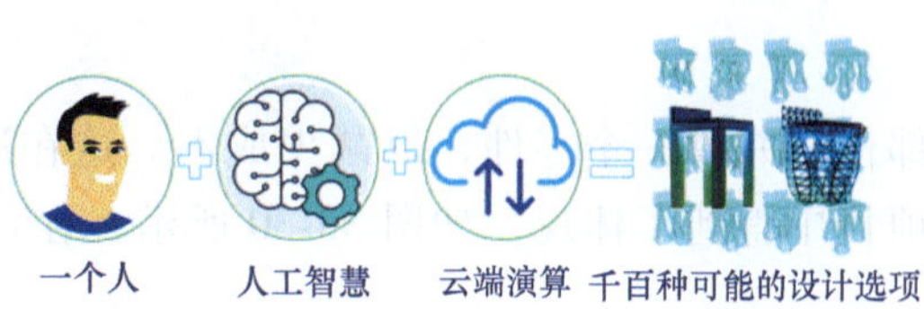

图 33-26 衍生式设计

传统的设计方法在有限的时间内只能做出少数几种设计方案，对于可制造性及效能验证也不充分，需要经历修改设计，再进行验证等往复的手工迭代过程，并且只能设计出传统的外观，如图 33-27 所示。采用衍生式设计可以在有限时间内产生出成百上千种设计方案，具有创新的结构外形，且能比较充分地验证设计方案的性能和可制造性，从而缩短设计修改和验证的往复过程，缩短设计周期，加快生产进程，如图 33-28 所示。

衍生式设计的工作流如图 33-29 所示，主要分为定义、生成、探索和制造四个部分。

衍生式设计可以帮助优化产品结构、改善产品耐用性、消除脆弱点，还能把多个零

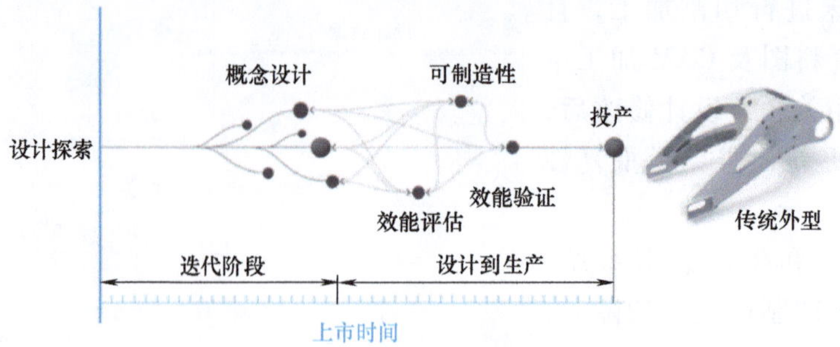

图 33-27　传统设计流程

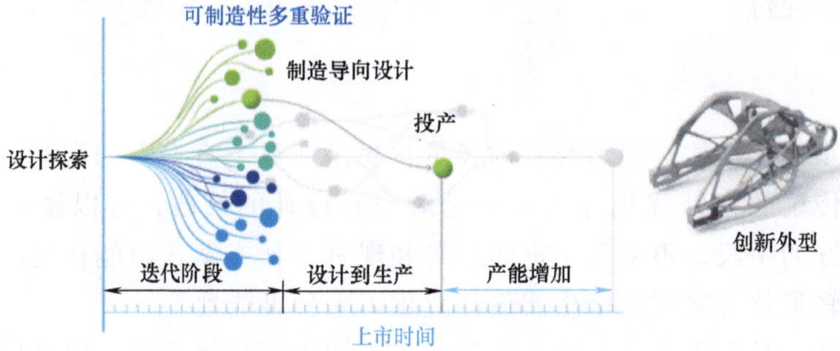

图 33-28　衍生式设计流程

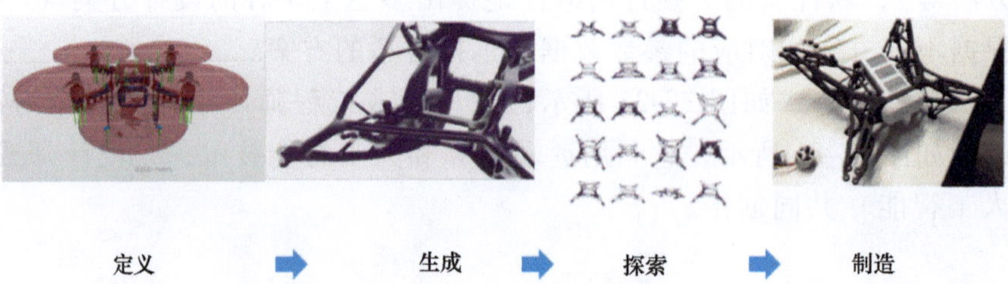

图 33-29　衍生式设计工作流

部件合并成一个零件，以减少成本。这在通用汽车与 Autodesk 合作进行的一个概念验证项目中得到了体现。如图 33-30 所示，在汽车后座安全带扣座结构设计实验项目中，通

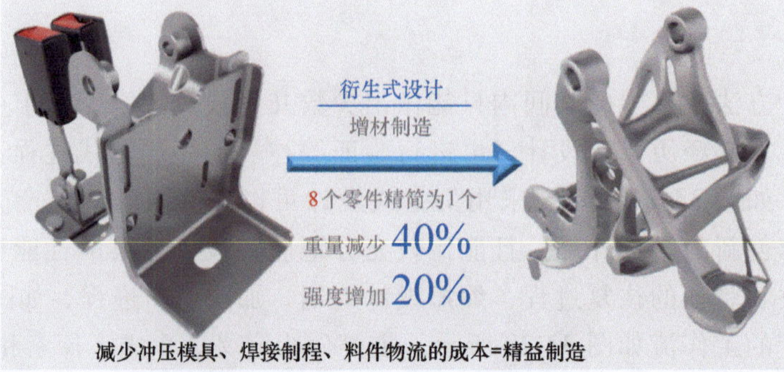

图 33-30　通用汽车衍生式设计的创新应用

用汽车尝试使用了衍生式设计，从而把汽车后座的安全带扣座结构从 8 个零件精简为 1 个。虽然此零件还未大规模生产，但通过衍生式设计的优化，通用汽车简化了汽车后座的安全带扣座结构的设计制造过程，使零件重量减少了 40%，强度增加了 20%。

图 33-31 所示为深圳中集智慧托盘有限公司（以下简称“中集智慧托盘”）的第二代橡胶周转箱。中集智慧托盘的第一代橡胶周转箱产品存在一些指标无法满足客户需求。为突破产品品质、增强竞争优势、缩短开发周期，中集亟须革新第一代橡胶周转箱的设计和制造方法。

图 33-31　中集新款集装箱

介于上述情况，中集智慧托盘尝试从产品的设计层面找到突破口，通过引入衍生式设计技术来优化中集智慧托盘传统的二维设计工作流程。图 33-32 所示为使用衍生式设计进行概念设计和建模，图 33-33 所示为对模型进行应力应变分析。在二代橡胶周转箱引入衍生式设计之后，中集智慧托盘不仅一举解决了此前一直横亘在团队面前的二维设计与三维设计无法有效融合的难题，还实现了产品开发全流程的数字化设计、测试和迭代，从而仅在 3 个月的时间内就完成了设计制造方案，6 个月就完成了产品的开发定型，大大缩短了产品的交付周期。此外，凭借二代箱产品坚固度提升 20%、变形度降低 80%，以及在净载空间、折叠压缩比、空箱堆高数量和空箱装箱数等关键指标上的大幅提升，中集智慧托盘还成功拿下三项行业专利。

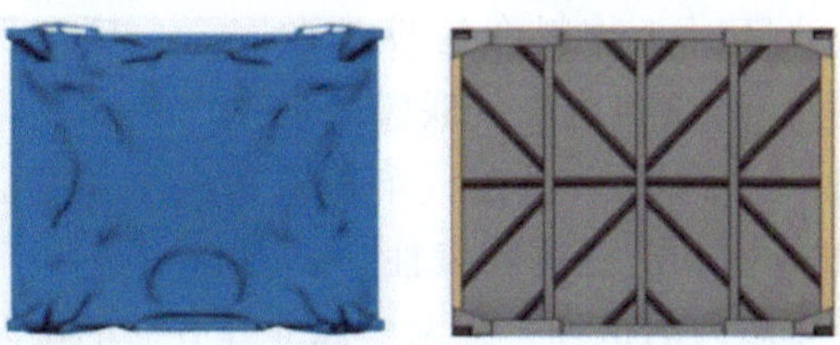
图 33-32　衍生式设计下的集装箱概念设计（左）及基于概念设计的建模（右）

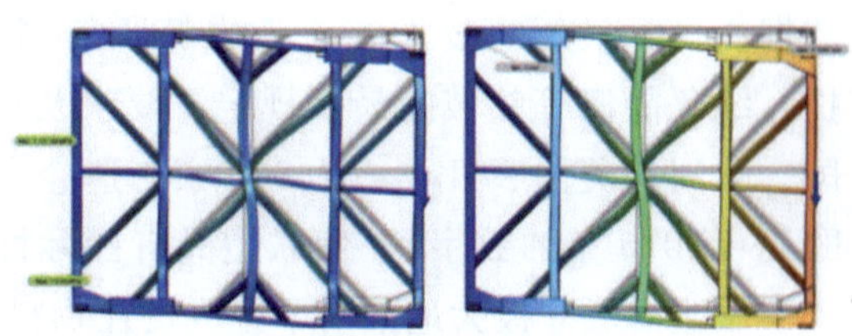
图 33-33　Nastran 软件中的应力应变分析

附录

附录 A　国际联盟与交流合作（部分）

本附录收录了部分物料搬运装备产业国际联盟和交流合作组织，排序不分先后。

A.1　世界物料搬运联盟（WMHA）

2014 年，由中国机械工程学会（CMES）、北京起重运输机械设计研究院（BMHRI）、欧洲物料搬运联合会（FEM）、日本物流系统机器协会（JIMH）、美国物流搬运协会（MHI）共同发起的世界物料搬运联盟（World Materials Handling Alliance，WMHA）（以下简称“联盟”）在德国汉诺威正式宣告成立。

联盟的成员基本涵盖了全球经济最发达、技术水平最先进的国家和地区，联盟的成立旨在在全世界的物料搬运领域内开展广泛的合作，联盟所涉及的产品类别包括：连续输送设备、起重机或起重设备、升降设备、仓储设备、高空作业平台、货架和托盘、工业卡车。联盟将在上述产品范围内，在各成员之间开展市场情况（生产与对外贸易）的数据交换，最新的技术交流，成员所处国家或地区对于物料搬运设备在安全、环境保护、绿色能源等领域的最新规定、要求及标准进行沟通和协商。联盟的框架内包含了中国、欧洲、美国、日本约 2,300 家制造企业及其 500,000 名员工，年产值达到 1,470 亿欧元（2016 年的数字），使联盟具有国际性、权威性和广泛的代表性。

联盟的成立极大地推动了各成员在物料搬运领域内的市场、技术、标准等方面的国际合作，将对中国物料搬运技术的提高、中国物料搬运行业参与世界市场竞争能力的增强，以及参与国际标准的制定并推广中国标准在世界范围内执行等方面产生非常积极的作用。

联盟成立之后，形成了在各成员所在的国家轮流举办年度会议的机制，已在中国上海（2015 年）、日本东京（2016 年）、美国芝加哥（2017 年）、德国汉诺威（2018 年）、中国上海（2019 年）召开了联盟的年度会议。

在 2016 年和 2017 年召开的联盟会议上，各成员代表除了介绍各自国家和地区物料搬运行业（包括起重机、轻小型起重设备、连续搬运设备、工业车辆、货架和仓储设备）的产值及对外贸易情况之外，还针对各自国家和地区在桥门式起重机、Miniload、货架和仓储设备的现行标准及欧盟最新采用的排放环保标准对工业车辆和移动式起重机的影响进行了交流。

A.2 国际标准化组织起重机技术委员会（ISO/TC96）

国际标准化组织起重机技术委员会（ISO/TC96）成立于1961年，其主要任务是负责起重机械（包括流动式起重机、塔式起重机、臂架起重机、桥式及门式起重机等）的设计、术语、钢丝绳、测试方法、使用、操作及维护等相关国际标准的制修订工作。其工作范围是：借助取物装置在空间吊运和移动悬吊载荷的起重机及其相关设备领域的标准化工作，着重于术语、额定载荷、试验、安全、通用设计原则、维护和操作方面。

ISO/TC96技术委员会下设9个分技术委员会（Sub Committee，SC），具体组织与下设工作组（Working Group，WG）情况见表A-1与表A-2。截至2022年10月21日，该技术委员会共有参与成员23个、观察成员29个。ISO/TC96共有正式国际标准107项，正在进行的工作项目有10项。

表A-1 ISO/TC96分技术委员会

分技术委员会代号	分技术委员会名称	参与成员	观察成员	标准数量
ISO/TC96/SC2	术语	14	14	5
ISO/TC96/SC3	钢丝绳的选择	21	14	3
ISO/TC96/SC4	试验方法	18	15	5
ISO/TC96/SC5	使用、操作和维护	20	13	14
ISO/TC96/SC6	流动式起重机	17	14	21
ISO/TC96/SC7	塔式起重机	16	13	18
ISO/TC96/SC8	臂架式起重机	17	14	16
ISO/TC96/SC9	桥式和门式起重机	17	14	15
ISO/TC96/SC10	设计原则和要求	14	10	9

表A-2 ISO/TC96工作组

工作组代号	名称
ISO/TC96/SC2/WG1	ISO 4306-1修订
ISO/TC96/SC3/WG3	钢丝绳、卷筒和滑轮的选择
ISO/TC96/SC4/WG2	电动葫芦能效试验方法
ISO/TC96/SC4/WG3	测试代码和程序
ISO/TC96/SC5/AHG1	潜在新工作项 起重机——数据交换指南
ISO/TC96/SC5/WG1	用户防风安全管理原则
ISO/TC96/SC5/WG2	ISO 12480-1修订
ISO/TC96/SC5/WG3	起重机——吊索操作员和信号员培训
ISO/TC96/SC6/AHG1	远程通信
ISO/TC96/SC6/WG3	流动式起重机的安全使用
ISO/TC96/SC6/WG4	ISO 19961发展
ISO/TC96/SC6/WG4	ISO 13200发展

（续）

工作组代号	名称
ISO/TC96/SC7/WG4	操作手册
ISO/TC96/SC7/WG5	通道
ISO/TC96/SC8/AHG01	起重机——ISO 4301-4 修订分类
ISO/TC96/SC8/WG5	ISO 9374-1 和 ISO 9374-4 修订
ISO/TC96/SC8/WG6	ISO 4301-4 审查
ISO/TC96/SC10/WG1	技术专家小组

A. 3　全球工程机械产业大会

全球工程机械产业大会由中国工程机械工业协会联手美国设备制造商协会、韩国建筑机械工业协会等共同主办。大会为中外企业更清晰、更深刻地了解全球以及中国工程机械产业未来提供了平台，有力推动了中国与世界产业的健康、可持续发展，实现了中国工程机械行业与国际市场的全面对接。

A. 4　中日韩起重机安全论坛

中日韩起重机安全论坛自 2002 年第一次在韩国召开，就形成了每年依次在中国、韩国、日本轮流举办的惯例，来自中国、日本与韩国的专家代表和三个国家起重机械方面的专家代表汇聚一堂，就起重机行业情况、安全及智能化等问题进行深入的交流和切磋，为中日韩三国起重机设计制造水平的提高、使用安全的保障起到了积极作用。

A. 5　世界工业车辆联盟

世界工业车辆联盟会议创立于 1997 年，由欧洲物料搬运协会工业车辆分会（FEM IT）、美国工业车辆协会（ITA）和日本产业车辆协会（JIVA）创办。随着中国在国际工业车辆市场中的地位越来越重要，联盟 2007 年邀请中国工程机械工业协会工业车辆分会（CITA）代表中国工业车辆制造商加入这一国际性组织，2008 年，中国工程机械工业协会工业车辆分会成为联盟正式成员。

世界工业车辆联盟是一个代表世界工业车辆制造商的组织，其目的是促进讨论行业内共同关心的非竞争性的议题，如统计、标准、环境保护、可持续发展、叉车安全和各国家与工业车辆相关的法律法规等。

在每年的世界工业车辆联盟会议同期，还举办工业车辆主席论坛，欧盟、美国、日本和中国协会的主席分别就各国家和地区的经济发展情况、工业车辆市场销售情况和未来行业发展趋势等问题进行介绍。

附录 B　科技会展（部分）

本附录收录了部分物料搬运装备相关科技会展，排序不分先后。

B.1 亚洲国际物流技术与运输系统展览会（CeMAT ASIA）

随着“智能制造”政策在各级政府落地，各行业制造企业急需升级改造，冷链物流、跨境物流、供应链管理、低成本自动化、新零售新物流、智慧物流、物流赋能、融合共生成为先进物流发展的主议题。CeMAT ASIA 不仅背靠德国汉诺威展览集团全球品牌资源，还积极配合响应国家提出的制造强国战略的发展方略，融合世界物流先进技术，立足推动中国物流创新发展，致力于打造一个多角度展示企业、深层次实现交流、全方位促成合作的平台。

CeMAT ASIA 是亚洲物料搬运和物流技术行业规模领先、影响力巨大、展品齐全、极具技术价值的国际展会。自 2000 年以来，CeMAT ASIA 规模不断发展壮大，从第一届规模仅占上海国际展览中心半个馆、展商不到百家的新生展，到如今覆盖上海新国际博览中心（SNIEC）室内外超 85,000m^2、展商超 800 家的亚洲地区最大的物流装备展。CeMAT ASIA 22 年一路走来的历程同样也是中国物流装备产业发展的一个缩影。

2021 汉诺威上海工业联展于 10 月 29 日在上海新国际博览中心圆满落幕。作为下半年业内翘首以盼的工业大展，近 3,000 家知名制造企业不畏艰难，从五湖四海如约而至，带来疫情危机之后产品应用升级的解决方案。现场首发众多动力传动、物流、压缩机等领域的重磅新品，共同在这一工业平台上谱写“中国制造”新篇章。展会涵盖机械搬运设备、仓储技术与车间设备、包装与订单拣选设备、装载技术、物料搬运技术、仓储技术与物流系统、交通工程、物流服务与外包八大主题，吸引近 800 家国内外一线品牌参展。

伴随中国物流装备行业的共同发展，历经 20 多个春秋的 CeMAT ASIA 秉承开放与共享的理念，不断创新服务生态、升级用户体验，依托自身优势，不断优化展会资源配置、提升参展参会效率，物流成为“十四五”规划中的高频词之一，加之政策利好，这将不断推动产业的发展。在《中华人民共和国国民经济和社会发展第十四个五年规划和 2035 年远景目标纲要》中，有 15 处提到“流通”，20 处提到“物流”，13 处提到“供应链”。

主办单位在发展浪潮推动下也积极寻求新突破新创新，CeMAT ASIA 系列活动已经初步形成品牌化——CeMAT ASIA 创新沙龙迄今为止已连续举办 6 届，吸引在场听众超 1.5 万人次；每年，CeMAT ASIA 下午茶活动都为物流行业精英们创造一个除去展会以外的线下交流平台；“智享荟”更关注物流行业未来方向和前景；与物流研究院合作举办的“世界物流日”活动也成为传统；2020 年 CeMAT ASIA 打造了丰富的线上活动，四次直播课程共吸引了近两万次观看。CeMAT ASIA 致力于服务展商、买家、媒体及合作伙伴，建立了良好的口碑；2020 年 CeMAT ASIA 推出“享见”计划，将特邀买家计划做“精”做“专”，继续秉持初衷，不断推陈出新，尽最大努力为各方的发展与共赢添砖加瓦。

第 23 届亚洲国际物流技术与运输系统展览会于 2022 年 11 月在上海新国际博览中心举办。展会以“智慧物流”为系列主题，展示智能制造的创新成果，联合打造横跨各领域的大工业平台。

图 B-1 为 CeMAT ASIA 现场图。

图 B-1　CeMAT ASIA 现场图

B.2　中国（广州）国际物流装备与技术展览会（LET-a CeMAT ASIA event）

中国（广州）国际物流装备与技术展览会自 2010 年首次举办以来，目前已成功举办 12 届。2018 年，LET-a CeMAT ASIA event 正式成为其母展亚洲国际物流技术与运输系统展览会（CeMAT ASIA）旗下品牌展会。

LET-a CeMAT ASIA event 2021 以“数智物流，引领未来”为主题，吸引了近 400 家海内外知名企业展示物流领域新产品与技术，展出面积达 30,000m²。超 35,000 名专业观众到场共同见证这一年一度的物流装备与技术领域盛会，观众数量较上年增长 22%。本届展会以物流技术创新作为切入点，迎合智能化与数字化的新态势，现场汇聚了物流系统集成、叉车、物流机器人、输送分拣、仓储自动化、无人配送等行业先锋企业。丰富的展品全面生动地展示了物流自动化、无人化的新趋势，吸引众多观众的驻足倾听与交流。一站式供需对接及商洽平台，为到场的观众带来更专业的服务以及更全面的体验。

图 B-2 为 LET-a CeMAT ASIA event 现场图。

B.3　德国汉诺威工业博览会（HANNOVER MESSE）

作为享誉全球的“世界工业发展晴雨表”，德国汉诺威工业博览会自 1947 年创立至今已成功举办 72 届。展会涵盖七大展示主题——创新技术及未来生产、自动化及动力传动、数字化生态系统、能源解决方案、工业零配件、压缩空气及真空技术（单年）和物流主题（双年），为工业、能源以及物流等重要领域的未来发展奠定基础，将继续领

图 B-2 LET-a CeMAT ASIA event 现场图

航工业向网络化、自动化和全球化方向发展。汉诺威工业博览会开展了形式多样的论坛和会议，来自工业、政界和研发领域的专家们针对工业 4.0、人工智能和未来工作等话题展开对话，成果丰硕。

2020 年德国汉诺威展览公司宣布，因新冠肺炎疫情不断加剧，2020 年汉诺威工业博览会将不再举办。这也是汉诺威工博会创立 73 年来首次轮空。不过，主办方随后推出网上对接平台，供展商与专业观众建立联系、交流信息。2020 年德国汉诺威国际工业展览会聚焦 5G 技术应用。从事电气工程和电子行业的企业迫切希望使用这一移动通信新标准。和人工智能一样，5G 技术将成为重要竞争因素。

未来，数字化转型成为新的全球热点。人工智能、协作机器人、轻量制造、行业整合、5G 等与物流的紧密融合都是新的亮点与看点。受新冠肺炎疫情影响，2021 年汉诺威工业博览会 2021 年 4 月 12 日在线上开幕，持续至 16 日，以“产业先锋之家”为主题，聚焦人、机器和信息技术如何进一步融合协作，即“工业 4.0”所描绘的未来工厂的发展方向。

B.4 德国斯图加特物流展（LogiMAT Germany）

自 2003 年来，已成功举办 17 届的德国 LogiMAT 物流展作为全球物流行业知名展会，保持着旺盛的创新活力，在展会上不断推陈出新，立足德国、面向全球提供领先的创新理念、物流装备技术及整体解决方案。

中国是德国第三出口目的地和第二大进口来源国。斯图加特市是欧洲经济发达、人均产值高、失业率低的城市之一，被称为欧洲工业的心脏。对于有志扩大在德国乃至欧洲地区出口的中国企业来说，LogiMAT 是理想的贸易平台。在该展会上，德国重要的决策者汇聚一堂。参展企业可直接接触到来自诸多应用行业的采购、生产、IT、仓储及配送部门的高层管理人员，达成商业订单、建立人脉圈。德国斯图加特物流展览会作为欧洲颇具号召力的国际物流展，每年都吸引全球众多的知名企业参展。据 LogiMAT 反馈，参展企业有卡斯卡特、大福、德马泰克、范德兰德、梅卡鲁斯等。展会由物料搬运及仓储技术、运输管理、标签识别、包装材料、起重装卸、叉车配件等六大主题组合而成，汇聚了物流行业的工业、贸易服务公司的决策者和商业合作伙伴，共同探索物流业的未来发展。

因新冠肺炎疫情带来的诸多潜在风险及不良影响，2020 年、2021 年展会取消。LogiMAT 2019 吸引了来自 42 个国家和地区的 1,625 家企业参展，吸引了 61,724 名观众参观，参观规模近三年以 10%的增速增长，是欧洲地区最具规模的物流技术展会之一。LogiMAT 2019 反映了当前物流仓储和供应链管理方面的现状，在三天的展会时间内共有 30 多场不同的讲座，来自商界、学术界和专业媒体的 100 多位专家进行了交流。这些讲座涵盖了公众对当前欧洲物流装备市场的信息需求，特别关注了数字化转型以及工业 4.0、物流 4.0 和物联网的未来项目。

B.5　美国物流展（ProMat）

依托美国物料搬运协会的号召力与影响力，每两年一届的美国物流展（隔年在美国亚特兰大市举办，称为 Modex 展）主要覆盖北美地区的物流制造、分销、供应链设备和系统，展览会为期四天。由于疫情原因，原定于 2021 年 4 月举行的芝加哥物流展 ProMat 取消。这是 ProMat 35 年历史上第一次取消现场展会，原定 2021 年 4 月 12—16 日的展会，改为线上举行。

下届展会将于 2023 年 3 月 20—23 日在美国芝加哥举办。此次展览会展位面积将超过 3 万 m^2，参展企业将超过 800 家，有来自美国、加拿大、墨西哥及世界各地的专业人士上万人次参观本展览会。该展会已被公众认为是产品进入美国市场的重要贸易平台，国际化程度高。ProMat 代表了新的行业趋势，展示所有相关的新产品和新概念，创新性高。

图 B-3 为美国 ProMat 物流展现场图。

图 B-3　美国 ProMat 物流展现场图

B.6 日本东京国际物流综合展（Logis-Tech Tokyo）

自1994年首次举办以来，东京国际物流综合展（见图B-4）已有29年历史，每两年举办一届，是亚洲地区规模最大的物流专业展览会之一，也是日本境内唯一的物流展览会。展会由七大日本行业协会组织：日本工业机械制造商协会、日本工业车辆协会、日本托盘协会、日本运输车辆设备协会、日本物流系统设备协会、日本物流系统协会、日本管理协会。每届约有500家企业参展，观展人数达7.4万人次。展会期间，从叉车到仓储系统、货盘、输送机、台车、集装箱、脚轮、第三方物流合理化管理与软件系统等众多最新产品和服务汇聚一堂。部分中国参展企业在展会期间发布新产品、新技术应用，其产品及技术侧重于物流智能化、轻量化、密集存储、新型材料设备、人工智能技术植入设备等方面。

图B-4 日本东京国际物流综合展宣传图

2020年2月19—21日，日本东京国际物流综合展览会在东京国际展览中心举行，观众达74,192名，有510家参展企业和2,435个展位，其中包括来自15个国家和地区的53家国外参展企业，主要来自中国、法国、德国、马来西亚、荷兰、新加坡、韩国等国家。参加该展览的工业车辆及叉车类企业包括：丰田、三菱、小松、力至优、京町车辆（小型搬运车）、五十铃自动车（卡车及AGV）、住友重机械工业、TCM、日产、花冈车辆（小型搬运车）等。近年，在亚洲各国呈现出与外国企业开展业务合作以及开拓邻国市场的显著势头，亚洲地区正在形成统一的市场。日本的诸多企业也正在向亚洲各国进军，开展业务合作。国际物流综合展的观展人士对外国产品呈现出浓厚的兴趣，有55.3%的观众表示将会购买产品，大部分参展企业已取得了很好的参展效应。

附录C 科技期刊（部分）

科技期刊收录部分中文期刊和部分外文期刊，见表C-1和表C-2，排序不分先后。

表C-1 部分物料搬运装备产业有关中文期刊

1		名　　称：起重运输机械 主管单位：中国机械工业联合会 主办单位：北京起重运输机械设计研究院有限公司 出版周期：半月刊	2		名　　称：西南交通大学学报 主管单位：西南交通大学 主办单位：西南交通大学 出版周期：双月刊

（续）

3		名　　称：水道港口 主管单位：交通运输部 主办单位：交通运输部天津水运工程科学研究所 出版周期：双月刊	11		名　　称：工程机械与维修 主管单位：中国机械工业联合会 主办单位：北京卓众出版有限公司 出版周期：双月刊
4		名　　称：中国港湾建设 主管单位：中国交通建设集团有限公司 主办单位：中国交通建设股份有限公司 出版周期：月刊	12		名　　称：建筑机械 主管单位：住房和城乡建设部 主办单位：北京建筑机械化研究院 出版周期：月刊
5		名　　称：中国港口 主管单位：交通运输部 主办单位：中国港口协会 出版周期：月刊	13		名　　称：建筑机械化 主管单位：中国建筑科学研究院 主办单位：中国建筑科学研究院建筑机械化研究分院 出版周期：月刊
6		名　　称：港口科技 主管单位：中国港口协会 主办单位：中国港口协会 出版周期：月刊	14		名　　称：矿山机械 主管单位：洛阳矿山机械工程设计研究院有限责任公司 主办单位：洛阳矿山机械工程设计研究院 出版周期：月刊
7		名　　称：港口装卸 主管单位：教育部 主办单位：武汉理工大学 出版周期：双月刊	15		名　　称：重型机械 主管单位：中国重型机械研究院 主办单位：中国重型机械研究院 出版周期：双月刊
8		名　　称：交通运输工程学报 主管单位：教育部 主办单位：长安大学 出版周期：双月刊	16		名　　称：煤矿机械 主管单位：国家煤矿安全监察局（原）黑龙江科技大学（现） 主办单位：黑龙江科技大学哈尔滨煤矿机械研究所 出版周期：月刊
9		名　　称：工程机械 主管单位：天津工程机械研究院 主办单位：天津工程机械研究院 出版周期：月刊	17		名　　称：特种设备安全技术 主管单位：湖北省质量技术监管局 主办单位：湖北特种设备检验检测研究院 出版周期：双月刊
10		名　　称：工程机械文摘 主管单位：天津工程机械研究院 主办单位：天津工程机械研究院 出版周期：双月刊	18		名　　称：中国设备工程 主管单位：国家发展和改革委员会 主办单位：中国设备管理协会 出版周期：月刊

（续）

19		名　　称：中国电梯 主管单位：住房和城乡建设部 主办单位：中国建筑科学研究院建筑机械化研究分院 出版周期：半月刊	25		名　　称：今日工程机械 主管单位：中国机械工业联合会 主办单位：中国农机院和机电商报社 出版周期：月刊
20		名　　称：中国工程机械学报 主管单位：中国科学技术协会 主办单位：中国机械工程学会 出版周期：双月刊	26		名　　称：物流技术 主管单位：湖北物资流通技术研究所 主办单位：中国物资流通技术经济委员会；中国物资流通技术开发协会；物流技术研究所 出版周期：月刊
21		名　　称：建设机械技术与管理 主管单位：住房和城乡建设部 主办单位：国家建筑城建机械质量监督检验中心 出版周期：月刊	27		名　　称：物流技术与应用 主管单位：教育部 主办单位：北京科技大学 出版周期：月刊
22		名　　称：中国机械工程 主管单位：中国科学技术协会 主办单位：中国机械工程学会 出版周期：月刊	28	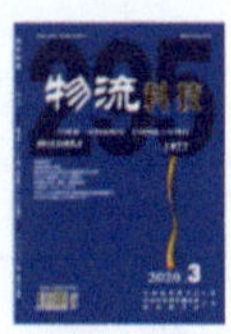	名　　称：物流科技 主管单位：中国商业联合会 主办单位：中国商业股份制企业经济联合会 出版周期：月刊
23		名　　称：中国储运 主管单位：中国物资储运总公司 主办单位：中储发展股份有限公司；中国物资储运协会 出版周期：月刊	29		名　　称：中国物流与采购 主管单位：中国物流与采购联合会 主办单位：中国物流与采购联合会 出版周期：半月刊
24		名　　称：东北大学学报（自然科学版） 主管单位：教育部 主办单位：东北大学 出版周期：双月刊	30		名　　称：叉车技术 主管单位：宝鸡市委宣传部；宝鸡市新闻出版局 主办单位：全国叉车与工业车辆网 出版周期：季刊

表 C-2　部分物料搬运装备产业有关外文期刊

1		名称：Modern Materials Handling 中文译名：现代物料搬运	2		名称：Elevator World 中文译名：电梯世界

（续）

3		名称：SHD Logistics 中文译名：存储处理分配	11		名称：Technische Logistik 中文译名：物流技术
4		名称：Cranes Today 中文译名：今日起重机	12		名称：Logistik für Unternehmen 中文译名：公司物流
5		名称：Hoist 中文译名：起重机	13		名称：Logistik Journal 中文译名：物流杂志
6		名称：Logistik Heute 中文译名：今日物流	14		名称：Jahrbuch Logistik 中文译名：物流年鉴
7		名 称：International Seilbahn-Rundschau 中文译名：国际缆车	15		名称：dhf Intralogistik 中文译名：dhf 内部物流
8		名称：fördern und heben 中文译名：德国起重运输技术	16		名称：資源と素材 中文译名：资源和素材
9		名称：Materialfluss 中文译名：国际缆车之旅	17		名称：マテリマルフロー 中文译名：日本物流研究中心
10		名称：FM Das Logistik-Magazin 中文译名：FM 物流杂志	18		名称：クレーン 中文译名：起重机

（续）

19		名称：混相流 中文译名：混相流	21		名称：Seilbahnen International 中文译名：国际缆车
20		名称：化学装置 中文译名：化学装置			

附录 D　有相关专业的高校（部分）

本附录收录部分开设物料搬运装备相关专业的高校，见表 D-1，排名不分先后。

表 D-1　部分开设物料搬运装备相关专业的高校（排名不分先后）

学校名称	专业概述
东南大学	东南大学物料搬运机械装备专业主要设在交通学院，其中交通运输工程是国家一级重点学科，下设交通运输规划与管理、道路与铁道工程两个国家二级重点学科
西南交通大学	西南交通大学物流专业设于交通运输与物流学院和机械工程学院。交通运输与物流学院和机械工程学院是西南交通大学具有悠久办学历史的学院，拥有雄厚的师资力量和完善的教学设施，学院已为国家交通运输与物流领域、起重运输机械专业等培养了数十万名毕业生
北京交通大学	北京交通大学物料搬运装备有关专业设置于交通运输学院，其中交通运输专业下设六个方向，为我国起重运输产业培养了很多人才
北京科技大学	北京科技大学物流专业设置于机械工程学院，1985 年，在原机械系“起重机研究室”的基础上组建了“物流工程教研室”，2004 年成立了“物流工程系”，现承担物流工程和工业工程两个本科、两个研究生专业的教学及人才培养工作
北京航空航天大学	北京航空航天大学交通科学与工程学院交通运输系设有交通运输工程一级学科博士点及博士后流动站，在全国第四轮学科评估中获评 A 类学科，拥有综合交通大数据应用技术国家工程实验室，2019 年交通运输专业入选国家一流本科专业建设“双万计划”
北京邮电大学	北京邮电大学物流工程专业主要培养掌握信息系统、物流装备、物流运作与管理等方面的规划、研究、开发与应用能力，培养具有机械工程、控制工程、计算机科学和管理科学交叉融合的物流专业技术知识的物流工程优秀人才
大连理工大学	大连理工大学管理与经济学部设有运营与物流管理研究所，主要培养物流运营与管理方面的优秀人才，为机关企业单位培养了一大批掌握现代物流管理知识的专业人才
同济大学	同济大学物料搬运相关专业设置于交通与运输工程学院及机械与能源工程学院，主要培养起重运输机械装备产业方面的高端专业人才
清华大学	清华大学物料搬运相关专业设置于管理科学与工程系、机械工程系、车辆与运载工程学院等
华南理工大学	华南理工大学培养物流发展规划、物流系统分析与设计、物流企业运作与管理方向的技术管理能力兼备的复合型人才。该专业要求学生具有扎实的理论基础，并具备从事物流工程、运输管理工程等工作的能力

（续）

学校名称	专业概述
大连海事大学	大连海事大学物料搬运装备有关专业设置于交通运输工程学院，其下设交通运输规划与管理、交通运输工程、道路与铁道工程、载运工具运用工程等11个学科
哈尔滨工业大学	哈尔滨工业大学物料搬运装备有关专业设置在机电工程学院、交通科学与工程学院中，为中国起重运输机械装备产业培养了一大批人才
武汉理工大学	武汉理工大学物料搬运机械装备有关专业设置在交通学院和物流工程学院，其中港口装卸机械产品研发、港口物流关键技术研究、物流装备自动化及智能控制等专业位居全国前列
太原科技大学	太原科技大学起重运输机械装备有关专业设置于机械工程学院，机械设计制造及其自动化专业（包括起重运输机械、工程机械、冶金机械、矿山机械、机械制造工艺与设备、流体传动与控制6个方向）为“国家管理的专业点”和“国家级特色专业建设点”，2019年获批国家一流专业，该专业从2011年始连续三次通过国际工程教育专业认证。机械电子工程专业2018年通过国际工程教育专业认证，2019年被评为山西省一流专业
重庆大学	重庆大学物料搬运装备有关专业设置于机械工程学院和汽车工程学院，机械设计与制造、动力机械与工程等学科与方向为起重运输机械装备产业培养了大批人才
华中科技大学	华中科技大学物料搬运装备有关专业设置于机械工程学院，其中先进制造与智能实验室等为起重机状态监控、故障诊断等贡献了力量
长安大学	长安大学物料搬运装备有关专业设置于运输工程学院。交通运输与交通工程专业历史悠久，特色突出，社会影响显著。经过多年积淀，取得丰硕成果
中南大学	中南大学物料搬运装备有关专业设置于交通运输工程学院，其中交通设备与控制工程系整合了工程机械、电力牵引传动与控制等专业，开展轨道交通设备与控制工程领域的科学研究，是全国专业综合改革试点专业和“卓越计划”专业
吉林大学	吉林大学物料搬运装备有关专业设置于交通学院，学院自建立以来，为我国交通行业培养了大批专业人才，相当一部分毕业生已经成为交通运输行业的技术骨干和管理骨干
广西大学	广西大学物流工程专业主要培养制造企业和流通企业物流供应链实施的高级物流工程专业技术人才，专业涵盖机械工程、管理工程、交通运输工程、自动化控制和计算机技术等学科
东北大学	东北大学物料搬运装备有关专业设置于机械工程与自动化学院，机械工程和动力工程及工程热物理两个一级学科，均设有博士后流动站，涵盖机械制造及其自动化、机械设计及理论、机械电子工程、车辆工程、流体机械及工程、化工过程机械、动力机械及工程7个二级学科
燕山大学	燕山大学起重运输机械装备有关专业设置于机械工程学院，学院以重型机械及装备为特色，以机械设计及理论、机械电子工程、机械制造及其自动化、材料加工工程等重点学科为基础，在国内具有重要的学术地位
合肥工业大学	合肥工业大学物料搬运机械装备有关专业设置于机械工程学院和汽车与交通工程学院，为起重运输机械装备产业培养了大批人才
上海海事大学	上海海事大学物料搬运装备有关专业设置于物流工程学院，其中机械设计制造及其自动化为国家特色专业，港口机械电子工程是上海市重点学科，港航电力传动与控制、电力电子与电力传动、机械设计及理论学科是上海市教委重点学科，物流工程专业、机械设计制造及自动化专业、电气工程及其自动化专业属上海市高校教育高地重点建设项目
山东大学	山东大学设有物流管理研究所，主要培养物流管理方面的人才，为国家培养出了一大批具有物流管理专业技能的人才
山东科技大学	山东科技大学物流管理专业设置于经济管理学院，主要为物流管理方向，培养具有管理科学基本知识与物流管理能力的人才
山西能源学院	学院以煤炭、电力、新能源类专业为主体，主要培养基础理论扎实、专业技能突出、实践动手能力强的人才，直接为能源企业服务，连续输送机械有关专业集中在矿业工程系、机电工程系等
中国民用航空飞行学院	中国民用航空飞行学院，简称“中飞院”，创建于1956年，是中国民用航空局直属的全日制普通高等学校，是中国民用航空局与四川省共建高校，开设有交通运输、交通工程、交通管理、物流工程等相关专业

附录 E　物料搬运装备与技术获奖情况

2020—2021 年物料搬运装备与技术获奖情况见表 E-1 和表 E-2。

表 E-1　2020 年度中国机械工业科学技术奖授奖项目（节选）

序号	项目名称	完成单位	等级
1	超深矿井安全高效重载提升关键技术及产业化应用	中信重工机械股份有限公司，河南科技大学，重庆大学，中南大学，中国矿业大学，洛阳矿山机械工程设计研究院有限责任公司，洛阳中重自动化工程有限责任公司	科技进步类一等奖
2	生物质发电厂燃料自动化、智能化储运系统关键技术研究与应用	北京起重运输机械设计研究院有限公司	科技进步类一等奖
3	运载火箭移动发射平台脐带塔	大连华锐重工起重机有限公司，北京航天发射技术研究所，大连华锐重工集团股份有限公司	科技进步类二等奖
4	2,500t/h 双侧连续卸船机	大连华锐重工集团股份有限公司	科技进步类二等奖
5	大型煤矿智能化刮板输送机用行星减速器关键技术研发及产业化	山东华成中德传动设备有限公司，中国矿业大学	科技进步类二等奖
6	起重机械重要零部件及结构智能测试评估关键技术研究	上海市特种设备监督检验技术研究院	科技进步类二等奖
7	XCA1,600t 全地面起重机上的核心液压控制元件研发及产业化	圣邦集团有限公司，徐州重型机械有限公司	科技进步类二等奖
8	基于翻盘式分拣的大型机场行李处理系统关键技术及应用	民航成都物流技术有限公司，中国民用航空总局第二研究所	科技进步类二等奖
9	中国自动化（吴忠）产业园一期工程智能物流	中国中元国际工程有限公司，吴忠仪表有限责任公司	科技进步类二等奖
10	重型叉车关键技术研发及产业化	安徽合力股份有限公司，合肥工业大学	科技进步类二等奖
11	面向基础施工的高适应性伸缩臂履带起重机关键技术研发及产业化	徐工集团工程机械股份有限公司建设机械分公司	科技进步类二等奖
12	起重机转台结构件自动化加工方法的研究与应用	徐州重型机械有限公司	科技进步类二等奖
13	大型电商物流中心机器人及智能化调度系统研发与应用	北京京东乾石科技有限公司，北京信息科技大学，北京京邦达贸易有限公司，北京京东尚科信息技术有限公司，天津京东深拓机器人科技有限公司	科技进步类二等奖
14	面向大跨距、高温等工况的高效生产物流机器人系统关键技术及集成应用	山东大学，北京航空航天大学，青岛科捷机器人有限公司，齐鲁工业大学，山东亚历山大智能科技有限公司	科技进步类二等奖
15	自动化立体仓库关于多规格托盘多种尺寸货物应用的关键技术	北京起重运输机械设计研究院有限公司	科技进步类三等奖

（续）

序号	项目名称	完成单位	等级
16	DZY100/160/135 柔性连续运输系统研制	中国煤炭科工集团太原研究院有限公司，山西天地煤机装备有限公司	科技进步类三等奖
17	基于姿态可控的核废物处理智能化起重装备关键技术研发	河南卫华重型机械股份有限公司	科技进步类三等奖
18	三代核电大型多功能环行起重机研制	太原重工股份有限公司	科技进步类三等奖
19	超长全封闭空间转弯曲线带式输送机在最高海拔高度的应用	四川省自贡运输机械集团股份有限公司	科技进步类三等奖
20	洁净型防爆双梁起重机研究及应用	河南省矿山起重机有限公司	科技进步类三等奖
21	矿井提升装备运行安全保障关键技术研究及应用	太原科技大学，山西能源学院，鹤壁万丰矿山机械制造有限公司	科技进步类三等奖
22	杭叉新能源叉车涂装与总装智能装备研发项目	中国联合工程有限公司，杭叉集团股份有限公司	科技进步类三等奖
23	高效施工的系列地下连续墙液压抓斗研发及产业化	徐州徐工基础工程机械有限公司	科技进步类三等奖
24	高性能电动工业车辆集成驱动关键技术研发及应用	杭叉集团股份有限公司，杭州杭叉桥箱有限公司	科技进步类三等奖
25	自行走升降工作平台安全智能化控制关键技术研究及应用	徐工消防安全装备有限公司	科技进步类三等奖
26	牵引车用柴油机可靠及节能关键技术与应用	潍柴动力股份有限公司	科技进步类三等奖
27	航空标准件数字化拣选配送系统的研制与应用	成都飞机工业（集团）有限责任公司，成都联星微电子股份有限公司，成都师范学院	科技进步类三等奖
28	面向复杂环境的提升系统智能感知与监控关键技术及应用	重庆理工大学，重庆邮电大学，重庆市特种设备检测研究院，怡达快速电梯有限公司，重庆红岩建设机械制造有限责任公司	科技进步类三等奖

表 E-2　2021 年度中国机械工业科学技术奖授奖项目（节选）

序号	项目名称	完成单位	等级
1	永磁驱动提升机成套装备	太原理工大学，贵阳高原矿山机械股份有限公司，安徽理工大学，中国矿业大学，贵州高矿重工（长顺）有限公司	技术发明类一等奖
2	大柔度臂架类工程机械智能化作业关键技术及应用	中联重科股份有限公司	科技进步类一等奖
3	堆取料机及其系统智能化协同技术研究与应用	华电重工股份有限公司，苏州大学应用技术学院，同济大学，上海瞳骋智能科技有限公司	科技进步类二等奖
4	超长距离大跨距脱挂式客运索道关键技术研究	北京起重运输机械设计研究院有限公司	科技进步类二等奖
5	大型矿山智能化带式输送机用高端减速器关键技术研发	山东华成中德传动设备有限公司，山东理工大学，中国矿业大学	科技进步类二等奖

（续）

序号	项目名称	完成单位	等级
6	高性能大臂长轮式起重机吊臂伸缩关键技术研究及应用	徐州重型机械有限公司	科技进步类二等奖
7	超高风电安装用履带起重机关键技术研究及产业化	徐工集团工程机械股份有限公司建设机械分公司	科技进步类二等奖
8	基于混合平台架构的 XC 系列新能源叉车关键技术研究及应用	杭叉集团股份有限公司，郑州嘉晨电器有限公司，杭州鹏成新能源科技有限公司，宁德时代新能源科技股份有限公司	科技进步类二等奖
9	面向多规格不连续石墨电极的智能编组及搬运装备关键技术研发	河南卫华重型机械股份有限公司	科技进步类三等奖
10	长寿命高可靠性刮板输送机及其关键技术开发	山西煤矿机械制造股份有限公司，太原理工大学，山西维达机械制造有限公司	科技进步类三等奖
11	大型医药工厂无人化高效仓储物流系统	北京起重运输机械设计研究院有限公司	科技进步类三等奖
12	基于人工智能的全系列绿色节能工业起重机研发及产业化	纽科伦(新乡)起重机有限公司	科技进步类三等奖
13	百吨级以上起重机液压缸关键技术攻关及产业化	徐州徐工液压件有限公司	科技进步类三等奖
14	大型全地面汽车起重机用六排圆柱滚子转盘轴承的开发研制	洛阳轴承研究所有限公司，河南科技大学	科技进步类三等奖
15	车身分配中心智能仓储系统集成及开发应用	东风设计研究院有限公司	科技进步类三等奖
16	基于 RFID 的汽车工厂全过程物料智能化管理应用研究	机械工业第九设计研究院股份有限公司，中国第一汽车集团红旗工厂，上海烁逸电子科技有限公司，广东思谷智能技术有限公司	科技进步类三等奖
17	基于轻量化及超大参数桥梁检测车关键技术研究及应用	徐州徐工随车起重机有限公司	科技进步类三等奖
18	基于技术平台驱动的 S 系列塔式起重机产品研发及产业化	徐州建机工程机械有限公司	科技进步类三等奖
19	受限空间大吨位多关节超长伸缩臂起重机 HCZ4500	江苏宏昌天马物流装备有限公司	科技进步类三等奖
20	曲臂式智能升降工作平台关键技术研发及应用	湖南星邦智能装备股份有限公司，湖南大学，中南大学	科技进步类三等奖
21	G 系列 1~10t 电动平衡重式叉车关键技术研发及产业化	安徽合力股份有限公司，合肥工业大学	科技进步类三等奖
22	G 系列 2~3.2t 小轴距蓄电池平衡重叉车	安徽合力股份有限公司	科技进步类三等奖
23	气粉复合爆炸性环境用防爆叉车关键技术及应用	衡阳合力工业车辆有限公司	科技进步类三等奖
24	超小转弯半径无人驾驶堆垛车	诺力智能装备股份有限公司	科技进步类三等奖
25	跨海大桥双幅大吨位箱梁架运成套设备	中铁高新工业股份有限公司，中铁工程机械研究设计院有限公司，中铁科工集团有限公司	科技进步类三等奖
26	14~26m 系列臂式高空作业平台	中联重科股份有限公司	科技进步类三等奖